AV

VERÖFFENTLICHUNGEN DER LITERATURKOMMISSION FÜR
WESTFALEN

BAND 71

HERAUSGEGEBEN
VON DER LITERATURKOMMISSION FÜR WESTFALEN

Walter Gödden

in Verbindung mit Fiona Dummann und Claudia Ehlert

1968

Pop, Protest und Provokation
in 68 Stichpunkten

Ein Materialienbuch

AISTHESIS VERLAG
Bielefeld 2017

Abbildung auf dem Umschlag:
Artwork/Hintergrundbilder

Gefördert von der Stiftung der Sparkasse Münsterland Ost
und der Nyland-Stiftung, Köln.

Texte: Walter Gödden
Redaktion, Rechteklärung, Rechercheassistenz:
Fiona Dummann, Claudia Ehlert

Für die Menschen.
        Für Westfalen-Lippe.

Bibliografische Information der Deutschen Nationalbibliothek
Die Deutsche Nationalbibliothek verzeichnet diese Publikation in der Deutschen Nationalbibliografie; detaillierte bibliografische Daten sind im Internet über http://dnb.d-nb.de abrufbar.

© Aisthesis Verlag Bielefeld 2017
Postfach 10 04 27, D-33504 Bielefeld
Satz: Germano Wallmann, www.geisterwort.de
Druck: docupoint GmbH, Magdeburg
Alle Rechte vorbehalten

ISBN 978-3-8498-1238-6
www.aisthesis.de

Inhalt

Vorwort		11
1968 im Zeitraffer		12
1	Am Anfang Timm Ulrichs macht alles selbst und sagt's plakativ	16
2	Afri Cola Charles Wilp liefert den filmischen Soundtrack zur neuen Zeit	23
3	Atomkraft? Nein Danke Heinrich Schirmbecks Prosa verbindet Sinnlichkeit mit Zeitkritik	29
4	Alternativen Paul Schallück fragt, wo denn bitte die Moral bleibt	38
5	Anti-Allerleirauh Peter Rühmkorf sammelt aus Protest gegen den Protest Kinderverse	49
6	Asphaltliteratur Horst Dieter Gölzenleuchter schrieb es an jede Häuserwand	67
7	Anschläge Thomas Valentins Helden spielen mit dem Feuer	82
8	Beatgeneration Frank Göhres »wilde Jahre« und was amerikanische Vorbilder damit zu tun haben	93
9	Beat-Club Zu Gast bei Uschi Nerke	103
10	Beispicle Beispiele Literatur »von unten«, unkonventionell vermarktet	109

11	Biby Ein Kulturrocker, Kulturschocker und Selfmademan	115
12	Bottrop protokollarisch Erika Runge besucht eine Arbeitersiedlung und entdeckt das O-Ton-Hörspiel	124
13	»Blow up« im Revier Wolfgang Körners Roman »Nowack« tauscht die Kulissen	135
14	Chronikalisches Die 68er-Literatur in Westfalen ist ein Gemischtwarenladen	140
15	Citylife und Bistro-Talk Wolfgang Körner liefert den Dortmunder »Inner City Blues« zur allgemeinen Tristesse	146
16	»Das kleine Fernsehspiel« Trostloser Alltag in Schwarz-Weiß-Kontrasten	159
17	Der literarische Arbeiter Alltagsbanalitäten im Leben des gestressten Erfolgsautors Max von der Grün	170
18	Die Kunst ist tot Heinrich Schirmbeck votiert für ein Ende der Belletristik	176
19	Drogen Die Szeneautoren sind gern »stoned« und lassen's auch gern wissen	181
20	Erotik Die »Sechszwölfteljungfrau« trägt dick auf, aber nichts drunter	193
21	Feierabendgeplänkel Max von der Grün und Hans Dieter Schwarze schauen in die Kochtöpfe einer Bergarbeitersiedlung	200
22	Gonzo-Journalismus Wolfgang Körner beweist »Ruhrpott-Schnauze«	210
23	Glossen zur deutschen Befindlichkeit Paul Schallück redet den Zeitgenossen ins Gewissen	215

24	›Gruppe 61‹ revisited Es gab sie noch, aber sie steckte in einer Krise	248
25	Happenings Provozierendes Straßentheater und Teenies mit Pagenschnitt	253
26	Hausfrauenliteratur Jeder eine Chance, und die Presse amüsiert sich in Chauvi-Manier	257
27	Hochspezialisierte Lyrik Peter Rühmkorf leidet an einer Literatur, die keine ist	260
28	Hörspielsprech Auch Renke Korns Stücke sind im Alltag zu Hause	268
29	»Ich bin ein Elefant, Madame« Peter Zadeks filmisches Pop-Gemälde nimmt die Studentenrevolte auf die Schippe	274
30	Introspektionen Ernst Meister blendet die Politik aus und wendet sich lieber existentiellen Fragen zu	283
31	Junge Wilde Literatur pur, direkt und ohne Tabus	293
32	Junge Talente anno 68 Friedhelm Baukloh schaut besonders bei der Ruhrgebietsliteratur genau hin	303
33	Ketzertum Glaube? ach nee, das ist doch nur was für Gestrige	311
34	»Käufer Report« Plakative Collagen aus der Agit-Prop-Werkstatt	313
35	Kerouac Paul Schallück kennt auch den »On the Road«-Autor	320
36	»konkret« Wolfgang Körner auf allen Kanälen, hier mit Stories für ein alternatives Polit-Magazin	324

37	Konsumkritik Wir sind wieder wer, aber um welchen Preis?	331
38	Konsumtempel-Lesungen Spielzeugautos und viel Literatur-Klamauk	339
39	»Kunst auf der Kohle« Ein verschollenes Filmdokument straft die Ruhri-Kultur ab	350
40	»Make Love not War« Liebe in Zeiten von Vietnam und des Trautoniums. Mit einem Exkurs über den Filmemacher und Krimi-Autor Ulf Miehe	354
41	Manifestationen Ferdinand Kriwet mixt alles zusammen und hat die Vision vom Ruhrgebiet als Kulturgebiet	372
42	Menschenrechte Josef Reding darf noch »Nigger« sagen	384
43	Mode Dior macht alle froh	395
44	Neue Orientierungen Max von der Grün widmet sich der NS-Zeit	400
45	Neue Wirklichkeiten Rainer Horbelt fordert, dass die Literatur endlich Farbe bekennen soll	412
46	Notstandstheater Vom vergeblichen Versuch, Studierende und Arbeiter miteinander ins Gespräch zu bringen	419
47	O-Töne Frank Göhre lässt Lehrlinge endlich mal ausreden	439
48	Poesieverluste Erich Jansen hat sich ganz im Gestern verbarrikadiert	451

49	PRO Hansjürgen Bulkowskis Zeitschrift entdeckt die Themen der Zeit und verbindet Experiment und Politik	459
50	Protestnoten Franz Josef Degenhardt redet Klartext und hält Zwischentöne für »Krampf im Klassenkampf«	489
51	»RhinozEros« Typografische Exzesse und eine frühe Hommage an die Beat-Poeten	504
52	Rote Kürbiskerne Ostermarschlieder des verkannten Gerd Semmer	510
53	Ruhrfestspiele Das junge Theater greift realistische Stoffe auf und Heintje trällert aus der Musikbox	537
54	Serielle Performance Reinhard Döhl experimentiert mit sprachlichen Floskeln	547
55	»Schichtwechsel« Tauben, Fußball und die Beatles. Max von der Grüns Fernsehspiel zeigt eine neue Ruhrgebietswirklichkeit	569
56	»Schmierzettel« Peter Rühmkorf zeigt, dass auch »Herrenmagazine« ihre guten Seiten haben	574
57	»Spartacus« Peter-Paul Zahls Literaturzeitschrift wünscht sich mutige Rebellen, bleibt inhaltlich aber konventionell	585
58	Streams of Consciousness Hansjürgen Bulkowski ist up to date, weil er einfach aufschreibt, was ihm in den Sinn kommt	608
59	Underground total Das Magazin »Ulcus Molle« ist für alles, was schräg und anti ist	615

60	»Upm Müllhaupen« Norbert Johannimloh und Siegfried Kessemeier machen Schluss mit der Dönekes-Harmlosigkeit und reformieren die westfälische Mundartlyrik	629
61	»Volkstheater im Revier« Hans Dieter Schwarze will ein Theater für alle, doch keiner dankt es ihm	643
62	Verteidigung der Poesie Harald Hartung ist ein Rufer in der Wüste	654
63	Was ist eigentlich das WLT? Aus dem Alltag eines Theaterintendanten, der für alle da sein will	665
64	Werkstattarbeit Wie um alles in der Welt bringt man Arbeitern das Schreiben bei?	669
65	»Wie ich mich sehe« Heinrich Schirmbeck zieht eine Lebensbilanz und guckt über den westfälischen Tellerrand	684
66	Weihrauchnebel im Pumpernickelland Otto Jägersberg gewährt Einblicke in sein 1968er Ideen-Tagebuch	691
67	Zechenkolonie Harald Hartung erzählt von Arthur, eigentlich aber über sich selbst	713
68	Zum Schluss Was vom neuen Zeitgeist in einer Kulturzeitschrift ankam. Versuch eines Resümees	724

Abbildungsverzeichnis	730
Personenregister	737
Danksagung	747

Vorwort

Die Literatur einer Region unter der Lupe. Ist eine Jahreszahl dafür eine geeignete Kategorie?
Die vorliegende Textsammlung macht die Probe aufs Exempel. Sie dokumentiert, welche Werke westfälischer Autorinnen und Autoren 1968 erschienen, mit welchen Projekten sich die Schriftstellerinnen und Schriftsteller damals beschäftigten und welche Haltung sie zum »Phänomen 1968« einnahmen.
Der dargebotene Querschnitt zeigt, dass die hiesigen Literaturprotagonisten keineswegs »hinter dem Mond« lebten. Das »Epochenjahr« forderte auch sie zu einer Positionierung heraus. Solidarisierte man sich mit der Studentenbewegung und ihren Zielen? Oder ignorierte man das unruhig gewordene Tagesgeschäft und zog sich in einen Elfenbeinturm zurück? Wenige andere Jahre erhitzten die Gemüter derart, spalteten, polarisierten. Entsprechend heterogen fällt das Spektrum der im vorliegenden Materialienbuch versammelten Antworten aus.

1968 im Zeitraffer

CSSR: Alexander Dubček wird erster Sekretär der kommunistischen Partei (5.1.): Beginn des »Prager Frühlings« – Massaker von My Lai (16.3.): zwischen 300 und 500 vietnamesische Zivilisten werden von US-Soldaten getötet – Besetzung der Philosophischen Fakultät der Sorbonne in Nanterre: Beginn der »Bewegung des 22. März«; mit dabei Daniel Cohn-Bendit – Kaufhausbrand in Frankfurt am Main: Brandstiftung durch u. a. Andreas Baader und Gudrun Ensslin (2.4.) – Ermordung Martin Luther Kings in Memphis (5.4.): schwere Rassenunruhen in amerikanischen Großstädten – Attentat auf Rudi Dutschke (11.4.); anschließend Osterunruhen und »Springer-Blockaden« – Sondersitzung des Bundestags zum Thema Studentenunruhen (30.4.) – Besetzung der Sorbonne durch die Polizei (3.5.): Beginn der Pariser Maiunruhen; Arbeiter solidarisieren sich mit den Studenten; bis 24.5. sind 10 Millionen Arbeiter im Ausstand; Charles de Gaulle macht Zugeständnisse – Sternmarsch nach Bonn gegen die Verabschiedung der Notstandsgesetze (11.5.) – Robert F. Kennedy stirbt an den Folgen eines Attentats (6.6.) – CSSR: »Manifest

Ostermarsch, Dortmund 1968.

Die rebellische Generation 1968.

der 2000 Worte« (27.6.) und Einmarsch von Truppen der Warschauer-Pakt-Staaten (20.-21.8.) – DKP in Offenbach gegründet (16.9.) – »APO-Schlacht am Tegeler Weg« in Berlin (3.11.) – Auf dem CDU-Parteitag ohrfeigt die französische Journalistin Beate Klarsfeld Bundeskanzler Kiesinger wegen seiner NS-Vergangenheit (8.11.) – Erste große Frauenversammlung an der Technischen Universität Berlin; Gründung der ersten Kinderläden (26.1.) – Gründung des »Aktionsrats zur Befreiung der Frauen« in Westberlin (Mai). Vom 27. bis 31. Mai wird das Germanistische Seminar der FU Berlin besetzt und in »Rosa-Luxemburg-Institut« umbenannt – »Literarische Messe 1968« in den Frankfurter Römerhallen: Avantgarde und Underground werden vorgestellt (Mai/Juni) – Leslie A. Fiedler plädiert in Freiburg für einen literarischen »Postmodernismus« (Juni) – Andy Warhol wird bei einem Attentat durch fünf Schüsse der Feministin Valerie Solanas schwer verletzt (3.6.) – 23. SDS-Delegiertenkonferenz in Frankfurt/M. Eine Rede von Heike Sander gilt als der Beginn der Neuen Frauenbewegung (13.9.) – Frankfurter Buchmesse: Die Dokumentation der Kommune I ›Klau mich‹ wird beschlagnahmt. Studenten stören die Verleihung des Friedenspreises des Deutschen

Demonstration Kohlenkrise 1968. *Politische Aktionen im Zeichen der Kohlenkrise.*

Buchhandels an Léopold Sédar Senghor (Senegal), der als Neokolonialist gilt; in Hannover verteilen die Frauen auf der Fortsetzung der 23. Delegiertenkonferenz des SDS das Flugblatt ›Befreit die sozialistischen Eminenzen von ihren bürgerlichen Schwänzen!‹ (16.11.)

am anfang war das wort am.

Timm Ulrichs macht alles selbst und sagt's plakativ

1   Am Anfang
Timm Ulrichs macht alles selbst und sagt's plakativ

»am anfang war das wort am«, sagt Timm Ulrichs.[1] Recht hat er, wer wollte widersprechen. 1968 ist der Künstler auf dem besten Weg, von der größeren Kunstszene wahrgenommen zu werden. Mitte der 1960er Jahre hatte er noch als Eisverkäufer, Packer und DJ gejobbt.
»Künstler wird man durch Entschluss, nicht durch Talent«, so Ulrichs. Seit 1959 ist er – wie auch heute noch – als *Totalkünstler* aktiv. 1961 erklärte er sich zum »ersten lebenden Kunstwerk«, fünf Jahre später organisierte er in Frankfurt eine öffentliche *Selbstausstellung*. In Zeiten von Kollektivismus und Massenbewegungen war allein das schon eine Provokation.
Da er mit Galeristen nicht zurechtkam, verkaufte und produzierte Ulrichs alles selbst – Plakate, Postkarten, Flugblätter, Drucksachen. In Hannover gründete er eine *Werbezentrale für Totalkunst, Banalismus und Extemporismus* mit assoziierter *Zimmer-Galerie & Zimmer-Theater*. Sie diente der Verbreitung, Entwicklung und Produktion seiner künstlerischen Arbeiten.
Totalkunst (1961), *Fragment* (1964), *Klartexte* (1966), *Beschriebene Blätter* (1967) und *Spielpläne* (1967) sind sämtlich im Selbstverlag erschienen. Das gilt 1968 auch noch für *Des großen Erfolges wegen. Eine Totaltheater-Bilanz*. Im selben Jahr aber nicht mehr für *Ich bin ein Gedicht. 3. egozentrisch-monomanisches Manifest*, das in der *Wiener Werkstatt* herauskam.
Sehr prominent ist Ulrichs im selben Jahr in der von Max Bense mitherausgegebenen Reihe *rot* mit *lesarten und schreibweisen* vertreten. Er bleibt hier – wie im Jahr zuvor mit seinen *Textschildern* – auf den Spuren Visueller Poesie.[2]
Ulrichs Arbeiten heben sich ab vom dogmatischen und meist bierernsten Protest, wie er 1968 an der Tagesordnung war. Der Künstler hält mit spielerisch-plakativen Einfällen dagegen. Und mit verblüffend einfachen, einprägsamen Sentenzen. Dem etablierten Kulturbetrieb dreht er hiermit jugendlich-selbstbewusst eine Nase.

TIMM ULRICHS

ICH BIN EIN GEDICHT

Timm Ulrichs macht alles selbst und sagt's plakativ

»Man muss wissen, wenn man den Text [*Ich bin ein Gedicht*] liest, dass ich mich Anfang der 1960er Jahre als erstes lebendes Kunstwerk tituliert habe. Es gab dann auch Selbstausstellungen im Glaskasten. Und da es ja nicht offensichtlich ist, dass eine Allerweltsperson den Anspruch erhebt, sich von der ganzen Menschheit dadurch zu unterscheiden, dass sie selber Kunstwerk zu sein behauptet, musste das natürlich theoretisch unterfüttert werden. Ich habe verschiedene Manifeste geschrieben und nicht nur theoretische Texte, sondern auch solche, die Poesie sein wollten. Also Literatur. Und dazu gehören verschiedene egozentrische Manifeste oder sogar egozentrisch-monomanische Manifeste. […] Und dann gibt es eben dieses sich noch mehr auf Poesie beziehende Manifest: *Ich bin ein Gedicht*. Und da habe ich dann ein geschöntes Foto von mir auf die eine Seite gebracht, das der mittlerweile verstorbene und bekannte Fotograf Heinrich Riebesehl aufgenommen hatte. Die andere Seite zeigt einen Text, der literarische Begriffe und Redewendungen zusammenführt. Sie sind immer Ich-bezogen und münden in dem Satz, dass ich mich trotz dieses Manifests für unbeschreiblich halte. Quintessenz dieser Manifeste ist, mich als Kunstwerk zu feiern, zu legitimieren, zu begründen. Und das benutzt dann auch Redewendungen, für die die Konkreten Poeten ja auch ein Faible hatten […].«[3]

Beim erwähnten 3. *egozentrisch-monomanischen Manifest Ich bin ein Gedicht* handelt es sich um ein Plakat, dessen Vorderseite den Künstler zeigt. Auf der Rückseite heißt es unter anderem:

mein leben ist die beschreibung meines lebens:

ich bin ein gedicht
ich bin ein unerschöpfliches thema nr. 1
ich bin ein erlesenes kapitel für mich
ich bin eine druckreife drucksache, auf meine druckfahnen geschrieben
ich bin eine schlagende schlagzeile, die zu buche schlägt[4]

Darauf lässt sich aufbauen, auch beim vorliegenden Buch.

Anmerkungen

1. Geb. 1940 in Berlin; aufgewachsen in Wildeshausen/Niedersachsen und Bremen. Dort 1959 Abitur. Studium der Architektur an der Technischen Hochschule Hannover. Wegen provozierender Kunstaktionen von der Hochschule verwiesen. Wiederaufnahme des Studiums bis zum Vorexamen 1966. Endgültiger Abbruch des Studiums. Zwischenzeitlich, wie erwähnt, Gelegenheitsarbeiter. 1964 erste Einzelausstellung. 1966 firmiert er als Kunstbetrieb Timm Ulrichs, Hannover. 1969 Gastprofessur an der Staatlichen Hochschule für Bildende Künste in Braunschweig. Von 1972 bis 2005 Dozent an der Kunsthochschule Münster. Daneben realisiert er zahllose Ausstellungen und spektakuläre Kunstperformances. Ulrichs gilt als einer der wichtigsten Konzept- und Aktionskünstler Deutschlands, wobei das innovative Moment oft in der Verquickung bildnerischer und literarischer Mittel liegt. Anreger waren unter anderen Raoul Hausmann, Kurt Schwitters und Marcel Duchamp. Zahlreiche Beiträge zur zeitgenössischen konkreten Poesie. Bibliografie siehe www.autorenlexikon-westfalen.lwl.org.
2. 1968 ist überhaupt ein erfolgreiches Jahr für Ulrichs. Hierzu trug auch der *Förderpreis für Literatur* des *Niedersächsischen Kunstpreises* bei.
3. Timm Ulrichs im WDR-Interview mit Thomas Franck, 2016, zitiert nach Sonja-Anna Lesniak (Hg.): *Ich bin ein Gedicht. Visuelle Poesie und andere Experimente von Reinhard Döhl, Timm Ulrichs & S.J. Schmidt.* Bielefeld 2017, S. 49.
4. Plakat *TIMM ULRICHS. ICH BIN EIN GEDICHT. 3. egozentrisch-monomanisches Manifest.* Wien: werkstatt druck 1/ januar 1968.

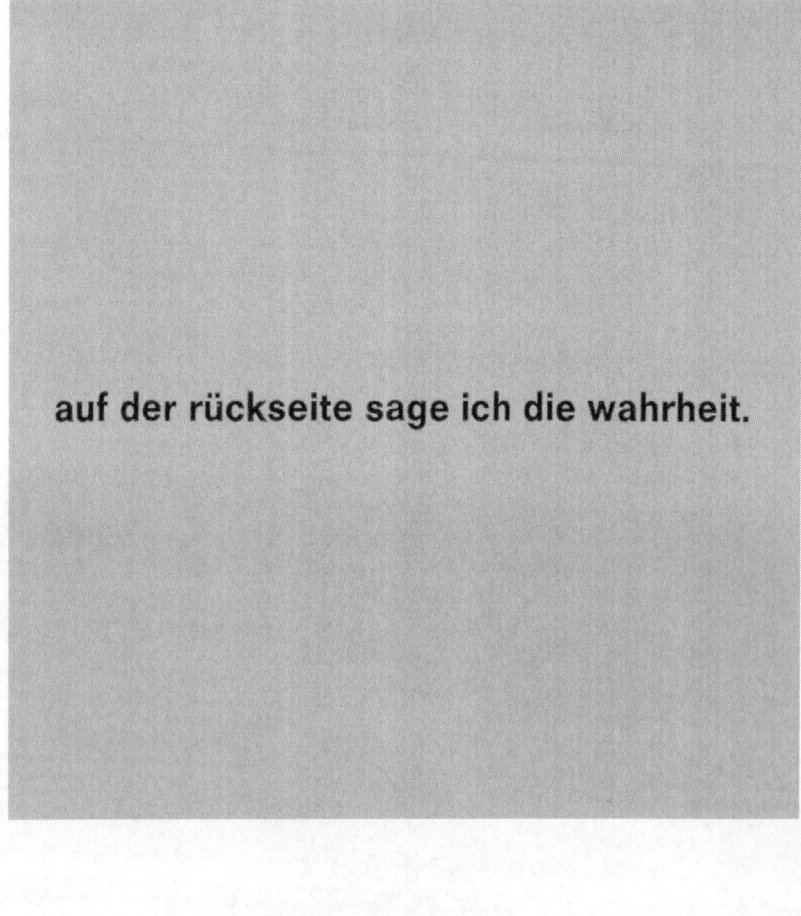

auf der rückseite lüge ich wie gedruckt.

Timm Ulrichs macht alles selbst und sagt's plakativ

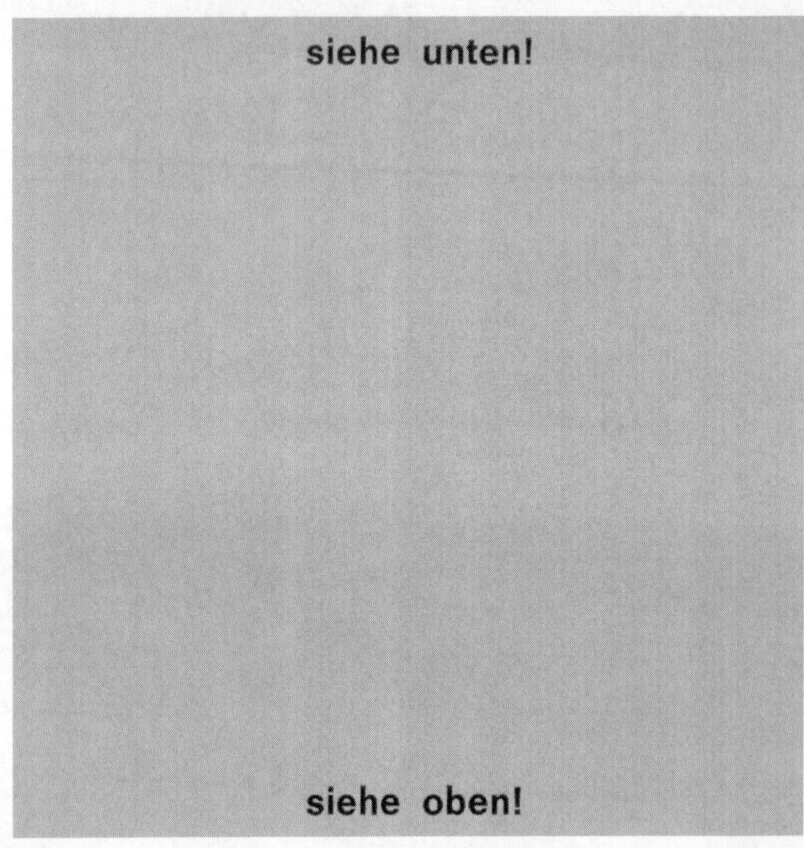

1 Am Anfang

2 Afri Cola
Charles Wilp liefert den filmischen Soundtrack zur neuen Zeit

Das Stichwort »Afri-Cola« mag überraschen. Hat es überhaupt mit Literatur zu tun? Vielleicht nicht auf den ersten Blick. Aber Charles Wilps[1] Werbekampagne mit dem zündenden, wenngleich sperrigen Slogan »Sexy-mini-super-flower-pop-op-cola – alles ist in Afri-Cola« gab dem Jahr 1968 neue Bilder, eine neue Ästhetik, eine neue Denkrichtung. Und all das fand seine Reflexe in der Literatur (am Rande sei bemerkt, dass der Künstler, Fotograf, Regisseur von Kunstfilmen und Komponist Charles Wilp zwar gemeinhin mit seiner späteren Wirkungsstätte Düsseldorf in Verbindung gebracht wird, tatsächlich aber aus Witten an der Ruhr stammt).

Wilps Werbeclip sorgte für eine »Revolution in der Werbebranche«.[2] Sinnlich dreinblickende Nonnen, androgyne Frauen mit geschorenen Schädeln und mit Afri-Cola gefüllte Bluttransfusionen – so etwas hatte es in der Werbung noch nicht gegeben. Daneben tritt ein ganzes Panoptikum schillernder Gestalten auf: ein amerikanischer Soldat mit Friedenstaube, Anzugträger, Rocker, aufreizend gekleidete Stewardessen, ein Dandy, ein Jet-Set-Pärchen ...

Man war irritiert, verstört, aber auch fasziniert von dieser völlig neuen, hocherotisch aufgeladenen Bilder-, Sound- und Kostümwelt. Alles war auf einen Schlag anders: »Selten gelingt es, die aktuellen modischen, künstlerischen, politischen Strömungen in einer einzigen Werbekampagne zu vereinen. 1968 war das der Fall, und es wirkt bis heute nach.«[3] Die in Köln hergestellte Afri-Cola war zuvor ganz konventionell beworben worden. Mit einem Schwarz-Weiß-Filmchen aus dem Jahr 1966, in dem eine adrette Sängerin vor einer kleinen Combo und mannsgroß gemalten Afri-Flaschen die Worte »Afri-Cola macht dich munter, Afri-Cola macht dich frisch« trällerte. Wilp wischte solche abgegriffenen, fantasielosen Klischeebildchen mit einem Handstreich vom Tisch.

Das Bild des Fotografen, der seinen Tag damit zubringt, hübsche Models in schrillem Outfit vor die Kameralinse und womöglich auch ins Bett zu bekommen, war eine erotische Phantasmagorie jener Jahre.

Werbekampagne, »1968 im Afri-Cola Rausch«.   *Werbeplakat, »afri-cola. Der gute Rausch«.*

In Michelangelo Antonionis Film *Blow up* aus dem Jahr 1966 fand sie eine unmittelbare Manifestation. Dort tritt das rappeldürre Starmodel Veruschka von Lehndorff auf, ein Sex-Symbol der Zeit.

Natürlich denkt man auch an Andy Warhol, der zehntausende Fotos mit seiner Polaroid-Sofortbildkamera schoss. Auch bei ihm sind die Grenzen zwischen Werbung und Kunst fließend, werden Schubladen-Kategorien grundsätzlich obsolet. Bei den von Warhol produzierten ersten Plattenaufnahmen der Rockgruppe *The Velvet Underground* (unter anderen mit Lou Reed und John Cale) holte er das deutsche Fotomodell Nico ins Studio. Über die Musik von *The Velvet Underground* ist noch im Zusammenhang mit Peter Zadeks Film *Ich bin ein Elefant Madame* (nach einer Romanvorlage Thomas Valentins) die Rede (s. S. 82ff.; 274ff.). Angeblich stammt das Plakat zu diesem Film von Warhol[4] – eine weitere, zugegeben sehr »gesuchte« Verbindung zwischen der großen schillernden Kunstwelt und dem »kleinen Westfalen«.

Künstler, Fotograf, Regisseur und Komponist Charles Wilp, 1976.

Charles Wilp liefert den filmischen Soundtrack zur neuen Zeit

Die Musik – oder besser: der atonale Soundtrack des »Afri-Cola«-Clips stammt von The Monks, die ihrerseits als frühe Punk-Band Kultstatus erlangten.[5] Die Monks traten 1967 im Herforder Jaguarclub auf – eine weitere westfälische Mini-Referenz.

Die Proteste gegen Wilps Werbespot waren einkalkuliert und förderten, wie zu erwarten, den Hype um die so ganz andere Werbe-Kampagne. Der Bayerische Rundfunk verweigerte eine Ausstrahlung, die Kirche lief Sturm.

Wilp machte solche Werbung aus dem Bauch heraus und scherte sich einen Teufel um vorgeschaltete Marketing-Analysen. In einem Gespräch mit der Wochenzeitung Die Zeit erklärte er 1969 seine Strategie, vorgefertigte Meinungen zu konterkarieren, wobei er kurioserweise das Bieder-Bild eines Westfalen bemühte: »Wenn zum Beispiel die Marktforscher sagen, Afri-Cola sei für junge Leute, dann müssten auf der Anzeige lächelnde junge Menschen erscheinen. Und wenn die Mediaplaner sagen, Afri-Cola sei ein Getränk für heiße Tage, dann müsste die Anzeige im Hochsommer in den Zeitschriften stehen. Ich mache das Gegenteil: Ich fotografiere Afri-Cola mit Nonnen und verbinde das mit Rausch. Ich nehme nicht einen Mann mit zwei Mädchen, was üblich

Charles Wilp, 1970.

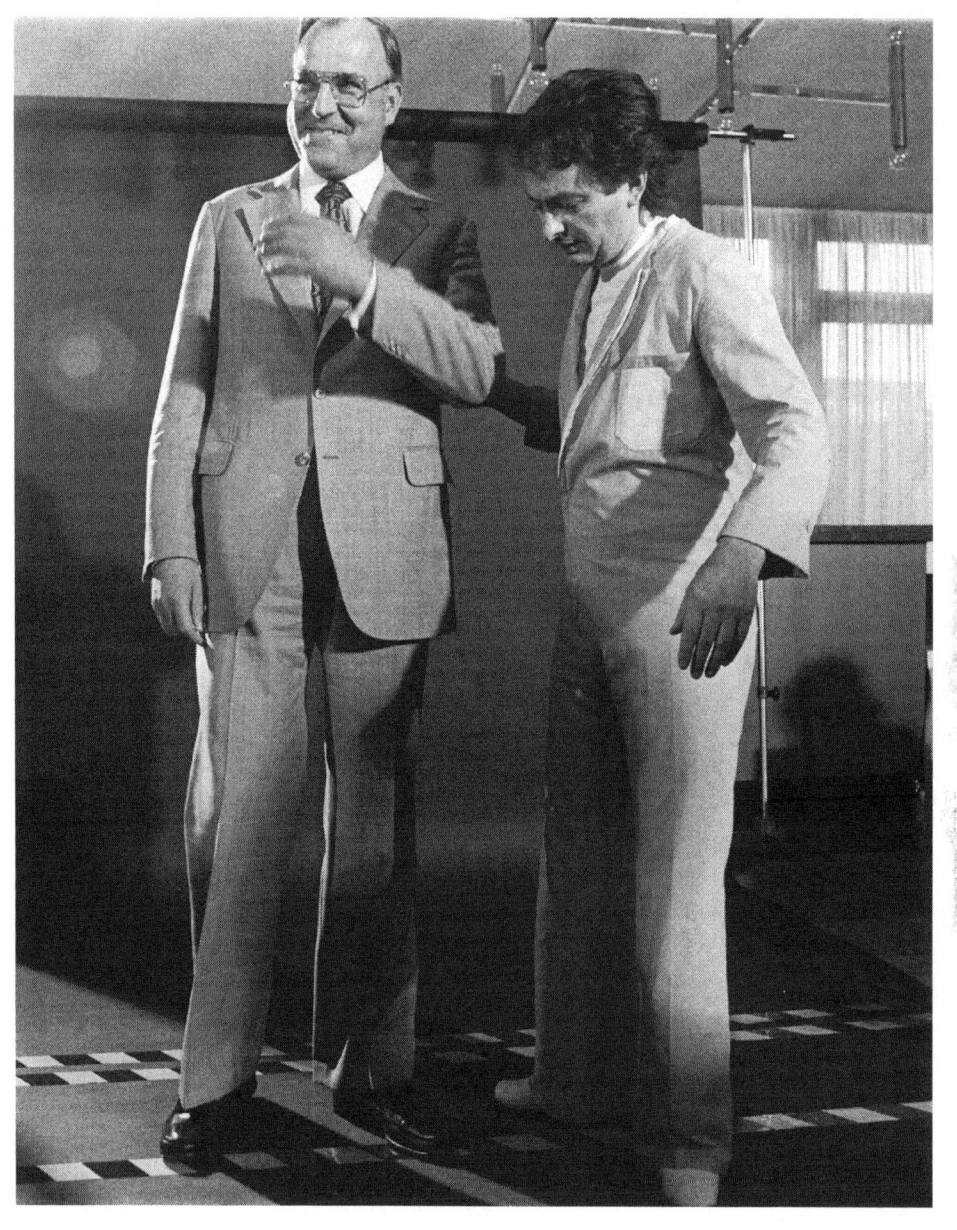

Charles Wilp mit Helmut Kohl, 1976.

Charles Wilp liefert den filmischen Soundtrack zur neuen Zeit

wäre, sondern ein Mädchen mit zwei Männern. Keinen Neger als Symbol für sexuelle Potenz, sondern einen blonden Westfalen.«[6]
Und um eine Brücke zur Literatur zu schlagen: Der Text des Werbespots ähnelt einem psychedelischen Gedicht im Drogenrausch: »Die Erde ist ein Paradies mit Afri-Cola. Lustvolle Gefilde Afri-Cola-hungriger Gefühle. Die Frau wird Frau und frei. Girlpower, Frauen-Lib und Männerfreiheit. Heirat oder nicht Heirat, das ist nicht mehr die Frage. Afri-Cola. Die Augen erzählen der Welt, dass sie verliebt ist. Afri-Cola. Menschen, die bewusst ihre Zeit genießen. Bei vollem Verstand. Wach und mobil mit Afri-Cola. Der permanente Traum vom Heilmittel. Ein Gleiten. Ein Schweben mit Afri-Cola. Liebe über den Wolken. Coffee, Tea of Afri. Trink mich. Flieg mit Afri.«

Wer dabei und »in« sein wollte, erwarb sich hier sein Eintritts-Billet: »Feierabend? Afri-Cola. Alles ist in Afri-Cola. Mini-Cola als Stimulanz. Sexy-Cola: Stimmungselixier. Super-Cola: alkoholfreies Partygetränk. Flower-Cola: Erfrischung auch bei schlechtem Wetter. Pop-op-Cola: das alte Rezept und die neue Konzeption.«

Auch wenn die Behauptung, der Verkauf von Afri-Cola sei nach Ausstrahlung der Werbung sprunghaft angestiegen, später als Fama enttarnt wurde, blieb der Spot als Genie-Streich im Bewusstsein. »Erst mit Aufkommen der Techno-Bewegung wurde die Koffeinbrause, wie der 2005 verstorbene Wilp noch erleben durfte, zum Treibstoff einer hedonistischen, stilbewussten Käuferschicht.«[7] Und by the way: Nachdem zeitweilig die Rezeptur verändert worden war, schmeckt das Getränk heute wieder wie 1968 – nach der Ära von »Sexy-mini-super-flower-pop«.

Anmerkungen

1 Geb. 1932 als Sohn eines Dachdeckers in Witten/R., gest. 2005 in Düsseldorf.
2 Harald Keller: *Der große Afri-Cola-Rausch, Fundstücke des Fernsehens 7*. FAZ-Online 28.08.2008.
3 Ebd.
4 Auf dem Plakat heißt es unter »Credits«: »Musik: Andy Warhol«.
5 Vgl. den Dokumentarfilm *Monks – The Transatlantic Feedback* von Dietmar Post und Lucía Palacios, 2006 (auf DVD 2009).
6 *FAZ-online*, a. a. O.
7 Ebd.

3 Atomkraft? Nein Danke
Heinrich Schirmbecks Prosa verbindet Sinnlichkeit mit Zeitkritik

Heinrich Schirmbeck[1] konnte mit einer oberflächlichen Schicki-Micki-Welt, wie sie in der Afri-Cola-Werbung zum Ausdruck kommt (s. S. 23ff.), nichts anfangen. Er war ein Mahner, der den Zeitgenossen ins Gewissen redete. Sie sollten endlich die Augen öffnen vor den Gefahren, die seiner Meinung nach der wissenschaftlich-technische Fortschritt mit sich brachte.

Heinrich Schirmbeck

Später zog der Autor hieraus den Schluss, dass die Literatur an ihr Ende gekommen sei (s. S. 176ff.). Der Schriftsteller sei zur Bedeutungslosigkeit degradiert, habe nichts mehr zu sagen. Nicht er beeinflusse den Gang der Welt, sondern allein der Wissenschaftler.

Für sich selbst zog Schirmbeck hieraus weitreichende Konsequenzen. Er gab sein bis dahin durchaus erfolgreiches belletristisches Schreiben – nach zwei Romanen und zahlreichen Erzählungen – auf, um sich ganz der kritischen Essayistik zuzuwenden. Diese trug ihm den Titel *Theoretiker des Atomzeitalters* ein.

Der Roman *Ärgert dich dein rechtes Auge* verbindet beide Ebenen – die des Belletristen und die des kritischen Denkers. Er erschien bereits 1957, hatte aber gut zehn Jahre später noch nichts an thematischer Brisanz eingebüßt. Das 33. Kapitel des Werks[2] gelangte 1968 als eigenständige Erzählung mit dem Titel *Vorfall in Berkeley* in der Zeitschrift *Westfalenspiegel* zum Abdruck.[3]

Der Text zeigt, dass Schirmbecks Prosa auf klassischer Erzähltradition fußt. Eingeflochten ist das Generalthema des Autors jener Jahre: Der Einfluss der Naturwissenschaft auf die Existenz des Menschen, hier konkret festgemacht an den verheerenden Folgen der Atomkraft. Eingebettet in den Text ist eine verkappte Liebesgeschichte. Sie handelt von dem arrivierten Wissenschaftler Macdonald, der auf einem Kongress seine frühere High-School-Freundin Martha Grand wiedertrifft, die als Tänzerin Karriere gemacht hat. Durch die Erinnerung an die frühere Liaison liegt ein Hauch subtiler Erotik über der Szene. Gemeinsam unternehmen beide im August 1946 einen Ausflug nach Berkeley und stoßen dort auf einen Atomreaktor:

> Sie hatten den höchsten Punkt des Hügels erreicht, und die Grand stieß einen leisen Schrei der Überraschung aus. Vor ihnen stand ein kreisrundes Gehäuse; über seinem weißen, von Fenstern durchbrochenen Wellblechstamm erhob sich eine grellrote Kuppel.
> »Das sieht ja aus wie ein Fliegenpilz«, unterbrach die Tänzerin ihren Begleiter. »Wie kann man mit einem so scheußlichen Bungalow dieses schöne Plätzchen verunzieren!« »Es ist das Zyklotron«, sagte der Professor. »Ein was?« fragte Martha Grand.
> »Ein Zyklotron. Eine Atomzertrümmerungsmaschine. Im Innern dieses ›Fliegenpilzes‹, wie du dich auszudrücken beliebst, wurden die entscheidenden Versuche gemacht, welche schließlich die Fabrikation der Atombomben ermöglichten.« »Mein Gott«, sagte die Tänzerin, deren Gesicht spitz und blaß geworden war, »ich glaube, du willst mich immer noch zum

Narren halten wie früher. In diesem lächerlichen, giftfarbigen Ding da, ausgerechnet an dem Platz, wo unsere Magnolie stand, durch deren Geäst wir sooft in den blauen Himmel blinzelten, ausgerechnet dort sollte man ein solches Ungeheuer mit einem fast unaussprechlichen Namen aufgestellt haben: Du mußt zugeben, daß allein schon die Vorstellung grotesk und absurd ist.« »In gewissem Sinne ist sie freilich grotesk«, gab Macdonald freundlich lächelnd zu. »Aber du darfst nicht vergessen, daß wenige hundert Meter unter uns die wissenschaftlichen Institute liegen, daß wir uns auch hier oben noch innerhalb des Universitätsgeländes befinden, obwohl man es kaum merkt, und daß der ›Fliegenpilz‹ dort nichts weiter als einen Teil des Physikalischen Instituts darstellt, den man nur deshalb in diese verhältnismäßige Abgeschiedenheit verpflanzt hat, weil er außerhalb der Isolierung eine zu lebensgefährliche Maschinerie sein würde. Es ist also genausowenig absurd, daß das Zyklotron hier steht, als es phantastisch anmutet, daß zwei junge Menschen einst an diesem Ort idyllische Schäferstündchen verlebten. Nur, daß ausgerechnet diese beiden Menschen wir sind, mag zunächst unserem Begriffsvermögen erstaunlich vorkommen, aber mit demselben Recht könnten wir uns darüber wundern, daß wir in eben dieser Sekunde leben und nicht schon drei Jahrhunderte vorher.« Sie standen nun vor einer Tafel mit der Aufschrift »Eintritt ohne besondere Genehmigung strengstens untersagt«. Ein Wachpolizist mit litzenbesetzter Mütze und weißen Handschuhen kam auf sie zu und fragte nach ihrem Begehr. »Kann man es besichtigen?« fragte Martha Grand. »Sorry, Ma'm«, sagte der Polizist mit einem blasierten Verziehen der Kinnmuskeln. »Es wird gearbeitet; außerdem finden Besichtigungen und geschlossene Führungen nur mit spezieller Erlaubnis des State Department statt.« »Wissen Sie, wer ich bin?« fragte die Grand herausfordernd. »Wie soll ich das wissen, Ma'm?« sagte der Polizist. »Wir geben uns hier mit exakter Forschung ab, nicht mit Hellseherei.« »Sehen Sie mich genau an«, stand nun die Tänzerin angespannt vor ihm. »Kennen Sie mich nicht? Mein Name ist Martha Grand.« »Sorry, Ma'm«, wiederholte der Polizist mit unverrückbarer Zähigkeit. »Ich kenne Ihren Namen, habe ihn oft in den Zeitungen gelesen. Aber die Anordnungen des State Department gelten ohne Unterschied der Person.«

»Zum Teufel mit Ihren Anordnungen«, sagte die Tänzerin kampflustig. »Wie soll ich die Apokalypse tanzen können, wenn ich nicht einmal die

Mordmaschine gesehen habe, die an Hiroshima und Nagasaki das Schicksal von Sodom und Gomorrha wiederholte?«
»Mordmaschinen haben wir hier nicht, Ma'm«, sagte der Polizist, ein leichtes Stirnrunzeln andeutend. »Wir sind weder ein kriegsgeschichtliches Museum noch ein Zoo mit Mordbestien. Wenn Sie aber das 184-zöllige Zyklotron meinen, so möchte ich darauf hinweisen, daß sein Erbauer, Professor Lawrence, ein Mann der Wissenschaft ist und kein goldbetreßter General oder Militärattaché, dem das Lächeln einer Tänzerin zum persönlichen Dekor dient. Warten Sie bitte einen Augenblick.«
Er verschwand in der Tür des Fliegenpilzes und kam nach etwa zwei Minuten mit einem Fragebogen zurück, den er sie auszufüllen bat. Die Grand warf ihrem Begleiter einen triumphierenden Blick zu. Dieser lächelte nachsichtig.
»Ein Vorwurf für Tiepolo: ›Der göttliche Elan der Kunst besiegt die Marmorkälte der Wissenschaft‹.«
Der Polizist ließ sie durch das Gitter treten, welches das kreisförmige Gebäude umgab, und an der Tür des letzteren wurden die Besucher von zwei Herren in weißen Mänteln empfangen, welche die notwendigen Erklärungen gaben. Diese Erläuterungen waren auf einen nachsichtig-popularisierenden Ton gestimmt, wie ein menschenfreundlicher Arzt spricht, wenn er einem überängstlichen Patienten die Gefährlichkeit einer Krankheit in möglichst mildem Licht darzustellen bemüht ist.
»Das Zyklotron«, so erklärte der weißbekittelte Herr, »sei ein Ort, wo man Atome, diejenigen Urbestandteile der Materie also, die man bis vor wenigen Jahren noch für nicht weiter zerlegbar gehalten habe, in noch kleinere Partikelchen spalte. Das Zyklotron sei das A und O des Atomforschers. Ohne es sei er genauso hilflos wie ein Chirurg ohne Röntgenapparat.«
Sie traten in das Innere des runden Gebäudes, das etwa einen Durchmesser von sechzig bis siebzig Metern haben mochte. Konzentrisch zu der äußeren Wand lief eine zweite Mauer aus drei Meter dickem Beton. Zwischen beiden Wänden konnte man spazierengehen wie in der Wandelgalerie eines Rundtheaters. Die innere Betonwand war mit allerlei Schalttafeln, roten, grünen und gelben Kontrollämpchen, einem phantastischen Dschungel von Hebelarmen, Rohren und Schrauben bedeckt. Durch eine Öffnung in der Betonwand betraten sie das Allerheiligste: den Raum, welcher die eigentliche Apparatur des Zyklotrons beherbergte.

Dieses bestehe, wie die Herrschaften ja selber sähen, im wesentlichen aus einer riesigen, luftdicht geschlossenen Trommel, welch letztere wiederum das Behältnis für eine schneckenhausförmige Spirale darstelle, und in dieser spiele sich das eigentliche Drama ab. Es beginne damit, daß man das Geschoß, mit welchem man die Atome zu bombardieren gedenke – meistens bediene man sich hierzu des Wasserstoffkerns –, in das innerste Zentrum der Spirale bringe, von wo aus es dann, gelenkt und gesteuert durch die Kraftlinien eines riesigen Elektromagneten, dessen einer Pol sich prankengleich über der Trommel befinde, während der andere unsichtbar in der Erde liege, in immer schnelleren Drehungen längs der Spiralwände umherkreise, **bis** es schließlich mit der Geschwindigkeit des Lichtstrahls aus der Erdöffnung des Schneckenhauses herausschieße, um mit zertrümmernder Wucht auf **die** zu Experimentzwecken bereitgestellten Atome zu treffen. Die unvorstellbare Beschleunigung des Geschosses vom Ruhepunkt bis zur Lichtgeschwindigkeit erhalte es durch einen einfachen, aber höchst genialen Mechanismus, nämlich durch ein elektrisches Wechselfeld von hoher Schwingungszahl, welches an einander gegenüberliegenden Enden eines Durchmessers angelegt werde und jedesmal dann, wenn das rotierende Geschoß nach Durchlaufen eines Halbkreises seine Richtung im Raume umgekehrt habe, auch seinerseits seine Richtung ändere, so daß sich die einzelnen Impulse, welche das Geschoß auf diese Weise erhalte, sich zu dem phantastischen Betrag von vielen Millionen Volt summiere, wobei, und dies sei ja der geniale Trick des ganzen Apparates, die ursprüngliche Spannung des elektrischen Wechselfeldes fünfzigtausend Volt nicht zu übersteigen brauche.

»Man könne sich also«, wagte Martha Grand in dem gelehrten Wust eine Zwischenbemerkung, »den Weg des Geschosses wie eine immer schneller werdende Pirouette vorstellen, die schließlich in einem unvorstellbar raschen Wirbel ende?« »So kann man es ausdrücken, Ma'm«, sagte der höfliche Gentleman in dem weißen Kittel.

»Und wie lange dauert es, um das Partikelchen aus seinem Ruhepunkt im Zentrum der Spirale bis zur Lichtgeschwindigkeit hinaufzuwirbeln?«

»Vierzig Mikrosekunden«, sagte der Gelehrte.

»Und was ist eine Mikrosekunde, Sir?«

»Ein Millionstel einer Sekunde«, war die Antwort.

»So lange hätten wir eigentlich Zeit, nicht wahr, Georgie?«, wandte sich Martha Grand an ihren Begleiter. Der nickte abwesend, als habe er den Scherz nicht begriffen. »Könnten Sie nicht den Magneten anlassen und uns zeigen, wie das Geschoß in der Spirale herumwirbelt und schließlich auf das Atommetall prallt?«

Der Gelehrte lächelte. »Den Magneten kann ich einschalten«, sagte er, »aber sehen würden Sie nichts. Diese Vorgänge spielen sich in einer Welt ab, zu der unsere Sinne keinen Zugang haben. Der Physiker vermag höchstens durch einen Trick die Bahn eines solchen Partikelchens zu photographieren. Draußen im Schaltraum hängen einige solcher Bilder. Sie können Sie beim Hinausgehen anschauen.«

Während er sprach, hatte er den Magneten eingeschaltet. Ein leises Summen durchtönte den Raum, einige Signallämpchen glühten auf, sonst sah man nichts weiter.

»Geschieht es jetzt?« fragte die Tänzerin mit sonderbar andächtiger Stimme.

»Ja, es geschieht, Ma'm«, antwortete der Gelehrte sanft. »In diesem Augenblick spielen wir mit der fürchterlichsten Kraft, welche die Schöpfung kennt.«

Man hörte ein leichtes, kurzes Klirren, und Macdonald war es, als sei ihm ein hauchfeiner Schatten an den Brauen vorübergehuscht. Martha Grand strich über ihre hohe, schwarze Frisur, als habe sie ebenfalls den Schatten verspürt, dann lächelte sie bleich und mit falterhaft gesenkten Wimpern.

Als sie wieder draußen standen und sich zum Heimweg anschickten, strich ein leichter Wind durch den Eukalyptushain und verlor sich gegen das Meer hin. Martha lehnte sich gegen einen der Stämme und legte etwas Rouge auf ihre Wangen. Jetzt erst sah Macdonald mit einem gewissen Erschrecken, wie eingefallen ihr Gesicht wirkte. Sie war nie eine Schönheit gewesen, zu groß, zu mager, zu derbknochig, um vornehmlich auf die Sinne der Tausende zu wirken, die ihr allabendlich zu Füßen lagen. Ein Sausen wie aus den Sturmesfittichen des Cherubs hatte von ihren Gliedern Besitz ergriffen und entriß ihr Abend für Abend Bewegungen, die den Ekstasen der Heiligen, der tragischen Komik eines weiblichen Don Quichotte, dem letzten Sichaufbäumen eines sterbenden Schwans ähnlicher waren als dem glühenden Sinnenzauber einer Salome.

»Ich mache mir Vorwürfe«, sagte Macdonald. »Es scheint dich mehr mitgenommen zu haben, als ich ahnen konnte.« »Laß nur«, antwortete sie

mit einem matten Lächeln. »Es war ja weiter nichts zu sehen. Und doch ist alles so unbegreiflich. Wie recht du damals hattest mit deiner ›Toteninsel‹! Das heißt: Nicht du hattest recht, denn du beabsichtigst ja nur einen bizarren Scherz, um dich mit deiner Kunstgelehrsamkeit zu brüsten, ich aber spürte, daß aus der Kapriziosität deiner Bemerkung der fröstelnde Hauch einer düsteren Wahrheit sprach. Dies hier ist die Toteninsel des zwanzigsten Jahrhunderts: ein possierlicher Fliegenpilz, der unter stillen Eukalyptusbäumen träumt.« »Gut gesagt, meine Liebe«, bemerkte Macdonald anerkennend. »Fast wünschte ich, daß der alte Böcklin noch einmal auferstände, um auch diesen Fliegenpilz malen zu können, auf jeden Fall werde ich mir dein Aperçu merken für einen stilvergleichenden Aufsatz über die Wandlungen der Romantik.« Sie erreichten die ersten Häuser von Berkeley. Die Sonne war im Sinken. Martha ging mit den großen, federnden, gespannten Schritten eines Straußenvogels. Ihr enganliegendes, dunkelblaues Kostüm legte sich wie ein kühler Panzer um ihre schmalen, knabenhaften Hüften. Der lange, magere Hals, die ausgeprägte, einem halben Sinusbogen nicht unähnliche Linie des Kinns, welche beinahe geometrisch genau am Ansatz des blätterteigzarten Ohrlappens mündete, gaben ihrem Kopf etwas Herbes, Gemeißeltes, das Macdonald, der Italophile, immer als »danteske Strenge« bezeichnet hatte.
Sie standen vor der Garage, wo Macdonald seinen Wagen untergestellt hatte. Er suchte in seinen Taschen nach dem Zündschlüssel, fand ihn jedoch nicht. Martha blickte nervös nach der Uhr.
»Wann beginnt dein Auftritt?« fragte Macdonald.
»In knapp zwei Stunden«, sagte sie.
»Hast du lange mit Umkleiden, Schminken usw. zu tun?«
Sie lachte. »Mach dir keine Sorgen. Das Zeitraubendste ist die Frisur. Aber, als ob ich geahnt hätte, daß wir uns verspäten würden, habe ich mich vorher schon für die ›Apokalypse‹ frisiert. Sieht man mir das an?«
Ihr dunkles, glänzendes, volles Haar war nach oben aufgesteckt und endete in einem kunstvollen, beinahe pyramidenförmigen Aufbau, der, ganz wie man wollte, phantastisch oder auch nur modisch-extravagant wirkte.
»Nach ›Apokalypse‹ sieht das eigentlich nicht aus«, lachte Macdonald. »Damit könntest du genausogut mit mir in den ›Mirror Club‹ gehen.«

Vorfall in Berkeley ist ein für Heinrich Schirmbecks Schaffen anno 1968 untypischer Text. Der Autor konzentrierte sich damals, wie erwähnt, auf die Form des kritischen Rundfunkessays. 1968 war er mit Beiträgen im Süddeutschen-, Hessischen- und Westdeutschen Rundfunk sowie bei Radio Bremen zu hören. Seine Themen waren: *Der Mensch in einer biotechnisch gesteuerten Welt, Wie funktioniert das Gedächtnis?, Das Gedächtnis als universelles Problem des Lebens, Wissenschaft und Gewissen, Droge, Mystik und Kultur, Vom Elend der Literatur im Zeitalter der Wissenschaft* sowie *Die erfundene Zukunft*.[4]

Das Spektrum des Schirmbeck'schen Denkens ist allumfassend. Der Autor setzte sich mit Fragen der Biotechnik, Biokybernetik, Physiologie, Genetik, Informationstheorie, Philosophie und Literatur auseinander. Im Rundfunk waren rund 250 Beiträge Schirmbecks zu hören. In Buchform sind seine Essaybände *Die Formel und die Sinnlichkeit* von 1964 (mit dem Untertitel *Grundzüge einer Poetik im Atomzeitalter*) und *Ihr werdet sein wie Götter* (1966) zu nennen.

Der Roman *Ärgert dich dein rechtes Auge*, dem, wie erwähnt, der zitierte Auszug aus *Vorfall in Berkeley* entstammt, stellte erstmals die gesellschaftlich-kulturellen Folgen der Kernspaltung in literarischer Form dar.[5] Er erschien 1960 in englischer Übersetzung und im Jahr darauf in einer separaten amerikanischen Ausgabe. Für den Kritiker Orville Prescott von der *New York Times* war es der »geistig anspruchsvollste Roman, den uns Deutschland seit dem Zweiten Weltkrieg, wenn nicht gar seit dem Erscheinen von Thomas Manns Zauberberg, bescherte«.[6] Der einflussreiche *FAZ*-Feuilletonist Friedrich Sieburg nannte Schirmbeck einen »Königsfalter in der sonst so öden Literaturlandschaft« und Robert Jungk stellte den »genialischen Einzelgänger«, dessen Zukunft »erst begonnen hat«, in eine Reihe mit »wegweisenden literarischen Neuerern« wie Joyce und Kafka. Er schrieb: »Wenn in hundert Jahren von der deutschen Literatur nichts Substantielles mehr übrigbleibt, dann werden die Werke Schirmbecks leuchten wie die Sterne am Firmament.«[7]

Schirmbeck nahm nicht nur in der westfälischen Literatur, sondern allgemein in der deutschen Literaturgeschichte eine Sonderstellung ein. Ohne je Parteigänger gewesen zu sein, zählte er als entschiedener Demokrat zu den »Intellektuellen im allerbesten Sinn«.[8] Er habe »schon sehr früh an überlebten literarischen Dogmen« gerüttelt (*Von* der *Fragwürdigkeit des Erzählens*, 1943), sich »mit wachem Blick den Herausforderungen der technisch-wissenschaftlichen Umwälzungen« gestellt und der Literatur neue Gebiete erschlossen (*Mathematik im Roman*, 1950), heißt es in einer heutigen Einschätzung seines Werks.[9] Schirmbecks Œuvre wurde ehemals viel diskutiert und ist unter anderem ins Englische, Französische, Spanische und Niederländische übersetzt. 1968 hatte bereits eine wissenschaftliche Auseinandersetzung mit dem Autor eingesetzt. Karl August Horst und Fritz Usinger legten die Monografie *Literatur und Wissenschaft. Das Werk Heinrich Schirmbecks* vor. Gleichzeitig wurde Schirmbecks Großessay *Ihr werdet sein wie Götter. Der Mensch in der biologischen Revolution* neu aufgelegt. So viel zur Ehrenrettung des heute weitgehend vergessenen Autors, der 1968 gleich mehrfach auf der literarischen Bildfläche präsent war.

Anmerkungen

1 Geb. 1915 in Recklinghausen. War zunächst in verschiedenen Städten in der Buchbranche und -werbung tätig. Daneben erste Veröffentlichungen im Feuilleton der *Frankfurter Zeitung*. Freundschaft mit Peter Suhrkamp. 1940 Soldat, 1945 Flucht. Von 1946 bis 1950 Redakteur des Feuilletons der *Schwäbischen Zeitung* in Leutkirch im Allgäu und Mitarbeiter der *Badischen Zeitung* in Freiburg/Breisgau. Seit 1950 Werbeleiter der *Deutschen Zeitung und Wirtschaftszeitung* in Stuttgart. 1951 Werbeleiter der *Frankfurter Illustrierten*. Seit 1952 freier Schriftsteller und Rundfunkautor. Von 1955 bis 1967 Wohnsitz in Frankfurt, danach in Darmstadt auf der Rosenhöhe, wo er 2005 starb. Vgl. www.heinrich-schirmbeck.de. Dort auch weiterführende Literaturangaben. Zuletzt: *Lesebuch Heinrich Schirmbeck*, hg. von Rolf Stolz. Bielefeld 2014. – Der Autor stand in keinem näheren Kontakt zur westfälischen Literaturszene und nahm beispielsweise an keinem der zahlreichen westfälischen Dichtertreffen teil. In der repräsentativen Kulturzeitschrift *Westfalenspiegel* sind nur wenige Texte von ihm zu finden.
2 Dort betitelt mit *Das Zyklotron*. Unter dem Titel *Die Pirouette des Elektrons* fand die Erzählung 1980 Eingang in den gleichnamigen Erzählband Schirmbecks.
3 *Westfalenspiegel* 1968, H. 3, S. 25-28.
4 Themenliste der Essays s. www.heinrich-schirmbeck de.
5 Vgl. *Lesebuch Heinrich Schirmbeck*, a.a.O., S. 153.
6 Zitiert nach ebd.
7 Ebd.
8 Ebd., S. 157.
9 Ebd., S. 156f.

4 Alternativen
Paul Schallück fragt, wo denn bitte die Moral bleibt

Ein weiterer Protagonist, der sich 1968 kritisch mit der Anti-Atomkraftbewegung auseinandersetzte, war Paul Schallück.[1] Fotos von Protestmärschen zeigen ihn in vorderster Reihe. Der Weggenosse Heinrich Bölls war ganz vom Geist der *Gruppe 47* geprägt, der er selbst angehörte und an deren Treffen er regelmäßig teilnahm. Heute weitgehend vergessen, zählte Schallück zu den wichtigsten politischen Autoren der jungen BRD.

In den 1950er Jahren hatte Schallück vier wichtige gesellschaftskritische Romane vorgelegt.[2] Der interessanteste davon ist *Wenn man aufhören könnte zu lügen* von 1951. Das Buch ist ein Dokument der »Halbstarken«-Rebellion. Es thematisiert das Lebensgefühl einer Jugend, die ungestüm die Welt verändern will. Sie hat einen genauen Blick für die überall grassierenden Missstände, findet jedoch keinen Ansatzpunkt für ein Aufbegehren. Man diskutiert endlos, geht ins Kino oder in Kneipen – um schließlich im Nihilismus zu enden. Für den Schriftsteller Fred Viebahn war *Wenn man aufhören könnte zu lügen* »die Geschichte einer verlorenen Generation, für die es keine moralischen Wahrheiten mehr gibt, nur Trieb, Trug und Enttäuschung. Die Sehnsucht nach Mitmenschlichkeit ist übermächtig da, doch wie kann sich nach ihrer radikalen Zertrümmerung Mitmenschlichkeit wieder entwickeln? Wer verstehen will, warum existentialistische Philosophien einen so großen Einfluß auf viele junge Intellektuelle nach dem Zweiten Weltkrieg hatten, dem bietet dieses Buch einige Erklärungen«.[3]

Nach und nach und zeitweilig parallel zu seinem Romanschaffen wandte sich Schallück zunehmend dem politischen Essay zu. Eine Art »Glaubensbekenntnis« ist sein Buch *Zum Beispiel* aus dem Jahr 1962. In ihm prangert Schallück unter anderem die »deutsche Vergesslichkeit« im Umgang mit dem Nationalsozialismus an – eines seiner Hauptthemen.[4] Der frühere Stellenwert Schallücks zeigt sich daran, dass er in den 1960er Jahren zur Teilnahme an wegweisenden politischen Anthologien eingeladen wurde. Dies gilt etwa für den 1961 erschienenen, von Martin Walser herausgegebenen Sammelband *Die Alternative oder Brauchen wir eine neue Regierung?* und die von Hans Werner Richter

Der politische Autor Paul Schallück.

herausgegebene *Bestandsaufnahme. Eine deutsche Bilanz 1962.* 1965 war Schallück Beiträger der Anthologie *Plädoyer für eine neue Regierung oder Keine Alternative.* Er befand sich dabei in Gesellschaft von Autoren wie Günter Grass, Hans Werner Richter, Walter Jens, Siegfried Lenz, Peter Rühmkorf oder Rolf Hochhuth.
Schallück nahm aktiv teil an den politischen Diskussionen der Zeit, an Demonstrationen, kritischen Radiogesprächen und verfasste unzählige Zeitungs- und Zeitschriftenkolumnen. Er äußerte sich über Atomrüstung und Notstandsgesetze, über Rechtsradikalismus und Menschenrechte, über Berufsverbote und Vietnamkrieg, über den Protest der 68er und die deutsche Nazi-Vergangenheit. Ein populäres Forum für seine Kommentare zum Zeitgeschehen fand er ab 1966 in der auflagenstarken Gewerkschaftszeitung *Welt der Arbeit.* Hier erschienen 14-tägig über 200 seiner politischen Glossen (s. S. 218ff.).

Paul Schallück auf einer Demo in Gelsenkirchen, 1958.

Walter Jens
und Paul Schallück.

Paul Schallück (2. von links) bei einem Empfang bei Bundespräsident Gustav Heinemann, 1972.
3. von rechts: Heinrich Böll.

Parteipolitisch stand Schallück der SPD nahe und engagierte sich für sie im Wahlkampf. Er trat sogar als Redenschreiber für Willy Brandt in Erscheinung.[5] Für ihn verfasste er 1970 das Vortragsmanuskript *Braucht die Politik den Schriftsteller?* 1973 wurde Schallück für sein gesellschaftspolitisches Engagement mit dem *Nelly-Sachs-Preis* der Stadt Dortmund ausgezeichnet.

1968 war das belletristische Schaffen Schallücks weitgehend zum Erliegen gekommen. Im Jahr zuvor hatte er seinen letzten Roman *Don Quichotte in Köln* vorgelegt. Dieser konnte nicht an den Erfolg seiner früheren Romane anknüpfen. Er ist das Dokument einer Krise. Der Autor gesteht sich in dem autobiografisch gefärbten Text ein, dass sein gesellschaftskritisches Engagement wirkungslos geblieben sei (s. S. 219ff.). Die Rolle eines »Moralapostels«, die er jahrelang gespielt habe, sei inzwischen überholt. Die Zeiten hätten sich geändert und mithin die Themen und das Publikum.

Mit »anderer« Literatur tat sich Schallück schwer. Das gilt besonders für Pop-Literatur. Immerhin versuchte er in den 1970er Jahren, Anschluss an das Dokumentar-Theater zu gewinnen. Unter anderem entstand das Libretto zu dem multimedialen Oratorium *Countdown zum Paradies*.[6]

Vorderseite des Sammelbands »Die Alternative«, 1961.

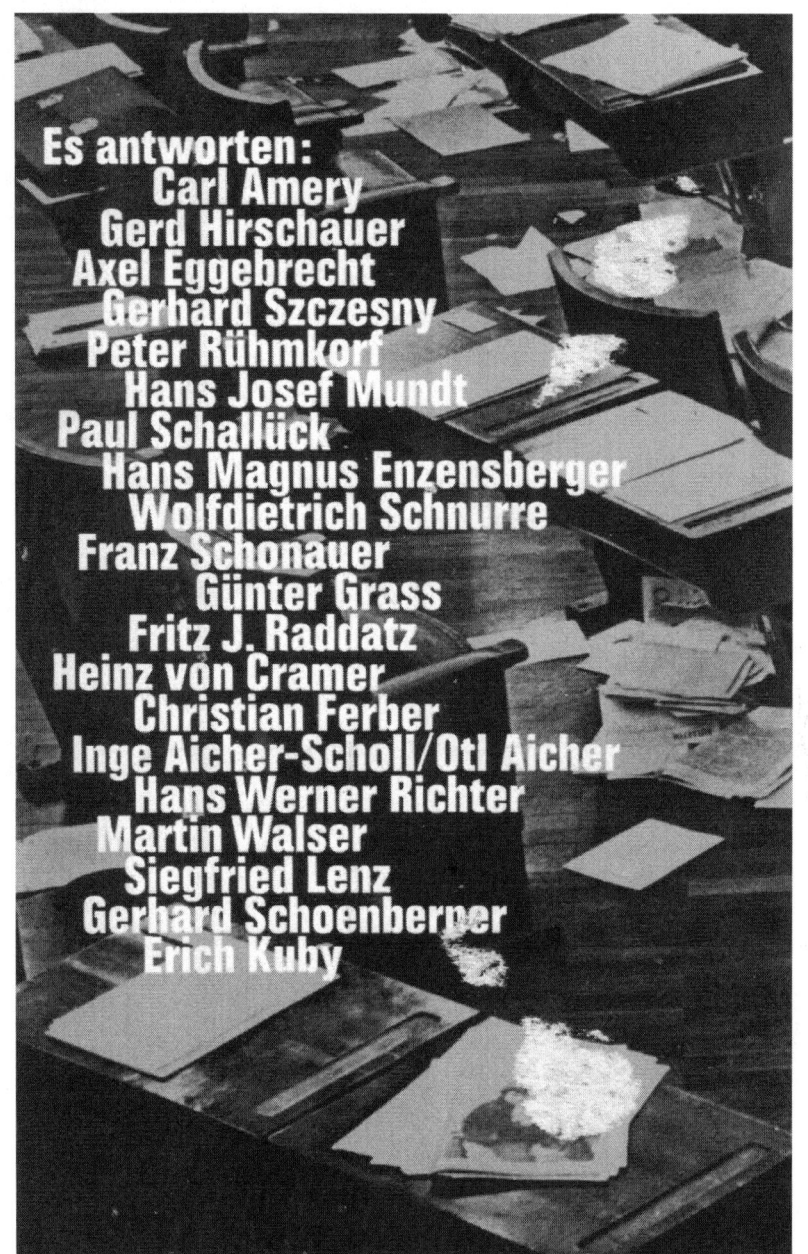

Rückseite des Sammelbands »Die Alternative«, 1961.

Zwölf Bilder führen die Exzesse einer apolitischen, vollständig dem Konsum verfallenen Welt vor Augen. Es wird ein Horrorszenario entfaltet, das in grellen Farben den Zustand einer Gesellschaft aufzeigt, die der kollektiven Verdummung anheimgefallen ist. Die Zeit des Denkens ist vorbei, stattdessen ergibt man sich willenlos der Konsumindustrie: Schlager, Kino, Happenings, Shows, Tourismus, Fernsehen. Letzteres wird wie ein Götzenbild verherrlicht. Die Politik spielt das Spiel mit und profitiert davon. Die Machenschaften der Unterdrückung, Korruption und Gewaltausübung bleiben ungeahndet. Sie gehen vielmehr im Lärm einer bunten Lifestyle-Welt unter. Währenddessen intoniert die dressierte Masse gebetsmühlenartig »It is a wonderful life / O what a wonderful world«. Schallücks Text zeigt, dass ihm das vermeintlich oberflächliche Phänomen Pop fremd war. Er ging auf Distanz, während andere Autoren diese Literaturrichtung produktiv weiterentwickelten.

War Schallücks erwähnte negative Selbsteinschätzung im *Don Quichotte*-Roman vielleicht zu pessimistisch ausgefallen? 1968 war der Autor in der Öffentlichkeit noch omnipräsent. Am 11. Januar brachte das WDR-Fernsehen ein 20-minütiges Feature über ihn. Drei Tage später wurde sein *Don-Quichotte*-Roman im Deutschlandfunk vorgestellt. Wiederum nur kurze Zeit später, am 25. Januar, zeigte die ARD sein Fernsehspiel *Rund um den Ochsenkopf* (s. S. 159). Am 2. Juni 1968 beteiligte sich Schallück an der vom WDR-Hörfunk ausgestrahlten Nonsens-Diskussion *Gehört der Mond zum Establishment?* und am 20. August strahlte der WDR sein Hörspiel *Pipo oder Panik in Planstelle O.* aus.

Der Rundfunk war überhaupt eine Domäne des Autors. 1968 sind folgende weitere Beiträge Schallücks zu nennen: *Als ich fünfzehn war*, *Brauchen wir die Fünftagewoche für Dichter?*, *Brauchen wir ein neues Jahr?*, *Der Apfel und das Protokoll*, *Sollte man uns in den Bundestag wählen?*, *Verfluche Gott und stirb*, *V. Gaston Bart-Williams* sowie ein Rundfunkgespräch zum Thema *Zivilcourage*. Außerdem erschien 1968 sein Jugendroman *Karlsbader Ponys*, mit dem sich der Autor in einem neuen Genre versuchte. Zudem beteiligte er sich mit einer autobiografischen Reminiszenz an dem Sammelband *Mein lieber Vater*.[7]

Über alledem hatte Schallück die Zeitschrift *Westfalenspiegel* nicht vergessen. In dem damals kulturrelevanten Magazin war seit 1956 wiederholt von ihm und über ihn zu lesen. 1968 veröffentlichte er dort mehrere Kurztexte unter der Überschrift *Denn wozu lebt der Mensch*. Exemplarisch herausgegriffen sei hieraus *Treue ist kein eitler Wahn*. Die folgende Szene spielt in der TV-*Sportschau*. Der mittlerweile siebzigjährige Philipp Müller-Meier soll für seine Erfindung des Hat-Tricks mit einem Orden ausgezeichnet werden. Nach zunächst reibungslosem Ablauf – der Moderator und Müller-Meier schwelgen in alten Erinnerungen – passiert der klassische »Gau« einer Live-Sendung. Müller-Meier beginnt vor laufender Kamera über Dinge zu reden, die »eigentlich nicht hierhin gehören«:

> Philipp Müller-Meier saß neben seinem Bewunderer und nickte, wenn die Kamera ihn zeigte, fast zu jedem Komma. Dann wurde er gebeten, doch ein wenig zu erzählen von damals, als er mit unerhört kämpferischer Leistung innerhalb von neun Minuten dreimal das runde Leder ins feindliche Tor zu feuern vermochte. Philipp Müller-Meier war froh, endlich auch etwas sagen zu dürfen. Es brach aus ihm heraus, die Erinnerungen überwältigten ihn sichtlich vor den Augen einiger Millionen Fernsehzuschauer. Er war alt geworden, der Philipp, grauhaarig, hageren Gesichts, aber lebhafte Augen hatte er und war noch immer hellwach. Er erinnerte sich, wie die Itaker damals sich einigeln und ihr Tor vermauern wollten; aber es hat ihnen nichts genützt. Den Angriff zum ersten Tor leitete aus der eigenen Deckung Max Schmeling ein, der nämlich gab eine Vorlage zum Rechtsaußen, von dort kam der Ball direkt, mit einer gezielten Flanke auf seinen Kopf, und *drin* war er, im Kasten von Real, unhaltbar. Der zweite Treffer kam selbst für ihn überraschend: Müller-Meier an Seeler, Seeler an Müller-Meier, Müller-Meier zurück an Seeler, der wird angegriffen von Gagarin, kann aber das Leder noch gerade an Müller-Meier abgeben, und der knallt reaktionsschnell aus dem Stand in die Maschen. Das dritte Tor schließlich war der krönende Abschluß eines Alleingangs von Müller-Meier übers ganze Feld, nur Karajan steht ihm noch gegenüber und natürlich der Torkipper, seinen Namen hat er vergessen; Karajan ausgetrickst, durch die Beine, freie Bahn, kaltblütig die Ecke ausgesucht, Schuß, Tor!
> Der Gedanke, daß er in diesem Augenblick den Hat-Trick erfunden hatte, hätte ihn beinahe ohnmächtig werden lassen. Müller-Meier wollte weiterberichten, vom Ende des Spiels und seiner Verletzung, aber der Moderator lächelte gequält und unterbrach ihn, indem er seine Hand

kameradschaftlich auf Philipps Arm legte und sagte: Das war die ruhmreiche Vergangenheit, nun sind wir wieder in der Gegenwart, und ich kann Ihnen, lieber Philipp Müller-Meier, eine ganz große, eine freudige ...
Damit schwenkte die Kamera auf einen haarlosen Herrn, der als Oberregierungsrat aus der Ordenskanzlei vorgestellt wurde. Mit warmen, bewegten Worten sprach er auf Philipp Müller-Meier ein, sagte, Treue sei kein eitler Wahn, erinnerte sich an das kampfbetonte Spiel gegen Albanien, erwähnte Philipps druckvollen Angriff, nannte ihn den ruhmreichsten Schützen der Geschichte und versicherte, seine kämpferische Haltung sei vielen Jungen zum Vorbild geworden, die seitdem genau wie er keinen Pardon mehr gäben. Dafür werde er heute an seinem siebzigsten Geburtstag ausgezeichnet mit dem Großen Verdienstkreuz des Verdienstordens mit Stern der Bundesrepublik Deutschland, das er ihm nun überreichen dürfe. Herzlichen Glückwunsch, lieber, verehrter Philipp, so darf ich Sie doch noch einmal nennen, nicht wahr?

Müller-Meier war gerührt, die Kamera zeigte es. Er fummelte an seiner Krawatte, stand auf, ließ sich den Orden umhängen, wandte sich behende und sprach seinen Dank in die Kamera, zu seinen Verehrern an den Flimmerschirmen in Ost und West, in Süd und Nord. Er sagte: Bisher hätte er geschwiegen, in dieser Stunde aber wolle er's verraten, er hätte nämlich zweimal schießen müssen, erst der Nachschuß hätte genau im Sehschlitz gesessen, dann wäre er sofort losgestürmt und hätte die ganze Besatzung umgelegt, es sei wirklich wahr, in dem Augenblick hätte er keinen Pardon gekannt, wie jämmerlich auch die Franzmänner gebettelt ...

Mitten im Satz wurde er unterbrochen. Die Sendung ist gestört. Bitte, haben Sie einen Augenblick Geduld.

Als der Augenblick verstrichen war, wurde das Startzeichen zum 2 x 50-m-Kraulen der Damen gezeigt, im Schwimm-Länderkampf Deutschland-Frankreich.

Anmerkungen

1   Geb. 1922 in Warendorf. Nach dem Schulabschluss 1941 Einberufung. 1944 Soldat in Frankreich, schwere Verwundung mit bleibender körperlicher Behinderung. Bis 1946 französische und amerikanische Gefangenschaft. 1946/47 Studium der

Germanistik, Geschichte und Philosophie in Münster. 1947 bis 1950 Studium der Theaterwissenschaft, Kunstgeschichte, Philosophie und Germanistik in Köln. 1949 bis 1952 Theater- und Kunstkritiker. Seit 1952 Journalist und freier Schriftsteller in Köln. 1958 Mitbegründer der *Kölnischen Gesellschaft für Christlich-Jüdische Zusammenarbeit e. V.* 1959 Mitbegründer der Deutsch-Jüdischen Bibliothek *Germanica Judaica (Kölner Bibliothek zur Geschichte des deutschen Judentums).* 1971 bis 1976 Chefredakteur der Zeitschrift *Dokumente – Zeitschrift für übernationale Zusammenarbeit* in Köln. Er starb 1976 in Köln.

2 *Wenn man aufhören könnte zu lügen* (1951), *Ankunft null Uhr zwölf* (1953), *Die unsichtbare Pforte* (1954) und *Engelbert Reineke* (1959). Im folgenden Jahrzehnt kam lediglich noch der Roman *Don Quichotte in Köln* (1967) hinzu. Zu Schallück vgl. Walter Gödden, Jochen Grywatsch: *Wenn man aufhören könnte zu lügen. Der Schriftsteller Paul Schallück (1922-1976).* Bielefeld 2002.

3 *Kritisches Lexikon der deutschen Gegenwartsliteratur,* Bd. 8, hg. von Heinz Ludwig Arnold. München 1982.

4 Vgl. Jochen Grywatsch: *Zum Beispiel dies, zum Beispiel das. Essays über die Zeit, den Ort, das Schreiben und die Kunst,* in: Gödden/Grywatsch, a. a. O., S. 181-222.

5 Walter Gödden, Jochen Grywatsch: *Moment mal! Paul Schallück: Glossen und Gedanken zur Zeit.* Köln 2003.

6 Vgl. Walter Gödden: *Von »Draußen vor der Tür« zum Dokumentartheater. Der Bühnenautor* [Paul Schallück], in: Gödden/Grywatsch 2002, S. 261-280, besonders 276-280.

7 Abdruck in Peter Härtling (Hg.): *Die Väter. Berichte und Geschichten.* Frankfurt a. M. 1968.

Autor Peter Rühmkorf.

5 Anti-Allerleirauh
Peter Rühmkorf sammelt aus Protest gegen den Protest Kinderverse

Ene mene mopel
Wer frißt Popel
Süß und saftig
Einemarkundachtzig[1]

Im April 1968 heißt es in einer Besprechung der Zeitschrift *Westfalenspiegel*: »Der aus Dortmund stammende Autor Peter Rühmkorf legt hier eine Sammlung von Kinderreimen und Volksversen vor mit umfangreichen Kommentierungen und Interpretationen. Was zunächst die Textsammlung betrifft, so ist festzustellen, daß diese Anthologie anders ist als alle ihre Vorgänger, eingeschlossen Enzensbergers *Allerleirauh*. Hier häufen sich die Fäkalien und Exkremente in einem Maße, daß man sich unwillkürlich fragt, ob diese Sammlung repräsentativ ist für das ›Volksvermögen‹. Es regt sich der Verdacht, daß Rühmkorf sich bei der Auswahl hat leiten lassen von der Absicht, ein Anti-*Allerleihrauh* zu schaffen.«[2]

War dem Rezensenten der Autor Peter Rühmkorf zu frech? Zu links? Zu dreist und unverfroren? Durfte man 1968 nicht so burschikos auftreten wie der »Elb-Anakreon«? Der sich später – mit gewohnter Chuzpe – als »gebürtiger Wahlwestfale«[3] outete und 1979 – anlässlich seiner Entgegennahme des Droste-Hülshoff-Literaturpreises (»Westfälischer Literaturpreis«) – über seine Geburtsstadt Dortmund verlauten ließ: »Geboren am 25. Oktober des Jahres 1929 als Sohn der Lehrerin Elisabeth Rühmkorf und des reisenden Puppenspielers H. W. (der Name ist dem Verfasser bekannt) in Dortmund. Die Stadt soll ruhig mal was springen lassen.«

Man gewinnt jedenfalls den Eindruck, als habe man anno 1968 einen schillernden Paradiesvogel und »Unruhestifter« wie Rühmkorf nicht allzu gern in seinen eigenen (westfälischen) Reihen haben wollen. Weil, ja weil Rühmkorf ein kritischer und zudem unabhängiger und deshalb vielleicht auch unberechenbarer Geist war, der sich, scheint's, um nichts scherte, schon gar nicht um vermeintliche westfälische Werte.

Peter Rühmkorfs »Über das Volksvermögen«, 1967.   Hans Magnus Enzensbergers »Allerleirauh«, Erstausgabe 1961.

Rühmkorf ist, wie erwähnt, lediglich ein »Zufallswestfale«.[4] Er verbrachte nur seine ersten beiden Lebensjahre in Dortmund, weil seine Mutter, eine Pastorentochter, das uneheliche Kind nicht in einer niedersächsischen Kleinstadt zur Welt bringen wollte. Gleichwohl fiel Rühmkorfs Name seit den 1960er Jahren mehrfach in westfälischen Literaturzusammenhängen. 1962 war Rühmkorf in Horst Wolffs Anthologie *Lotblei. Junge Autoren. Gedichte, Prosatexte und Schauspielauszüge von 18 westfälischen Autoren* vertreten. Im selben Jahr fand er im *Westfalenspiegel*-Beitrag *Junge westfälische Dichtung heute* Erwähnung.[5] Im Jahr darauf wurde sein Name in der Jury des Droste-Hülshoff-Literaturpreises

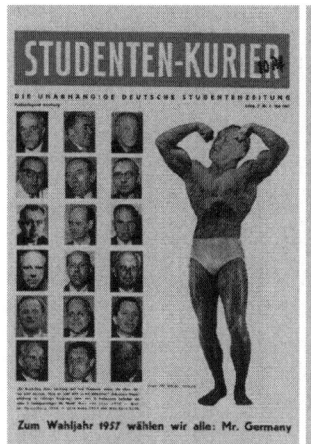  

Magazin »Studenten-Kurier«, Mai 1957.

Das Nachfolgeorgan, die Zeitschrift »konkret«, Juni 1958.

Zeitschrift »konkret«, August 1958.

diskutiert. Der Preis ging damals jedoch an den erzkonservativen und wegen seiner NS-Vergangenheit umstrittenen FAZ-Literaturkritiker Friedrich Sieburg. Rühmkorf erhielt den Westfälischen Literaturpreis erst 16 Jahre später.[6] Weitere Berührungspunkte zur westfälischen Literatur sind noch weitläufiger. So war Rühmkorf mehrfach gemeinsam mit Paul Schallück Beiträger politischer Anthologien.[7]
Rühmkorf unternahm bereits als Schüler und Student vielfältige Schreibversuche. Als Gymnasiast gab er die Zeitschrift Die Pestbeule heraus. In seiner Studienzeit in Hamburg (1951-1957) beteiligte er sich an der Gründung einer Neuen Studentenbühne, eines arbeitskreises progressive kunst und war daneben Mitglied des Kabaretts Die Pestbeule (mit Klaus Rainer Röhl). 1951 gab er (mit Werner Riegel) im Selbstverlag die Zeitschrift Zwischen den Kriegen heraus. In dem 1955 von Klaus Rainer Röhl in Hamburg gegründeten Blatt Studentenkurier betreute er unter dem Pseudonym Leslie Meier die Kolumne Lyrikschlachthof. Hier, wie in der 1957 von Rühmkorf mitbegründeten Zeitschrift konkret (s. S. 324ff.), war er unter denjenigen, die sich kritisch mit dem restaurativen Zeitgeist auseinandersetzten. Mit einer zeitweiligen Auflage von 200.000 Exemplaren war die Zeitschrift – neben Enzensbergers Kursbuch und dem

Kürbiskern (s. S. 510ff.) – eine der wichtigsten publizistischen Medien der Protestbewegung der sechziger Jahre. Rühmkorf nahm dabei die Rolle eines »scharfen, die Geister scheidenden, auch provozierenden, zu Diskussionen herausfordernden« Einzelgängers ein. Er kritisierte neomoderne Richtungen wie in Max Benses *Stuttgarter Schule* ebenso wie einfältiges und harmloses Gottfried-Benn-Epigonentum. Zielscheibe seines Spotts waren restaurative Tendenzen und Fluchtphänomene einer in Rühmkorfs Augen harmlosen zeitgenössischen Lyrik, der es an Neuartigkeit, Originalität, Formvermögen, »Progress« und »Schock« fehle. »Die Entschiedenheit seiner Urteile rührte […] daher […], daß er sich zwischen die Fronten stellte und auf leergefegtem Feld eine eigene Position zu markieren suchte: In dieser Hinsicht war Leslie Meier der streitbare Wegbereiter und Kritiker-Kumpan des Lyrikers Peter Rühmkorf, […].«[8] Rühmkorf war damals (seit 1958) Lektor beim Rowohlt-Verlag. 1964 machte er sich als Autor selbstständig.

Der junge Peter Rühmkorf.   *Rühmkorfs literarisches Debüt, 1956.*

Auf seine erste Gedichtsammlung *Heiße Lyrik* (1956, zusammen mit Werner Riegel) folgte 1959 die vielbeachtete Sammlung *Irdisches Vergnügen in g. Fünfzig Gedichte* sowie 1962 *Kunststücke. Fünfzig Gedichte nebst einer Anleitung zum Widerspruch.* Eine von mehreren Neuauflagen erschien 1967, im selben Jahr wie auch *Über das Volksvermögen. Exkurse in den literarischen Untergrund* (mit zahlreichen Neuauflagen in den Folgejahren). Der Selbsteinschätzung nach ist *Über das Volksvermögen* »eine umfassende Dokumentation zeitgenössischer Volks- und Kinderpoesie, kritisch kommentiert und durchgesehen nach Maßgabe des gesunden Volksempfindens«.⁹

Für Rühmkorf war die Sammlung, ähnlich wie seine erfolgreiche rororo-Monografie *Wolfgang Borchert in Selbstzeugnissen und Bilddokumenten* (1961, zahlreiche Neuauflagen), ein Nebenprodukt seiner vielfältigen literarisch-kritischen Betätigungen. Die eigentliche Erfolgsgeschichte des Autors setzte erst Mitte der 1970er Jahre ein und hielt dann über dreißig Jahre bis zu Rühmkorfs Tod an, dokumentiert in nahezu allen wichtigen deutschen Literaturpreisen, die ihm zuerkannt wurden.

Für Herbert Uerlings[10] steht außer Frage, dass Rühmkorf ein dezidiert politischer Autor war. Er rekurriert dabei vor allem auf Rühmkorfs politisch-publizistisches Engagement im Rahmen der genannten Zeitschrift *konkret*. Dort setzte sich Rühmkorf mit dem öffentlichen Klima des »Restauratoriums« (Rühmkorf) auseinander und besonders mit der Rolle der SPD, vor allem ihrer ambivalenten Haltung in der Frage der Wiederbewaffnung und ihrer verstärkten Abkehr von radikaldemokratischen Positionen nach der verlorenen Bundestagswahl von 1953. Die bundesdeutsche Politik war für Rühmkorf integraler Bestandteil einer reaktionären US-Politik, die Presse heruntergekommen zu einem »Reklameunternehmen« für die Regierung, wirkliche Opposition finde nur außerparlamentarisch statt, etwa in der Paulskirchenbewegung.[11] Rühmkorf beteiligte sich unter anderem an Anti-Springer-Kampagnen. Dazu gehört neben dem *Farb-Tendenzfilm schwarz-weiß-rot gegen die BILD-Republik* von 1964 der von Rühmkorf mitinitiierte Springerboykott durch die *Gruppe 47* von 1967.[12] Die Liste der Themen, die Rühmkorf mit der Studentenbewegung verbanden, ließe sich, so Uerlings, »um einiges verlängern«.[13]

Und dennoch: Politische Tendenzlyrik oder operative, auf die Tagespolitik bezogene Gedichte findet man bei Rühmkorf – im Gegensatz zu Dieter Süverkrüp, Franz Josef Degenhardt, Hanns Dieter Hüsch oder Wolf Biermann, die sich neu orientierten – nicht oder nur sehr bedingt.[14] Selbst wenn Rühmkorf 1967 Erich Frieds politische Lyrik als bahnbrechend für den Typus des Aufklärungsgedichts lobte, blieb das für sein eigenes Schaffen folgenlos.[15] Viel lieber stilisierte sich das lyrische Ich in seiner Lyrik »zum Narren, Eulenspiegel, Flügellumpen, Zundelfrieder und Grillenfänger, zum Vaganten, der grundsätzlich unberechenbar ist«[16] – eine für Rühmkorfs lyrisches Sprechen charakteristische Pose. »Der Aufklärer wird immer wieder zum rücksichtslosen Egomanen, lustvoll abhängig von den eigenen Begierden oder besessen von einer grenzenlosen Freude an der Verspottung, Ironie und der eigenen Nicht-Greifbarkeit.«[17] Repräsentativ sind für Rühmkorfs Lyrik also keine offen zeitkritisch-politischen Töne, sondern – ähnlich wie bei Harald Hartung (s. S. 654ff.) – solche, in denen die politische Aussage indirekt (aber dadurch nicht wirkungsloser) zum Ausdruck kommt. Uerlings resümiert: »Lyrik und politisches Engagement decken sich also nicht, und bis heute konstatiert Rühmkorf eine Unvereinbarkeit von Dichtung und Wahrheit, von poetischer Verklärungslust und schriftstellerischem Aufklärungsdrang.«[18]

In den siebziger Jahren zog sich Rühmkorf, wenngleich nicht vollständig, von der politischen Bühne zurück.[19] Hiermit und mit grundsätzlichen Fragen der Politik und der Politisierung seiner Kunst (und mithin seiner Position im Jahr 1968) setzte sich Rühmkorf in *Die Jahre die Ihr kennt* (1972) auseinander. Er spricht dort über seine »Schreib- und Ausdruckskrise der Jahre 64/65«[20], ausgelöst durch die Diskrepanz zwischen politischer Aufklärungsabsicht und seiner eigenen, über Jahre hin ausgebildeten Schreibmanier. Dabei unterscheidet er zwischen der eher politisch gestimmten Dramatik (wobei sein Stück *Was heißt hier Volsinii?* durchaus als Beispiel gelten könne) und der subjektiven Lyrik. Für die Jahre 1961 bis 1965 fasst er im genannten Text zusammen: »Die Tage der Großen Koalition und unermüdliche Versuche von Grass und Richter, die *Gruppe 47* auf SPD-Kurs einzuschwören. Schrieb schneidige Zwar-Aber-Appelle, zweischneidige Polit-polemiken und kaum minder in sich zerfaserte Literaranalysen. Vor die

Peter Rühmkorfs »Die Jahre die Ihr kennt«, 1972.

Peter Rühmkorf sammelt aus Protest gegen den Protest Kinderverse

gegebenen Alternativen gestellt [...], geriet die politische Schreiberei zwangsläufig zum dialektischen Hakenschlagen im Niemandsland. Schrieb Adhoc-Pamphlete mit punktuell gebündeltem Zorn (Springer! Nach wie vor Friedensfeind und Arbeiterverkäufer Numero Eins!) und Empfehlungsartikel von getrübter Partei- und Anteilnahme. Eingriffe in die Literaturdebatte in Aufsätzen von hoher Komplikatesse und mit beschränkter Haftung.«[21] Eine solche literarische Protesthaltung gab er jedoch auf. Rühmkorf war nicht gewillt, sein Schreiben politischen Zielen unterzuordnen. Im Gegenteil: Die »wachsende Unlust an den Kulturverarbeitungs- und -Zubereitungsbetrieben« schürte sein Interesse an Randphänomenen wie der Volks- und Kinderliteratur. Aus solchen Motiven entstand der genannte Band *Über das Volksvermögen*: »Gab Primanerverse heraus, entdeckte in Bengta Bischoff die vielfach gebrochene Stimme einer ungebrochenen Natur, begann literarisches Treibgut zu sammeln, anonyme Zeugnisse des stets sangeslustigen und lästerfreudigen Volksgeistes.«[22] Rühmkorf zufolge habe er damals eine fast neurotische Sammelwut entwickelt und sich ganz in diesem eher abseitigen Thema verloren.

Auszug aus *Über das Volksvermögen*:

[...] Hier möchte ich zu bedenken geben, daß der Kindervers sich durch solche Wertschätzungen nicht beeinflussen und an die goldne Kette legen läßt. Die an ihm gepriesenen Eigenschaften sind ihm schlichtweg Hekuba. Die Empfindungen, die er in gerührten und hingerissenen Betrachtern auslöst, lassen ihn kalt, er hat ganz andere Dinge im Sinn. Die Spielregeln, denen er dient, sind nicht die Regeln der Erziehungswelt, schon gar nicht die des fortgeschrittenen Geschmacks. Die Freiheit, die er beansprucht und wahrnimmt, überschreitet gehörig die Grenzen einer lizenzierten Freistatt. Obwohl der Kling-klang-Abzählreim schon einen beachtlichen Schritt fort von der Obhut des Familiengeheges bedeutet, ist er doch längst nicht der letzte, und das voreilige Entzücken am Ele-mele-Kindermund sieht sich schon bald der Tatsache konfrontiert, daß harmloses Geklingel die dubiosesten Verbindungen einzugehen beliebt.

9
Ele mele mittche
Wer mag Tittche
Ele mele mu
Die magst du

10
Ene mene mu
Keen stinkt nu
Dat do ick nich
Dat deist du

11
Icke acke Hühnerkacke
Icke acke weg

12
Eck Dreck weg

13
Ors Mors af

14
Ele mele micken macken
Eene Fru de kunn nich kacken
Nimmt 'n Stock
Bohrt 'n Lock
Schitt 'n halben Heringskopp

15
Ene dene dorz
De Deiwel läßt 'n Forz
Läßt en in die Hose
Stinkt nach Aprikose
Läßt en widder naus
Und du bist draus

16
Inne dinne durz
D'r Teifel läßt nen Furz
Gerade bei dem Kaffeetrinken
Tat der ganze Kaffee stinken

17
Ri ra rurz
Der Teufel ließ nen Furz
Er ließ ihn in ein Butterfaß
Achherrjeh wie stank denn das

18
Ene mene mopel
Wer frißt Popel
Süß und saftig
Einemarkundachtzig
Einemarkundzehn
Und du kannst gehen

Natürlich! Das könnte man immerhin noch als Deftigkeit und Derbheit am Rande einstufen. Derbheit und Deftigkeit sind ja so Gratis-Draufgaben, die man dem Volksmund gar nicht ungern bewilligt, schon weil das Deftige zwanglos auf das Lebenskräftige reimt, und weil sich im Derben – spitzfindig und dünnhäutig möchte schließlich keiner scheinen – eigentlich jede Stammesart erkennen mag. Aber so billig können wir die um die Palme herzlicher Grobheit streitenden Stämme denn doch nicht entlassen. Wer sich hier nämlich einmal aufs Auszählen einlassen sollte, der würde bald feststellen, daß dem so oft berufenen Volksgeist die Obszönität anhängt wie eine zwangsbedingte Mitgift der Natur. Im strikten Gegensatz zu allen idealischen Wunschvorstellungen, bietet sich Unflätigkeit als erstes unveräußerliches Gattungsmerkmal dar. Volksgut entpuppt sich als heimlich gehandelte Schmuggelware, die sehr zu Recht das Licht der Öffentlichkeit scheut. Und all das – wer wagte es auszudenken?! – beginnt nun in der Tat bereits beim lieben Kindervers, von dem man so gerne meint, er drehe sich um sich selbst, ein kleines, feines und von jeder bösen Absicht reines Ringelspiel.

Wirklich hat, was sich im Umgangsvers urkundlich beglaubigt, mit unseren Kulturidealen nur soviel zu tun, als es dagegen spricht. Schon der Abzählreim ist von dem unbezähmbaren Drang besessen, dem ganzen Verhaltens- und Enthaltungskodex des Erziehungsapparates eins auszuwischen. Was nur eben den Ziehpersonen entkommen (und mit ihm nicht nur solchen Sprüchlein wie jenem vom Daumen, der, wie die Tanten, ohne zu erröten, singen, die Pflaumen schüttelt; sondern einem ganzen Vers gewordenen System willkürlicher Erhöhungen und willkürlicher Abschreckungen), das wirkt nun mit an einer Untergrundpoesie, viel weniger kernig als fäkalisch, und eher aggressiv und ungemütlich als von biederem Eigensinn. Worum es dem Kind zu gehen scheint: der allmächtigen Sozialisierungsmaschinerie für einen Vers lang zu entkommen, und nicht im freien Spiel erst, sondern entschieden schon im Vorspiel, beginnt die Unabhängigkeitsbewegung.

Das ist insofern nicht etwas prinzipiell Neues – das heißt, es kommt nicht erst mit dem Reim und in gebundenen Verserzeugnissen auf die Welt – als die Auflehnung gegen Erziehung als Lustentziehung schon eher einsetzt. Das Bedürfnis, wider das Gebot zu verstoßen, ist eine prompte, durchaus vorliterarische Reaktion auf den Abrichtungsversuch. Unter dem Druck einer Kultivation, die mit planmäßig erzeugten Schuld-und Ekelgefühlen in die Seele des kindlichen Domestikanden einzugreifen trachtet, beginnt die unterworfene Natur schon früh sich als asozial zu begreifen. Die Lust an der Entleerung und Entspannung, aber doch eben nicht nur an dem bloßen Vorgange, nein, auch das elementare Vergnügen, über die ersten Eigenproduktionen selbst zu gebieten und sie ins Spiel mit einzubeziehen, bilden sich unter dem Zwange des Reinlichkeitsgebots zu wahrhaft subversiven Tätigkeiten aus. Da außerdem die Verhaltenserziehung in einen Entwicklungsabschnitt fällt, in dem ein eigener Wille sich zu entfalten beginnt, wird das elterliche Bemühen um Reinlichkeit zu einem Machtkampf ganz besonderer Prägung. Der naturbedingte Lustanspruch rebelliert mit allen zur Verfügung stehenden Trotzmitteln – das sind vorerst noch nicht viele – gegen das Kulturgebot. Das künstlich reglementierte oder unterbundene Bedürfnis beginnt sich selbst zu regulieren: häufig im Widerstand zu den Kontrollmächten und mit entschiedener Zivilisationsfeindlichkeit. So kann denn auch das zunächst nur lustbetonte und wahrhaft zweckfreie Spiel mit den Exkrementen zu methodischem Terror gedeihen. Das Schmierbedürfnis wird zur Tendenzaktion in dem Maße, wie die Erziehungsbevollmächtigten die unschuldsvolle Äußerung zur Quelle stets und ständig fließender Schuldgefühle denaturieren. Daran ändert auch nichts, daß das Kind im häuslichen Gehege zur Unterwerfung früher oder später einfach gezwungen wird. Die Restriktionsmittel der Erwachsenen überwiegen nun einmal die Ausdauer des mit sehr viel primitiveren Druckmitteln ausgestatteten Naturwesens beträchtlich. Wo aber kindliche Ausdruckslust schon an so früher Stelle gezwungen wird, sich als Verunreinigung zu empfinden, da kann man gewiß sein, daß der Zusammenhang von Produktion und Provokation, von Spiel und Unart nie mehr ganz aus der Welt kommt.

Die sprichwörtliche Lust des Kindes, mit Dreck zu werfen, findet sich selbstverständlich auch im Kinderreim. Was nicht schon heißt, daß sie allenthalben offen zu Tage träte, oder daß sie den Volksgutsammlern immer einsichtig gewesen sei. Auf der einen Seite handelt es sich ja um ein Kulturreich unterhalb der aufgeschlossenen Schichten und abseits einer jedem Beobachter zugänglichen Öffentlichkeit. Zum andern aber hat sich das Interesse an der kindlichen Primitivkultur schon früh mit jenem Kulturimperialismus verbündet, dem Erschließung das gleiche wie Säuberung ist und Erforschung nur ein Synonym für Annexion. Wie breit solches Protektoratsdenken einmal entwickelt war, können wir hier leider nur andeuten. Einen prototypischen Einzelfall möchten wir aber doch kurz vorführen, weil er uns einen wahrhaft erhellenden Einblick in die Fälscherwerkstatt der Volkskunde bietet.

Besagtes Streitobjekt findet sich in einer Broschüre: ›Die Abzählreime zwischen Ruß und Gilgestrom, gesammelt von der Lehrerschaft der Memelniederung, zusammengestellt von Paul Lemke, Tilsit 1926.‹ Es behandelt ein historisches Ereignis, bei dem uns ziemlich gleichgültig sein kann, ob es sich so oder ähnlich jemals zugetragen hat. Es schildert, und da wird es schon interessanter, wie die eigenen Leute den Feind mit List aus der Stadt treiben. Aber gar nicht das lokalpatriotische Anliegen des Verses ist es, das unsern Unmut weckt und unsern Zorn auf den Aufzeichner und Sammler lenkt; sondern jene unter Volkstumsbeflissenen schon habituelle Unredlichkeit, die einfach unterdrückt, was das erwünschte Bild vom sauberen Staatsbürger im Kleinformat beeinträchtigen könnte. ›Ohne viel den Sinn zu ändern‹, so lesen wir bei unserem vaterländisch gesonnenen

Sammelmann, ›gelang es mir in meiner Not das Wort ›Rettung‹ für das letzte Reimwort zu finden.‹ Und wir beschränken uns darauf zu meinen, daß solcher Unfug allerdings Methode hat und daß sich mit solchen Rettungsversuchen jederzeit die anale Lustvorstellung des Kindes in die nationale Wunschvorstellung seines Erziehers hochläutern läßt.

1 2 3 4 5 6 7 8 9 10 11 12 13 14 15 16 17 18 19 20
Die Russen zogen nach Danzig
Danzig fing an zu brennen
Die Russen fingen an zu rennen
Ohne Klumpen ohne Schuh
Liefen sie gen Rußland zu
Da kamen sie an eine Brücke
die fing an zu knacken
Die Russen fingen an zu racken
Da schrie der Hauptmann: Marsch marsch marsch
Papier zu meiner Rettung

Im allgemeinen toleriert die Gesellschaft an dem, was immer wieder einmal Natur oder Einfalt heißt, nur was ihr moralisch oder ästhetisch vertretbar erscheint. Über das was volkstümlich zu sein hat am Volksgeist entscheiden die Volkswarte. Über das was kindlich zu nennen ist in der Kinderkultur befinden die Kindergärtner. Und was nicht in den Keilrahmen der engsten Konventionen paßt, wird dann – wiewohl es selten die Ausnahme, meist die Regel, oft das Selbstverständliche ist – als anomal und widernatürlich abgewiesen. Freilich: der Verdrängungsmechanismus, der hinter solchen Säuberungsaktionen waltet, ist als solcher immer leicht durchschaubar; und was sich selbst als Bewußtseinshygiene empfinden mag, zeigt Züge von Koprophagie.
Womit nicht mehr gesagt werden soll, als daß wir – die wir uns zu Prohibitionsakten nicht ermächtigt fühlen – dem Kindervers seine eigenen Interessen abfragen wollen. Sie sind ja auch so furchtbar schwer nicht zu entdecken. Hat man sich nur erst einmal frei gemacht von all jenen falschen Ansprüchen, die man gemeinhin an die unschuldige Materie stellt, und ist man demokratisch genug, die Mehrheitsmeinung zu akzeptieren, dann offenbart sich einem die Wahrheit des Kinderreimes, insbesondere

des Abzählreimes, sehr bald als Symbiose von Freiheitsbedürfnis und analer Aggression. Auf den einfachen Reim eines Zweizeilers gebracht, lautet sie: »Dries in de Pott / Un du biss fott.« Will sagen: erst wo das tabuierte Reizwort ausgesprochen ist, beginnt die Freiheit. Erst nach der symbolischen Gesetzesübertretung ist der Bann gebrochen, das Spiel möglich. Erst wo sich das unterdrückte Naturanliegen Luft verschafft hat, kann es heißen: du bist raus, du bist frei, du bist ab.

19
Salamander (Alexander) (Zarah Leander)
Arsch auseinander
Arsch wieder zu
Raus bist du

20
DKW
Scheißt in den Schnee
NSU
Raus bist du

21
Rennfahrer Stuck
Scheißt in die Guck
Leert sie wieder aus
Du bist draus

22
Catherina Valente
Hat nen Kopf wie ne Ente
Hat nen Arsch wie ne Kuh
Raus bist du

23
Drei Polizisten
Pißten in die Kisten

Einer pißt vorbei
Und du bist frei

24
Eine kleine Micki
Muß mal Pipi
Macht vorbei
Du bist frei

25
123 45 67
Hockt a Äffla auf der Stiegn
Putz sei schmutzigs Ärschla aus
Bim bam boli
Du bist draus

26
Wenn der Äff aaf Dscheißn geiht
No geiht er hindas Haus
Und wenn er koa Papia net hot
No wischt er mit der Faust
los zwei drei und du bist draus

27
Hinter einer Lokusmauer
Saß der Doktor Adenauer
Hatte kein Papier
Raus mit dir

28
Ein Elefant aus Sachsenhausen
Ließ einen Furz ins Telefon sausen
Ließ en widder naus
Und du bist draus

29
123456789
Wie heißt dein kleiner Freund?
Herbert!
Herbert hat ins Bett geschissen
Gerade aufs Paradekissen
Mutter hat's gesehn
Und du kannst gehn

30
Es war einmal ein Mann
Der hieß Bimbam
Bimbam hieß er
In die Hosen schiß er
Putzt sie wieder aus
Und du bist raus

31
Dicker Moppel kann nicht laufen
Muß sich erst ein Auto kaufen
A B Bus
Der dicke Moppel muß

32
Ich und Öttchen
Sitzen aufm Pöttchen
Pup macht Öttchen
Weg mit Pöttchen

33
Eine kleine Dickmadam
Fuhr mal mit der Eisenbahn
Eisenbahn die krachte
Dickmadam die lachte
Setzte sich ins grüne Gras
Machte sich die Hosen naß

I – a – u
Raus bist du

34
Wir machen keinen langen Mist
Und du bist

35
Eine kleine Mickymaus
Zog sich ihre Hosen aus
Zog sie wieder an
Und du bist dran

[...][23]

Anmerkungen

1 Peter Rühmkorf: *Über das Volksvermögen*. Reinbek b. Hamburg 1967, S. 29.
2 *Westfalenspiegel* 1968, H. 4, S. 34.
3 Geb. 1929 in Dortmund. Er wuchs in Warstade/Hemmoor bei Stade/Niedersachsen auf. Dort 1950 Abitur. Von 1951 bis 1957 Studium der Pädagogik und Kunstgeschichte, später der Germanistik und Psychologie in Hamburg. Vielfältige literarische Betätigung (Lyrik, Kolumnen, Herausgeber, Kabarett...). Von 1958 bis 1964 Lektor bei Rowohlt. Danach freier Schriftsteller in Hamburg. Diverse Gastdozenturen. Er lebte in Övelgönne bei Hamburg. Dort 2008 gestorben.
4 Den Umstand seiner unehelichen Geburt hat der Autor verschiedentlich thematisiert, unter anderem in *Die Jahre die Ihr kennt. Anfälle und Erinnerungen*, Reinbek b. Hamburg 1972 und in *Wenn ich mal richtig ICH sag... Ein Bilder-Lesebuch*, Göttingen 2004. Westfälische Kontexte berührte er in seiner *Olsberger Rede*, Dortmund 1980, seiner Dankrede anlässlich der Entgegennahme des Droste-Preises, der ihm 1979 zugesprochen worden war.
5 Horst Wolff: *Junge westfälische Dichtung heute*, in: *Westfalenspiegel* 1962, H. 1, S. 25-28.
6 Zur Geschichte des Droste-Preises vgl. Jochen Grywatsch, Eva Poensgen unter Mitarbeit von Anna-Lena Böttcher (Hg.): *Der Annette-von-Droste-Hülshoff-Preis 1953-2015. Eine Dokumentation*. Bielefeld 2016. Zur Preisverleihung an Rühmkorf s. S. 149-161.

7   So im Falle von *Die Alternative oder Brauchen wir eine neue Regierung?* Hg. von Martin Walser, Reinbek b. Hamburg 1961, und *Atlas, zusammengestellt von deutschen Autoren,* Berlin 1965 (Neuauflage Berlin 2004 mit dem Titel *Atlas. Deutsche Autoren über ihren Ort).*
8   Karl Riha: *Es gibt immer noch genug Neanderthal, um mit der Tranfunzel zu missionieren.* Leslie Meiers »Lyrikschlachthof«, in: *text und kritik,* hg. von Heinz Ludwig Arnold, 1988, H. 97, S. 45.
9   Info auf dem Buchrücken.
10 Herbert Uerlings: *Politik und Lyrik bei Peter Rühmkorf,* in: *text und kritik,* hg. von Heinz Ludwig Arnold, 1988, H. 97, S. 15-27.
11 Ebd., S. 15.
12 Ebd.
13 Ebd.
14 Zu nennen wären hier Rühmkorfs *Wiegen- oder Aufklärerlied* mit den Versen »Wie es steig und kopflos kippt, / Nike blind am Räume nippt – / bald fegt uns das Lämpchen aus / Bundeskriegsminister Strauß« (zitiert nach ebd., S. 19) oder auch die Gedichte *Allein ist nicht genug* oder *Bleib erschütterbar und widersteh* aus dem Band *Haltbar bis Ende 1999* (Reinbek b. Hamburg 1979). Weitere Beispiele bei Uerlings, a.a.O., S. 20ff.
15 Vgl. ebd., S. 17.
16 Ebd., S. 18.
17 Ebd.
18 Peter Rühmkorf, in: *Vaterland, Muttersprache. Deutsche Schriftsteller und ihr Staat seit 1945.* Berlin 1979. Vorwort. Zitiert nach Uerlings, a.a.O., S. 17.
19 »Nach diesen Erfahrungen gab es in den siebziger Jahren einen deutlichen, wenn auch nicht vollständigen Rückzug von der politisch-publizistischen Arbeit. Mit der Friedensbewegung der achtziger Jahre scheint dann wieder ein entschiedeneres Engagement einzusetzen, etwa im Rahmen von PAND international (*Performers and Artists for Nuclear Disarmament*), als deren Vertreter Rühmkorf 1985 unter dem Titel *Bleib erschütterbar und widersteh* eine Rede über Fragen der Abrüstung gehalten hat.« Zitiert nach Uerlings, a.a.O., S. 16.
20 Peter Rühmkorf: *Die Jahre die Ihr kennt. Anfälle und Erinnerungen.* Reinbek b. Hamburg 1972, S. 190.
21 Ebd., S. 140.
22 Ebd., S. 154.
23 Peter Rühmkorf: *Über das Volksvermögen.* Reinbek b. Hamburg 1967, S. 28-34.

6 Asphaltliteratur
Horst Dieter Gölzenleuchter schrieb es an jede Häuserwand

Wie war das noch mit dem Begriff »Asphaltliterat«, der in den 1920er Jahren die Runde machte? Er diffamierte Großstadtliteraten, die dem Journalismus nahestanden und sich keinen Deut um die sogenannten hohen oder »ewigen« Werte scherten. Die 1968 erfolgte Gründung der Zeitschrift *Asphalt. Blätter für kritische Kunst und Literatur* knüpft – ins Positive gewendet – an solche Konnotationen an. Die Zeitschrift öffnete sich der Literatur der Straße und wandte sich in bester Agitprop-Manier an den »einfachen Mann« oder noch konkreter: an den ausgebeuteten Arbeiter. In diesem Sinne verstand sich die von Horst Dieter Gölzenleuchter[1] ins Leben gerufene Zeitschrift als politisches Kampfinstrument. Unter den Beiträgern finden sich zahlreiche Autoren aus dem Ruhrgebiet, allen voran der agitierende Arbeiterdichter Richard Limpert.[2]
Asphalt existierte bis 1973. Die Hefte erschienen in der *Proletenpresse*, die Gölzenleuchter um 1967 gemeinsam mit seiner späteren Frau Renate Kurpitz gegründet hatte (Parole: »Springer-Presse halt die Fresse – jetzt kommt die Proletenpresse«). Ihr Standort war die gemeinsame Wohnung in Wanne-Eickel.
Erste politische Aktionen Gölzenleuchters waren in den 1960er Jahren selbstgemachte Plakate mit Texten wie »Denkt an Hiroshima – nie wieder Krieg«, die er an Bauzäune vor dem Bahnhof klebte. Bald kamen – Gölzenleuchter zufolge – erste »vorzeigbare« Linolschnitte hinzu. Auch dabei ging es um das Thema Krieg, aber auch um Wolfgang Borcherts Drama *Draußen vor der Tür* (1946/47). 1971 schrieb Gölzenleuchter rückblickend: »Mit Literatur und Kunst wollten wir was bewegen. [Dabei war] unsere Vision von einer gerechteren, sozialeren Gesellschaft wahrlich nicht frei von Widersprüchen.«[3] In der *Proletenpresse*, die er bis 1976 gemeinsam mit seiner Frau betrieb, erschienen acht Ausgaben und zwei Sonderhefte der *Asphalt*-Reihe. Sie wurden mit einfachsten Mitteln hergestellt, »simpel geheftet, aber mit viel Meinung, Gefühl und Hoffnung. Es ging um Agitation gegen Kapitalismus, Notstandsgesetze, aufkommenden Neo-Faschismus, NSDAP-Mitglieder in der Regierung, für Mitbestimmung, Sozialismus«.[4]

Horst Dieter Gölzenleuchter.

Der Grafiker und Holzschneider in seinem Atelier.

Später verabschiedete sich Gölzenleuchter von der »proletkulthaften Geste«, um sich nunmehr, weniger plakativ, den, wie er sagte, »Zwischentönen« zu widmen. 1974 rief er, inzwischen nach Bochum umgezogen, die *Edition Wort und Bild* ins Leben. Die Themen wurden über die Jahre facettenreicher und vielschichtiger. In der Edition erschienen Werke namhafter Autoren des Ruhrgebiets in bibliophilen Kleinauflagen, darunter Gedichte und Prosa von Michael Klaus, Werner Streletz und Hugo Ernst Käufer. Daneben veröffentlicht(e) Gölzenleuchter zahlreiche themenbezogene Anthologien. Bis heute ist »Oskar« eine der wichtigsten Instanzen der Ruhrgebietsliteratur.

Ob die *Asphalt*-Texte den beteiligten Autoren heute noch Spaß bereiten? Oder ihnen gar peinlich vorkommen? Auszuschließen ist das nicht, denn, wie erwähnt, verlor bald auch der Herausgeber die Lust an den zwar eingängigen, aber eindimensionalen Botschaften. Dennoch sind diese Texte wichtige Zeitdokumente, wie etwa Erasmus

Erstausgabe von »Asphalt«.

```
Aufruf

du da
du da
      heh
klapp das buch zu
               auf auf
jetzt hast du lang genug gelesen
                lang genug dich zurückgezogen
heh
    du da
    du da
       heh
steh auf und mach dich groß
so wie du bist zeig wer du bist
                 was du kannst
                 wie stark du bist
verlaß den engen raum
wo du nur für dich da bist
          allein bist und nichts bewirkst
          nur unterstützt damit
was hier besteht und uns beherrscht
                              du da
                                 heh
jetzt runter auf die straße
                     schnell
jetzt runter auf das pflaster
                        das so dreckig
                              rutschig
                              hart
                                  ist
                           so gegen uns
doch ändre es
     zerschlag es
              bis es uns gefällt und nützt
du da
du da
     heh
       du wirst gebraucht
     ja du mußt was tun
stimme faust und geist  jetzt sofort
                         diese waffen
stark erheben
            deine waffen
dann voran
         heh du da du da heh
         heh du da du da
         heh du da du
         heh du da
         heh du
         heh
             jetzt mach
daß es in eine andre richtung geht
und das heißt
         vorwärts
                heh
mach was
    jetzt
       du da

                        Peter Melzer
```

Peter Melzers »Aufruf« in der Zeitschrift »Asphalt«.

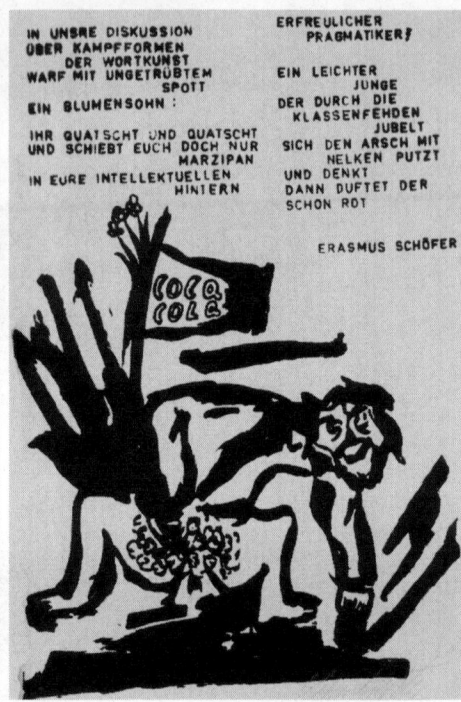

Cover einer weiteren »Asphalt«-Ausgabe.

Illustration Gölzenleuchters zu einem Text von Erasmus Schöfer in der Zeitschrift »Asphalt«.

Schöfers programmatische Definition von *Kampftexten* im ersten Heft der Zeitschrift:

> Kampftexte sind entstanden ohne Rückgriff auf historische und literarische Vorbilder. Sie sind entwickelt aus der literarischen und politischen Situation der letzten Jahre in der BRD, die gekennzeichnet ist durch eine Neubelebung realistischer Schreibweisen und durch eine stärkere Teilnahme der Schriftsteller an politischen Manifestationen.
> Aus den bisherigen Erfahrungen mit Kampftexten lassen sich die folgenden Merkmale zusammenstellen:
>
> – Kampftexte sind Veröffentlichung der politischen und moralischen Position eines Schriftstellers, sie bringen seine Meinung allgemeinverständlich zum Ausdruck;

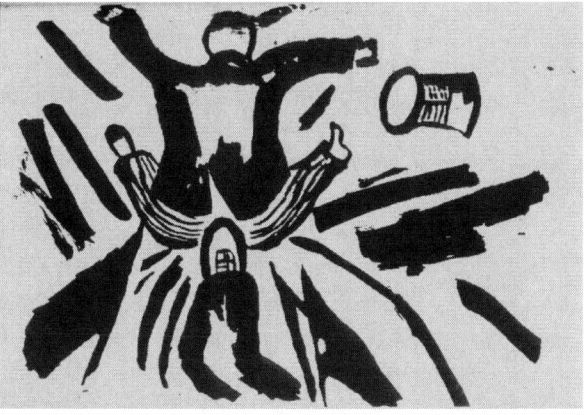

Weitere Illustrationen aus »Asphalt«.

– KT sind Ausdruck der Wirkungsabsicht eines Schriftstellers im Dienst bestimmter politischer, sozialer, moralischer Ziele und benennen diese Ziele in verständlicher Darstellung;
– KT sind für die Aufklärung und Bewegung eines bestimmten Publikums verfaßt, ihre Verständlichkeit mißt sich an der oberen Grenze der intellektuellen Fähigkeit und Vorbildung des gegebenen Publikums;
– KT entsprechen dem politischen Thema, zu dessen Erörterung sich das Publikum versammelt hat;
– KT sind aktuell, d. h. bezogen auf eine bestimmte örtliche und zeitliche Situation;

– KT sind ästhetisch formalisiert: da formalisierter Text die angemessene Ausdrucksweise eines Schriftstellers ist, wenn er sich als solcher äußert; da die ästhetische Qualität eines Textes einen intellektuellen und sensorischen Reiz ausübt und dadurch seine Überzeugungswirkung vergrößert wird;
– In KT ist sprachliche Subtilität gestärkt durch Konkretion an Fakten; formelhafte Raffung, bildhafte Anschaulichkeit und plakative Ausmalung ist gefestigt durch formalisierte Syntax, durch Wiederholung, Reihung, Variation und Rhythmus; Dokumentation, Zitat, Beschreibung, Analyse, Argumentation und Agitation wechseln sich ab und ergänzen sich;
– KT werden benutzt im Zusammenhang mit anderen Formen politischer Werbung und variieren bzw. vervollständigen deren Überzeugungsweisen; sie sind im allgemeinen kurz, ihre Vortragsdauer schwankt zwischen drei und zehn Minuten;
– KT haben ästhetische Analogien im Plakat, im Werbe- und Agitationsfilm, im Pamphlet, in der Karikatur: ästhetische Vorbilder bei Schubart, Börne, Büchner, Heine, Herwegh, Majakowski, Brecht;
– KT zielen darauf, beides, Überzeugung und Enthusiasmus hervorzurufen und dadurch auf Aktion vorzubereiten;
jede Art von ästhetisch formalisiertem Sprechtext, die diesen Zweck erfüllt ist Kampftext.

Wolf Brannasky, der später unter anderem als *Tatort*-Schauspieler und Liedermacher in Erscheinung trat, reimte:

Gemeinsam sind wir stärker

Gemeinsam sind wir stärker
Mach mit, sonst hat im Nu
die Reaktion die Oberhand
Zum Klassenkampf in Westdeutschland
mein Freund, da fehlst noch Du

Wir brauchen Deine freie Zeit,
die Du mit Recht genießt,
denn unsre Gegner schlafen nicht,
die ham ein Lachen im Gesicht,
wenn Du so kleinlaut bist

Der Herr Direktor (heißt es) soll
ab heut Dein Partner sein
»Ich zahle, und Du schaffst für mich«,
meint er, und lachend haut er dich
in seine Pfannen rein

Gemeinsam sind wir stärker
Mach mit, sonst hat im Nu
die Reaktion die Oberhand
Zum Klassenkampf in Westdeutschland
mein Freund, da fehlst noch Du

Nun sag nicht, Du seist so viel zu jung
für hohe Politik
Für die Fabrikherrn bist Du gut,
die brauchen grad Dein junges Blut
für ihren nächsten Krieg

Drum geh in die Armee und schau,
wo man da agitiert
Beim Drill, im Hof, im Speisesaal
mach klar wohin im Notstandsfall
von Euch geschossen wird

Gemeinsam sind wir stärker
Mach mit, sonst hat im Nu
die Reaktion die Oberhand
Zum Klassenkampf in Westdeutschland
mein Freund, da fehlst noch Du

Wenn Du die rote Fahne hast
und ein Faschist dich tritt,
dann kämpf für Leuna und Berlin,
und Marx und Engels und Lenin
und unsre Toten mit

Horst Dieter Gölzenleuchter schrieb es an jede Häuserwand

Und schaff sie her, die neue Zeit,
die in den Gassen sprießt,
denn unsre Gegner schaffens nicht
die ham ein Staunen im Gesicht,
wenn Du so mächtig bist

Gemeinsam sind wir stärker
Mach mit, sonst hat im Nu
die Reaktion die Oberhand
Zum Klassenkampf in Westdeutschland
Mein Freund, da fehlst noch Du

Neben der *Internationale* gelangten frühe Texte des Herausgebers Gölzenleuchter zum Abdruck:

Die alten müden Genossen
Revisionisten
Moskaugetreuen
Wald- und Wiesenkommunisten
die vor den Betrieben
unermüdlich
mit Fritz dem Schlosser
Kurt dem Kranfahrer
über Marx, Lenin und Neckermann diskutieren
scheuen nicht den langen Marsch
der manchen Genossen zu lang wurde

Sentimentalität und Reaktion

Wehe dem
der es wagt
den Traum der Heintje-Fans
zu stören
der Stock droht
jedem

der da ruft
Frieden für Vietnam
aus jeder Reihe
mit deutscher Wucht

Peter Schütt unterbreitete den folgenden *Vorschlag zur Kooperation*:

Der Arbeiter sagt sich:
Studenten sind faul, sie gammeln herum
oder gehen vor lauter Langeweile
auf die Straße. Sie sollten erstmal
ein halbes Jahr im Großbetrieb arbeiten,
eh sie uns mit guten Ratschlägen kommen.

Der Student sagt sich:
Die Arbeiter denken bloß
ans Geldverdienen, sie rackern sich ab
bis zum Gehtnichtmehr, und nach Feierabend
sinken sie betäubt in den Sessel. Sie sollten
erstmal die Grundbegriffe des Sozialismus studieren,
eh sie uns mit guten Ratschlägen kommen.

Die wechselseitigen Vorurteile
kommen aus der Welt, wenn
Arbeiter und Studenten
zunächst für ein halbes Jahr
im Großbetrieb zusammenarbeiten,
um dann im nächsten halben Jahr
zusammen die Grundbegriffe des Sozialismus zu studieren.

Während Richard Limpert forderte, endlich die »Zähne zu zeigen«:

Wir dürfen wieder...

Wir dürfen schweigen, wir dürfen parieren,
wir dürfen den Preisauftrieb akzeptieren.

Horst Dieter Gölzenleuchter schrieb es an jede Häuserwand

Wir dürfen schreien, wir dürfen toben,
wir dürfen Bonn und uns' Uwe loben.

Wir dürfen auf Pferde und Thadden setzen,
wir dürfen auf Andersdenkende hetzen.

Wir dürfen Freys Polit-Porno schlucken,
wir dürfen auf Studenten spucken.

Wir dürfen wegen Biafra leiden,
wir dürfen Vietnamproteste meiden.

Wir dürfen mit Springer »Bildung« forcieren,
wir dürfen Realität ignorieren.

Wir dürfen für Bosse Gewinne machen,
wir dürfen in Mitbestimmungssachen
kürzer treten, kuschen, schweigen.
WIR MÜSSEN ENDLICH DIE ZÄHNE ZEIGEN!

Um noch entschlossener auftreten zu können, solidarisierten sich die *Asphalt*-Literaten mit der Westberliner Aktionsgruppe *Die rote Nelke* (Künstler im Widerstand). Gemeinsam wollte man den Kampf »gegen die antidemokratischen Kräfte, gegen Faschismus und Rassismus, Volksversammlung und Volksgemeinschaftsphrasen!« noch intensiver austragen, wie das Manifest Nr. 2 zum Ausdruck bringt:

Die *ROTE NELKE* betrachtet sich als Kerngruppe einer immer stärker werdenden antifaschistischen Vereinigung aller fortschrittlichen Künstler in Westberlin. Sie wird mit ihren Mitteln den Kampf der außerparlamentarischen Opposition unterstützen, indem sie für eine politische und sozialistische Kunst eintritt.

Politische Kunst versteht sich als Teilnahme am Kampf um die Veränderung der bestehenden autoritären Gesellschaftsordnung hin auf eine sozialistische!

Manifest der Künstlergruppe »Die Rote Nelke« in »Asphalt«.

Politische Kunst in einer Zeit, in der mit Entpolitisierung und Entideologisierung des öffentlichen Lebens reaktionäre Politik betrieben wird!

Eine zeitpolitische Kunst also, die sich unsere Alltagsrealität mit allen ihren Erscheinungsformen vornimmt, sie zum Gegenstand ihrer Forschung macht und diese bewertet!

Politische Kunst! Ihr Standort will die Parteinahme des Publikums provozieren! Mit Parteinahme und Provokation gegenüber dem organisierten Muff und der Restauration in den Westzonen Deutschlands erklärt die politische Kunst allen undemokratischen Kräften den Krieg!

Horst Dieter Gölzenleuchter schrieb es an jede Häuserwand

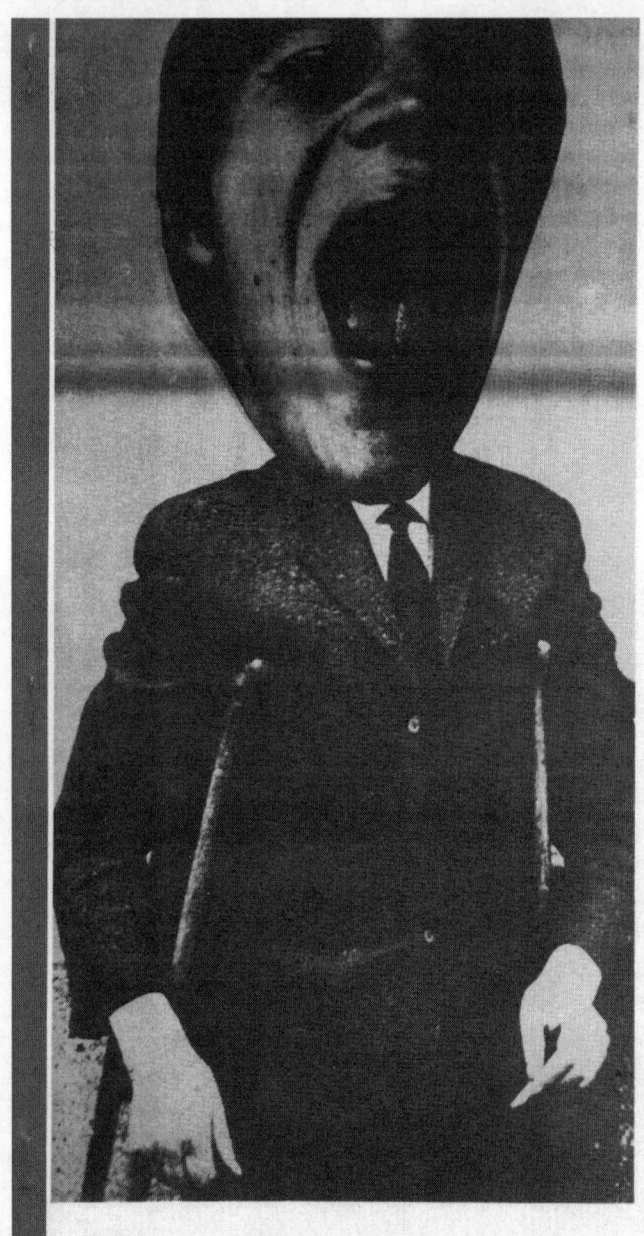

Deckblatt einer Ausgabe der »Asphalt«.

Wir Künstler befinden uns in einer Situation des Suchens nach neuen künstlerischen Ausdrucks- und Gestaltungsmöglichkeiten!

Unsere Zeit braucht eine leidenschaftliche und kämpferische Kunst, die auch dem Kampf der Arbeiterklasse dienstbar gemacht werden muß!

Die Kunst als scharfe ideologische Waffe!
Eine Kunst, die in das Leben hineinhorcht!

Diese Kunst muß den Kampf der Gesellschaft mitkämpfen, den Kampf der Gewerkschaften um die Erhaltung demokratischer Rechte unterstützen!

Die Kunst als Anklage und Aufruf!
Eine Kunst, die sich nicht vom Volk isoliert!
Eine Kunst, die das Bewußtsein schärft!
Eine Kunst, die die Stärke der Arbeitnehmer betont!

DIE KUNST ALS PROTEST GEGEN ALLE KRÄFTE DER UNTERDRÜCKUNG UND AUSBEUTUNG!

Anmerkungen

1   Geb. 1944 in Freiburg/Br. Kam Mitte der 1950er Jahre ins Ruhrgebiet. Er war zunächst Gärtner. Seit 1971 freiberuflich tätiger bildender Künstler und Autor.
2   Geb. 1922 in Gelsenkirchen. Lehre als Sattler, arbeitete als Zechenmaschinist und Kokereiarbeiter. Seit 1955 in der Gewerkschaft tätig. Später Bildungsobmann der IG-Bergbau und Energie. Veröffentlichte 1969 gemeinsam mit Josef Büscher und Kurt Küther den Band *Schichtenzettel* mit forciert agitativen Texten. Tritt mit Rezitationen in dem Film *Kunst auf der Kohle* in Erscheinung.
3   Vgl. Friedrich Grotjahn: *Der Realismus braucht die Poesie, die Poesie den Realismus. 30 Jahre Edition Wort und Bild*, in: *Literatur in Westfalen. Beiträge zur Forschung* 12. Bielefeld 2012, S. 359-363, hier S. 362.
4   Ebd.

7 Anschläge
Thomas Valentins Helden spielen mit dem Feuer

Nun aber flugs wieder hin zur Literatur! Auch bei Thomas Valentin[1] geht es um Anschläge. Nicht am Bretterzaun des Bahnhofs, sondern am Schulgebäude. Verübt von aufsässigen Schülern, die den sturen Lehrbetrieb satt haben. Ihre Lehrer können ihnen nichts mehr sagen, ebenso wenig ihre Eltern. Die autoritären Spielchen der »Oberen« unterlaufen die Schüler durch mehr oder weniger offene Provokationen, zuletzt durch »Hakenkreuzschmierereien«.

Was im Valentin-Roman von den Sitzungen des Lehrerkollegiums nach außen dringt, ist in hohem Maße skandalös. 15 Jahre nach Ende des Zweiten Weltkriegs sind Antisemitismus, Chauvinismus (gegenüber osteuropäischen Staaten), Verharmlosung des Holocaust und die Verherrlichung autoritärer Staatsstrukturen (bis zum Hitlerismus) an der Tagesordnung und können – nicht minder skandalös – offen herausposaunt werden.

Im Gegensatz zu Paul Schallück (s. S. 38ff. u.ö.) fehlte Valentin, der selbst als Lehrer tätig war, eine missionarische Weltverbesserungsattitüde. Der Autor, der an psychischer Labilität litt und schließlich Suizid beging, bietet in seinen Romanen eine schonungslose Bestandsaufnahme der vermeintlich »heilen« »Wirtschaftswunderzeit«. Im Kontrast dazu präsentiert er eine kaputte, menschenverachtende und einseitig materialistische Welt, deren Psychosen bis in autoritäre Strukturen der NS-Zeit zurückreichen.

Valentin entwickelte in den 1960er Jahren eine ungemeine Produktivität. Es erschienen die Romane *Hölle für Kinder* (1961), *Die Fahndung* (1962), *Die Unberatenen* (1963),[2] *Natura morta. Stilleben mit Schlangen* (1967), der Erzählband *Nachtzüge* und der Auswahlband *Rotlicht* (1967). 1968 kam das Kinderbuch *Kater im Theater* hinzu, das Valentin von einer anderen, heiteren Seite zeigt. 1968/69 war der Autor Stipendiat der *Cité des Arts* in Paris.

Sein Roman *Die Unberatenen* erfuhr 1968 eine Neuauflage. Der Dramaturg und Regisseur Peter Zadek wählte den Stoff im selben Jahr als Vorlage für seinen preisgekrönten Film *Ich bin ein Elefant, Madame* (s. S. 274ff.). Zadek griff in seinem Film die im Valentin'schen Roman

Autor Thomas Valentin.

Thomas Valentin. *Vorsicht, Einsturzgefahr –Valentins Arbeitszimmer.*

angelegte Kritik an autoritären Strukturen im Schulbetrieb auf. Er schuf daraus jedoch etwas Eigenständiges, Neues – ein kontrovers diskutiertes Pop-Gemälde, das sich nicht einseitig auf die Seite der Neuerer schlug, sondern auch Kritik an den – in Zadeks Augen – naiven Auswüchsen der Studentenbewegung aufscheinen ließ.[3] Zadek stellte zudem einen unmittelbaren Zusammenhang zu den 1968er-Protesten her, was Valentin später mit den Worten kommentierte: »Ohne diese kritische Jugend wäre die Hochschulreform erst gar nicht in Gang gekommen.«[4]

Auszug aus »Die Unberatenen«:

»Ich habb enn Anschlaach entdeckt, Herr Direktor!«
»Einen Anschlag? Was für einen Anschlag?«
»An Ihrer Dier, Herr Direkder. Ich glaub, es is e Fleschelei! Stehd irjendwas von Tiranne druff.«
»An meiner Tür? An der Tür zu meinem Dienstzimmer?«
»Ja, Herr Direkder.«
»Das ist ja – na, das wollen wir gleich mal untersuchen! Entschuldigen Sie bitte, Herr Kollege! Sie sehen ja – seien Sie froh, daß Sie nicht an meiner Stelle sitzen.«
Beckmann riß die breite Glastür auf und ging hinter seinem Direktor her über den unteren Flur und die Treppe hinauf zum ersten Stock.

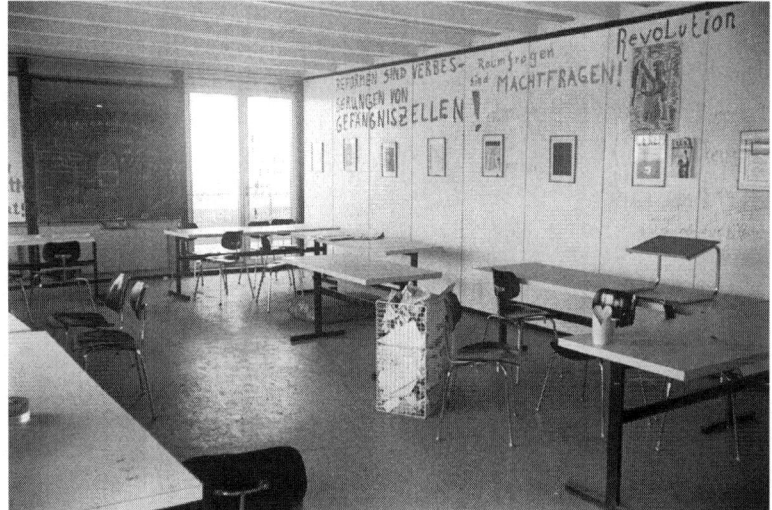

Ruhr-Universität Bochum, 27. Mai 1968.

Ruhr-Universität Bochum, 5. Dezember 1968.

Thomas Valentins Helden spielen mit dem Feuer

Demonstration von Ingenieurschülern, Gelsenkirchen Ende der 1960er Jahre.

Lehrer- und Schüler Demonstration gegen Fahrpreiserhöhungen der EVAG, Essen 11. Oktober 1966.

Schülerproteste gegen Fahrpreiserhöhungen der EVAG, Essen 11. Oktober 1966.

»Ich sehe nichts!« sagte Gnutz vor seinem Amtszimmer.
»Vor finf Minude hing der Anschlaach noch da!« beteuerte Beckmann.
»Vielleicht had Fräulein Chrobogg –«
Gnutz öffnete die Tür.
Fräulein Chrobock stand vorm Spiegel, hatte ein paar Haarklemmen zwischen den Lippen und frisierte sich.
»Haben Sie einen Anschlag von meiner Tür entfernt?« fragte Gnutz ungehalten.
»Ja, ich dachte –«
»Was dachten Sie?«
Fräulein Chrobock ging gekränkt zu ihrem Schreibtisch und reichte ihm wortlos die kleine, steife Karte hinüber.
Gnutz las, trommelte mit den Fingerspitzen auf den Schreibtisch, las noch einmal und sagte dann resolut:
»Das ist die Höhe!«
Beckmann nickte entrüstet.
»Haben Sie noch mehr von diesen Sudeleien entdeckt?«
»Nei!«
»Überall nachgesehn?«
»Ja! Dess heißt, uff dem unnere Flur, Herr Direkder.«
»Hier nicht?«
»Nei.«
»Oben auch nicht?«
»Nei. Ich wolld grad –«
»Kommen Sie mit!«
Vor der Tür des Konferenzzimmers blieb Gnutz wütend stehen.
»Da haben wir's!«
Beckmann legte die Hände auf den Rücken, beugte sich vor und las, über die Schulter seines Direktors, mit:
›Es gibt keine Freiheit ohne gegenseitiges Verständnis.‹
»Nehmen Sie den Wisch ab! Vorsichtig! Und kommen Sie mit!«
Sie gingen über den zweiten Flur, sahen die Klassentüren an, fanden aber nichts weiter, und stiegen zum dritten Stock hinauf.
»An de 6b«, sagte Beckmann aufgekratzt, »ich seh's scho!«
»An der 6b«, wiederholte Gnutz fassungslos. »Ausgerechnet an der Abschlußklasse!«

Thomas Valentin fotografiert von Walter Nies, Lippstadt, 1969.

Diesmal las er laut:
›Der Mensch ist nicht ganz und gar schuldig, denn er hat die Geschichte nicht begonnen; und auch nicht ganz und gar unschuldig, denn er setzt sie fort.‹
»Unerhört!« sagte Gnutz und öffnete die Klasse.
Auf beiden Tafeln stand mit roter Kreide ebenfalls je ein Satz angeschrieben:
›Ist wo etwas faul und rieselt's im Gemäuer
Dann ist's nötig, daß man etwas tut!‹,

lasen Gnutz und Beckmann, jetzt nebeneinander, und dann noch:
›Du bist stets verantwortlich für das, was du dir vertraut gemacht hast.‹
Gnutz drehte sich zu Beckmann um, betrachtete ihn einen Augenblick gedankenlos, nahm die Brille ab und sagte:
»Gehen Sie hinunter zu Fräulein Chrobock! Sie soll mit Stenoblock und Bleistift heraufkommen und dieses Geschmier abschreiben! Ich bleibe solange hier.«
Beckmann stürzte hinaus.
»Hören Sie, Beckmann«, rief Gnutz hinter ihm her. »Gehn Sie anschließend ins Lehrerzimmer und schicken Sie mir Herrn Wiepenkathen! Nein, besser Herrn Doktor Nemitz! Ich bin dann in meinem Dienstraum.«
»Jawoll, Herr Direkder! Wird soford erledicht.«

– du mußt so rasch wie möglich herausbekommen, wer diese Schmierfinken waren! Und ein Exempel statuieren! Klasse 6b – es ist ein Skandal, daß du dieses Jahr keinen Unterricht in der 6b hast. Der Schulleiter muß die Oberklassen in der Hand haben, dann kommt ein derartiger Affront nicht vor! Bei dir jedenfalls nicht. Niemals in den fünfunddreißig Jahren, die du Schulmann bist. Renitenz hast du einfach nicht geduldet. Principiis obsta! Diese oppositionellen Elemente von unten, die immer wieder einmal auftauchen, einfach rücksichtslos ausmerzen! Ostern machst du den Stundenplan wieder selbst. Und allein. Das Kollegium benutzt die Gelegenheit nur, um dir eins auszuwischen! Ressentiment gegen die Autorität, Rache der Subalternen. Kollegiale Schulleitung – Unsinn. ›Die Mehrheit ist der Unsinn stets gewesen‹. Schiller. Die Schule steht und fällt mit dem Direktor. Noch hast du den längeren Arm! Vor allem bei der Regierung. 6b – wer ist da Klassenlehrer? Crispenhoven. Zu weich. Diese jungen Leute haben keinen Mumm mehr. Seelisch Kriegsversehrte. Alle, durch die Bank durch. Angeknackst. Crispenhoven, Violat, Groenewold. Obwohl der als Halbjude noch um den Krieg herumgekommen ist. Uns hat Verdun zum Mann gemacht. In tempestatibus maturesco. Die hat Stalingrad umgeworfen. Das ist der Unterschied. Ein Glück, daß du nicht mehr erleben mußt, wenn die Deutschland führen. Man kann gegen Adenauer sagen, was man will: eine eiserne Energie hat der Alte. 6b, eigentlich müßtest du zuerst mit dem Klassenlehrer Rücksprache nehmen. Du kennst die Burschen ja gar nicht. Einerlei. Du mußt herausbekommen, wer dieser Wühler ist! Und dann ein Exempel statuieren! Rasch und demonstrativ. An deiner Schule herrscht Ordnung. Diese Meuterei ist das Ergebnis pädagogischen Tauwetters. Partnerschaft zwischen Lehrer und Schüler – Mumpitz! Du wirst nicht mit Crispenhoven reden, wenigstens nicht vorher. Fait accompli. Eine bewährte Methode. Für jeden, der in führender Position steht. 6b, wer sitzt in der 6b? Claussen, Adlum, Nusbaum, Muhl, Farwick, Lumda – auf mehr besinnst du dich im Augenblick nicht. Schließlich hat die Schule fast achthundert Schüler. Doch, dieser Fuchsige, wie heißt der? Ist schon einmal sitzengeblieben, sein Vater vergißt nächstens das Grüßen noch ganz, wie heißt der, ist aus dem Osten, Kur- Kur- Kurafeiski, natürlich: dem wäre diese Schweinerei zuzutrauen. Den knöpf dir zuerst vor. Diese Texte, richtig: in welcher Klasse gehört das Zeug zur Lektüre? Soweit du dich an den Stoffverteilungsplan erinnerst, überhaupt nicht! Nemitz, Nemitz gibt Deutsch in 6b. Es war richtig, Nemitz rufen zu lassen. Nicht Wiepenkathen und auch nicht Crispenhoven. Nemitz ist Fachmann, und außerdem steht er zur Leitung. Seit du ihn kennst. Seit fünfzehn Jahren –[5]

Anmerkungen

1   Geb. 1922 als Gerold Armin Valentin in Weilburg an der Lahn. 1932 bis 1940 Gymnasium in Weilburg und Dillenburg. Abitur. Ab 1940 mehrfach unterbrochenes Studium der Germanistik, Geschichte und Psychologie an den Universitäten Gießen und München. 1946/47 Ausbildung zum Volksschullehrer in Lippstadt. Von 1947 bis 1962 ebd. Lehrer. Während dieser Zeit erste Gedichte und Kurzprosa. Briefwechsel mit Hermann Hesse und Heinrich Böll. Von 1955 bis 1958 ehrenamtlicher Leiter der Volkshochschule Lippstadt. 1962 Aufgabe des Lehrerberufes, um als freier Schriftsteller tätig zu sein (s. S. 278ff.). Behielt jedoch eine Zweitwohnung in Lippstadt bei. Von 1964 bis 1966 Chefdramaturg am Theater in Bremen. 1965 Dramatisierung von *Die Unberatenen* (Valentin/Robert Muller; in Bremen durch Peter Zadek uraufgeführt). Aufführungen weiterer Stücke folgen: 1969 in Essen *Der Hausfreund*, 1972 in Bochum *Die grüne Wolke*, 1974 am Residenztheater München *Familienbande* und 1978 am Ernst-Deutsch-Theater in Hamburg *Adlerhöhe*. Von 1969 bis 1978 Konzentration auf das dramatische Metier (Theaterstücke, Drehbücher für zahlreiche Fernsehfilme). Er starb 1980 durch Freitod.
2   Auch für die Bühne bearbeitet: *Die Unberatenen. Schauspiel von Thomas Valentin und Robert Muller*. Berlin 1967 (s. S. 281).

3   Vgl. zuletzt: Walter Gödden: *Notwendige Dinge ungeschminkt sagen. Thomas Valentin: »Die Unberatenen. Roman«* (1963), in: Moritz Baßler, Walter Gödden et al. (Hg.): *Vom Heimatroman zum Agitprop. Die Literatur Westfalens 1945-1975. 118 Essays.* Bielefeld 2016, S. 220-225, sowie ders.: *Popkomödie und Politsatire. Peter Zadek: Ich bin ein Elefant, Madame. Spielfilm (1968) (nach Motiven aus Thomas Valentins Roman »Die Unberatenen«)*, in: ebd., S. 330-334. Vgl. ferner: Hartmut Steinecke: *Nachwort* zur Neuauflage des Romans, in: *Thomas Valentin: Werke in Einzelbänden.* Bd. 3, hg. von Hartmut Steinecke, Oldenburg 1999, S. 287-305.

4   Zitiert nach Steinecke, Nachwort, a.a.O., S. 302.

5   Thomas Valentin: *Die Unberatenen. Roman.* Oldenburg 1999, S.117-120.

Frank Göhre bei seiner Ankunft am Bahnhof in Soltau.

8 Beatgeneration
Frank Göhres »wilde Jahre« und was amerikanische Vorbilder damit zu tun haben

Thomas Valentin (s. S. 82ff.) war zweifellos kein Autor der Generation Pop. Eher könnte man sich die Schüler, die die Anschläge verübten, als Exponenten einer neuen, ganz anderen Zeit und Literatur vorstellen. Der Mikrokosmos Westfalen anno 1968 zeigt eine Literatur am Scheideweg. Die jungen Ruhrgebietsautoren preschten mit aller Energie voran. Sie waren infiziert von der amerikanischen Beatgeneration und den politischen Ereignissen, die aus den USA, Frankreich oder Berlin herüberschwappten. Man spürt förmlich ihr Aufatmen: Plötzlich war etwas los, in Rotation. Und man konnte literarisch dabei sein – ohne Berufung auf jahrhundertealte Erzähltraditionen und ohne den Ballast akademischer Gelehrsamkeit.

Literatur wurde vollständig anders definiert, der traditionelle Kanon beiseitegeschoben und nach anderen Vorbildern Ausschau gehalten. Man fand sie in der amerikanischen Literatur, die damals, etwa durch Rolf Dieter Brinkmanns Anthologie *Acid* (1967), in Europa bekannt gemacht wurde. Literatur, so die neue Auffassung, sollte unmittelbar, direkt, sexuell sein und alle Tabus über Bord werfen. Frank Göhre[1] als einer der Wortführer der neuen Bewegung: »Ja, das war Pop, ganz klar, das war auch fröhliche Anarchie! Alles ist Literatur! [...] An den Amerikanern habe ich mich von früh an orientiert, an Bukowski, an Nelson Algren, Hemingway, an Tom Wolfe und und und ... Realismus, griffige Stories, klarer, knapper Stil«.[2]

Göhre weiter: »Von Ende der Sechziger bis Anfang der Siebziger war für mich die aufregendste Zeit. Da war ich rund um die Uhr aktiv. Tagsüber als fest angestellter Buchhändler in Köln und dann in Bochum. In der Bochumer Buchhandlung Lesungen mit Hugo Ernst Käufer, Werner Streletz und Ernst Meister organisiert, Ausstellungen und Buchpräsentationen. Im Keller der Buchhandlung Literatur der alternativen Szene ausgestellt und angeboten. Abends entweder Lehrlingsgruppe oder politische Aktionstreffen. Eigene Lesungen im *Club Liberitas* in Bochum, wo ich mit Ralf Hütter (*Kraftwerk*, damals noch *Organisation*) auf der kleinen Bühne gestanden habe. Texte zu Elektro-Beat. Und schließlich

Rolf Dieter Brinkmanns und Ralf-Rainer Rygullas Anthologie »Acid«. Nachdruck der ersten Auflage, die 1969 erschien.

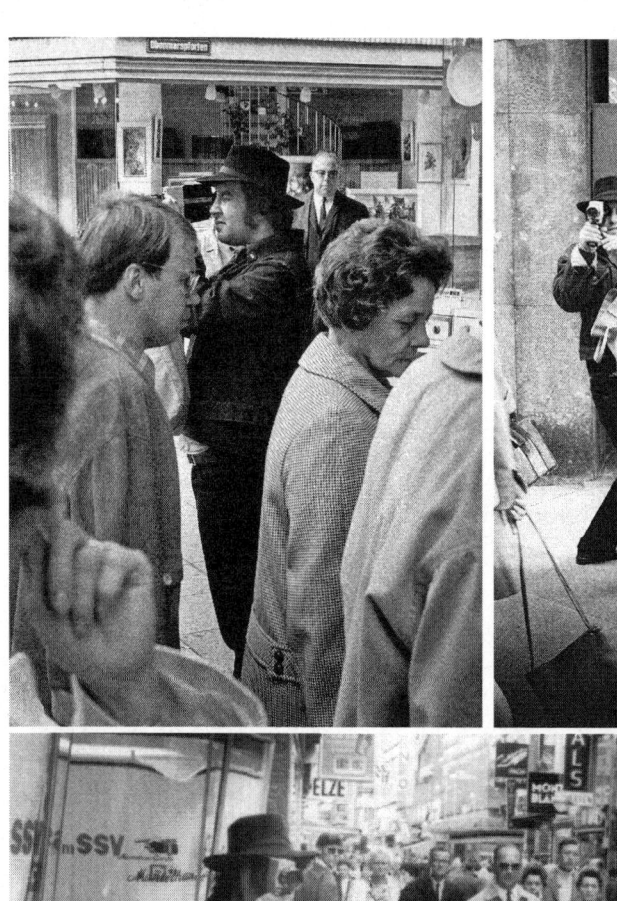

Rolf Dieter Brinkmann bei Filmaufnahmen in Köln.

Frank Göhres »wilde Jahre« und was amerikanische Vorbilder damit zu tun haben

Rolf Dieter Brinkmann, Demonstranten.

Schriftsteller Jörg Fauser.

Hubert Fichtes Roman »Die Palette«, Erstauflage 1968.

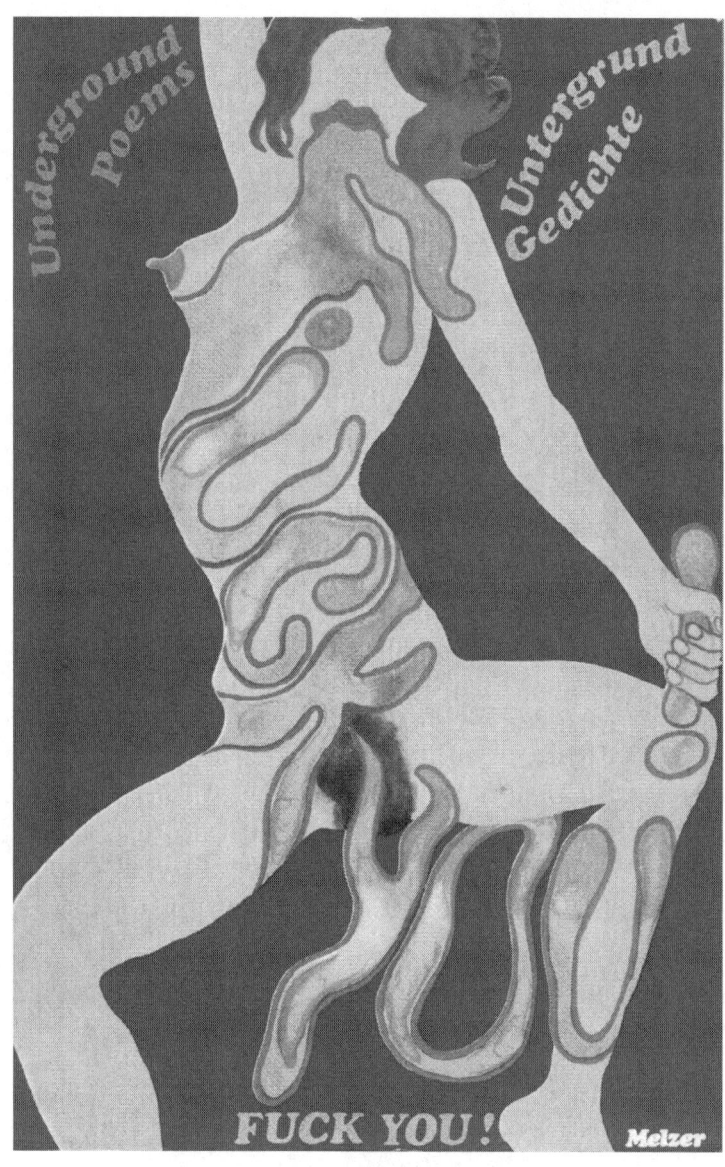

*Joya M (Hg.): »Fuck you! Underground Poems – Untergrund Gedichte.«
Ausgabe im Melzer Verlag 1968.*

Ikonen der Underground-Literatur: Carl Solomon, Patti Smith, Allen Ginsberg, William S. Burroughs.

William Burroughs.

Allen Ginsberg.

Cover eines Raubdrucks von »The Naked Lunch«, ca. 1962.

immer wieder rüber nach Bottrop zu Biby Wintjes und mit ihm und Volker W. Degener den ersten *Scene Reader* zusammengestellt. Volker war der mehr Solide, Biby und ich die Ausgeflippten. Wir haben uns mit der AN 1 (Tablettendroge) und Cola-Asbach aufgepuscht, Gras geraucht und die einzelnen Seiten layoutet und getextet. In Bottrop ging ja die gesamte bundesdeutsche Alternativszene ein und aus. Da stapelten sich zig Flugschriften, Zeitschriften und Bücher. Und Biby machte den Vertrieb. Wir haben bestenfalls ein bis zwei Stunden gepennt, dann musste ich wieder in die Buchhandlung und Biby zu Krupp. Da arbeitete er als Programmierer. Also: Tagsüber die solide Arbeit, abends und nachts die ›Gegenkultur‹. Am Wochenende geschrieben.«[3]

An anderer Stelle äußerte Göhre: »Ich kann sagen, dass ich drei literarische Vorbilder habe, die auf den ersten Blick gar nicht zu vereinbaren

FRANK GÖHRE

Buchhandlung AT-
LANTIS, 42 DUIS-
BURG, Mercator -
Str.4 : engagier-
te KLEINVERLEGER und PRESSENDRUCKER
stellen aus ....
Diskussionsleitung Dr.Klaus Wagenbach
24.9.69 17.oo Uhr HANS IMHOFF liest
PROSA :

ICH GRÜSSE UND KÜSSE DUISBURG +
Wir hatten 1963 die "1. Literarische Pfingsmesse" in Ffm nach einer I-
lee von Victor Otto Stomps +. Wir hatten 1968 die "Literarische Messe"
In Ffm unter der Regie von Horst Bingel. Wir lasen, daß wir eine"gute
Zeit" haben. "Zeitschriften der jungen Generation zuhauf". +
Wir kennen BAZON BROCK, dem immer wieder etwas Neues einfällt. Wir ken-
nen TIMM ULRICHS, der vor Roy Lichtenstein Rückseitenbilder malte, der
vor Andy Warhol die serielle Formation erfand. Timm Ulrichs kam vor KRI-
WET (DAS RUHRGEBIET ALS KUNSTWERK) auf die Idee Landschaften zu Kunst-
werken umzufunktionieren. Timm Ulrichs schuf vor Polke Rasterbilder.!!
Halt sagt BAZON BROCK. Vor Timm Ulrichs habe ich in der Nähe von WUPPER-
TAL ein Stück Landschaft mit einer Karte überzogen, die genauso groß
war, wie die auf der Karte abgebildete Landschaft. Aber ich, sagte
Timm Ulrichs, bin ein Gedicht. Und ich, sagt Hans Imhoff, begrüße Sie.
Ich heiße Hans Imhoff. Ich bin durch BINGELS LITERARISCHES FORUM be-
rühmt geworden, und ich sage Ihnen, SIE GEFALLEN MIR ALLE NICHT. ++
HANS IMHOFF geht zum Mikrofon. Er zieht sein Hemd aus, sein Unterhemd.
HANS IMHOFF nimmt ein Glas Wasser. Er trinkt einen Schluck und schüttet
sich den Rest ins Gesicht. Er schüttelt sich.
HANS IMHOFF sagt: HANS IMHOFF GRÜSST UND KÜßT DUISBURG. bulkowski ver-
teilt unterdessen folgendes Flugblatt: KLEINVERLAGE MINIPRESSEN AVANT-
GARDE HANDPRESSEN JUNGE VERLAGE AUSSENSEITER-PRESSEN EXPERIMENTIELLE
VERLAGE   was leisten sie? sie funktionieren als Vorstufe + Wartezimmer junger Autoren zur Integration in den gängigen Literatur- und Buchver-
kaufsapparat, als schöne Einübung in die Anpassung an bestehende Größen
Kauzig originell reiten sie mit ihren ungezählten und signierten Exemplaren die bibliophile Masche, verkaufen auf ausgetretenen Pfaden an
einige freundliche Sammler, sind teuer & exclusiv, werden kaum gelesen,
höchstens als Kulinarikum (Bildgrafik) kurz: sie sind nicht besser und
nicht anders als die Buchfabriken auch! muß das sein? Von den großen
Verlagen ist eine Weiterentwicklung des Mediums Sprache (d.h. Schriftsprache + gesprochene Sprache) nicht zu erwarten: die machen doch aus
allem Lebendigen nur Bücher, also Fertigwaren Museen Särge..........
was einer jetzt schon als GEGENMODELL tun kann: die Arbeitsteilung/Spe-
zialisierung/Entfremdung aufheben + jeden sprachlichen Vorgang als
KOMPLEXEN KOMMUNIKATIONSPROZESS, als INFORMATIONSAUSTAUSCH begreifen +
dementsprechend arbeiten/ spielen/ leben ... die EINHEIT von IDEE +
deren VERBREITUNG praktizieren!! den Lese-CHARAKTER vom KONSUM-VORGANG
befreien! neue VERTRIEBSFORMEN entwickeln, die genau den Intentionen +
Vorstellungen gegenwärtiger Literatur entsprechen, nur billiges verteilen, + das an viele und jeden ...! kurz: aus Fertigprodukten Vorgänge
machen und aus Sprache eine Aktion!!!!!! Eiffe/Linkeck/D.Rot/Popopo etc
Die von Bulkowski verteilten Blätter werden angenommen, überflogen, auf
den Tisch gelegt, gefaltet, eingerollt! /HANS IMHOFF GRÜßT+KÜßt DUIS-
BURG!"Der lange bleiche Kommune-Typ wohl männlichen Geschlechts" SPIE-
GEL küßt die Anwesenden Die ersten Aggressionen zeigen sich: Wie kriegen wir den nur wieder los/ Haben wir ein paar starke Männer!???

ES GIBT NUR EINE GEGENKULTUR *HANS*
DAS SIND BEWAFFNETE ARBEITER *IMHOFF*

Frank Göhre über eine Veranstaltung in der Duisburger Buchhandlung »Atlantis« am 24. September 1969. Abdruck im Szenemagazin »Ulcus Molle«. Thema ist die Gegenkultur, erwähnt werden unter anderen Timm Ulrichs und Bulkowski.

sind, wenn man sich deren Werk vorhält. Alle drei haben aber für mich etwas gleich stark Beeinflussendes: Das ist [Hubert] Fichte, das ist Rolf Dieter Brinkmann und Jörg Fauser. Sehr unterschiedliche Leute, wobei ich sagen muss, dass Fichte und Brinkmann mich am stärksten beeinflusst haben. Und zwar Fichte ausgehend von den Interviews bzw. seinem Roman *Die Palette*. Es hat mich vor allem in Bezug auf Wiedergabe von Realität fasziniert. Fichte hat darin ziemlich genau wiedergegeben, wie die Personen, die sich in der Palette aufgehalten haben, reden, wie ihr Umgangston ist. Daneben hat er gleichzeitig so etwas wie Liturgien entwickelt, sodass über die Sprache eine Melodie und ein Rhythmus rüberkommt. Das hat mich seitdem unglaublich beschäftigt und ist ausschlaggebend für meine Arbeit.«[4]

Göhres Schlussfolgerungen für sein eigenes Schreiben zeigt beispielsweise seine Erzählung *Weg isser* (s. S. 346ff.).

Anmerkungen

1   Geb. 1943 in Tetschen-Bodenbach/Tschechoslowakei. Er wuchs in Bochum auf. Von 1954 bis 1959 ebd. Gymnasium und 1959 bis 1962 kaufmännische Lehre im technischen Großhandel. 1962 bis 1964 Lehre im Buchhandel in Köln. Ebd. 1964/65 Buchhändler. 1965 bis 1967 Buchhändler in Bochum. 1967/68 Leiter eines Grafik-Kabinetts in Essen. 1968 bis 1970 Buchhändler in Bochum. 1970 bis 1973 Büchereiangestellter in Wattenscheid. Von 1973 bis 1976 Mitarbeiter des NDR und freier Schriftsteller in Soltau/Lüneburger Heide (s. S. 445f.). Seit 1977 Mitarbeiter, Lektor und Gesellschafter des Weismann-Verlages in München. Anschließend freier Autor in Hamburg.
2   Walter Gödden: »*Ich bereue nichts.*« *Ein Gespräch über Frank Göhres »Early Bochum Years«*, in: *Frank Göhre. Ein Buch der Freunde*. Hg. von Eva Breloer und Günther Butkus. Bielefeld 2013, S. 195-216, hier S. 200f.
3   Zitiert nach: Walter Gödden: *Wie alles anfing. Frank Göhres »early Bochum Years»*, in: *Literatur in Westfalen* 13. Bielefeld 2014, S. 459-488, hier S. 463.
4   Frank Göhre im Gespräch mit Mario Fuhse. Zitiert nach: *Krimijahrbuch 2008*. In: Frank Göhre: *I and I*. Bielefeld 2012, S. 111.

Die Band »Steppenwolf« tritt in Bremen auf, Mai 1969.

»Steppenwolf« zwischen Autos in Bremen, Mai 1969.

9 Beat-Club
Zu Gast bei Uschi Nerke

Wir bleiben noch einen Moment bei Frank Göhre (s. S. 93ff. u. ö.). Er »bereue nichts«, sagt der spätere Erfolgsautor heute über seine »wild years« im Revier.[1] Das Schreiben in Pop-Manier war offenbar keine schlechte Schule für seine spätere Karriere als Krimi- und Drehbuchautor (für Fernsehen und Kino).[2] Auch in seinen Reportagen (nun freilich zu ganz anderen Themen) behielt er einen harten, direkten Schreibstil bei. Göhres erstes Buch *Costa Brava im Revier* aus dem Jahr 1971 ist ein lupenreines Pop-Dokument. Es besteht aus Texten, die zum Teil aus dem Jahr 1968 stammen. Das Spontane, Skizzenhafte ist Programm. Jeder elitäre Kunstanspruch wird abgelehnt. Die Hauptakteure sind Menschen von nebenan, die meist in ihren prekären Lebensverhältnissen gezeigt werden. Sie sprechen Jargon und benutzen Vulgärvokabeln. Der Band verzichtet auf jede Geschlossenheit und wendet sich auf unterschiedlichste Weise – von der freien Lyrik bis zum Abdruck eines Bußgeldbescheids – der akuten Gegenwart, dem JETZT, zu. Göhre wollte alles schreiben – nur keine bildungsbürgerliche Prosa. Es folgten zwei Romane über das »Miljö«, dem Göhre selbst entstammt. Im Mittelpunkt stand dabei seine Clique und die unglückliche Lebens- und Arbeitssituation der Mitglieder. Alles ist unverblümt autobiografisch geschildert und bewusst wenig »literarisiert«. *Gekündigt* (1974) spielt dabei im Umfeld einer großen Bochumer Buchhandlung. Erzählt wird die Geschichte der Marianne Weckermann, die während ihrer Lehrzeit durch Schikanen der Geschäftsführung einer Buchhandlung in den Selbstmord getrieben wird. Damit wird ein Thema behandelt, das sich für Göhre seit den *Essener Songtagen* 1968 als existenziell herauskristallisiert hatte: Der Widerstand »kleiner Lehrlinge« gegen ihre übermächtigen Ausbeuter-Chefs. Der Folgeroman *So läuft das nicht* (1976) bleibt in einer solchen Spur. Er dokumentiert eine Jugend im Ruhrgebiet, die alles andere als unbeschwert ist. Es gibt zwar Momente der Freiheit – nächtliche Autofahrten mit der Nase im Fahrtwind und lauter Musik aus dem Kassettenrekorder (bevorzugt *Rolling Stones*), es gibt Feten, Abende am Kanal und in der Stammkneipe – aber dies sind nur Momentaufnahmen. Tatsächlich ist der Alltag von Zwängen geprägt und der immer akuter

Kölner Teenies, um 1968.

gestellten Frage, wie man den Sprung ins Erwachsenenleben schaffen soll. Den Protagonisten, allesamt um die zwanzig, werden Entscheidungen abverlangt, denen sie nicht gewachsen sind.

1979 legt Göhre dann mit *Schnelles Geld* den letzten Teil seiner Ruhrgebietstrilogie vor. Geblieben sind die journalistische Schreibe, die knappen pointierten Dialoge und filmähnliche Cuts. Gewandelt hat sich jedoch das Genre. *Schnelles Geld* ist ein waschechter Thriller mit überzeugendem Plot. Kurioserweise treffen wir hier die Mitglieder der »Clique« wieder an. Sie sind inzwischen ins Halbweltmilieu abgerutscht und beteiligen sich an Autoschiebereien. Die Fiktionalität hat die Oberhand gewonnen. Der Hauptprotagonist Charly ist ein Typ wie Wolfgang Körners Romanheld »Harry Nowack« (s. S. 135ff.): Jemand, der lieber abhängt, als sein Leben mit Arbeit zu verschwenden. Göhre schuf ein Pop-Gemälde im Gewand eines Krimis, der, anders als bei Körner, nicht in Dortmund, sondern in Bochum spielt. Der folgende Auszug bildet den Erzähleingang von *Schnelles Geld*:

Eine Nacht ist lang genug, um durchzudrehn

Frühmorgens auf der Straße, den Kopf voll Suff und Rock 'n' Roll. Charly fuhr sich durchs Haar. *Elvis ist tot, und ich fühl mich auch schon ganz elend.*
Er stakste weiter, die Renne rauf. Papierfetzen wirbelten über den Asphalt, der Himmel war grau, *verdammt, wir müssen raus aus dem Dreck, da gibt es gar nichts, wir müssen hier weg.* Die Melodie, der Rhythmus, Charly faßte langsam Schritt, nahm Sachen in Schaufensterauslagen wahr, bunte Kerzen und Basttaschen und Puppen und das *Bett im Kornfeld* als Plakat an der Scheibe.
Charly lachte bitter in sich hinein. Jetzt werben sie damit für Möbel, demonstrieren Fröhlichkeit, und vor Jahren, da hatte er mit Babette ein Zelt aufgeschlagen, in Bochum, Höhe Haarstraße, und ein Metallbett in das Kornfeld gestellt, und *dabei ca. 12 qm Korn zertreten,* was zu beweisen war durch Polizeimeister Wurzel, der plötzlich vor dem Bett gestanden und sie aufs Revier geschleppt hatte, wo sie sich fix reumütig zeigten, um abzulenken von dem, was echt Trouble machen würde: der Shitklumpen, den Babette in der Tasche hatte.
Als dann später der Bußgeldbescheid kam, 25 Mark, *weil davon ausgegangen wird, daß Sie sich eine derartige Zuwiderhandlung nicht mehr zuschulden kommen lassen,* hatten sie gelacht und kräftig einen durchgezogen, hatten Musik gehört und sich so gut gefühlt, wie danach nie wieder. Das war lange her.
Er war vor Babette abgehauen, hatte nichts mehr von ihr wissen wollen. Und jetzt war sie ihm fremd.
Er war bei Rita aufgewacht, die ihn aus dem Bett gescheucht hatte. *Komm, ich muß los.* Kein Kaffee und rein gar nichts, und die Straßen waren noch menschenleer. Charly ging die Renne rauf, Richtung Bahnhof.
Charly brauchte heißen Kaffee und was zwischen die Zähne.
In der Kassenhalle der *Volksbank* wischte eine Frau die Fliesen. Sie drehte ihm den Rücken zu, und Charly bückte sich schnell, zog die *WAZ* unter dem Gitter raus. Er klemmte sie unter den Arm und schlenderte weiter.
Hotel Savoy, Orient-Teppiche. Die Ladentür stand offen. Charly sah auf die Uhr. Früh dran, die Jungs.
Er wollte weitergehen, hörte auf einmal laute Stimmen, Geschrei.

»Schnelles Geld«, Taschenbuchausgabe.

Charly verstand nicht, um was es ging, interessierte ihn auch nicht. Er blieb aber doch stehen.
Er sah, wie ein Mann aus dem hinteren Teil des Ladens nach vorn stürzte, wild mit den Armen fuchtelte, an ihm vorbei auf die Straße stolperte, zusammenbrach.
Charly schüttelte den Kopf und beugte sich zu ihm herunter.

Charly wurde flau.
Charly fror.
Und dann war ihm heiß.
Charly schluckte.
Im Rücken des Mannes steckte ein Messer.[3]

Göhre wird heute als »Dokumentar« des Krimi-Genres bezeichnet.[4] Will sagen: Als jemand, dessen Stoffe die gesellschaftliche Wirklichkeit einfangen. Dabei gehört die Sympathie des Autors nach wie vor den »Underdogs«, den Gebeutelten und Gestrandeten. Auf seiner Homepage blickt Göhre wie folgt auf seine rasanten frühesten Schreibanfänge zurück:

> Seine erste Geschichte schrieb er als Vierundzwanzigjähriger. Er gab ihr den Titel *Weg isser* und war gleich voll da. Renommierte Kritiker und Autoren feierten ihn als den »Pop-Poeten der Sechziger Jahre« und ebneten ihm den Weg in die Medien. Mit wenigen kurzen Texten war er bald bundesweit bekannt. Doch er schrieb mehr zum Zeitvertreib, so nebenbei. Wichtiger war ihm immer das Leben auf den Straßen der großen Städte, die Kneipen und das Kino. Sex & Drugs & Rock 'n' Roll bestimmten seinen Lebensrhythmus. Ein für den legendären *Beat-Club* produzierter Videoclip über seine *Textaktionen* bedeutete ihm mehr als ein Anthologiebeitrag in der *edition suhrkamp*.

Der erwähnte Videoclip entstammt dem Film *Kunst auf der Kohle* (s. S. 350ff.), womit erneut eine Brücke zum Jahr 1968 geschlagen ist.

Anmerkungen

1   Walter Gödden: »*Ich bereue nichts.*« Ein Gespräch über Frank Göhres »Early Bochum Years«, in: *Frank Göhre. Ein Buch der Freunde*. Hg. von Eva Breloer und Günther Butkus. Bielefeld 2013, S. 195-216, hier S. 215.
2   Vgl. die Bibliografie in: www.autorenlexikon-westfalen.lwl.org.
3   Frank Göhre: *Schnelles Geld*. Taschenbuchausgabe. Reinbek b. Hamburg 1992, S. 9f.
4   So wurden seine Romane als »gesellschaftliche Fallstudien« bezeichnet, denen »empirische Exaktheit« zu eigen sei, vgl. www.frankgoehre.de.

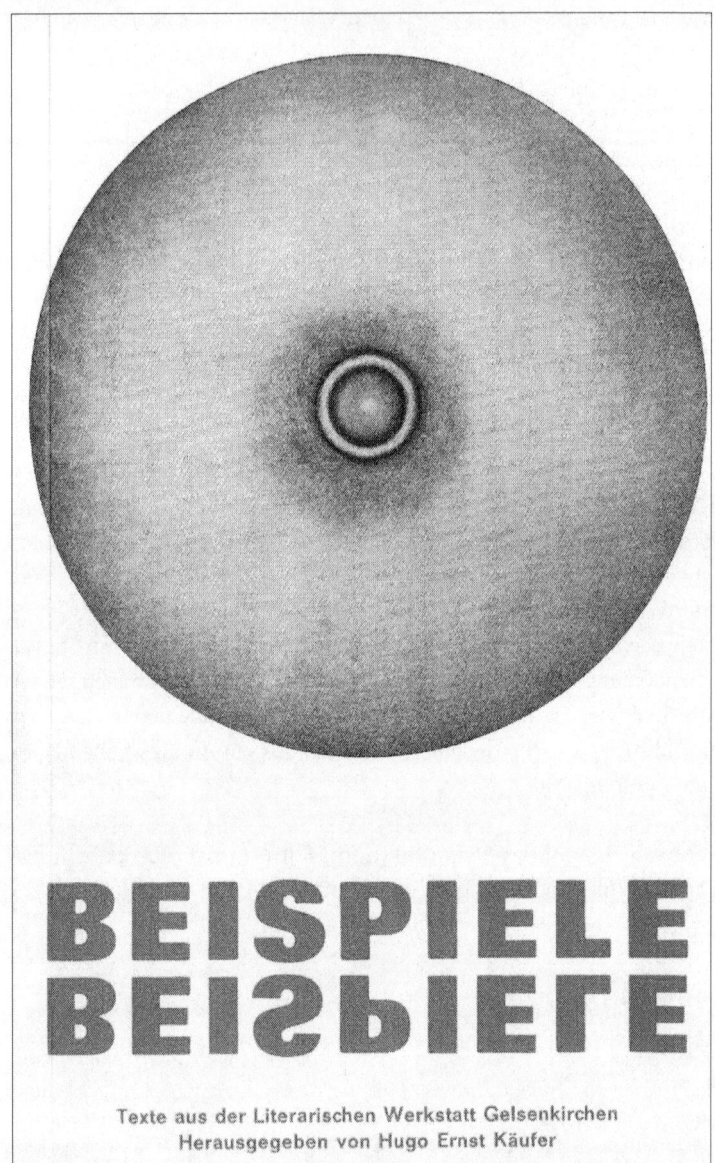

Die erste Anthologie mit Texten aus der Gelsenkirchener Literaturwerkstatt.

10 Beispiele Beispiele
Literatur »von unten«, unkonventionell vermarktet

Man stellt es sich gern bildlich vor. Da treffen sich drei Alphatiere und zerbrechen sich den Kopf darüber, wie sie in ihrer verschlafenen Stadt so richtig Trouble machen können. Der eine davon, Rainer Kabel, ist knapp 30 und leitet eine Institution, die sich nicht gerade nach Protest anhört, nämlich das Gelsenkirchener Volksbildungswerk. Zweiter im Bunde ist der literaturbeseelte Journalist Detlef Marwig (36), dritter Hugo Ernst Käufer (40), selbst Autor und damals stellvertretender Leiter der Gelsenkirchener Stadtbücherei.

Gemeinsam entwickeln sie 1967 den Gedanken an eine Schreibschule für jedermann, die *Literarische Werkstatt Gelsenkirchen* (s. S. 339ff.,

Journalist Detlef Marwig.

Der dicke Typ
ist Organisator
der LITERARISCHEN
WERKSTATT GELSENKIRCHEN
und tut (u.a.) ne ganze Menge
für die Leute der Scene: HaJot
Lehmann/ W. Streletz/ Volker W.
Degener/ G. Schramm / Frank Göhre + Bulki:: 13.12.68 Gruppenle-
sung im Kaufhof Gelsenkirchen:B.
verteilt Plastikautos, preist in
hohen Tönen die Massenproduktion
und verschenkt schließlich die
gesamte Warenwelt ans Publikum.
13.10.69 in der Halle des Hbf.
Gelsenkirchen: B. tritt als char-
manter Mikrofonstar auf,führt
dann aber überraschend seine
selbstauflösung und sein Aufge-
hen in die Gesamtheit aller sprachlichen Äußerungen herbei.

reiseprospekt sveti stefan
für dagmar und manfred kerner

sveti stefan
meine damen und herren
war vor langer zeit
ein armes fischerdorf
sveti stefan
meine damen und herren
dieses kleinod der adria
wurde von dem einfachen volk
befreit
sveti stefan
meine damen und herren
ist seit einigen jahren
eine moderne hotelstadt
sveti stefan
meine damen und herren
wird von playboys
korrupten staatsmännern
und falschen fuffzigern besucht
sveti stefan
meine damen und herren
ist dank der deutschen
und amerikanischen muttis
international bekannt geworden
sveti stefan
meine damen und herren
verschlingt zur erhaltung
mehr zement
als der bau neuer straßen
in den bergen montenegros
beansprucht
sveti stefan
meine damen und herren
beweist daß der kapitalismus
im sozialismus möglich ist
sveti stefan
meine damen und herren
sei (sagte neulich ein revoluzzer)
der richtige ort
die playboys
die korrupten staatsmänner
die falschen fuffziger
die deutschen und amerikanischen muttis
und den ganzen krempel
mit meerblick
in die luft zu sprengen

hugo ernst käufer
rezensiert auch Bücher der ALTERNATIVPRESSE
seine Adresse: 4630 BOCHUM/ Lilienthalstr.
13

Kunst für ALLE

Hugo Ernst Käufer im Szenemagazin »Ulcus Molle«.

669ff.). Neben der Literaturförderung ging es dem Trio auch darum, eine biedere und angestaubte Institution wie das Volksbildungswerk vom Ruch provinzieller Rückständigkeit zu befreien. Der Band *Beispiele Beispiele* rekapituliert all dies und präsentiert die Texte, die damals aus der Werkstatt und einem von ihr initiierten Schreibwettbewerb (s. S. 339ff., 669ff.) hervorgingen.[1]
Käufer resümierte, schon mit Blick auf den erwähnten Wettbewerb und die Anthologie *Beispiele Beispiele*: »Bis Ende September 1968 bekam ich 96 Einsendungen – Romane, Feuilletons, Dramen, Gedichte – Beat- und Pop-Prosa, Tonband- und Schablonenmontagen. Die Themen: Liebe und Ehe, Abenteuer- und Kriminalgeschichten, humorige Erlebnisse und spaßige Allerweltbeschreibungen. Zahlreiche Bewerber erreichten formal und thematisch kaum einen positiven Ansatzpunkt ihrer Vorbilder. Überwiegend lagen mir Versuche vor, die heutige Welt ins Wort zu nehmen. Die 20-30jährigen stellten die größte Gruppe und die besten Beiträge. Der älteste Autor war 72 Jahre alt, der jüngste 16. Nach einer ersten Prüfung mußte ich von den 96 Einsendungen 65 zurückgeben. In diesen Beiträgen ließen sich keinerlei Anhaltspunkte für eine positive Weiterarbeit erkennen. Wollen allein genügt nicht. Auch wenn fast ausnahmslos alle Einsender das Handwerk des Schreibens als Amateure und nicht als Profis betreiben, mußten bei aller Großzügigkeit gewisse literarische Normen erkennbar sein. Die Stimmigkeit der Sprache interessierte, ihre Handhabung, das Bemühen um eine eigene Diktion, die Wortwahl und der Motivaufbau. Die 31 ausgewählten Bewerber stellten sich dann in der *LWG* vor«.[2]
Beispiele Beispiele erschien Ende 1968 im Georg Bitter-Verlag. Dieser war damals aus dem Paulus Verlag hervorgegangen, in dem unter anderem Werke von Max von der Grün und Josef Reding erschienen waren. Er wurde nun zum repräsentativen Verlag für die Ruhrgebietsliteratur. In *Beispiele Beispiele* finden sich die Themen der Zeit wieder (Vietnamkrieg, Konsumkritik, Eingezwängtsein des Einzelnen in ein allgegenwärtiges »Kontrollsystem«).[3] Zahlreiche weitere Anthologien Käufers folgten in den nächsten Jahren.[4] Sie verschafften der Autorengruppe einen Bekanntheitsgrad, der weit über die Ruhrgebiets-Grenzen hinausging. 1971 ging die Gelsenkirchener Literaturwerkstatt im neu gegründeten *Werkkreis Literatur der Arbeitswelt* auf. Die politischen Ziele wurden

Rainer Kabel, Leiter des Gelsenkirchener Volksbildungswerks, später Volkshochschule.
Szenenfoto aus dem Film »Kunst auf der Kohle«, BR, 1968.

nun noch offensiver formuliert. Geblieben war der Grundgedanke, Arbeiter zum Schreiben zu motivieren und anzuleiten. Sie sollten Missstände in ihren Betrieben und Fabriken aufdecken und hierüber in Form von Reportagen, Erzählungen oder Romanen berichten. Die *Werkkreis*-Bewegung traf den Nerv der Zeit und war jahrelang erfolgreich. Zwischen 1973 und 1978 kamen in einer Taschenbuchreihe des Fischer-Verlags 60 Titel in einer Gesamtauflage von etwa einer Million Exemplaren heraus. Die Organisation existiert bis heute, allerdings ohne die frühere Durchschlagskraft, die in Demonstrationen, öffentlichen Kundgebungen und Diskussionen auf Marktplätzen zum Ausdruck kam. Aus der Rückschau dokumentiert die Anthologie *Beispiele Beispiele. Texte aus der Literarischen Werkstatt Gelsenkirchen* einen Paradigmenwandel in der damaligen Literaturszene.[5] Käufer definierte den literarischen Kanon vollständig anders als beispielsweise gut 15 Jahre zuvor die populäre Anthologie *Westfälische Dichter der Gegenwart*[6], in der Arbeiterdichtung und politische Dichtung fast vollständig ausgespart blieben.[7] Mit *Beispiele Beispiele* machte sich Käufer zum Anwalt einer jungen Autorengeneration, die zu ihrem Recht kommen wollte.

Anmerkungen

1   Erschienen Ende 1968, das Impressum nennt jedoch die Jahreszahl 1969.
2   Barbro Schuchardt, Manuskript: *Auch Hausfrauen konnten hier aus ihren Werken vorlesen. Die erste Runde der «Literarischen Werkstatt Gelsenkirchen« ging zu Ende.* Deutsche Welle, 6.1.1969. Zitiert in: Hugo Ernst Käufer (Hg.): *Dokumente, Dokumente. Die literarische Werkstatt Gelsenkirchen in Presse, Rundfunk und Fernsehen 1967-1969.* Volkshochschule Gelsenkirchen 1969 (ohne Seitenzählung).
3   Den Abschluss des Bandes bilden Statements von Marwig, Käufer und Kabel über die *Literarische Werkstatt Gelsenkirchen* sowie biografische Notizen zu den Beiträgern. Folgende Autorinnen und Autoren kommen in der Anthologie zu Wort: Bernd-Peter Aust, Hildegard Maria Binder, Hubert Brill, Hansjürgen Bulkowski, Volker W. Degener, Dieter G. Eberl, Michael Glasmeier, Frank Göhre, Herbert Grote, Jürgen Groß, Ernst Günther, Karl H. Hilfert, Rainer Horbelt, Christian M. Hugot, Paul Karalus, Roswitha Kämper, Richard Limpert, Josianne Maas, Johannes Dietrich Neuberg, Walter Neumann, Hanns T. Peschkes, Erik-Andreas Pieper, Liselotte Rauner, Helga Riedel, Monika Schröder, Theo Schmich, Werner Streletz, Joseph Wachter, Horst Wolff sowie Reinhart Zuschlag.
4   Vgl. Klaus Scheibe (Bearb.): *Hugo Ernst Käufer. Autor, Herausgeber, Bibliothekar. Bibliografie mit Dokumenten.* Gelsenkirchen 2012, sowie unter anderem den Eintrag über Käufer in www.autorenlexikon-westfalen.lwl.org.
5   Die Anthologie erschien 1969 im Recklinghausener Bitter-Verlag, einem für die »neue« Ruhrgebietsliteratur wichtigen Publikationsort. Der Verlag war der Nachfolger des Paulus-Verlags, in dem die Erfolgstitel Max von der Grüns erschienen.
6   Josef Bergenthal: *Westfälische Dichter der Gegenwart. Deutung und Auslese.* Münster 1953; zweite Auflage 1954.
7   Ausnahmen bilden Texte von Otto Wohlgemuth und Walter Vollmer.

Literatur »von unten«, unkonventionell vermarktet

Cover des Underground-Magazins »Ulcus Molle«

11 Biby
Ein Kulturrocker, Kulturschocker und Selfmademan

Sein Name fiel schon im Zusammenhang mit Frank Göhres Erinnerungen an die wilden End-Sechziger-Jahre im Revier (s. S. 93ff.): Josef (»Biby«) Wintjes.[1] Er war ein echter »Szene-Typ«, jemand, der unbeirrt »sein Ding« durchzog. Einfach, weil es ihm Spaß machte und Kontakte zu Gleichgesinnten erschloss – und das weit über das Ruhrgebiet hinaus.

Dieses »Ding« hieß *Ulcus Molle* und ist eines der frühesten deutschen Underground-Magazine überhaupt (s. S. 615ff.). Frank Göhre und Volker W. Degener, Akteure der *Literarischen Werkstatt Gelsenkirchen*, waren Mitstreiter. Der eigentliche Motor aber war der damals knapp über 20-jährige »Biby«, der, wie wir hörten (s. S. 99), tagsüber in der EDV-Abteilung bei Krupp arbeitete und nachts – in drogengeschwängerter Atmosphäre – sein Magazin zusammenbastelte, um es dann in hoher Auflage in die Republik zu verschicken. 1974 gab Wintjes seinen Beruf auf und kümmerte sich ausschließlich um *Ulcus Molle* und weitere Titel seines literarischen *Informationsdienstes*.

Auf den Tod des Bottroper Underground-Papstes verfasste Werner Streletz 1995 den folgenden Nachruf: »Josef Wintjes, der in Bottrop über 25 Jahre lang das literarische Informationszentrum betrieben hat, ist im Alter von nur 48 Jahren völlig überraschend gestorben. Mit Josef Wintjes, den alle nur Biby nannten, verbindet sich untrennbar ein Stück alternativer Kultur. Zu Zeiten, da es im Zuge der Studentenrevolte in Deutschland brodelte und wild montierte Bücher auf einen noch unüberschaubaren Markt schwappten, entwickelte Biby das Info-Zentrum zu einer zentralen Vertriebsstelle und die von ihm herausgegebene Zeitschrift *Ulcus Molle*, zugleich sein persönliches Pseudonym, zu einem facettenreichen Diskussionsforum. Ob Landkommunarden, Junglyriker oder politische Grenzgänger, sie alle fanden in Biby einen Moderator, dessen Arbeit bis zum Schluss selbstausbeuterisch blieb. Das umfangreiche Archiv des Info-Zentrums ist heute eine in seiner Bedeutung nicht zu unterschätzende Dokumentation der Gegenkultur, ein Fundus, den man nach dem Tod von Biby Wintjes in treulich-bewahrende Hände wünscht.«[2]

Josef (»Biby«) Wintjes.

3 x Wintjes.

Der Wunsch sollte in Erfüllung gehen. Der Nachlass befindet sich heute im Archiv für Alternativkultur der Berliner Humboldt-Universität, dort allerdings an einem abseitigen Ort, im Ethnologischen Institut.
An anderer Stelle erinnerte sich Streletz: »Die Bottroper und regionalen Bands traten im Lichthof der Berufsschule beim hitzigen Beatfestival gegeneinander an. Aufbruchsstimmung schien auch unter den Bottroper Jugendlichen greifbar zu sein, doch der Kreis derer, die den Protest probten, blieb überschaubar, traf sich in der Gaststätte des Kolpinghauses, damals ein äußerst liberales Refugium, um eine vermeintliche Revolution zu erwarten – und dabei kräftig dem Bier zuzusprechen. Auch Biby war dort zu treffen, gehörte zu jenen Cliquen, die einander kannten, miteinander quatschten, Musik hörten. Warum genau sich Biby, als Jungdichter in Bottrop nicht unbekannt, entschlossen hat, statt eigener Verse die Literatur der damals entstehenden Alternativpresse zu vertreiben, weiß ich nicht. Doch irgendwann bekam auch ich, es mag Ende 1969 gewesen sein, jenes DIN A4-Blatt in die Hand, mit dem alles begann: darauf – eng beschrieben – die ersten Angebote dieses etwas anderen Versandbuchhandels, damals umständlich *Nonkonformistisches literarisches Informationszentrum* genannt.«[3]
Und weiter: »*Ulcus Molle* bewältigt deshalb so leidenschaftlich sein [Josef Wintjes] Arbeitspensum, weil NICHT ENTFREMDETE ARBEIT unheimlich Befriedigung verschaffen kann und weil nur in der jungen UNDERGROUND-SUBKULTUR-GEGENMILIEUWELT die GUTEN LEUTE zu finden sind, welche man alsbald von den blöden Scheißern unserer obszön oberflächlichen Alltagswelt zu unterscheiden lernt. Entweder Du hast Deinen Arsch verkauft oder Du bist ein FREAK-OUT der besten Sorte, denn die Typen, die zwischendrin hängen, sind noch bedauernswerter. Damit müsste die Frage nach der Funktion des Info-Zentrums hinreichend beantwortet sein.«[4]
Für Wintjes stand fest: »Ich muss mit Literatur leben.« Und: »Die Literatur gehört uns und keinen großen Verlagen«. »Ein waghalsiges Spiel – im biederen, sozialdemokratischen Bottroper Umfeld zwischen Wochenmarkt und Stadtgarten; und Verwandten, die das Info-Zentrum wahrscheinlich nur mit Überspanntheit oder einer Verirrung gleichsetzen konnten. Wenn sie es denn überhaupt verstanden, dieses Experiment eines Einzelnen ohne Eigenkapital. ›It's Orgasmus-Time, Sweet Love‹

heißt es einmal völlig zusammenhangslos in einem der *Ulcus Molle* Info-Hefte. ›Nur nix verkniffen sehen.‹ Das stand für ihn fest. Heroische, glückliche Zeit. Schon bald jubelte der süddeutsche Szene-Poet Manfred Bosch: Bertelsmann / steigerte seinen Umsatz / um 7 Prozent auf 600 Millionen Mark / das Info-Zentrum um 30 Prozent / Bertelsmann, wir kommen!«[5]

Wes Geistes Kind »Biby« Wintjes war, zeigen seine folgenden Gedichte:

Der Lenz ist da!
Die linden Lüfte sind erwacht!

Lausi, 15 jährig,
ohne Ahnung vom Jenseits,
hat Juden und jüdische Jungen nie gekannt,
nur gehört von deren Beschneidung,
möchte sie kennenlernen,
zwecks Wiedergutmachung,
trotz Karwoche,
ändert das Thema, fragt naiv:
Wie ist Jim Clark ums Leben gekommen?
erinnert sich nicht an James Dean,
fragt weiter: Musste das denn sein
mit Martin Luther King?
und spricht es schön schulenglisch aus

15jährig
schwärmt sie für Dudelsack und Dutschke,
Donald Duck, Dracula und Donovan;
sie möchte im Doppeldecker fliegen;
möchte Erzbischof Dibelius nackt sehen;
sie hat Diphterie überstanden;
ihre Augen werden traurig bei Drehorgelmusik.
Sie ist einfach dufte und unverklemmt.
Wenn ihr einer blöd kommt, zeigt sie doof.

Gedichte der Nachgeborenen Hammer
Texte von Autoren der Jahrgänge 1945-1955 aus der Bundesrepublik, Österreich und der Schweiz
Wir Kinder von Marx und Coca-Cola

Neue Autoren braucht das Land... Anthologie aus dem Wuppertaler Peter-Hammer-Verlag, 1971.

Ein Kulturrocker, Kulturschocker und Selfmademan

15jährig,
hat sie noch Vater, hat sie noch Mutter,
Verwandte aller Art und Sommersprossen.
Sie schwärmt für Bonny und Clyde,
denkt nach über das Leben,
betrachtet Dürers betende Hände,
versteht die vielen Fremdwörter nicht.
Aber sie weiß heute schon,
nicht mehr lange wird Lausi Jungfrau sein.
Der Spiegel sagt es ihr,
die linden Lüfte sind erwacht.
Und sie fragt schon fast erwachsen:
Musste das denn sein mit Martin Luther King?[6]

Dieses Gedicht ist Mitte der 1960er Jahre entstanden, »Biby« war damals 17 oder 18 Jahre alt. Bald danach gab er das eigene literarische Schreiben weitgehend zugunsten von *Ulcus Molle* auf.
Der zweite Text entstammt der repräsentativen Anthologie *Wir Kinder von Marx und Coca-Cola. Gedichte der Nachgeborenen. Texte von Autoren der Jahrgänge 1945-1955 aus der Bundesrepublik, Österreich und der Schweiz* aus dem Jahr 1971:

FRANKFURT UND UMGEBUNG

zum frühstück hasch fährt der strichjunge
seinen porsche strafft den angel
haken da reden sie den gruppense
X
in die klebrigen betten zuhälter
hinterlassen in spielcasinos ihre verschleierten
lebensläufe wenn du deine braut liebst behalte
ihre perücke nur leihweise den körper
verteilt um auf die tunesische art
vorzustoßen so will jeder
seine unruhige zunge unter den turban schieben festgefahren
sind mannundfrau austauschbar

spendable transvestiten sind inclusiv mehrwertsteuer abzurechnen
wenn du es gut machst mach es gut mein junge auch dicke männer
haben bäuche und oft kleine harmlose verzierungen berühren
wir uns gegenseitig drück auf die tube springt über
der funke wenn eichelaneichel sich reibt zurückzukommen
auf den prozeß des alterns auch der frommste christ
wird des alleinschlafens müde so die lust
ewigkeit will wird wer weiß die ewig
keit lust eingebettet zwischen flaumweichbehaarten schenkeln
ruhen dort wiederfindend den geruch der mutter
phantasiebegabt hochloben die ästhetik des männ
lichen körpers weil die brüste abgeschlafft hän
gen trostlos nach dem gesetz der schwer
kraft frauen gibt es die meinen
es gut hörighellhörig
ungehörig
benimmt sich wer onaniert die frau will bezwungen werden give me
a joint please peitsch mich please attention
wenn die finger erst riechen geht die kultur
flöten
6 jahre abkassiert bin ich zuhälter und halt
zu mir schlagringe an den nagel swimming-pool
feierabend![7]

Aus der Anthologie *Wir Kinder von Marx und Coca-Cola* stammt auch der folgende Text Hans-Bernd Hellerbachs. Er ist seinem Band *Der neue Mond von Wanne-Eickel. Gedichte*[8] entnommen und beschreibt das Selbstverständnis des neuen Dichters, der sich, von Ekel befallen, »auskotzt«.

Krise

1.

Vierhundert Zentner Kohle
muß ich brechen,
pro Tag, pro Schicht

für zwanzig Mark -
komm, Kumpel,
und rechne nicht.
Hast du vom Wirtschaftswunder
nicht deinen Teil?
Vorm Fernsehschirm,
dort findest
du heut' dein Heil.

Der Pütt war rot nach 45.
Man schweigt sich aus.
Ach, die paar Feierschichten...
Man bleibt zu Haus.
Wir leben in der Krise,
entwurzelt,
fremd -
die Politik,
die große Direktrice,
sie treibt und hemmt.

Vierhundert Zentner Kohle,
das ist mein Soll.
Ich glaub nichts mehr. ich hab
die Schnauze voll.

2.

Wenn diese Stimmung
– Seelenschaum –
den Geist befällt,
versinkt die Welt
und fällt –
der Ekel frißt
im Eingeweide.
Der junge Dichter

kotzt modern sich aus,
der Ehemann ersäuft sein
Herz im Alkohol -
die junge Mutter legt sich
in ein fremdes Bett,
der Brotmann geht
zum siebten Mal vergebens
zu kassieren – –.

Du kannst nicht helfen.
Die sich so verlieren,
die haben wahrhaft
sich noch nie besessen.
Die neue Ordnung
– sozial, human –
die große Mühe:
hier ist sie vertan.
Von Geist kommt Heilung.
Laßt uns hier beginnen.[9]

Anmerkungen

1   Geb. 1947 in Bottrop. Dort ab 1974 freier Schriftsteller.
2   Der Nachruf erschien am 26. September 1995 in der Westdeutschen Allgemeinen Zeitung, hier zitiert nach Werner Streletz: Biby, ein Kulturrocker aus Bottrop. Versuch eines Porträts, in: Literatur in Westfalen 13. Bielefeld 2014, S. 409.
3   Ebd., S. 411.
4   Ebd.
5   Ebd., S. 411f.
6   Ebd., S. 409f.
7   Die Anthologie wurde von Frank Brunner u.a. herausgegeben. Dort S. 28.
8   Wanne-Eickel, o.J.
9   In: Wir Kinder von Marx und Coca Cola. Wuppertal 1971, S. 83.

12 Bottrop protokollarisch
Erika Runge besucht eine Arbeitersiedlung und entdeckt das O-Ton-Hörspiel

Noch einmal Bottrop (s. S. 115ff.). Nun aber aus ganz anderer Perspektive. 1968 erschienen bei Suhrkamp Erika Runges[1] *Bottroper Protokolle*. Die von der Autorin ausgewählten, verdichteten und dramaturgisch arrangierten Zeugnisse erregten seinerzeit großes Aufsehen.[2] Das Vorwort steuerte Martin Walser (s. u.) bei.

Die Textsammlung nimmt bis heute im Kontext der dokumentarischen Literatur einen besonderen Rang ein. Sie entstand im Zusammenhang mit einem Spielfilmprojekt Runges (*Warum ist Frau B. glücklich?*) über die Krise im Kohlenbergbau und dessen wirtschaftliche und persönliche Folgen für die Bergleute. Die Autorin besuchte eine »rote« Arbeitersiedlung in Bottrop-Eigen und führte Gespräche mit den Anwohnern. Es interessierte sie vor allem, ob, angesichts einer bevorstehenden Zechenschließung, bei den existenziell Betroffenen ein neues Bewusstsein ihrer Lage entstehe und ob dieses sie dazu bringen würde, »aktiv zu werden und ihre Lage zu verändern«; sie hoffte, »eine Revolution erleben zu können«, schrieb sie rückblickend.[3]

Buchfassung und Hörspiel bieten unterschiedliche Interviewpartner. Im Hörspiel kommen eine Hebamme, ein Büroangestellter, ein Fußballspieler (der von Beruf Bettenverkäufer war), ein arbeitsloser Elektriker (der als Sänger in einer Rockband sein Geld verdiente), eine Bergmannswitwe sowie ein Kumpel, der zu den schreibenden Arbeitern des Reviers gehört, zu Wort. Das authentische Material wurde verdichtet »zu einer Collage, die ein Spektrum ebenso persönlicher wie typischer Lebensumstände und Verhaltensweisen einer Bewohnerschicht des Ruhrgebietes« verdeutlichte.[4]

Das gilt auch für Runges Dokumentarfilm *Warum ist Frau B. glücklich?* Er rückt das Schicksal einer Putzhilfe (der »Maria B.« aus der Buchfassung) in den Mittelpunkt. Nach der Zechenschließung verliert sie ihre Putzstelle in einem Heim für koreanische Gastarbeiter (s. u.).

Runges *Protokollen* kommt rundfunkgeschichtlich ein besonderer Stellenwert zu. Durch die Einbeziehung von O-Tönen »normaler Menschen« initiierten sie einen neuen Typus des Ruhrgebietshörspiels. Ge-

Runge (rechts) während der Dreharbeiten mit »Frau B.«.

Erika Runges Textsammlung »Bottroper Protokolle«, 1968.

Erika Runge besucht eine Arbeitersiedlung und entdeckt das O-Ton-Hörspiel

fördert von der WDR-Hörspielredaktion entstanden weitere, ähnliche Produktionen.[5]
Mit der vermeintlich »kunstlosen« Form solcher O-Ton-Hörspiele tat sich die Kritik nicht leicht. Clemens Herbermann stellte im *Westfalenspiegel* in Frage, ob die *Bottroper Protokolle* tatsächlich ein authentisches Bild der Wirklichkeit zeichneten. Er konzedierte jedoch, dass Runge »in den zentralen Kern des Denkens, des Erlebens und des Verhaltens von Revierbewohnern« eingedrungen sei. Die neun in der Buchform geschilderten Einzelschicksale seien »nicht nur für den Soziologen aufschlußreich. Es sind lebensechte Menschen, mitgeprägt vom Alltag und vom Rhythmus des Reviers. Ihre Monologe, die Erika Runge sammelte, zwingen zum Nachdenken.«[6]
Produziert worden waren die *Bottroper Protokolle* ursprünglich vom Süddeutschen Rundfunk (Erstsendung 11.06.1969). Der WDR übernahm das Hörspiel 1970. Die Veröffentlichung der Buchfassung löste innerhalb der *Gruppe 61*, der die Autorin selbst angehörte, eine lebhafte Diskussion über dokumentarisches Schreiben aus.
In seinem Vorwort stellte Martin Walser die politische Dimension der *Protokolle* heraus:

> Die Politiker aller bei uns zugelassenen Parteien reden uns andauernd ein, wir lebten schon in einer Demokratie. Die Politik-Beobachter und -Macher in den Zeitungen bestätigen das. Jeder hat es hundertmal gehört: Marx hat sich getäuscht, der aufgeklärte Kapitalismus läßt die Arbeiter nicht verelenden, er sorgt für sie, die Klassengesellschaft ist überwunden. Die Aussagen, die in diesem Buch gedruckt werden, beweisen, daß die Politiker und die ihnen zugehörigen Journalisten zumindest einer Selbsttäuschung verfallen sind. Es stimmt, ich lebe in einer Demokratie, die Politiker leben in einer Demokratie, die Journalisten leben in einer Demokratie. Die Arbeiter und Arbeiterinnen, die hier zu Wort kommen, leben nicht in derselben Demokratie. Wir wollen das nicht wissen. Wir wissen es auch gar nicht. Die Arbeiter und ihre Familien in Bottrop kommen ja nicht zu Wort. Sie schreiben nicht in der Zeitung, sitzen nicht im Parlament, schreiben keine Bücher. Natürlich ist es jedem von ihnen erlaubt, Bücher zu schreiben, Journalist zu werden oder Bundestagsabgeordneter. Auch die schlimmsten Liberalen haben heute nichts mehr dagegen, daß Arbeiterkinder studieren,

daß die nach bürgerlichen Maßstäben besonders Begabten überlaufen dürfen, um die bürgerliche Gesellschaft mit Leistung zu nähren und selber dafür aufgenommen zu werden ins privilegienreiche Bürgertum. Das ist überhaupt die Eigenschaft, die das Bürgertum am Leben erhält: diese sogenannte Liberalität, die jedem, der sich der bürgerlichen Leistungsregel gewachsen zeigt, den Übertritt ermöglicht. Dieser Übertritt heißt Aufstieg, heißt Karriere, heißt Erfolg. Er ist mit Annehmlichkeit gesegnet. Wer es geschafft hat, der hat nichts mehr zu tun mit dem Bereich, den er verlassen hat. Er ist oben. Die, die es nicht schaffen, bleiben unten. Die haben sich das selber zuzuschreiben. Die sind einfach nicht tüchtig genug. Die haben schlechte Zensuren von der Schule bis zur Bahre. Daß jeder bei uns hochkommen kann, daß auch heute noch Imperien gegründet werden können, das steht oft genug in der Zeitung. Die Menschen sind nun einmal nicht gleich. Und die bürgerliche Regel fördert die Ungleichheit, sie belohnt und straft, sie versteht sich selbst als eine Art Naturgesetz; und tatsächlich, es geht unter diesem Gesetz zu wie im Tierreich: man muß sich durchsetzen; der Stärkere überlebt leichter und länger. [...]
Die Berichte der Leute aus Bottrop heben diesen bürgerlichen Anspruch auf. Das sind Leute, die kein Talent zum Überlaufen und zum Aufstieg haben. Leute, die bei uns auch von keiner Partei und von keiner Zeitung vertreten sind. Leute also, die nicht zu Wort kommen. [...]
[In] Soziologiebüchern kommen sie auch nicht zu Wort, auch wenn der Soziologe sich noch so tierforscherisch liebevoll mit dieser fremden Sorte beschäftigt. In Literatur und Film kommen sie auch so gut wie nicht zu Wort.«

In dem Dokumentarfilm *Warum ist Frau B. glücklich?*[7] ist nichts geschönt oder retuschiert. Die Bilder sprechen für sich. Wir begleiten die Hauptdarstellerin, die uns ihr Alltagsleben vorstellt (ihre Wohnung, ihre Arbeitsstelle, ein geselliges Beisammensein, bei dem kräftig gesungen wird). »Frau B.« stammt aus Ostpreußen, wurde 1898 geboren und ist eine einfache »Frau vom Lande«. Als 14-Jährige kam sie mit Arbeitskolonnen ins Ruhrgebiet, lernte dort ihren Mann, einen Bergmann, kennen, heiratete mit 18 und wurde mit 19 erstmals Mutter.
Die natürliche, offene, unbekümmerte und sympathische Art der Erzählerin ist entwaffnend. Ihre Erzählungen veranschaulichen 40 Jahre

Szenenfoto aus dem Dokumentarfilm »Warum ist Frau B. glücklich?«.

Die Duisburger Bergarbeiterwitwe aus dem Film »Warum ist Frau B. glücklich?«.

Szene aus dem Dokumentarfilm »Warum ist Frau B. glücklich?«.

hartes Arbeitsleben ohne Groll und klassenkämpferische Hassgefühle. »Frau B.« erlebte die Weimarer Republik, die Nazizeit und auch die Zeit des Wirtschaftswunders, das aber, wie sie sagt, an ihr vorbeigegangen sei, aktiv mit. Die allgegenwärtigen Konstanten lauten: harte Arbeit, bittere Armut, beengte Wohn- und Lebensverhältnisse sowie persönliche Schicksalsschläge (frühe Erwerbsunfähigkeit ihres Mannes, dessen Tod, Tod einer ihrer Söhne). »Frau B.« weiß, was es heißt, sich durchs Leben zu schlagen. Die Armut ist teilweise so gravierend, dass ihr 15 Pfennig für ein Waschmittel fehlen und sie die Wäsche durch das Scheuern mit Asche reinigen muss. Zuletzt arbeitet sie als Putzfrau in einem Bergarbeiterheim für koreanische Gastarbeiter. Sie verliert diese Stelle, nachdem die Zeche geschlossen und auch sie »wegrationalisiert« wird. Halt gibt ihr die Tätigkeit in einer Gewerkschaft. Dort ist sie, wie eine Filmszene zeigt, die einzige Frau innerhalb einer Männergruppe, die die Ausbeutung von Arbeitern anprangert.

Erika Runge besucht eine Arbeitersiedlung und entdeckt das O-Ton-Hörspiel

Ihren zwischenzeitlich erarbeiteten »kleinen Reichtum« betrachtet sie mit Stolz. Es hat immerhin zu einem Fernseher gereicht. Zweimal im Film wird ihr die Frage gestellt, ob sie einen einzigen Moment dieser entbehrungsreichen Jahre missen möchte. Beide Male antwortet sie mit einem klaren »Nein«. Ihre lebensbejahende Art hat sie gegen jede Form von »Schicksal« und widrige Zeitumstände gleichsam immunisiert. »Der biografische Film, der sich zur proletarischen Tradition bekennt, gilt als einer der wichtigsten Dokumentarfilme Ende der 60er Jahre, die private Sphäre und gesellschaftliche Wirklichkeit miteinander zu verbinden versuchten. Der Film bezieht seine Faszination vor allem aus der persönlichen Ausstrahlungskraft der Duisburger Bergarbeiterwitwe, die ungemein temperamentvoll und spannend zu erzählen versteht.«[8]

Hier eine weitere in der Buchform der *Bottroper Protokolle* vorgestellte Person, der »Beat-Sänger« Rolf S.:

> Ich bin 21 Jahre und von Beruf Elektriker. Den Beruf übe ich aber lange nicht mehr aus. Ich war zu der Zeit – also, ich wollte mal freiwillig gehn zur Bundeswehr, da war ich auf der Zeche gewesen. Tja, und da hab ich da hingeschrieben, ich wollte mich da freiwillig melden, zur Kriegsmarine war das, aber man hat mir dann geschrieben, ja, also: keine Bergleute, nicht. Wenn ich ein halbes Jahr woanders beschäftigt wäre, dann könnte ich sofort zur Bundeswehr kommen. Tja, und dann später habe ich mir das überlegt, und dann haben sie mir praktisch die Freude genommen, und dann hab ich gedacht: nee, jetzt gehst du nicht mehr freiwillig, jetzt wartest du eben, bis ich gemustert werde und werde dann wohl auch irgendwie mal eingezogen. Vielleicht haben die mich vergessen, das wäre natürlich ganz toll.
> Also, bei meiner letzten Arbeitsstelle war ich Gerüstbauer. Da war ich 3 Jahre. Ich war so weit, daß ich bald den Vorarbeiter gemacht hätte, beziehungsweise man sagte mir: »Mach so weiter«, undsoweiter. Aber dann hat sich das so ergeben, einen Tag mußte ich zum Verwalter rein, ich dachte, ich bekomm mehr Geld und so, man hat sich schon gefreut, und dann sagte der: »So, mein lieber Freund, jetzt ist es schlechter geworden mit der Arbeit, wir müssen dich entlassen.« Nicht nur mich, sondern noch 3 Kollegen von mir, jüngere Leute vor allen Dingen. Die älteren haben sie natürlich behalten, weil die ja älter sind und Kinder haben undso

weiter. Ja, das war genau auf nem Freitag, und am Montag war ich dann arbeitslos.

Ich bin der Jüngste zu Hause, meine Schwester hat vor kurzem geheiratet, mein Bruder ist 38 und meine Schwester 26, und so geht es immer weiter, ich habe 8 Geschwister. Jedenfalls sind alle verheiratet. Mein Vater war Sprengmeister, früher, und ist jetzt, seit 1952, Rentner sozusagen, bekommt aber eine ganz dufte Rente. Aber ich möchte meinen Eltern nicht auf der Tasche liegen, und deshalb mach ich Musik. Ich will ja in erster Linie als Musiker Geld verdienen, daß ich zum Beispiel meiner Mutter die 45 Mark geben kann in der Woche, und daß sie nicht sagen kann – und ich muß sagen, ich bin drauf stolz, daß ich das immer bestreiten kann. Meine Mutter kam noch nie oder mein Vater und hat gesagt: »Hör mal, jetzt bist du mir soundsoviel schuldig.« Wenn ich mir was leihe oder so, dann geb ich das wieder ab. Also, ich spiele in ner Band und bin Sänger. Ich muß zusehen, daß ich immer meine Texte, innerhalb von einer Woche muß ich 2 bis 3 Texte lernen, ich finde, das ist auch irgendwie ne Arbeit. Tja, und um die zu lernen, muß man sich wirklich sozusagen auf den Hintern setzen. Ich steh um 11 Uhr auf morgens, dann prob ich bis 3 Uhr, und dann geh ich zu meinen Kollegen oder geh dann proben mit den anderen Kollegen oder mach sonstwas. Meine Mutter sieht das natürlich nicht so gerne, die möchte auch lieber, daß ich arbeite. Ich war auch oft aufm Arbeitsamt, aber die gucken mich immer nur an und sagen, sie haben nichts. Und ich seh ja nicht ein, ich meine, ich möchte gerne wieder arbeiten, aber ich will mich nicht für so eine Arbeit hergeben wie Tiefbau oder so. Das möcht ich dann ablehnen, möchte irgendetwas anderes machen, oder die sollen mir ne Stelle geben, wo ich in meinen Beruf zurückkäm, was ich mal gemacht habe. Ich bin auch noch inner Gewerkschaft, in *Bau-Steine-Erden*, und auf keinen Fall würde ich jetzt irgendwie, auf jeden Fall würde ich immer Beiträge zahlen. Ich würde nie einen Monat auslassen, denn soweit, ich mein, ich bin, das leuchtet mir ein, daß ich später mal ne Rente haben will. Nech. Also ich spar und versuch auch, in der Gewerkschaft zu bleiben. Und da kann kommen, was will, das mach ich auf jeden Fall. Ich versuch auch nicht, mein Geld, oder geb mein Geld mit Mädchen aus, ein Teil kommt weg, und einen Teil geb ich aus. Nee, das würd ich nicht machen, das ist ein bißchen primitiv, wenn man sagt: »Keine Gewerkschaft, ich will gar nichts. Ich will nur leben von der Hand in den Mund ...« Ich mein, in den letzten Jahren haut das nicht mehr so hin mit der Politik. Wir hatten ja vorher, hat ja alles geblüht, und dann dies große Zechensterben, und dann auf einmal die Jugendlichen, die Jugendlichen werden entlassen und sind arbeitslos, und das führt ja dann auch letzten Endes, viele Jugendliche werden kriminell. Bei mir ist das ja nun so, ich bin in einer Kapelle, da gehts, aber andere, die haben nichts anderes zu tun als den ganzen Tag zu überlegen: wo bekomm ich Geld her? Und, wie man so schön sagt: »Haun wir einer alten Oma eine auf de Glatze und nehm wir ihr die Rente weg.« Tja, man sollte sich was einfalln lassen, daß wieder Arbeit da ist und daß die Jugendlichen wieder Arbeit haben. Übrigens ist das schon die 6. Gruppe, wo ich dabei bin, und da werde ich auch bleiben. Es ist meiner Ansicht nach auch die beste Gruppe. Ich habe immer die Gruppen gewechselt, aus dem einfachen Grunde: finanziell. Wenn der eine gesagt hat: »Hör mal, wir können hier soundsoviel Geld verdienen«, dann kam ne andre Gruppe, hat gesagt: »Rolf, komm zu uns rüber, du singst ganz dufte, und so. Aber dein Rhythmus ist miserabel. Steck doch deine Gitarre hinten in die Ecke«, undsoweiter. Und das wollte ich dann nie glauben. Naja, ich hab dann hinterher eingesehen und hab dann aufgehört zu spielen. Ich spiele aber zu Hause noch Gitarre, und die Stücke, die ich singe, die kann ich selbst begleiten. Und das sing ich dann ganz stolz vor meiner Mutter. Da gibt es Stücke, da muß Chorarbeit gemacht werden, da kommt sie in mein Zimmer und sagt: »Soll ich mal den Chor machen?« und so, nicht. Ja, und dann setzen wir uns zusammen hin, ja, und dann proben wir das. Und wenn wir das am Abend mit der ganzen Kapelle bringen, ist das ganz unwahrscheinlich dufte, so daß ich das Stück vielleicht 8 oder 9 Mal singen muß, von den Mädchen aus gesehen. [...][9]

Anmerkungen

1   Geb. 1939 in Halle/Saale. Nach ihrer Promotion über den literarischen Expressionismus (1962) drehte sie erste Dokumentarfilme für den Bayerischen Rundfunk. Anschließend arbeitete sie in Hamburg beim NDR als Regieassistentin. In den 1960er Jahren wurde sie eine der bedeutendsten Vertreterinnen des deutschen Dokumentarfilms. 1968 Mitglied der KPD. 1969 kandidierte sie für die *Aktion Demokratischer Fortschritt* für den Bundestag. 1970 Gründungsmitglied

des *Verlags der Autoren*. Weitere Arbeiten für Rundfunk und Fernsehen, später mit Wohnsitz in München, wo Runge seit 1995 als Psychotherapeutin arbeitet.
2   Vgl. zusammenfassend Achim Hahn: *Das Ruhrgebietshörspiel der 60er und 70er Jahre*, in: *Literatur in Westfalen* 2. Paderborn 1994, S. 49-75, dort S. 62f.
3   Erika Runge: *Überlegungen beim Abschied von der Dokumentarliteratur*. In: Uwe Timm, Gerd Fuchs (Hg.): *Kontext I. Literatur und Wirklichkeit*. München 1976, S. 100. Zitiert nach Hahn, a.a.O., S. 62.
4   *Hörspiele im Westdeutschen Rundfunk* 1/70, S. 74, zitiert nach Hahn, a.a.O., S. 62.
5   Der WDR hatte sich seit Mitte der 1960er Jahre bemüht, neben den seit den 1950er Jahren ausgestrahlten, aber in die Krise geratenen und als »altbacken« wahrgenommenen westfälischen und rheinischen Hörspielen ein eigenes Ruhrgebietshörspiel zu etablieren. Im Hörspielprogrammheft des WDR aus dem Jahre 1966 heißt es hierzu: »Neben den Hörspielen der rheinischen und westfälischen Mundart, die seit Jahren schon ein beständiges Publikum haben, glauben wir, mit Hörspielen im Idiom des Ruhrreviers, das seit den bahnbrechenden Alleingängen Jürgen von Mangers geradezu hoffähig geworden ist, eine wichtige Lücke zu schließen. Zumal es sich hier nicht um einen aussterbenden Zweig unserer Muttersprache handelt, sondern um ein Idiom, das sich in diesem Jahrhundert aus einem Konglomerat vielfältiger heterogener Zuflüsse in eigenständiger Entwicklung herausgebildet hat. Kein Dialekt im bekannten Sinne, sondern eine lebendige Spielart unseres industriellen Jahrhunderts. Wir erwarten mit besonderem Interesse das Echo unserer Hörer auf diese Neuerung im Spielplan, wobei uns Hinweise und Anregungen willkommen sind.« Die Versuche, die immerhin sechs »neue« Ruhrgebietshörspiele hervorbrachten, scheiterten jedoch bereits im folgenden Jahr. Die Kritik stieß sich an einer zu platten, holzschnittartigen Abspiegelung der Wirklichkeit, einer simplen Oben-Unten-Ideologie und mangelndem künstlerischen Niveau. Diese schloss auch Max von der Grüns Hörspiel *Smog* (Erstsendung 6.10.1966) ein. Erst Runges O-Ton-Hörspiel gab dem Ruhrgebietshörspiel neue Impulse. In den nächsten Jahren produzierte der WDR drei in dieser Tradition stehende Originalton-Hörspiele mit Ruhrgebietsprofil.: *Berufsbild* von Frank Göhre (Erstsendung 25.3.1971, s. S. 439ff.), *Bergmannshörspiel* von Hans Gerd Krogmann (Erstsendung 19.7.1972) sowie *Das Kraftwerk* von Günter Wallraff und Jens Hagen (Erstsendung 17.3.1973). Vgl. Hahn, a.a.O., S. 51ff.
6   Clemens Herbermann, in: *Westfalenspiegel*, 1968, H. 11, S. 34.
7   *Warum ist Frau B. glücklich?* DVD. 43 Minuten. Frankfurt a.M. 1968. Sonderausgabe Berlin 2008.
8   Vgl. www.Kino-im-sprengel.de.
9   Erika Runge: *Bottroper Protokolle*. Frankfurt a.M. 1968, S. 92-94.

Schriftsteller Wolfgang Körner in seinem Dortmunder Arbeitszimmer.
Im Hintergrund: Filmposter von »Blow up« mit Vanessa Redgrave.

13 »Blow up« im Revier
Wolfgang Körners Roman »Nowack« tauscht die Kulissen

1968 arbeitet der Dortmunder Schriftsteller Wolfgang Körner an seinem zweiten Roman mit dem Titel *Nowack*. Dieser erste westfälische Pop-Roman braucht den Vergleich mit anderen Pop-Romanen der Zeit nicht zu scheuen.[1]

Die Titelfigur Harry S. Nowack ist ein drogenkonsumierender Womanizer, der in den Tag hineinlebt und seinen Lebensunterhalt mit Gelegenheitsjobs als Fotograf finanziert. Sein Credo lautet: »Natürlich, man muß irgendetwas tun, aber das braucht noch lange nicht in Arbeit auszuarten.«[2] Er denkt nicht strategisch, sondern vertraut dem Zufall. Am liebsten stromert er mit seiner Leica (oder einer seiner vielen anderen Kameras) durch die Dortmunder Innenstadt und hofft, ein geeignetes Motiv vor die Linse zu bekommen. Die meiste Zeit hängt er in einer Espresso-Bar ab, trifft sich mit Freunden, hat wechselnde Sex-Abenteuer oder geht auf ausufernde LSD-Trips.

Der Roman lebt von schrillen Szenen und schlagfertigen Dialogen. In struktureller Hinsicht ist er geprägt von der »Cut-up«- und Montage-Technik, die nicht zuletzt auf Körners Liebe zur Fotografie zurückverweist (im Text wird ellenlang und teilweise wörtlich aus fotografischen Lehrbüchern zitiert). Nowack besitzt, obwohl er kaum das Geld fürs nächste Frühstück aufbringen kann, ein ganzes Arsenal kostbarer Kameras, die er, wenn es eng wird, beim Pfandleiher versetzt, um sie »in besseren Zeiten« wieder auszulösen.

Das Nachwort des Romanreprints aus dem Jahr 2014 war *Blow up im Ruhrgebiet* betitelt. Es stellt eine unmittelbare Analogie zwischen *Nowack* und Michelangelo Antonionis Film *Blow up* her.[3] Und in der Tat: Wenn Harry Nowack – wie der Fotograf »Thomas« im Antonioni-Film (gespielt von David Hemmings) – mit umgehängter Kamera eine Szene-Location betritt, zieht er gleich die Aufmerksamkeit junger Teenies auf sich, die ihm schöne Augen machen und unbedingt von ihm fotografiert werden wollen. Die weibliche Hauptfigur des Romans, die »Sechszwölfteljungfrau« (s. S. 193ff.), könnte aber auch einem Werbeclip Charles Wilps (s. S. 23ff.) entstammen.

Szene aus Michelangelo Antonionis Film »Blow up«.

Es besteht jedoch ein gravierender Unterschied zwischen Harry Nowack und dem Starfotografen »Thomas«. Nowack ist kein Apostel einer schrill-neurotischen Glamour-Welt, sondern ein Konsumverweigerer aus Passion. Modefotografie lehnt er als dekadent ab: »Ich habe mir geschworen, niemals Werbung zu machen.« (S. 108). Eine solche Verweigerungshaltung hatte ihn einst seinen Job in einer Werbeagentur gekostet. Im Roman gibt der Modefotograf Charly Feldmann eine Negativfigur ab. Über ihn heißt es:

> Aufnahmen aus dem Atelier des Modefotografen Charly Feldmann. Totale. Ein Mannequin geht in Mannequinstiefeln mit Mannequinschritten auf das Haus Feldmanns zu. Sprecher. Hier lebt Charly Feldmann, der es

Wolfgang Körner.

Kamerafreak Körner.

Wolfgang Körners Roman »Nowack« tauscht die Kulissen

mit Recht in kurzer Zeit zu einem der meistbeschäftigten Modefotografen unseres Landes gebracht hat. Schnitt. Halbnah. Feldmann an der Hasselblad. Sprecher. Herr Feldmann, Fotografie kann Kunst sein, wie stehen Sie zu dieser Feststellung, respektive was können Sie uns dazu sagen? Feldmann. Nah. Also wissen Sie, wenn Sie mich so direkt fragen, also ich weiß nicht. Bildstörung. Diese Bildstörung ist, und das verdient erwähnt zu werden, eine wirkliche, wahrhaftige und nicht bezweifelbare solche. Eindeutig erklärt der Intendant nach mehrfachem dringendem Befragen, daß Feldmann keinerlei politische Gedanken geäußert habe, da solche bei ihm nachweislich zu keiner Zeit beobachtet wurden. (S. 12)

»Keinerlei politische Gedanken geäußert« – auch Harry hat keine dezidiert politische Haltung. Er geht nicht auf Demos und hält Polit-Kundgebungen für vollkommen »old school«. Aber es steckt doch noch ein Funken gesellschaftliche Verantwortung in ihm. Trotz seines notorischen Phlegmas schenkt er dem Umbruch, der sich innerhalb der Arbeitswelt vollzieht, Aufmerksamkeit. Konkret geht es in *Nowack* um die Themen Zechenschließung und die lebensgefährliche Arbeitssituation von Hochofenarbeitern. Im Hintergrund tauchen die zwielichtigen Profiteure des Strukturwandels auf: Gewiefte Politiker und Manager, die mit ihren Sonntagsreden Bürger und Arbeiter für dumm verkaufen.
Körner greift hier Motive auf, wie sie sich beispielsweise schon die Dortmunder *Gruppe 61* auf die Fahne geschrieben hatte. Bei ihm sind sie freilich anders akzentuiert. Sein Roman saugt die Themen, die damals in der Luft lagen, wie ein Schwamm auf und gibt ihnen einen zeitgemäßen, oft grotesken, manchmal auch surrealen Pop-Appeal.
An mehreren Stellen des Romans macht sich Harry über das idealistisch-verblendete Treiben radikaler Politik-Aktivisten lustig. Sie glauben noch an die Weltrevolution, haben aber – so Harry – jeden Rückhalt in der Arbeiterschaft verloren. Jene ist durch die ausufernden, inzwischen erschwinglich gewordenen Konsumangebote verblendet und reagiert apathisch gegenüber jeglichen Reformbestrebungen. Die »Sechszwölfteljungfrau« (s. S. 193ff.) ist das personifizierte Abbild eines solchen Konsumfetischs. Sie lässt sich von ihrem Mann, einem steinreichen Industriellen, der sich meist auf Dienstreisen befindet, jeden Luxus finanzieren (teuerste Designer-Kleider, gleich mehrere amerikanische

Luxus-Autos, ein vollautomatisiertes Haus), leidet jedoch an Lebensüberdruss und Lethargie. Sie bringt ihren Mann schließlich aus einer Laune heraus um und entsorgt ihn, mit Harrys Hilfe, in einer hauseigenen Müllverbrennungsanlage. *Nowack* schließt mit einer Orwell-ähnlichen Vision: Harry besucht ein ehemaliges Zechengelände, auf dem die Opfer der Wohlstandsgesellschaft in luxuriösen Behausungen einkaserniert und mittels Tranquilizern mundtot gemacht worden sind. Die »schöne neue Welt« entpuppt sich als grandios gescheiterter Alptraum.

Anmerkungen

1   Geb. 1937 in Breslau. Kindheit und Besuch des Gymnasiums in Zwickau. 1952 Flucht mit den Eltern in die BRD. Wohnsitz in Dortmund. Dort Abbruch des Gymnasiums und Ausbildung als Verwaltungsbeamter. Sachbearbeiter im Sozialamt. Anschließend Geschäftsführer der Volkshochschule. Zuletzt im Kulturamt für Literaturförderung tätig. Seit 1980 freier Schriftsteller in Dortmund und Bad Reichenhall. Lebt weiterhin in Dortmund und Bad Reichenhall, ist aber »meist auf Reisen« (Selbstauskunft). In Dortmund fand Körner einen guten Nährboden für sein Schreiben vor. Neben Hüser war der Journalist und Lektor des Paulus-Verlags, Friedhelm Baukloh (s. S. 303ff.), ein wichtiger Förderer. Dieser lektorierte seinen ersten Roman *Versetzung*. Körner bezeichnet Baukloh als einen der literarisch versiertesten Menschen, die er je getroffen habe.
2   Wolfgang Körner: *Nowack*. Reprint. Bielefeld 2014, S. 82
3   Vgl. Steffen Stadthaus: *Blow up im Ruhrgebiet. Wolfgang Körners Roman »Nowack« (1969) als popliterarische Krisengroteske*. Nachwort, in: Wolfgang Körner: Nowack. Bielefeld 2014.

14 Chronikalisches
Die 68er-Literatur in Westfalen ist ein Gemischtwarenladen

1968 ist nicht nur Pop, Protest und Provokation. Der »normale« Literaturbetrieb ging »ungestört« weiter, in Westfalen zumindest.[1] Hierzu gehörten beispielsweise Stipendien, wie sie das Land NRW regelmäßig vergab. 1968 ging diese Förderung an Hans Wollschläger, der damals noch am Beginn seiner später erfolgreichen Laufbahn als epochaler Übersetzer (unter anderem von James Joyces *Ulysses*), Karl-May-Forscher, Essayist und Herausgeber stand. Der Dortmunder *Nelly-Sachs-Preis* für »überragende schöpferische Leistungen auf dem Gebiet des literarischen und geistigen Lebens« wurde in diesem Jahr an den Schriftsteller Alfred Andersch verliehen.

Ungeachtet der politisch unruhigen Zeiten behauptete sich die Heimatliteratur. Anton Aulkes Dönekes-Band *Siskus, Wiskus. Ick kann häxen. Füfftig mehrst lustige Geschichten* erlebte 1968 eine von elf Neuauflagen. Aulke gehörte zum festen Mitarbeiterkreis des *Westfälischen Heimatkalenders*, des Hauptorgans der niederdeutschen und volkstümlichen Literatur Westfalens. Die weit verbreitete Zeitschrift hatte bald nach 1945 auch den NS-belasteten Schriftstellerinnen und Schriftstellern wieder eine Publikationsbühne eröffnet. Dies gilt beispielsweise für die NS-Vorzeigeautorin Josefa Berens-Totenohl, die auf diese Weise literarisch rehabilitiert wurde. Das Andenken an die sauerländische Autorin war auch 1968 nicht verblasst, wie ein Beitrag von Hans Michels zeigt (*Die westfälische Malerin und Dichterin Josefa Berens-Totenohl und die Burg Altendorf*, in: *Beiträge zur Bau- und Kulturgeschichte der Burg Altendorf an der Ruhr*). Aus diesem Dunstkreis ist auch Maria Kahle zu nennen, die 1968 mit den Gedichten *Unseren Gefallenen, Heimat, Nacht* in den *Historischen Blättern aus der Geschichte von Wesel, Rees, Emmerich und vom Niederrhein* auftrat, sowie der ehemalige NS-Funktionär Josef Bergenthal (unter anderem Gauleiter im Reichsverband Deutscher Schriftsteller und Landesleiter der Reichsschrifttumskammer Westfalen), dessen Landschaftsband *Das Sauerland. Gesicht einer Landschaft* 1968 wieder aufgelegt wurde.[2]

Vom Mitbegründer des Westfälischen Heimatbundes, Karl Wagenfeld, dessen rassistische Äußerungen ihn später in Verruf bringen sollten (was

Josef Winckler, Gemälde von Jupp Steinhoff, 1965.

Winckler, 1960er Jahre.

Die 68er-Literatur in Westfalen ist ein Gemischtwarenladen

Gertrud von le Fort.

zur Umbenennung zahlreicher Wagenfeld-Straßen führte), erschienen 1968 die Texte *Von de Leiwe, Ut de Kinnertied* und *Usse Krippken* postum auf einer LP der Reihe *Niederdeutsche Stimmen*. Ebenfalls postum kamen 1968 in Erst- oder Neuauflage mehrere Veröffentlichungen Josef Winklers heraus, der durch seinen Roman *Der Tolle Bomberg* (1923) zu einem »westfälischen Volkshelden« geworden war: *Die Heiligen Hunde Chinas; Irrgarten Gottes oder die Komödie des Chaos*[3] sowie *Der chiliastische Pilgerzug. Die Sendung eines Menschheitsapostels.*[4]

Die populäre konfessionelle Autorin Gertrud von le Fort veröffentlichte 1968 *Woran ich glaube und andere Aufsätze* sowie die Erzählung *Der Dom*. Es kam zu Neuauflagen ihrer Bände *Das Schweißtuch der Veronika,*[5] ihrer *Erzählungen* (1965) und ihrer Novelle *Die letzte Begegnung* (1959). Leben und Werk der Autorin wurden in einer japanischen Monografie[6] und zahlreichen Beiträgen der Sekundärliteratur behandelt.

Großer Popularität erfreute sich auch der literarische Puppenspieler Heinrich Maria Denneborg. Er brachte 1968 *Junker Prahlhans. Neu erzählt* heraus. Seine weit verbreitete *Kasperleschule* erschien in niederländischer Übersetzung. Außerdem beteiligte sich Denneborg an dem Sammelband *Mutter. Schriftsteller erzählen von ihrer Mutter.* Überdies erfuhr sein Kinderbuch *Der fliegende Schneider* (1958) eine Neuauflage. In der ARD wurde der Film *Jan und das Wildpferd* nach dem gleichnamigen Jugendroman des Autors wiederholt.
Im Bereich Jugendbuch veröffentlichte auch Jo Pestum (d. i. Johannes Stumpe). Mit *Der Kater jagt die grünen Hunde. Kommissar Katzbach klärt einen rätselhaften Fall* legte er seinen ersten *Kater-Krimi* vor. Das Buch brachte es auf mehrere Auflagen und begründete Stumpes erfolgreiche Laufbahn als Kinder- und Jugendbuchautor.

Literarischer Puppenspieler Heinrich Maria Denneborg.

Der Kritiker Friedhelm Baukloh (s. S. 303ff.) legte die Veröffentlichungen *Kunst und Bildung im Ruhrgebiet* sowie *Progressive Ruhrstadt-Kultur. Beispiele aus Dortmund* vor. Baukloh stand mit vielen Autoren im persönlichen Kontakt und arbeitete für den genannten Paulus-Verlag als Lektor (s. S. 139).
Der gesellschaftskritische Autor Erwin Sylvanus, der durch sein Theaterstück *Korczak und die Kinder* (1957, Regie Hans Dieter Schwarze) einen Welterfolg gefeiert hatte, war 1968 vielfach in den Medien präsent. Das ARD-Fernsehen strahlte damals seinen Beitrag ... *der werfe den ersten Stein* aus, der sich mit dem Thema Strafrecht auseinandersetzte. Im Rundfunk war von ihm *Juden im Kaiserreich* mit dem Porträt *Max Lazarus als Pädagoge* zu hören. Otto Jägersberg realisierte für den WDR den Film *Lockerungsübung für Revolutionen. Zürich 1916: Lenin, Joyce, Dada*.
Ein neuer Name in der westfälischen Literaturlandschaft war Ludwig Hohmann, der 1968 mit *Geschichten aus der Provinz. Drei Erzählungen* debütierte.[7] Erwähnenswert ist ferner das Erscheinen der 1968 begründeten Reihe *lobby*. Der von dem Siegerländer Buchhändler Hans K. Matussek herausgegebene Reader stellte Neuerscheinungen aus dem bundesrepublikanischen Raum vor und bot begleitend Fotos, biobibliografische Angaben, Inhaltsangaben und Textproben. Ab dem zweiten Jahrgang war der Dortmunder Bibliothekar Fritz Hüser (unregelmäßiger) Mitarbeiter. Der Reader berücksichtigte auch Titel westfälischer Autorinnen und Autoren (unter anderem Werke von Max von der Grün, Ernst Meister, Josef Reding und Paul Schallück), die einem bundesweiten Publikum zur Lektüre empfohlen wurden.

Anmerkungen

1   Grundlage für diesen Überblick ist: Walter Gödden in Verbindung mit Fiona Dummann, Claudia Ehlert u.a.: *Chronik der westfälischen Literatur 1945-1975*. 2 Bände. Bielefeld 2016, S. 567-603.
2   Die Erstauflage stammt aus dem Jahr 1954.
3   Erstauflage 1922.
4   Erstauflage 1923.
5   Erstauflage Band 1: 1928; Band 2: 1946.

6   Verfasst von Y. Yokothuke.
7   Seine Erfolgstitel erscheinen erst in den 1990er Jahren. Hier sind zu nennen: *Engelchen. Erzählung* (1994), *Ada Pizonka. Roman* (1995), *Klaus Ant. Erziehungsroman* (1996), *Der weiße Jude. Roman* (1998), *Der Hunne am Tor* (2001), *Ein deutsches Leben. Zwei Romane* (2004), *Befiehl dem Meer. Roman* (2006) und *Jung Siegfried. Polizeiroman* (2013).

15 Citylife und Bistro-Talk
Wolfgang Körner liefert den Dortmunder »Inner City Blues« zur allgemeinen Tristesse

Nach dem Abstecher in heimatliterarische Gefilde nun wieder ins Stadtgetümmel. Hier pulsierte das Leben, auch literarisch. Während es aus der Literaturszene Münsters wenig zu berichten gibt – in Bielefeld gab es immerhin den *Bunker Ulmenwall*, der spannende Lesungen veranstaltete[1] –, entwickelten sich in den Ruhrgebietsstädten Dortmund, Gelsenkirchen und Bochum etliche Initiativen. Dort lagen die literarischen Stoffe, scheint's, auf der Straße.

Wolfgang Körner und Frank Göhre arbeiteten dabei nach identischem Muster. Sie sammelten die Stoffe für ihre Stories bevorzugt in Bistros oder Kneipen. Göhre überschrieb gleich mehrere Episoden seines Erzählbandes *Wenn Atze kommt* (1976) mit *Leben im Viertel*. Autobiografische Bezüge werden unmittelbar eingeflochten:

Wolfgang Körner.

Eine gute Literaturadresse. Anthologie zur 100. Autorenlesung im Bielefelder »Bunker Ulmenwall«, 1974.

Das Viertel, in dem ich lebe, liegt im Norden Bochums. Weil es an eine der großen Grünanlagen der Stadt grenzt, nennt man es das Stadtparkviertel. In diesem Viertel wohnen fast nur anständige Leute. Das sagen die Leute von sich selbst, und wenn man sieht, wie sie leben, glaubt man das auch. Die Männer haben gesicherte Positionen. Es sind Prokuristen, leitende Angestellte, Beamte und Ärzte. Andere sind Inhaber einer Firma und lassen sich morgens von ihrem Chauffeur in die Stadt fahren.
Die Frauen sind Hausfrauen. Sie machen das Frühstück und kaufen ein. Es gibt in unserem Viertel zwei kleinere Lebensmittelgeschäfte. Die Waren sind dort zwar teurer als in der Stadt, aber die Verkäuferinnen wissen, wen

sie vor sich haben und benehmen sich entsprechend. Außerdem kann man anschreiben lassen und überhaupt, die ganze Atmosphäre. Oft kommen zwei oder drei Frauen gemeinsam vom Einkaufen zurück. Sie erzählen von ihrem Sohn, der in Kanada bei einer großen Firma ist. Von ihrer Tochter, die nach Düsseldorf geheiratet hat. Sie erinnern sich an den ersten Geiger des städtischen Orchesters, der bis zu seiner Pensionierung im Nachbarhaus gewohnt hat. Der spielte so schön Mozart. Wissen Sie noch?
Ich sitze am Fenster und höre sie reden. Ich höre ihre Geschichten. Ich höre einen Satz und denke mir eine Geschichte aus.
Jetzt schimpfen sie über die jungen Leute, die in dem alten Haus auf der Marthastraße wohnen. Das sind die, die in der letzten Wahlnacht ein Feuerwerk abgebrannt haben. Erinnern Sie sich?
Das hat gestört. Das paßt nicht in dieses Viertel. Hier hat jeder seine eigene politische Meinung. Das ist selbstverständlich. Aber die behält man für sich. Darüber redet man nicht. Und man brennt auch kein Feuerwerk ab, wenn eine bestimmte Partei die Landtagswahl gewonnen hat. Das ist ruhestörender Lärm. Das hat man den jungen Leuten sehr nachdrücklich zu verstehen gegeben.
Und jetzt?
Haben Sie den Krach letzte Nacht denn nicht gehört?
Man wird sich wieder einmal beschweren müssen. Und wenn das nichts nutzt, muß man eben beim nächsten Mal die Polizei rufen.
Schön ist das nicht. Aber was soll man sonst machen?[2]

Wolfgang Körners mehrfach zitierter *Nowack*-Roman (s. S. 135ff.) wirft einen sehr speziellen Blick auf das Großstadtleben. Der Text schildert die Streifzüge des Fotografen Harry Nowack durch die Dortmunder Innenstadt. Nowack ist, wie erwähnt, immer auf der Suche nach dem ultimativen »Snapshot«. Der ständig bekiffte »Held« gerät in einen regelrechten Sinnestaumel, ausgelöst durch grelle Werbeplakatbotschaften:

Was ist ein Leben ohne: Sonderpreis, einzigartig, zurückstehen, hundertprozentig, neu, Selconal, beneiden, Stil, Gefühl, neuer, Zeit, strahlend, hinter, andere, neu, kostet, nur, lang, dynasiert, es, denn, hautaktiv, Mundgeruch, formschöne, kaufen, noch, heute, Packung, höchster, von, Vorzug, Prinzip, dieser, naturreine, garantieren, Schaffenskraft, warum,

Wolfgang Körner »autobiografisch« in der von Hugo Ernst Käufer herausgegebenen Reihe »Nordrhein-Westfalen literarisch«, 1975.

goldene, entdecken, sie, souverän, superlang, das, kaufen, alltägliche, Alltag, zauberhaft, sind, sollten, genießen, männlich, wie, sie, ein, Luxusreisen, Leichtigkeit, aktuell, perlend, das, Kunststoffzeitalter, korrekt, sympathisch, super, unbeschwert, macht, sie, Nachbarn, ihre, Stahl, morgen, Durchbruch, Charakter, Wollfaserschutz, Preis, braucht, schmackhaft, Waschkraft, Zeit, Leder, zeitlos, kostenlos, Genuß, Qualität, Niveau, überragende, Jungerhaltungskapsel, Kinder, leben, tragen, schenkt, spricht, Gewinner, Doppelpackung, Freunde, Methode, schönste, Tontreue, Safaris, Safe, fahrerfreundlich, Welt, kultivierter, feuriger, Aroma, volles, vergißt, für, reden, stabil, trotzdem, Wahl, erregende, milder, demokratisch, Klasse A, überlegen, Geschmack, besondere, sanforisiert, Waschkraft.[3]

Körner nimmt sich bei seinem Roman alle Freiheiten, einschließlich der, Eindrücke in Form eines Streams of Consciousness zu schildern. In seiner autobiografischen Skizze *Wo ich lebe* beschreibt der Autor seine Beziehung zu seinem Wohnort Dortmund, trotz allem, positiv – und diesmal in »gemäßigter« Diktion:

> Von meinem Fenster aus sieht man eine großartige Industrie-Kulisse. Freunde auf der Durchreise können sich daran nicht sattsehen. Sie finden das sehr romantisch. Man kann diese Landschaft auch riechen. An manchen Tagen, wo man am frühen Morgen noch den Eindruck hat, man würde einen Tag lang atmen können, scheint jemand im Stahlwerk das auch zu bemerken und schaltet die Luftverschmutzungsanlage ein. Dann ist der Himmel eine halbe Stunde später braun, und ich weiß, daß es Zeit ist, den Kocher mit dem Kamillen-Absud einzuschalten. Der Absud entwickelt Dämpfe, die den Husten zu lindern vermögen.
> Wenn man vom Husten und der Industrie absieht, ist es hier ganz ausgezeichnet. Nach der letzten Röntgenuntersuchung fragte mich der Arzt, ob ich jemals unter Tage gearbeitet hätte. Meine Lunge, so sagte er, sähe aus, als ob sie mit Staub gefüllt sei. Aber nein, ich wohne nur in einer Gegend, da ist es über Tage nicht viel anders als unter Tage.
> Dennoch fühle ich mich hier eigentlich wohl. Ich kenne eine Menge Leute, mit denen man abends plaudern kann. Die Stadt hat breite Autostraßen, auf denen man nachts immer um die City herumrasen kann, ähnlich wie die Ritter auf ihren Kreuzzügen um das von Mohammedanern besetzte Jerusalem ritten. Eine Art Privatprozession um eine City, die so von der Arbeit und vom Warenkonsum zerfressen ist, daß ich sie manchmal fast schätze.
> Da, wo ich wohne, ist die Umgebung ehrlich.
> Die Biosphäre ist zerstört, die Städte sind verschmutzt, sie gären mittags in der Sonne wie Krebszellen. Die Flüsse in dieser Gegend sind eigentlich Brei-Ströme, die träge dahinkriechen. [...]
> Da die Teilnahme am kulturellen Leben Bildung erforderte und noch heute erfordert, der bürgerliche Bildungsprimat erst in letzter Zeit abgebaut wird, bestand in dieser Region kein Bedürfnis nach bürgerlicher Kultur, es bestand bestenfalls dort, wo sich kleine Gruppen ansiedelten, die für das Revier nicht typisch waren. Da konnte sich ein einziger Schwerpunkt bilden, Bochum, wo das kulturelle Leben in wenigstens einem Bereich dem Standard entsprach, an dem außerhalb das Revier gemessen wurde.

Stadtsilhouette Dortmund, 1960er Jahre.

Ein gutes Theater, und das noch als Sonderfall, weil hier Förderung durch Prominenz in der Gegend des *Bochumer Vereins* halt ein Theater wollte. Man kann im Ruhrgebiet nicht: ins Theater gehen, zeitgenössische Musik hören, einen Film im Kino sehen, bei dem man sich nicht langweilt, in eine Buchhandlung gehen und einfach beispielsweise die *Akzente* kaufen. [...][4]

Eine besondere Qualität des Ruhrgebiets bestand offenbar darin, auf Menschen zu treffen, die viel zu erzählen haben. In einem anderen Text Körners, diesmal unmittelbar aus dem Jahre 1968, resümiert er:

> Man kann im Ruhrgebiet: arbeiten, in eine Kneipe gehen, in einem Espresso einen Espresso trinken. Man kann dort mit den Leuten reden, und wenn sie einen dann ein paar Monate kennen, erzählen sie ihre

Industrielle Arbeitswelt am Beispiel Dortmund.

Geschichte. [...] [Es sind] solche Geschichten, die Menschen im Espresso [Café in Dortmund] erzählt haben. Ich nenne diese Geschichten Liebesgeschichten, weil in ihnen Liebe nicht mehr vorkommt. Party, die Geschichte des Herbert Z., war die erste dieser Geschichten, die ich aufschrieb. Ich schickte sie Klaus Rainer Röhl, der sie in *Konkret* druckte und mir Geld dafür schickte. Herbert Z. ist inzwischen geschieden, und seine Frau lebt jetzt in München. Sie arbeitet dort in einer Bar und will vielleicht wieder zurück zu ihm, weil sie das Kind nicht ohne Vater aufwachsen lassen möchte. Nach »Party« schrieb ich die anderen Geschichten auf. Susanne N. arbeitet nicht mehr bei der Telegramm-Aufnahme, weil sie bei der Post rausgeflogen ist. Der Zuhälter Peter R. ist inzwischen wieder aus dem Gefängnis entlassen. Petra M. ist noch immer verheiratet. Sie hat sehr schöne Kleider. Als sie das letzte Mal nach Dortmund kam, rief sie vom Flughafen Düsseldorf aus an, und ich habe sie vom Flugplatz abgeholt. Dabei ist mir, als sie im Wagen saß, auf der Bundesstraße einer der Keilriemen, oder was auch immer das war, kaputtgegangen, und sie sagte, bei ihrem Mercedes wäre das nie passiert. Harry ist übrigens seit einem Trip nicht mehr ansprechbar. Christine G. schließlich ist wieder in das Landeskrankenhaus gekommen, und dort ist sie wieder geflüchtet, und weil sie inzwischen älter geworden ist, haben ihre Eltern nichts mehr zu sagen, und sie arbeitet in einer Bar in der Lüneburger Heide.

Alle diese Liebesgeschichten sind, mit Ausnahme der Geschichten »Plädoyer eines Fabrikanten« und »Christine und die Menschenfresser« in *Konkret* erschienen. Ich habe danach solche Monologe nicht mehr aufgeschrieben. Die Erzählungen sind Geschichten von Bürokraten. Ich habe sie nicht aufgeschrieben, weil die Bürokraten so was erzählen, sondern ich mußte sie mir einfallen lassen, weil die Bürokraten so was nicht erzählen. Ich arbeitete damals in einem Sozialamt, und die Bürokraten in einem Sozialamt sind noch schrecklicher als andere Bürokraten. Ich habe mich dauernd über sie geärgert. Die Erzählung des Mannes, der seine Daten verarbeitet, habe ich geschrieben, als mir einmal ein Programmierer in einer EDV-Zentrale erklärte, daß er noch immer davon überzeugt sei, ja, der Nationalsozialismus sei die ideale Lösung für die damaligen Probleme in Deutschland gewesen. Das hat mich sehr aufgeregt. Da sitzt einer inmitten modernster Technik und wird mit komplizierten Systemen fertig und hat davon abgesehen nichts begriffen. Heute regt mich so etwas nicht mehr so sehr auf.[5]

Hier der Beginn der von Körner erwähnten Kurzgeschichte *Party*[6] aus der *konkret*:

Also, manchmal glaube ich, alle spinnen. Nicht mal mehr 'ne Party kann man feiern. Aber das fing gleich so komisch an. Ich hatte also 'n paar Pullen vom Großhändler geholt, Whisky, Hennessy und Schampus, was man eben so braucht, wenn man Freunde eingeladen hat. Macht nichts, hab ich mir gedacht, im Großhandel ist das Zeug billig, und man will sich ja nicht lumpen lassen. Ich nehme also den Kasten mit den Pullen, leg' ihn auf den Beifahrersitz und gondele durch die Stadt langsam nach Hause. Was soll ich sagen, nimmt mir doch so ein idiotischer Radfahrer die Vorfahrt, gurkt mir von links in die Karre und schrammt mit seinem Scheißfahrrad den Lack vom Kotflügel. Ich also raus aus der Karre und dem Kerl eins vor die Schnauze gehauen. Schon kommt ein Bulle quer über die Kreuzung und zückt das Notizbuch. Der Radfahrer quasselt ihn gleich an. Sagt, daß ich ihn geschlagen habe. Na ja, ich bin ja nicht von gestern. Ich schalte sofort auf die andere Masche um, mit der ich auch im Geschäft gut arbeite, ich rücke meine Krawatte zurecht und mache auf seriös.
»Ich verstehe das nicht, Herr Oberwachtmeister«, sage ich, »ich will mir gerade den Schaden an meinem Fahrzeug besehen, und da steigt dieser Herr ab und wird tätlich. Unbegreiflich, man kann so eine Angelegenheit doch in Ruhe regeln.«
Der Wachtmeister sieht sich den Radfahrer an. Typischer Vorortprolet. Der Bursche wird auch glatt wieder frech und will dem Bullen klarmachen, ich habe ihn geschlagen. Der Wachtmeister sieht sich erst mal meinen Wagen an. »Mercedes 300 SL«, sagt der Bulle, »sieht man nicht oft bei uns.« »Ja«, sage ich, »für irgend etwas muß der Mensch ja leben. Ich arbeite hart. Der Wagen ist der einzige Luxus, den ich mir leiste. Etwas braucht schließlich jeder Mensch.« Der Bulle nickt. Ja, sagt er, das verstehe er, er hat auch einen Schrebergarten. Dabei geht er mit dem Fingernagel über die Schramme und sagt doch wahrhaftig, daß es nicht so schlimm ist. Also, ich denke, ich spinne. »Herr Hauptwachtmeister«, sage ich, »mit einer Ausbesserung ist es hier nicht getan. Der Kotflügel muß gespritzt werden, unter zweihundert Mark tut sich da gar nichts in der Werkstatt.« Der Bulle überlegt und holt das Buch wieder aus der Tasche. Der Radfahrer will kiebig werden, aber der Bulle läßt ihn gar nicht erst

hochkommen. »Sie reden, wenn Sie gefragt werden«, sagt er. Dann stellt er die Personalien fest usw. Als er fertig ist, gibt er mir die Anschrift des Radfahrers und dem Kerl eine Gebührenpflichtige. Der Radfahrer sagt, ich sei zu schnell gefahren. Aber der Bulle läßt sich gar nicht erst darauf ein. »Wollen Sie nun die Verwarnung bezahlen, oder soll ich eine Anzeige schreiben?« fragt er. Der Radfahrer wird klein. »Dann geht das zum Gericht«, sagt er, »und ich habe Lohnausfall!« Lieber berappt er die

Wolfgang Körners
Kurzgeschichte in der
März-Ausgabe der
»konkret« 1968.

fünf Eier. Der Bulle gibt mir die Hand. »Dann ist ja alles klar«, sagt er und geht, und ich steige wieder in meine Karre.

Hat der Peter doch recht gehabt, denk ich und mache das Radio an, die Schramme am Kotflügel hinten nicht ausbessern und mit auf die Rechnung setzen, wenn einem ein Idiot in die Karre fährt. Das Geld für die Reparatur muß er schon rausrücken. Versichert wird er ja nicht sein, aber das ist nicht mein Bier. Soll er sich versichern lassen, dann braucht er nicht den Lohn für zwei Wochen zu blechen.

Die Gisela ist ja auch bescheuert. Gleich zum Anwalt zu laufen, und das alles wegen dieser Scheißparty. Aber ich sag ja, nicht mal mehr 'ne Party kann man feiern. Da holt man eine Frau aus dem Dreck, und was erntet man? Undank! Was hat sie denn schon gehabt, als ich sie damals auf Sylt aufgabelte? Diesen gebrauchten VW und ihre Klamotten und sonst, na ja, reden wir nicht davon. Ich möchte wissen, was die sich denkt. Wenn sie wieder in das Büro zurück an die Schreibmaschine will, meine Güte, das braucht sie mir doch nur zu sagen. Ich bin der letzte, der sie daran hindert. Der erste Lack ist sowieso runter. Aber so sind die Weiber. Kaufen sich einen alten VW und schicke Klamotten und fahren nach Sylt, um einen rechten Typ kennenzulernen.

Wenn ich nicht gerade diese Karre gekauft hätte, in einen anderen Wagen wäre die nicht gestiegen. Die Sorte kenn ich doch. Ich fahre also nichtsahnend zum Gogärtchen, sehe ich Gisela. Klasse Biene, denke ich, fahre also rechts ran und lasse sie einsteigen. Gehe mit ihr Kaffee trinken und verabrede mich für den Abend. Sie kommt auch wahrhaftig, ich zieh mit ihr in die Tenne, schmeiß ihr ein paar Whiskys und fange dann an, von Liebe auf den ersten Blick zu quatschen und so ähnliches Zeug. Ich mime also kräftig, tanze Backe an Backe, und als ich sie nachher endlich wieder in der Karre habe, macht das Weib doch tatsächlich Zicken. Aber nicht bei mir, denk ich, da ist sie an den Falschen gekommen. Den ganzen Abend meinen Whisky saufen und dann einen auf keusch machen, das ist bei mir nicht drin.

Ich also gar nichts gesagt, die Pfoten von ihrem Oberteil genommen und erst mal in eine ruhige Ecke gefahren und dabei vom Mondschein und von Romantik geredet. Bald habe ich das Zeug selber geglaubt, ich sag immer, wenn man nicht so reden kann, daß man den Kohl selber glaubt, soll man gar nicht erst anfangen. [...][7]

Anmerkungen

1. Walter Neumann (Hg.): *Im Bunker. 100 x Literatur unter der Erde. Texte und Daten von 110 deutschen und ausländischen Autoren*. Recklinghausen 1974.
2. Hier zitiert nach: *Lesebuch Frank Göhre*. Hg. von Walter Gödden. Bielefeld 2016, S. 36f.
3. Wolfgang Körner: *Nowack*. Reprint. Bielefeld 2014, S. 100.
4. *Lesebuch Wolfgang Körner*. Hg. von Walter Gödden und Anne Blanken. Bielefeld 2016, S. 71-74.
5. Ebd., S. 46f.
6. Wolfgang Körner: *Party*. In: *konkret* 1968, H. 3, S. 44-47.
7. *Lesebuch Wolfgang Körner*, a. a. O., S. 48-56.

Paul Schallück.

Paul Schallück – ein Mann des Radios.

16 »Das kleine Fernsehspiel«

16 »Das kleine Fernsehspiel«
Trostloser Alltag in Schwarz-Weiß-Kontrasten

Reality-TV-Formate erfreuten sich schon in den 1960er Jahren großer Beliebtheit. Der literarische Allrounder Paul Schallück, der eigenem Bekunden nach rund 200 Rundfunkvorträge und -Features verfasste sowie Skripte zu 40 öffentlichen Vorträgen, über 250 Theater- und Filmkritiken, 200 Rezensionen und Buchbesprechungen, 30 Hörspiele, acht Bühnenstücke, acht Fernsehspiele und fünf Filmexposés,[1] hielt in einem Selbstporträt fest: »Auch der Film zieht mich an. Aber bis heute habe ich im Dschungel des Filmgeschäfts noch nicht Fuß gefaßt«.[2]
Im heute vernichteten Nachlass des Autors[3] befanden sich gleichwohl Regiebücher zu acht Fernsehspielen, die zwischen 1964 und 1973 bei verschiedenen ARD-Sendern, hauptsächlich beim WDR, zu sehen waren. Sie ähneln im Stil dem zwischen 1961 und 1978 erfolgreichen Doku-Format *Das Fernsehgericht tagt*. Dort wurden anhand von Gerichtsakten Gerichtsverhandlungen mit Saalpublikum nachgestellt. Es wurde spontan gespielt, ohne feste Dialogregie. Die angeklagte Person stand im Mittelpunkt. In den Verhandlungspausen wurden die anwesenden Zuschauer interviewt. Die Hauptzahl der Schallück'schen TV-Produktionen ist dieser Fernsehsparte zuzurechnen. Er dramatisierte auch Kriminalfälle, wie sie sich tagtäglich, »unter Ausschluss der Öffentlichkeit«, ereigneten.
Ins Jahr 1968 fällt Schallücks Fernsehspiel *Rund um den Ochsenkopf*. Es handelt sich um einen für Schallück eher untypischen Stoff ohne tiefschürfende historische oder moralische Dimension.[4] Im Mittelpunkt der einfachen Liebesgeschichte steht Alois Küspert, Ende 40. Er flirtet mit seiner attraktiven Sekretärin Christl, Mitte 20. Um sich ihr zu beweisen, meldet er sich als Teilnehmer bei einem beliebten Ski-Langlaufwettbewerb im Fichtelgebirge an. Ein weiterer Teilnehmer des Volkslaufs ist der junge Franz, der ebenfalls um Christl wirbt. Alois kommt vor Franz ins Ziel, ist allerdings so erschöpft, dass er abends beim Tanz ums nächtliche Feuer zusammenbricht. Gradewegs in die Arme seiner Ehefrau. Seine eigenen Grenzen sind ihm bewusst geworden. »Er ist wortlos dankbar. Er ist's zufrieden.«[5]

Die Konzeption der TV-Reihe *Gestern gelesen* lag wesentlich in Schallücks Hand. Für ihn war die Abfassung solcher Sendemanuskripte nicht mehr als handwerkliche Routinearbeit. Gleichwohl stufte er den Rang solcher Fernsehepisoden nicht gering ein: »Spannung, Unterhaltung, Hintergründe, Fragen, Spielhandlung, Verständnis, Aufklärung – das sind Elemente eines modernen Kunstwerks. Die Filme der Serie *Gestern gelesen* sind Kunstwerke.«[6]

Ein erfolgreicher Drehbuchautor war auch Thomas Valentin. Die Filme, die nach seinen Vorlagen realisiert wurden, fallen jedoch sämtlich in die Zeit nach 1968. Zu nennen sind etwa *Der Hausfreund* (1969), *Anna und Totó* (1972), *Jugend einer Studienrätin* (1972) oder *Tod eines Manequins* (1974). Die Filme waren seinerzeit »Straßenfeger«.[7]

Der erfolgreichste westfälische Fernsehautor jener Zeit war Max von der Grün (s. S. 400ff.). Den Anfang machte hier 1966 eine Verfilmung von *Irrlicht und Feuer* im Deutschen Fernsehfunk der DDR, die später von der ARD übernommen wurde. 1967 erschien in der ARD *Skizzen aus dem deutschen Alltag. Der Mann am Schaltpult*, im Jahr 1968 dann *Ostende, Feierabend* sowie *Schichtwechsel*. Weitere Verfilmungen folgten in den kommenden Jahren.[8]

Ein in Vergessenheit geratenes, aber gleichwohl aufschlussreiches Dokument aus dem Jahr 1968 ist die Verfilmung von Wolfgang Körners Roman *Versetzung* im Hessischen Rundfunk. Körner arbeitete damals noch für das Dortmunder Sozialamt. Den Frust über diese »unmoralische Anstalt« schrieb er sich in seinem Romandebüt[9] von der Seele. *Versetzung* fängt das nihilistische Lebensgefühl einer »lost generation« im Ruhrgebiet jener Jahre ein. Die Geschichte des Rolf Hagen, der ziellos und apathisch durch die Dortmunder Innenstadt streift und seine sozialen Bindungen immer mehr schleifen lässt, habe, so Körner heute[10], seinem damaligen Lebensgefühl entsprochen.

Die Filmversion setzt andere Akzente. Sie konzentriert sich ganz auf das Geschehen im Sozialamt und lässt die im Roman breit ausgeführte Lebenskrise Hagens, seine Rolle als gesellschaftlicher Außenseiter, außen vor. Die Ereignisse im Sozialamt haben etwas Kammerspielartiges, Klaustrophobisches. Der Spielort ist so beengt, dass sich die Sachbearbeiter in ihren Büros kaum bewegen können, besonders dann, wenn Sozialhilfeempfänger den Raum betreten. Es herrscht eine

Szenen aus der Verfilmung von Wolfgang Körners Romandebüt »Versetzung«.

Ereignisse im Sozialamt, dargestellt im Film »Versetzung«.

Sacharbeiter und ihr korrupter Chef im Film »Versetzung«.

Trostloser Alltag in Schwarz-Weiß-Kontrasten

allgegenwärtige Stimmung der Bedrohung. Man redet nur das Notwendigste und das ist meist floskelhaft. Das Hierarchiegefüge erdrückt alles Menschliche und hinterlässt bei den Beteiligten ein Gefühl permanenter Angst.
Dieses Gefühl steigert sich noch, als bekannt wird, dass Versäumnisse des Amtes an die Presse weitergegeben wurden. Die Informationen konnten, wie allen Beteiligten bewusst ist, nur aus dem Amt selbst stammen. Dass Hagen dieser »Maulwurf« war, wird zwar nicht explizit aufgedeckt, es fällt aber ein gewisser Verdacht auf ihn. Er wird in den ungeliebten Außendienst versetzt, was einer beruflichen Demontage gleichkommt. Hagen ist somit Opfer seines gut gemeinten Vorstoßes. Ein anderer Sachbearbeiter wird ebenfalls strafversetzt und in den gesundheitlichen Ruin getrieben. Der tatsächlich Schuldige, der Abteilungsleiter, kommt ungeschoren davon.
Hagen ist ein Mischcharakter. Er ist auf der einen Seite ein gewissenhafter Beamter, der das Schicksal seiner Klienten ernst nimmt. Auch beweist er durch seine Undercover-Aktion Zivilcourage. Andererseits traut er sich bei einer Krisensitzung der Abteilung nicht, seinen unschuldigen Kollegen zu entlasten. Er versucht sogar, sich bei seinem Chef anzudienen, um seinen alten Job im Innendienst wieder zu erlangen. In dieser Hinsicht ist er ein »Duckmäuser« wie alle anderen Mitarbeiter des Amts auch. Hagen will aufbegehren, aber es fehlt ihm hierzu der Mumm beziehungsweise er befürchtet eigene Nachteile.
Friedhelm Baukloh charakterisierte den Film mit den Worten: »Körner entlarvt den Schematismus des alten Obrigkeitsdenkens in den Formulierungen der Kanzleisprache, die den Menschen zum Fall, zum ›Menschenmaterial‹ machen. Dagegen insistierte er auf dem Wörtlichnehmen der neuen demokratischen Gesetzgebung, wie sie sich etwa im Sozialhilfegesetz ausdrückt, die den Hilfsbedürftigen in seiner personalen Würde bestärken und nicht als Verwaltungsobjekt, als lästigen Almosenempfänger herabsetzen soll. Sprache als Verräterin der Macht alter autoritärer Gewohnheiten, Sprache als Spiegel des Rückstandes der Praxis hinter der demokratischen Zielsetzung.«[11]
Das Fernsehspiel war durchgehend mit guten Schauspielern besetzt. Die Hauptrolle spielte der damals 38-jährige Heinz Meier. In der Romanvorlage stellt man sich den Protagonisten deutlich jünger vor.

Der nachfolgende Textauszug aus Körners Roman zeigt, im Gegensatz zum Film, zwei Szenen aus Hagens ereignislosem, unbefriedigtem Alltag:

Rolf fand in seinem Briefkasten eine Mahnung vom Elektrizitätswerk. Dreiundzwanzig Mark und fünfzig Pfennige! Ich muß das Geld morgen wegschicken, sonst sperren die mir noch den Strom. Er schloß die Wohnungstür auf. [...] In der Küche stand schmutziges Geschirr auf dem Tisch. Es wird höchste Zeit, daß ich wieder einmal aufräume. Er räumte das Geschirr in das Waschbecken und ließ heißes Wasser ein, entschloß sich, nachher in einem Lokal zu essen. Wenn ich koche, habe ich nachher das Geschirr schon wieder schmutzig.
Er spülte die Teller und Tassen, stellte sie zum Trocknen auf die Ablage, wie es Mutter früher auch getan hatte. Vom Turm der katholischen Kirche schlug es sieben. Er schaltete das Radio an. Nachrichten, Sinfoniekonzert, Jazz. Der Zeiger glitt über die Skala. Landfunk, Vortrag über die Stallmistbereitung, Vortrag über die Entwicklung der Börsenkurse. Rolf schaltete das Radio aus, setzte sich in seinen Schaukelstuhl. Er rauchte eine Zigarette.
Zu ärgerlich, die Versetzung! dachte er. Ich muß irgend etwas dagegen unternehmen. Natürlich versetzen sie mich nur, weil sie meinen, ich hätte das Tageblatt informiert. Das habe ich nun davon, ich bin erledigt!
Rolf dachte zum erstenmal daran. Jetzt ist es mit der Zulassung zum Lehrgang nichts mehr. Und als Sekretär verdient man so wenig, daß es gerade zum Leben reicht. Rolf wußte, wie das Leben eines Sekretärs aussieht, wenn er verheiratet ist und für eine Familie zu sorgen hat. Jeden Pfennig umdrehen und nie genug Geld. Die Kinder haben nicht einmal das Spielzeug, das sie sich wünschen, kein funkgesteuertes Flugzeugmodell, und wenn die Frau einen neuen Mantel braucht, muß sie ein Jahr warten. Oder man geht den anderen Weg – Ratenzahlungen!
Rolf dachte an die Kollegen, die alles hatten, die aber an jedem Monatsersten darüber nachdachten, wie sie die Raten alle bezahlen konnten. Und dann fing schließlich die Frau an zu arbeiten, heimlich, irgendwo draußen am Stadtrand, damit keiner der Nachbarn es erfuhr. Und der Mann saß bis in die Nacht hinein am Küchentisch, froh, wenn er für einen Gemüsehändler die Buchführung machen durfte, weil es ein paar Mark einbrachte.

Dann dachte er an die Vollstreckungsabteilung. Jeden Tag von Haus zu Haus laufen und rückständige Steuern beitreiben. Bei jedem Wetter draußen sein, in einem grünen Lodenmantel durch die Stadt gehen, gehaßt von jedem, als Pfändungsknecht gefürchtet.

Rolf stand auf und ging zum Kühlschrank. Gottlob, der Doppelkorn war noch da, er füllte ein Glas, trank es aus. Ich muß irgend etwas dagegen machen, sonst bin ich fertig! Wenn man erst bei der Vollstreckungsabteilung sitzt, ist es aus. Keine Hoffnung auf Beförderung, keine Hoffnung, jemals woandershin versetzt zu werden, nur die Aussicht, bis zum Lebensende rückständige Steuern beitreiben zu müssen. [...]

Ich muß mich gegen die Versetzung wehren, das ist es! Es muß doch etwas dagegen zu machen sein, schließlich bin ich ja nicht auf den Kopf gefallen. Wozu habe ich alle Prüfungen auf der Verwaltungsschule mit Prädikat bestanden, mir muß doch was einfallen!

Rolf nahm einen Zettel, um alles aufzuschreiben, was er unternehmen könnte. Erstens: Personalrat, notierte er. Da würde man etwas für ihn tun. Aber er war nicht in der Partei. Egal, dachte er, versuchen kann ich es auf alle Fälle. Wenn sie mir auch nicht helfen, vielleicht geben sie mir einen Ratschlag, was ich tun kann. Zweitens: Personalamt! Ich werde hingehen und um eine Erklärung bitten. Die können mit mir nicht machen, was sie wollen! Ich bin doch keine Maschine, die man heute hier hinstellen kann und morgen da!

Rolf legte den Bleistift aus der Hand und steckte den Zettel in die Brieftasche. Er fühlte sich erleichtert, seitdem er den Zettel hatte: Ich bin noch nicht ganz hilflos, ich kann noch etwas unternehmen, irgendwie werde ich die Versetzung noch verhindern.

Er stellte das Glas auf die Ablage und die Flasche in den Kühlschrank zurück. Die Armbanduhr zeigte halb acht. Am liebsten möchte ich noch einmal zu Inge fahren. Hier in der Wohnung 'rumsitzen hat doch keinen Zweck. Aber ich kann nicht einfach da hingehen. Ich kenne ihre Eltern ja nicht einmal.

Er suchte eine Illustrierte, aber er fand keine. Er zündete sich eine Zigarette an, setzte sich.

Ich möchte bloß wissen, was mit Inge wird, wenn ich nicht mehr in der Abteilung bin. So hat man sich doch an jedem Tag wenigstens ab und zu gesehen. Aber ich kann mich ja auch mit ihr treffen, wenn ich im

Außendienst bin. Vielleicht ist es sogar besser, dann hört endlich die Heimlichtuerei auf! Er schaltete das Radio ein, Tanzmusik, schaltete das Gerät wieder aus.[12]

* * *

Dr. Schmidt stand auf. »Was haben Sie denen denn draußen gesagt, daß sie ruhig sind?« »Ihr Desinfektionsapparat ist nicht in Ordnung.« »Kein schlechter Einfall! Wo fehlt's Ihnen?« »Ich habe eine Magenverstimmung. Die ganze Nacht habe ich nicht geschlafen. Ich konnte heute morgen nicht ins Büro gehen.«
»Fühlen Sie sich jetzt besser?«
»Ja, jetzt geht es wieder. Aber es hat keinen Zweck, daß ich heute noch Dienst mache.«
»Soll ich Ihnen etwas verordnen?«
»Es wird schon so gehen.«
»Wie lange soll ich Sie krank schreiben?«
»Nur einen Tag!«
»Aber das lohnt sich doch gar nicht.«
»Ich kann jetzt nicht länger aussetzen. Es ist zuviel bei uns zu tun.«
»Ziehen Sie die Jacke und das Hemd aus. Ich möchte Sie mal abhören.«
Die Membranenkapsel des Stethoskops war kalt.
»Warum macht man die Dinger nicht aus anderem Stoff als ausgerechnet Metall?«
Der Arzt lachte. »Wir können sie ja in Zukunft polstern lassen!«
Nach der Untersuchung setzte sich der Arzt an den Schreibtisch und schrieb eine Arbeitsunfähigkeitsbescheinigung. »Sie rauchen zuviel!«
»Ja, ich weiß, ich muß es mir abgewöhnen.«
»Sie werden ein ganz anderer Mensch, wenn Sie nicht mehr rauchen!« [...]
Dr. Schmidt riß die Arbeitsunfähigkeitsbescheinigung vom Block ab und steckte sie in einen Briefumschlag. »Vorläufig muß ich erst die Baukosten des Hauses verkraften! Aber in einem Jahr will ich noch ein paar Garagen bauen. Wenn Sie sich dann mal um die Baugenehmigung kümmern würden...«
»Natürlich«, sagte Rolf. »Ich sorge dann schon dafür, daß Sie nicht ein halbes Jahr warten müssen.«

Unten auf der Straße öffnete Rolf den Briefumschlag: Herr Rolf Hagen ist wegen akuter Magenschleimhautentzündung arbeitsunfähig.
Der hat nicht einmal drauf geschrieben, wie lange ich krank bin! Aber morgen gehe ich wieder ins Büro. Rolf sah sich Schaufenster an, kaufte sich ein Päckchen Zigaretten und ging dann in eine Konditorei, setzte sich in eine Nische, in der man ihn nicht gleich sehen konnte. Es ist ja möglich, daß sich einer aus dem Rathaus hierher verirrt. [...]
In der Herzogstraße stand eine dichte Menschenmenge vor einem Haus. Aus einem Fenster quoll dunkler Rauch. Zwei Feuerwehrmänner versuchten, sich durch die Masse zu drängen. Die Leute gingen erst unwillig auseinander, als die Männer drohten, die Hähne aufzudrehen.
Rolf schlenderte gleichgültig vorbei, blieb vor dem Uniontheater stehen. Er wollte sich eine Kinokarte kaufen, las das Plakat mit den Anfangszeiten, sah auf die Uhr.
Es hat keinen Zweck, der Film läuft schon eine Viertelstunde! Er fröstelte und beeilte sich, zur Hamburger Straße zu kommen. Dort war ein Kaufhaus mit einem Erfrischungsraum. Man konnte da billig essen. Die Luft war warm und stickig. Eine Frau hinter einem kleinen Stand redete unaufhörlich auf die Menschen ein, die an ihr vorbeigingen. Rolf sah, daß sie ein Halstuch anpries. Man konnte es um den Kopf legen, mit einem dazugehörenden Messingring befestigen, konnte es zu einem Turban schlingen, aber auch offen als Brusttuch tragen. Rolf ließ sich von der Rolltreppe hinauf zur dritten Etage tragen, ging vorbei an Herrenmänteln und Herrenhosen in den Erfrischungsraum. Er sah sich um, suchte einen freien Tisch. An einem Tisch ein Mann, der in einer Zeitung las.
»Ist hier noch ein Platz frei?« »Selbstverständlich, das sehen Sie doch!« [...]
Nach dem Essen bestellte Rolf einen Weinbrand. Vielleicht wird damit die Magenverstimmung besser, dachte er, berichtigte sich aber sofort: Jetzt glaube ich bald selbst daran! Er rief die Kellnerin und bezahlte.
Drei Männer gingen hintereinander auf dem Bürgersteig die Hamburger Straße entlang. Auf den Schirmen stand mit weißer Plakatfarbe, daß Reparaturen am besten im Schirmhaus Neumann erledigt würden. Die Männer hatten rotgefrorene Gesichter.
Daß es so was heute noch gibt! Die können doch woanders viel leichter ihr Geld verdienen. Aber vielleicht ist der Gerichtsvollzieher hinter ihnen

her und das Schirmgeschäft gibt ihnen den Lohn jeden Tag. Rolf sah auf die Uhr. Halb zwei!
Wenn man nicht arbeitet, dann vergeht der Tag auch gar nicht. Langsam ging Rolf Hagen zum Bahnhof. Die Bänke auf dem Vorplatz waren leer, der Springbrunnen abgeschaltet. Die haben Angst, daß er einfriert. Ein Zeitungsverkäufer schob seinen kleinen Wagen durch die Bahnhofshalle.
»Haben Sie den Spiegel?«
Der Verkäufer schüttelte den Kopf: »Aber hören Sie, am Freitag ist der längst weg!« »Dann geben Sie mir was anderes.«
»Was denn? Ich habe dreiundsechzig verschiedene Zeitschriften.«
Rolf sah die Titelbilder der Magazine. »Geben Sie mir das Magazin da oben!«
»Ich habe auch Sammelbände: Drei Magazine, zwei Mark fünfzig. Da haben Sie jedes Magazin billiger. Der Text veraltet ja nicht.«
Der Zeitungshändler löste ein Heft vom Wagen. »Gut, dann geben Sie mir den Sammelband.« In seiner Wohnung setzte sich Rolf in den Schaukelstuhl. Mädchen im Bikini. Mädchen in der Badewanne. Rolf legte sich auf seine Liege. Er las eine Kriminalerzählung, sah dann wieder Mädchen. Eine Blondine stand auf einer Segeljacht. Rolf schloß die Augen, seine Hand glitt unter die Decke. Er stellte sich vor, daß Inge bei ihm wäre, fühlte ihre Haarspitzen, ihren Körper. Er warf das Magazin aus dem Bett. Ich bin ganz schön weit!
Er war müde, schwitzte, schlief ein, träumte, wachte irgendwann in der Nacht auf, schlief wieder ein.[13]

Anmerkungen

1 Vgl. Walter Gödden, Jochen Grywatsch (Hg.): »*Wenn man aufhören könnte zu lügen*«. *Der Schriftsteller Paul Schallück (1922-1976)*. Bielefeld 2002, S. 24.
2 Ebd., S. 281.
3 Der Nachlass fiel dem Einsturz des *Historischen Archivs der Stadt Köln* im Jahr 2009 zum Opfer.
4 Gödden/Grywatsch 2002, a.a.O., S. 283. In einer Regieanweisung vermerkt Schallück: »Die nachfolgend skizzierte Geschichte sollte so leicht wie möglich inszeniert werden: ein leichtes Gemisch aus Heiterkeit, jovialer Resignation,

flüchtiger Melancholie und ein bisschen Ironie. In der Schwebe halten, wäre das beste.«

5   Die Reihe *Gestern gelesen* mit dem Untertitel *Unter Ausschluß der Öffentlichkeit* lief 1972 im Vorabendprogramm des WDR. Schallück war mit mehreren Fernsehspielen an der Serie beteiligt. Diese stellte spektakuläre Kriminalfälle vor, die sich, so der Tenor, auch in der eigenen Nachbarschaft hätten ereignen können. Regie führte Jürgen Goslar, der sich unter anderem für zahlreiche Kriminalfilme (*Der Kommissar*) verantwortlich zeichnete. Der WDR produzierte zugleich Hörspielfassungen der Stoffe. Schallück fasste die Handlung mit den Worten zusammen: »Unter Ausschluß der Öffentlichkeit wird in unseren Gerichtssälen manches gesprochen, verhandelt oder aufgedeckt, was der Öffentlichkeit nicht verheimlicht werden sollte. Zum Beispiel Hintergrund und Motive eines Mädchens, das seinen Vater erschlug, der seine Tochter jahrelang sexuell missbraucht hatte. Wie konnte das eine und das andere geschehen? Über die Angeklagte sagt der psychiatrische Sachverständige, es müsse bei ihr eine Bewusstseinseinengung vorgelegen haben, ›die erklärt werden muss und erklärt werden kann mit dem langen autoritären Stau, unter dem sie gelebt hat‹. Und der Verteidiger: ›In unserer Gesellschaft kann sich ein Vater, weil er Vater ist, einfach alles erlauben, ohne dass Nachbarn, Verwandte und Freunde tatkräftig Einspruch erheben, auf Grund einer ihm zugefallenen und von der Gesellschaft sanktionierten Vaterrolle, seiner Autorität.‹ Das Hörspiel versucht mit den stilistischen Mitteln der Verkürzung, die Isolierung eines jungen Menschen inmitten der Gesellschaft aufzuhellen und zu zeigen, dass eine extreme Autorität zwangsweise eine extreme Handlung herausfordert. Das weist exemplarisch über den individuellen Fall hinaus.« Ebd., S. 286.

6   Ebd., S. 289.
7   Thomas Valentin: *Werke in Einzelbänden*. Bd. 9 und 10: Fernsehspiele 1 und 2. Bearb. von Norbert Otto Eke. Oldenburg 2002.
8   *Aufstiegschancen* (ebd., 17.6.1970) – *Zwei Briefe an Pospischiel* (Dt. Fernsehfunk, DDR, 22.11.1970; Neuinszenierung ZDF, 13.10.1971) – *Stellenweise Glatteis* (ARD, 20. und 22.6.1975) – *Vorstadtkrokodile* (ebd., 25.12.1977) – *Späte Liebe* (ebd., 26.4.1978) – *Über Tage, unter Tage. Gesichter des Ruhrgebiets* (ZDF-Serie Beschreibungen 17.2.1980) [mit U. Wöhning] – *Flächenbrand* (ARD, 12.4.1981) – *Teutonia Lanstrop* (ZDF, *Sportspiegel*, 2.11.1984) [mit K.-H. Erfurt] – *Friedrich und Friederike (*Fernsehserie 1987). Max von der Grün hielt in einem Gespräch mit Heinz Ludwig Arnold fest: »Ich gehöre vermutlich zu den Autoren, die sehr viel Glück mit dem Fernsehen hatten, und ich habe ja viel mit dem Fernsehen gearbeitet; ich bin immer wieder an Leute geraten, die mir viel geholfen haben beim Schreiben von Drehbüchern – das muß man ja auch erst einmal lernen und auch an Regisseure, die auf meiner Linie lagen.« (Heinz Ludwig Arnold: *Gespräche mit Schriftstellern*. München 1975, S. 178).
9   Der Roman *Versetzung* erschien 1966. Körner war 1968 an der Drehbuchfassung beteiligt.

10 Interview des Verfassers mit Wolfgang Körner am 17. November 2015 in der Dortmunder Privatwohnung Körners.
11 Friedhelm Baukloh: *Junge Literatur aus Westfalen. Ein Versuch über neue Entwicklungen am Beispiel von Wolfgang Körner*, in: Westfalenspiegel 1968, H. 3, S. 20.
12 *Lesebuch Wolfgang Körner*. Hg. von Walter Gödden und Anne Blanken. Bielefeld 2016, S. 10-12.
13 Ebd., S. 13-17.

17 Der literarische Arbeiter
Alltagsbanalitäten im Leben des gestressten Erfolgsautors Max von der Grün

In dem Essay *Ein Tag wie jeder andere. Als Schriftsteller im Ruhrgebiet*, der am 15. Dezember 1968 vom WDR-Rundfunk ausgestrahlt wurde, gibt Max von der Grün Einblick in seinen unmittelbaren Arbeitsalltag. Der Beitrag räumt mit der Vorstellung auf, dass der Beruf des Schriftstellers etwas Hehres, Besonderes ist. Das genaue Gegenteil ist der Fall. Der Erzähler quält sich durch seinen nur wenig strukturierten Tag. Einer seiner Texte kommt nicht zum Abschluss; Selbstzweifel nagen an ihm; das Telefon sorgt für ständig neue Störungen und erweist sich als permanenter Plagegeist.

Das Hauptthema von der Grüns – schlechte und entfremdete Arbeitsbedingungen – wird gleichsam durch die Hintertür eingeschleust. Im vorliegenden Essay in Gestalt eines LKW-Fahrers, der, um sein Auskommen fürchtend, im Zustand massiven Schlafentzugs hochgefährliche Transporte durchführt. Der Text stellt die Fragen: Wie kann man in unmenschlichen Zeiten menschlich bleiben? Wie schafft man es, nicht Opfer einer unpersönlichen Maschinerie zu werden?

> […] Auf dem Schreibtisch drängt die Arbeit; ein fertiges Bühnenstück, das nicht fertig werden will.[1] Der Intendant drängt. Da stimmt ein Dialog nicht, da nicht ein Szenenanfang, dort nicht ein Szenenende. Noch weiß ich nicht warum, aber ich lese mir mein eigenes Produkt mehrmals laut vor: Da ist ein Bruch in der Sprache, im Duktus. Eine schreckliche Arbeit, die keinen Beginn und kein Ende hat, denn im Text ist so viel, mit dem ich selbst noch nicht fertig geworden bin. Zweifel, Angst, Unsicherheit. Ein Abenteuer. Wie wird es enden? Ich weiß es nicht, weiß nur, daß ich das und das schreiben muß, daß es gesagt, ausgesprochen werden muß, weil das zu gestaltende Problem nicht mehr mein privates, sondern zum Anliegen einer ganzen Generation geworden ist, ich versuche nur, es in menschlichen Schicksalen zu artikulieren. Ein Abenteuer? Ja. Jeder Satz, den ein Autor schreibt, ist ein Abenteuer. Dieser Erkenntnis muß man sich beugen, und man muß dieses Abenteuer mit vollem Einsatz seiner Existenz wagen. Wer das nicht tut, der ist nur ein Klöppler von Texten – Muster ohne Wert.

Der »Arbeiterschriftsteller« Max von der Grün, Dortmund 22. September 1964.

Von der Grün, 1956. *Ende der 1950er.*

Alltagsbanalitäten im Leben des gestressten Erfolgsautors Max von der Grün

Das Bühnenstück wird aufgeführt werden, so wie der neue Roman erschienen ist.[2] Erst wenn so ein Roman als Buch zum Verkauf ausliegt, dann erst weiß man selbst, wie unfertig alles geblieben ist. Dabei hat man zwei bis drei Jahre über so einem Roman gebrütet. Das und das hätte gesagt werden müssen, das und das besser nicht. Aber es ist nicht mehr zu ändern: Gedruckt ist gedruckt. Letztendlich bleibt man mit seinen Zweifeln allein.

Das Management hat seine Tatzen in Buch und Autor verkrallt, und man wird gezwungen mitzuspielen. Ausbruch? Nicht mehr möglich, nur noch Rechtfertigung – die allerdings wiederum zweifelhaft bleibt.

Der Nebel hat sich gehoben, der Vormittag verspricht einen heißen Tag. Etliche Male schlug das Telefon an. Einer wollte eine Auskunft, eine Redaktion schlug Straffung meines eingereichten Textes vor, der Lektor meines neuen Romans rief an und sagte, Norwegen habe den Optionsvertrag endlich unterschrieben. Ich stehe am offenen Fenster und schaue auf das Rübenfeld, auf die Büsche und Bäume entlang des Süggelbaches, der an heißen Tagen bis in mein Arbeitszimmer stinkt. Dann brüte ich über einem Satz, von dem ich nur weiß, daß er formuliert werden muß, anders als er jetzt dasteht.

Um zehn klingelt der Postbote. Briefe, Zeitungen, Drucksachen – ein Arm voll. Meine Frau nimmt alles in Empfang. Manchmal wenn er Geld bringt, trinke ich mit ihm einen Schnaps im Wohnzimmer, oder eine Flasche Bier. Heute will er die Marke eines Briefes, der aus Japan kommt. Ich trenne sie ihm aus dem Umschlag.

Ich habe manchmal den Eindruck, mein Briefträger kennt meine Post besser als ich, denn, bin ich längere Zeit verreist und schreibe meiner Frau eine Karte, wann ich zurückkomme, dann sagt er ihr schon im Treppenhaus das genaue Datum. Er kennt zwar nicht den Inhalt der Briefe, wohl aber die Absender gut, die Karten auch vom Inhalt. Wir ärgern uns manchmal über ihn, aber er gehört jener Menschensorte zu, der man nicht böse sein kann, weil alles, was sie tut, irgendwie logisch ist, frei von klatschiger Neugierde oder gar Boshaftigkeit.

Später, als ich wegfahren will, kommt Wilhelm auf mich zu, er war einkaufen, im Zentrum des Vorortes. Wilhelm wohnt in meiner Nachbarschaft, er ist Fernfahrer, kutschiert einen 32-Tonner-Sattelschlepper mit Sauerstoff über Deutschlands Autobahnen.

Ich nehme ihn mit, er sagt mir gleich, daß er auf dem Wohnungsamt war. Er hat Ärger gehabt, ich sehe es ihm an. Morgen fährt er in Urlaub. Er sitzt neben mir, seine Hände zittern, und er gesteht mir plötzlich, daß er im letzten Monat 300 Stunden gekloppt hat. Mein Gott, denke ich, das sind ja 75 Stunden die Woche. Wilhelm gibt zu, daß das nicht nur Leichtsinn ist, sondern unverantwortlich; aber was soll er dann tun, er hat ein krankes Kind – unheilbar –, das braucht dringend Seeluft. Er fährt an die Nordsee und bittet mich, seine Familie morgen früh um neun zum Bahnhof zu bringen. Ich fahre mit der Straßenbahn. Ich gebe ihm einen Schnaps in meinem Arbeitszimmer, meine Frau sieht erschreckt auf seine flatternden Hände. Wilhelm war gestern mit dem Kind beim Arzt, er hat drei Stunden mit dem quengeligen Kind gewartet. Er schimpft auf die Ärzte, denn für ihn werden soziale Klassen im Wartezimmer des Arztes sichtbar. Die Privatpatienten melden sich vorher telefonisch an, werden prompt bedient. Unsereiner? Mensch, der verschreibt mir nicht einmal die Medikamente, die das Kind braucht, weil es die Kasse angeblich nicht bezahlt. Er ist verbittert. Er sitzt da, seine Hände zittern, und ich erschrecke bei dem Gedanken, daß so ein Mann hochexplosives Zeug über die Autobahnen lenkt, 300 Stunden im Monat, und ich bin plötzlich böse auf ihn und sage es auch deutlich.

Ich bin auf ihn böse nicht wegen der 300 Stunden, nein, er ist ja nicht nur Fahrer, er ist auch Betriebsrat, und als solcher hat er darauf zu achten, daß kein Fahrer über zehn Stunden am Steuer sitzt, bei langen Touren zwei Mann im Führerhaus sind.

Du hast leicht reden, sagt er, du sitzt hier, und wenn du fährst, dann 1. Klasse, und das wird dir auch noch bezahlt. Aber ich will auch mal raus, verstehst du, mit der Familie, Beine unter den Tisch strecken, sich bedienen lassen, nicht immer Explosion im Nacken. Glaubst du, das kann ich von meinem normalen Verdienst? Du, ja du bekommst ja jeden Kilometer bezahlt.

Nicht nur seine Kinder haben Tapetenwechsel nötig: er hat drei. Die Sechzehnjährige ist auf einem Gymnasium in der Innenstadt, und er möchte sie bis zum Abitur schleusen, sie soll es einmal besser haben. Seine Frau ist supernervös, die berühmte Fliege an der Wand wird zur ehelichen Tortur. Wilhelm verspricht sich viel von dem Urlaub, für sich, seine Kinder, seine Ehe. Meine Frau gibt ihm ein Päckchen mit. Erst im Urlaub aufmachen, sagt sie.

Wir schlendern dann noch ziellos durch die Siedlung. Zwei Straßen weiter ist eine Baustelle, eine neue Kanalisation wird verlegt. Wir gucken zu. Ein tiefgebräunter Arbeiter windet ein mannshohes Zementrohr in Straßendeckenhöhe. Seine Muskeln glänzen. Obwohl ich selbst 13 Jahre schwere Arbeit zu verrichten gezwungen war, um mein tägliches Brot zu verdienen, bin ich immer wieder von der körperlichen Kraft anderer fasziniert. Es gibt Erinnerungen – die bleiben.

Als Junge habe ich, wenn ich meinen Vater schwere Stücke heben sah, geglaubt, die Lasten werden für Erwachsene leichter, seltsamerweise kam ich nie auf den Gedanken, daß die Lasten gleich bleiben, aber der Mensch kräftiger wird. Dann sah ich einmal beim Bauern dem Auswiegen von Kartoffeln zu. Sack für Sack, Zentner für Zentner, auf einer Dezimalwaage. Und dann nahm ich das Fünfkilogewicht in die Hand, und es gelang mir mühelos, es mit einem Arm hochzustemmen. Seit dem Tage glaubte ich, ich hätte einen Zentner mit einer Hand über meinen Kopf gehoben, ich verkündete es laut, alle belächelten mich, und ich hatte für Jahre in der Schule meinen Spitznamen weg: Zentnerheber. Es hat lange gedauert, bis ich einsehen mußte, daß mir die Unkenntnis technischer Dinge einen Streich gespielt hatte. Oder war es nur das Verliebtsein in technische Dinge? Ich erzählte das Wilhelm. Er sah mich ungläubig an, lachte lauthals. Wie kann man nur so blöd sein, sagte er. Dann ging er.

Wir winkten uns zu. Geht in Ordnung morgen. Ich bring deine Familie zum Bahnhof.

Auf dem Schreibtisch fand ich einen Zettel. Meine Frau hatte, wie immer, die Anrufer notiert, die mich während meiner Abwesenheit sprechen wollten. So wichtig sind die auch nicht, dachte ich und wußte, daß sie wichtig waren. Laß sie wieder anrufen.

Telefon ist ein Segen, aber nicht, wenn andere einen damit segnen wollen. Ich öffne die Briefe, lese, lege sie weg: In eine blaue Mappe die wichtigen, gleich in die oberste Schublade die, deren Beantwortung Zeit hat.

Leserbriefe sind mehr als nur Briefe, sie sind ein Fernglas, das mir Schicksale vermittelt – das Leben ist Staunen ohne Ende und die Realität unglaublicher als die übersteigerte Fiktion eines Dichters.

Es ist elf geworden. Ich nehme ein Manuskript, geschrieben für eine Anthologie, die im Frühjahr erscheint. Ich lese langsam das Niedergeschriebene durch. Es scheint alles richtig zu sein, trotzdem habe ich ein ungutes Gefühl. Die Frage: Versteht ein Außenstehender das, was ich sagen will? Es beginnen die Korrekturen, diese verdammten, notwendigen Korrekturen. Wie sagte doch einer, der vom Schreiben etwas verstand? Zehn Prozent sind Inspiration, neunzig Prozent sind Transpiration. Er hat vom Schreiben sehr viel verstanden. Nun, ins Schwitzen komme ich an meinem Schreibtisch nicht, der Balkon über mir fängt die gröbste Hitze ab, aber doch Angst, Unruhe, Unsicherheit. Da wird nach einem Wort gesucht, da wird überlegt, ob das Komma da stehen muß oder da. Nebensächlichkeiten? O nein, das Komma wird zum Tribunal.

Das Telefon. Ein Fluch. Ich stelle den Fluch in den Korridor. Soll sich meine Frau damit befassen: Sie weiß, wann sie mich rufen muß, sie weiß, wann sie zu sagen hat, daß ich verreist bin. Lüge? Nein, eine notwendige Sperre, damit man bei der Arbeit bleiben kann, bei seinen Menschen, die man erschuf, den Problemen, die nicht mehr meine eigenen sind, die ich nur zu artikulieren versuche. Es gibt Gesetze, die man sich selbst setzt, und sie sind nicht einmal die schlechtesten: Sitze ich am Schreibtisch, dann ist außerhalb meines Zimmers nichts so wichtig, als daß es nicht auch morgen erledigt werden könnte. Im Zimmer aber nichts von Bedeutung: Ein gebeugter Körper über eine Tischplatte, vor ihm weiße und beschriebene Blätter. Ein Wind kann sie vom Tisch fegen, über die Felder, in die Bodensenkung. Unwichtig. Vorbei. Nie gewesen. – Schließt man deshalb die Tür? [...][3]

Anmerkungen

1 Gemeint ist *Notstand oder Das Straßentheater kommt*, s. S. 419ff.
2 Gemeint ist *Zwei Briefe an Pospischiel*, s. S. 400ff.
3 Zitiert nach dem Sendemanuskript. Der Beitrag wurde am 15. Dezember 1968 von 22.00 Uhr bis 22.30 Uhr auf WDR 2 ausgestrahlt.

18 Die Kunst ist tot
Heinrich Schirmbeck votiert für ein Ende der Belletristik

Themenwechsel. 1968 stellte sich Heinrich Schirmbeck (s. S. 29ff.) die Frage: Hat das Wort des Schriftstellers in einer hochtechnisierten Welt überhaupt noch Gewicht und Relevanz? Für sich selbst beantwortete er diese Frage mit einem entschiedenen »Nein«. Er wählte dabei – verbunden mit einem Seitenhieb auf den Literaturbetrieb – drastische Formulierungen:[1]

> In einer Vorausschau auf das Jahr 1985 versucht der kürzlich verstorbene englische Kunstgelehrte und -kritiker Sir Herbert Read die Situation der Künste zu schildern, wie sie in etwa zwanzig Jahren aussehen könnte: »… die verschiedenen Sparten der Kunst wird es dann, zumindest in der historischen Bedeutung des Wortes, nicht mehr geben. Schon jetzt gibt es nur noch wenige Leute, die Bücher zu ihrem Vergnügen lesen; sie ›benutzen‹ sie, oder sie ›schauen‹ sie sich an. Lyrik, schon jetzt auf einen kleinen Kreis von Eingeweihten beschränkt, wird es dann überhaupt nicht mehr geben. Auch die Belletristik, schon jetzt eine dahinschwindende Form der Unterhaltung, wird allmählich aussterben, und die Schriftsteller werden dann nur noch Drehbücher für Fernsehspiele schreiben. Stilbildung wird man in allen Zweigen der Kunst ebenso als Anachronismus betrachten wie das Ornament in der Architektur. Das Theater wird noch als eine Art Trainingsgelände für Schauspieler existieren, aber es wird keine Dichter mehr geben, die für die Bühne schreiben. Die leichteren Formen der Oper werden die Zeit überdauern, denn sie sind in gewissem Sinne unterhaltend, aber Komponisten wie Beethoven, Wagner und Strawinski wird man dann vergessen haben … Die Kunstakademien erheben schon gar nicht mehr den Anspruch, irgendetwas zu lehren, und auch das passive Genießen der Kunst beginnt, wie die Kunsthändler bestätigen können, allmählich nachzulassen. Insgesamt sind die Aussichten für alle Zweige der Kunst nicht besonders erfreulich; allerdings wird es mehr und mehr ›Artisten‹ in dem Sinne des Wortes geben, in dem es bei der Vergnügungsindustrie Anwendung findet. Alles in allem wird es eine lustige Welt sein. Überall werden Lichter erstrahlen, nur nicht im geistigen Bezirk des Menschen. Im pausenlosen Getöse wird die letzte Kultur sang- und klanglos untergehen.«

Heinrich Schirmbeck.

Im ersten Augenblick möchte man diese Prophezeiung für reinen Zynismus halten. Aber wenn man sie ein zweites und ein drittes Mal liest und sie dann an dem mißt, was heute schon sichtbar ist, dann hegt man keinen Zweifel mehr, daß Sir Herbert recht hat: Kunst und Literatur gehören der Vergangenheit an. Die Artistik blüht auf allen Gebieten, aber die Kunst ist tot.

Wenn ich hier ein persönliches Bekenntnis einflechten darf: Ich lese seit einigen Jahren keine Romane mehr. Grund: weil sie mich fürchterlich langweilen. Der »nouveau roman«: Beschreibungs-Impotenz; die Photographie macht diese Dinge besser und exakter. Das Gros der übrigen: Obszönitäten, mit ein paar rabelaisischen literarischen Tricks zu radschlagender Pose aufgeplustert; da lese ich lieber gleich das letzte Kapitel im *Ulysses* oder, besser noch, ein reelles Handbuch der Sexualpathologie.

Die moderne Romanliteratur reitet auf der Sex-Welle; ist die vorbeigerauscht, wird sie schnell auf eine andere Welle umschalten müssen, um up-to-date zu sein. Das Publikum will informiert sein; es liest Zeitungen und Illustrierte. Der Roman hat's schwer da mitzuhalten. Die Zeit läuft ihm unter den Füßen weg wie eine Rolltreppe in der verkehrten Richtung. Deshalb wird er das Rennen verlieren. Die Leute wollen »facts«. Oder sie sollten sie zumindest wollen. Facts sind öffentliche Ereignisse und Tatsachen, der Nachprüfung zugänglich. Der Roman aber bringt das Langweiligste vom Langweiligen: Libido (die lese ich lieber bei Freud & Co. direkt) und kaltschnäuzig serviertes Gekröse mit Schock-Sauce, sprich: Privates. Das Private ist aber heute das Uniforme par excellence. Ist das ein Wunder bei dreieinhalb Milliarden Exemplaren »homo sapiens« auf diesem Planeten?

Die Kunst braucht neue Gegenstände oder sie geht ein. Das sagt übrigens nicht nur Sir Herbert Read, das sagte angesichts der romantischen Firlefanzereien vor fast anderthalb Jahrhunderten schon Hegel in seiner *Ästhetik*: »Die eigentliche Art der Kunstproduktion und ihrer Werke füllt unser höchstes Bedürfnis nicht mehr aus; wir sind darüber hinaus, Werke der Kunst göttlich verehren und sie anbeten zu können, der Eindruck, den sie machen, ist besonderer Art, und was durch sie in uns erregt wird, bedarf noch eines höheren Prüfsteins und anderweitiger Bewährung. Der Gedanke und die Reflexion haben die schöne Kunst überflügelt ... In all diesen Beziehungen ist und bleibt die Kunst nach der Seite ihrer höchsten Bestimmung für uns ein Vergangenes.«

Nietzsche sah in der Kunst ein Narkotikum: »Wir haben die Kunst, damit wir nicht an der Wahrheit zugrunde gehen«, und Mallarmé meinte, die Welt sei gerade gut genug, um ein Buch daraus zu machen. Das letzte zumal hat Schule gemacht: jeder, der schreiben kann, macht aus der Welt sein privates Kopfkissenbüchlein, gibt ein paar kafkaeske Arabesken dazu, taucht's ein wenig in danteske Infernoglut, läßt ein paar Tropfen Freud hineinträufeln, bläst die Tubatöne der Publicity an und sitzt dann schnodderig auf seinem Dreifuß wie die Dame Pythia vor Trojas Fall.

Das ist Literatur heute. Keine Sache, an die man Ernst und Mühe verschwenden sollte. Die Clowns drehen sich um sich selber, während die Biochemiker an der Retorte den künstlichen Menschen ausprobieren. Wer heute Differential- und Matrizenrechnung anwendet, sitzt komischerweise dem Nabel der Welt um einige Zoll näher als die Horde belletristischer Wort-Akrobaten, die sich von der Hefe einer modernistisch gefärbten literarischen Inzucht nähren.

Die Wissenschaft ist wie ein eiskaltes Bad über die Kunst gekommen: die ist gelähmt und strampelt doch in den letzten hysterischen Zuckungen. Wir können nur *eine* Folgerung daraus ziehen: die Mythen und Spiele für Kinder sind passé. Wir brauchen reale Unterhaltung für Erwachsene. Wir brauchen wirkliche Wirklichkeit. Nach Auschwitz und Konrad Lorenz' *Das sogenannte Böse* wissen wir einiges über den Menschen. Wir wollen noch etwas mehr wissen. Aber nicht von den formalistischen Bellachinis, die ihre schwachbrüstigen Kaninchen als Löwen aus dem Zylinder springen lassen und darauf spekulieren, daß selbst die verrückteste Wortkombination genügend Faszination ausstrahlt, um ein paar Gutgläubige auf den Plan zu rufen, die eine Offenbarung und ein Fünf-Minuten-Evangelium daraus machen.

Seien wir ehrlich. Kommen wir zur Sache, solange die Kunst als Fußkranker der wissenschaftlichen Völkerwanderung nachhinkt. Vielleicht hinkt sie eines Tages nicht mehr. Vielleicht hat einer eines Tages eine Vision, eine herrliche, bestürzende, unglaubliche, bezwingende Vision, die tiefer sieht als Millionen Elektronenmikroskope, schärfer schneidet als das Messer des Laserstrahls, weiter ins Weltall hineinhorcht als die gigantischen Ohrmuscheln der Radioteleskope. Die Wissenschaft, heute noch orientierungslos vor ihren Ergebnissen sitzend, hätte plötzlich ein Bild des Menschen statt eines Riesenmosaiks von Zellstrukturen.

Bis es so weit ist, wollen wir bescheiden sein. Dienen wir der Sache. Welche Sache wird verhandelt? Die Sache des Menschen. Wo? In den Laboren der Biochemiker, der Genetiker, der Verhaltensforscher, der Planspieler am Modell des Menschen. Die Planspiele von heute sind die Dramen von morgen. Sehen wir sie uns etwas näher an, damit wir nicht eines Tages in einer Welt aufwachen, von der wir nichts mehr verstehen. Wenn wir heute von den Wissenschaftlern lernen, werden wir morgen vielleicht wieder von ihnen und anderen gelesen.[2]

Anmerkungen

1 Heinrich Schirmbeck: *Die Kunst ist tot*, in: *Gestalten und Perspektiven*. Hg. von Gerald Funk. Darmstadt 2000, S. 111-114.
2 Zitiert nach *Lesebuch Heinrich Schirmbeck*. Hg. von Rolf Stolz. Bielefeld 2014, S. 118-121.

19 Drogen
Die Szeneautoren sind gern »stoned« und lassen's auch gern wissen

Aus ähnlich globaler Perspektive beschäftigte sich Heinrich Schirmbeck auch mit dem Thema »Drogen«. Von zentraler Bedeutung ist hier sein Text *Mystik, Rausch und Wahnsinn – Der neue westöstliche Diwan*.[1] Er zeigt einmal mehr die Komplexität des Schirmbeck'schen Denkens. Es wird deutlich, warum Schirmbeck ein gefragter Rundfunk-Essayist war:

> Das rationale Denken beruht auf den diskursiven Prozessen der Sprache und Logik. Es findet da seine Grenzen, wo diese Prozesse keine sinnvolle Anwendung mehr finden. Ludwig Wittgenstein hat gezeigt, daß Wirklichkeitserkenntnis im abendländischen Sinne da aufhört, wo das operationale Medium der Sprache sich nicht mehr mit der Struktur des Wirklichen zur Deckung bringen läßt. Damit wäre eine Grenze rationalistischen Welterkennens aufgezeigt. Ist sie endgültig?
>
> Die Frage wäre auch dann nicht leicht zu beantworten, wenn es nicht seit den Anfängen der großen Kulturen – der des alten Persien, Indiens, des klassischen und hellenistischen Griechenland, der christlichen und islamischen Kultur – immer wieder Stimmen gegeben hätte, die verkündeten, daß es Wege der Erkenntnis gebe, die nicht an die diskursiven Prozesse der Sprache und des rationalen Denkens, ja, in einem bemerkenswerten Umfang nicht einmal an die uns geläufige Sinneserfahrung gebunden seien. Gemeint sind die Stimmen der Heiligen, der Mystiker, der religiösen Visionäre und Ekstatiker vom Typ eines Plotin, eines Hesekiel, eines Al-Hallaj, eines Johannes vom Kreuz, einer Therese von Avila oder eines Heinrich Suso.
>
> Dieser zweite Weg der Erfahrung, die mystische Erkenntnis oder Weltschau, die an einen psychischen Zustand gebunden ist, den wir als Ekstase, als ein Außer-sich-Sein bezeichnen, galt im Okzident fast zwei Jahrtausende hindurch nahezu als tabu, als ein Bereich, dessen Existenz man zwar nicht bestreiten, den man aber dennoch mit Scheu, mit Mißtrauen, ja mit Schauder betrachtete – Empfindungen, die man z.B. auch den Erscheinungen des Spukhaften, um nicht geradezu zu sagen: des Satanischen entgegenbrachte. So war die Rolle der mittelalterlichen Mystiker,

die ja lediglich radikalen Ernst mit der Erkenntnis machten, daß Gott nur auf dem Wege der Offenbarung zu erfahren sei, in vieler Beziehung durchaus suspekt, obwohl die Kirche nicht wagte, sie offen zu Ketzern zu erklären, denn sie wußte andererseits auch, daß hier ein Strom floß, aus dem sich die Kraft des Dogmas heimlich erneuerte.

In unseren Tagen aber findet dieser zweite Weg der Erkenntnis, die Wirklichkeitserfahrung des Ekstatikers, das Interesse nicht nur sensationslüsterner Reportage-Konsumenten der Trivialpresse oder einer zivilisationsmüden Jugend, sondern erregt auch die Neugierde einer wachsenden Zahl von Psychologen, Schriftstellern und Künstlern. Was Thomas de Quincey, Aldous Huxley oder Henri Michaux, um nur einige aus einer langen Reihe zu nennen, zum Thema dichterischer Bekenntnisse gemacht haben, das will man mit Hilfe von Rauschmitteln oder meditativen Exerzitien nun nachvollziehen, um aus solcher Erfahrung eines neuen Lebens- und Weltgefühls eine Erweiterung der Persönlichkeit zum Mystischen und Allmenschlichen hin zu schöpfen.

Zahllose Praktikanten haben die seelische Transformation unter dem Einfluß des Rausches zu beschreiben versucht. Fast alle stimmen darin überein, daß die Sprache völlig unzureichend sei, um die Wesensverwandlung zu schildern, die sie erlebten. Schon gibt es bedeutende Autoren, die die wirkliche Bedeutung der Halluzinogene nicht mehr vorwiegend in der Tatsache erblicken, daß sie phantastische Erlebnisse und Wahrnehmungen auszulösen imstande seien, sondern daß sie uns eine ganz neue Schau der menschlichen Seele eröffnet hätten. Offenbar besteht eine geheimnisvolle Entsprechung zwischen komplexen Zuständen der Materie und den seelisch-geistigen Phänomenen, wie sie die Psychologie und Psycho-Pathologie beschreiben. Baudelaire hat an solche Entsprechungen, die er »correspondances« nannte, geglaubt und sie in *Les Paradis Artificiels*, die auch eine Übersetzung der *Confessions of an English Opium-Eater* von Thomas de Quincey enthalten, beschrieben. Alte alchimistische Vorstellungen von einer geheimen Entsprechung zwischen Mikro- und Makrokosmos scheinen wieder aufzuleben. Die psychosomatische Medizin hat den Gedanken, daß Körper und Seele, Soma und Psyche, im Grunde nur verschiedene Aspekte des Wirklichen sind, zur Grundlage ihrer Heilmethoden gemacht. Die Wissenschaft von der heilenden Kraft der Drogen und Rauschmittel, die Neuropharmakologie, befindet sich also auf legitimem philosophischem und anthropologischem Boden.

Arthur Koestler hat in seinem Buch *The Act of Creation* eine Theorie des schöpferischen Prozesses entwickelt, die in auffallender Weise an die durch Rauschmittel ausgelösten Erscheinungen anknüpft. Nach Koestler besteht nämlich das Wesen des schöpferischen Gedankenblitzes in einem intuitiven Erfassen von Struktur-Analogien, die sich auf verschiedenen Seinsebenen verwirklichen. Der schöpferische Mensch entdeckt Zusammenhänge, Entsprechungen, Identitäten, die dem Normalen, Nüchternen gewöhnlich verschlossen bleiben. Ähnliche Visionen vom plötzlichen Zusammenschießen bisher für unzusammengehörig gehaltenen Erscheinungen, eine ganz neue Schau des Weltzusammenhangs, werden immer wieder von den Praktikanten des Rausches berichtet. Der Orientalist Rudolf Gelpke geht in seinem Buch *Vom Rausch im Orient und Okzident* noch einen Schritt weiter. Er versucht, im Sinne Gerard de Nervals, Zusammenhänge zwischen Wahnsinn, Liebesekstase und opiatischem Rausch zu sehen, und bedient sich dazu des Liebesromans *Leila und Madschnun* des persischen Hofdichters Nizami (1141-1202). In dieser Erzählung von dem Beduinenknaben Qeis, der als Hirte dem Mädchen Leila begegnet, von heftiger Liebe zu ihr ergriffen wird, einer Liebesleidenschaft, die sich zum offenen Wahnsinn steigert, als Leila gegen ihren Willen einem anderen anvermählt wird, offenbart sich für Gelpke die Dreiheit von Liebe, Wahnsinn und Dichtertum. Denn aus Qeis wird Madschnun, der Verrückte. Er verläßt Heimat, Eltern und Stamm. Allein, nackt und ziellos, durchirrt er das Felsgebirge. Er weiß von nichts anderem mehr als von Leila. Im Wahnsinn dichtet er ständig Verse auf sie, und endlich stirbt er in Einsamkeit und Umnachtung. Gelpke sieht in dieser im ganzen islamischen Orient in vielen Sprachen und seit Jahrhunderten in zahllosen Fassungen immer aufs neue beschworenen Geschichte, die er selbst aus dem Persischen ins Deutsche übertragen hat,»vielleicht das großartigste Beispiel für die Sprengung des in Zeit und Raum verhafteten Ich-Bewußtseins durch Eros, und für die innere Wechselwirkung zwischen Erotik und Mystik«, eine Wechselwirkung, die Nerval am unvergeßlichsten in seiner *Aurelia* beschwört. »Liebe, Wahnsinn, Dichtertum: diese drei Grundelemente der Madschnun-Gestalt erkennt der persische Meister als sich gegenseitig bedingende Aspekte des Durchbruchs zur eigentlichen mystischen Wirklichkeit. Beide, Wahnsinn und Dichtertum, entspringen wie ein dunkler und ein heller Strahl derselben Quelle eines von allem Anfang an auf Absolutheit gerichteten Eros.«

Was aber hat die ekstatische Liebe Madschnuns mit dem Rausch etwa eines Opium-Essers zu tun? Gelpke breitet folgende Auffassung vor uns aus: »Zwischen dem gewöhnlichen Rausch und der mystischen Ekstase besteht ein ähnlicher Unterschied wie zwischen Sexus und Eros: also nicht ein Unterschied der Substanz, sondern der ›rohstofflichen‹ oder ›feinstofflichen‹ Erscheinungsform dieser Substanz – ihrer mehr oder weniger großen Durchsichtigkeit und Verdichtung. Auch der Diamant besteht bekanntlich aus reinem Kohlenstoff, und doch wird ihn niemand mit der gemeinen Kohle gleichsetzen. So sagt (der mystische Dichter und Begründer des Ordens der tanzenden Derwische) Dschalaleddin Rumi: ›Immer sind wir trunken: ohne Wein – Immer sind wir glücklich: ohne uns …‹

Solcher Zustand des mystischen Bewusstseins ist ›Trunkenheit‹. Aber diese bedarf des Weines nicht mehr, weil ja auch kein ›Ich‹ mehr vorhanden ist, dessen Fesseln und Grenzen das Berauschungsmittel erst sprengen müßte.«

Wie deutet Gelpke nun die Tatsache, daß für Madschnun, »diesen Modellfall mystischer Liebe im Orient«, die körperliche Vereinigung mit der Geliebten, die er anfangs, im Wachbewußtsein, so heftig begehrte, nun völlig belang- und wesenlos wird? Er sieht diese Wandlung nicht als den Ausdruck eines moralischen Verzichtes oder als eine Verurteilung des Beischlafes an sich und kann sich dabei auf die Mystiker berufen, die ja nicht müde wurden zu betonen, daß die mystische Entrückung ein Zustand sei, der jenseits der ethischen Kategorien, jenseits von »Gut und Böse« liege. Es handele sich hier »um eine existentielle Notwendigkeit. Das Kohlenfeuer ist eines, und das Licht des Diamanten ein anderes. Ihr Ursprung ist derselbe; aber man kann die ›Aggregatzustände‹ nicht vermischen: man kann nicht heizen mit Diamanten, und nicht die Kohle zum Spiegel des Weltlichtes machen.«

Mit solchen Darlegungen versucht Gelpke, das Hauptanliegen seines Buches: die Verteidigung des Rausches als einer seelischen Erlebnisform, die nicht etwas Krankhaftes, Asoziales oder gar Kriminelles im Spektrum des Menschseins, sondern im Gegenteil eine notwendige und unverzichtbare Komponente im Gesamtbild eines unverkrüppelten Phänotyps darstellt, dem Bewußtsein des modernen westlichen Menschen wieder näherzubringen. Nach seiner Ansicht entspringen alle Formen des Außer-sich-Seins, des Rausches im allgemeinen wie der Ekstase im besonderen, einem gemeinsamen Wurzelgrund. Gelpke nennt ihn den »Durst des Menschen nach einer Wirklichkeit jenseits des Ich-Bewußtseins in Zeit und Raum«. Er meint, jeder Mensch habe sowohl ein natürliches als auch ein sittliches Recht, diesen Drang nach Aufhebung des Ich-Bewußtseins, diesen Durst nach dem Transzendenten, diesen Wunsch nach seelischer Verschmelzung mit der Totalität des Weltgrundes, mit einem Wort: diese Sehnsucht nach der unio mystica, zu befriedigen, die, im Orient als höchstes Ziel des Individuums seit Jahrtausenden gepriesen, von Heiligen, Asketen, Gurus, Brahmanen, Yogis, Derwischen, Sufis und was der Namen mystischer Praktiker mehr sein mögen, zu höchster Erfüllung gebracht, in den Schriften der Gottsucher, aber auch in den Werken der Dichter, ihren vollkommenen Ausdruck gewannen.

Wir glauben nicht, daß die Fähigkeit zur Mystik in der okzidentalen Seelensubstanz schwächer ausgebildet ist als in der orientalischen. Gegen eine solche These spräche schon die große Anzahl wahrhaft bedeutender Mystiker in der abendländischen Religions- und Geistes-, aber nicht zuletzt auch Dichtungsgeschichte. Die Liebeslyrik der spanischen Mystiker, etwa die eines Johannes vom Kreuz, kann sich durchaus mit der religiösen Lyrik des Islams messen. Daß Ekstase und Mystik seit Jahrhunderten im Okzident keine lebendige Praxis mehr darstellen, hat tiefere Gründe. Seit der *Civitas Dei* des Augustinus hatte die unio mystica der im Corpus Mysterium Christi verbundenen Gotteskinder praktisch keine Chance mehr.

Wenn der Mystiker von Erfahrungen spricht, die in der Sprache nicht ausdrückbar sind – Wittgenstein meint dasselbe, wenn er in seinem *Tractatus logico-philosophicus* sagt: »Worüber man nicht sprechen kann, darüber muß man schweigen« – dann sollte man sich bewußt werden, daß auch in der Dichtung und in der Wissenschaft Sachverhalte aufzeigbar sind, die den mystischen darin gleichen, daß die Sprache vor ihnen versagt. Der Satz etwa: »Die Annahme einer transversalen Impuls-Energie ist bereits im Gebrauch einer asymmetrischen Metrik impliziert« hat sicherlich einen ganz präzisen Sinn, doch kann er mit sprachlichen Mitteln und Methoden allein einem Nicht-Mathematiker niemals vermittelt werden. Und wäre der Verfasser dieses Satzes der einzige Mathematiker unserer Zeit, dann bliebe er ebenso zum Schweigen verurteilt wie die Mystiker der Wüste in frühchristlicher Zeit. Wenn nun die Mathematiker sagen, sie verstünden einander auch ohne Worte, und man ihnen das glaubt, dann gibt es eigentlich keinen Grund, die Mystiker ihnen gegenüber zu benachteiligen, denn auch die höhere Mathematik ist eine Art Mystik, soweit das ihre Inkommensurabilität der Sprache gegenüber betrifft. Gelpke schließt sein Buch mit den Worten:

»Der langsam, aber stetig wachsende Einstrom asiatischen, vor allem indischen, chinesisch-japanischen und sufisch-islamischen Lebensgefühls; das Aufeinanderprallen angelsächsischen Puritanertums und afrikanischer Ekstatik in den USA; die immer leidenschaftlicher werdende Kontroverse um die indianischen und orientalischen ›magischen Drogen‹ und deren Verhältnis zur Mystik und Transzendenz einerseits, zu Psychologie und Geisteskrankheit andererseits: das alles sind nur Symptome dieser der äußeren Verwestlichung der Welt nun folgenden inneren Veröstlichung des Westens. Dieser Ausgleich wird und muß auch kommen.« Charles Baudelaire, Thomas de Quincey, Gerard de Nerval u. a. waren seine prophetischen Vorbereiter.

Wolfgang Körner wählte in seinem Roman *Nowack* (s. S. 135ff.) eine andere, szenetypische Perspektive. Die Hauptfigur Harry Nowack geht gleich am Romananfang auf einen exzessiven Drogentrip. Seine Ex hat ihm – als vermutlich unfreiwilliges Abschiedsgeschenk – eine LSD-ähnliche Chemielösung hinterlassen. Harrys psychedelische Ausflüge stellen den Leser auf eine harte Probe. Sie werden durch eine Schilderung seiner abgewrackten »Kellerbude« eingeleitet:

An die Fensterscheiben des dreieinhalb Quadratmeter großen Abstellraumes, der zu seiner Kellerwohnung gehört, hatte er Zeitungen geklebt. Er war davon überzeugt, nichts sei geeigneter, hell in dunkel zu verwandeln, als ein kleiner Teil der Gesamtausgabe einer Tageszeitung. Er stand im Abstellraum, für ihn: Die Dunkelkammer, und entwickelte einen Film, drehte den Stöpsel der Entwicklerdose und las einen Artikel in der obersten Zeitung am Fenster, in dem vom Aufstand einer Gruppe italienischer

Gastarbeiter berichtet wurde, die wegen unzumutbarer Wohnverhältnisse (Kellerwohnung) einen Sitzstreik vor der Wohnung des Hauseigentümers durchgeführt hatte. Diese Aktion war nicht erfolglos geblieben, der Hauseigentümer hatte ihnen die unmenschlichen Wohnverhältnisse erspart und die Wohnung fristlos gekündigt. Der Artikel: Harry hatte ihn, als er einzog, in zahlreichen Belegexemplaren zusammen mit achtundvierzig leeren Tomatenmarkdosen im Keller vorgefunden.

Nebenan im Wohnraum klingelte das Telefon, er kümmerte sich nicht um den Apparat. Früher, als er noch alles stehen und liegen ließ, wenn sich der Fernsprecher meldete, hatte er manchen Film verdorben, doch die Zeit, wo er bei jedem Anruf mit einem Auftrag rechnete, war lange vorbei. Der Apparat gab noch ein paar Mal Laut und verstummte dann. Harry wartete, bis sich die Kurzzeituhr meldete, und schüttete den Entwickler aus der Dose in die Kunststofflasche, wässerte und fixierte den Film und legte ihn in das Wässerungsbecken neben der Tür.

Oder aber: Er lag auf der Matratze nebenan im Wohnraum und blickte mit weitgeöffneten Augen zur Kellerdecke. Er hatte die Feier anläßlich der Stillegung einer Zeche fotografiert, den Film entwickelt und die Negative vergrößert und war mit zwei Tropfen aus seiner Flasche auf Reisen gegangen. Die Flasche: Abschiedsgeschenk von Monika, Studentin der Chemie im sechsten Semester. In seinem Besitz verblieben, zusammen mit einem unfreundlichen Tripper: Erinnerung an eine Ausgezogene. Ausgezogen zuerst sie sich für ihn, dann sie aus der Wohnung für immer und mit dem Versprechen, nie zurückzukommen.

Das Telefon klingelte. Er stand auf, stand schwankend und wollte zum Telefon, er stolperte, setzte sich auf den Sisalteppich, sah einen Film in Pepsi-Color. Ausrufer mit Megaphon. Aufgepaßt, Leute, das ist der große Ausverkauf, groß wie alles in dieser Landschaft und größer, als es sich der an Großes gewöhnte Harry S. Nowack hätte je träumen lassen. Die Stillegung des Ruhrgebietes, die Einebnung aller Löcher, die Vermauerung der siebten Sohle. Hosianna, Kohlenkrise an der Ruhr, die Stunde der Befreiung des Bergmannes hat geschlagen, befreit wird Stacho Kaczmarek, eingewandert in den berüchtigten Zwanzigern aus den polnischen Sümpfen, befreit wird er von der Fron unter Tage, die er in hunderten und aberhunderten Gedichten bergmännischer Versuchslyrik besang, was heißt hier besang: die er verfluchte in grimmigen Botschaften aus dem

Streb. Harry wollte sitzend zum Telefon hinüberrutschen und nach dem Hörer greifen, verlor das Gleichgewicht, kippte und lag wieder. Der Wirtschaftsminister fährt an ihm vorbei und besteigt ein geschmücktes Rednerpult, und die Bergleute nehmen ihre Helme ab und singen eine Schnulze, und der Minister redet und redet ein Es-wird-alles-wieder-besser. Harry fotografiert. Minister auf Rednerpult. Bergleute mit gläubigen Gesichtern. Aufsichtsratsmitglieder mit Beteuerungen auf den Lippen: Wirklich, wir haben gestern noch nichts davon geahnt. Harry erwartet Unruhe. Wenn die Not ihre Zähne in den Hals einer Landschaft schlägt, denkt er, da werden Kräfte frei, da schießen Besen, und selbst die Steine demonstrieren. Harry sieht den blauen Saint-Tropez-Himmel auch im Ruhrgebiet. Auf den Abraumhalden wächst das Korn, und die Schafe weiden auf sattgrünen Wiesen, und noch immer fährt der Minister von Ort zu Ort und redet und redet.

Harry kam wieder zu sich, ging zum Telefon und hörte das Freizeichen, legte wieder auf und hielt dann in der Küche einen Lappen unter den Wasserhahn, zog das Hemd aus und rieb seinen Oberkörper ab, preßte den Lappen gegen die Stirn, holte ein Handtuch aus der Bekleidungskiste im Wohnraum und frottierte die Haut, bis sie rot wurde. Er zog eines seiner Arbeitshemden an, die Monika genäht hatte, nahm vier Rollfilme aus der Materialkiste, überlegte vor dem Kameraregal neben der Tür, welchen Apparat er mitnehmen sollte, entschied sich für eine einäugige Spiegelreflex und hängte sie über die Schulter.

Durch das Fenster einer Straßenbahn sieht er die (fensterlosen) Mauern der Untersuchungshaftanstalt, ahnt hinter ihnen Justizbeamte, die wehrlose Häftlinge künstlich am Leben halten, sie jeden Tag nach Sonnenuntergang auspeitschen. Unangenehmes Frösteln. Die Schiebetüren gleiten (leises Zischen) auseinander. Er springt auf die Straße, überquert sie, ist auf dem Bürgersteig. Eine junge Frau, noch keine zwanzig, geht an den Schaufenstern eines Automobilsalons vorbei und betrachtet interessiert das neueste Modell von Plymouth. Sie geht an Krücken. Der neue Plymouth: ein Fünfundzwanzigtausender mit Hydroakkustik [sic!] und opelgesteuerter Nockenwelle. Harry beobachtet, hebt die Kamera, will auf den Auslöser drücken. Bemitleiden, jmdn.: sich über die Notlage eines Menschen aufrichtig und tief betrüben, des Betroffenen seelische Not nachempfinden, ihn bedauern und dies durch Blick, Geste oder Wort zum Ausdruck bringen.

Harry wünscht sich einen Blumenladen herbei, kauft vier Azaleen, läuft hinter der Frau her und spricht sie an, entschuldigt sich, sagt, er habe ihr Gesicht gesehen. Es sei außergewöhnlich, er würde es gern fotografieren. Sie lächelt, schüttelt den Kopf, nimmt die Blumen nicht an und erzählt von ihrem Mann.
– Er würde das nicht verstehen, sagt sie, er kauft gerade einen neuen Wagen, der alte ist leider auf dem Friedhof. Es war ein schwerer Unfall, Sie verstehen!
Während sie das sagt, klopft sie mit dem rechten Zeigefingerknöchel auf ihr Knie, und das Knie klopft hölzern zurück.
– Sind Sie wirklich verheiratet, fragt Harry, und sie zeigt ihren Trauring zum Beweis.
– Welch ein Glück für Sie, sagt Harry und wirft die Azaleen in einen Gully, welch ein Glück für Sie.[2]

Drogen sind im *Nowack*-Roman omnipräsent. Harrys Intimus »Drogenpeter« ist immer auf der Suche nach neuen Rauschmitteln (ob aus der Apotheke oder dem botanischen Garten, spielt keine Rolle). Später wird Drogenpeter auf der Flucht vor der Polizei angeschossen – ein Moment, der eine Wende im Roman markiert: Harrys unbeschwerte Hippie-Zeit geht ihrem Ende entgegen. Zum Schluss nimmt er aus Verzweiflung über eine Welt, mit der er sich nicht mehr identifizieren kann, einen ganzen Schluck LSD. Ob er diesen Selbstanschlag überlebt, bleibt offen. Angeblich soll er später mit einem jungen Mädchen an einem Urlaubsstrand gesichtet worden sein. Ob's stimmt? Der Roman hält dies in der Schwebe.
Eine Fortsetzung des *Nowack*-Romans blieb bedauerlicherweise aus. Körner entsprach nicht den Erwartungen eines Literaturmarkts, der sich von ihm weitere, ähnliche Stoffe erhoffte. Der Autor wollte nur das schreiben, was ihn selbst interessierte. Zunächst wandte er sich der Form der realistischen und experimentellen Short-Story zu, später dann dem Satire-Genre sowie Drehbüchern für erfolgreiche TV-Serien wie *Büro Büro* oder *Auf Achse*.[3] Immerhin erlaubten ihm seine schriftstellerischen Einkünfte, seinen Job beim Sozialamt aufzugeben.
Der Konsum von Drogen wird auch in Texten Frank Göhres angesprochen (s. S. 99, 299). Im Underground-Magazin *Ulcus Molle* sind Drogen

ein Dauerthema – als Teil eines alternativen, unangepassten Lebensstils. Nur zu gern demonstrierte man, außerhalb der Spießer-Gesellschaft zu stehen.

Anmerkungen

1 Heinrich Schirmbeck: *Mystik, Rausch und Wahnsinn – Der neue westöstliche Diwan*, in: ders.: *Schönheit und Schrecken. Zum Humanismusproblem in der modernen Literatur*. Mainz 1977, S. 61-67. Der Beitrag entstand 1967, es sind inhaltliche Überschneidungen zu dem thematisch ähnlich gelagerten Rundfunkbeitrag *Droge, Mystik und Kultur* zu vermuten, der am 3. November 1968 vom Hessischen Rundfunk ausgestrahlt wurde (kein Manuskript vorhanden).
2 Wolfgang Körner: *Nowack*. Reprint. Bielefeld 2014, S. 7-10.
3 Vgl. auch www.wolfgangkoerner.de sowie online: www.autorenlexikon-westfalen.lwl.org.

Der 28-jährige Dichter, U-Zeitungsherausgeber, Mc5-Manager, Informationsminister der White Panther Party, Familienvater und Coordinator einer Sippe wurde am 28 July 1969 wegen zwei Joints zu 10 Jahren Gefängnis verurteilt. wir wissen natürlich alle den wahren Grund, John ist ein politischer Gefangener wie viele andere! **FREE JOHN**

Z 11: "DER METZGER"—jetzt neu als großformatige Zeitung! Helmut Loeven bringt geschickt alles unter 1en HUT: MARIHUANA/ ROTE ARMEE FRAKTION/ RAUBDRUCKE/ Comix/ POSTER/ Pornos etc. 1vielversprechender NEUBEGINN mit vielen Adressen Preis -,80

TRIP GENERATION ROMAN VON TINY STRICKER

ein irres buch über drogen, trips & homosexualität. raffiniert wird der phantastische orient mit alltäglichen überraschungen montiert ("legen eröffnen mir ungeahnte möglichkeiten"). stricker kombiniert zum ersten mal den herkömmlichen mediroman mit pop und comic.

104 seiten (2.aufl.) mit grafik vom autor dm 7,80

B 17: UNTER VORBEHALT: SEHR WICHTIG: RONALD STEKKEL: BEWUSSTSEINSERWEITERNDE DROGEN. Eine RAUBGEDRUCKTE AUFFORDERUNG ZUR DISKUSSION! Einschlägiges Material wurde hier zum Thema zusammengetragen und der Band soll nur 6,—DM kosten UNTER VORBEHALT!!!

Die Szeneautoren sind gern »stoned« und lassen's auch gern wissen

KOMMUNE
päng LANDFREAKS
Schmutzige Hände & GENDARME

sogar die Garage & den Hühnerstall. Roy, Heike, Brigitte & Mike wurden in 4 verschiedene Räume geführt und mußten sich ganz nackt ausziehen und den Jungen faßte man ins Arschloch & den Mädchen in die Möse (Wunschtraum der Leute, die in toten Büros hocken!)
Bei der Durchsuchung unseres $Bürozimmers stießen sie natürlich auf eine Karte von Astrid Proll und die Bullen nahmen dies zum Anlaß alles mögliche aus Papier zu beschnüffeln. Als dann in einem Brief stand:"im Justizgebäude geht der Rauch (Georg von) auf", hieß es, " das nehm wir mit!".
Das Ergebnis der ganzen Sucherei bestand in der $Beschlagnahme von 2-3 Gramm libanesischen und marokkanischen Haschischschhhs, mehreren Pfeifen und leeren Psylocipin-Kapseln. (Absatz gekürzt!).----- Viel wichtiger für die Wühler war die Beschlagnahmung von 7 Ordnern (Geschäftsbriefe, Bestellungen, Freundesbriefe) & der vollständigen Kartei (Abonnenten, Verkaufsstellen etc) des UPN-Volksverlages, was quasi eine Verlagsarbeit unmöglich macht! (Absatz gekürzt!)--------
Was diese plötzliche Aktion der Bullen in Jobstreuth zu bedeuten hat, ist uns momentan noch nicht ganz klar??! Das es nicht nur der Rauschgifthandelverdacht sein kann, ist eigentlich klar..... Vielmehr war unsere Kommune wohl ein Dorn im Auge des Herrn Plankl, der diese ganze Aktion mit Feldmarschallmanieren leitete. Er wußte nie so richtig, was da so abläuft in dem roten Haus, wo so 'n zwielichtiges Gesindel wohnt. (Absatz gekürzt).... (dieses Bullenpack wollte wohl uns"rauschgiftsüchtiges Gesindel, also uns kommunistische Säue ANGST einjagen & unsere Untergrundpresse-Arbeit behindern..... typischer Fall von "metamorphoser Eifersucht..... Raupen beneiden Schmetterlinge.......
Was wir tun können ist Anzeige wegen Hausfriedensbruch zu erstatten und mit Anwaltshilfe versuchen unsere Presse-Materialien & uns. Kartei zurückzufordern und wir müssen unseren US-Sergeant wiederholen & dann können wir nur noch über die dummen alten Männer lachen, die meinen, mit solchen Kriegsspielchen was erreichen zu können! Wir machen sowieso weiter und wir werden siegen, weil wir schon mit dem Siegen begonnen haben!!!

CANNABIS

schöner sterben

20 Erotik
Die »Sechszwölfteljungfrau« trägt dick auf, aber nichts drunter

Die »Sechszwölfteljungfrau«: Was für ein schräger Name für diese Sex-Göttin, die eine Paraderolle im erwähnten, teilweise grotesk-überdrehten *Nowack*-Roman Wolfgang Körners spielt. Mit der Figur der »Loo« in Gustav Sacks Roman *Ein verbummelter Student* konkurriert sie um den Titel der erotischsten Frau in der westfälischen Literatur (daneben fallen einem die »Vamps« in den Romanen von Michael Klaus ein).
Der Leser verbindet das Bild der »Sechszwölfteljungfrau« unweigerlich mit der auf dem Cover des Romans abgebildeten, verführerischen Blondine. Mit einem ähnlichen Frauentyp wurden auch Körners Kurzgeschichten in der Zeitschrift *konkret* illustriert (s. S. 324ff.).
Die »Sechszwölfteljungfrau« trägt bevorzugt Mini-Kleider aus durchsichtigem Plastik. Sie verkörpert mit ihren langen blonden Haaren und

Titelbild der Erstauflage von Wolfgang Körners Roman »Nowack«.

Jane Fonda als Kosmonautin im Film »Barbarella«, 1968.

Faye Dunaway im Film »The Thomas Crown Affair«, 1968.

20 Erotik

ihren großen Augen exakt den Sexappeal jener Jahre. Dass sie sich ausgerechnet in den in höchst prekären Lebensverhältnissen lebenden Nowack verguckt hat, zählt zu den Rätseln der Literatur.
Hier eine von vielen Sex-Szenen des Romans:

> Bei Beethovens Dreiundvierzigster kam die Sechszwölfteljungfrau. In einem Mantel aus Chinchillafellen stellte sie behutsam ihre Handtasche auf die Materialkiste, und Harry sah, daß sie mit Wasser gefüllt war, in dem zwei Fische schwammen, in allen Regenbogenfarben lackiert. Sie umschwammen sich in immer engeren Kreisen, Harry deckte die Tasche mit einem dunklen Tuch zu.
> – Sie sind von Dior, sagte die Sechszwölfteljungfrau, Schleierschwänze.
> – Großartig, sagte Harry. Er fragte, ob die Tasche teuer gewesen wäre.
> – Mein Mann hat sie mir geschickt, er ist gerade auf den Bahamas! Ich habe die nächsten Wochen jeden Tag Zeit für dich! Ist das nicht großartig?
> Er dachte an Beate, daran, daß sie gesagt hatte, sie käme auf alle Fälle wieder. Die Sechszwölfteljungfrau schien eine andere Reaktion erwartet zu haben und wurde traurig.
> – Wenn du mich nicht mehr willst, dann kann ich ja gehen.
> Aber ich habe keinen Menschen außer dir, ich garantiere für nichts. Du weißt, ich wohne in einem Hochhaus, wenn ich mich langweile, steige ich auf ein Fensterbrett, wenn ich hinunterfalle, ich sage dir auf alle Fälle vorher Bescheid. Vielleicht kannst du mich fotografieren, wenn ich auf dem Pflaster liege!
> Sie beobachtete gespannt sein Gesicht und zog den Mantel aus. Harry sah, sie hatte wieder die Korsage an, die er kannte, aber neue Strümpfe, mit Goldfäden durchwirkt.
> – Nicht einmal ein Gürtel, sagte er, als er sie zur Matratze trug, erstaunlich, daß die Strümpfe halten.
> – Sie sind hautmagnetisch, sagte sie, das Neueste von Paco Rabanne.
> Sie schob zwei Finger unter den Strumpfrand, hob das Gewebe und zog die Finger zurück. Harry staunte: Der Strumpfrand federte nicht wie bei anderen Strümpfen, schnitt nicht in die Haut, sondern nahm seine ursprüngliche Form nur langsam wieder an, näherte sich der Haut wie in Zeitlupe. [...]
> Literaturhinweis: Robert Chartham: »Wie man Frauen glücklich macht. Ein Meisterkurs für Männer«. Einzig berechtigte Übertragung aus dem

Englischen von Helmut Degner nach der bei Leslie Frewin, London, erschienenen Originalausgabe »Sex-Manners for Men«. Copyright © 1967 by Robert Chartham. Gesamtdeutsche Rechte beim Phoenix Verlag. Bern und München.
Harry mit Fotopapiertasche in der Hand. Noch den Geschmack der Sechszwölfteljungfrau auf den Lippen, wartet er auf die Straßenbahn.[1]

Der grundsätzlich an sprachlichen Phänomenen interessierte Körner (vgl. auch S. 592f.) fand für die Darstellung des Geschlechtsakts eine eigenwillige Form:

> Auf ihr liegend und sich bewegend, gehen ihm andere grob gerasterte Bilder auf, kommen aus einem Archiv und legen sich über ihr Bild, überlagern es an zahlreichen Punkten. Formen ein neues Bild der Frau, die er umarmt und gleichzeitig von sich wegstößt. Gegen Haarsprays ist er allergisch: Matratze, Muschel, Sechszwölfteljungfrau (Harry merkt, weshalb der Name: ihr Hymen ist dehnbar und aus Vinyl), der, liegen, stecken, Zunge,

France Gall, fotografiert von Jens Hagen, die den Sexappeal der Zeit verkörpert.

Paar am Tisch, Essen Ende der 1960er Jahre.

Die »Sechszwölfteljungfrau« trägt dick auf, aber nichts drunter

Werbeaufnahme mit einem Model vor VW Käfer, 1969.

Schaukasten des Kinos »Lichtburg« mit Werbung für den schwedischen Spielfilm »Ich bin neugierig«, Essen 1968.

Gesicht, bohren, atmen, bekommt, Luft, er, zuunterst, liegt, eingeklemmt, Luft, kaum, die, zwischen, Haare, Zähne, Eingang, klebrig, schwierig, in, und, her, wippt, sie, leicht, trennt, Schamlippen, hineinsteckt, über, Daumen, und, Zeigefinger, Hand, der, rechten, soweit wie möglich, über, Daumen, Hand, der, und, Zeigefinger, fühlt, hervorquillt, er, Schoß, vollkommen, entblößt, er, bückt, Schoß, mit, gegen, neben, über, hart, liegen, Schulter, beißt, Klitoris, herrlich, warm, herrlich, kommen, drückt, muß, Schenkel, hinein, Wege, gesperrt, er, Matratze, ein, Welle, warm, klebrig, weich, Ständer, ausgebreitet, offen, sind, Säfte, Handfläche, gleiten, fühlen, atmen, schwer, sie, zurücksinken, Harry, Lippen, Haut, sich, meldet, eingeklemmt, auseinanderschiebt, wunderbar, stöhnt, saugt, wie, kleine, Korken, schlürft, Hals, Brustwarzen, liebkosen, er, Harry, vor, dem, über, es, läuft, Spiel, dort, drinnen, und, in, über, das, verschmolzen, völlig, genießt, zu sehen, Dankbarkeit, über, das, ganz, stöhnt, jetzt, erledigt, Kopfes, Organ, Wonne, einander, Lippen, Haut, Glied, Explosion, laß, von, das, Kunststoffzeitalter, innen, schlaff.[2]

Und gleich noch eine Szene aus Harrys Kellerwohnung:

Die Sechszwölfteljungfrau lag noch immer ausgestreckt.
Jetzt hatte sie die Augen geschlossen. Er ging zu ihr, wollte sie vorsichtig ausziehen, als er ihr Kleid berührte, zuckte er zurück. Die durchsichtige Plastikfolie schien sich elektrisch aufgeladen zu haben, er dachte an eine ähnlich schmerzliche Berührung mit dem Akkumulator eines schadhaften Elektronenblitzgerätes und half sich, wie er sich schon einmal geholfen hatte: Er holte einen isolierten Schraubenzieher und eine (gleichfalls isolierte) Zange aus der Materialkiste. Mit diesen Werkzeugen konnte er sie mühelos entkleiden. Position eins, drei, acht, fünfzehn: nicht AdGO oder PreuGO, sondern van de Velde.[3]

Anmerkungen

1 Wolfgang Körner: *Nowack*. Reprint. Bielefeld 2014, S. 49f.
2 Ebd., S. 19.
3 Ebd., S. 27f.

21 Feierabendgeplänkel
Max von der Grün und Hans Dieter Schwarze schauen in die Kochtöpfe einer Bergarbeitersiedlung

Man fragt sich: Wie konnten zwei so unterschiedliche Autoren wie Wolfgang Körner und Max von der Grün Mitglied in ein und derselben Schriftstellervereinigung wie der *Gruppe 61* sein?
Von der Grüns literarische Welt ist, wie wir schon hörten (*Ein Tag wie jeder andere*, s. S. 170ff.), keineswegs – wie bei Körner – von kreischbunten Pop-Elementen durchdrungen. Im Gegenteil: In seinen Büchern begegnet uns der Alltag in seiner allernormalsten, oft fast spießbürgerlichen Form. Von der Grüns Texte sind ganz nah am wirklichen Menschen. Dies war ein Erfolgsrezept des Autors.
Ein Beispiel hierfür ist von der Grüns erstes Hörspiel *Smog*, das im Oktober 1966 vom WDR ausgestrahlt wurde.[1] Es schildert das eintönige Leben von Zecheninvaliden. Von der Grün wollte, wie er sagte, nicht nur unterhalten, sondern »rückhaltlos aufklären« und »etwas vermitteln«[2].
Demonstrativer Realismus dieser Art wurde jedoch nicht nur positiv aufgenommen. Die Kritik sprach von einem »strapaziösen Husten-Konzert« der »Silikose-Soldaten«.[3] Dramaturgisch nur dürftig zusammengehalten, reihe von der Grün, »in plattestem Naturalismus, Szene an Szene« aneinander.[4] Andererseits exemplifizierte von der Grüns Dokumentarstück eine Position, »die in den 60er und 70er Jahren hoch im Kurs stand und sich nachhaltig auf das Hörspielschaffen auswirkte«.[5]
Auf Menschen aus einer Bergbausiedlung treffen wir auch in dem Fernsehspiel *Feierabend*, das Max von der Grün und Hans Dieter Schwarze (s. S. 200ff.) 1968 gemeinsam realisierten. Laut Vorspann – *Bemerkungen bei Vorlage des Drehbuchs* – sollte »das Ganze echt sein und die Realität einfangen«. Auf »allzu grelle Töne« müsse verzichtet werden, auch auf sonst übliche dramaturgische Effekte – »Überzeichnung wäre hier in jedem Fall von Übel«.
Die Charaktere sollten für sich sprechen. Es seien nur wenige Erläuterungen notwendig an Stellen, die sich dem »Zuschauer, der nichts vom Ruhrgebiet kennt«, nicht erschließen würden. Die Vorbemerkung zur Buchfassung führt weiter aus:

Hans Dieter Schwarze führt Regie. Bei der Produktion des Films »Feierabend«, 1968.

»Silikosesoldaten« im Film »Feierabend«.

von der Grün und Schwarze schauen in die Kochtöpfe einer Bergarbeitersiedlung

»Bergbauinvaliden« im Film »Feierabend«.

Szenenfoto aus »Feierabend«.

Szenenfoto aus »Feierabend«.

Szenenfoto aus »Feierabend«.

von der Grün und Schwarze schauen in die Kochtöpfe einer Bergarbeitersiedlung

Bergbauinvaliden sind zurückhaltende, fast scheue Menschen. Sie bleiben gerne unter sich, haben einen ausgeprägten Stolz, der dann zum Durchbruch kommt, will man sie lächerlich machen oder abwertend mit ihnen umgehen; schließlich sind sie vierzig Jahre auf der Zeche etwas gewesen, in Krisenzeiten sogar das Rückgrat der Nation. Sie sind sich dessen bewußt. Sie laufen schleppend. Sie sprechen bedächtig, erregen sich nur dann, will ein Fremder in ihre Gemeinschaft eindringen, oder wenn sie glauben, ihnen wäre Unrecht geschehen. Die Ruhrkulisse ist notwendig (jedoch keine Kulturfilmmotive). Die Umwelt allein erst macht viele Dinge verständlich – für den Zuschauer, der nichts vom Ruhrgebiet kennt. Um Hedwig Kaiser besser verstehen zu können, muß man wissen, daß es in Bergbaukreisen nicht üblich ist, den verwitweten Vater in ein Altersheim zu geben; denn immerhin bekommen Berginvaliden eine gute Rente, brauchen für sich selbst nicht mehr viel, geben einen Großteil ihrer Rente ihren Kindern. Andererseits aber sind sie für junge Leute eine Belastung, durch ihren Husten vor allem, der stört. Auch durch ihre Eigenheiten, die der Beruf mit sich gebracht hat. So sind Frauen, die ihren Vater in der Wohnung aufgenommen haben, in einer zwiespältigen Situation: Sie wollen einerseits auf die Rente ihres Vaters nicht verzichten, andererseits aber wollen sie – was verständlich ist – ihr eigenes Leben führen. Invaliden sind an sich friedliche Menschen, aber sie trauern über das Gestern – damit machen sie natürlich junge Leute verrückt, die an das Morgen denken.[6]

Die folgenden Szenen bedürfen – nach solchen Erklärungsversuchen – keines weiteren Kommentars:

<Dressurplatz für Hunde>

Invaliden am Zaun, gucken aufmerksam der Dressur zu. Sie lösen sich nach einiger Zeit vom Zaun und aus der Gruppe, gehen den Weg entlang. Heinrich Kämper und Karl Borowski gehen nach einigen Schritten allein weiter, ohne auf die anderen zu achten.

<SIEDLUNG>

MILCHMANN Milch! Milch! Frischer Quark. Leute! Trinkt mehr Milch!

Emmi Kämper sieht von der Straße zum Fenster ihrer Wohnung hoch. Ihr Mann Heinrich steckt den Kopf aus dem Fenster.

EMMI KÄMPER Was ist denn, Heinrich?
HEINRICH KÄMPER Was soll schon sein. Keine Luft.

<WOHNKÜCHE *Kämper*>

EMMI KÄMPER Nun setz dich mal wieder.
HEINRICH KÄMPER Ein Schietwetter heute.
MILCHMANN Milch! Milch! Leute trinkt mehr Milch!
EMMI KÄMPER Draußen haben sie gesagt, die vielen Gewitter dieses Jahr hingen damit zusammen, daß die Amerikaner und Russen immer auf den Mond schießen.
HEINRICH KÄMPER Blöde Weiber... Natürlich hängt das Wetter auch mit dem Mond zusammen, aber wegen der paar winzigen Raumschiffe regt sich doch der Mond nicht auf.
EMMI KÄMPER Aber soll in der Zeitung gestanden haben, daß selbst Professoren das gesagt haben.
HEINRICH KÄMPER Auch Professoren sagen manchmal Quark. Aber ich werd' mal nach Bochum schreiben, an die Volkssternwarte...
EMMI KÄMPER Ich hab's dir ja auch bloß erzählt, weil du es immer mit den Sternen hast.
EIER-VERKÄUFER Große, goldfrische Eier. Hühner aus der Kühltruhe.
HEINRICH KÄMPER Natürlich, kann ja sein, daß das Rumfummeln an der Atmosphäre nicht ohne Folgen ist, aber doch nicht beim Wetter.
EIER-VERKÄUFER Geflügel, ganz extrabillig. Große Eier. Goldfrisch!
EMMI KÄMPER Sollst recht haben. Laß mich jetzt Eier holen.
HEINRICH KÄMPER Wenn man dir was erklären will, gehst du Eier holen.

<*Siedlungsstraße*>

DER BÄCKER Brot, frisches Brot. Brötchen sieben Pfennig. Kauft, heute bin ich Preisbrecher. Siebenpfennigbrötchen.

<Wohnung Borowski/Kaiser>

HEDWIG KAISER Vater, nun mach doch. Entweder du liest Zeitung oder du frühstückst.
KARL BOROWSKI Jaja, hast recht. Reg dich wieder ab.
HEDWIG KAISER Wenn du schon hustest, dann halte dir wenigstens die Hand vor den Mund.
KARL BOROWSKI Nun laß mich doch in Ruhe Kaffee trinken.
HEDWIG KAISER In Ruhe, Vater, da sagt ja auch keiner was, aber du brauchst jeden Tag länger, nur wegen der blöden Zeitung.
KARL BOROWSKI Zeitung ist nicht blöd.
HEDWIG KAISER Steht doch jeden Tag dasselbe drin. Halt dir die Hand vor den Mund, wenn du hustest... Geh auf dein Zimmer, da hast du deine Ruhe.
KARL BOROWSKI Geh ja schon.
HEDWIG KAISER Ich muß jetzt die Küche fertig machen.
KARL BOROWSKI Du putzt dich mal zu Tode.
HEDWIG KAISER Paß auf die Topfblumen auf.
KARL BOROWSKI Hat Arthur wieder Morgenschicht diese Woche?
HEDWIG KAISER Hat sich freiwillig auf Morgenschicht gemeldet.
KARL BOROWSKI Nächste Woche muß er aber auf Mittagschicht, er muß mich zum Arzt fahren.
DER BÄCKER Heute bin ich Preisbrecher. Zehn Brötchen für siebzig Pfennig. Leute kauft.
HEDWIG KAISER Willst du das Fenster nicht schließen?
KARL BOROWSKI Ich kriege heute so schlecht Luft.
HEDWIG KAISER Dann pump doch. Wozu hast du denn die Pumpe? Ich glaube, du solltest zu Hause bleiben.
KARL BOROWSKI Zu Hause? Manchmal denk' ich wirklich, es ist vielleicht besser, wenn ich in ein Altersheim gehe. Vor allem für euch.
HEDWIG KAISER Sag mal Vater, bei dir stimmt es wohl nicht mehr. Altersheim! Glaubst du, ich ließe dich in ein Altersheim. Was würden da die Leute sagen...
KARL BOROWSKI Du kümmerst dich doch sonst nicht um die Leute.
HEDWIG KAISER Sei still jetzt, das gibt es bei uns nicht, Altersheim. Wer hat dir denn wieder den Floh ins Ohr gesetzt. Du hast hier nichts zu

wenig, hast dein eigenes Zimmer, keiner tut dir was. Da kannst du ja auch pumpen.
KARL BOROWSKI Geh ja schon.

Karl geht. Die beiden Kinder, Monika und Karin, stürzen ins Zimmer.

KARIN Warum geht Opa? Wo ist Mäcki?
HEDWIG KAISER Die sind beide geplatzt.
KARIN Ist Opa heute krank?
MONIKA Mäcki ist auch krank, wenn Opa krank ist.
HEDWIG KAISER Schluß jetzt, keinen Mucks mehr.
KARIN Ist krank.
MONIKA Bei uns darf Opa husten.

Karl Borowski kommt mit Mantel ins Zimmer.

KARL BOROWSKI Ich geh' jetzt.
HEDWIG KAISER Na, was denn. Wo dir nicht gut ist?
KARL BOROWSKI Besser in die Luft, solange es geht.
KARIN UND MONIKA Opa, wo gehst du hin?
KARL BOROWSKI Wie immer, den alten Weg.
MONIKA UND KARIN Zum Denkmal?
HEDWIG KAISER Nun laßt ihn bloß mal 'raus, der Hund verliert soviel Haare in der Küche.

<Auf dem Weg zum Kriegerdenkmal>

WILHELM Auf Zeche ist wieder was los.
PAUL Nichts ist los. Seilfahrt ist.
WILHELM Und ist doch was los, Paul, ist bestimmt Krambo, sonst würden...
FRITZ Schiet ist los. Was guckt ihr dauernd auf das Schachtgerüst? Seid doch froh, daß ihr mit Zeche nichts mehr zu tun habt, ihr Blödmänner.
PAUL Recht hat er.
KONRAD Leute, es gibt Nebel, ich riech' ihn.
PAUL Immer riech man. Wirst schon sehen, wohin das führt.

KONRAD Kannst du gar nicht beurteilen, mit deinen sechzig Prozent Staub, ob Nebel kommt. Da muß man schon hundert Prozent haben.
WILHELM Du hast natürlich zweihundert Prozent.
PAUL Hat einer von euch den Wetterbericht gehört? Heut früh? Gibt's Nebel?
KARL BOROWSKI Glaub' schon. Seit heute Nacht spür' ich's. Werde wohl wieder nicht schlafen können.
PAUL Aber gehört hast du es nicht?
KARL BOROWSKI Ich hab' gestern abend nur Sport gesehen.
PAUL Du hast's doch am nötigsten, auf den Wetterbericht zu gucken.
HEINRICH KÄMPER Ihr macht euch alle selber verrückt. Natürlich gibt es Nebel... Und vielleicht Regen dazu ... Und was für einen Regen.
PAUL Das kannst du Klugscheißer gar nicht wissen. Leg doch mal eine andere Platte auf.
HEINRICH KÄMPER Ihr Idioten, wenn ihr nichts wißt, dann fragt auch nicht.

<Am Kriegerdenkmal>

PAUL Na, was weißt du denn schon?
HEINRICH KÄMPER Ihr denkt immer, die Sterne sind ruhig. Hat sich was. Da gibt's eine Katastrophe nach der andern.
PAUL Hab' noch keinen verunglückten Stern gesehen.
KARL BOROWSKI Was hat denn das mit dem Wetter zu tun?
HEINRICH KÄMPER Na, die Sonne ist ja auch bloß 'n Stern. Und es ist mal wieder so'n Sonnensturm im Anzug. Die siebenundzwanzig Tage sind um.
PAUL Sonnensturm? Ist wohl 'ne neue Fußballmannschaft.
HEINRICH KÄMPER (wütend) Hört man nicht. Ihr werdet's ja erleben.
PAUL Heinrich, hör bloß mit deinen Volksreden auf.
KONRAD Leute, es wird doch Nebel geben.
PAUL Dein Gequatsche von Nebel hängt mir genauso zum Hals raus, wie dem Heinrich sein Sonnensturm.

<Straße mit Förderturm>

FRITZ Gott sei Dank, auf Zeche haben sie ausgeschlafen, geht wieder rund ... Was ist, wollt ihr heute hier anwachsen? [...][7]

Fortsetzung folgt... Von der Grüns autobiografische Kurzprosa *Am Tresen gehn die Lichter aus* war, einige Jahre später, ganz ähnlich »gestrickt«. Auch dort prägen Zecheninvaliden mit ihren Steinstaublungen das Stadtbild (»Sie haben resigniert und leben weiter«[8]). Der Text erschien zunächst 1973 in der *Eremitenpresse* der Verlegerlegende »Vau O.« Stomps[9], anschließend brachte er es bei Rowohlt auf mehrere Auflagen – erneutes Indiz dafür, dass politisch-dokumentarische Stoffe damals höher im Kurs standen als manche fiktionalen »Soaps«.

Anmerkungen

1 Achim Hahn: *Das Ruhrgebietshörspiel der 60er und 70er Jahre*, in: Literatur in Westfalen. Beiträge zur Forschung 2. Paderborn 1994, S. 49-75, hier S. 57.
2 Zitiert nach ebd.
3 Ebd.
4 Ebd., S. 58.
5 Ebd., S. 57.
6 Hier zitiert nach der Buchfassung: Max von der Grün, Hans Dieter Schwarze: *Feierabend. Dreh- und Tagebuch eines Fernsehfilms*. Recklinghausen 1968, S. 5f.
7 Ebd., S. 9-19.
8 Ebd., S. 25.
9 Vgl. hier die Veröffentlichung des Verfassers: *Bibliophil, engagiert, einzigartig. Große Literatur in kleinen Verlagen*. Bielefeld 2015, S. 89f. Stomps brachte mehrere Titel von der Grüns heraus.

22 Gonzo-Journalismus
Wolfgang Körner beweist »Ruhrpott-Schnauze«

Der von Hunter S. Thompson geprägte Begriff des Gonzo-Journalismus war zwar 1968 noch nicht erfunden (was erst Anfang der 1970er Jahre der Fall war), aber er lag in der Luft. Ein Journalismus aus der Hüfte sozusagen – subjektiv, launig, eigensinnig und vor allem ganz nah dran am Geschehen.
Wolfgang Körners *Die Supp-Kultur und die Tüpen von der Zähne*[1] weist einen solchen »Flow« auf. Körner brachte einen nassforschen Szene-Ton in den – ansonsten eher biederen – westfälischen Journalismus ein.

Die Supp-Kultur und die Tüpen von der Zähne

Wow, wenn im Ruhrgebiet oder wie auch immer man das Revier, dieses Konglomerat aus Arbeit, Arbeit und Langeweile, diesen auf die Landkarte Deutschlands gekotzten Haufen Dreck, nennen will, wenn man in diesem Landstrich anfängt, sich intensiv mit einer kulturellen Strömung zu befassen, dann hat das Auswirkungen, wie alles, was in dieser Region geschieht. Weil nämlich im Revier das staubige Herz Deutschlands im Rhythmus der Arbeit schlägt. Das hat Auswirkungen, wenn da plötzlich etwas *in* ist, und so war natürlich allen Kennern des Reviers sofort klar, daß es mit dem Underground langsam zu Ende gehen mußte, weil er in Dortmund anfing.
Das fing eigentlich mit zwei Typen an. Da war einmal der Architekt Klaus, der schon von Berufs wegen viel unterwegs war und aus Frankfurt einen sagenhaften Stoff mitbrachte, den hier keiner kannte und den man rauchen konnte. Haschisch, Hasch oder Shit, und der wurde in den Zigarettentabak gemischt und in nächtlich geheimnisvollen Sitzungen bei Kerzenlicht in die Lunge gezogen, und da saßen die Pioniere der Revierszene zusammen und zogen an ihrem *Joint*, denn Klaus besaß eine Badewanne, und es galt in dieser Zeit als außerordentlich chic, den Schmutz der Woche bei Klaus zu lassen. Und da saßen die dann nach dem Baden zusammen, der Pit, der damals noch über ein beachtliches Gehirn verfügte, das später freilich, weil Pit Diabetiker ist und er auf einem Trip zur irrigen Ansicht gelangte, er sei eigentlich der liebe Gott, und weil der liebe Gott

In lockerer Pose – Wolfgang Körner.

Mit dem Autor Wolfgang Welt (links), ca. 1980.

Immer gut drauf....

Wolfgang Körner beweist »Ruhrpott-Schnauze«

natürlich kein Insulin brauchte, da spritzte Pit nicht und geriet ins Koma, und ein Teil seiner Gehirnzellen muß irgendwie abhandengekommen sein, was schon dadurch bewiesen wird, daß Pit, weiß der Teufel, wie er es anstellte, irgendwann mit einer Pistole das Revier verließ, um Mao zu erschießen, was freilich durch die jugoslawischen Grenzwächter verhindert wurde, weil sie Pit zurückschickten, weil er keine Devisen, dafür aber einen beachtlichen Shit-Vorrat mit sich führte. Da waren also der Pit und seine Freundin Barbara, Tochter eines Architekten, die sich zu Hause gelangweilt hatte, weil ihr Vater der Ansicht gewesen war, er könne zu frühzeitigen sexuellen Verkehr seiner Tochter verhindern, indem er sie zwang, Blechhosen zu tragen. Und da war Will, aber der stand mehr auf Alkohol, war trotzdem kein Stalinist, aber er zog schon mal am Joint. Und da war Jutta, die war so dünn, daß sie sich nie unter die Brause stellte, ein Gesicht wie ein Rauschgoldengel und ein Gemüt wie eine Dampfwalze, ja, und da saßen sie zusammen, und das war der Anfang der Szene. Trotz dessen hätte es in Dortmund nie einen Underground gegeben, und man hätte folglich in Deutschland nicht so früh wieder damit aufhören müssen, wenn es nicht Lothar gegeben hätte, und die Schwulen in Dortmund ein vernünftiges Lokal gehabt hätten, wo sie, damals war alles andere noch sehr verboten, ihre Tangos hätten ungestört Wange an Wange tanzen können. Aber dieses Lokal gab es nicht und im Norden Dortmunds gab es eine Kneipe, in der ein Gastwirt nach dem anderen Pleite ging, weil die Kneipe, was in Dortmund etwas heißt, beim Publikum einfach nicht ankam, und als dem Brauereidirektor allmählich die ersten grauen Haare zu wachsen anfingen, weil er keinen neuen Pächter für dieses Seelenverkäuferlokal fand, da wurde Lothar mit der Hotelfachschule fertig und äußerte den Wunsch, diese Kneipe zu pachten. Das brauchte er nicht laut zu sagen, das brauchte er nur zu hauchen, schon hatte er das Lokal. Und da sollten eigentlich die Schwulen eine Heimat haben, aber die Kneipe kam, auch Schwulen kann man nicht alles zumuten, bei dieser Zielgruppe gleichfalls nicht an. Dafür fand sich eines Tages ein kaputter Typ, Achim, der ziemlich viel Hasch mitbrachte, der einen arabischen und einen israelischen Paß in der Tasche hatte, und über dessen Staatsangehörigkeit man lange rätselte, bis sich allgemein die Ansicht durchsetzte, daß er Araber war, denn für einen Israeli schien er allgemein zu blöd, was auch durch die Tatsache hinreichend bekräftigt wird, daß er sich kürzlich, als er mit seinem Motorrad in Marokko Opium besorgen wollte, von der marokkanischen Polizei schnappen ließ, die ihn in den Kerker warf, wo er seither, wenn er noch nicht das Zeitliche gesegnet hat, noch immer sitzt. Friede seinem Leibe, wenn er nicht inzwischen Kapo geworden ist (was wahrscheinlich ist) dürfte sich die Haft auf seinen empfindlichen Körper nicht günstig auswirken. Ja, bei den Schwulen war das Lokal nicht angekommen, aber dafür kamen die ersten Hippies. Feierabendhippies, die nach der anstrengenden täglichen Anwesenheit in den Büros oder Werkstätten, nach dem nervenaufreibenden Zuhören in der Schule am Abend anfangs billige, alte, später teure, in den Boutiquen gekaufte, bunte Kleidung anzogen und was erleben wollten. Okay, Lothar war das auch recht, war er bisher recht normal gekleidet gewesen, beschaffte er sich jetzt feierliche Gewänder, und der Brauereidirektor atmete auf, die Kneipe wurde zwar nicht zu einem großen Geschäft, da gingen nicht genug Hektoliter durch die Kehlen, weil die Typen meistens Cola tranken, aber der Laden lief doch.

Und dann kamen immer mehr und brachten ihren Shit mit und drehten ihre *Joints* in aller Ruhe und aller Öffentlichkeit, was dann langsam anfing, die Polizei zu fuchsen, denn inzwischen hatte sich auch bei ihr herumgesprochen, daß Shit zu den Rauschgiften gerechnet werden mußte, und die für Rauschgiftdelikte zuständigen Dortmunder Polizeibeamten, die bis dahin ein recht zufriedenes Leben geführt hatten, weil es in Dortmund keine Rauschgiftdelikte gegeben hatte, bekamen plötzlich Arbeit. Das schaukelte sich hoch, die Polizeibeamten wurden plötzlich eifrig und jagten, anfangs ziemlich ungeschickt, später mit sehr viel Routine, hinter jedem Gramm Stoff her, das sie in der Stadt vermuteten. Das wurde, wirklich, das wurde spannend, und wenn die Hippies, die Typen, plötzlich aufgehört hätten zu rauchen, da wären die Polizeibeamten aber schwer sauer geworden, denn inzwischen gab es manchmal Zeiten, da waren mehr Polizeibeamte unterwegs als Shit-Raucher. Diese Nächte, wo von den Kokereien und Zechen ein milder Giftgeruch durch den Norden zog, diese Nächte, wo sich der Mond durch die Dunstglocke schob und wo die Funkstreifenwagen durch den Dortmunder Norden jagten, die Nutten, die man Bordsteinschwalben nennt, zu wahren Eifersuchtsszenen veranlaßten, weil sie die Aufmerksamkeit der Ordnungshüter mit einer anderen Gruppe teilen mußten, diese Nächte, wo sich die grünen Uniformen vor dem Lokal drängelten, wo regelrechte Schlachten ausgetragen wurden, die an Härte auf beiden Seiten zunahmen, nachdem Barbara, aber eine andere, eine Krankenschwester, in einem Anfall von Sadismus meinte, ihre Zigarette auf dem Kopf eines gerade freundlich verhaftenden Polizeibeamten ausdrücken zu müssen. [...][2]

Anmerkungen

1   *Lesebuch Wolfgang Körner.* Hg. von Walter Gödden und Anne Blanken. Bielefeld 2016. S. 75-81.
2   Ebd., S. 75-78.

23 Glossen zur deutschen Befindlichkeit
Paul Schallück redet den Zeitgenossen ins Gewissen

Auch Paul Schallück schrieb im Jahr 1968 Kolumnen, allerdings nicht für ein Szenemagazin, sondern für die auflagenstarke Gewerkschaftszeitung Welt der Arbeit (s. S. 39). Hier erschienen seine Glossen in 14-tägigem Turnus.
Sie sollten vor allem eins sein: allgemeinverständlich. Erst so könnten sie, so Schallück, beim Massenpublikum die beabsichtigte Wirkung erzielen. Hieran lag ihm mehr als an sprachästhetischen Finessen.
Ein solches Grundaxiom seines Schreibens machte Schallück selbst zum Gegenstand einer Glosse. In Sprachzuchtmeister Heinemann[1] wirft er der Soziologie vor, »unsere Sprache mit einer unübersehbaren Masse von unverständlichen Begriffen« zu überfluten. Die »Ungetüme der Soziologensprache« seien mit daran schuld, dass die »revolutionäre Erneuerungsbewegung von 1968« so wenig erfolgreich gewesen sei. Sie sei »im Stacheldrahtverhau des Jargons hängengeblieben«.
Schallück fährt fort: »Viel zu spät haben zum Beispiel Studenten, die es ohne Zweifel ernst meinten mit einer Veränderung der Gesellschaft zum Nutzen der Menschen, erkannt, daß sie sich beispielsweise vor den Fabriktoren mit ihrem Kauderwelsch nur lächerlich machten. Ohne die Unterstützung der Arbeiter war das, was sie wollten, nicht zu machen. Aber da die Arbeiter die Soziologensprache nicht verstanden, haben sie den Erneuerern die kalte Schulter gezeigt. Auch die Kirchen reden seit Jahren von Erneuerung. Doch das verschlüsselte Theologen-Deutsch verzögert sie nicht nur, sie kann sie auch endgültig unmöglich machen.«
Schallücks Exkurs endet mit dem Fazit: »Wer die Wörter nicht versteht, versteht die Sachen nicht; – wer die Sachen und die Prozesse der Veränderung nicht versteht, dem entfremdet sich die Welt; wem sich die Welt entfremdet, der wird notwendigerweise kritiklos, fühlt sich ohnmächtig Kräften ausgeliefert, die ihn mißbrauchen. Sprachschlamperei ist eine Gefahr für die Demokratie, in ihr steckt Machtlust und Menschenverachtung.«
Ein »klassischer« Schallück-Text ist Menschenrechte. Ein Gedenkjahr. Er bezieht sich unmittelbar auf das Jahr 1968 und thematisiert das in Schallücks Augen fragwürdige, weil folgenlose Apostrophieren von Ge-

Paul Schallück in seinem Kölner Arbeitszimmer.

denktagen. Noch in weiteren Texten wandte sich Schallück gegen »scheinheiliges« öffentliches Zurschaustellen von Anlässen.[2]

Das Jahr 1968 war zum Jahr der Menschenrechte erklärt worden. Diese feierliche Erklärung sollte daran erinnern, daß die Vereinten Nationen vor zwanzig Jahren, genau am 10. Dezember 1948, im »Glauben an die Grundfreiheiten des Menschen«, welche als die Grundlagen der Gerechtigkeit und des Friedens in der Welt bekundet wurden, eine *Allgemeine Deklaration der Menschenrechte* erlassen hatten.

Zu den Grundrechten und Grundfreiheiten rechnet die universelle Erklärung das Recht jedes Menschen auf Leben; das Verbot der Folter, der unmenschlichen und erniedrigenden Strafe oder Behandlung; das Verbot der Sklaverei, der Leibeigenschaft und der Zwangsarbeit; das Recht jedes Menschen auf Freiheit und Sicherheit; den Anspruch jedes Menschen darauf, daß seine Sache öffentlich und innerhalb einer angemessenen Frist gehört wird vor einem öffentlichen, unparteiischen Gericht, das auf dem Gesetz beruht und über zivilrechtliche Ansprüche und Verpflichtungen oder über die Stichhaltigkeit einer erhobenen strafrechtlichen Anklage entscheiden soll.

Zu den Grundrechten gehört ferner Achtung und Schutz des Privat- und Familienlebens, der Wohnung und des Briefverkehrs; die Gedanken-, die Gewissens- und die Religionsfreiheit; das Recht auf Freiheit der Meinungsäußerung, das die Freiheit zum Empfang und zur Weitergabe von Nachrichten und Ideen ohne Eingriff öffentlicher Behörden und ohne Rücksicht auf Landesgrenzen einschließt. Es gehört dazu, daß alle Menschen das Recht haben sollen, sich friedlich zu versammeln und sich frei mit anderen zusammenzuschließen.

Der Genuß aller festgelegten Freiheiten und Rechte soll gewährleistet werden ohne Unterschied des Geschlechts, der Rasse, Hautfarbe, Sprache und Religion, der politischen oder sonstigen Anschauung nationaler oder anderer Herkunft, der Zugehörigkeit zu nationalen Minderheiten, des Vermögens, der Geburt oder eines sonstigen Status.

Seit der universellen Erklärung der Menschenrechte, die von den Vereinten Nationen zu den angeborenen, also unveräußerlichen und unantastbaren Rechten und Freiheiten des einzelnen gegenüber staatlichen Eingriffen deklariert wurden, sind nun zwanzig Jahre vergangen.

Auf dem Transparent: die Themen, die 1968 die Gemüter bewegten.

Im feierlich deklarierten Jahr der Menschenrechte wurde in Vietnam, in Nigeria und Biafra und an vielen Stellen sonst noch das Recht auf Leben nicht beachtet. Im Jahr der Menschenrechte wurden in vielen Orten Menschen gefoltert, unmenschlichen Strafen unterzogen, zur Zwangsarbeit kommandiert. Im Jahr der Menschenrechte okkupierten Staaten des Warschauer Paktes die Tschechoslowakei und mißachteten einige Grundfreiheiten und Grundrechte, zum Beispiel das Recht auf Freiheit der Meinungsäußerung. Im Jahr der Menschenrechte verstießen Behörden in Frankreich, in der Bundesrepublik, in Italien und in vielen anderen Ländern während der Studentenunruhen gegen mehrere Menschenrechte, zum Beispiel gegen das Recht der Versammlungs- und Meinungsfreiheit. Im Jahr der Menschenrechte fanden in Mexiko Olympische Spiele statt, die sogenannte friedliche Begegnung der Jugend der Welt. Ein paar Tage zuvor wurden Studentendemonstrationen zusammengeschossen, an die hundert junge Menschen verloren nicht nur das Recht auf Leben, sondern das Leben selbst.

Welch einen Sinn haben also die *Allgemeine Deklaration der Menschenrechte* und die Erklärung eines ganzen Jahres zum Jahr der Menschenrechte, wenn sie, wie schon diese wenigen Beispiele zeigen, in zynischer Weise auch von den Nationen nicht beachtet werden, die ja die Deklaration erlassen haben? Die Deklaration war von Anfang an auf schwache Füße gestellt. Denn bis heute gelang es nicht, sie in ein verbindliches, internationales Abkommen umzuwandeln.

Die *Allgemeine Deklaration der Menschenrechte* ist eine Utopie geblieben. Erst wenn die Regierungssysteme radikal in Richtung nicht auf Interessen Weniger, sondern auf das Wohlergehen aller Menschen verändert werden, können die Menschenrechte die Utopie verlassen und im Alltag aller Menschen verwirklicht werden.[3]

Schallück schrieb rund 200 solcher Glossen (einschließlich seiner Rundfunkvorträge und -Features). Aber glaubte er auch an ihre Wirkung? In seinem Roman *Don Quichotte in Köln* (s. S. 41) ging er selbstkritisch mit sich ins Gericht. Die Hauptfigur, ein Herr Schmitz, ist ein verkapptes Selbstporträt des Autors. Er hat jahrelang im Radio über ein besseres Leben gepredigt, hat gemahnt, belehrt und all jene Ideale propagiert, die vermeintlich einen guten Erdenbürger auszeichnen. Schallück stellt uns Herrn Schmitz wie folgt vor:

Cover der Erstausgabe von »Don Quichotte in Köln«, 1967.

Sieben Jahre lang war Herr Schmitz Redakteur der Sendereihe *Gedanken zur Zeit* oder *Zur Zeit Gedanken* oder *Zeit zu Gedanken*, wer kennt sich da aus, sonntags nach dem Sportgaudi, vor dem Sinfoniekonzert und dem Nachgereichten der Fernsehkonkurrenz, so daß er selbst und ein wenig auch sein Intendant hofften, ein paar Millionen Unsichtbarer könnten Lust haben, sich ausgesprochene Gedanken über Illusion und Hoffnung anzuhören oder über den Pessimismus, einem Stadium der Reife, oder mitzudenken über Die deutsche Tüchtigkeit und über Arbeit und Freizeit, über Menschen und ihre Spiele, und auch das sieben Jahre lang [...]. Sieben Jahre lang hat der Schmitz sich von engagierten Dichtern, die aufs Predigen nicht verzichten können, Gedanken aufschreiben lassen über Die deutsche Vergesslichkeit und Die falschen Avantgardisten, von toleranten Predigern, die am Ruhm Gottes teilhaben wollten, Zeitgedanken über die Gesellschaft, in der wir leben und über Den Beifall von der falschen Seite [...].[4]

Der Roman-Schmitz nimmt zu guter Letzt Reißaus vor der Welt. Er schließt sich tagelang in sein Zimmer ein und zermartert sein Hirn mit endlosen Grübeleien. Auch einen Selbstmord zieht er in Betracht. Dann jedoch lässt er alle Sorgen Sorgen sein und stürzt sich in den Trubel des Kölner Karnevals. Er wird zwar nicht vom utopischen Kampf gegen die Windmühlen ablassen, ist jedoch zu der Erkenntnis gelangt, dass es wenig nützt, sich selbst zugrunde zu richten. Eine späte Einsicht und auch eine Art Trotzreaktion. Aber immerhin eine Überlebensstrategie.

Paul Schallück, vermutlich im Sendehaus des WDR in Köln.

Paul Schallück redet den Zeitgenossen ins Gewissen

Paul Schallücks Essays sind in diesem Licht zu sehen. Sie haben die Welt nicht verbessert, sind weitgehend folgenlos geblieben. Aber sie waren gleichwohl wichtig und hatten ihr Publikum. »Es gab starke Resonanz auf unsere Texte«, resümierte später Josef Reding, der im Wechsel mit Paul Schallück zwanzig Jahre lang als kritischer Kolumnist tätig war.[5] Schallücks Einlassungen kommen exakt auf die Länge einer Schreibmaschinenseite. Sie waren so aufgebaut, dass der Leser gern »bei der Stange blieb«. Schallück erfüllte solche Vorgaben mit leichter Hand. Seine Texte sind nie langweilig oder oberlehrerhaft. Die Argumentation ist leicht nachvollziehbar und plausibel. Oft lässt er einfach Fakten für sich sprechen.

Es kam ihm darauf an, mit dem Leser in einen Dialog zu treten. Entsprechend wird sein Gegenüber nicht überfordert. Hier dozierte niemand »von oben«. Vielmehr schrieb ein Mit-Betroffener über Themen, die alle angehen. »Der Staat, das sind wir«, heißt es an einer Stelle. Dass solche Essays in literarischer Hinsicht anspruchslos waren, nahm Schallück in Kauf.

Viele Themen sind bis heute aktuell geblieben: Etwa die Warnung vor unkritischem Fernsehkonsum oder Gewaltdarstellung im Film. Auch seine Äußerungen über die Konsumhörigkeit der Massengesellschaft und die Politikverdrossenheit der Jugend kommen dem heutigen Leser bekannt vor.

Einmal mehr ergreift Schallück Partei für Außenseiter und Underdogs. Von hier her ergeben sich viele Parallelen zu seinem literarischen Werk. In dem Essay *Virus Unmenschlichkeit* nennt Schallück die Protagonisten seiner Werke beim Namen. Es sind »die Juden und die Gastarbeiter, der Außenseiter als Bibelforscher, Heilsarmist, Kriegsdienstverweigerer oder Homosexueller, die politisch unbequemen, die entlassenen Sträflinge, die Kinder, die Kranken, die Alten, die Sterbenden«[6] – all diejenigen also, die in der Gesellschaft zu kurz gekommen sind. Sein Schreiben, sagt Schallück weiter, sei eine »variable Dokumentation der variablen Verletzbarkeit des Menschen«, nicht im philosophisch-abstrakten Sinne, »sondern stets unter Hinweis auf das gesellschaftliche System, das die Verletzungen möglich macht«.[7]

Für Schallück zählte auch der Künstler zu einer Minderheit, die es zu schützen gelte: »Wenn es den Künstlern schlecht geht, geht es über kurz

oder lang auch der ganzen Gesellschaft schlecht«. In *Anmaßungen* stellt er das kritische Potenzial von Kunst heraus: »Kunst ist Provokation, vor allem die zeitgenössische. Literatur, bildende Kunst, Musik, Film – sie müssen, wollen sie Kunst sein, hervorlocken aus Stumpfheit und Gleichgültigkeit. Sie dürfen keine Rücksicht nehmen. Rücksicht ist Bestätigung des Bekannten, des eingewöhnten Geschmacks, ist Erstarrung.«[8]
Schallücks Glossen zeigen einen homo politicus in Reinkultur. Jemanden, der sich an den politischen Zuständen der BRD abarbeitete und sich zum produktiven Widerspruch herausgefordert fühlte. Hierzu gehörte auch die jüngere Geschichte. Eine Glosse über die 1968er Bewegung überschrieb Schallück mit *Rebellen sind müde*. In ihr beklagt er, dass sich der umstürzlerische Geist – als eine Art Modeerscheinung – schnell verflüchtigt habe. Stattdessen hätten sich erneut ein typisch deutscher Untertanen- und Anpassungsgeist breitgemacht.
Der unermüdliche Aufklärer Schallück fand in der 1968er Bewegung zwar nicht seine geistige Heimat. Er schätzte an ihr jedoch den Willen zur Veränderung. Umso mehr schmerzte ihn der Rückfall in eine kritiklose Konsumhaltung:

> Gepflegt und sanftmütig statt rebellisch und schockierend. Als er vierzehn war, vor drei Jahren, war er ein nervöser Junge: ziemlich selbstsicher, den Kopf voller »umstürzlerischer« Pläne, verachtete die bürgerliche Gesellschaft, diskutierte über Gewalt und Revolution, Abtreibung und Vietnamkrieg, rauchte provokativ (»Hasch? Na klar, ab und zu«), widersprach seinen Eltern und Erwachsenen herausfordernd, hielt die Lehrer für blöd, trug lange Haare, war salopp gekleidet. Ein verspäteter Nachfahre der 60er Jahre.
> Vor einigen Tagen habe ich ihn wiedergesehen: properes blaues Jackett, gebügelte schwarze Hose, dicke Orangekrawatte, Haar nach modischem Schnitt, eine gepflegte Erscheinung, ein sanftmütiger Jüngling, dem es in Diskotheken viel zu laut ist, abends Beethoven (»Beethoven ist so unheimlich seicht, weißt du«), »unheimlich« verliebt, verlobt, »unheimlich« treu. Verständnis für seine Eltern, die Lehrer nüchtern-wohlwollend begutachtend. Der angepaßte Jüngling der 70er Jahre.
> Da hatte ich aus der Nähe gesehen, was mir täglich in vielen Exemplaren über den Weg läuft: ein lebendiger Beweis dafür, daß die 60er Jahre vorbei sind.

Boulevardzeitungen wittern noch Sensationen, aber im Grunde ist zu Ende, was für die 60er Jahre typisch war: Studentenunruhen, Straßenschlachten, Rassenkrawalle in den USA, Verherrlichung der Gewalt, Rauschgiftskandale, politische Morde. Die weltweite Revolte ist verebbt.
Was in den USA begann und zu uns herüberschlug, hatte vielfache Ursachen. Präsident Kennedy, Martin Luther King, Robert Kennedy waren ermordet worden. Der Vietnamkrieg beunruhigte die ganze Welt. Die Statistiken verzeichneten infolge des Babybooms nach 1945 eine übermäßige Zunahme jugendlicher Jahrgänge. Schon zahlenmäßig war die Jugend so stark, daß sie geradezu eine neue soziale Klasse bildete und sich isoliert von der übrigen Gesellschaft nach eigenen Vorstellungen entwickelte.
Die Schulen waren überfüllt. In den Hörsälen gab es für die andrängenden Studenten immer weniger Platz. Fünfundzwanzigjährige steckten noch mitten im Studium, statt zu verdienen. Viele junge Leute waren körperlich erwachsen, aber geistig-seelisch noch Kinder. Die Slums inmitten von Großstädten wuchsen bedrohlich. Die Kasernen waren vollgepfropft. Alte und neue Heilslehren brachen über die Massen der Jugendlichen herein und beeinflußten sie.
Wichtiger noch, aber im Zusammenhang zu sehen, war ein neues, selbstherrliches und zugleich unsicheres Lebensgefühl. Selbstherrlich in der speziellen Jugendkultur, die sich über die ganze Erde ausbreitete mit eigener Musik, eigener Kleidung, eigener Sprache, langem Haar und Bärten. Unsicher durch die Drohungen atomarer Kriege und Revolutionen in der Dritten Welt.
Etliche der Ursachen existieren auch heute noch. Aber Lebensgefühl und Lebensstil der Jugend hat sich gewandelt. Die jugendlichen Jahrgänge wachsen kaum noch, ab 1980 werden sie sogar abnehmen. Die Rebellion hat nicht erbracht, was die Rebellen erhofften. Die Rebellen sind müde geworden. Und ihre jüngeren Brüder leben überall in der Welt nicht mehr so sehr nach utopischen, sondern eher nach realistischen Vorstellungen. Ihr Lebensstil ist gemessener, ihr Denken auf Ausgleich bedacht, statt auf Konfrontation. Sie leben zweckmäßiger als ihre älteren Brüder, nüchterner, auch konservativer und langweiliger.
Die jungen Leute der 70er Jahre erscheinen in diesem notgedrungen verallgemeinernden Bild nicht weniger fortschrittlich, wohl aber weniger pathetisch. Und ein nicht geringer Teil hat sich der Nostalgie ergeben, dem

Rudi Dutschke (links) während einer Podiumsdiskussion.

Traum von besseren Vergangenheiten. Statt schreiender Revolutionslieder der Tango aus Großmutters Zeit. Gepflegt und sanftmütig. Die charakteristischen Merkmale des Biedermeier (1815 bis 1848) waren: behaglich, bescheiden, schlicht, bürgerlich, gepflegt, beschaulich, zurückhaltend, gläubig, gemessen. Steht uns ein neues Biedermeier bevor?[9]

Die folgenden Glossen entstammen sämtlich dem Jahrgang 1968 von *Welt der Arbeit*. Schallück spießte auf, was die Zeitgenossen damals bewegte – und schlägt sich dabei auf die Seite »aufrechter« Demokraten:

Paul Schallück redet den Zeitgenossen ins Gewissen

Wie in den Zwanziger Jahren

Als Hitler 1933 Reichskanzler wurde, war die Weimarer Republik erledigt. Der erste Versuch, die Angelegenheiten des deutschen Volkes in einer demokratischen Staatsform zu regeln, endete in der Diktatur. Die führte folgerichtig zum Massaker von Demokraten, zur Vernichtung ganzer Völkerschaften, zu Krieg und totaler Niederlage.

Bis heute aber hält sich, wenn auch nicht in den Geschichtsbüchern, das Gerücht, die eigentlichen Totengräber der Weimarer Republik seien die Linken gewesen, besonders die Intellektuellen.

Schon in den zwanziger Jahren wurden sie beschimpft, diffamiert, verfolgt, eingesperrt oder ermordet. Heute sind sie mit Stolz in die Geistesgeschichte der Nation aufgenommen; aber von der Verdächtigung, die Republik ausgehöhlt, untergraben, weil kritisiert zu haben, konnten sie sich nicht reinigen: Einstein und Brecht, Toller und Tucholsky, Heinrich Mann und Döblin, Mehring und Alfred Neumann, Plievier und Hermann Kesten, Hiller und Kantorowicz, Annette Kolb und Fritz von Unruh, Feuchtwanger und Ludwig Marcuse. Wahllos ein paar Namen aus einer langen Liste.

Solange richtete das deutsche Bürgertum starre Blicke, Verdächtigungen, Beschimpfungen und Schlimmeres auf die Intellektuellen, bis Hitler an der Macht war, den man, da man auf die Intellektuellen nicht hören wollte, für einen Trottel und eine rasch vorübergehende Erscheinung hielt.

Und heute, fünfunddreißig Jahre nach diesem Debakel, zeichnet sich ein vergleichbarer Vorgang ab.

Wieder sollen es die »bösen« linken Intellektuellen sein, die der Demokratie an den Kragen wollen. Diesmal personifiziert in ein paar linken Studenten. Obwohl man weiß – oder wissen könnte, wenn man genau hinhören wollte –, daß der allergrößte Teil der unruhigen Jugend nicht die Demokratie abschaffen, sondern im Gegenteil, die radikale Verwirklichung des demokratischen Grundgesetzes will, verdächtigt man sie, die Demokratie zerstören zu wollen.

In der Bevölkerung Vorurteile, Hysterie, blinder Haß gegen linke Studenten. Die Schimpfwörter vom »Haare abschneiden!« bis zum Ruf nach dem »Arbeitslager« und gar zum »Schlagt sie tot!« sind die gleichen wie in den zwanziger Jahren. Schon hat es Tätlichkeiten bis zum Versuch der Lynchjustiz gegeben.

Fotoserie mit Paul Schallück in seinem Arbeitszimmer.

Schallücks Artikel »Nur ein Schauspieler?« über Wolfgang Kieling aus »Welt der Arbeit«.

Vergiftet von der Lüge, die unruhige Jugend beabsichtige den Sturz der Demokratie, wird gegen sie die Macht des Staates eingesetzt: Fausthieb, Fußtritt, Schlag mit dem Gummiknüppel und dem Stock, Verhaftung, Wasserwerfer, Pistole, Gefängnis. Der Student Ohnesorg wurde von einem Polizisten erschossen. Der Polizist wurde freigesprochen.
Unsere Politiker reden wenig von Gründen der Unruhe, vom Inhalt der Forderungen aus der studentischen und werktätigen Jugend, um so mehr von Formverletzungen und von der Gefahr für die Demokratie. Sie denken darüber nach, ob man den linken Sozialistischen Deutschen Studentenbund nicht verbieten müßte.
Währenddessen schleicht sich die rechtsradikale Partei unter unseren Augen in die Landtage ein, morgen in den Bundestag. Ihr begegnet man mit pflaumenweichen Reaktionen, hält sie für unangenehm, weil sie unserem Ansehen schadet, nicht für gefährlich.
Auch ich sehe in ihr noch nicht die wirkliche Gefahr. Ich halte für gefährlicher, daß sich die Bevölkerung und Politiker verhalten wie in den zwanziger Jahren. Da hat man solange auf die Linke herumgeschlagen, bis Hitler die Demokratie zerschlug.

Nur ein Schauspieler?

Der heute 43jährige Schauspieler Wolfgang Kieling, bekannt von der Bühne, vom Fernsehen, von der Leinwand, wurde im vergangenen Jahr mit der »Goldenen Kamera« ausgezeichnet. Er war stolz, als er zur Entgegennahme auf die Bühne gerufen wurde. Er freute sich über die Auszeichnung. Er machte seinen Diener wie die andern Geehrten.
Rund ein Jahr später hielt sich Wolfgang Kieling in Berlin auf, um sich auf eine neue Fernsehrolle vorzubereiten und die Aufnahmen zu machen. Die Rolle verlangte von ihm, daß er einen Bart trüge. Um die Figur auch äußerlich so getreu wie möglich darstellen zu können, und um sich nicht zu jeder Aufnahme den Bart neu ankleben zu müssen, ließ er seinen eigenen wachsen. Er sah ein bißchen verloddert aus durch den Bart, wie ein Gammler. »Ich sah aus wie Fritz Teufel«, sagte Kieling selbst.
Auf der Straße aber wurde er von Passanten, von »ehrenwerten« Bürgern, nicht nur gemieden, sondern auch beschimpft, weil er einen Bart trug.

Schauspieler Wolfgang Kieling, als Bartträger diffamiert.

23 Glossen zur deutschen Befindlichkeit

Gammler rief man hinter ihm her, Herumtreiber, Haare abschneiden, Arbeitslager..., was weiß ich. Und einmal sogar »Studentensau«. Wolfgang Kieling, der von sich sagt, er sei eigentlich kein politischer Mensch, um Politik habe er sich nie so recht gekümmert, war schockiert. Er dachte darüber nach, was ihm passiert war. Und er kam zu der Erkenntnis, daß er, nur weil er einen Bart trug und ein wenig anders, vielleicht heruntergekommen, aussah, nur weil man ihn von weitem mit Fritz Teufel verwechseln konnte, für einen Verbrecher gehalten wurde. Er war in die Schußlinie der kleinbürgerlichen Vorurteile geraten. Am eigenen Leibe hatte er die Wirkung der Anti-Studenten-Stimmung verspürt. Er dachte und forschte weiter, der unpolitische Schauspieler, und fragte sich, wie es zu der blinden, haßerfüllten Verhaltensweise gekommen war. Wie hatte sich ein Teil der Bevölkerung Berlins, die er für nüchtern, objektiv und in besonderem Maße witzig gehalten hatte, in eine bösartige Menge verwandeln können?
Der Schauspieler begriff, daß die Leute vergiftet waren durch Meldungen, Berichte, durch falsche Beurteilungen, durch Verhetzung und Demagogie eines großen Teils der Berliner Presse. Der größte Teil der Berliner Zeitungen befindet sich in den Händen des Springer-Konzerns. Der Springer-Konzern ist auch Besitzer der Programmzeitschrift »Hörzu«. Und »Hörzu«, erinnerte sich Wolfgang Kieling, hatte ihm im vergangenen Jahr die »Goldene Kamera« überreicht. Der unpolitische Schauspieler faßte einen politischen Entschluß: Kurz vor der Verleihung der diesjährigen »Goldenen Kamera« erschien Wolfgang Kieling im Berliner Springer-Haus und gab dem stellvertretenden »Hörzu«-Chefredakteur seine Trophäe zurück. Er sagte später: »Ich habe mich zu diesem Schritt entschlossen, weil ich in der Öffentlichkeit nicht länger dem Verdacht ausgesetzt sein will, daß ich mich als Besitzer dieses Preises in irgendeiner Weise mit der Politik der Springerzeitung identifiziere.«
Und die Moral von der Geschichte? Erst durch eigene Erfahrung und nachfolgende Überlegung, aber noch immer früh genug, wurde aus einem unpolitischen Schauspieler ein politisch handelnder Bürger: Nimm, aber schau dir an, von wem du nimmst. Er lernte unterscheiden. Er protestierte. Und – das vor allem –: ohne Rücksicht auf die Folgen tat er, was er für richtig hielt. Ein Beispiel für Zivilcourage.

Führungskräfte '68

Kennen Sie Maximilian Schubart? Er soll einer der erfolgreichsten Vermittler von Spitzenfunktionen in der Bundesrepublik sein. Hinter den Kulissen des Managements ist Maximilian Schubart ein Vertrauter und Personalberater zahlreicher Industrieller.
Maximilian Schubart, ein Mann also, der es wissen müßte, sagte bei einem Interview mit dem Wirtschaftsmagazin »Capital«:
»Ich habe bei Freunden und vor allem bei verschiedenen Vorständen und Geschäftsführern einmal den Werdegang besprochen... Ich habe ein paar Elitegruppen festgestellt, die tatsächlich – und zwar unsichtbar, aber doch evident – bis in die heutige Zeit hinein existieren. Da ist einmal die Mars-Merkur-Gruppe der ehemaligen Generalstäbler, die heute zum Teil führende Rollen in der Wirtschaft spielen. Dann Abkömmlinge der Adolf-Hitler-Schule, der Reiter-SS und der Waffen-SS. Ich würde sagen, in der Altersgruppe von 45 bis 60 stammen 65 bis 70 Prozent aller heutigen Führungskräfte aus solchen Organisationen. Und die überwiegende Zahl – sagen wir 98 Prozent – jener Altersgruppe stammt aus einer Erziehung, die eigentlich im »Dritten Reich« ihre Grundlage findet.«
Eine erstaunliche, höchst beunruhigende Feststellung. Frühere Stabsoffiziere, »Adolf-Hitler-Schüler« und SS-Leute, geschult im Gehorsam und im Kriegsspiel, blind gehorchend ihrem Führer bis zum letzten Kriegstag, lenken unsere Wirtschaft!
Aber damit nicht genug. Es gibt in unserem Land eine »Akademie für Führungskräfte der Wirtschaft« in Bad Harzburg. Sie wurde von der »Deutschen Volkswirtschaftlichen Gesellschaft« als einer Institution des Bundesverbandes der Deutschen Industrie gegründet. In den letzten zwölf Jahren hat sie sich zur wichtigsten Bildungsstätte der Führungs- und Nachwuchskräfte entwickelt.
Leiter der Akademie ist Professor Reinhard Höhn. Reinhard Höhn war im »Dritten Reich« SS-Standartenführer, wissenschaftlicher Berater Himmlers, im SD-Hauptamt als Leiter der Zentralabteilung »Lebensgebiet – Berichterstattung« damit beauftragt, den »inneren Feind« des NS-Regimes zu entlarven. Höhn wurde als Generalleutnant der Waffen-SS für seine Verdienste mit dem Ehrendegen der Reichsführer-SS ausgezeichnet. Nach

dem Krieg wechselte er zur Wirtschaftsführung über. Von ihm stammt das »Harzburger Modell«, ein geschlossenes System der Menschenführung, das versucht, Reste klassenkämpferischer Unruhen in unserem Land zu verhindern.
Mehr als 1600 Firmen schicken jährlich über 15 000 Teilnehmer in die Lehrgänge der Akademie. Höhn selbst müht sich vor allem um die »Chefkurse« für Managerpersönlichkeiten der »obersten Führungsebene«. Er hält Vorträge über »neue Führungstechniken«: »Führungskräfte müssen bereits in der Ausbildung eine klare Vorstellung vom Wesen der Stabsarbeit erhalten.«
Ich habe mich immer schon gewundert, warum im Bereich der Wirtschaft soviel »kommandiert« wird. Ich habe nie recht verstanden, warum die Wirtschaft zu oft nach den Maximen von Generälen dirigiert wird, warum da sooft von »positiven und leistungsstarken Persönlichkeiten« die Rede ist. Von »Pflichterfüllung, klarer Überlegung und letztem äußerstem Einsatz«. Jetzt weiß ich, warum unsere Wirtschaft geführt wird wie im Krieg. Jetzt kenne ich einen Grund mehr, warum es die Demokratie in unserem Land so entsetzlich schwer hat, und warum sie vor so vielen Fabriktoren haltmachen muß.

Zensur findet nicht statt.

So steht es in schlichter Bürokratensprache im fünften Artikel des Grundgesetzes. Das Grundgesetz ist das wichtigste Schriftstück des Staates und für das Zusammenleben der Menschen dieses Staates. Als es verkündet wurde, waren nicht wenige stolz darauf. Sie nannten es eine der besten und modernsten Verfassungen der Erde. Abgesehen von vielen sprachlich mißlungenen Formulierungen hatten sie zweifellos recht mit ihrer Behauptung.
Immer massiver aber wird seit Jahren, nicht nur von jungen Leuten, wenngleich von ihnen mit unüberhörbarer Lautstärke, gefordert, das Grundgesetz endlich und radikal zu verwirklichen. Das heißt: manch einer in unserem Land ist der Überzeugung, eine der besten und modernsten Verfassungen sei zu einem Teil Papier geblieben oder im Laufe der Jahre heimlich und unheimlich umgangen worden, regle jedenfalls nicht im

strikten Sinne des Gesetzes das Zusammenleben der Menschen. Trifft das auch zu für den schlichten Bürokratensatz: Zensur findet nicht statt? Direkt von staatlichen Institutionen wird keine Zensur ausgeübt. Gibt es aber nicht doch Formen der Zensur, die sich im Schatten der institutionellen Unschuld eingeschlichen haben und geduldet werden?
Der Jugendschutz beispielsweise ist eine legalisierte Form der Zensur. Niemand bezweifelt, daß die Jugend geschützt werden muß. Aber was heißt heute noch Jugend? Und wovor muß sie geschützt werden? Vor der Verführung zu sexueller Lebensfreude oder vor der Verführung zu Brutalität, Nationalismus, Rassismus? Das ist ungeklärt. Aber wenn ein paar Sittenwächter ein Buch oder eine Schrift als die Jugend gefährdend angezeigt haben, sind sie auch für Erwachsene nicht mehr zugänglich, sie dürfen ja nicht öffentlich angeboten werden. Das nenne ich Zensur.
Eine inoffizielle Form der Zensur ist die Freiwillige Filmselbstkontrolle. Als privatrechtliche Einrichtung wurde sie gegründet, um einer staatlichen Zensur vorzubeugen. Längst sitzen in ihren Gremien Vertreter des Staates, offizieller und halboffizieller Stellen und bestimmen mit, was die scheinheilig als mündig ausgegebenen Bürger sehen und nicht sehen dürfen. Das nenne ich Zensur.
Gesellschaftliche Formen der Zensur muß man in der sogenannten öffentlichen Moral erkennen, im sogenannten gesunden Volksempfinden, in stillschweigend respektierten Tabus. Wer legt denn fest in dieser rasch sich wandelnden Welt, was öffentliche Moral, gesundes Volksempfinden bedeuten? Trotzdem haben sie einen eminenten Einfluß auf alles was in unserem Land gedruckt, gefilmt, gesagt werden darf – oder nicht.
Das liegt an der unheimlichsten Form der Zensur, die ich kenne, die keiner Richtlinien bedarf, die nicht befohlen werden muß. Sie funktioniert automatisch in den Köpfen. Was Anstoß erregen könnte beim Chef oder Boß – wer immer das jeweils ist – erscheint erst gar nicht im Feld der Überlegungen, wird von einem unsichtbaren roten Stift gestrichen. Diese in die Köpfe vieler Journalisten und Publizisten aller Bereiche eingearbeitete, unhörbar, aber fast perfekt funktionierende Zensur halte ich für die gefährlichste Aufweichung des fünften Artikels im Grundgesetz: Eine Zensur findet nicht statt.
Wir weinen über die Wiedereinführung der Zensur in der Tschechoslowakei. Den Tschechen und Slowaken wird die Zensur von außen, im

Schutz von Panzern aufgezwungen. Wir zensieren uns freiwillig – gegen das Grundgesetz.

Tag der deutschen Einheit?

Nirgendwo auf der Welt, nur in der Bundesrepublik ist der 17. Juni ein Feiertag. In diesem Jahr fiel er auf einen Montag. Samstag, Sonntag, Montag nicht zur Arbeit, nicht ins Büro, nicht ins Geschäft. Verlängertes Wochenende. Herrlich! Wieder mal ausgeschlafen, geschwommen, in der Sonne gelegen, abends einen gehoben, wieder mal so richtig gefaulenzt. Man muß die Feste feiern wie sie fallen. Oder nicht?
Sollte man nicht aber auch wissen, was gefeiert wird, warum die Arbeit ruhte? Ich bin überzeugt: Eine große Anzahl von westdeutschen Bürgern weiß nicht, was der 17. Juni bedeutet. Wer weiß denn, daß am 17. Juni 1953 in der DDR ein Aufstand stattgefunden hat, ausgelöst durch spontane Protestkundgebungen und Demonstrationen in Ost-Berlin, in mitteldeutschen Industriestädten, aber auch in ländlichen Gegenden SED-Funktionäre verjagt, Gefangene befreit, Volkspolizisten entwaffnet wurden, daß man den Rücktritt der Regierung und freie Wahlen gefordert hat, daß die Revolte durch die Volkspolizei mit Hilfe sowjetischer Truppen erstickt wurde, daß es hernach eine lange Reihe von Prozessen gegeben hat, daß zu Gefängnis, zu Zuchthaus und zum Tode verurteilt wurde?
Fünfzehn Jahre sind seit dem 17. Juni 1953 vergangen. In dieser Zeit ist es nicht gelungen, den 17. Juni, den Tag der deutschen Einheit, im Bewußtsein der deutschen Bevölkerung zu verankern. Man soll nicht sagen: schuld daran ist die Oberflächlichkeit, die Vergeßlichkeit oder die politische Gleichgültigkeit unserer Bürger. Denn ohne Zweifel ist der 17. Juni ein unglücklicher Feiertag.
Schon 48 Tage später, am 4. August 1953, sehr rasch also, hat man in Bonn durch Gesetz den 17. Juni zu einem arbeitsfreien Feiertag, zum Tag der deutschen Einheit erklärt. Vermutlich war man glücklich darüber, daß sich das Volk der DDR gegen das kommunistische Regime erhoben hatte. Aber das war ein Trugschluß.
Hätten die Gesetzmacher ihre Freude gezügelt und gewartet, bis die Fakten geklärt waren, hätten sie erkannt, daß es am 17. Juni 1953 keine

Volkserhebung gegen das kommunistische System gegeben hat, sondern eine Auflehnung gegen Anordnungen des kommunistischen Regimes, das – wie später in Budapest – keineswegs verschwinden sollte. Außerdem haben die Gesetzgeber übersehen, daß die Revolte ja gescheitert war. Und um das Maß voll zu machen, haben sie dem Tag der nicht stattgefundenen Revolution einen hochtrabenden, ungerechtfertigten Namen gegeben: Tag der deutschen Einheit.
Was denn? Ist am 17. Juni 1953 die deutsche Einheit zustande gekommen? Haben Arbeiter der DDR am 17. Juni 1953 irgend etwas für die deutsche Einheit getan, auch nur tun wollen? Sind wir am 17. Juni 1953 dem Zusammenschluß der getrennten Teile Deutschlands auch nur um einen Millimeter näher gekommen? Was also haben sich die Namensgeber dabei gedacht, als sie ein Gesetz machten und einen Tag, an dem in der DDR Arbeiter den Mut zur Auflehnung fanden, in der Bundesrepublik zu einem arbeitsfreien Tag, zu einem Feiertag zu erklären?
Der Tag der deutschen Einheit ist ein unglücklicher Feiertag. Von Jahr zu Jahr gibt es neue Vorschläge, den Tag der deutschen Einheit zu erneuern, damit er sich im Bewußtsein doch noch verankere. Ich halte von all den Vorschlägen nichts. Ich schlage vor, den Feiertag des 17. Juni nun endgültig wieder aufzuheben und den »Tag der deutschen Einheit« auf den Tag zu verschieben, an dem die beiden deutschen Teile wirklich vereinigt werden.

Arbeiter und Studenten

Außerordentliches hat sich ereignet. Im Hörsaal I der Kölner Universität fanden sich rund 700 Studenten und Arbeiter zu einer gemeinsamen Kundgebung zusammen. Zweieinhalb Stunden lang hörten Arbeiter und Studenten gemeinsam den Rednern zu. Zweieinhalb Stunden lang saßen Arbeiter und Studenten Kopf an Kopf, trommelten und klatschten solidarisch Beifall. Studenten und Arbeiter protestieren gemeinsam gegen Kurzarbeit und Entlassungen in den Kölner Ford-Werken. Arbeiter und Studenten demonstrierten solidarisch für die Mitbestimmung.
Ein Gewerkschaftschor sang in einem Hörsaal das Lied »Brüder zur Sonne, zur Freiheit«, und die Studenten stimmten die Internationale an.

Gemeinsam protestierten Arbeiter und Studenten gegen die Anwesenheit von drei Beamten des 14. Kommissariats, der politischen Polizei, die den Direktor der Universität nicht um die Erlaubnis ersucht hatten, den Hoheitsbereich der Universität betreten zu dürfen. Gemeinsam gelang es Arbeitern und Studenten, durch Sprechchöre und durch vernünftiges Zureden, daß die Beamten den Saal verließen, bevor nach der Diskussion über eine Resolution abgestimmt wurde.

Studenten und Arbeiter forderten gemeinsam die Demokratisierung der Betriebe und die Demokratisierung der Universitäten.

Diesen Vorgang nannte ein Vorstandsmitglied der IG Metall in Frankfurt ein »außerordentliches, ermutigendes und beispielgebendes Ereignis«. Ich nenne ihn auch so.

In Berlin vor allem haben sich Studenten schon lange darum bemüht, mit gleichaltrigen Arbeitern, mit Arbeitern überhaupt ins Gespräch zu kommen, um über gemeinsame Sorgen zu diskutieren, für gemeinsame Ziele zu demonstrieren, gegen gemeinsam erkannte Mängel zu protestieren. Nun ist es, wie ich sehe, zum erstenmal gelungen. Aber nicht in Berlin, wo wahrscheinlich auch ein beträchtlicher Teil der Arbeiter durch die Springerpresse falsch informiert und gegen die Studenten aufgebracht wird, sondern in Köln, in einem gemäßigteren und darum vernünftigeren politischen Klima.

Studenten und Arbeiter haben begriffen, daß es nichts nützt, innerhalb des öffentlichen Lebens, der Parlamente, der Parteien, der Kommunen und Verwaltungen klare demokratische Verhältnisse zu fordern, wenn die Demokratie an den Fabriktoren und an den Eingangspforten der Universitäten halt machen muß.

Arbeiter haben begriffen, daß ihnen Studenten bei ihren Forderungen nach Mitbestimmung in den Betrieben helfen können. Studenten haben verstanden, daß ihnen Arbeiter bei ihren Forderungen nach Mitbestimmung in den Universitäten behilflich sein können. Sie können Erfahrungen austauschen, wobei Studenten und Arbeiter Gebende und Nehmende zugleich sind. Sie können, indem sie sich zusammentun, ihre Stimmen beträchtlich verstärken.

In der Kölner Universität haben sich Arbeiter und Studenten versprochen, künftig noch enger zusammenzuarbeiten. Das ist ein außerordentliches, ermutigendes und beispielhaftes Versprechen.

Klassisches Schriftgut der neuen Opposition.

Die Veranstaltung in Köln hat gezeigt, daß es berechtige Unruhen über den speziellen Bereich hinaus nicht nur unter Studenten gibt. Die Unruhe wächst. Man wird nicht mehr mit Phrasen über die Ursachen der Unruhen hinweggehen können, wenn sich Arbeiter und Studenten tatsächlich zusammentun.

Sind Arbeiter dumm?

Wieder einmal bin ich über statistische Zahlen gestolpert und nachdenklich geworden.
Da lese ich, daß an unseren Universitäten jeder dritte Student aus einer Beamtenfamilie kommt, aber nur jeder zwanzigste aus der eines Arbeiters.

Der Prozentsatz der Arbeiter-Söhne und -Töchter an unseren Hochschulen beträgt 5,3 vH. Das ist erschreckend wenig, wenn man erfährt, daß an englischen Hochschulen 25 vH und an denen der Vereinigten Staaten sogar über 30 vH Kinder aus Arbeiterfamilien studieren. Woran liegt das? Sind die Söhne und Töchter deutscher Arbeiter weniger intelligent als Arbeiterkinder in England und Amerika? Sind deutsche Arbeiterkinder dümmer als Kinder von Beamten?

Das kann der Grund nicht sein. Denn es steht fest, daß Dumme und Gescheite in allen zivilisierten Ländern über alle Schichten ziemlich gleichmäßig verteilt sind.

Liegt es am Einkommen unserer Arbeiter? Beamte verdienen bei uns durchschnittlich mehr als Arbeiter. Nur ein Bruchteil der Arbeiter bringt es in seinem Leben auf einen Monatsverdienst von 2000,– DM. Es fällt einem Beamten leichter, seine Kinder auf die höhere Schule und auf die Universität zu schicken. Der Arbeiter steht vor der Entscheidung, ob seine Kinder möglichst schnell verdienen oder gründlich lernen sollen. Er entscheidet sich fast immer für den kürzeren Weg des raschen Verdienens.

Wichtiger scheint mir die Rolle des sozialen Milieus zu sein. In Arbeiterfamilien, in denen der Lottoschein und die Skatkarten ein größeres Ansehen genießen als Bücher, in denen junge Leute, die etwas lernen wollen, noch immer diffamiert werden als »Stubenhocker«, die »nur herumschmökern« und die »Zeit vertrödeln«, statt »etwas Vernünftiges« zu lernen, womit stets Handarbeit gemeint ist, hat es die Einsicht nun einmal schwer, daß es schon heute für alle unumgänglich ist, so viel und so lange wie möglich zu lernen.

In immer mehr Berufen wird von Jahr zu Jahr immer mehr verlangt. Schon heute gibt es den Wechsel von überflüssig werdenden zu neuen, anspruchsvolleren Berufen. In den nächsten vierzig Jahren wird sich die Beschäftigungsmöglichkeit noch um einiges rapider verändern, als es in den letzten vierzig Jahren geschehen ist.

Wir werden uns, ob es uns paßt oder nicht, daran gewöhnen, daß es für einen Menschen nicht mehr nur einen Beruf gibt, dem er sein Leben lang nachgeht, sondern mehrere. Das erfordert dauernde Umschulung, die ohne gründliche Schulbildung nicht zu leisten ist. Davon sind keineswegs nur die Arbeiter betroffen. Angestellte, Facharbeiter und Führungskräfte nicht weniger.

Auf der Strecke wird bleiben, wer sich der Entwicklung entgegenstemmt. Wer sich der nicht mehr aufzuhaltenden Entwicklung einfügen will, wer sich mit der Klage, daß Arbeiter nun einmal weniger verdienen, nicht zufriedengibt, der kommt schon heute mit einer Volksschulbildung allein nicht mehr aus. Bessere, längere Ausbildung ist auf die Dauer Voraussetzung für besseren Verdienst.

Darüber hinaus ist der Gedanke unerträglich, daß es im alten Trott weitergehen soll, daß Richter und Staatsanwälte, Ärzte, Lehrer, Wissenschaftler und Führungskräfte jeglicher Art immer nur aus den gleichen Schichten kommen. Unser Land braucht das Potential aller Berufe, vor allem auch der Arbeiter.

Und für alle gilt die Erkenntnis: »Wer sich auf dem Schulweg verirrt, findet sich sein ganzes Leben nicht zurecht.«

Von außen gesehen

Bundespräsident Heinrich Lübke hat in seiner Silvesteransprache über Rundfunk und Fernsehen gesagt: »Leider müssen wir feststellen, daß Radau und Terror organisierter Gruppen, mögen sie noch so unbedeutend sein, von außen her leicht gewertet werden als Anzeichen des Unfriedens, der revolutionären Gesinnung und damit der inneren Schwäche des ganzen Volkes.«

Allmählich geht mir das dauernde Schielen nach außen auf die Nerven. Es hat mich schon in meiner Jugend geärgert, wenn mir gesagt wurde: »Was sollen denn die Leute von dir denken.« »Die Leute sind mir scheißegal«, habe ich geantwortet, »ich werde tun, was ich für richtig halte«; ich bin bereit, den Leuten zu erklären, warum ich dies oder das tue und sage; aber ich werde nichts tun oder lassen, nur weil ich mich frage: Was sollen die Leute denken.

Es ist unmöglich, daß ein Mensch richtig lebt und handelt, wenn er seine Gründe nicht erwägt, sondern sie von der Meinung der Leute ableitet. Es ist ebenso unmöglich, daß ein Volk richtig lebt und sich entwickelt, wenn zur Maxime seiner Existenz die zu erwartende Reaktion der Freunde und Nachbarn gemacht wird.

*Reiterstaffel der Polizei bei
einer Demonstrations-Übung.*

*Demonstrations-Übung
der Polizei.*

*Polizeiübung für einen Einsatz
auf Demonstrationen.*

Paul Schallück redet den Zeitgenossen ins Gewissen

»Von außen her werden Radau und Terror organisierter Gruppen leicht gewertet als Anzeichen des Unfriedens«? Weiß denn der Herr Bundespräsident immer noch nicht, daß wir zu einer solchen Bewertung des Auslands nicht bedürfen? Theologen beider Konfessionen, Soziologen, Professoren, Psychologen, Partei- und Gewerkschaftsleute und viele andere haben doch längst erkannt, daß wir es nicht mit Anzeichen, sondern mit echtem Unfrieden zu tun haben, sogar mit berechtigter Unruhe, daß wir echte revolutionäre Gesinnungen registrieren müssen.

Meine eigenen Erfahrungen im Ausland aber – und nicht nur meine – sagen etwas ganz anderes. Man beobachtet die Unruhe unserer Jugend, die Demonstrationen und Proteste, weil in allen Ländern, im Osten wie im Westen, die Jugend unruhig ist. Die Unruhe unserer Jugend bewertet man als Zeichen von Lebendigkeit: endlich sind die Deutschen nicht mehr die braven Schüler, die blindlings einem Führer nachlaufen; endlich, mit einiger Verspätung, gibt es auch in Deutschland junge Leute, die etwas verändern wollen, endlich sind ein paar unzufrieden mit der sterilen Ordnung des Wohlstandsstaates – wie in aller Welt; endlich streben auch junge Deutsche nach einer lebendigen, sich wandelnden Menschen-Ordnung.

Das Anwachsen des Rechtsradikalismus bereitet dem Ausland Sorgen, nicht die unruhige Jugend, nicht deren revolutionäre Gesinnung.

Ja, es gibt sie, man kann sie nicht leugnen, nicht vertuschen, unterdrücken mit: Was sollen denn die andern denken! Revolutionäre Gesinnungen sind nicht Anzeichen von Schwäche, sondern Beweise für innere Stärke der Gesellschaft und des Staates, der es sich leisten kann, revolutionäre Gesinnungen als Quelle der Erneuerung zu sehen und sie in den Gesellschaftsprozeß hineinzuleiten, statt sie zu unterdrücken.

Die Unterdrückung beginnt mit dem Schielen nach draußen. Wem Unruhe, revolutionäre Gesinnung Sorgen machen – und es gibt überzeugende Gründe dafür –, der möge nicht mahnen: Was sollen die Leute denken. Der möge die Unruhen erkennen, die revolutionären Gesinnungen analysieren, darüber nachdenken und die Anlässe, die zu Unruhen und revolutionärer Gesinnung führen, aus der Welt schaffen. Mit dem Blick nach draußen sind sie nicht aus der Welt geschafft. Der Blick nach draußen ist ein Grund mit für Unruhe und revolutionäre Gesinnung.

Artikel »Axel als Erzieher« über Axel Springer von Paul Schallück, in »Welt der Freizeit«.

Paul Schallück redet den Zeitgenossen ins Gewissen

Axel als Erzieher

Es ist keine kabarettistische Übertreibung und keine pessimistische Zukunftsbetrachtung, sondern Tatsache: fast unbemerkt ist Axel Springer zum Erzieher der bundesrepublikanischen Jugend geworden. Der Springerkonzern hat *Bravo* und *OK* aufgekauft. Die Jugendzeitschriften *Rasselbande*, *Wir* und *Musikparade* haben aus Konkurrenzangst, jedenfalls zu Springers Gunsten ihr Erscheinen eingestellt. Springer hat die Zeitschrift *Twen* erworben, hat dem *Bild*-Chefredakteur die Herausgeber-Funktion von *Twen* übertragen und Axel Springer junior zum *Twen*-Produktionschef gemacht. Axel Caesar Springer, Herrscher über einen gefährlich großen Apparat von Tageszeitungen und Zeitschriften, verfügt nunmehr auch über rund 27 vH an der Auflage aller periodischen Zeitschriften, die für Kinder und Jugendliche bestimmt sind, und über einen Anteil von 90,74 vH der Auflage aller kommerziell verbreiteten Jugendzeitschriften. Gegenwärtig werden an den Zeitungskiosken der Bundesrepublik nur noch ganze drei Jugendmagazine angeboten, die nicht dem Springerkonzern gehören.

Diese und andere wissenswerte Fakten, dazu Stellungnahmen von über 80 Politikern, Professoren, Journalisten, Schriftstellern, Jugendleitern und Gewerkschaftern sind zu finden in einer Dokumentation, die der Wiesbadener Journalist Ulrich Sander unter dem Titel *Axel Springer als Erzieher* herausgebracht hat.

Es ist schlimm genug, daß sich immer mehr Tageszeitungen in einer immer kleiner werdenden Zahl von Verlegern zusammenballen. Die Macht des Verlagshauses Springer ist in einem unerträglichen Maße gewachsen. Mit Recht wird Klage darüber geführt, daß die Farbigkeit der Presse, ihr pluralistisches Prinzip und auch die Unabhängigkeit der Nachrichtenverbreitung gefährdet ist.

Unüberschaubar aber wird die Gefahr, wenn immer mehr unabhängige Zeitungen und Zeitschriften, die für die Jugend geschrieben werden, vom freien Markt verschwinden. Die Unabhängigkeit der Meinungsäußerung ist die Voraussetzung für eine freie Diskussion. Die freie Diskussion ist die Grundlage dafür, daß sich die Jugend von der Welt, von Gesellschaft und Staat ein zutreffendes Bild machen kann. Wie sonst soll sie in die Gesellschaft hineinwachsen, den Staat und die Gesellschaft mitbilden, mitverantworten und eines Tages führen?

In Zukunft werden kaum zählbare Massen junger Leute von Axel Springer allein informiert. Von ihm allein werden sie erfahren, was sie in ihrer Freizeit anstellen, wie sie sich gegenüber sexuellen Phänomenen verhalten, was sie über politische Ereignisse denken, wie sie Demokratie verstehen sollen. Wir kennen das Bild einer problemlosen, beruhigten und illusionären Wirklichkeit, das Springer in seinen Blättern anbietet, die Unverbindlichkeit seines »Seid-nett-zueinander«, die Verfälschung politischer Realitäten durch Akzentuierung oder Verschweigen. Wird der Erzieher Axel Springer sich ändern? Er wird mit seinen Presseerzeugnissen die Meinung von unzähligen politisch unerfahrenen und unkritischen jungen Leuten manipulieren, wie er mit unverfänglich aufgemachten Publikationen bisher schon die Meinung eines sehr großen Bevölkerungsteils manipuliert hat. Axel Springer als Erzieher, das heißt: bei 90,7 vH der Auflage aller kommerziellen Jugendzeitschriften wird man nicht mehr mit Aufklärung und Kritik, Friedensbemühung und Völkerverständigung rechnen dürfen. Axel Springer als Erzieher ist eine Gefahr für unsere gegenwärtige und noch mehr für unsere zukünftige demokratische Gesellschaft.

Anmerkungen

1   Abdruck in: Walter Gödden, Jochen Grywatsch (Hg.): *Paul Schallück: Moment mal! Glossen und Gedanken zur Zeit.* Köln 2003, S. 96-98.
2   Ebd. S. 31-33. Vgl. zum Beispiel auch Schallücks bibliophile Veröffentlichung in der Berliner Handpresse mit dem Titel *Orden* (1967) oder Schallücks Hörspiel *Pipo oder Panik in Planstelle O* (WDR 1968).
3   Zitiert nach Gödden/Grywatsch 2003, S. 31-33.
4   Paul Schallück: *Don Quichotte in Köln.* Frankfurt a.M. 1967, S. 33f.
5   Vgl. Michael Aust: »*Unruhe ist des Demokraten erste Pflicht.*« Glossen für die »Welt der Arbeit«, in: Walter Gödden, Jochen Grywatsch: *Wenn man aufhören könnte zu lügen. Der Schriftsteller Paul Schallück (1922-1976).* Bielefeld 2002, S. 353. Schallücks Glossen erschienen zunächst im Unterhaltungsteil, dann im Hauptteil von *Welt der Arbeit.* Sie waren anfangs mit *Moment mal* betitelt, später dann mit *Gedanken zur Zeit.*
6   Walter Gödden: *Vorsätze, Thesen, Fragen,* in: Gödden/Grywatsch 2002, a.a.O., S.19.
7   Ebd., S. 20.
8   Vgl. seine Glosse *Brotlose Künste,* zitiert nach: *Moment mal!,* a.a.O., S. 126.
9   Nachdruck in: *Moment mal!,* a.a.O., S. 111-113.

Anti-Springer-Demonstration.

Anti-Springer-Demonstration, Essen 1968.

Anti-Springer-Demonstration, Essen 1968, nach dem Attentat auf Rudi Dutschke.

23 Glossen zur deutschen Befindlichkeit

Anti-Springer-Demonstration, Essen 1968, mit Polizeiaufgebot.

Anti-Springer-Demonstration, Essen 1968, Polizeieinsatz.

Paul Schallück redet den Zeitgenossen ins Gewissen

24 ›Gruppe 61‹ revisited
Es gab sie noch, aber sie steckte in einer Krise

Es gab sie noch und sie war nach wie vor in aller Munde; aber hinter den Kulissen brodelte es. Die *Gruppe 61* war 1968 nicht mehr das, was sie einmal war.[1]
Als Fritz Hüser, der rührige und leidenschaftliche Sammler von Arbeiterliteratur, 1961 zu einem ersten Arbeitstreffen ins Dortmunder *Haus der Bibliotheken* einlud, war nicht absehbar gewesen, dass er mit der Forderung, die Literatur müsse sich der Wirklichkeit der Arbeitswelt öffnen, einen Nerv der Zeit getroffen hatte. Und das nicht nur in Westfalen, sondern überregional, wie Zeugnisse von Martin Walser und Walter Jens zeigen.[2]
Die *Gruppe 61* konsolidierte sich, gab sich eine programmatische Satzung, publizierte fleißig und nahm auch neue, junge Mitglieder auf wie Peter-Paul Zahl, Günter Wallraff oder Erika Runge. Es kam zu vielen weiteren Treffen, und fast immer waren die Presse und oft auch das Fernsehen und der Rundfunk dabei. Eine Vielzahl von Schriften, vor allem Anthologien, dokumentierte den »Anfangsschwung« der Vereinigung.
1963 kam es zu ersten Störgeräuschen, als Max von der Grüns Roman *Irrlicht und Feuer* offen Kritik an Arbeitgebern, den Arbeitsbedingungen im Bergbau, an Betriebsräten und Gewerkschaften übte. Manchem Mitglied war es überdies ein Dorn im Auge, dass von der Grün der unbestrittene »Star« des Autoren-Ensembles war und entsprechend von den Medien hofiert wurde.
Zur selben Zeit kam – im Zuge der immer größeren Aufmerksamkeit, die der Gruppe inzwischen zuteil wurde – Kritik an der Qualität der Texte einzelner Mitglieder auf. Selbst wohlgesinnte Sympathisanten oder Mitglieder der Gruppe gingen mit kritischen Statements an die Öffentlichkeit – sehr zum Leidwesen Hüsers, der auf stärkere Solidarität gehofft hatte. Mit der Aufnahme neuer, oft junger Mitglieder nahmen die Diskussionen zu. Der Begriff Industriedichtung wurde zunehmend kritisch reflektiert und in seiner früheren Form als zu einengend und dogmatisch empfunden.
Im Frühjahr 1966 stellte Fritz Hüser gleichsam die Vertrauensfrage. Für ihn war zweifelhaft, ob die Gruppe überhaupt noch eine gemeinsame

Treffen der Dortmunder ›Gruppe 61‹ am 17. Juni 1961.

Dortmunder ›Gruppe 61‹.

Es gab sie noch, aber sie steckte in einer Krise

Dortmunder ›Gruppe 61‹ während der Diskussion am 8. November 1969.

Dortmunder ›Gruppe 61‹ mit Peter Schütt (stehend). 2. von links: Fritz Hüser.

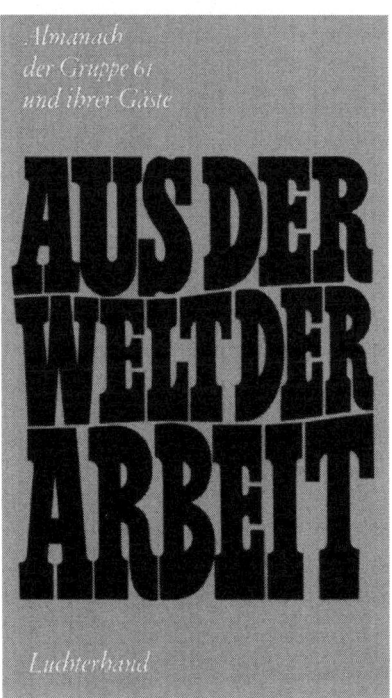

Publikation »Aus der Welt der Arbeit«
der Dortmunder ›Gruppe 61‹.

Werbeplakat der Reihe »Werkkreis Literatur der Arbeitswelt«.

Günter Wallraff,
Mitglied der Dortmunder ›Gruppe 61‹.

Es gab sie noch, aber sie steckte in einer Krise

Basis und Zukunft habe. Ab 1967 zog er sich sukzessive aus der Vereinigung zurück, mitbedingt durch Querelen mit der Dortmunder Stadtverwaltung und Fragen, die mit der Finanzierung der Vereinigung zusammenhingen. Er selbst wollte sich, wie er brieflich festhielt, nur noch dem Archiv und der Beratung von Studierenden widmen. Die Arbeit wurde auf andere Köpfe verteilt: Wolfgang Körner übernahm allgemeine Lektoratsarbeiten, Hildegard Wohlgemuth begutachtete die eingesandte Lyrik und Josef Büscher kümmerte sich um Bergarbeiterdichtung im engeren Sinne.

Hüser zufolge bedurfte die Gruppe einer internen »Schreibschule«, um die Begabung von Schreibanfängern unter den Arbeiterdichtern zu fördern.[3] Die Gründung der *Literarischen Werkstatt Gelsenkirchen* im Herbst 1967 wurde zwar nicht unmittelbar als Konkurrenz angesehen, sie präsentierte sich jedoch von Anfang an jünger, frischer und progressiver. Der wiederum aus der *LWG* hervorgehende *Werkkreis Literatur der Arbeitswelt* sorgte 1971 für eine Ablösung der *Gruppe 61*. Dort wurde der Gedanke der Schreibförderung als zentrale Aufgabe formuliert. Die *Gruppe 61* stand 1968 am Scheideweg.

Anmerkungen

1   Zur *Gruppe 61* vgl. Gertrude Cepl-Kaufmann und Jasmin Grande: *Schreibwelten – Erschriebene Welten. Zum 50. Geburtstag der Dortmunder Gruppe 61*. Essen 2011. Einen Überblick über die Geschichte der Gruppe gibt die erwähnte *Chronik der westfälischen Literatur 1945-1975* (s. S. 144).
2   Vgl. *Chronik*, S. 371ff. Zu Walser vgl. die Ausführungen zu Erika Runge: *Bottroper Protokolle* (s. S. 124ff.).
3   Jasmin Grande (Hg.): *Fritz Hüser 1908-1979. Briefe.* Hg. im Auftr. der Fritz-Hüser-Gesellschaft. Oberhausen 2008, S. 269.

25 Happenings
Provozierendes Straßentheater und Teenies mit Pagenschnitt

Alles, bloß keine »Wasserglaslesungen« mit Lorbeerbaum rechts und Lorbeerbaum links. Bereits bei der Gründung der *Literarischen Werkstatt Gelsenkirchen* (s. S. 669ff.) schwebten den »Machern« Rainer Kabel, Detlef Marwig und Hugo Ernst Käufer alternative Veranstaltungsformen vor. Diese sollten sich von den biederen Treffen der *Gruppe 61* unterscheiden. Man dachte an ungewöhnliche Leseorte und Aktionen auf der Straße. Lesungen sollten Events sein und die »Dichter« zum Anfassen.

Ein 1968 von der *LWG* durchgeführter Schreibwettbewerb (s. S. 339ff., 669ff.) ähnelte heutigen Poetry-Slam-Lesungen. Mitinitiator Marwig: »Die Gäste sitzen an Tischen, können verzehren, was sie wollen und nach Belieben kommen und gehen. Um die Kritiklust des Publikums anzuregen, lesen drei Autoren jeweils etwa 20 Minuten lang. Die Zuhörer wählen nach anschließender, meist recht lebhafter Diskussion per Wahlzettel mit den Stimmen ›gut, mittel und schlecht‹ ihren Favoriten. Der Autor mit den meisten positiven Stimmen kommt eine Runde weiter.« Begleitet wurden die Lesungen von Jazz-Bands. Dazu gab es Würstchen, Bier und »Limo«.[1]

Die *LWG* ließ sich einiges einfallen und bewies auch dabei Courage. Für Schlagzeilen sorgte eine Aktion im Sommer 1968. Detlef Marwig, Rainer Horbelt, Frank Göhre und Werner Streletz inszenierten auf einem LKW an sechs Stellen der Gelsenkirchener Innenstadt ein literarisches Straßentheater. Während der »Show« verteilten drei junge Damen in Pagenkostümen Werbezettel des Volksbildungswerks. Vor dem Körper trugen sie ein Plakat mit dem Text: »So DOOF SEID IHR doch gar nicht, daß ihr nicht noch LERNEN könntet.«

Die Texte des Autorenquartetts verglichen die damalige Zeit mit der des Dritten Reiches. Ergebnis: »In diesem Land / in dieser Stadt / in dieser Straße – hat sich nichts geändert.« Oder: »Nur nicht denken / Fähnchen schwenken!« Und zum Abschluss, begleitet von rhythmischem Händeklatschen: »Laßt Euch den Verstand kastrieren – Seid nicht dumm, haut sie um!«

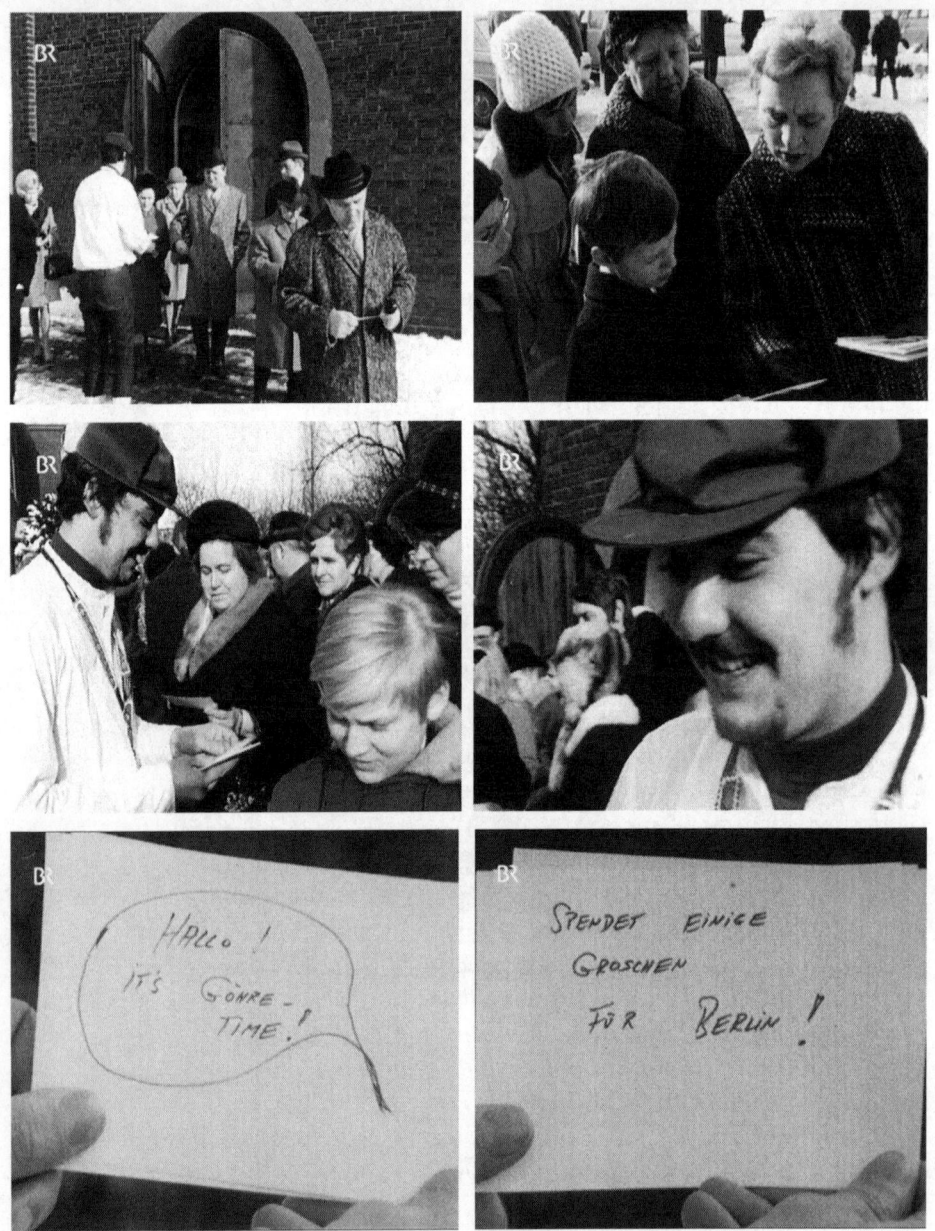

Die Bilderfolge dokumentiert die angesprochene Text-Aktion Frank Göhres. Es handelt sich um Screen-Shots aus dem Film »Kunst auf der Kohle«.

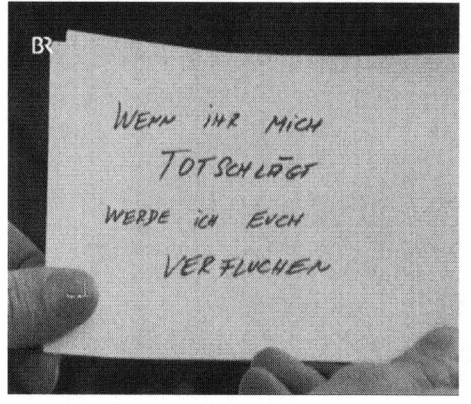 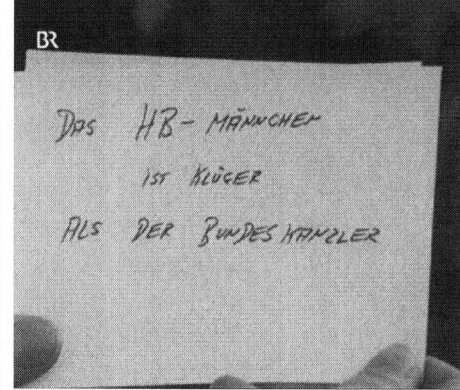

Eines der wenigen Zeugnisse über diese Aktion ist ein Bericht in der Zeitschrift *Volkshochschule im Westen*: »Kaum jemals dürfte in Gelsenkirchen eine Eröffnungs- und Werbeveranstaltung des Volksbildungswerks eine derartige Breitenwirkung erzielt haben. Nicht einmal ein während des Vortrags plötzlich einsetzender Platzregen vermochte die Zuschauer, die sich in einer Einkaufsstraße dicht an dicht drängten, vollends auseinanderzutreiben. Bemerkenswert die Frage einer Hausfrau, der ein Werbezettel des Volksbildungswerks in die Hand gedrückt wurde: ›Was ist das denn für 'ne Partei – Volksbildungswerk?‹ Ein alter Herr fragte, ob man diese Veranstaltung nicht sonntagsmorgens im Park wiederholen könne: ›Das war so interessant, und da sind wir alten Rentner doch alle da.‹ Einer der Teenager, die die Plakate trugen, bezahlte mit seinem Honorar gleich die Gebühren für zwei Kurse. ›Unzählige Anrufe erreichten uns‹, berichtete Volkshochschul-Direktor Dr. Kabel (31), ›die Studienpläne für das Halbjahr waren – im Gegensatz zu früheren Jahren, trotz erhöhter Auflage – in kürzester Zeit vergriffen.‹ Und: ›Wir hatten etwa 200 Neuanmeldungen von Teilnehmern, die bisher nie die Möglichkeiten des Volksbildungswerks ins Auge gefaßt hatten.‹«[2]
Eine andere »Protestaktion« ist durch den Film *Kunst auf der Kohle* (s. S. 350ff.) dokumentiert. Eingefangen ist eine Szene, in der Frank Göhre Gottesdienstbesuchern irritierende Zettel in die Hand drückt und so gezielt Verwirrung stiftete.
Ohne Zweifel: In Hinblick auf öffentlichkeitswirksames Auftreten ist den Initiatoren der *LWG* ein geradezu professionelles Marketing zu attestieren. Innerhalb einer kurzen Zeitspanne schaffte es die *LWG*, in aller

Munde zu sein. Die Veranstaltungen hatten großen Zulauf, Presse und Rundfunk berichteten und selbst das Fernsehen war mehrfach zugegen. Tenor: So etwas hat die Welt noch nicht gesehen... Bereits nach der zweiten *LWG*-Gruppenlesung konstatierte Kabel: »Es war eine runde Sache«[3], nach der vierten Lesung befanden Marwig und Käufer, dass die »Werkstatt« im Ruhrgebiet »eingeschlagen« habe und in Gelsenkirchen akzeptiert werde.[4] Nach der fünften Lesung hieß es, man sei auf dem besten Wege, sich vom Regional- zum »Bundesliga«-Format zu entwickeln.[5] Das Unorthodoxe der *LWG*-Veranstaltungen, besonders der Kaufhof-Lesung (s. S. 339ff.), zählt heute zu den skurrilsten Seiten der westfälischen Literaturgeschichte.

Anmerkungen

1 Zitiert nach Barbro Schuchardt: *Auch Hausfrauen konnten hier aus ihren Werken vorlesen. Die erste Runde der »Literarischen Werkstatt Gelsenkirchen« ging zu Ende. Deutsche Welle,* 6.1.1969 [Ms.]. Abdruck in: Hugo Ernst Käufer (Hg.): *Dokumente Dokumente. Die Literarische Werkstatt Gelsenkirchen in Presse, Rundfunk und Fernsehen 1967 bis 1969.* Gelsenkirchen 1969. Vgl. allgemein: Walter Gödden: *»Einer sagte: ›Die Literatur ist tot‹«. Der Reader ›Dokumente Dokumente‹ liefert kuriose Einblicke in die Entstehungsgeschichte der ›Literarischen Werkstatt Gelsenkirchen‹,* in: Literatur in Westfalen. Beiträge zur Forschung 14. Bielefeld 2016, S. 225-239.
2 *Volkshochschule im Westen,* H. 5, Oktober 1968. Zitiert nach *Dokumente Dokumente,* a. a. O., dort ohne Seitenzählung.
3 *Ruhr-Nachrichten,* Ausgabe vom 15. Januar 1968.
4 *Westfälische Rundschau,* Ausgabe vom 15. Januar 1968.
5 *Westfälische Rundschau,* Ausgabe vom 19. Februar 1968.

26 Hausfrauenliteratur
Jeder eine Chance, und die Presse amüsiert sich in Chauvi-Manier

Ein besonderes Schmankerl innerhalb des Veranstaltungsreigens der *Literarischen Werkstatt Gelsenkirchen* war 1968 eine »Hausfrauen«-Lesung. Die Presse überschrieb die Aktion mit *Zwischen Alltagskram schreiben sie Gedichte. Trotz des Protests der Ehemänner: Hausfrauen locken die Muse in die Küche.*[1]
In einem Zeitungsbericht heißt es: »Alle vier leben sie im Revier. Sie sind Hausfrauen, Ehefrauen, zwei von ihnen haben Kinder. Sie tragen ihr tägliches Päckchen häuslicher Pflichten zwischen Frühstück und Fernsehstunde ab, und wohl kaum jemand ahnt, daß sie obendrein die Muse in den Dunstkreis der Küche locken. Mit energischer Konsequenz besteigen sie den Pegasus, verfassen sie Gedichte und Prosa, zeitkritische, anklagende Texte. Sie schreiben Manuskriptblätter voll, oft genug gegen den Widerstand der Ehemänner und trotz schonungsloser Kritik der Kritiker.«
Zu Wort kamen Josianne Maas, die zuvor »Illustriertenromane« verfasst habe[2] (»Sie will eine Welt zeigen, die der kleine Mann versteht«), Helga Riedel, die selbstbewusst den Titel »Schriftstellerin« für sich reklamiere (»Schließlich hat sie ›mit acht Jahren begonnen, ernsthaft zu schreiben‹«), Liselotte Rauner (»Die ehemalige Kabarett-Texterin quält sich mit Selbstkritik: ›Ich habe lange mit mir gerungen, nichts veröffentlicht, viele Sachen verbrannt.‹ Selbst kinderlos, lehnt sie sich dagegen auf, daß Männer der Meinung seien, ›die Frau habe am Kochtopf zu stehen und Kinder zu erziehen‹. Sie übt statt dessen Zeitkritik in ihren vier Wänden und ist glücklich darüber, daß sie endlich über die literarische Werkstatt Kontakt zu Gleichgesinnten gefunden hat«[3]) sowie Heide Aust, über die das Urteil ihres Mannes, eines Polizisten, kolportiert wird (»Du hast zwar einen Vogel, aber mach man weiter«).[4]
Das Resümee lautete: Die Autorinnen »hatten den Mut, sich mehr oder minder schonender Kritik auszusetzen. Und sie haben den Mut weiterzuschreiben. Die Kontakte, die sie inzwischen gewonnen haben, werden für ihre Arbeit wertvoll sein. Und dieses Verdienst hat sicherlich die noch junge *Literarische Werkstatt Gelsenkirchen* erworben. Sie bietet

RUNDSCHAU-WOCHENEND

Zwischen Alltagskram schreiben sie Gedichte • Trotz des Protests der Ehemänner

Hausfrauen locken die Muse in die Küche

Alle vier leben sie im Revier. Sie sind Hausfrauen, Ehefrauen, zwei von ihnen haben Kinder. Sie tragen ihr tägliches Päckchen häuslicher Pflichten zwischen Frühstück und Fernsehstunde ab, und wohl kaum jemand ahnt, daß sie obendrein die Muse in den Dunstkreis der Küche locken. Mit energischer Konsequenz besteigen sie den Pegasus, verfassen sie Gedichte und Prosa, zeitkritische, anklagende Texte. Sie schreiben Manuskriptblätter voll, oft genug

Josianne Maas schreibt nicht nur Illustriertenromane. Sie will eine Welt zeigen, die der kleine Mann versteht.

gegen den Widerstand der Ehemänner und trotz schonungsloser Kritik der Kritiker.

Drei dieser Revierfrauen haben in der Literarischen Werkstatt Gelsenkirchen ein Forum gefunden, vor dem sie die Produkte ihrer Feder zur Diskussion stellen konnten. Von jeder wurde kleine Textproben in der Werkstatt-Dokumentation „Beispiele Beispiele" im Georg-Bitter-Verlag Recklinghausen veröffentlicht.

Da wäre die Gelsenkirchenerin Josianne Maas, 47 Jahre, gelernte Krankenschwester, Sozialpflegerin, verheiratet mit dem Oberinspektor bei der Stadt Gelsenkirchen Heinz Maas, Mutter von Birgitt (16) und Sabine (10). In ihrem Satz zu ihren schreibenden Kolleginnen kann Frau Maas sagen: „Mein Mann hilft mir, wo er kann. Er ist mein bester Kritiker." Die Töchter sind ohnehin begeistert von der schriftstellernden Mama, die über die Trivialitäten von Illustriertenromanen, die sie seit 1964 veröffentlicht, zu neuen literarischen Ufern vorstoßen möchte: „Ich will keine utopische Welt. Ich will eine Welt zeigen, wie sie um uns ist, und wie sie der kleine Mann auch versteht."

Zum Beispiel: „Wie bitte, ob ich was hätt' Gegen die Rassentrennung? Natürlich bin ich gegen die Rassentrennung", leitet Josianne Maas ihren Text „Konsequenz" ein, um ironisch zu schließen: „Ob ich etwas dagegen hätte, wenn

Kinder bewundern Mutters Begabung
Kostproben für die Oeffentlichkeit

meine Tochter ... mit einem Neger? Sie, werden Sie nicht unverschämt. Meine Tochter ist ein anständiges Mädchen. Die tut so was nicht."

„Nein, ich bin Schriftstellerin", Helga Riedel (26), seit zwei Jahren mit ihrem Mann, dem Techniker Dieter, und den Kindern Jens, Finn und Ragna in Gelsenkirchen, legt ausdrücklich Wert auf diese Bezeichnung. Schließlich hat sie „mit acht Jahren begonnen, ernsthaft zu schreiben". Kindergedichte, in denen sie frühe Erlebnisse verarbeitete. Einen großen Teil des Tages widmet Frau Riedel der Muse, der Ehemann läßt sie wohl oder übel gewähren. Der Roman, über dem sie jetzt sitzt, hat ein Rilke-Zitat zum Arbeitstitel: „Wer jetzt kein Haus hat, baut sich keines mehr ..."

„Ich drücke beide Augen zu/denn ich werde geführt/Ich stelle mich taub/denn ich traue meinen Ohren nicht", sagt Lieselotte Rauner in ihrem Gedicht „Ohne mich", „Ich hasse alles, was mich

Bittere Qual der Selbstkritik: Lieselotte Rauner hat mit 'sich gerungen und viele ihrer Manuskripte verbrannt.

vom Schreiben abhält", verrät die 48-jährige Frau eines Wattenscheider Bankkaufmanns.

Die ehemalige Kabarett-Texterin quält sich mit Selbstkritik: „Ich habe lange mit mir gerungen, nichts veröffentlicht, viele Sachen verbrannt." Selbst kinderlos, lehnt sie sich dagegen auf, daß Männer der Meinung seien, „die Frau habe am Kochtopf zu stehen und Kinder zu erziehen". Sie übt statt dessen Zeitkritik in ihren vier Wänden und ist glücklich darüber, daß sie endlich über die literarische Werkstatt Kontakt zu Gleichgesinnten gefunden hat.

Heide Aust (26), Angestellte beim Arbeitsgericht Gelsenkirchen, sucht noch diese Verbindung trotz des Urteils ihres Mannes, des Polizeimeisters Wolfgang, dem der Musenflirt verdächtig ist: „Du

Das Werk entstand in der Küche. Heide Aust bastelte an einem Roman über die Stillegung der Zeche Bismarck.

hast zwar einen Vogel, aber mach man weiter."

Heide Austs literarische Werkstatt ist die Küche. Fast ein Jahr lang tippte sie hier an dem Roman „Sterbende Giganten" über die Stillegung der Zeche Bismarck, wo ihr Vater Bergmann war. „In das Buch habe ich mein ganzes Leben mit hineingeflickt, und ich habe mich bemüht, den Ruf Gelsenkirchens als Drecknest zu beseitigen." Der Roman liegt bereits bei dem Lektor Hugo Ernst Käufer. Denn die junge Frau möchte nächstes Jahr ihr Debüt in der Literarischen Werkstatt sehen.

Ihre drei schriftstellernden Kolleginnen haben bereits einen oder mehrere Auftritte vor der Oeffentlichkeit hinter sich. Sie hatten den Mut, sich mehr oder minder schonender Kritik auszusetzen. Und sie haben den Mut weiterzuschreiben. Die Kontakte, die sie inzwischen gewonnen haben, werden für ihre Arbeit wertvoll sein.

Und dieses Verdienst hat sicherlich die noch junge Literarische Werkstatt Gelsenkirchen erworben. Sie bietet allen Talenten die Gelegenheit, ihre Arbeit zu kontrollieren. Obendrein hat sie den Beweis erbracht, daß auch Frauen versuchen, an der literarischen Landschaft des Reviers mitzuweben.　　D. N.

Zeitungsbericht über die »Hausfrauen«-Lesung der Literarischen Werkstatt Gelsenkirchen.

allen Talenten die Gelegenheit, ihre Arbeit zu kontrollieren. Obendrein hat sie den Beweis erbracht, daß auch Frauen versuchen, an der literarischen Landschaft des Reviers mitzuweben«.

Das Singuläre der Veranstaltung kommt auch in der Überschrift eines Beitrags von Barbro Schuchardt in der *Deutschen Welle* zum Ausdruck: *Auch Hausfrauen konnten hier aus ihren ›Werken‹ vorlesen.*[5] Man beachte: Das Wort »Werke« war von der Redakteurin in Anführungszeichen gesetzt worden.

Anmerkungen

1 *Westfälische Rundschau*, undatierte Quelle, zitiert nach Hugo Ernst Käufer (Hg.): *Dokumente Dokumente. Die Literarische Werkstatt Gelsenkirchen in Presse, Rundfunk und Fernsehen 1967 bis 1969.* Gelsenkirchen 1969.
2 Vgl. den Eintrag zu ihrer Person in www.autorenlexikon-westfalen.lwl.org.
3 Zu Liselotte Rauner s. S. 331.
4 Die damals 26-jährige Autorin wurde 1977 in dem von Hugo Ernst Käufer und Hans-Jörg Loskill herausgegebenen Reader *Sie schreiben in Gelsenkirchen* vorgestellt.
5 *Deutsche Welle*, Abteilung Kunst und Literatur vom 6. Januar 1969 (s. auch S. 345).

27 Hochspezialisierte Lyrik
Peter Rühmkorf leidet an einer Literatur, die keine ist

Lyrik oder Politik? Lässt sich beides überhaupt miteinander vereinbaren? Oder stellte sich die Frage gar nicht? Musste sich ein kritisch gesinnter Autor nicht per se mit dem neuen Gedankengut solidarisieren und sein Schreiben den neuen Zielen unterordnen?
Solche Richtungsentscheide beschäftigten in den stürmischen 1960er Jahren wohl jede Autorin und jeden Autoren. Peter Rühmkorf fand die differenziertesten Antworten.[1]
Der – laut Selbstaussage – »hochspezialisierte Lyriker«[2] fasste später zusammen: »Wer Lyrik sagt und es entschieden sagt, der sagt zwangsläufig auch Subjektivität, sagt Selbstausdruck auf Biegen und Zerbrechen, sagt Bindung bis zum Zerreißen; und weil dies direkte Ausdrucksbedürfnis bei mir schon immer im Hader gelegen hatte mit kontroversen Neigungen, hatte sich auch mein ganzes Schreiberleben praktisch aufgespalten in diese einsamen Fluoreszenznummern und einfache Aufklärarbeit im tagespolitischen Augiasstall. Nun, wo sich mir unter dem Druck neu [sic!] arger Gesellschaftsverhältnisse (der Großen Koalition und ihren Folgeerscheinungen) die Frage des politischen Schreibens radikal neu stellte, schien mir die Theaterbühne zwar ein wirkungsvolleres Medium als Gedichte es jemals sein können und imprägnanter als der einfache politische Leitartikel – der Versuch, meinen beiden Bedürfnissen gesammelt gerecht zu werden, barg aber auch das ungeheure Risiko in sich, daß meine dividierten Neigungen und Talente nun vollends auseinanderfallen würden: kein Lyriker mehr auf dem von mir geräumten Platz und von politischer Dramatik noch nicht der Hauch einer Spur. Das waren so private Bedenken.«[3]
Rühmkorf kommt in diesem Zusammenhang auf »wahrhaftige Massenverstörungen«[4] zu sprechen, die Ende der 1960er Jahre manche Autoren heimgesucht hätten und »für lange Zeit den Faden verlieren ließen«[5]: »Da gibt es zum Beispiel Dramatiker, denen die alte Bühnenluft zu stickig geworden ist, und die sich plötzlich in Gedichten freier fühlen. Lyriker oder Romanciers verlangt es nach anderer, neuerer, auch breiterer Öffentlichkeit als die durch zwei Buchdeckel eingeengte, und diese drängen jetzt auf die Bühne, auf die Straße, auf den Marktplatz, zum

Peter Rühmkorf war 1968 39 Jahre alt.

Im Park der Villa Massimo, Rom 1967. Arbeit am Theaterstück »Was heißt hier Volsinii? – Bewegte Szenen aus dem klassischen Wirtschaftsleben«.

Peter Rühmkorf leidet an einer Literatur, die keine ist

Mit Hubert Fichte in der Nähe der Akropolis des antiken Tarquinia, Oktober 1967.

Straßentheater. Lyrische Einmannunternehmer gehen in die Betriebe. Literarische Zauberkünstler fangen an, zu agitieren. Feinsinnige Essayisten versuchen sich an grober politischer Aufklärungsarbeit. Andere schließlich möchten Unsicherheiten wenigstens innerhalb der eigenen privilegierten Bildungsschichten stiften und auch das muß neu gelernt und will getan sein. Dabei praktisch unbrauchbar geworden, was man einmal so sicher gekonnt hatte. Die schönen Mosaiktechniken – für die Katz. Die beliebten Selbstreflexionsnummern, die mühsam einstudierte Rhetorik des Nichtanfangenkönnens – im Eimer. Die edlen Identitätsverschleierungstricks – von formalistischer Lächerlichkeit.«[6]
Rühmkorf war wie Paul Schallück Teil der damaligen intellektuellen Protestkultur (s. S. 38ff.); in den 1960er Jahren verfasste er politische Diskussionsbeiträge, war bei Demonstrationen und Kundgebungen dabei,

stand – als Mitglied der *Gruppe 47* und Mitarbeiter an der linksorientierten Zeitschrift *konkret* – mit führenden Köpfen der Literatur und Politik im Meinungsaustausch. Ihm kam es wie kaum einem anderen zu, kompetent über die Rolle von Literatur und Lyrik in den neuen Zeiten nachzudenken (vgl. *Das Gedicht als Lügendetektor*, 1967); er selbst sah die besondere Aufgabe des Schriftstellers darin, Sachverhalte analytisch zu reflektieren (»Weil der Poet nun einmal ein Mensch ist, der wirklich von Berufs wegen etwas zur Sprache bringt«[7]). Und dennoch: Rühmkorf plädiert für eine differenzierte Betrachtung und keineswegs für eine a priori politische Instrumentalisierung von Kunst.

Der desillusionierende Verlauf der 68er-Bewegung führte bei ihm schließlich zu einem Rückzug aus der größeren politischen Öffentlichkeit: »Nach den hochgespannten Hoffnungen, die wir an die Studentenbewegung geknüpft hatten, war der Sturz ins Kellerloch um so tiefer. Sah oben kein Licht mehr und nach vorn keine Aussicht, und so zog ich mich (wieder einmal) ins Privatleben zurück, zurück in die Klause, zurück zu den Büchern, zurück zur Kultur. Daß der Fischer Verlag mich gerade in diesen Tagen um die Edition einer Klopstock-Gedichtsammlung anging, kam mir nur gelegen.«[8]

In *Wenn ich mal richtig ICH sag*[9] fällt der Rückblick auf die politisch elektrisierenden 1960er Jahre ähnlich ernüchternd aus: »Rückblick zu halten, einmal tief durchzuatmen und das eigene Leben zu bilanzieren, ist keine Sache des Alters, sondern der Anlässe. Was hinter mir lag, war ein Lebensabschnitt, der trotz mancher Verwerfungen und Brüche doch eine gewisse Kontinuität erkennen ließ. Erst als die blaue Luftblase Utopie fast von einem Jahr auf das andere zerplatzt war – das Evangelium von einer zwangsfreien Menschengemeinschaft sich zu einer neuen Zwangsvorstellung verdichtet hatte – die schönen Ideen von freier Selbstbestimmung und genossenschaftlicher Mitbestimmung dem antiautoritären Spaltpilz zum Opfer gefallen waren und am Ende nur noch Fraktionen, Sekten, Gruppen und Grüppchen, Clubs und Clübchen ihre Alleinvertretungsansprüche geltend machten, schien es mir an der Zeit, meine eigene Vita noch einmal durchzubuchstabieren und die einzelnen Abschnitte auf ihren Zusammenhang hin zu untersuchen. Kurz gesagt, den roten Faden herauszupräparieren, der meinem Curriculum seit frühen Jugendjahren eingewebt war, und auch die Bruch- und

Mit dem Lyrikband »Irdisches Vergnügen in g« machte Peter Rühmkorf 1959 auf sich aufmerksam.

Ein Erfolgstitel Rühmkorfs aus den 1970er Jahren.

Rißstellen kenntlich zu machen, die mich von den späten sechzigern und den frühen siebzigern Genossenschaftskämpfen trennten. Immerhin, wir waren doch einmal selbst die Patenonkel einer ›außerparlamentarischen Opposition‹ gewesen. Ich selbst hatte sie bereits in den fünfziger Jahren und zugespitzt auf der 67er Ostermarschdemonstration vorformuliert oder ausgetrötet – nun wollte ›die Bewegung‹ von solchen Vorgängen nichts mehr wissen und sie fegte die Patenonkels ihrer Ideen handgreiflich von ihren Bühnen und Vortragspodien. Grund genug, sich mal für ein Weilchen aus dem antiautoritären Habertreiben zurückzuziehen und sich auf einen unanfechtbaren Platz auf dem eigenen Hochseil zurückzuziehen.«[10]

Eine literarische »Abrechnung« mit den Polit-Lyrikern findet sich schon in Rühmkorfs Gedicht *Waschzettel* aus dem Jahr 1964:

Waschzettel

Leslie Meier
der sensible Hamburger Linksausleger
(enorme Nehmerqualitäten)
aber inzwischen natürlich auch aufs Hochseil übergetreten –
Hier, meine Damen und Herren, bezeugt sich noch einmal aufs
Würdigste:
Der Versuch des Individuums, die tragisch verlorene
Einheitlichkeit ...
na, sehn Sie schon,
wie es Balance übt zwischen Krisen- und Klassenbewußtsein.

Das ist doch nicht uninteressant
und auf unterhaltsame Art
sogar lehrreich:
Schwankend
und entschieden allein auf den eigenen Kopf gestellt,
mit vergleichsweise reinen Händen,
aber ohne genügend Hilfsmittel,
können Sie hier
einen Mann
In der Luft seinen Mann stehen sehn!
Was aber ließe sich Rühmlicheres bemerken als
daß es hier eine wirkliche Lücke zu füllen gilt.[11]

Auch in einem *Selbstporträt* kommt Rühmkorf auf die Rolle des Politischen in seiner Lyrik zurück – ein, wie deutlich wird, Kardinalthema des Autors, mit dem er sich lange Zeit schwertat:

> Wie ich höre, hast du lange nicht von dir selbst
>   gesungen, Onkelchen?!
> Die Menschheit muß ja allmählich denken,
>   sie ist unter sich –
> Wieviele Reiche haben inzwischen
>   ihren Besitzer gewechselt?

Das Bewußtsein ist siebenmal umgeschlagen.
Da schnei ich nun herein
   mit lauter letzten Fragen.

Darf man eintreten, Platz nehmen,
   fragen, wie man wieder nach draußen kommt?
Aber Kinder, da ist doch irgendwas
   mit der Perspektive los!
Alle Wände verzogen
   seit wir das letzte Mal über Zukunft sprachen.
Prinzip Hoffnung total aus der Flucht.
'N wahres Wunder, daß wir nicht
   alle schon schielen.

Soll ich euch mal sagen, was ist?
Also von mir aus können wir sofort-hier
   vom Tisch aufstehn und die Welt umwälzen,
aber mit-wem-denn, mit w e m ?
Mit der Arbeiterklasse hängt Ihr
   doch auch nur noch übers Weltall zusammen
(Ein Medium von höchster kommunikativer Kompetenz)
Ihr atmet die gleiche Luft –
   mehr ist bald nicht.

Ichweiß – ichweiß, man soll den Sozialismus
   nie völlig verloren geben.
›20000 STICKSTOFFWERKER HABEN EINE FREIWILLIGE SONDERSCHICHT
   ZU EHREN DES GENOSSEN LE –‹ na was ist?!
Dagegen IG Metall: ›150000 ARBEITSPLÄTZE DER DEUTSCHEN
   WAFFENINDUSTRIE LANGFRISTIG GEFÄHRDET!‹
Die Wahrheit macht einem immer mal wieder
   einen dicken Strich durch den Glauben.
Man kuckt in die Zukunft – jedenfalls ich! –
   wie in eine Geschützmündung.

Vielleicht ist es einfach nur dies:
mein Herz zieht allmählich die Geier an.
Wer links kein Land mehr sieht,
für den rast die Erde bald
wie ein abgeriebener Pneu auf die ewigen Müllgründe zu –
Düdelüdüt, nu lauf doch nicht gleich
zur Mama mit deinen Verwüstungen.
Düdelüdüt! noch'n Tusch für das Krankenversicherungskostendämpfungsgesetz!
Konstantinopolitanischerdudelsackspfeifenmachergesellenrisikozulage![12]

Anmerkungen

1   Peter Rühmkorf: *Die Jahre die Ihr kennt*. Reinbek b. Hamburg 1972.
2   Ebd., S. 189.
3   Ebd., S. 190.
4   Ebd.
5   Ebd.
6   Ebd.
7   Ebd., S. 213.
8   Ebd., S. 231.
9   Peter Rühmkorf: *Wenn ich mal richtig ICH sag...* Göttingen 2004.
10 So Rühmkorf im Interview mit Eva Schobel im Jahre 1999 auf die Frage, ob es nicht verfrüht gewesen sei, bereits mit 41 Jahren seine »Memoiren« zu schreiben. Abdruck in: *Wenn ich mal richtig ICH sag...*, a.a.O., S. 90f., in: Peter Rühmkorf: *Laß leuchten! Memos, Märchen, TaBu, Gedichte, Selbstporträt mit und ohne Hut*. Hg. von Marcel Hartges. Reinbek b. Hamburg 1993, wird die 1968er-Zeit so gut wie vollständig ausgeblendet.
11 Hier zitiert nach Peter Rühmkorf: *Laß leuchten*, a.a.O., S. 111.
12 Aus dem 1979 erschienenen Band *Haltbar bis Ende 1999*, hier zitiert nach: Susanne Fischer (Hg.): *Rühmkorf zum Vergnügen*. Stuttgart 2016, S. 23-25.

28 Hörspielsprech
Auch Renke Korns Stücke sind im Alltag zu Hause

Ein weiterer, bislang noch nicht erwähnter Autor aus dem Ruhrgebiet ist Renke Korn.[1] Anders als viele seiner dortigen Schriftstellerkollegen trat er nicht als Mitglied literarischer Vereinigungen in Erscheinung. Er war und blieb eher ein Außenseiter und literarischer Einzelgänger. 1968 wagte er, 30-jährig, den Sprung in eine freie Schriftstellerlaufbahn. Ermutigt hatte ihn hierzu der Erfolg seiner Theaterstücke und Hörspiele. Korns literarisches Schaffen setzte 1966 mit dem Hörspiel *Verteidigung eines Totengräbers* ein. Es folgten zahlreiche weitere Hörspiele (allein bis 1969 *Die Sonne ist nicht mehr dieselbe*, *Der Umzug* sowie *Picknick*) und Korns erstes Theaterstück *Die Überlebenden*, das 1967 am Deutschen Theater Göttingen uraufgeführt wurde. 1970 feierte das Stück *Partner* auf dem *Jungen Forum der Ruhrfestspiele Recklinghausen* Premiere (s. S. 537).

Korn debütierte literarisch in einer Zeit, in der, wie erwähnt, die Hinwendung zur Wirklichkeit und zur Arbeitswelt Programm war. Auch er schrieb an der Realität entlang, fand seine Themen auf der Straße. »Ich möchte Stücke schreiben«, sagte er in einem Interview, »die von denen verstanden werden, die sie angehen.«[2] Gemeint war damit kein elitäres Publikum, sondern der Mann bzw. die Frau von der Straße. Entsprechend steht der Alltagsmensch im Mittelpunkt aller Stücke Korns. Der Autor beließ es jedoch nicht bei der schablonenhaften Abbildung sozialer Wirklichkeit, sondern bezog Elemente der modernen Dramaturgie mit ein.

Es kam ihm auf einen unverfälschten Ton an. Auch aus diesem Grund führte er später bei seinen Stücken selbst Regie. Die Form des O-Ton-Hörspiels kam seiner theoretisch-ästhetischen Position am nächsten. Dabei griff er auch Themen aus dem Umkreis der 68er Bewegung auf, unter anderem die desillusionierenden Erfahrungen einer gescheiterten Landkommune.[3]

Im November 1968 erschien im *Westfalenspiegel* Korns Hörspielmonolog *Auf dem Weg nach Hause*, aus dem der folgende Auszug stammt:

Renke Korn.

Aus dem Novemberheft des »Westfalenspiegel«, 1969.

RENKE KORN

Auf dem Weg nach Hause

Hörspielmonolog

Männerstimme

Auch Renke Korns Stücke sind im Alltag zu Hause

Guten Abend. – Entschuldigen Sie meine Aufdringlichkeit! Ich folge Ihnen schon eine ganze Weile. Sie sind auf dem Wege nach Hause, nicht wahr. Ich könnte Sie um Feuer bitten, aber es wäre nur ein Vorwand. Sie würden das durchschauen. Ich möchte Sie gern begleiten. Ich habe Zeit, ich habe nichts weiter vor. Ein scheußliches Wetter, nicht wahr. Gehen wir? Sie werden keine Lust haben, hier mit mir im Regen herumzustehen, gehen wir also. Ich möchte Sie ein Stück begleiten, nichts weiter. Bis vor Ihre Haustür, wenn Sie es erlauben. Es macht mir nichts aus, wenn es weit ist. Ich habe Zeit, ich sagte es bereits. Wenn wir bei Ihrem Hause angelangt sind, werde ich noch warten, bis Sie Ihren Schirm ausgeschüttelt, den Schlüsselbund aus der Manteltasche hervorgeholt und die Haustür aufgeschlossen haben. Dann werde ich Ihnen noch einmal zuwinken, Ihnen noch einmal Gute Nacht zurufen und mich dann abwenden.

Sie kommen von einer Versammlung? Ich stelle mir vor, daß man dort wichtige Beschlüsse gefaßt hat. Auch Sie haben das Wort ergriffen und einen wesentlichen Beitrag zur Klärung der vorliegenden Fragen geleistet. Ja, es hat lange gedauert, bis man zu einer Einigung kam, aber schließlich lag doch ein Ergebnis vor, das alle befriedigte. –

Hören Sie den Hund? Ich kenne ihn. Die Kette an seinem Hals ist an einem Rad befestigt, das über ein Drahtseil läuft. Dies Drahtseil ist quer über den Hof gespannt, vom Geräteschuppen zum Wohnhaus. Wenn Sie die Stadt auf der Rheinhauser Landstraße verlassen, hinter der Brücke über die Darne liegt rechts in den Feldern ein Gehöft. Dort. Ein Bastard. Er heißt Somm. Ein eigenartiger Name, nicht wahr. Ich weiß, wie unruhig er jetzt ist. Er hat seine Hütte verlassen. Er hetzt zwischen Geräteschuppen und Wohnhaus hin und her. Das Rad zischt über das Drahtseil. Die meisten Hunde verkriechen sich bei Regen und Wind in ihrer Hütte. Er nicht. Das Geräusch des Regens macht ihn rasend, der Wind verwirrt ihn. – Ich könnte mir aber auch vorstellen, daß Sie aus einem Konzert kommen. Sie sind elegant gekleidet, fast möchte ich sagen: feierlich. Kleidet man sich nicht so, wenn man ein Konzert besucht oder ins Theater geht? Kurz nach Ausbruch meines Leidens bin ich oft ins Konzert oder ins Theater gegangen. Das schien mir eine Möglichkeit zu sein, die Abende zu verbringen. Aber ich hatte mich überschätzt: ich konnte mich nicht konzentrieren, verstehen Sie, meine Gedanken schweiften ab, die Gestalten auf der Bühne sah ich nur wie durch einen Schleier, die Musik verzerrte sich und

wurde mir unerträglich, ich konnte nicht verstehen und nicht begreifen, was gesprochen wurde – es war sinnlos. Schon nach einer halben Stunde war ich so weit, daß ich aufstehen und den Saal verlassen mußte. Ich besuchte Kinos, Vorträge – es war sinnlos. Ich konnte nicht bis zum Ende durchhalten. Ich fiel bereits auf, die Leute machten sich auf mich aufmerksam, wenn ich vor Beginn der Veranstaltung den Saal betrat und Platz nahm. Ich spürte, wie sie mich beobachteten, wie sie auf den Augenblick warteten, wo ich aufstehen und den Saal verlassen würde. Sie paßten auf, um rechtzeitig ihr Mißfallen äußern zu können, um zeigen zu können, wie sehr ich sie störte. Ich gewöhnte mir an, eine Veranstaltung nur dann zu besuchen, wenn ich einen Platz in der letzten Reihe bekommen konnte. Ich hoffte, daß dann mein vorzeitiges Verschwinden weniger auffallen würde. Aber es half nichts: Jeder andere konnte so gut wie unbeobachtet den Saal verlassen, aber nicht ich. Mit immer deutlicherer Empörung wandten sie die Köpfe nach mir um, immer lauter wurde ihr Protest. Es hatte keinen Zweck mehr. Und was wollte ich denn auch dort, wo doch feststand, daß ich nicht bis zum Schluß würde durchhalten können? Wozu Theateraufführungen besuchen, deren Ende ich niemals miterleben konnte? – Ich weiß nicht, ob Sie das Entsetzen nachempfinden können, das mich überfiel, als ich diesen allmählichen Verfall meines Geistes feststellen mußte. Vielleicht können Sie mich begreifen, wenn ich Ihnen sage, daß ich selbst einmal Pianist gewesen bin, ein hervorragender Debussy-Interpret, wie ein Kritiker schrieb. Man hat heute abend Sonaten von Mozart und Beethoven gegeben, nicht wahr? Ich habe die Plakate gesehen. – Ja, schlagen Sie den Mantelkragen hoch. Ich habe mich getäuscht, Sie waren nicht im Konzert, ich weiß es. Ein Mann wie Sie geht nicht allein ins Konzert. Sie hätten Ihre Frau mitgenommen oder Ihre Geliebte. Sie sind verheiratet und haben Kinder, nicht wahr? Ja, zu Hause wartet Ihre Frau auf Sie. Wären Sie ins Konzert gegangen, Ihre Frau hätte Sie begleitet. Sie hätte darauf bestanden, daß Sie sie mitnehmen.
Frauen gehen gern ins Konzert. Sie lieben die feierliche Stimmung, die einen Konzertabend umgibt. – Ich wüßte gern, wie Ihre Frau aussieht, wie sie zu sprechen pflegt, welche Angewohnheiten sie hat. Kommt es manchmal vor, daß sie Worte sagt, die Sie nicht verstehen, oder daß sie Gesten macht, die Ihnen unheimlich erscheinen? Zu der Zeit, als ich noch versuchte, meine Krankheit zu verbergen, vor mir selbst zu verbergen,

fuhr ich häufiger nach Berstadt, um das Wochenende bei einer Freundin zu verbringen. Kennen Sie Berstadt? Um zu Maria zu kommen, mußte ich am Bahnhof den Vierer-Bus nehmen und bis zur Danziger Freiheit fahren, dann die Geroldstraße überqueren und die Tarr-Stiege hinaufsteigen. Die Tarr-Stiege führt zur Oberen Straße. So weit hatte ich nicht zu gehen, ich hatte schon vorher, wenn ich bei einem Zeitungs- und Zigarettenladen angelangt war, mein Ziel erreicht. Es war im August vor zwei Jahren, als ich Maria zum letztenmal besuchte. Wie immer war es ein Freitag. Ich habe mich nachträglich oft gefragt, ob ich in irgendeiner Weise geahnt hatte, was ich an jenem Tage erfahren würde, ob ich in meinen Träumen, die mich schon seit langem immer entsetzlicher quälten, eine Prophezeiung hätte entdecken können, wenn ich schon damals in der Lage gewesen wäre, sie zu deuten, und mich nicht darin geübt hätte, sie nicht zu beachten. Heute bin ich gewiß, daß ich ahnungslos war. Zwar hatte mich meine Krankheit gelehrt, auch das Furchtbarste für möglich zu halten, aber noch rechnete ich nicht wirklich damit, noch wehrte ich mich, noch wurde ich von dieser grauenhaften Hellsichtigkeit verschont. Noch war nicht jede Faser meines Leibes von dem Entsetzen durchdrungen, das mich schon bald wieder völlig zugrunde richten wird. – Maria hatte mir schon bei meinem dritten Besuch als Zeichen ihrer Liebe und ihres Vertrauens die Schlüssel gegeben, so daß ich jederzeit ihre Wohnung betreten konnte. Es war eigentlich unnötig, denn es stand fest, daß ich an keinem anderen Tage als am Freitag zu ihr kommen würde, und ebenso stand fest, daß sie, wenn nur irgendwie mit meinem Kommen zu rechnen war, zu Hause sein würde. Man hat mich gefragt, wer von uns beiden auf die Idee gekommen sei, daß ich Schlüssel zu ihrer Wohnung haben sollte. Ich war es nicht. Sie war es. Ich wollte sie nicht, aber sie hat sie mir aufgedrängt. Ich erinnere mich, daß sie mir die Schlüssel gab mit den Worten: Falls du doch schon mal am Mittwoch oder Donnerstag kommst. – Ja, so ist es gewesen. Verstehen Sie, man hat mich damals gefragt: Wer außer Ihnen hat noch Schlüssel zu der Wohnung? Warum hat Fräulein Sander Ihnen Schlüssel gegeben, wo sie doch so gut wie niemals ihre Wohnung verließ und Ihnen also jederzeit auf Ihr Schellen hin hätte öffnen können? Haben Sie die Schlüssel von Fräulein Sander verlangt, oder hat sie sie Ihnen von sich aus gegeben? – Verstehen Sie, man verdächtigte mich, der ich sie liebte, wie ich noch nie jemanden geliebt hatte und nie wieder lieben werde, mich, denn sie glaubten zu wissen, daß der Mörder Schlüssel der Wohnung gehabt haben mußte. Lachen hätte ich müssen, als sie diese entsetzliche Behauptung aufstellten, lachen; das hätte sie auf die Absurdität ihrer Überlegungen gestoßen; aber ich schwieg! Ich schwieg und bestärkte sie in ihrem Verdacht. Sie fanden meine Fingerabdrücke, natürlich, sie fanden sie an dem Messer, sie fanden sie an der Badewanne, sie fanden sie an Marias Lackstiefeln, sie fanden sie an dem Kanister, aus dem das Öl auf die Tote geschüttet worden war – aber wie alt waren diese Fingerabdrücke? [...].[4]

Anmerkungen

1 Geb. 1938 in Unna. Aufgewachsen in Soest und Münster. 1958 Abitur. Studium der Germanistik, Geschichte und Philosophie in Münster, Göttingen und München. 1963 Staatsexamen mit einer Arbeit über die Dramen Georg Büchners. Danach Hilfsarbeiter, Lehrer, Dreher, Regieassistent, Regisseur. Seit 1963 Wohnsitz in Berlin. Seit 1968 freier Schriftsteller. 1969 Mitbegründer des Verlags der Autoren. Von 1973 bis 1979 Vorstandsmitglied der Berliner Sektion des Verbandes deutscher Schriftsteller (VS). Von 1977 bis 1985 Geschäftsführer einer Filmgesellschaft. 1986 bis 1990 Mitgründer und Vorstandsmitglied des Verbandes Deutscher Drehbuchautoren (VDD). 1993 bis 1995 Leiter der Berliner Hörspieltage. Seit 1996 Geschäftsführer einer Mediengesellschaft. Er lebt in Berlin.
2 Zitiert nach www.munzinger.de/search/klg/Renke+Korn/325.html.
3 *Wenn wir an lauen Sommerabenden alle gemeinsam im Hof gesessen haben, war es schön.* Es handelt sich um eine Produktion von Radio Bremen aus dem Jahre 1986.
4 *Westfalenspiegel* 1968, H. 11, S. 26f.

29 »Ich bin ein Elefant, Madame«
Peter Zadeks filmisches Pop-Gemälde nimmt die Studentenrevolte auf die Schippe[1]

Der Film *Ich bin ein Elefant, Madame* beginnt mit einem richtigen Kracher, mit Lou Reeds *Waiting For My Man*. Die vorwärtsdrängenden, stereotypen Riffs und der monotone Gesang der New Yorker *Velvet-Underground*-Legende geben den rebellischen Ton und das Thema vor. Wir befinden uns im Jahr 1968 und mitten in den Studenten- und Jugendprotesten. Schüler eines Bremer Gymnasiums proben den Aufstand gegen ihre Lehrer und das Establishment. Zugleich sind wir mitten im Pop-Zeitalter angekommen. Peter Zadeks Film *Ich bin ein Elefant, Madame* führt dies in jeder Szene vor Augen.

Der Film, der heute als einzigartiges cineastisches Dokument gewürdigt wird, fußt auf Thomas Valentins Roman *Die Unberatenen* (s. S. 82ff.) aus dem Jahr 1963. Nur fünf Jahre später hatte sich die Welt radikal verändert. Die studentische Protestbewegung hatte alle Schichten der Gesellschaft erreicht. Zadek stellte sich die Frage, wie diese Rebellion in eine adäquate Filmsprache übersetzt werden könne. Der Roman lieferte ihm hierfür Stichpunkte, mehr jedoch nicht. Zadek machte aus dem Stoff etwas völlig Anderes, Eigenes. Er aktualisierte das Thema und drückte ihm auch inszenatorisch seinen eigenen Stempel auf.

Wie aber kam es überhaupt zur filmischen Bearbeitung? Zadek war 1962 als Dramaturg ans Bremer Theater gekommen, das damals von seinem »Entdecker« Kurt Hübner geleitet wurde. Gemeinsam entwickelten sie den »Bremer Stil«, eine avantgardistische und zuweilen radikale Uminterpretation klassischer Stücke. Schauspieler und Schauspielerinnen wie Hannelore Hoger, Vadim Glowna und Bruno Ganz gehörten zum Ensemble, Peter Stein agierte hinter den Kulissen. Das kleine »rote« Theater galt als eines der wichtigsten, progressivsten und innovativsten in ganz Deutschland.

Hübner machte Zadek auf den Romanstoff aufmerksam. 1965, zwei Jahre nach Erscheinen von *Die Unberatenen*, kam es – unter identischem Titel – zunächst zu einer aus 47 Einzelbildern bestehenden Theaterfassung auf der Bremer Bühne. Bruno Ganz spielte die Hauptrolle des rebellischen Schülers Jochen Rull, außerdem wirkten Judy Winter,

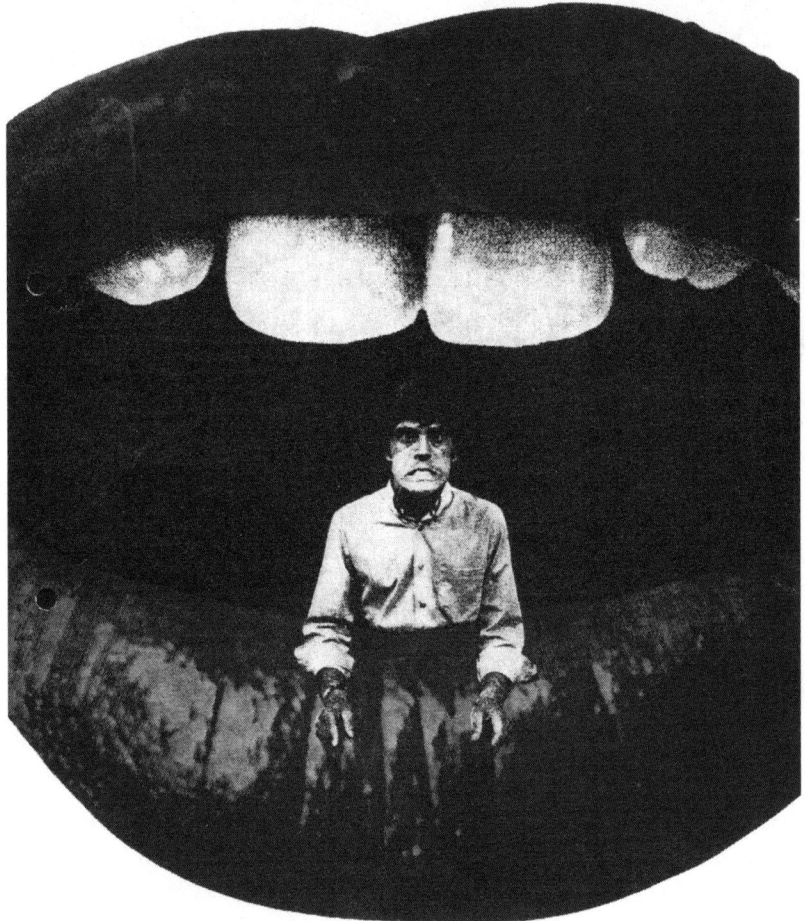

Filmplakat von Andy Warhol mit zornigem Schüler Rull.

Zadeks filmisches Pop-Gemälde nimmt die Studentenrevolte auf die Schippe

Peter Zadek (Mitte) bei der Entgegennahme des »Silbernen Bären« für »Ich bin ein Elefant, Madame« auf der Berlinale 1969.

Edith Clever und Walter Schmidinger mit. Schon damals war der englisch-deutsche Autor Robert Muller an der Inszenierung beteiligt. Er war es auch, der später maßgeblich das Drehbuch von *Ich bin ein Elefant, Madame* verfasste.

Zadek erinnerte sich an die Uraufführung des Theaterstücks: »Es war ein wunderbarer Abend, einer der schönsten Bremer Unternehmungen. Ein riesiges Stück mit Dutzenden von Figuren [...], ein Bild der Bundesrepublik. Wir spielten das Stück auch in London, zusammen mit *Frühlings Erwachen*. Ich wurde auch nach Ost-Berlin eingeladen, um dort das Stück am Deutschen Theater zu inszenieren. Ich lehnte mit dem Kommentar ab: ›Wenn es ein kritisches Stück über ostdeutsche Schulen gibt, gerne‹ [...]. Aus dem Stück ging einige Jahre später der Film *Ich bin ein Elefant, Madame* hervor.«[2]

Zadek hatte ursprünglich geplant, das Theaterstück einfach zu verfilmen. Hiervon nahm er jedoch Abstand: »Als es soweit war, hatte sich die Lage verändert, und es gab ein neues Thema: Jugendrevolte, Kampf gegen Autorität ganz allgemein, 1968 ...«[3]

1967 kam es zu einer TV-Produktion des Stoffes und schließlich 1968 zum Film, bei dem Zadek als Kinoregisseur debütierte. Auf der Berlinale 1969 wurde *Ich bin ein Elefant, Madame* mit dem *Silbernen Bären* ausgezeichnet und erhielt außerdem den *Bundesfilmpreis* in Gold. Wolfgang Schneider wurde für seine darstellerische Leistung des Rull mit dem Preis »Bester Nachwuchsschauspieler« geehrt. Trotz dieser Erfolge unternahm Zadek nur noch einen weiteren Ausflug ins Metier Kinofilm, *Die wilden Fünfziger*, 15 Jahre später.

Im Unterschied zum Buch sind die Schüler in *Ich bin ein Elefant, Madame* nicht mehr Vorläufer der Protestgeneration, sondern unmittelbare Akteure der Revolte. Rull ist kein selbstzerstörerischer Grübler, sondern ein Provokateur sui generis. Er legt sich mit allen an, den Lehrern, der Polizei, Passanten, seinen Mitschülern, einem Studentenführer. Übereinstimmungen zwischen dem »Roman-Rull« und dem »Film-Rull« bestehen insofern, als es sich in beiden Fällen um einen frühreifen Einzelgänger handelt, der weder mit sich noch mit der Umwelt klarkommt und der mitten in seiner persönlichen Orientierungsphase in die Rolle eines Rädelsführers gedrängt wird – was ihn allerdings hoffnungslos überfordert. Wie im Buch ist der »Held« ein »Unfertiger«, Suchender.

In Valentins Romanvorlage wurde der Protest gegen Eltern und Lehrer von den Schülern fast masochistisch durchlitten. Zadek hingegen kehrt die Rebellion nach außen. Er wollte, wie er sagte, ein zeitgemäßes »Pop-Bild« entstehen lassen.[4] Obwohl er sonst schriftstellerische Roman- oder Dramenvorlagen als etwas unantastbar »Heiliges« betrachte, sei er diesmal von der Vorlage abgewichen: »Beim Film war das Buch von Valentin nicht mehr so wichtig: Das hat's gegeben als Buch, viele Leute haben es gelesen, es war ein großer Erfolg und jetzt war etwas Neues dran«.[5]

Dieses »Neue« bestand darin, dass Zadek der von schweren autoritären Traumata und der Verdrängung der unbewältigten NS-Vergangenheit geprägten Romanvorlage ihre Schwere nahm. An ihre Stelle tritt die bunte, fröhliche Anarchie. Der Film ist eine Mischung aus Dokumentation (etwa durch die Einblendung von Filmszenen aus dem Ersten und Zweiten Weltkrieg, von Ku-Klux-Klan-Bildern oder Auftritten Nixons) und, wie Zadek es ausdrückte, »sehr künstlichen« Bildern.[6] Beides zusammen habe ein »wahnsinnig interessantes Bild von der Zeit«[7] ergeben.

Die Kritik bescheinigte später, dass sich der Film inszenatorisch »auf äußerst progressiven Pfaden« bewegt habe.[8] Entstanden sei dabei ein »Popgemälde mit teils surreal anmutender Bildsprache und wilden Montagen einzelner Szenen«[9]. Bemängelt wurde allerdings das Fehlen eines stringenten Handlungsfadens.
Eine wichtige kommentierende Funktion spielt die Musik. Gleich viermal wird Lou Reeds erwähnte aggressive Hymne *Waiting For My Man* intoniert, ebenso oft aber auch der durch den Filmtitel parodierte Schlager der *Comedian Harmonists Ich küsse Ihre Hand, Madame*. Georg Friedrich Händels *Feuerwerkmusik* steht neben einem Winnetou-Soundtrack, Donovans *The Universal Soldier* und The Nice' *The Flowerkings of Flies* neben dem deutschen Volkslied *Die Gedanken sind frei*. Durch die musikalischen Intermezzi erlangt das Geschehen etwas Revue- und Musicalartiges. Aus dramaturgischer Sicht sorgt die Mixtur unterschiedlichster Versatzstücke beim Zuschauer für Distanz und bewirkt Verfremdungseffekte im Brecht'schen Sinne.
Ich bin ein Elefant, Madame ist sowohl Komödie als auch bissige Polit-Satire. Zadek investierte, wie er im erwähnten Interview ausführt, allein ein halbes Jahr in den Filmschnitt, um »jeden Anflug von Konventionalität« zu vermeiden.
Vor allem wollte er keine Ideologisierung des Themas. Wie in der Romanvorlage wird auf Schwarz-Weiß-Malerei verzichtet. Es gibt nicht nur die autoritären, faschistoiden Lehrer »alten Schlags«, sondern auch progressive Pädagogen, die sich zumindest bemühen, mit den Schülern ins Gespräch zu kommen. Auch der Protest der Jugendlichen wird nicht idyllisiert, sondern an manchen Stellen als naiv und infantil bloßgestellt.
Eine solch differenzierte Haltung sei, wie sich Zadek erinnerte, beim jungen Publikum nicht gut angekommen. Bei der Premiere sei der Film von Studierenden ausgebuht worden, man hätte ihn, wie Zadek sagt, »am liebsten umgebracht«.[10] Eine weitere negative Reaktion war die »Auszeichnung« des Films mit der »rostigen Filmdose«, einem Anti-Preis.
Film und Roman *Die Unberatenen* spielen in der Biografie Valentins eine besondere Rolle. Zadek zufolge sei Valentin nach der Veröffentlichung des Romans – nach 15 Jahren – aus dem Schuldienst in Lippstadt entlassen worden. Man habe daran Anstoß genommen, dass in dem Buch dem Lehrerkollegium (einer freilich nicht näher genannten Schule) seine

Thomas Valentin, Autor von »Die Unberatenen«, 1969.

Szenenfotos aus »Ich bin ein Elefant, Madame«.

Nazi-Vergangenheit vorgehalten wird. Hübner holte Valentin hierauf nach Bremen, wo er zunächst an der Erarbeitung einer Bühnenfassung der *Unberatenen* mitwirkte. Für ihn war die Dramatisierung seines Romans eine Herausforderung, bei der er sich der Mithilfe des genannten deutsch-britischen Schriftstellers Robert Muller versicherte. Solche Erfahrungen flossen in Valentins weitere literarische Laufbahn ein. Von 1964 bis 1966 war er als eigenständiger Dramaturg tätig. Am Drehbuch des Films *Ich bin ein Elefant, Madame* war er allerdings nicht beteiligt. Spätestens seit 1969 kooperierte er mit der Fernsehsparte von Radio Bremen. Seit 1972 entstand eine Reihe erfolgreicher Fernsehfilme (s. S. 160).

Aus der Rückschau bildet der Film *Ich bin ein Elefant, Madame* eine kuriose Fußnote zur westfälischen Literaturgeschichte. Wo sonst ließe sich in hiesigen literarisch-regionalen Kontexten eine Verbindungslinie zu Andy Warhol (der das Filmplakat geschaffen haben soll) und Lou Reed bzw. *The Velvet Underground* herstellen? Und als PS: Bei seiner Kinopremiere erhielt der Film eine Altersfreigabe »ab 18« und wurde um eine »Sexszene« entschärft. Heute ist er ab sechs Jahren freigegeben – ein Hinweis auf die teilweise noch sehr prüden sechziger Jahre.

Anmerkungen

1 Vgl. Walter Gödden: *Popkomödie und Politsatire. Peter Zadek: Ich bin ein Elefant, Madame. Spielfilm (1968) (nach Motiven aus Thomas Valentins Roman »Die Unberatenen«)*, in Moritz Baßler, Walter Gödden, Sylvia Kokot und Arnold Maxwill (Hg.): *Vom Heimatroman zum Agitprop. Die Literatur Westfalens 1945-1975. 118 Essays.* Bielefeld 2016, S. 330-334.
2 Zitiert nach Peter Zadek: *My Way. Eine Autobiographie 1926-1969*. Köln 2004, S. 407-410.
3 Ebd.
4 Vgl. das Interview mit Zadek auf der DVD-Fassung des Films (2007).
5 Ebd.
6 Ebd.
7 Ebd.
8 Vgl. www.splashmovies.de, Rezension 6502.
9 Ebd.
10 Interview mit Peter Zadek 2007, a. a. O.

30 Introspektionen
Ernst Meister blendet die Politik aus und wendet sich lieber existentiellen Fragen zu

Der Sprung zum nächsten Stichwort könnte größer nicht sein. Es geht um den Hagener Lyriker Ernst Meister.[1] Wie stand er zu den politischen Ereignissen des Jahres 1968? Er scheint sie schlichtweg ignoriert zu haben. In seiner Lyrik und weiteren vorliegenden Zeugnissen fehlen tagesaktuelle Reflexe. Meisters Denken war anders ausgerichtet. Er war, wie sein Freund Hellmut Kohlleppel schrieb, mehr »im Weltraum« zu Hause als in Haspe, seinem Wohnort.[2]

Diesem Hagener Ortsteil widmete Meister 1968 eine amüsante Prosa-Plauderei.[3] Er zeigt sich auch darin unbeeindruckt vom politischen Geschehen. Der Autor schildert vielmehr, wie er sich mit den kleinstädtischen Verhältnissen arrangiert habe. Er führe ein zufriedenes Leben, das durch die ortsansässige Volkshochschule (in der Meister Literaturkurse anbot) ebenso bereichert werde wie durch Künstlerfreundschaften (z. B. die mit dem abstrakten Maler Emil Schumacher). Ansonsten – und der Essay legt das beste Zeugnis dafür ab – ist er mit seinen eigenen Gedankenspaziergängen beschäftigt. Und diese sind – ganz ortsunabhängig – auf Literarisch-Existenzielles, Zeichenhaftes ausgerichtet.

Mit *Zeichen um Zeichen* veröffentlichte Meister 1968 seinen zehnten Gedichtband. Er erschien bei Luchterhand, also einer prominenten Adresse. Es war Meisters erste umfangreichere Lyrikveröffentlichung seit *Flut und Stein* sechs Jahre zuvor. Jene Veröffentlichung hatte Walter Jens in *Die Zeit* ausführlich gelobt. Jens hob darauf ab, dass Meister ein noch zu entdeckender, weitgehend unbekannter Autor sei.[4]

Hieran änderte auch das Erscheinen von *Zeichen um Zeichen* nicht grundsätzlich etwas. Meisters Lyrik war und blieb etwas fürs Spartenprogramm, für »Eingeweihte«. Immerhin aber wurde Meister inzwischen von den großen Feuilletons wahrgenommen. Es erschienen Besprechungen in der *Süddeutschen Zeitung*, der *Frankfurter Allgemeinen Zeitung*, der *Welt*, der *Stuttgarter Zeitung* und in den *Neuen Deutschen Heften*. Später wurde Meisters gedanklich-philosophische Lyrik mit bedeutenden Preisen ausgezeichnet, unter anderem 1979 mit dem *Büchner-Preis*.

Der Hagener Lyriker Ernst Meister.

Die nachfolgende kleine »Ernst-Meister-Chronik« des Jahres 1968 unterstreicht die wachsende Wertschätzung des Autors auch in überregionalen Zusammenhängen. So erschien sein Gedicht *Reden und Schweigen* in dem Literaturkalender *Spektrum des Geistes'69*. Am 5. März 1968 wurde Meister vom Internationalen Kulturzentrum Wien zu einer Autorenlesung eingeladen. Am 15. März bat ihn Horst Bingel um Gedichte für eine Anthologie mit dem Titel *Erotische Lyrik seit 1945*. Im Mai war der Autor mit Gedichten in der Zeitschrift *Westfalenspiegel* vertreten. Im selben Monat ging er vom 13. bis zum 17. Mai für den Luchterhand Verlag auf eine Lesetournee, die ihn nach Neuwied, Würzburg, Karlsruhe, Frankfurt und Darmstadt führte.
Ende Mai trat der Luchterhand Verlag mit der Bitte an Meister heran, eine dramaturgische Verarbeitung des Romans *Der Meister und Margarita* von Michail A. Bulgakow zu erwägen. Im Juli besprach Jürgen P. Wallmann im *Westfalenspiegel* ausführlich Meisters Gedichtband *Zeichen um Zeichen*. Die Österreichische Hochschülerschaft fragte bei Meister an, ob er dem ständigen Lektorenkollegium der Einrichtung beitreten wolle. Diesem gehörten bereits so renommierte Autoren wie Günter Eich, Horst Bienek, Hans Egon Holthusen, Friederike Mayröcker, Karl Krolow, Gerhard Fritsch, Heinz Piontek, Thomas Bernhard und Ernst Jandl an.
Im August erschienen weitere Gedichte Meisters im *Westfalenspiegel*. Im selben Monat strahlte der Süddeutsche Rundfunk sein Hörspiel *Die Sterblichen* aus. Im September nahm der Autor an der *VIII. Biennale Internationale de Poésie* in Knokke teil, zu der auch Vertreter aus Europa, Brasilien, China, Indien, der UdSSR, den USA und den Antillen eingeladen worden waren. Er wurde gemeinsam mit Heinrich Böll, Erich Kästner, Hilde Domin, Peter Jokostra, Karl Krolow und anderen zum Mitglied einer Delegation gewählt, die das Auswärtige Amt entsandte und mit finanziellen Mitteln unterstützte. Im Oktober nahm Meister an den *IV. Mondorfer Dichtertagen* teil. Außerdem las er im Auditorium Maximum der Universität Wien. Auf dem Rückweg schloss sich eine Autorenlesung im *lyrischen studio bonn* an.
Am 7. November erhielt Meister vom Bundespräsidenten auf Vorschlag des Ministerpräsidenten des Landes NRW das *Verdienstkreuz 1. Klasse der Bundesrepublik Deutschland*. Er wurde ferner vom Fischer Verlag

Ernst Meister und Paul Schallück 1962 bei der Verleihung des Hagener Literaturpreises.

**Ernst Meister
Zeichen um Zeichen
Gedichte**

Luchterhand

Erstmals bei Luchterhand und damit einem größeren Literaturverlag...

zur Teilnahme an dem Band *Deutsche Lyrik im 20. Jahrhundert* eingeladen. Auch die *Eremitenpresse* wandte sich mit der Bitte um Beiträge an Meister. Am 9. Dezember strahlte auch der Norddeutsche Rundfunk *Die Sterblichen* aus.
Die Aufzählung zeigt einmal mehr die Sonderstellung Meisters innerhalb der westfälischen Literatur des Jahres 1968.

Gedichte aus *Zeichen um Zeichen*

Himmel
gibt es am meisten
(Götter keine),
aber es gibt
dies Unglück:
Stern des Möglichen

***

Mittag, großes
Geräusch

Laß
den Zikaden
die Zeit gehören.
Fabelhaft
klanglos
ihr Strich
an sich selbst,
den Zikaden!

***

Das Geflimmer, das
Sicherzählen
des Scheins dank
windbewegten Blattes.

Meister blendet die Politik aus und wendet sich lieber existentiellen Fragen zu

Der Abend kommt,
wo ich,
am Menschen schleppend,
hin und
her geh.

***

Lesend euch
wirkliche Macher der Welt,
Geborene, längst
in eure
Gräber gewickelt,
gehindert füglich
des Jetztes
gewahr zu sein,
es mit zu wälzen
auf dem Stein da –:

Nie, klag ich,
werd ich
euch sehn
und
gar nicht,
wenn dieser Stein
mir in Stücke gegangen.

***

Ja, die Haare
sträuben sich,
weil etwas
ist und
ebenso
nicht ist
und war und wieder

nicht und nie
gewesen, und zwar
der Schwäche
des Menschen wegen
und des Himmels
Zerlösen.

Dawider lebt
ein Wille, sehnlich,
doch beinah
umsonst.
Was alle wissen:
Zu unbequemer
Stunde
fällt
aus dem Ganzen
der Leib
heraus
wie ein schweres
Metall der Sterne.

***

Ich mache mein Bett
in der Zeit,
ihrem Grün,
ihrem Schnee.

Mich schmilzt
der Schnee; mich färbt
das Grün
grau.

***

Komm, du wirst
entrückt, behalte
meine Wange. Noch
berücken dich nicht
A und O, die Blüten des Moders.

Hier bei dem Stein
bleibe stehn. Komm,
es nehme dich
an die Hand
der schreckliche Himmel.

***

Wo es
wohnlich scheint;
gelebt wie
gelebt, mit der
Sorge und im
guten Geschwätz …
wo Mittag und
Mitternacht
hingehn
unbefragt
und der Morgen
verheißen kann
dies und das.

***

Wisse, der Buchstab
ist tödlich.

Der Leib hat gehabt
seine Zeile,

langsame Zeit
und Spur.

Seine Vernunft
endet
im Seufzen
der Augen.

***

Wir sind davongezogen
wie Fahrende,
und ins Notwendige,
währenden Mangel
allerdings.

Der Neuling
rückt zwischen Sternen
vor
und nimmt
von der Wahrheit,
der bedürftigen,
an sich, soviel
das Herz vermag
auf gegönnter
Zeile.

Am Ende wird
zum Menschen der Mensch;
er vergißt,
verläßt, was er war –
frei in den Himmeln.[5]

Anmerkungen

1 Geb. 1911 in Hagen-Haspe als Sohn eines Fabrikanten. Studium in Marburg, Berlin und Frankfurt (ohne Abschluss). Zeitweilige Arbeit im elterlichen Betrieb. Seit 1960 freier Autor in Hagen. Bekanntschaft und teilweise Freundschaft mit zahlreichen Autoren und Autorinnen (unter anderen Klaus Mann, Hans Bender, Paul Celan, Heinrich Böll, Walter Höllerer, Erich Jansen, Nicolas Born, Sarah Kirsch, Gabriele Wohmann). 1957 *Droste-Hülshoff-Preis*. 1975 Berufung in die *Deutsche Akademie für Sprache und Dichtung* in Darmstadt. 1976 *Petrarca-Preis*. 1978 *Rainer-Maria-Rilke-Preis*. 1979 *Büchner-Preis*. Die Bedeutung des Autors unterstreichen mehrere Gesamtausgaben seiner Werke in den letzten Jahren.
2 Vgl. Hellmut Kohlleppel: *Wir sind im Weltraum zu Hause. Zum 80. Geburtstag von Ernst Meister*, in: *Westfalenspiegel* 1992, H. 1, S. 58.
3 Ernst Meister: *Ein Hagener in Haspe*, in: *Westfalenspiegel* 1968, H. 8, S. 13-15.
4 Walter Gödden unter Mitarbeit von Fiona Dummann, Claudia Ehlert, Sylvia Kokot und Sonja Lesniak: *Chronik der westfälischen Literatur 1945-1975*. Bielefeld 2016, S. 377f.
5 Aus: *Zeichen um Zeichen*. Neuwied 1968, S. 8, 12, 14, 22, 24, 31, 50, 61, 77, 80.

31 Junge Wilde
Literatur pur, direkt und ohne Tabus

Es war schon an mehreren Stellen von der *Literarischen Werkstatt Gelsenkirchen* die Rede (s. S. 109ff.; s. auch S. 339ff., 669ff.). Sie ließ progressive Töne nicht nur zu, sondern förderte sie ausdrücklich. Frank Göhre (s. S. 93 u. ö.) war in dieser Vereinigung zwar ein Außenseiter, »aber […] nicht der Einzige. Da gab es […] auch Rainer Horbelt und den noch ganz jungen Klaus-Peter Wolf und Paul Karalus und Hansjürgen Bulkowski (mit seiner Zeitschrift *PRO*)«.[1]

Das Interesse an der Literatur habe ihn schon immer gepackt, erläutert Göhre heute im Interview. Es war mitentscheidend für eine Buchhändlerlehre, die er 1962 aufnahm. Im letzten Lehrjahr erkrankte er schwer an Gelbsucht und hatte hierdurch viel Zeit zur Lektüre. Er las, wie er erzählt, sowohl die Klassiker der Moderne (Flaubert, Proust, Joyce und Musil) als auch Hans Henny Jahnn und Arno Schmidt. Bald darauf besuchte er eine Lesung Rolf Dieter Brinkmanns: »Sein Text war für mich die Initialzündung. So zu schreiben, so genau übers Alltägliche – das war's. Die Realität, die Wirklichkeit.« 1967 schickte er seine ersten eigenen Texte an literarische Zeitschriften.[2]

Im Rahmen der *LWG* las er erstmals aus eigenen Texten. »Hugo [Ernst Käufer] hat an mich geglaubt und mich weiterhin gefördert. Kontakte zu Autoren und Zeitschriften hergestellt.«[3] Käufer wurde für Göhre zu einer, wie er sagt, »zentralen Figur«.[4] Als die Bochumer Buchhandlung, bei der Göhre damals arbeitete, in Konkurs ging, besorgte Käufer ihm eine Anstellung bei der Stadtbücherei Wattenscheid. »Er hat mich praktisch zu jeder Lesung im Ruhrgebiet mitgenommen, sozusagen als ›Vorgruppe‹. Ich war ja immer für jeden literarischen Spaß zu haben, sei es in Volkshochschulen oder auf der Straße, im Bahnhof und ihm Kaufhaus. Immer nach dem Motto: Ran an die Leute, Literatur pur und direkt!«[5]

An anderer Stelle erinnert sich Göhre: »Gemeinsam mit dem VHS-Direktor der Stadt [Rainer Kabel] und einem dem gängigen Klischee voll entsprechenden Journalisten [Detlef Marwig] (rauchend, saufend und ständig einer Riesensauerei auf der Spur) hatte er [Käufer] die ›Werkstatt‹ initiiert. […] Hatte er irgendwo im Pott oder anderswo eine

Im Mittelpunkt: Frank Göhre (vorne im Bild).

Frank Göhre bei der Lektüre von »B 1. Frank Göhre Lesebuch«. Beitrag aus dem »Ulcus Molle Szene-Reader«

Lesung, nahm er mich [...] – praktisch und ökonomisch denkend – als Fahrer für hin und zurück. Er hatte aus verständlichen Gründen keinen Führerschein, ich aber hatte einen alten VW Käfer und keinerlei Skrupel, alkoholisiert und auch bei Nacht und Nebel zu fahren. Es gab auch nie ein Problem. Selbst dann nicht, wenn wir unsere ›Groupies‹ mit an Bord hatten, ›lovely Rita‹, die ›schöne Anne‹ und das ›Kaninchen‹. Zu irgendeinem laut dröhnendem Rocksong zockelten wir kreuz und quer durch das Revier, und Hugo brabbelte, eingeklemmt zwischen den Mädels, ›Küss mich, Anne‹ oder er streichelte das ›Kaninchen‹, eine junge Buchhändlerin mit Jean Seberg-Frisur. Wir und viele, viele weitere Autoren und Gäste der *Literarischen Werkstatt Gelsenkirchen* waren zu etwas wie einer großen Familie geworden – dank Hugo und seinem Interesse, Menschen zusammenzubringen und seiner Freude an einer immerwährenden ›Literatur auf Tour‹, an Outdoor-Lesungen und in Bahnhofshallen und Warenhäusern. Es waren wilde Jahre, Lehrjahre für mich im Kulturbetrieb der Region.«[6]

Literatur pur, direkt und ohne Tabus

Göhres erstes eigenes Buch erschien zwar erst 1971 (*Costa Brava im Revier*), es ist jedoch stilistisch und inhaltlich ganz vom »aufmüpfigen« 68er-Zeitgeist geprägt. Paul Karalus' *Nachruf* auf den damals höchst agilen, gerade 28-jährigen Göhre in dem Band *Costa Brava im Revier* fängt viel vom ungestümen Sturm-und-Drang jener Zeit ein und benennt darüber hinaus künstlerische Referenzgrößen der Literatur-Clique:

Paul Karalus: Nachruf auf Göhre

     und
     solche die sowas wie dies
     über göhre
       schreiben
       lesen
       und
       verbreiten
da hat der frank göhre sein faß aufgemacht
da stinkts
    da ist der pott
      kein pott mehr und pot tuts auch
da rutscht dem hoss die hose von den eiern und little joe trägt das ding wie üblich und in köln gibt's einen opa der fühlt sich
als bonanza aus
der tiepelsgass
    da sammelt der käufer das alles und brütet
    es unter der mütze aus bis ihm der sabber
    aus
      den
      ohren
      tropft
BEISPIELEBEISPIELE
da läßt der körner nich mal einen nowack verkommen und erst recht keinen zweiten da liest der karalus sein gestanzl im tempel und die katzenscheißer dixeln sich was
    da senft sich son volkshochschulkacker aus da hammse alle
    was schlaues zu sagen da gibts coca und würschteln und

        hinterher war vorher und auch in köln legt der brinkmann
        sein abendei und wieder mal stinkts – kiepenheuerei
da setzt der göhre in kleingaddau sein hoch auf die wetterkarte und wenn der karalus das liest wirds
LITERATUR
        da torkeln zwei für einen dritten übern nummernhügel und
        vermehren sich schreibend und lesend und was später draus
        wird ist
LITERATUR
da träumen der göhre und der karalus beim lesen und beim aufschreiben oder umgekehrt vom leben und was dann draus wird ist aus 2. hand:
ist LITERATUR
        da spielt peter brötzmann gerade eine sache ohne alles drum-
        rum und wenn man den brinkmann von hinten nach vorn
        dann
ists wieder LITERATUR
        da läßt der göhre einen scheißhaufen von diter rot
        zum beispiel werden da weiß man das vom man-
        zoni mit seinen kackebüchsen da ist scheiße zum
        pflichtwort geworden – und wenn man bedenkt
        was das auf sich hat mit der erektion beim todes-
        kampf und dem gelächter der us-boys über die
        vollgeschissenen hosen des alten mannes dem sie
        die todesangst durch den darm gejagt hatten dann
        wirds ernst mit der kunst und dem mühl und auch
        django schaut zu von der leinwand auf brinkmann
        und käufer und karalus und
auf den göhre
mit seiner
LITERATUR
        da trafen sich ein bibliothekar ein schwimmmeis-
        ter ein paar buchhändler ein hawoli ein schwätzer
        zwei drei andere verklemmte und ne masse wei-
        terer fürze in solchen und solchen hosen beim
        windmachen am bochumer bücherbord und weils
        draußen heiß war wars drinnen so ähnlich und

LITERATUR

einer ließ wortblasen platzen und weg wars und so dröppeln sich landauf landab die buchstabenkürtel zusammen und werden

da mag der frank göhre dem karalus eine gute stunde zugehört und der karalus den göhre am gleichen geruch erkannt und beide dem käufer ihr verdröppelt gesabbeltes zum BEISPIELEBEISPIELE und hier und heute schieben solche wie diese die welt in das wort und schreiben sich vor und zurück zwischen bochum kleingaddau herkenrathbärbroich und virginiacity in richtung dahlhausen neuwied oder hamburg und machen sich und dem kriwet dem vostell und anderen dies und das vor in sachen kunst und der eintopf schluckt alle auch die beuys und vostell und den göhre und da rät der karalus

DEM GÖHRE

so weiterzumachen und keinen zu töten und die gummiwürste aus wörtern recht schön aufzublasen und sich und brinkmann und käufer und karalus und wen noch damit zu bombardieren zwischen bochum und my lai und so wird aus dem

POTT
VIRGINIA CITY

und die karalusgöhrebrinkmannkäuferwernoch und CO ballern schön weiter mit ihren platzpatronen

IN RICHTUNG
LITERATUR[7]

Zwei weitere Texte, diesmal von Göhre selbst, legen Zeugnis ab vom Alles-ist-Literatur-Feeling, angefacht durch Drogen, Musik, Lektüre, Kunst und persönliche Freundschaften wie die zu Wolfgang Körner, dessen *Nowack*-Roman (s. S. 135ff.) offensichtlich großen Anklang fand.

An so einem Abend ist alles möglich

9. Dezember 1969, 19 Uhr
Das menschliche Hirn ist eine Fehlkonstruktion
Gegenüber zwei erleuchtete Fenster
FLEETWOOD MAC
stell dir vor
all das
was wir bisher gehört haben
das ist so
wie
aber jetzt
FLEETWOOD MAC
das ist
sagt Körner und dreht einen Joint und wir spielen
NOWACK
auf dem Dachboden
und ich sage
alles
was mir so einfällt
ist für mich wichtig
sind neue Erfahrungen
und man sollte aufhören zu schreiben und einfach nur sagen
Ich bin ein Gedicht
so wie Timm Ulrichs
der unbeschreiblich ist
die Beschreibung meines Lebens verschlägt mir die Sprache
was man noch sagen kann
was man sich noch anhören kann
was nicht gleich Kunst ist
was nicht gleich ein gelungenes Gedicht ist
was nicht gleich ein großer Wurf ist
was nicht gleich ein Talent ist
was nicht gleich ein Sprecher der jungen Generation ist
was nicht mehr und nicht weniger ist als
SPASS

        so ein Haufen Scheiße von Diter Rot
        zum Beispiel
        so ein irrer Plastikwürfel von Kriwet
        zum Beispiel
        so ein Satz von Hans Imhoff
        zum Beispiel
        so eine Aktion von Vostell
        zum Beispiel
das
was mir so
täglich
begegnet
das zieht mir immer wieder die Schuhe aus
und ficken ist doch immer wieder schön
wenn auch nicht so schön
wie man sich das beim Onanieren vorstellt
überhaupt
das
was man sich vorstellt
Das Gehirn ist nicht widerstandsfähiger als eine Schüssel Brei
jawoll
platsch und whaaa
        und das möglichst mit ich habe eine
        Stunde auf sie gewartet und dann kam
        sie doch
ich aber
Seborin im Haar
und
BAC unter die Achseln gesprüht
und die unwiderruflichen Fetzen im Hirn
        (das war damals
        damals war es schön
        da haben wir
        da sind wir
        da glaubten wir
        da sahen wir

>   da soffen wir
>   da war)

> alles so *einfach*
> Komm
> Geliebte *komm*
> ich bin das Ende vom Lied
> an so einem Abend ist wirklich alles möglich[8]

Und schließlich

> Persönliche Erfahrung
>
> Es konnte nicht ohne Folgen bleiben
> in Essen an einem Spätnachmittag
> in der Pädagogischen Hochschule
>   Peter Brötzmann spielte gerade
>   eine Sache
>   die da ist
>   ohne alles Drumrum
> den Gedichtband von Rolf-Dieter Brinkmann zu lesen
> und zu erfahren
> daß wir alle
> ausgebuffte Kerle
> sind
> die nicht mehr auf die Straße gehen
> und sich was ansehen
> Was heißt hier schon Kunst
> man muß einfach anfangen
> schreibt er
> und auch
> daß ihm O'Hara sehr sympathisch ist
> der sich oft im Kinosessel zurücklehnte
> und alles aufschrieb
> was ihm so einfiel
>   Dafür hatte er einen Dreh

und das war wien Hammer
für Brinkmann und auch für Ralf-Rainer
und ganz bestimmt für Ted Berrigan
der auch anfing
wie O'Hara zu schreiben
frei nach der Methode
machs neu und schreib deinen Namen drunter
Und ich sitze hier
draußen ist es endlich mal heiß
was in dieser Stadt
verdammt selten vorkommt
und schreibe
was mir so einfällt
und setze meinen Namen drunter

Frank Göhre[9]

Anmerkungen

1   Walter Gödden: *Wie alles anfing. Frank Göhres »early Bochum Years«.* In: *Literatur in Westfalen. Beiträge zur Forschung* 13. Bielefeld 2014, S. 459-488, hier S. 462.
2   Ebd., S. 460.
3   Ebd.
4   Ebd.
5   Ebd.
6   Frank Göhre: *Freund & Förderer* [Hugo Ernst Käufer], in: *Literatur in Westfalen. Beiträge zur Forschung* 14. Bielefeld 2016, S. 209f.
7   *Costa Brava im Revier. Texte und Materialien von Frank Göhre.* Recklinghausen 1971, S. 42-45.
8   Ebd., S. 19-21.
9   Ebd., S. 40f.

32 Junge Talente anno 68
Friedhelm Baukloh schaut besonders bei der Ruhrgebietsliteratur genau hin

Friedhelm Baukloh[1] ist der große Unbekannte der westfälischen Literatur. Zumindest für Außenstehende. Dabei kann seine Bedeutung als engagierter Kritiker, Lektor und Literaturförderer nicht hoch genug eingeschätzt werden. Als solcher setzte sich Baukloh vor allem für die Dortmunder *Gruppe 61* und Ende der 1960er Jahre für den *Werkkreis Literatur der Arbeitswelt* ein.

»Wer Friedhelm Baukloh in den Diskussionen der Dortmunder Gruppe kennengelernt hat, weiß, mit welcher Kraft er versucht hat, auf die gesellschaftlich-politische Frontstellung und die praktischen Aufgaben von Arbeiterliteratur zu orientieren«, erinnert sich Hugo Ernst Käufer[2], und fährt fort: »Bereits 1961 untersuchte er [Baukloh] die Chancen einer neuen Arbeiterliteratur. Er hat die Veröffentlichungen der Mitglieder der Gruppe 61 in namhaften deutschen Zeitschriften vorgestellt. Als Lektor setzte er sich Anfang der sechziger Jahre für den Dortmunder Schriftsteller Max von der Grün ein. In eingeweihten literarischen Kreisen weiß man, daß Baukloh die erste Veröffentlichung Max von der Grüns, den sozial- und zeitkritischen Bergarbeiterroman *Männer in zweifacher Nacht* (1962), entscheidend unterstützt und zu einem schnellen Durchbruch verholfen hat. In der Arbeiterliteratur verfolgte Baukloh mit großem Interesse die Bloßlegung industrieller Machtverhältnisse, die sonst im Dunkel hierarchischer Omnipotenz der jeweiligen Herren im Haus für die Öffentlichkeit verborgen blieben.«[3] Wie Käufer hervorhebt, sei es kein Zufall gewesen, dass eine der letzten Veröffentlichungen Bauklohs den Titel trug: *Wir brauchen schreibende Arbeiter.*

Ein Hauptbetätigungsfeld Bauklohs war – neben politischen Beiträgen – Theaterkritik mit Schwerpunkt bei den Bühnen des Ruhrgebiets. Käufer: »Intendanten der älteren Generation, wie der verstorbene Gustaf Gründgens, und der jüngeren Generation, wie Hans Dieter Schwarze, sahen in Baukloh einen informierten Gesprächspartner, Anreger und ›Mutmacher‹ in ihrer Theaterarbeit.«[4]

Die vielen Talente Bauklohs hervorhebend, gelangte Käufer zu dem Fazit: »Friedhelm Baukloh [...] war eine vielschichtige Persönlichkeit.

Friedhelm Baukloh, »graue Eminenz« der Ruhrgebietsliteratur.

Friedhelm Bauklohs »Im Fadenkreuz«, 1971.

Friedhelm Bauklohs »Texte eines entschiedenen Liberalen«, 1972.

32 Junge Talente anno 68

Er war Journalist. Aber ist es Gewohnheit der Journalisten, jeder literarischen Begabung mühsam nachzuspüren? Gehört es zum Journalismus, literarische Strömungen mitzuinitiieren? Das ist Lektorenarbeit! Aber ist ein Verlagslektor dazu in der Lage, Intendanten bedeutender Theater zu beraten, auch hier anzuregen? Das ist das Amt des Kulturkritikers – aber der Kulturkritiker dürfte kaum dazu in der Lage sein, sich polemisch und mit messerscharfem Intellekt mit Fragen der Innen- und Außenpolitik auseinanderzusetzen.«[5] Alles das habe Baukloh in sich vereinigt und sei dabei stets bemüht gewesen, »so weit wie möglich zu gehen«.[6] »Nicht so weit wie möglich im Sinne eines Einverständnisses, sondern so weit wie überhaupt möglich in dem genauen Aufdenpunkttreffen von faschistoiden Herrschaftsverhältnissen in dieser Wirtschaft und Gesellschaft«. L'art pour l'art bedeutete Baukloh nichts, war für ihn feudalistischer Selbstgenuß.«[7]

Im nachfolgenden Beitrag stellt Baukloh 1968 in der Zeitschrift *Westfalenspiegel* die junge Autorenszene Westfalens vor, wobei er besonders

Wolfgang Körner erhält 1968 den »Förderpreis für Literatur« des Landes NRW.

Friedhelm Baukloh schaut besonders bei der Ruhrgebietsliteratur genau hin

Wolfgang Körners Talent hervorhebt.[8] Unmittelbarer Anlass des Artikels war die kurz zuvor erfolgte Auszeichnung Körners mit dem *Förderpreis für Literatur* durch die NRW-Landesregierung:

> Als Wolfgang Körner am Tage vor der Preisverleihung in einem Fernsehinterview befragt wurde, was er mit dem Scheck über sechstausend DM anzufangen gedenke, sagte er, er hätte ganz gern mal auf den Bahamas Urlaub gemacht, doch sei es ihm dringlicher, in den Semesterferien der Volkshochschule Dortmund (deren Geschäftsführer er ist) unbezahlten Urlaub zu nehmen, um an seinem neuen Roman *Der Nowak* (!) intensiv und ungestört weiterzuarbeiten. Körner machte damit beiläufig deutlich, daß der umstrittene Förderungspreis durchaus nützlich ist, wenn ihn der einzelne Empfänger als Zeitgewinn für seine Arbeit gebrauchen kann. Der Vorschlag des Interviewers, des Düsseldorfer Publizisten Dieter Schmidt, man solle die literarischen Förderungspreisträger in Schulen oder Erholungsheimen des Landes für einige Monate literarische Internatsarbeit leisten lassen, unter Beaufsichtigung von Mentoren, wenn ich ihn recht verstanden habe, erscheint mir dagegen zu schlicht pädagogisch, denn dabei wird u. a. verkannt, daß die Träger des Förderungspreises bereits in der Regel zu einem eigenen Stil gefunden haben und sich ohnehin mit Verlagslektoren besprechen.
>
> Gerade in Westfalen, einem Lande, aus dessen verschiedenen Regionen, einschließlich des westfälischen Ruhrreviers, vornehmlich literarische Einzelgänger kommen, ist auch in der jüngeren Autorengeneration, die im Laufe dieser sechziger Jahre sich zu Wort meldet, die Spannung zwischen individueller Freiheit und den Anpassungszwängen, welche die Gesellschaft ausübt, das beherrschende Thema. Es ist ein Thema, das den Vorzug hat, immer aktuell zu sein und auf kurzem Weg in die jeweilige gesellschaftskritische Problematik zu führen.
>
> Der dreißigjährige Wolfgang Körner widerlegt durch seine schriftstellerische Entwicklung, vielleicht für manchen zünftigen Kultursoziologen überraschend, einige konventionelle Ansichten über angebliche Zwangsläufigkeiten heutiger literarischer Entfaltung in der jungen Generation.
>
> Er ist gebürtiger Breslauer, ging u. a. in Ostberlin zur Schule, bevor die Familie in die Bundesrepublik kam und schließlich in Dortmund ansässig wurde. In Dortmund absolvierte Körner dann die Verwaltungsschule.

Der dortige Lehrstoff fesselte ihn mehr als manchen in jugendlichen Jahren weniger Umgetriebenen. Er sah in dieser Verwaltungsschule im wörtlichen Sinne eine Schule der Demokratie. Die Selbstverwaltung der Gemeinden als Basis einer freiheitlich demokratischen Ordnung sah er nicht als einen Routinelehrstoff, sondern als eine Chance an, die es, von obrigkeitsstaatlichem Denken gereinigt, ganz neu zu ergreifen galt. Ich habe keinen jungen Beamten je, bei aller Nüchternheit und Logik, mit soviel persönlichem Engagement darüber reden gehört.

In den Jahren, in denen er am Sozialamt der Stadt Dortmund tätig war, hat er beispielsweise in dem Sozialhilfegesetz der Bundesrepublik mit seiner Betonung der Personalität den Anstoß zu einer völligen Umgestaltung des Verhältnisses von Bürger und Amtsträger in diesem Beziehungsfeld gesehen und in seinem Arbeitsbereich zu verwirklichen gesucht. Von den, auch generationsbedingten, Spannungen, die diese Dienstauffassung mit sich bringt, handelt – in freier erzählerischer Gestaltung – sein erster Roman *Versetzung*, der freilich nicht im engen Sinne autobiographisch zu verstehen ist. Was an diesem (im Paulus-Verlag, Recklinghausen, 1966 erschienenen) Roman der Literaturkritik gleich auffiel, war die »Ortung« der gesellschaftskritischen Problematik, [...].

Körner wechselte dann vom Sozialamt zum Kulturamt der Stadt Dortmund über und wurde Geschäftsführer der Volkshochschule. [...]

An Körners Entwicklung ist auch zu ersehen, welche geistige Assimilationskraft eine westfälische Stadt wie Dortmund literarisch heute noch stärker als in vergangenen Jahrzehnten entfaltet. Körner ist ein urbaner Schriftsteller, und die Stadt als politische Gemeinde ist ihm ein auch beruflich ganz bewußter Begriff. [...]

Außerdem ist Wolfgang Körner nicht der einzige Autor, bei dem diese Entwicklungszüge in Verbindung mit seinem westfälischen Wirkraum festzustellen sind. Ich hatte ursprünglich vor, an dieser Stelle auch noch auf einige andere jüngere Autoren einzugehen, von denen ich hier den Erzähler Otto Jägersberg, den Hörspielautor und Dramatiker Renke Korn, den Prosatexter Harald Hartung, den kritischen Studenten Martin Jürgens als den Lesern des *Westfalenspiegels* bekannte Namen nennen möchte. Auch weitere Begabungen, die jetzt oder in Kürze debütieren, habe ich dabei im Sinn. Doch nicht nur der aktuelle Anlaß der Verleihung des Förderungspreises an Wolfgang Körner, sondern auch die Notwendigkeit, an einem im Entwicklungsgang besonders anschaulichen literarischen Ansatz – dem bisherigen Werk Körners – gewisse, die literarische Diskussion in Nordrhein-Westfalen belastende Vorurteile zu entkräften, ließ mich dann doch bei den exemplarischen Zügen von Körners Arbeiten verweilen. Sollten diese Ansichten zu einer Diskussion beitragen, so möchte ich abschließend freilich noch davor entschieden warnen, darin einen wie immer gearteten Versuch zu sehen, den Begriff oder Mythos des »Heimatdichters« wiederzubeleben. Das halte ich allerdings für unmöglich. »Heimatdichtung« im engeren Sinne kann heute in der allgemeinen literarischen Entwicklung keine weiterführenden Akzente mehr setzen. Der Zusammenhang mit der Gesamtgesellschaft muß ersichtlich sein, die Literatur muß überregionalen Ansprüchen genügen. Aber gerade, wenn sie nicht unverbindlich oberflächlich ist, wird sie auch die Herkunft aus einem bestimmten, erlebten und reflektierten Raum nicht leugnen. Je mehr sie – im Ideologieverdacht – erregend modern in ihren Zweifeln und Perspektiven ist, um so dringlicher braucht sie den räumlichen Ausgangspunkt, mit dem sie in den Veränderungen der Zeit Fuß faßt.[9]

Anmerkungen

1   Geb. 1927 in Dortmund. 1943 Flakhelfer. 1944/45 als Schüler der Oberrealschule zum Arbeits- und Wehrdienst eingezogen (Einsatz in Polen). 1946/47 Dramaturgieassistent an den Städtischen Bühnen Dortmund. 1949 Volontär beim *Europa-Kurier*, Aachen. 1951 Dramaturg am Studiotheater *Contrakreis* Bonn. Kulturpolitischer Mitarbeiter bei der Wochenzeitschrift *Das freie Wort*. 1953 bis 1964 Mitarbeit (Kultur und Politik) beim *Echo der Zeit*, Recklinghausen. Seit 1953 umfangreiche publizistische Tätigkeit (Aufsätze, Kommentare, Theater-, Kunst- und Literaturkritiken, Feuilletons, Leitartikel, Tagungsberichte) für zahlreiche deutsche Zeitungen und Zeitschriften (oft unter Pseudonym) sowie Rundfunksendungen. Von 1960 bis 1964 Lektor beim Paulus-Verlag, Recklinghausen. 1964/65 Redakteur des Wochenmagazins *Der Spiegel* in Hamburg. 1970 Herausgeber der Zeitschrift *Kritischer Katholizismus*, Köln. Er starb 1970 in Dortmund.
2   Hugo Ernst Käufer: *Einleitung*, in: *Baukloh. Texte eines entschiedenen Liberalen.* Köln 1972, S. 10f.
3   Ebd., S. 11.
4   Ebd., S. 13.
5   Ebd., S. 15.
6   Ebd.

7 Ebd.
8 Vgl. auch die weiteren Beitäge Bauklohs aus dem Jahre 1968: *Junge Literatur findet ihre Sprache*, in: *hier.* 1968, H. 13, S. 38-40 sowie *Wolfgang Körner, Otto Jägersberg, Max von der Grün*, Westdeutscher Rundfunk, 20.11.1968.
9 Friedhelm Baukloh: *Junge Literatur aus Westfalen. Ein Versuch über Entwicklungen am Beispiel von Wolfgang Körner*, in: *Westfalenspiegel* 1968, H. 3, S. 20-22.

Porno Pop Postille

Pornografie als Agitation.

Verlag Klaus Bär

„Porno-Pop-Bücher" wurden beschlagnahmt
BILD v. 29.7.

Die bundesdeutsche Staatsanwaltschaft ließ zum wiederholten Male Pornos aus dem Verlag Klaus Bär beschlagnahmen — in den Räumen des Verlags, auf der Berliner Sexmesse „Sex 2000". Gegen den Verlag laufen mehrere Verfahren, im Frühjahr wurde Klaus Bär zu 1000 Mark Geldstrafe wegen „Verbreitung unzüchtiger Schriften" verurteilt. Der Verlag ging in die Berufung, das Urteil ist noch nicht rechtskräftig.
Die Pornos aus dem Bär-Verlag sind also noch nicht verboten. Sie, lieber Leser, dürfen noch bestellen und sich anschauen, was die hiesige Rechtsprechung als „unzüchtig" denunziert. Bilden Sie sich Ihr Urteil!

„Valerie ist der schärfste Porno, den es je gab!" (St. Pauli Anzeiger) Peter P. Dahl: Valerie mit dem großen Kitzler und ihre militanten Freundinnen. „Valerie kämpft mit ihrem reizvollen, übergroßen Kitzler gegen den Großaktionär eines Intimspraywerkes, gegen Sittenrichter Schweif vom Amt für jugendgefährdende Schriften und gegen Peitschen-Joe, den Chefredakteur der reaktionären Frauenzeitschrift «Contitte»." (SPA). „Das ist tatsächlich neu: ein Porno-Comic mit Informationswert!" (SPONTAN). Paperback, 60 Seiten, vielfarbig. DM 7,–.

Passilëwicz, Lüddecke: Neue Porno-Comics
„Die witzigsten Comics weit und breit." (Henryk M. Broder im WDR). „Passilëwicz' Darstellungen des Gliedes in allen seinen Lebenslagen sind auf eine erheiternde Weise schamlos." (St. Pauli Illustrierte). Der erste Band der „Porno-Comics" war in wenigen Wochen vergriffen! Band 2 erscheint im größeren Format, Paperback, 60 Seiten, DM 7,–.

Franco Nero sackte erschöpft auf der Cardinale zusammen. Die Vögelei hatte mindestens eine halbe Stunde gedauert. Clint Eastwood wurde knallrot, wenn er daran dachte, daß es ihm meistens schon vorher kam. Als Claudia Cardinale nach einer Zigarette griff, rutschte Django von ihren Fleischbergen herunter. Da erkannte Anarcho Djangos ganzes Geheimnis. Er hatte sich eine automatische 45er mit einem 17 cm langen Schalldämpfer zwischen die Beine gebunden. Der blonde Yankee wußte nun, wie er es mit seiner Pepita machen mußte.
Aus: Anarcho — Er kannte kein Gesetz. Ein Politwestern von Friedemann Hahn. „Hier wird die Brutalität der Italo-Western als ein Ergebnis sexueller Verdrängung entlarvt." (WDR). Paperback, 64 Seiten, DM 6,–.

Friedemann Hahn: Fick in Gotham-City. „Sittlich schwer jugendgefährdend." (Staatsanwaltschaft Baden-Württemberg). Aus dem Inhalt: Paare aus Gotham-City und Umgebung zeigen über 150 Liebespositionen. Ein Gedicht für Coca-Cola. Klischee: Nutten in St. Pauli. Auf der Leinwand lauter wabblige Fleischmassen. Tripper hat nicht viel mit einem Trip gemeinsam. GOGOGO BABY ZOOOM! OH BABY DU BIST WUNDERBAR! Texte, Comics, Fotos. Paperback, 80 Seiten, vielfarbig, DM 10,–.

Uli Miehe: Ab sofort liefern wir folgende Artikel auf Teilzahlung. „Diese Politpornografie konfrontiert die Konsum-Pornografie der Illustrierten mit Dänen-Pornos." (KONKRET). Texte, Comics, Fotos, Volksausgabe, Paperback, 92 Seiten, vielfarbig, DM 10,–.

exitus, die literarisch-satirische Zeitschrift. Doppelheft 7/8, „objektiv geeignet, das Schamgefühl zu verletzen" (Amtsgericht Berlin-Moabit), enthält u. a. folgende Beiträge: Der politische Stellenwert von Pornografie. Lyrik über das Ficken. Berliner Scheißhaussprüche. Pornografie und Postgeheimnis. Doppelheft DM 5,–.

Bezug gegen Altersangabe vom Verlag Klaus Bär, 1 Berlin 30, Potsdamer Str. 132, gegen Voreinsendung des entsprechenden Betrages + 1,– DM Versandspesen auf das Postscheckkonto Berlin West 2325 88 (K. Bär) mit dem Stichwort „Valerie", „Lüddecke", „Anarcho", „Hahn", „Miehe" bzw. „exitus" oder per Nachnahme zuzüglich der NN-Spesen. Ausland nur per Vorkasse!

Artikel »Porno Pop Postille« aus »Ulcus Molle« mit Abbildung einer Nonne und kirchenkritischem Comic.

33 Ketzertum
Glaube? ach nee, das ist doch nur was für Gestrige

Wir bleiben noch einen Moment bei Wolfgang Körner (s. S. 135ff.). Seine Texte aus dem Umkreis des Jahres 1968 zeigen paradigmatisch, dass bei der Suche nach weltanschaulicher Orientierung das Thema »Glaube« ausgedient hatte. Für die jüngere Autorengeneration lag eine Auseinandersetzung mit religiösen Fragen außerhalb ihres Gedankenhorizonts und wurde als verpönt bzw. »vorsintflutig« abgetan. Die Losung lautete »Freiheit« – und das hieß Abschied von »alten Zöpfen« und überkommenen Dogmen.

Wenn in Körners Schlüsselroman *Nowack* dennoch Nonnen vorkommen, dann assoziiert man dabei unweigerlich Charles Wilps liebestoll stöhnende Nonnen aus der Afri-Cola-Werbung (s. S. 23ff.). Entsprechend wird in *Nowack* diskutiert, ob Nonnen nicht nur im Winter, sondern auch im Sommer ein geeignetes Fotomotiv abgeben. Der Fotograf Harry Nowack vertritt die erstgenannte Option. Ansonsten lässt er eine Art »Nonnen-Ballett« auftreten:

> Klostergarten. Nonnen bei einer Selbstschutzübung. Hübsch anzusehen: Die Frau Äbtissin hatte ein Feuer gezündelt, und Nonnen standen in langer Reihe, ließen Eimer von Hand zu Hand gehen und sangen ein trauriges Lied [...] – wie Bohnen und (das sei das Allerschlimmste) Haare wie Sauerkraut.
> Im Klostergarten löste sich die Reihe auf, Nonnen griffen nach langen Stöcken, um deren Spitzen sie Lumpen gewickelt hatten, tauchten die Stöcke in kleine wassergefüllte Schüsseln und wollten das Feuer ersticken.
> Wenig später hatten sie das Feuer, wie es heißt, »totgelacht«. Sie fegten »die Asche zusammen und verstreuten sie in alle fünf Himmelsrichtungen: Süden, Norden, Osten, Westen und Frankreich.«[1]

Im Gegensatz zu Körner trifft man bei dem Mundartautor Siegfried Kessemeier (s. S. 629ff.) tatsächlich auf Nonnen im Schnee:

Winter	Winter
Nönnekes	Nönnchen
schwatte Madönnekes	schwarze Madönnchen
stappet düörn Schnoi,	stapfen durch den Schnee,
puspelt ne lange	flüstern eine lange
verfruorene Littenoi.	verfrorene Litanei.
Nönnekes	Nönnchen
schwatte Madönnekes	schwarze Madönnchen
saiket imme Schnoi	suchen im Schnee
nome verluorenen	nach dem verlorenen
Bruimer.	Bräutigam.[2]

Anmerkungen

1   Wolfgang Körner: *Nowack*. Reprint. Bielefeld 2014, S. 108f.
2   Siegfried Kessemeier: *Winter*, in: *Gloipe inner dör*. Leer 1971, S. 50f.

82. Deutscher Katholikentag in Essen, September 1968.

34 »Käufer Report«
Plakative Collagen aus der Agit-Prop-Werkstatt

Der wohl wichtigste Förderer der Ruhrpott-Literatur jener Jahre war Hugo Ernst Käufer[1] (s. S. 109 u. ö.). Er war selbst intensiv literarisch tätig mit einem besonderen Faible für die literarische Kurzform, speziell das Collage-Gedicht. 1968 legte er, 41-jährig, seine sechste Lyrik-Sammlung mit dem plakativen Titel *Käufer Report* vor.
Neue Techniken der Buchgestaltung machten es möglich: Die Texte erschienen in Form eines aufwändig gestalteten Leporellos im *PRO*-Verlag von Hansjürgen Bulkowski (s. S. 608ff.), der, wie erwähnt, seit 1966 mit literarischen Texten, Lesungen, Happenings und einer eigenen

Buchverrückter Bibliothekar: Hugo Ernst Käufer.

Hugo Ernst Käufer in den 1960er Jahren.

Zeitschrift in Erscheinung trat (s. S. 459ff.). Hier, wie auch später, legte Käufer besonderen Wert auf Buchgestaltung bzw. -illustration.[2] Die Kritik nannte Käufer einen »Lyriker am Puls der Zeit«[3] und einen »rebellische[n] Geist, der sich den Sinn für die Unteilbarkeit des Unrechts bewahrt« habe.[4] Mit sparsamen poetischen Mitteln verkläre Käufer die Wirklichkeit nicht, sondern durchdringe sie und mache sie erkennbar.[5] Über *Käufer Report* heißt es: »Diese Gedichte sind in Thematik, Form und Gestik, in ihrer konkreten Bildlichkeit und in ihren illustrativen Montagen nicht mehr individuell ins Literaturkabinett auszusortieren; sie lassen sich vielmehr ebenso wie eine Vielzahl von Liedtexten der letzten Zeit besser verstehen: als Typus – Typus eines neuen, eines politischen Textmachens ...«[6]

Dem Collage-Gedicht blieb der Autor treu und hielt auch Nachwuchsautoren an, sich in diesem Genre zu versuchen. Daneben wandte sich Käufer bevorzugt dem Aphorismus zu.

Anmerkungen

1   Geb. 1927 in Witten/Ruhr. 1945 bis 1954 dort Verwaltungsdienst. 1954 bis 1957 Studium am Bibliothekar-Lehrinstitut NRW in Köln. 1957 Examen als Dipl.-Bibliothekar. 1957 bis 1966 Referent an der Stadtbücherei Bochum. Von 1966 bis 1977 Hauptlektor und von 1977 bis 1987 Direktor der Stadtbücherei Gelsenkirchen. Mitbegründer der *Literarischen Werkstatt Gelsenkirchen* (1967) und des *Werkkreises Literatur der Arbeitswelt* (1971). Unter anderem Mitglied des P.E.N. (seit 1974). Er lebte in Bochum und starb 2014 in Legden.
2   Er arbeitete in dieser Hinsicht mit bedeutenden Künstlern zusammen, unter anderen mit HAP Grieshaber, Horst Dieter Gölzenleuchter und Artur Cremer-Acre. Käufer trug selbst eine hochrangige Kunstsammlung zusammen.
3   So die Überschrift eines Beitrags von H. Eska in der *Berliner Zeitung* vom 23. Mai 1959, zitiert nach: Klaus Scheibe (Bearb.): *Hugo Ernst Käufer. Autor, Herausgeber, Bibliothekar. Bibliografie mit Dokumenten*. Gelsenkirchen 2012, S. 160.
4   Ebd.
5   Ebd., S. 160. Das Urteil bezieht sich auf Käufers Band *Und mittendrin ein Zeichen* aus dem Jahr 1963.
6   So K.D. Bredthauer, in: *Ruhr-Reflexe* 1968, H. 6, zitiert nach ebd., S. 162.

Titelblatt des auf festem Karton gedruckten, aufklappbaren »Käufer Reports« in Leporello-Form, 1968.

Plakative Collagen aus der Agit-Prop-Werkstatt **315**

Im lausigen Revier
zwischen Dortmund und Duisburg
bei den lustigen Brüdern
in bankrotten Zechen und Gruben
räumen die Buchhändler
die Schaufenster aus
verramschen Celan
von Schwelle zu Schwelle
und Eich
auf abgelegenen Gehöften
auch Grass ist ausgefragt
Kappes geht vor Seelenschmus
ährlich
nur Adenauer, Strauß und Wehner
halten sich zähflüssig
Entwurf für Europa
allerleirauh

Daneben vertalern
die lieben Buchhändler
Gesangbücher, Bibeln
Taschenhefte für Wehrfragen
und Notstandsgesetze

das sind nützliche Dinge

Immer dieser verdammte Ärger
mit den Tintenpissern
dieser fickrige Blick
nach Mini-Röcken
in den Frühstückspausen
mit Fleischsalat und Nescafe
und überhaupt das ganze Gerede
von Gehaltszulagen
    Produktionsprämien
    Arbeitsplatzsicherungen
    Urlaubsverlängerungen
    Bildungsfreizeiten
der ganze Sozialklimbim
was solls?

Ich entlasse bald
die Laumacherfritzen
und kauf' mir
einen Computer (IBM 360)

der pariert

Wann
wann werden
wann werden wir
wann werden wir das Land
wann werden wir das Land verlassen
wann werden wir das Land verlassen müssen?

Plakative Collagen aus der Agit-Prop-Werkstatt

Report

So strahlend schön
        wie der kleine Erich
so germany verbissen
        wie der schlaue Herbert
so kickerlike
        wie uns' UweUwe
so duftend seelentreu
        wie der weise Kurt-Georg
so muskelstark behext
        wie der arme Karl
so katerig clever
        wie der Lausbub Rainer
so staatsmännisch gegrillt
        wie der treue Willy
so bierernst gerissen
        wie der sanfte Franz-Josef

das ist ein deutscher Mann
das ist ein deutscher Mann

so wie ein Kommunist ist
so wie ein Zigeuner ist
so wie ein Wehrdienstgegner ist
so wie ein Jude ist
so wie ein Spätaufsteher ist
so wie ein Neinsager ist
so wie ein Arbeitsloser ist
so wie ein Radfahrer ist

das ist kein deutscher Mann
das ist kein deutscher Mann

Ein Sonntag wie jeder andere

Fischer-Dieskau trompetet
seine kecke Männlichkeit
in die Sonntagskrale
Hedwig dirigiert die Kochtöpfe
das Klappern der Tellerchen und Schüsselch
Schüsselchen und Tellerchen
bittet die verlegene Langeweile
im Röhren-Gottesdienst
zur Kasse
zufriedene Rülpser
lassen vermuten
daß es mit dem gelackmeierten Kumpel
an Rhein und Ruhr
bald wieder bergauf geht
die Schornsteine müssen rauchen
sagte Schiller II.
es fragt sich nur für wen
auf jeden Fall
werden die Dividenden
und die Preise
steigen
das ist doch schon etwas
das ist doch schon etwas
das ist doch schon etwas
Freunde, nur Gemach
Karl wirds schon schaffen
das ist doch alles nicht so schlimm
das werden wir doch packen
das werden wir schon hinkriegen
daran müssen wir doch glauben
Karl wirds schon schaffen
und der CeDeU
die Scheunen füllen
wartet, wartet nur ein Weilchen

35 Kerouac
Paul Schallück kennt auch den »On the Road«-Autor

Er war einer der wichtigsten Vertreter der Beat-Generation und seine Bücher in den 1960er Jahren Allgemeingut – auch in Kreisen, die nicht unbedingt dem Underground nahestanden. 1969 veröffentlichte Paul Schallück (s. S. 38 u. ö.) einen Essay über den *Vater der Gammler und Hippies*, Jack Kerouac. Er nutzte dabei – wie häufig – einen bestimmten Anlass, um zu einer allgemeiner gehaltenen Kritik »auszuholen«. In diesem Fall konstatierte er, dass sich der Geist des »Ur-Beatniks« bereits verflüchtigt habe – eine Modeerscheinung sei von der nächsten abgelöst worden. Sein Beitrag bezieht grundsätzliche Ausführungen zum Thema »Underground« mit ein:

> Der Underground gehört ins Gesamtbild der gegenwärtigen Gesellschaft in fast allen Ländern der westlichen und in manchen der östlichen Welt. Man kann die Leute des Undergrounds zumeist an Kleidung und Haartracht erkennen, an ihrer oft phantasievollen Underground Mode. »Underground« ist zur Chiffre geworden für alle Haltungen, die als Protest gegen Bürokratie, Zivilisation und Technik, gegen die als inhuman empfundene bürgerliche Gesellschaft schlechthin begannen. Strenggenommen jedoch paßt der Begriff »Underground« heute nicht mehr. Denn was sich unter dieser Kennmarke tummelt, existiert längst nicht mehr im Untergrund. Der Underground ist an die Oberfläche der Publizität gestiegen, Kommunen haben ihn ans Licht finanziert; er ist zu einer selbstbewußten Kultur neben der bestehenden geworden, hat sich zum bisweilen einträglichen Geschäft lediglich mit anderen Vorzeichen gemausert und damit der so wild bekämpften bürgerlichen Gesellschaft von Kommerz und Profit, von Exklusivität und Manipulation angepaßt.
>
> Begonnen hat das, was sich heute Underground nennt, erst vor zehn Jahren in den USA mit Jack Kerouac und seinen Freunden Allen Ginsberg, Gregory Corso und Ferlinghetti, zu denen auch der alte Henry Miller zu rechnen ist. Nun ist Jack Kerouac, erst 47 Jahre alt, in St. Petersburg im US-Staat Florida an einer Blutung gestorben.
>
> Jack Kerouac hat eine Reihe von Büchern geschrieben, die auch in Deutschland erschienen und lebhaft diskutiert wurden: *Unterwegs* beispielsweise,

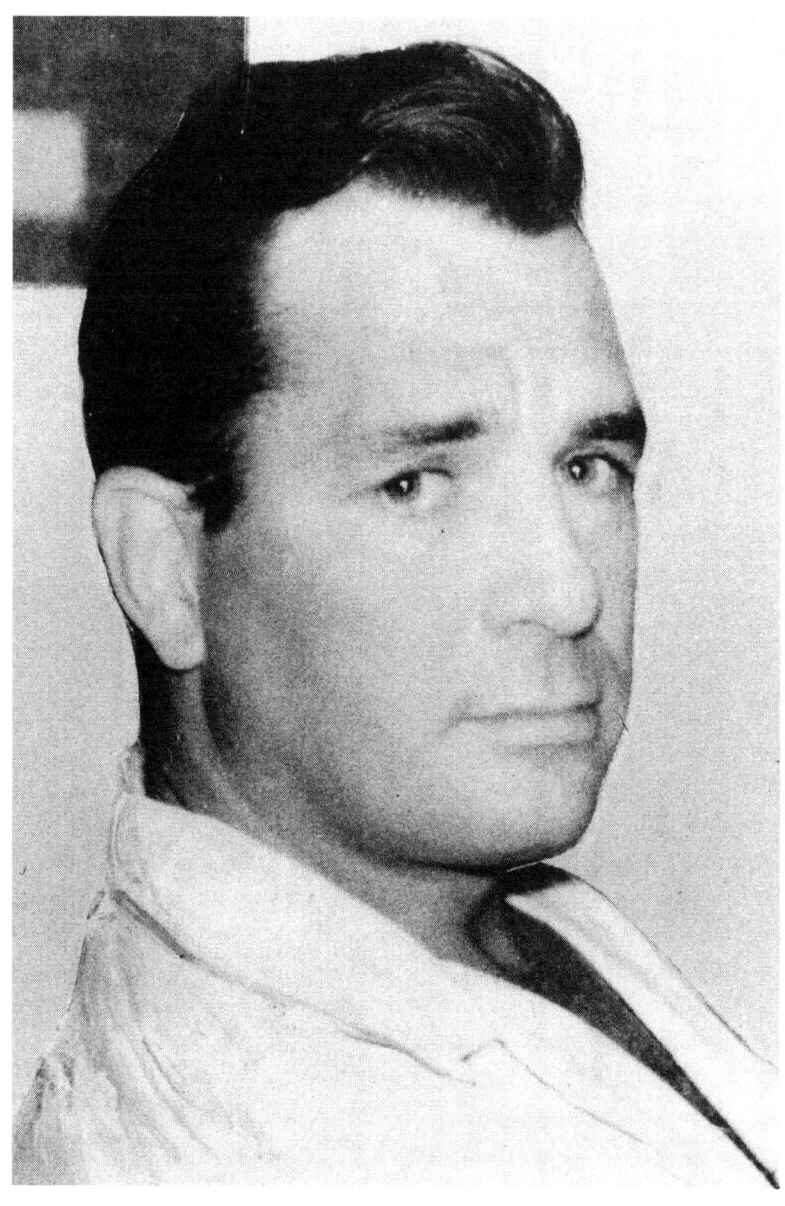

Jack Kerouac, einer der wichtigsten Vertreter der »Beat Generation«.

Paul Schallück kennt auch den »On the Road«-Autor

Deutsche Erstausgabe von Kerouacs
»Unterwegs. On the Road«, 1959.
Die amerikanische Buchfassung war
zwei Jahre zuvor erschienen.

Gammler, Zen und hohe Berge oder *Engel, Kif und neue Länder.* Vor allem aber war Jack Kerouac der erste, der Ur-Beatnik. Er hat einer ganzen Generation ihren Namen gegeben, der Beat-Generation, der Beatniks, Gammler und Hippies, den Namen und ein Programm, das allerdings in keinem Statut definiert und von keiner Vollversammlung angenommen war. Richtiger müßte man von Visionen sprechen.

Jahrelang zogen Beatniks und Gammler in ihren phantastischen Aufzügen über die Straßen und von einer Stadt zur anderen, um den Beschimpfungen der Bürger, der Verfolgung und Verhaftung durch die Polizei zu entgehen. Antibürgerliche Sektierer, die als Kriminelle oder Kommunisten, was sie nicht waren, verfolgt, als Außenseiter diffamiert wurden... Sie versuchten einer Welt zu entkommen, die sich in ihren Visionen als eine

Hölle menschenfeindlicher Technik, als die unablässige Vergewaltigung des Menschen, seiner Bedürfnisse, Sehnsüchte und Möglichkeiten darstellte. Sie predigten und verwirklichten die freie Liebe in allen Arten, die ihre Phantasie vorstellte, den ungehinderten Genuß von Rauschmitteln, die entfesselte Kunst und den Frieden auf Erden. Fluchend, redend und betend wurden Beatniks zu Barbaren, um die Freiheit, die sie für möglich hielten, für alle zu erlangen, eine trunkene Freiheit des Individuums.

Unter der Drohung der Atombombe, mit der Erfahrung vergangener und gegenwärtiger Kriege gaben sie sich gleichzeitig einem Weltschmerz hin, der oberflächlich betrachtet romantische Züge aufweist. Aber auch er war so lange barbarisch, bis sich den Beatniks der Zen-Buddhismus als Weg zur Erlangung mindestens der inneren Freiheit erschloß.

Ein merkwürdiges Phänomen, daß sich die wilden, ungebärdigen Söhne und Töchter des Weltraumzeitalters einer Lehre verschrieben, die etwa 520 Jahre vor unserer Zeitrechnung entstand. Nun übten sie sich in Kontemplation und Meditation, die zu mystischer Versenkung und intuitiver Erleuchtung führte, und empfanden die Übungen nicht als Flucht aus der Welt, sondern sahen darin ein Mittel, sie besser zu verstehen.

Die Beatniks sind still geworden, sie haben sich in die Gesellschaft wieder eingeordnet. Ihre Nachfahren nennen sich Hippies. Aber von den Beatniks hat der heutige Underground, was immer er anstellt, die Methoden der Befreiung und des Protestes gelernt, wenn auch nicht die neuen Geschäfts-Praktiken. Neue Wilde, Ungebärdige. Als Jack Kerouac starb, der weise Vater der Gammler und Hippies, war er fast schon vergessen. »Wer auf der Höhe ist«, sagte Eugéne Ionesco, »hat schon verspielt; man muß bereits auf der nächsten Höhe sein.«[1]

Anmerkung

1   Paul Schallück: *Vater der Gammler und Hippies ist tot*, Abdruck in *Welt der Arbeit*, hier zitiert nach Walter Gödden, Jochen Grywatsch (Hg.): *Moment mal! Paul Schallück: Glossen und Gedanken zur Zeit*. Köln 2003, S. 12-14.

36 »konkret«
Wolfgang Körner auf allen Kanälen, hier mit Stories für ein alternatives Polit-Magazin

1968 ist der literarisch umtriebige Wolfgang Körner ein Dauerbrenner in der *konkret*, einer der wichtigsten und auflagenstärksten Zeitschriften der Protestbewegung (s. S. 51). Hier erschienen seine Erzählungen *Party*, *Einiges über den Wigand*[1], *Die Zeit mit Harry*[2] und *Maria und Joseph*[3]. Körner konnte offensichtlich in »jeder Tonlage« liefern (Roman, »klassische« Erzählung, Reportage, »seriöse« Texte für die Zeitschrift *Buchmarkt*, Kinderbücher …). Kurzgeschichten wie *Die Zeit mit Harry* oder *Party* (s. S. 153) waren wegen ihres nassforschen Stils und ihrer thematischen Nähe zum Sex gefragt.

Nachdem die Zeitschrift eine Zeit lang von der DDR finanziell unterstützt worden war, suchte Herausgeber Klaus-Rainer Röhl durch die Fokussierung auf freizügige Motive neue Kaufanreize zu schaffen. Bei seinen Gegnern erwarb sich das Blatt hierdurch den Ruf einer »Polit-Porno-Postille«. Damalige Redakteure waren unter anderen Stefan Aust und Uwe Nettelbeck. Die bekannteste Mitarbeiterin der Zeitschrift war Röhls Ehefrau, Ulrike Meinhof, die von 1960 bis 1964 Chefredakteurin war. 1969 stellte sie ihre Mitarbeit an *konkret* ein.

Hier der Beginn von Körners Story *Die Zeit mit Harry. Die Geschichte der Petra M.*:

> Wie die Natur so arbeitet. Vor drei Tagen habe ich noch mit Harry gepennt, und jetzt sitz ich mit Friedrich beim Fotografen. Brautbilder. Friedrich wollte das gar nicht. Bilder sind doch nicht nötig, hat er gesagt, wir haben uns ja jetzt das ganze Leben. Aber da war ich anderer Ansicht. »Wenn du schon das Glück hast, daß eine anständige Frau wie ich die Beine für dich breit macht, dann wirst du auch das Geld für die Bilder übrig haben«, hab ich gesagt. »Wenn schon heiraten, dann mit Musik!« Er hat den Kinnladen runtergeklappt und mich blöd angesehen. Fast hätte ich Mitleid mit ihm bekommen, aber das ist bei mir nicht mehr drin. Mitleid, sag ich mir immer, das kann sich 'ne Frau nicht leisten. Neulich hab ich mich bald totgelacht. Harry hatte bei mir gepennt, und als ich ins Büro ging, da steht doch wahrhaftig Friedrich vor dem Haus und macht mir

Wolfgang Körners Kurzgeschichte »Die Zeit mit Harry« in der Juli-Ausgabe 1968 der Zeitschrift »konkret«.

Vorwürfe. »Du kannst doch nicht einen anderen Mann bei dir schlafen lassen, vierzehn Tage vor der Heirat«, hat er gesagt.

Da hab ich mich fast hingesetzt. »Hör mal gut zu, mein Lieber«, sag ich, »solange wir nicht verheiratet sind, wohn' ich hier in Essen. Und solange ich in Essen wohne, schlaf ich, mit wem ich will!« Prompt hat er sich in den Wagen gesetzt und ist abgehauen. Macht nichts, hab ich mir gedacht, der kommt wieder. Ist ja bis jetzt immer wiedergekommen. Auf Idioten ist immer Verlaß.

Aber Harry hat sich geirrt, wenn er gedacht hat, ich bleib' immer bei ihm. Okay, er hatte die richtige Kragenweite für mich. Aber was hat man davon, wenn man älter wird. Ohne Heiratsurkunde ist eine Frau nur die Hälfte wert, sagt meine Pflegemutter immer, und wenn sie auch bescheuert ist, damit hat sie recht. Harry hat das alles nicht verstanden. Aber was soll's? Ist sowieso alles Mist. Gefühle sind Luxus. Mein Vater hat Gefühle gehabt. Im Krieg hat sie ein Stahlträger erschlagen. Da war ich drei Jahre alt.

»Ich lebe nur noch für dich«, hat er mal gesagt. Scheißphrase. Als ich die Mittlere Reife hatte, steckte er mich in die Lehre. In ein Reisebüro. Mit sechzehn hab ich ja noch nicht gemerkt, wie der Hase lief, aber dann nach der Lehre, dreihundertzwanzig Mark im Monat, na dankeschön. Natürlich, ich hätte auch mehr kriegen können. Aber den Möller ranlassen, das war bei mir nicht drin. Nicht mit mir, hab ich gedacht, das kann er mit anderen machen.

Ist doch ungerecht so was. Ich schufte den ganzen Tag für die paar Mark. Der Möller hat die gleiche Schulausbildung wie ich, nur daß ihm sein Alter vierzigtausend Mark für das Reisebüro gegeben hat. Und deshalb soll ich ihn unter den Rock lassen, also das war nicht drin.

Ich hab' Harry später mal gefragt, wie es kommt, daß einer ein Reisebüro aufmachen kann, bloß weil er genug Kohlen hat, und weshalb andere bei ihm für dreihundertzwanzig Mark arbeiten, und die sollen sich unter den Rock fassen lassen.

»Das ist das kapitalistische System bei uns!« hat er gesagt, und dann hat er mir einen langen Vortrag gehalten. Scheißpolitik. Verfluchter Mist. Eigentlich ist es ein Witz. Zum Lachen, wenn es nicht zum Heulen wäre. Durch ein Foto hab' ich Harry kennengelernt, mit einem anderen Foto hört alles auf.

Damals war ich mit Dieter verlobt. Hat mein Alter so gewollt. Mir war es egal. Nur weg von zu Hause, hab' ich gedacht, dann siehst du weiter. Ich

Aus Wolfgang Körners Story »Die Zeit mit Harry« in der Zeitschrift »konkret«, 1968, H. 7.

will eines Tages ein Foto für Dieter machen lassen und erzähle das einer Kollegin im Reisebüro. Die gibt mir eine Adresse. Da hat sie schon mal Fotos machen lassen, sagt sie, und die sind Klasse gewesen. Ich werf' mich also in Schale und fahr' mit der Straßenbahn hin. Der Fotograf wohnte im Keller, aber das war mir egal. Macht nichts, hab' ich mir gesagt, wenn die Fotos okay sind, dann spielt es keine Rolle, wo der Fotograf wohnt. Ich klingelte, so ein Typ mit 'ner Nickelbrille im Gesicht macht auf und fragt mich, was ich will. Ich sage, daß ich ein Foto brauche und daß mich 'ne Kollegin geschickt hat. »Meinetwegen«, sagt er, »kommen Sie 'rein!« Ich war völlig durcheinander, weil er so tat, als ob ich die nebensächlichste Sache von der Welt wäre. So was war ich von Männern nicht gewöhnt. Dieter hat mich immer wie ein rohes Ei angefaßt. »Bitte sehr, Petra«, »gewiß, Petra« und so weiter. War ja nicht mal schlecht, aber auf die Dauer ist es langweilig, wenn ein Mann eine Flasche ist. Vielleicht war er noch zu jung. Egal. Dieter heiraten, das kam sowieso nicht in Frage. Ich hätte, glaub' ich, nicht geheiratet, wenn ich Harry nicht kennengelernt hätte.

Harry läßt mich also in das Zimmer, setzt mich auf einen Stuhl und läßt mich erst mal 'ne Viertelstunde warten. »Ich muß noch 'nen Film entwickeln«, sagt er, »gedulden Sie sich 'n paar Minuten!«
Ich sehe mich um. Alles unaufgeräumt. Wie bei uns zu Hause, wenn die Alten Krach haben. An die Kellerwände waren Fotos gepinnt.

Ein paar ausgezogene Frauen, ein Hochhaus, zwei Werbefotos von einem Sportwagen und darunter fünf Fotos, die ich einfach ekelhaft fand. Alte Penner mit Wermutflaschen. Eine Frau, der die Fußnägel zehn Zentimeter lang gewachsen sind und die auf einer dreckigen Matratze liegt. Ich bin aufgestanden, um mir die Fotos anzusehen.

Plötzlich stand der Harry hinter mir. »Na, gefallen Ihnen die Bilder?« fragte er. Ich schüttelte den Kopf. »Einfach widerlich!« »Ja«, sagte Harry, »aus einer Notunterkunft. Jetzt such' ich nur noch ein Foto von einem Starfighter, dann hab' ich alles, was ich brauche!« Dann hat er mich in 'nen Sessel gesetzt und fotografiert und gesagt, daß ich die Bilder drei Tage später abholen kann.

Ich hab' gar nicht daran gedacht, daß ich mit Harry mal was haben würde. Aber wie die Natur so arbeitet. Ich fahr' also zu Harry und will die Bilder abholen. Er hat zwei Fotos auf 30/40 vergrößert und will dafür sechzig Mark haben. Ich sage, ich wollte nur Postkarten haben, da brüllt er mich an und sagt, er macht entweder vernünftige Fotos oder gar keine, und wenn mir die Bilder nicht gefallen, schmeißt er sie in den Papierkorb.
»Ich hab' nicht soviel Geld!« hab' ich gesagt, das hat ihn nicht weiter gewundert. »Macht nichts«, sagte er, »meinetwegen können Sie die Fotos abarbeiten!« Ich wollte schon patzig werden, aber er hat einen Eimer und einen Schrubber geholt und gesagt, daß ich die Bude aufräumen soll. Ich war völlig platt. Ich hab' ihm also alles sauber gemacht, und er hat in der Dunkelkammer gearbeitet. Als er 'rauskam, hat er 'ne Flasche Rotwein aufgemacht und sich mit mir unterhalten. Richtig vernünftig. Nicht so'n blödes Gequatsche wie die anderen immer fabrizieren. Daß ich die Fotos für 'nen Mann wollte, hat er gleich gemerkt. Ich hab' ihm von Dieter erzählt, und daß ich mit ihm verlobt bin und daß er beim Bund ist. Freiwillig. Harry hat das gar nicht gefallen. Na ja, wir haben miteinander

geredet, und nachher hat er mich gefragt, ob ich dableibe, und ich hab' ja gesagt, weil so spät keine Straßenbahnen mehr fahren. Am nächsten Morgen sagte er, daß wir gut zusammen passen. »Was du vorher gemacht hast«, sagte er, »interessiert mich nicht, und mit deinem Verlobten machst du Schluß, wenn du ihn das nächste Mal triffst!« Ich hab' genickt. Soll sich doch mein Vater mit Dieter verloben, wenn er ihn so toll findet. [...][4]

Anmerkungen

1   Wolfgang Körner: Einiges über den Wiegand, in: konkret 1968, H. 13, S. 44-47.
2   Wolfgang Körner: Die Zeit mit Harry, in: konkret 1968, H. 7, S. 46-49.
3   Wolfgang Körner: Maria und Joseph, in: konkret 1968, H. 17, S. 44-46.
4   Zitiert nach Lesebuch Wolfgang Körner. Hg. von Walter Gödden und Anne Blanken. Bielefeld 2016, S. 57-60.

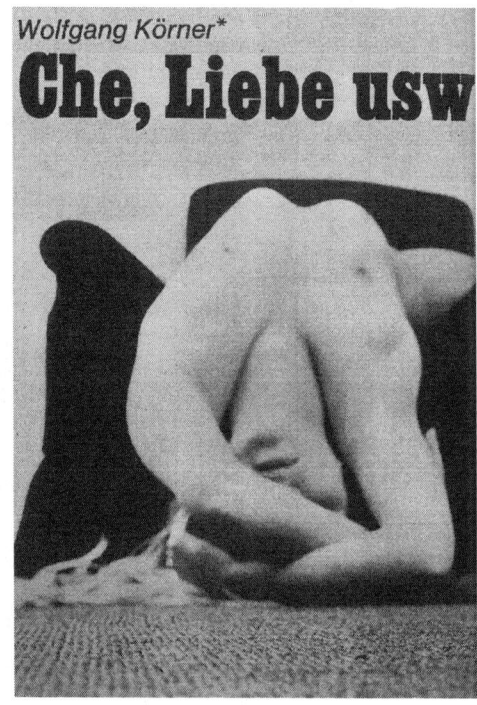

Ein weiterer Titel Körners aus der Februar-Ausgabe der »konkret« 1968.

Wohl bekomms. Werbeaufnahme, Wirtschaftswunderzeit.

Es ist angerichtet. Werbeaufnahme, Wirtschaftswunderzeit.

37 Konsumkritik
Wir sind wieder wer, aber um welchen Preis?

Konsumkritik ist, wie könnte es anders sein, ein »stehendes« Thema der 68er Literatur. So auch bei Liselotte Rauner, die im Umfeld der *Literarischen Werkstatt Gelsenkirchen* erste Veröffentlichungserfahrungen (s. S. 339ff., 669ff.) sammelte und Teilnehmerin der erwähnten »Hausfrauen«-Lesung war (s. S. 257ff.).[1] 1968 hatte sie noch keine selbstständige Veröffentlichung vorgelegt, sie war aber in der Anthologie *Beispiele Beispiele* vertreten. Zwei Jahre später erschien ihr erstes eigenes Buch *Der Wechsel ist fällig. Gedichte.* Das Nachwort steuerte Josef Reding (s. S. 384ff.) bei, Herausgeber war der vielfach erwähnte Literatur-Multiplikator Hugo Ernst Käufer.
Es folgten bis 1990 sechs weitere Sammlungen mit Lyrik, Songs und Epigrammen, mit denen »Lilo« Rauner ein größeres Publikum erreichte.[2] Die Titel zeigen das besondere Talent der Autorin, Themen zuzuspitzen und lyrisch zu pointieren. Den Ruch, lediglich »Hausfrauenlyrik« zu verfassen, hatte sie bald abgelegt.

Was mir gehört[3]

Von diesem reichen Land
das mich beehrt mit seiner Verteidigung
im Ernstfall
gehört mir soviel Erde
wie ich nach Hause tragen kann
unter dem Fingernagel

Von dieser mächtigen Fabrik
in die ich investiert habe
all meine Kraft
gehört mir soviel
wie ich brauche
meine Arbeitskraft zu erhalten

Autorin Liselotte Rauner.

Liselotte Rauners erstes Buch
»Der Wechsel ist fällig«, 1970.

Von diesen wachsenden Wäldern
die auch ich aufgeforstet habe
gehört mir soviel Schatten
wie ich brauche
um niemanden im Licht zu stehn

Von dieser weiträumigen Stadt
die auch ich aufgebaut habe
gehört mir soviel Lebensraum
wie ich brauche
für meinen Sarg

Wir haben zuviel

Wir haben zuviel zu essen
man muß die Ernte vernichten
wir haben zuviel zu trinken
man muß die Milch auf die Straße schütten
wir haben zuviel zu verheizen

Im Kaufhaus
Althoff in Essen,
Oktober 1960.

Duisburg, Mitte
der 1960er Jahre.

Wir sind wieder wer, aber um welchen Preis?

man muß die Bergwerke schließen
wir haben zuviel zu lesen
man muß die Bücher verbrennen
wir haben zuviel Waffen
was wird man damit machen?

»Es geht wieder aufwärts.«

Es geht wieder aufwärts
das abbruchreife Haus wird aufgestockt
mit neuen Stützen der Gesellschaft

Es geht wieder vorwärts
über den Morast
werden Knüppelwege gebaut

Es geht wieder weiter
der Leichenzug
hat das rote Signal überrollt
es geht wieder heimwärts ins Reich

Du bist in Sicherheit

Du bist in Sicherheit
der Polizist schießt nur aus Versehen
du hast eine Chance
er trifft nicht jeden
für dich ist gesorgt
die Arbeitsämter füttern ihre Schlangen
deine Zukunft liegt in festen Händen
die Hände liegen um deinen Hals
du bist geborgen
nur in deiner Haut
bis du auch die zu Markte trägst

Ohne mich

Ich drücke beide Augen zu
denn ich werde geführt
Ich stelle mich taub
denn ich traue meinen Ohren nicht
Ich rieche keine Lunte
denn ich habe die Nase voll
Ich gebe meine Stimme ab
denn ich habe nie Gebrauch davon gemacht[4]

Ein weiterer Autor aus dem Umfeld der *LWG*, der sich dem Thema »Wohlstandsgesellschaft« zuwandte, war Reinhart Zuschlag[5]:

Carpe diem 1968

Morgens eine Pille
zum Anregen
Mittags eine
zum Verdauen
Abends zwei
zum Abregen
Alle rezeptpflichtig

Acht Stunden
am Schreibtisch
mit Telefon
wie in einem
Ofen mit wechselnder
Temperatur
Der Teig bleibt
was er ist

Im Haus Industrieform in Essen, März 1968.

Werbeaufnahme (Ruhrkohle), Anfang der 1960er Jahre.

Werbeaufnahme (Ruhrkohle), Anfang der 1960er Jahre.

Mittagessen für
einsfünfundachtzig
am Stehtisch
im Kaufhaus
an der Ecke
im dritten Stock

Jeden Tag
Rolltreppe fahren

Im Fernsehen steigt
die Krimiflut
Auch Leser auf
der Jagd nach
neuen Fällen
Krimi, Krimchen,

Wir sind wieder wer, aber um welchen Preis?

Kriminalroman
Agatha Christie
Edgar Wallace
Sherlock Holmes
Spannend
Entspannt
Abends in
einer Bierrunde
immer nur
PKW
Fußball
Bettgeschichten
und Witze
von gestern[6]

Anmerkungen

1   Geb. 1920 in Bernburg an der Saale als Liselotte Clemens. Nach Real- und Handelsschule und einer kaufmännischen Lehre nahm sie Gesangs- und Schauspielunterricht und schloss sich dem Stadt- und Landestheater Bernburg an. Seit 1948 lebte sie in Bochum-Wattenscheid.
2   Hinzu kommen zahlreiche Beiträge in Anthologien und auf Schallplatten. Ihre pointierten Kurztexte waren häufig im Rundfunk zu hören. 1996 wurde sie mit dem *Literaturpreis Ruhr* ausgezeichnet.
3   Die folgenden Texte stammen aus der Anthologie *Beispiele Beispiele. Texte aus der Literarischen Werkstatt Gelsenkirchen*. Hg. von Hugo Ernst Käufer. Recklinghausen 1969 (s. S. 109ff.).
4   Ebd., S. 75f.
5   Zu seiner Person vgl. www.autorenlexikon-westfalen.lwl.org. Zuschlag legte erst 1976 seine erste selbständige Veröffentlichung *Tagesgespräche filtern. Lyrik und Prosa* vor. Weitere Sammlungen folgten.
6   *Beispiele Beispiele*, a.a.O., S. 83.

38 Konsumtempel-Lesungen
Spielzeugautos und viel Literatur-Klamauk

Liselotte Rauner (s. S. 331) war mit dabei, als die *Literarische Werkstatt Gelsenkirchen* am 13. Dezember 1968 zu einem großen Literaturevent einlud. Ihr und elf weiteren Autorinnen und Autoren der *LWG* war es vergönnt, sich im Gelsenkirchener Kaufhof einem größeren Publikum zu präsentieren. Erwartet wurden an diesem vorweihnachtlichen Einkaufstag 28.000 bis 30.000 (!) Besucher. Eine Beat- und eine Jazz- Band begleiteten das Literaturspektakel.
In dessen Mittelpunkt stand das Finale des erwähnten großen literarischen Wettbewerbs der *LWG* (s. S. 339ff., 669ff.). Nach neun Vorrunden traten Paul Karalus, Richard Limpert und Theo Schmich zum literarischen Endspurt an. Als weitere Autorinnen und Autoren lasen: Karl H. Hilfert (Essen), Liselotte Rauner (Wattenscheid), Frank Göhre (Bochum), Hubert Brill (Bochum), Hansjürgen Bulkowski (Krefeld), Ernst Günther

Literaturspektakel der »Literarischen Werkstatt Gelsenkirchen« im Gelsenkirchener Kaufhof am 13. Dezember 1968.

Andächtig lauscht die Schar der Musenverehrer im KaufhofGelsenkirchen Dichterworten aus dem Halbrund der Kanzel.

Musen zwischen Glas und Polstern
„Ogottogott, auch noch Mädchen"
Käufer staunten über Schlußtakt der Literarischen Werkstatt

(RUNDSCHAU-Bild: Belluß)
Werkstattlektor Käufer befaßt sich gedankenverloren mit einem Spielauto.

Gelsenkirchen. (DN) Zunächst begannen „Les garcon" so sturmstark zu beaten, daß Kaufhofbesucher sich entsetzt die Ohren zuhielten und davonstürmten. Das war kurz nach 10 Uhr im 2. Stock, wo in der Porzellanabteilung alsbald Tassen, Teller und Schüsseln melodisch zu klappern begannen. Doch Geschäftsführer Gerhard Kürten sorgte mit souveräner Armbewegung für rasche Dämpfung, und fortan blieben die Kunden stehen und lauschten.

Ein paar junge Leute begannen schon mit Armen und Beinen zu schlenkern und Beat zu tanzen, aber auch sie ließen sich schließlich von Dichterworten fesseln. Die Literarische Werkstatt hatte sich diesen herrlichen Gag ausgedacht, Kunst unter die Leute zu bringen. Beat, Prosa und Lyrik. Umgeben von Polstermöbeln, Glas, Porzellan und allerlei Raritäten. Dazu Litfaßsäulen aus Pappe, an denen Kopf und Lebenslauf der Teilnehmer prangte. Ein tolle Atmosphäre.

Das dauerte von 10 bis 13 Uhr, und von 15 bis 18 Uhr ging es weiter. Mitten im Trubel vorweihnachtlicher Einkäufe. Da staunten, guckten und hörten Damen und Herren von ganz jung über jung und älter. „Mama, sind das APOs?" fragte ein Steppke seine paketbeladene Mutter, als er Literaten lesen sah. Eine junge Ehefrau, Marlies Verse (25), stand mit dem Kinderwagen in Dichternähe: „Hier hört man mal endlich was, was man normalerweise nicht geboten bekommt." Ihr gefällt nicht alles, aber „die Idee ist prima!"

„Nee, wat die da alles ablesen, ha'm die das selber gemacht? Und sogar Mädchens dabei. Gottogottogott" (Oma Pauline Kowalski, 72). Hübsch und treffend die Hausantwort des Dekorateurlehrlings Helmut Kochanowski (16): „Eine gute Reklame für unsern Kaufhof!" Dichterlesung im Kaufhaus gefällt auch Obersekundaner Rainer Gertzmeier (16): „Eine gute Sache." Gerhard Kürten durfte sich die Hände reiben: „Lief alles wie am Schnürchen!" Erst 22.15 Uhr war Schluß.

Siehe auch Standpunkte

Pantomime-Show

Bochum. Eine Kabarett- und Pantomime-Show gibt es heute um 20 Uhr im Klub Liberitas. Titel: „Glück 68" oder die wundersame Verfolgung und Verformung des Sadonis Klemm, genannt Plemm von der Stange, vorgestellt von der Schauspieltruppe Otto Glück behufs anfriedigung glücklicher Bürger.

Zeitungsartikel in den »Ruhr-Nachrichten« über den Literaturwettbewerb der »Literarischen Werkstatt Gelsenkirchen«.

(Gelsenkirchen), Rainer Horbelt (Gelsenkirchen), Volker W. Degener (Herne), Helga Riedel (Gelsenkirchen), Hanns T. Peschkes (Bocholt) und Walter Neumann (Bielefeld). Außerdem kamen vier renommierte Gastautoren zu Wort: Philipp Wiebe (d. i. Ernst-Adolf Kunz), Josef Reding, Paul Schallück und Wolfgang Körner.

Die Entscheidung über den Wettbewerbs-Sieg lag in den Händen einer durchaus hochkarätigen Jury, der, neben fünf Vertretern des Publikums, unter anderen Hugo Ernst Käufer (s. S. 109 u.ö.), Friedhelm Baukloh (s. S. 330ff.), Hans-Joachim Gelberg (Cheflektor des Bitter Verlags), Gustav K. Kemperdick (WDR), Walter Köpping (Bildungsreferent der IG-Bergbau), Josef Reding (s. S. 384) und Paul Schallück (s. S. 38 u.ö.) angehörten. Mitbedingt durch den ungewöhnlichen Leseort, stieß der Autoren-Showdown schon im Vorfeld auf ein großes Medienecho. Eine Lesung zwischen »Teppichen, Elektrogeräten, Radios und Fernsehapparaten«, zwischen »Christbaumschmuck und Kunstblumen, Nippes und Kleinmöbeln«, zwischen »Polstersesseln, Gardinen und Geschirr«, »sauren Gurken und Weihnachtskugeln« hatte es bis dahin in Gelsenkirchen nicht gegeben (wenn es sich nicht überhaupt um eine bis dahin bundesweit einmalige Aktion handelte, die entsprechend auch überregional für Schlagzeilen sorgte).

Die Begeisterung des Publikums über die Entscheidung der Jury hielt sich jedoch in Grenzen. Als zu später Stunde Paul Karalus zum Sieger des Wettbewerbs gekürt wurde und als Präsent einen Frühstückskorb überreicht bekam, zeigten sich die Zuhörer wie gewohnt (s. S. 669ff.) widerborstig. Laut *Westfälischer Allgemeiner Zeitung* setzte ein großes »Murren« ein, »torpediert [...] durch Zwischenrufe«.[1] Der Redakteur der Zeitung schloss sich der Kritik an: »Eine Jury kann irren. Diese, zusammengesetzt aus ›Fachleuten‹ und ad hoc gewählten Vertretern des Publikums, irrte gründlich. Sie gab ihr Votum einem Bündel von Wortketten, bei denen der Dichter Peter Handke, der Altmeister solcher Reihungen, Pate gestanden hat. Doch was in Handkes besten Texten zu kunstvoller Zerstörung von Sprachklischees sublimiert ist, wird hier willkürlich aneinandergestückelt. So dichtet Paul Karalus unbekümmert – und das Beispiel ist durchaus typisch –: Alte Männer sind böse auf die Jugend, weil sie alt sind. Alte Männer können sich alles leisten, weil sie alt sind. Alte Männer riechen usw. Der Generationskonflikt, der hier angesprochen ist, wird unreflektiert zum Vorwand einer billigen Polemik genommen. Leider kein Einzelfall im Wust des Angebotes, auch was die formalen Klimmzüge angeht, bei Handke Halt zu finden.«[2]

Ein Trost: Auch die beiden anderen Finalisten Richard Limpert (dessen Texte à la Gottfried-Benn-Urteil das Gegenteil von »gut«, nämlich

...sbildungswerk der Stadt Gelsenkirchen

Literarische Werkstatt
Lektorat: Hugo Ernst Käufer   -   Organisation: Detlef Marwig

LITERATUR IM KAUFHAUS

Freitag, 13. Dezember 1968, 1o - 13, 15 - 18, 2o - 22.15 Uhr
Kaufhof Gelsenkirchen, Bahnhofstraße

Veranstaltungsplan

15 Autoren der Literarischen Werkstatt stellen sich in
3 Non-Stop-Lesungen mit neuen Texten vor. Außerdem lesen
4 bekannte Schriftsteller als Gäste aus ihren Veröffentlichungen. 2 Jazz-Bands unterbrechen mit ihren Darbietungen
die Lesungen.

1o - 13 Uhr

1o.oo - 1o.15 Uhr	Jazz
1o.15 - 1o.3o Uhr	Karl H. Hilfert-Essen
1o.3o - 1o.45 Uhr	Liselotte Rauner-Wattenscheid
1o.45 - 11.oo Uhr	Jazz
11.oo - 11.15 Uhr	Frank Göhre-Bochum
11.15 - 11.3o Uhr	Hubert Brill-Bochum
11.3o - 11.45 Uhr	Jazz
11.45 - 12.oo Uhr	Philipp Wiebe-Gelsenkirchen, als Gast
12.oo - 12.15 Uhr	Paul Schallück-Köln, als Gast
12.15 - 12.3o Uhr	Jazz
12.3o - 12.45 Uhr	Bulkowski-Krefeld
12.45 - 13.oo Uhr	Ernst Günther-Gelsenkirchen

15 - 18 Uhr

15.oo - 15.15 Uhr	Jazz
15.15 - 15.3o Uhr	Rainer Horbelt-Gelsenkirchen
15.3o - 15.45 Uhr	Roswitha Kämper-Gelsenkirchen
15.45 - 16.oo Uhr	Jazz
16.oo - 16.15 Uhr	Volker W. Degener-Herne
16.15 - 16.3o Uhr	Helga Riedel-Gelsenkirchen
16.3o - 16.45 Uhr	Jazz
16.45 - 17.oo Uhr	Josef Reding-Dortmund, als Gast
17.oo - 17.15 Uhr	Wolfgang Körner-Dortmund, als Gast

Ablaufplan des Mammut-Literaturtags im Gelsenkirchener Kaufhof.

lediglich »gut gemeint« seien) und Theo Schmich (»plakative Holzhammertechnik«) hätten nicht mehr zu bieten gehabt. Auch die *Ruhr-Nachrichten* konstatierten, dass das Publikum mit den Final-Teilnehmern »nicht schonend« umgegangen sei (Headline: »Prügel für Etablierte blieben nur leere Worte. Endausscheidung wurde literarisches Kabarett«).[3]
Die Kritiker-Fraktion ließ ihrem Unmut freien Lauf. Limpert wurde vorgehalten, seine Texte böten »nur rotes Wasser«. Nach der Lesung von Schmich ergriff ein Diskutant das Mikrofon und konstatierte: »Jetzt weiß ich endlich, wie Gelsenkirchener Hinterhofkunst aussieht: überhaupt nicht!« Die Auszeichnung Karalus' degradierte die Veranstaltung endgültig zur Farce: »Stadtrat Heinrich Meya ging auch nicht fehl in der Annahme, daß die Juroren dringend Sturzhelme benötigen; denn ausgerechnet Paul Karalus hatte man zur Miß Literatur gekürt. Die Enttäuschung und Empörung des Publikums war groß und die Jazzband intonierte ironisch einen Trauermarsch. [...] In der Tat, die ebenso fidele wie lobenswerte *Literarische Werkstatt* hat sich mit dem Juroren-Spruch selbst einen Knockouthieb versetzt.«[4]
Die *Westfälische Rundschau*[5] zitiert hingegen eine andere Publikumssicht: »Mutige Autoren, offenherzige Kritiker, unbeirrbare und ganz zweifellos auch sachverständige Jury. Das ist schon eine Plattform. Und wer da sagt, die Literatur sei ohnehin tot und in Gelsenkirchen noch ›toter‹, der wiederholt, was als Meinung im Schwange ist, aber er muß nicht erwarten, daß ihm alle glauben sollen.«
Einig waren sich die Beteiligten und Besucher darin, dass die gesamte Veranstaltung eher einem »politisch-literarischen Wanderzirkus« denn einem »seriösen« Literaturwettbewerb geähnelt habe. Das aber war durchaus im Sinne der Veranstalter. Ihnen ging es um Aufmerksamkeit und zugkräftige Unterhaltung, die zweifelsohne auch geboten wurde. Die Publicity-Wirkung war enorm. Fernsehen und Presse berichteten ausführlich, eine große Schar von Fotografen hätte sich einen regelrechten »Stellungskrieg« geliefert.[6]
Das Publikum genoss das Spektakel sichtlich, was auch seine kuriosen Seiten hatte. Die *Ruhr-Nachrichten* sammelten folgende Live-Eindrücke: »›Mama, sind das APOs?‹ fragte ein Steppke seine paketbeladene Mutter, als er Literaten lesen sah. Eine junge Ehefrau, Marlies Verse (25), stand mit dem Kinderwagen in Dichternähe: ›Hier hört man mal endlich

was, was man normalerweise nicht geboten bekommt.‹ Ihr gefällt nicht alles, aber ›die Idee ist prima!‹ ›Nee, wat die da alles ablesen, ha'm die das selber gemacht? Und sogar Mädchen sind dabei. Gottogott‹ (Oma Pauline Kowalski, 72). Hübsch und treffend die Hausantwort des Dekorateurlehrlings Helmut Kochamowski (16): ›Eine gute Reklame für unsern Kaufhof!‹ Dichterlesung im Kaufhaus gefällt auch Obersekundaner Rainer Gertzmeier (16): ›Eine gute Sache.‹ Gerhard Kürten [Kaufhauschef] durfte sich die Hände reiben: ›Lief alles wie am Schnürchen!‹«.[7] Als Liselotte Rauner ihre »bissigen« Texte vortrug, habe eine Besucherin ihr Befremden mit den Worten zum Ausdruck gebracht: »Und gerade Frau Rauner [...] ist doch sonst so freundlich.«[8]

Die WAZ[9] sprach von einer »Mammut-Show für 16 leichte Literaten«, die »Texte à Gogo [...] quer durch den Gemüsegarten« geboten hätten, »wer will noch mal, wer hat noch nicht? Alle wollten sie: lesen im Kaufhof, ganz oben unterm Lamettadach, den Beat im Rücken, das Mikrophon vor der Brust, Verse fürs Volk, von zierlich weißem Pult gelesen, Literaten brauchen Hörer. Kunst oder Konsum, das war hier die Frage. Holt die Dichtung aus dem Glasturm! Wer spricht denn hier von Dichtung? Wir machen einen Literaten-Circus. Vorhang auf zur schicken Show, das Fernsehen ist auch dabei ...«

Im selben Artikel heißt es: »Doch die Oase des Geistes inmitten vorweihnachtlicher Konsumhektik wurde amüsiert als unverbindliches Happening betrachtet – was es meist auch war.« Und: »Das Ganze war ein Gag, lustig, leicht und liebenswert. Ein Spaß, mehr sollte es hoffentlich auch nicht sein, denn sonst müßte man den Literaten sagen: schreibt weiter, aber nur fürs Poesiealbum!«[10] Zwei Tage später resümierten die Ruhr-Nachrichten: »Glücklicherweise herrschte weitgehend Heiterkeit, der Genius loci des geschäftigen Speiserraums ließ weder Bierernst noch esoterische Dichterallüren aufkommen.«[11]

Und die Autoren? Die »Dichter- und Poetenjünger«, von denen in einer Rezension die Rede ist, »nahmen sich selbst zum Glück nicht [...] tierisch ernst«. Bulkowski unterstrich dies dadurch, dass er begleitend zu seiner konsumkritischen Lesung im »Konsumtempel« Spielzeugautos an die Zuhörer verteilte.[12]

Die Veranstalter verbuchten das erste Jahr der LWG, das mit der Kaufhof-Lesung zum Abschluss kam, als großen Erfolg. Die beiden vorrangigen

Ziele seien erreicht worden: Wenig oder gar nicht bekannte Autoren des Ruhrgebiets hätten die Chance genutzt, sich der Öffentlichkeit zu präsentieren. Die Literatur selbst sei ausführlich zu Wort gekommen und auf diese Weise das literarische Interesse der Bevölkerung geschürt worden. Käufer stellte in einem Interview mit der *Welt am Sonntag* rückblickend fest, es sei immer ein primäres Bestreben der *LWG* gewesen, »Literatur zeitgemäß zu verkaufen« und »Schichten anzusprechen, die zum Buch keine selbstverständliche Beziehung haben«.[13]

PS: Die in der *LWG* vorgetragenen Texte (die in dem genannten Band *Beispiele Beispiele*, s. S. 109ff., nachzulesen sind) erscheinen heute interessanter, als es die massive Zuschauerkritik Glauben macht. Auf Nachfrage erklärte der Autor und Zeitzeuge Werner Streletz: »Ob die in der *LWG* vorgestellten Texte durch die Bank so schlecht waren, wie es die Presseveröffentlichungen glauben machen wollen, wage ich zu bezweifeln. Doch das Niederknüppeln durch das Publikum war damals (auch in der *LWG*) durchaus in Mode. Damals in der *LWG* hätte wahrscheinlich selbst ein (unbekannter) Handke einen schweren Stand gehabt.«[14]

Die Lesung im Kaufhof stieß auch überregional auf ein breites Medienecho, selbst im Rundfunk und im Fernsehen. Den Anfang machte Josef Redings Beitrag *Schichtwechsel der Ruhr-Poeten* am 17. September 1968 im WDR-Hörfunk (2. Programm). Der WDR (3. Hörfunk-Programm) brachte am 13. Dezember ein halbstündiges Feature über die Kaufhof-Lesung in der populären Reihe *Zwischen Rhein und Weser*. Am Tag darauf erfolgte, ebenfalls im WDR-Rundfunk, ein zwanzigminütiger Nachbericht, ergänzt durch ein halbstündiges Feature des WDR-Fernsehens am 17. Dezember. Das ZDF hatte bereits am 6. Oktober 1968 im Rahmen der Serie *Impulse* über die *LWG* berichtet. In das Jahr 1969 fallen weiterhin Josef Redings Beitrag *Arbeitswelt im Spiegel der Literatur* im Süddeutschen Rundfunk (2. Programm) und Barbro Schuchardts *Auch Hausfrauen konnten hier aus ihren ›Werken‹ vorlesen* (*Deutsche Welle*, Abteilung Kunst und Literatur, 6.1.1969) sowie Peter Schütz' *Lesezeichen* (Deutschlandsender, 28.1.1969).

Der Tenor der Berichterstattung war einhellig positiv (was nicht verwundert, denn einige Beiträger waren unmittelbar an den Treffen beteiligt). Gebetsmühlenhaft wurde hervorgehoben, dass »neben Harmlosigkeiten« auch »eindrucksstarke Texte« zu Gehör gebracht worden seien.[15]

Die *Gelsenkirchener Rundschau* vom 28. Januar 1969 verstieg sich angesichts des Beitrags von Barbro Schuchardt in der *Deutschen Welle* gar zu dem – völlig überzogenen – Ausruf *Junge Poeten erlangen Weltruf. Deutsche Welle berichtet über Experiment Literarische Werkstatt.*

Hier einer der auf der Kaufhof-Lesung vorgetragenen Texte, Frank Göhres Kurzgeschichte *Weg isser*:

I
Warum denn nicht, wenn man sichs leisten kann, hallo Fred, Whisky-Soda, was dachten Sie denn, wir sind doch wer, heute sagte mein Alter zu mir, ich soll mal den Wagen waschen, ich bitt dich, wer bin ich denn, soll mich wie ein Spießer auf die Straße stellen und am Wagen rumschrubben, ne, ohne mich, Sonny-Boy, werden uns doch wohl noch Wagenwaschen leisten können, kriegt jetzt so pädagogische Anwandlungen, der Alte, na geschenkt, morgen Turnier, werd wohl heute früh die Kurve kratzen, muß in Form bleiben, Mensch, hast Du den Film von dem Polen gesehen, läuft im Studio, wenn soundso kommt, dolle Sache, liegst unter der Bank, son spinneriger Alter mit ner Klasse Frau, ehrlich, das Mädchen ist ok, haut Dich um, wurd natürlich auch nicht mit dem Girl fertig, der Eierkopp, Anita ist übrigens auch seit Tagen so komisch, dachte erst das übliche, dauert aber jetzt schon über die Zeit, hab sie gestern angerufen, klang alles ein wenig zurückhaltend, was sie mir durch den Hörer flötete, kennst ja die Leier, Besuch, einer steht im Schatten, Oma, der übliche Quatsch, hör mal, gehst Du zu der Fete von Martin, ich weiß noch nicht so recht, keine Frau, hab auch keine Lust mir son Pipimädchen aufzugabeln, immer das gleiche, wirste auch mal leid, ehrlich, augenblicklich Nullpunkt, mal sehen was kommt, in der letzten Zeit haut mich so einiges um, stoße überall auf Granit, kommen auf einmal alle ohne mich aus, bin nicht mehr gefragt, ne, iss kein Quatsch, keine Freunde mehr, merkt man irgendwie, war gestern bei Daddy, komm rein, sag Guten Tag, keine Reaktion, nichts, denk, war wohl nicht energisch genug, hinter der Bar die dicke Tina nickt nur kurz, na, was soll ich Dir sagen, der Pöbel beachtet mich gar nicht, war Luft, werde gefragt, was ich zu trinken wünsche, Prost, iss doch noch nie dagewesen, kennst doch noch die Zeit, wo unsereiner nur die Nase zwischen die Türspalte klemmen brauchte, um was Feuchtes auf der

Theke zu haben, ne, laß mal, ich rauch meine Sorte, mild und gut, ich kann Dir sagen, die Leute machen einen Fehler, ich weiß ja, wie der Hase läuft, kenn die Sprüche, hat ausgespielt der Knabe, iss fertig, schad, war früher mal Klasse und der ganze Sermon, ja denkste, sag mal, fandest Du das wirklich so schlimm, mein Gott, das passiert doch schon mal, damit hört doch nicht alles auf, mit dem Turnier iss wahrscheinlich auch nichts mehr, glaub nicht, daß ich noch aufgestellt bin, glaub nicht, Mensch, ich bin doch nicht aussätzig, auf Dich hab ich mich eigentlich immer verlassen können, kannst mir nicht, ach laß, hat auch keinen Wert, ne, komm, ich hab noch ein paar Mark, trink was mit, laß mich nicht hier so sitzen, Sonny-Boy, verdammt, die Dudelei geht mir auf den Wecker, komm mit in die Kokille, iss ja nur ein Sprung, wir trinken uns in Ruhe ein Bier, und ich werd Dir dann mal erzählen, wie das wirklich war, ihr kennt es ja nur aus Zeitungen, Geschwätz, kein wahres Wort, alles erstunken und erlogen, Dreckpresse, Spießer, mich hat ja keiner angehört, alles über meinen Kopf, der Alte deichselt die Sache, jetzt würd er mich am liebsten abschieben, kam vorige Tage an, aussichtsreicher Posten in Südafrika, Verkaufszentrale ausbauen, komm, laß uns noch quatschen, schieß die Frau ab, tanzt ja schon die ganze Zeit mit dem Idioten da, Reisende soll man nicht aufhalten, komm, ich bin fertig, fertig, verstehste das, ich muß quasseln, muß davon loskommen, verdammt, warum hört mir denn keiner zu, wollt ihr alle nicht hören, Ruhe, verdammt, Ruhe, hört mal was ich euch erzählen muß, das war nämlich so, he, Du Schießbudenfigur, halt die Klappe, Schnauze, Schnauze sag ich, ich werd auch, he, warum gehst Du, bleib hier, hör mir zu, fang nicht auch so an, he, hiergeblieben ...

II
Mein lieber Michael, Du wirst mir zustimmen, daß es besser ist, den Posten in Südafrika anzunehmen, ich habe soweit alles geregelt. Du kannst im nächsten Monat fliegen, man muß ein wenig Gras über die Sache wachsen lassen, denke bitte auch mal an mein Unternehmen, ich habe schließlich nach dem Krieg genug geschuftet, habe mir eine Existenz aufgebaut, aus dem Boden gestampft, buchstäblich, ich bin nicht gewillt, mir das alles durch Deine Kapriolen ruinieren zu lassen, man begegnet mir schon jetzt mit einer gewissen Zurückhaltung, ich muß Verbindungen aufrechterhalten, wie wichtig das ist, konnte ich Dir ja in den letzten

Wochen beweisen, wo warst Du übrigens gestern abend, Du solltest noch den Wagen waschen, auch Deiner Mutter kannst Du ja mal zur Hand gehen, im Garten gibt es genug zu tun, hörst Du eigentlich zu oder geht das wieder hier rein und da raus, sitzt mir gegenüber und löffelst Dein Ei, ich habe weiß Gott eine Menge Geduld für Dich aufgebracht, hast es mir auf verdammt nette Art gedankt, was denkst Du Dir eigentlich, ich wollte Dein Bestes, habe Dir genug Freiheit gegeben, Geld, schließlich muß man sich als junger Mensch austoben können, Hörner abstoßen, wir waren ja auch nicht immer brav, aber das muß in Grenzen bleiben, wir haben auch protestiert, aber nicht so, nein, es gibt Grenzen, die Du, die ihr nicht zu kennen scheint, ein Menschenleben ist…, ach, ich will jetzt nicht die ganze Angelegenheit aufbrühen, auf jeden Fall wirst Du fahren, in einem Monat, Du wirst es mir später zu danken wissen …

III
Nun hör mir mal gut zu, Du kommst hier reingeschneit als ob nichts gewesen sei, machst Dich hier breit und faselst von Feten, zu denen die liebe Anita mitmuß, und die große Abschiedsfeier, bei der die liebe Anita die große Dame spielen soll und unbedingt das kleine Schwarze anziehen soll, weil da noch Erinnerungen sind, an die Brecht-Aufführung, großer Theaterabend, wird unvergeßlich sein und noch das und das und das, was denkst Du dir eigentlich, glaubst Du ich könnte das ertragen, das mitmachen, oh, Du bist ja verrückt, ich bin fertig mit Dir, restlos fertig, begreifst Du das nicht oder was?, mach es nicht noch schlimmer und verschwinde, ich kann Dich nicht mehr sehen, Du bist ein ganz gemeiner, hinterhältiger Dreckskerl, ihr meint immer alle, mit Geld ließe sich die Sache schon schaukeln, ein paar Telefonanrufe hier, ein kleiner Wink dort, dann läuft die Sache, dann redet man nicht mehr davon und der liebe Sohn geht schnell für ein Jahr nach Afrika und wenn er dann wieder da ist, der Liebe, dann setzt er sich auf den vorgewärmten Sessel und dann bestimmt er den Lauf seiner Welt, der kleine Herrgott, der zusieht, wie alles sich zu seinem Besten wendet, auf meine, auf unsere Kosten, Du dachtest ja weiß Gott wer Du seiest, kommst heruntergestiegen aus Deinem Südparkviertel, der große Herr, der mit der kleinen Verkäuferin ein bißchen in Liebe macht, immer aufmerksam, versteht sich, Vorurteile hat man ja nicht, trägt sozial, der Herr, geh, sag ich Dir, geh, ich sehne den Tag herbei, an dem man

Euch alle an die Wand stellt, an dem man Euch ausrottet, Ihr seid alle aus dem gleichen Dreck, das gleiche Unkraut, Blutsauger, und das vererbt sich, das Auftreten, die Sicherheit, die gekonnte Geste, Weltmänner, oh, scher Dich fort, rühr mich nicht an, rühr mich nicht an, sag ich Dir, weg, weg sag ich ...

IV
Haste gehört, den hats gepackt, weg isser, Idiot, läuft genau in den Wagen rein, aufm Südring, direkt rein, zehn Meter mitgeschleift worden, Scheißanblick, und das am Sonntagnachmittag, ne, mir wurd ganz anders, Du, was war eigentlich mit dem los?, der hat doch noch gestern abend einen Fez hier gemacht, unmöglich, ne, iss gut, daß Du das nicht mehr mitgekriegt hast, der hatte doch in letzter Zeit ne Schraube locker, ehrlich, glaubste sonst wär der in den Wagen gerannt, ne ...[16]

Anmerkungen

1 Ausgabe vom 16. Dezember 1968.
2 Ebd.
3 Ausgabe vom 16. Dezember 1968.
4 *Recklinghäuser Zeitung*, Ausgabe vom 17. Dezember 1968.
5 Ausgabe vom 17. Dezember 1968.
6 *Westfälische Rundschau*, Ausgabe vom 14./15. Dezember 1968.
7 Ebd.
8 *Ruhr-Nachrichten*, Ausgabe vom 14. Dezember 1968.
9 Ausgabe vom 14. Dezember 1968.
10 Ebd.
11 *Ruhr-Nachrichten*, Ausgabe vom 16. Dezember 1968.
12 *Westfälische Rundschau*, Ausgabe vom 14./15. Dezember 1968.
13 Ausgabe vom 15. Dezember 1968.
14 So Werner Streletz auf Anfrage in einer privaten Mail an den Verfasser.
15 So Josef Reding in seinem WDR-Beitrag vom 17. September 1968.
16 Zitiert nach *Lesebuch Frank Göhre*. Zusammengestellt von Walter Gödden. Bielefeld 2016, S. 10-14.

39 »Kunst auf der Kohle«
Ein verschollenes Filmdokument straft die Ruhri-Kultur ab

Frank Göhre (s. S. 93 u. ö.) spielt auch in diesem Kapitel eine Rolle. Es geht darin um ein rares Filmdokument aus dem Jahre 1968 mit dem Titel *Kunst auf der Kohle*.[1] Einer der Regisseure war Rainer Horbelt, der auch als belletristischer Autor auftrat (s. S. 412ff.). Er gehörte zum progressiven Kern der *Literarischen Werkstatt Gelsenkirchen* (s. S. 293 u. ö.). Die in den Film eingeflochtene Episode *Einer spinnt immer* war Horbelts Abschlussarbeit an der Filmhochschule München. Sie zeigt Frank Göhre als Darsteller. Göhre: »Mit Horbelt war ich seit unserer Bekanntschaft in der *Literarischen Werkstatt Gelsenkirchen* eng befreundet. Wir hatten die gleiche Haltung und Meinung zu Fragen der Gesellschaft, der Politik und Kultur.« Über *Einer spinnt immer* führt Göhre weiter aus: »Es gab kein richtiges Drehbuch. Ich habe einen Pop-Literaten gespielt, der jungen Mädchen irgendwelche Sprüche auf den nackten Bauch kritzelt und auch noch andere Aktionen auf der Straße – mit schulterlangem Haar und John Lennon-Brille. War witzig und wurde dann auch Teil von Horbelts Film *Kunst auf der Kohle*.«[2]

Harter Alltag, harte Schnitte. Der 45-minütige Schwarz-Weiß-Dokumentarfilm arbeitet mit scharfen Kontrasten. Er will bewusst keine »Wohlfühl«-Stimmung aufkommen lassen. Die Stimme des Sprechers, der das Geschehen aus dem Off kommentiert, ist schneidend, seine Einlassungen sind knapp und entschieden. Zwischen den einzelnen Szenen sind – wie beim Stummfilm – kommentierende (hier: ideologische) »Merksätze« eingeblendet, die das Geschehen analysieren. Sie muten heute akademisch-abstrakt an – typisches »Soziologendeutsch«, wie es Paul Schallück an einer Stelle kritisierte (s. S. 422).

Die Reportage geht der Frage nach, wie sich Kunst, besonders im Ruhrgebiet, im Jahr 1968 zu präsentieren habe. Dies wird anhand einzelner Beispiele durchgespielt. So kommt die Künstlergruppe *B 1* zu Wort – und wird abgestreift. Sie reproduziere mit ihren Kunstaktionen entlang des »Ruhrschnellwegs« lediglich vorgegebene Hierarchie-Strukturen, da die Straße von Repräsentanten des herrschenden Systems angelegt worden sei.

Arbeiterdichter Richard Limpert im Dokumentarfilm »Kunst auf der Kohle«.

Kommentierende Zwischeneinblendungen im Film »Kunst auf der Kohle«.

Hans Dieter Schwarze, damals Intendant des Westfälischen Landestheaters Castrop-Rauxel, unter Beobachtung. Szenenbild aus »Kunst auf der Kohle«.

Theaterintendant mit Hut im Regen..., eine weitere Szene mit Hans Dieter Schwarze aus dem Dokumentarfilm »Kunst auf der Kohle«.

Ein verschollenes Filmdokument straft die Ruhri-Kultur ab

Es werden die Bemühungen der Städte, weiträumige Parks anzulegen, vorgestellt – und abgestraft. Es handele sich lediglich um Eigeninteressen der Industrie, mit dem »hinterhältigen« Ziel, die Produktivität des Arbeiters noch mehr zu steigern.

Die *Ruhrfestspiele* werden vorgestellt – und abgestraft. Sie versäumten es, ein Publikum zu erreichen, das zu 90 Prozent aus Arbeitern bestehe. Hier feierten sich lediglich das Establishment und das Bildungsbürgertum selbst.

So geht es Schlag auf Schlag weiter. Tenor: Das Kulturleben im Ruhrgebiet sei grundsätzlich fehlgeleitet und zu hinterfragen. Es reproduziere in seiner aktuellen Form lediglich die Auswüchse einer entfremdeten kapitalistischen Welt. Die Interessen der Arbeiter würden so gut wie nicht berücksichtigt. Eine der wichtigsten Funktionen von Kunst werde somit verfehlt.

Als positives Gegenbeispiel fungiert die *Literarische Werkstatt Gelsenkirchen* (s. S. 339ff., 669ff.), die sich als Schreibschule für Arbeiter verdient gemacht habe. Sympathien werden auch dem *Westfälischen Landestheater Castrop-Rauxel* (s. S. 643) entgegengebracht, das unmittelbar an die Stätten der Arbeit gehe, die Diskussion mit dem Arbeiter suche und in Zechen und Fabriken Aufführungen stattfinden lasse.

Breiten Raum nimmt eine Aktion des Arbeiterdichters Richard Limpert ein. Er trägt auf einem Zechengelände mit dem Mikrofon Agitprop-Texte vor. Die dazu interviewten Kumpel äußern sich einhellig positiv. Sie erkennen sich in den Texten wieder und wünschen ihnen eine größere Verbreitung.

Als Vertreter der jüngeren Generation wird Frank Göhre mit einer Happening-Aktion vorgestellt (s. S.254f.). Auch hier hält sich die Kritik – sicherlich aus persönlichen Gründen – in Grenzen.

In filmästhetischer Hinsicht ist *Kunst auf der Kohle* ein Dokument des »neuen Films« im Sinne des *Oberhausener Manifests* (1962). Jenes hatte ein Kino gefordert, das nicht unterhalten, sondern zur kritischen Reflexion hinführen solle. Schon die Kameraführung bei *Kunst auf der Kohle* dokumentiert junge, progressive Dynamik. Der Film beginnt mit einer rasanten Kamerafahrt entlang der B1, begleitet von einem schnellen Instrumentalstück von *The Nice*. Den weiteren Soundtrack liefern Songs des ersten, bluesorientierten Albums der Gruppe

Jethro Tull. Es dominiert ein unruhig-drängender, »kalter« Reportagestil. Immer wieder ist der Kamerablick – manchmal brutal hart – auf die Gesichter der Menschen gerichtet. *Kunst auf der Kohle* ist alles andere als ein Imagefilm über das Ruhrgebiet. Es wird nichts beschönigt, dafür aber alles politisch hinterfragt.

Anmerkungen

1 Der Film wurde vom Bayerischen Rundfunk produziert.
2 Zitiert nach: Walter Gödden: *Wie alles anfing. Frank Göhres* »early *Bochum Years*«, in: *Literatur in Westfalen. Beiträge zur Forschung* 13. Bielefeld 2014, S. 459-488, hier S. 460f.

Arbeiterdichter Limpert auf Tuchfühlung mit seiner Klasse. Weitere Screen-Shots aus »Kunst auf der Kohle«.

Ein verschollenes Filmdokument straft die Ruhri-Kultur ab

40 »Make Love not War«
Liebe in Zeiten von Vietnam und des Trautoniums. Mit einem Exkurs über den Filmemacher und Krimi-Autor Ulf Miehe

Nah an der Wirklichkeit, ohne Klischees, ohne (Heimat-)Kitsch, jung, präsent und Ausdruck eines neuen Bewusstseins und Lebensgefühls – auch *Make Love not War. Die Liebesgeschichte unserer Zeit* (1967)[1] steht ganz in der Tradition eines neuen deutschen Films, wie ihn 1962 die Unterzeichner des *Oberhausener Manifests* gefordert hatten.

Schauplatz ist das West-Berlin der späten sechziger Jahre. Dorthin verschlägt es die hübsche Eva, eine Bielefelder Landpomeranze. Sie soll das Haus ihres Bruders hüten, eines Werbe- und Filmproduzenten, während der sich zu Filmaufnahmen nach Kolumbien aufmacht. Zugleich soll Eva die Filmbranche kennenlernen, denn ohne Abitur, heißt es, reiche es für sie eh nicht zu einer ordentlichen Ausbildung.

Aber mit diesem Kennenlernen des Filmmetiers ist es nicht weit her, weil es sich a) bei dem Mitarbeiter ihres Bruders, der sie in die Branche einweisen soll, um einen überdrehten, egozentrischen Lüstling handelt, der sich vor allem durch Anzüglichkeiten hervortut (er verkörpert das »schmierige«, scheinheilige Filmgeschäft jener Jahre, dem es allein auf eine »schnelle Mark« ankommt), und weil b) plötzlich der fahnenflüchtige GI Brian vor Evas Tür steht. Statt sich einer tags darauf anstehenden Vietnam-Mission anzuschließen, bittet er sie um Unterschlupf. Den gewährt ihm Eva gern – und es kommt, wie es kommen muss, das attraktive Paar beginnt ein Techtelmechtel.

Die Idylle, die unter anderem im botanischen Garten, im Planetarium, am Wannsee und in der freien Natur ausgelebt wird, findet ein Ende, als Brians Undercover-Existenz von einem amerikanischen Journalisten enttarnt wird. Jener will über Eva und Brian eine Romeo-und-Julia-Story schreiben und beide außer Landes bringen – ein fadenscheiniges, dubioses Angebot. Aus seiner Notlage heraus begeht Brian einen Raubmord an einem Taxifahrer. Er stirbt schließlich auf der Flucht im Kugelhagel der US-Militärs. Das Ende des Films erscheint einigermaßen übereilt, so als müsste die Handlung noch rasch diese dramaturgisch notwendige Kurve hinbekommen.

Eine Bielefelderin in Berlin. Beginn einer Szenenfolge aus dem Film »Make Love not War«.

Liebe in Zeiten von Vietnam und des Trautoniums

Störgeräusche – Liebe in einer besetzten Stadt.

Getrübte Idylle. Partrouillierendes Boot der US-Army am Wannsee.

Kurz vor der Enttarnung.

40 »Make Love not War«

Reichlich Symbolik...

Besser im Gedächtnis bleibt die breit ausgemalte Liaison zwischen Brian und Eva. Während ersterer filmisch blass bleibt und über keine Vergangenheit zu verfügen scheint, erfahren wir über Eva, dass sie aus dem stockbiederen und behüteten Bielefeld stammt und sich ihr Leben in vorgezeichneten, eingefahrenen Gleisen abspielte. Als plötzlich ihr Bielefelder Freund, ein Leutnant zur Reserve, in Berlin auftaucht, blamiert er sich durch sein provinziell-chauvinistisches Gehabe. Er fährt einen Sportflitzer und gefällt sich in der Pose des gesellschaftlichen Aufsteigers. Für ihn hat sich die Frau dem Mann unterzuordnen – ein Rollenverständnis, das Eva immer mehr ablehnt.
Sie macht, wie spätestens hier deutlich wird, eine Entwicklung durch. Durch ihre unbefangene Art bringt sie eine Portion natürliches Flair ins verlotterte Berlin. Ihren Nimbus als »Unschuld vom Lande« hat sie abgelegt und stellt zwar einfache, aber die richtigen Fragen, vor allem

die nach dem Sinn beziehungsweise Unsinn des Kriegs. Als sie Brian bei sich aufnahm, handelte sie aus innerer Überzeugung und nicht nach einem abstrakten politischen Gesetz, wie sie später, beim Polizeiverhör, offen und ohne Gewissensbisse zu Protokoll gibt.

Make Love not War ist ein kurzweiliger, spannender Film, was vor allem an seiner offenen Dramaturgie liegt. Die Handlung lässt Raum für Überraschungen und fügt sich erst allmählich wie ein Puzzle zusammen. Eingestreut sind Szenen, die nicht zum engen Handlungsrahmen dazugehören. So besuchen Eva und Brian das Studio des Avantgardemusikers Oskar Sala, eines Hindemith-Schülers, der auf dem von ihm mitentwickelten Musikinstrument, dem Trautonium, atonale Sounds kreiert, die den perfekten musikalischen Background des Films liefern.

Mit Sala war eine Ikone der Filmbranche an der Produktion beteiligt. Am bekanntesten wurde sein Mitwirken an Alfred Hitchcocks Film *Die Vögel* im Jahr 1961. Die angsterregenden Vogelschreie entstanden nicht in Hollywood, sondern in Salas Charlottenburger Hinterhofstudio. Auch Edgar-Wallace-Filmen (*Der Fluch der gelben Schlange*, 1962, *Der Würger von Schloß Blackmoor*, 1963) verlieh Sala eine besondere Sound-Atmosphäre.[2] Dem vielfach preisgekrönten Komponisten gelang es immer wieder, auf unverdächtige Weise Avantgarde und Mainstream zusammenzubringen. Der Regisseur von *Make Love not War*, Werner Klett, und sein Co-Produzent, Günter Adrian, hatten also wahrlich einen »Großen« der Filmmusik zur Mitarbeit gewinnen können.

Die weitere musikalische Untermalung von *Make Love not War* ist eher puristisch. Im Mittelpunkt stehen stakkatoartige Schlagzeugsoli, die Gibson Kemp, der die Figur des Brian verkörperte und als »fünfter Beatle« in die Musikgeschichte einging, selbst einspielte. Hinzu kam lediglich noch eine an französische Filme der sechziger und siebziger Jahre erinnernde, chansonähnliche Komposition von Fred Gordini, einem renommierten Schlager- und Filmkomponisten. Er schrieb unter anderem für Françoise Hardy, aber auch für Roy Black, war also ebenfalls alles andere als ein »Nobody« der Szene.

Dies alles ergibt ein reizvolles Mixtum, das die hektische und verruchte Metropole Berlin in ein eigenwilliges Licht taucht. Auch in politischer Hinsicht. Eine Filmsequenz ist einer Anti-Springer-Demonstration

gewidmet. Dabei lässt sich die unbefangene Eva von einem Studenten politisch »aufklären«, während ihr Bielefelder Ex-Freund sie von, wie er sagt, „solchen Idioten" wegziehen will. Zum Zeitbild gehören ferner fotografische Einblendungen des Vietnamkriegs und der Nürnberger NS-Prozesse. Solche Szenen bleiben unkommentiert, wie sich der Film überhaupt mit vordergründigen politischen Botschaften zurückhält.
Eine weitere »Nebenszene« widmet sich in vermeintlich voyeuristischer Manier dem unbefriedigten Sexualleben der Frau. Es handelt sich um eine Parodie auf den Aufklärungsfilm *Helga*, der 1967 für Aufsehen gesorgt hatte. Bei der Aufführung waren Männer in Ohnmacht gefallen, weil sie die zehnminütige Darstellung einer Geburt nicht verkrafteten. *Helga* war ein Kassenschlager mit weltweit etwa 40 Millionen Zuschauern.
Make Love not War wurde in typischer Manier des Neuen Deutschen Films in Schwarz-Weiß gedreht. Zu den filmischen Mitteln gehörten die Verschränkung von Spiel- und Dokumentarfilm sowie eine Kameraführung, die mit überraschenden Perspektiven, abrupten Schnitten und rasanten Kamerafahrten aufwartete und so eine ungewöhnliche Bilderwelt entwarf. Nicht jeder fand an solchen Experimenten Gefallen. *Der Spiegel* sprach von einem »formal wackeligen« Film und stieß sich zudem an der zu »sachten« politischen Aussage.[3]
Make Love not War kann zu den verschollenen Filmdokumenten gezählt werden. Eine Kopie konnte nur unter erheblichen Mühen[4] bei einem privaten Sammler ermittelt werden. Überhaupt ranken sich um den Film viele Rätsel. So ist im Vorspann davon die Rede, dass das Drehbuch nach Günter Adrians Roman *Die Flinte im Korn* entstanden sei. Ein solcher Roman des Bielefelder Autors ist jedoch nicht nachzuweisen. Für Adrian war der Film ein offenbar gescheitertes Experiment. Weitere Versuche, in diesem Metier Fuß zu fassen, blieben von seiner Seite aus, er reüssierte vor allem als Kinder- und Jugendbuchautor.[5]
Auch Regisseur Werner Klett blieb dem Spielfilm-Metier nur bedingt treu. Sein weiteres Schaffen konzentrierte sich auf Dokumentar- und Werbefilme. An Spielfilmen ist lediglich noch *Werwölfe* (1973) zu nennen neben der Kurzdokumentation *Die letzte Nacht des Würgers*. Kletts Schaffen wird heute filmhistorisch aufgearbeitet. Möglicherweise entsteht so ein differenzierteres Bild seines filmischen Œuvres.

Wieso *Make Love not War* vollständig von der Bildfläche verschwand und auch in Filmportalen nur beiläufig erwähnt wird, ist kaum nachvollziehbar. Der Film zählt ohne Zweifel zu den beachtenswerten Dokumenten des Jungen Deutschen Films der 1960er Jahre und hat als solcher eine Wiederentdeckung verdient. Gewürdigt wurde Kletts Filmschaffen in anderem Zusammenhang. Im Rahmen des Filmfestivals *Deutschland 1966. Filmische Perspektiven in Ost und West* wurde sein Kurz-Dokumentarfilm *Berlin Klammer auf Ost Klammer zu* in einem Zusammenhang mit Filmen wie *Abschied von gestern* (Alexander Kluge), *Es* (Ulrich Schamoni), *Der junge Törless* (Volker Schlöndorff), *Schonzeit für Füchse* (Peter Schamoni) oder *Katz und Maus* (Hansjürgen Pohland) vorgestellt. Im letztgenannten »Skandalfilm« spielt Claudia Bremer die Hauptrolle, die in *Make Love not War* die Eva spielte – ein weiteres Indiz für die durchaus ambitionierte Berlin-Bielefelder Produktion. 1970 war Bremer in der 1968er Schwabinger Zeitgeist-Liebeskomödie *Liebe und so weiter* zu sehen, danach verliert sich ihre Spur.

Bemerkenswert ist ferner die Beteiligung des jungen Ulf Miehe an dem Filmprojekt. Miehe, der seine literarischen »Lehrjahre« in Westfalen absolvierte und mit mehreren westfälischen Autoren in Kontakt stand, avancierte später zu einem renommierten Autor und Filmemacher, der es allerdings durch seine »Widerständigkeit« schwer hatte, im Metier dauerhaft erfolgreich zu sein. Seine Nebenrolle in *Make Love not War* war seine zweite kleinere Beteiligung an einem Filmprojekt, nachdem er 1966/67 an dem Kinofilm *Treibgut der Großstadt* (s. u.) mitgewirkt hatte. Miehe wurde 1940 in Wusterhausen in der Mark Brandenburg geboren. Er wuchs in Berlin, Westfalen und an der Nordseeküste auf. Schon als Jugendlicher drehte sich bei ihm alles um die Themen Literatur und Film, was ihn in den Augen seiner Mitschüler und seiner Umwelt zu einem Außenseiter machte: »Das brüllende Gelächter der Klassenkameraden, als ich nach soeben bestandener Mittlerer Reife aufstehen mußte und wie jeder andere sagen, was ich werden will. Schreiben und Filme machen, ist das denn ein Beruf? Und wenn? Du? Da hab ich endgültig die Wut gekriegt und einen Trotz, der mir sagte, da kommste nicht mehr drumrum, das mußt du denen beweisen und dir, das hat schon was ausgemacht.«[6]

Von 1958 bis 1961 absolvierte er eine Buchhändlerlehre in Bielefeld. »Ich wollte Zeitungsredakteur werden, war aber zu jung, die haben mich nicht genommen und mir eine kaufmännische Lehre empfohlen. Die habe ich dann gemacht.«[7] In dieser Zeit entstanden seine ersten Gedichte. »Damit habe ich im Bus angefangen, auf dem Weg in die Lehrstelle. Die Fahrt dauerte mehr als eine Stunde jeden Tag. 1961 habe ich meine ersten Gedichte veröffentlicht. Die anderen sind verstreut erschienen: im Funk, in Zeitschriften, in Anthologien.«[8] Von 1961 bis 1965 war er Verlagsvolontär und Lektor beim Gütersloher Sigbert Mohn Verlag. »Am letzten Tag meiner Lehre als Buchhändler habe ich dann in Bielefeld gekündigt und bin sofort zu einem Verlag gegangen, bei dem ich Lektor gelernt habe. Und zwar durch alle Abteilungen: deutsche Literatur, ausländische Literatur, Kinderbücher, Sachbücher. Dadurch habe ich Literatur kennengelernt. Als Buchhändler kommt man ja nicht zum Lesen. Jeder Käsehändler kennt seinen Käse, sagten wir damals, aber wenn ein Buchhändlerlehrling beim Lesen erwischt wurde, gab es Saures.«[9]

1962 erschienen *Gedichte* von Gertrud Höhler und Ulf Miehe. 1965 gab Miehe gemeinsam mit dem Bielefelder Autor Wolfgang Hädecke *Panorama moderner Lyrik deutschsprechender Länder von der Jahrhundertwende bis zur jüngsten Gegenwart* heraus. Ein weiterer Bielefelder Autor, mit dem er damals zusammenarbeitete, war Walter Neumann.[10] Zu dieser Zeit betätigte Miehe sich bereits selbst literarisch. Im August 1965 trat er im *Westfalenspiegel* mit der Erzählung *Wiedersehn* in Erscheinung. Er stand damals in näherem Kontakt zu dem von ihm sehr geschätzten Rolf Dieter Brinkmann.

Im selben Jahr folgte er einem lange gehegten Plan und ging nach Berlin: »Ich wollte schon immer nach Berlin. Ich hatte als Kind lange da gelebt, das war eigentlich die Stadt, in der ich leben wollte.«[11] Über jene Zeit heißt es an anderer Stelle: »Ich hatte zwei Berufe gelernt und wollte was ganz anderes machen. Einmal, während der Lehre, im Keller der Buchhandlung, war ich drauf und dran, aufzugeben, die Lehre abzubrechen, zu Fellini, Staudte, einem Regisseur, dessen Filme ich gut fand, zu gehen, da bin ich, 'n abgebrochener Buchhändlerlehrling. Ich hatte nicht den Mut dazu und dafür den eingeimpften Vorsatz, jede Sache um jeden Preis zu Ende bringen zu müssen, zu deutsch: Erwartungen zu erfüllen. Nur bittere Medizin hilft, Arbeit ist kein Vergnügen, etc., diesen deutschen Muff von ›vernünftig werden‹ und ›unterordnen‹. Die klassische Duckmäuserlehre. ›Ich kam zum Film‹ – von unten, als Kleindarsteller, der dreimal umgezogen durch's Bild lief, als Edelkomparse mit einem Satz, als Regieassistent, Synchronsprecher mit zwei Takes etc., keine Theorie. Die Filme hießen z. B. *Treibgut der Großstadt*, Billigfilme, damalige Schwitzerotik, die Leute machten diese Filme schnell und für ein Butterbrot. Die Sorte, die vor den Hausfrauengeschichten kam. Aber das Herstellen dieser Ware hat ja Parallelen. Es ging nicht um Kunst – es ging um ein paar Mark.«[12] Bei der erwähnten Tätigkeit handelte es sich um Regieassistenz in, wie Miehe es nannte, »Artur Brauners B-Pictures«.

In Berlin versuchte Miehe, seinen ersten Roman zu schreiben, den er dann jedoch »weggeschmissen« habe.[13] »Dann habe ich zurückgeschraubt und mit Erzählungen angefangen. Das ging besser.«[14] Zunächst aber erschien kein eigener Prosa-, sondern ein Gedichtband *In diesem lauten Lande* (1966) sowie die von Miehe mitherausgegebene Anthologie *Thema Frieden – zeitgenössische deutsche Gedichte*. Parallel verfasste er gemeinsam mit Clark Darlton unter dem Pseudonym »Robert Artner« die Science-Fiction-Romane *Am Ende der Furcht* (1966), *Der strahlende Tod* (1967) und *Leben aus der Asche* (1968).

Im selben Jahr erschien Miehes erster eigener Erzählband *Die Zeit in W und anderswo* (1968), in dem er seine Kindheit- und Jugend aufarbeitet. In der traditionell erzählten Sammlung findet sich am Schluss auch ein experimenteller, assoziativer Text (*An diesem Tag*) mit einem unmittelbaren Reflex auf *Make Love not War*:

> [...] an diesem Tag, mit dem wahrhaftig nichts Besonderes los ist, es ist, tatsächlich, nasagschon, ein Tag wie jeder andere, an diesem Tag denke ich mich in die Phönix Buchhandlung, an diesem Tag stehen hunderte von Lehrlingen in hunderten von Buchhandlungen, wischen hunderte von Lehrlingen Staub von hunderten von Büchern, werden hunderte von Lehrlingen von hunderten von ersten Sortimentern in hunderten von Buchhandlungen hunderte von Malen wegen hunderterlei von Gründen angeschissen, warten hunderte von Lehrlingen darauf, daß es endlich halb sieben wird, sitzt Gibson Kemp im Büro und nicht mehr hinter dem

Schlagzeug, beschreibt Papier mit Zahlen und Worten, träumt, ich weiß nicht, wovon, wartet auf seinen Film, telefoniert mit George, fährt Straßenbahn, trägt eine Aktentasche, unvorstellbar, nichts ist unvorstellbar, Hädecke hat recht, alles ist möglich, an diesem Tag, den ich mit Kopfschmerzen begann, an diesem Tag habe ich nichts getan und schreibe doch, an diesem Tag hoffe ich, wie alle hoffen, fühle ich mich, wie sich viele fühlen, an diesem Tag, an dem viele hoffen, fühlen, essen, trinken, reden, schlafen, sehen, sich die Zähne putzen, an diesem miesen, unerheblichen Tag, diesem Saurier, Monstrum, man sollte ihn ins Museum stellen, ich will ihn nicht, diesen Tag, der mich aufbläht, anschwellen läßt, der mich abtreibt, wohin, an diesem Tag, diesem Tag läuft mir meine Geschichte weg, haut ab, tut, was sie will, macht nicht mehr mit, verkrümelt sich in Ritzen, Ecken, auf und in Stühle mit und ohne Rückenlehne, Sessel, Sofas, auf Häuser, Kinderspielplätze, Garagen, Kneipen, gut und schlecht gelüfteten Zimmern, fühlt sich überall wohl, nur nicht bei mir, während der Verleger auf das Manuskript wartet, das nicht fertig werden will, das nie fertig werden wird, weil, sieh das ein, Schulz, die weiterlernen, von denen ich gelernt habe, an diesem Tag, warum nicht an diesem Tag, will ich mit dem Kopf durch die Wand, bleibe ich nicht auf dem Teppich, werfe ich meine Bahnsteigkarte weg, möglichst weit, an diesem Tag erkenne ich Zusammenhänge, frag mich, was wäre gewesen, wenn, beantworte meine eigenen Fragen, komme ich zu mir, werde ich wach, schnell warst du an mir vorbei, ich konnte dich nicht richtig sehen, aber ich habe zu Rometsch gesagt, wer ist denn das, was also wäre gewesen, wenn ich weitergegangen wäre, aber ich bin nicht, du erzählst mir Geschichten, während ich zu anderer Zeit, an anderem Ort, nicht bei dir, bei dir, bei dir, einen anderen Schweißtropfen sehe, der auf deiner Schulter ausrollt, erzählst du, eifrig, schnell, von Mackern, Typen, und ich, ich höre zu, und da hat er sich ganz wütend umgedreht und beim Rausgehen hat er gemurmelt, so, daß ichs grade noch verstehen konnte, bloß weil der dich vierzehn Tage länger kennt, darf er dir ans Euter fassen, ich frag mich, nein, stelle fest, ich bin nicht weitergegangen, das steht fest, ist eine Tatsache, aber, aber, an diesem Tag, meinetwegen auch an einem andern, sagen wir mal, in einer Bahnhofshalle, steh ich, frag mich, ist es der, der, aber es wird mir abgenommen: sind sie hier zufällig verabredet, und wir treten hinaus in die Sonne, es ist Hochsommer, starker Verkehr, laut, bitte wiederholen Sie Ihre Frage: warum heiratet ihr denn nicht, beim Luftholen muß ich mich entscheiden, auf diese Frage bin ich vorbereitet, hab ich mir was ausgedacht, sag aber was andres, spreche nicht die ausgedachte, einstudierte Geschichte, der arme Student, und sie, die noch in der Lehre ist, und wie sollen wir denn, nein, den Gefallen tu ich ihm nicht, so, sagt er, na, soll mir ja auch egal sein, ich nehme sie dann jetzt mal mit, nein, keinen Namen, keine Adresse, aber seien Sie, sage ich, ich mache das doch nicht zum erstenmal, er, es ist doch wirklich nicht so schlimm, Sie werden schon sehen, und ich, ich, ich, war dann nicht mehr angehender Familienvater, auch später nicht, heute nicht, an diesem Tag, das verstehe, wer will, wir haben uns doch immer, und jetzt auf einmal machst du, sagst du, tust du, ich verstehe dich nicht mehr, du läßt mich einfach, wie soll ich denn ohne, ist dir das denn alles mit einem Mal, du mich denn gar nicht mehr, an diesem Tag, an dem Ite mir zeigt, wie man Wollstrümpfe wäscht, an diesem Tag, an diesem Tag meint Bild, daß Jürgen Bartsch tränennasse, verschwollene Augen hat, unter denen die Haut aufgescheuert und blutverkrustet ist, an diesem Tag, an diesem Tag, an dem alles anfängt, um aufzuhören, während wir beide nicht mehr weiter wissen, während, während ich schwer werde auf dir, es draußen vielleicht schon oder auch nicht, während ich vorübergehe an endlosen, weiten, leeren, weißen Flächen, an Häusern mit verkommenen, verrotteten Fassaden, die noch Einschüsse haben, während eine Ratte einen Kurzschluß auslöst und der Kurfürstendamm im Dunkel versinkt, während, während der Wecker tickt, während sich alle hinter Tätigkeiten verstecken, während keiner mehr weiter weiß und noch gar nicht angefangen hat, während ich wieder, während, während, an diesem Tag, an diesem Tag, an diesem Tag, höre ich endlich auf, höre ich endlich, höre ich, höre.[15]

1969 bewog der Filmemacher Klaus Lemke Miehe zum Umzug nach München. Miehe wurde von ihm gefragt: »Was willst du eigentlich noch in Berlin? Die Filme werden in München gemacht.«[16] Dort schrieb Miehe mit Volker Vogeler den Anti-Heimatfilm *Jaider – der einsame Jäger* mit Gottfried John in der Titelrolle. Es war »Johns erste Filmrolle; dieser Tagelöhnersohn, der in die Berge geht und wildert, um nicht zu verhungern, der sei einem wie ihm, der einen Großteil seiner Kindheit in Heimen verbrachte, wie auf den Leib geschrieben.«[17] Es folgte als eine von vielen weiteren Kooperationen mit Vogeler 1972/73 der Kinofilm *Verflucht – dies Amerika*. Mit dem Kinofilm *John Glückstadt* (Drehbuch Ulf Miehe, Walter Fritzsche) nach der Novelle *Der Doppelgänger* von Theodor Storm gelang Miehe 1974 der Durchbruch. Der Film lief als deutscher Wettbewerbsbeitrag bei der *Berlinale* 1975 und wurde mit dem Bundesfilmpreis für Regie ausgezeichnet.

In der Folgezeit entstanden weitere Filme, viele Projekte scheiterten jedoch aus finanziellen und vermutlich auch inhaltlichen Gründen. Hierzu gehörte das gemeinsam mit Vogeler entwickelte Drehbuch zu dem Krimi *Ich hab' noch einen Toten in Berlin* (1973), der zwar gefördert wurde, aber keinen Produzenten fand. Der Romanstoff lieferte die Grundlage für Miehes ersten Kriminalfilm, der 1974 unter dem Titel *Output* dann doch noch – jedoch in einer für Miehe unbefriedigenden Fassung – verfilmt und nicht im Kino, sondern nur im Fernsehen gezeigt wurde. Er brachte es auf eine Gesamtauflage von fast 300.000 Exemplaren, davon allein 200.000 in den USA, und weiteren Übersetzungen in 11 Sprachen, darunter in Spanisch, Englisch, Italienisch, Schwedisch, Türkisch, Norwegisch und Holländisch. Der Roman wird in eine unmittelbare Traditionslinie mit den Krimi-Autoren Dashiell Hammett und Raymond Chandler gestellt. 33 Jahre nach seinem Erscheinen wurde er von der *Süddeutschen Zeitung* für ihre *SZ Krimibibliothek* (Band 17) ausgewählt.

Auch das nicht realisierte Drehbuch zu dem Kinofilm *Puma* (1976) arbeitete Miehe zu einem erfolgreichen Krimi um. Der Dumont-Verlag brachte 1999 *Puma. Mit Materialien zu Leben und Werk* heraus, der WDR produzierte *Puma* 2004 als Hörspiel. Auch Miehes Roman *Lilli Berlin* (1981) war erfolgreich. Er erschien 2014 im Rotbuch Verlag in einer Neuauflage. Miehe sei ein »Vollbluterzähler« und »Fabulierer«, dessen Werk dem des „berühmten Raymond Chandler" in nichts nachstehe (Peter Jokostra).[18] Speziell für das Fernsehen erarbeitete Miehe mehrere Folgen der Serien *Der Fahnder* und *Tatort*.

Miehe, der 1989 mit 49 Jahren in München starb, zählt fraglos zu den Autoren, die im Geiste von ›68‹ schrieben. In einem Beitrag für den Sammelband *Vorletzte Worte* (1971) spricht er von »Verletzungen« und einem »Willen zum Widerstand«, die ihn zum Schreiben gebracht hätten: »Wenn ich mich erinnere, denke ich an Krankheit; wenn ich mich erinnere, denke ich an den Willen zum Widerstand, der sich langsam freimacht von Angst. Die Personen in meinen Erzählungen haben meine Vergangenheit: eine Kindheit, in der Krankheit, die Angst vor der Krankheit und die daraus sich ergebenden Zwänge beherrschend waren. Wenn ich mich an die nähere Vergangenheit erinnere, denke ich: es ist schlimm, das nicht zu tun, was man tun könnte, wenn man nicht krank wäre. Sehr schlimm: wenn man das genau weiß und trotzdem nichts dagegen tun kann. Heute kann ich mich freier machen von Fixierungen: und demzufolge etwas tun. Meine Geschichte kann also nur eine Geschichte sein von Auseinandersetzungen. Übrigbleiben wird: Die Art und Weise der Auseinandersetzungen. Was zu tun durchgesetzt wurde gegen die Widerstände einer erblich geschädigten Physis mit ihrer negativen Ausstrahlung auf die Entwicklung und Initiative des Tuns. Übrig bleibt, wenn diese Phase beendet ist: Was ich getan habe und wie weit ich darüber bestimmt habe.«[19]

Unmittelbare Beiträge zur 68er-Bewegung sind ein Text Miehes in dem 1969 erschienenen, von Vagelis Tsakiridis herausgegebenen Band *Supergarde – Prosa der Beat- und Popgeneration*, mehr aber noch der von Miehe unter dem Pseudonym Robert Artner herausgegebene Band *Handgriffe für den Umgang mit Beat, Schule, Film, Kirche, Anti-Baby-Pille, Bundeswehr, Eltern und anderen Gegnern* (1968). Der Sammelband enthält den folgenden, eigenen Beitrag Miehes:

Beat

Brave Bürger, setzt man ihnen das Stichwort Beat vor, assoziieren damit unartikuliertes Gekreisch, ohrenbetäubendes Gitarrenschlagen, hysterische Zuhörer, so wie man sie manchmal in der Wochenschau vorgesetzt bekommt: als Kuriosum, lustig aufgemachten Affen ähnlich, die wohlwollend pharisäerhaftes Lachen beim Publikum provozieren. Doch hat, bleiben wir beim Stichwort, das Wohlwollen des Normalverbrauchers Grenzen; ähnlich gesund empfindend wie weiland der Volkskanzler denkt er nicht nur an Krach, er verbindet damit auch vage Vorstellungen von Gammlern, langmähnigen, schmuddeligen Nichtstuern, die sich pausenlos im LSD-Rausch befinden und ansonsten »negativ« sind. Das Unterbewußtsein gewinnt die Oberhand. Das ist wohl ähnlich in Frankfurt,

München, Tegernsee und Berlin. Und reden die nicht auch defätistisch genug, die Gammler, Ersatz- und richtigen Beatles, »Jesus war der erste Gammler« (unbekannter Gammler vor der Berliner Gedächtniskirche), und »Wir sind heute schon populärer als Jesus« (Beatle John Lennon bei einem Zeitungsinterview).
Was ist das eigentlich, der Beat? Krach von ungewaschenen Knaben, die mit Mühe und Not ein paar Griffe auf der Gitarre beherrschen, ein Riesengeschäft mit gesteuerten Hitparaden, an das sich Teenagerzeitschriften mit hohen Auflagen hängen? »Beat ist nichts anderes als eine abgewandelte Form des Rock 'n' Roll der fünfziger Jahre«, sagten Gibson S. Kemp und Klaus Voormann. Dieser Rock 'n' Roll ist in Liverpool durch einen Filter gegangen. Liverpool, nicht nur berühmt wegen seiner Industrie, sondern auch berüchtigt wegen seiner Jugendkriminalität, bekam über Nacht ein Patentrezept in Form einer elektrischen Gitarre. Die Gruppe, die sich zuerst The Moondogs, später The Silver Beatles und schließlich The Beatles nannte, war die erste wirklich erfolgreiche Gruppe, die Beat spielte. Ihr cleverer Manager, Brian Epstein, lancierte sie an die Spitze der musikalischen Großverdiener. Obwohl die Beatles nicht die erste Beatgruppe waren, setzte erst nach ihrem Erfolg eine Beat-Epidemie ein.
Die Epigonen blieben dem Land vorbehalten, wo die Beatles ausgerechnet ihren ersten Erfolg hatten: unsrem. Die Beatles spielten in Hamburg im Top Ten, im Kaiserkeller und im Star Club; und in Hamburg formierten sich auch die ersten deutschen Beatgruppen.
Der Kellnerlehrling Achim Reichel war einer der ersten, der von der Welle erfaßt wurde. Er beschloß, auf Kellnerplattfüße zu verzichten und beschäftigte sich mehr mit der Gitarre als mit dem Servieren. Bald darauf hatte er seine Gruppe, The Rattles, beisammen. Es blieb denn auch dieser Gruppe vorbehalten, im Mekka des Beat Erfolge zu buchen.
Der Beatwelle in England folgte ansonsten mit respektvollem Abstand die deutsche. Star-Club-Chef Manfred Weißleder erkannte die Zeichen der Zeit und engagierte englische und deutsche Gruppen nicht nur für seinen Star Club an der Großen Freiheit in St. Pauli, er vergab auch Lizenzen an Gaststätten in anderen Städten, die die neue Gütemarke Star Club tragen durften, und schickte seine Gruppen auf Tourneen durch Deutschlands Städte und Dörfer. Davon profitierte auch Berlin, denn er hatte nicht zur Bedingung gemacht, daß die Gruppen nur im Star Club auftreten durften.

Tourneen bekannter Gruppen zahlen sich nur noch bei Großveranstaltungen aus. Manager Karl Buchmann, der seit Jahren deutsche Schnulziers im Lande herumreisen ließ, hat seine Erfahrungen damit. Zwar ist es schon schwierig, überhaupt eine internationale Gruppe zu bekommen, aber das ist nicht das Hauptproblem. Die Tournee des Rock-'n'-Roll-Opas Bill Haley (Rock around the clock) hatte schon vor Jahren gezeigt, wessen ein Veranstalter gegenwärtig sein muß, wenn er Krachmacher solchen Kalibers engagiert: Da gibt es Schlägereien, die Polizei ist im Großeinsatz, Säle gehen zu Bruch. Deutschlands Beat-Jünger wollen nicht besinnlich frohen Herzens genießen, sie wollen dem gebotenen noch einen Krach hinzufügen, und sie tun's auch. So addiert sich zu der hohen Gage auch noch die Rechnung für kaputte Säle.

Als Zeitungsmonopolist Springer dem Münchner Verlag Kindler & Schiermeyer die Filmschnulzenzeitschrift »Bravo« abkaufte, deren Redakteure die Beat-Bewegung bisher links liegengelassen hatten, ließ er rigoros umschalten. Die Umstellung zahlte sich aus. Die Auflage wurde in kurzer Zeit hochgepeitscht. Nun begannen die Bravo-Leute größere Projekte in Angriff zu nehmen. Sie holten zusammen mit Karl Buchmann eine Beatgruppe nach Deutschland, die sich auf R & B (Rhythm and Blues) spezialisiert hatte: The Rolling Stones, deren ehemaliger Manager Andrew Loog Oldham es verstanden hatte, sie mit dem Flair finster-aggressiver Rowdies zu umgeben und damit bekannt zu machen. Sie gelten als die Buhmänner des Beat.

Wer etwa nicht wußte, wer sie sind, wurde von allen Springer-Blättern täglich belehrt, daß es die »wildeste«, die »heißeste Beatschlacht des Jahres« werden würde. So überraschten zum Beispiel in Berlin BZ, Morgenpost & Co. die Leser jeden Tag aufs neue mit Schreckensmeldungen. Als die Gruppe schließlich in Berlin eintraf, fand sie zunächst keine Herberge, die Hoteliers fürchteten um ihr Mobiliar, hatte man doch Schreckliches gehört.

Da bekamen die Springer-Schreiber denn doch Angst vor der eigenen Kampagne-Courage. »Bleibt auf dem Teppich«, mahnte die BZ und knüpfte daran einen beschwörenden Appell an die Jugendlichen. Indes, die Geister, die sie riefen, sie waren nur zu willig, dem Ruf zu folgen: Als die Rolling Stones Berlin den Rücken kehrten (Stone Brian Jones nach dem Waldbühnenauftritt: »Ich hatte Angst, einfach Angst!«), blieb ein Trümmerhaufen zurück.

Die Waldbühne hatte Schäden im Werte von 400 000 Mark. Kaum jemand fragte danach, wer den totalen Beat-Krieg in der Waldbühne vorbereitet hatte. »Ich war in der Hölle«, schrieb Bild-Redakteurin Dr. Marianne Koch tags darauf. Ja, Gottchen, möchte man die Dame fragen: Wer hat denn die Lunte gelegt, wer hat denn die Öfen geheizt, daß es so heiß wurde in der Hölle?

Aber das Beatfeld wird nicht nur den Managern überlassen, die nur ans Geld denken. Jugendclubs und Jugendorganisationen veranstalten seit Jahr und Tag Beatfestivals, die zumindest den Vorteil haben, daß sie die Jugendlichen »von der Straße holen« – wie es so schön heißt.

Wenn man davon absieht, daß der Beat in England jetzt vollkommen kommerzialisiert worden ist und sich kaum noch von der allgemeinen Popmusik unterscheiden läßt, so bleibt dennoch etwas festzuhalten: Anfangs war der Beat tatsächlich so etwas wie ein Aufbruch der Jugend, eine blaue Blume ohne Wanderschuhe und Gefühlskitsch, ein Aufbegehren, ein Protest. Ausdruck eines vielleicht nicht neuen, aber doch anderen Lebensgefühls.

Das hat seinen Grund nicht nur in Pubertätsnöten und Verständigungsschwierigkeiten. Der Beat, der weiland in Liverpool entstanden ist, hatte einen klaren, soziologischen Hintergrund. Tatsächlich blieb vielen Jugendlichen nichts anderes übrig, als sich für ein Herumgammeln, das unweigerlich zu kriminellen Handlungen führte, oder für die elektrische Gitarre oder das Schlagzeug zu entscheiden. Das rapide Absinken der Jugendkriminalität, Liverpool hielt den englischen Rekord, und das gleichzeitige Anwachsen von immer mehr Beatgruppen spricht eine deutliche Sprache.

Beat zu machen, das war keine Feierabendbeschäftigung, wo man auch noch etwas verdiente und sich abreagieren konnte; das war kein liebevoll gepflegtes Hobby wie Briefmarkensammeln oder die dritte Stimme von hinten im lokalen Männerchor zu singen. Beat zu machen, das war bittere Notwendigkeit, verzuckert mit Krach, Geld und Sex. Denn Beater kamen und kommen bei Mädchen gut an.

Deswegen hatte und hat das, was deutsche Gruppen machen, mit Beat nicht viel zu tun. Sie sind fantasielos, sie spielen nur die englischen Originale nach. Sie hängen in der Luft.

Was für die Liverpooler der Merseyriver ist, das ist für Deutschland und besonders eine Berliner Truppe die Mauer eben noch lange nicht. Und

mit »Ball balla« ist doch wohl recht wenig ausgedrückt. Das ist doch nichts anderes als »Humbta humbta täterä«, bloß daß es von jüngeren Leuten gegröhlt wird.
Da den deutschen Beatern ohnehin nichts einfällt, hören wir doch lieber wie bisher die Originalplatten. Die sind besser.
Eine interessante Variante allerdings hat sich in den letzten Monaten in Berlin entwickelt: die Gruppe Tangerine Dream, die sich weniger um Pop-Vorbilder kümmert, sondern eigenständige Musik macht und eher auf den Free-Jazz reflektiert. So nennen sie ihre Musik auch logisch: Free-Beat. Diese Entwicklung sollte man aufmerksam beobachten. Sie kann weitgehende musikalische Möglichkeiten erschließen – irgendwo im Niemandsland zwischen Jazz und Beat.[20]

Mit solchen Texten, aber auch mit *Ab sofort liefern wir folgende Artikel auf Teilzahlung. Eine Politpornographie* (1969) und nicht zuletzt mit *Make Love not War* versuchte eine progressive ostwestfälische Literatur- und Film-Avantgarde in den 1960er Jahren von sich Reden zu machen – ein bislang unbeleuchtetes Kapitel der westfälischen Literaturgeschichte.

Anmerkungen

1   *Make Love not War. Eine Liebesgeschichte unserer Zeit*. 1967. Mit Gibson Kemp, Claudia Bremer, Heinz-Karl Diesing, Joachim Pukaß und Ulf Miehe. Regieassistent Ulf Miehe. Regie Werner Klett. Werner Klett Filmproduktion. Coproduzent Günter Adrian.
2   Für die dritte Episode von *Star Wars* (*Die Rache der Sith*) ließ sich George Lucas eigens ein Trautonium kommen, um darauf bestimmte, auf anderen elektronischen Musikinstrumenten nicht reproduzierbare Klänge zu kreieren.
3   Ausgabe vom 25.03.1968.
4   Dank an Fiona Dummann für ihre hartnäckigen Recherchen!
5   Zu nennen sind etwa folgende Titel: *Jetzt schlägt's aber 13!* (1955), *Quappe ist nicht von Pappe* (1955), *Wer zuletzt lacht, lacht mit Quappe* (1962), *Kanone zu verkaufen. Ein Heldenmärchen für den reiferen Leser* (1966), *Anna Garnknäul kann das auch. Ein Bilderbuch von Helen Brun. In Verse gebracht von G.A.* (1968), *Die Gänse vom Kapitol* (1969) usw. Hinzu kommen Sachbücher für die Jugend.
6   Fatima Igramhan: *Gespräch im Deutschen Interview, Ende 1977*, in: Ulf Miehe: *Puma. Mit Materialien zu Leben und Werk*. Köln 1999, S. 459.

7	*Zeittafel und Bibliographie,* in: ebd., S. 488.
8	Ebd.
9	Ebd.
10	Neumann war im genannten Band *Panorama moderner Lyrik deutschsprechender Länder* vertreten sowie in dem von Miehe 1967 gemeinsam mit Wolfgang Fietkau und Arnim Juhre herausgegebenen Band *Thema Frieden.*
11	Rolf Giesen: *„Mein Gott. Ich glaub', ich muß sterben!".* Die Filme des Ulf Miehe, in: *Puma,* a.a.O., S. 472.
12	Igramhan, a.a.O., S. 459f.
13	Giesen, a.a.O., S. 472.
14	*Puma,* a.a.O., S. 489.
15	Ulf Miehe: *An diesem Tag,* in: *Die Zeit in W und anderswo.* Wuppertal 1968, S. 139-144, dort S. 140-144.
16	Igramhan, a.a.O., S. 460.
17	Giesen, a.a.O., S. 472.
18	Peter Jokostra: *Ein deutscher Chandler,* in: ebd., S. 443.
19	Zitiert nach Karl Heinz Kramberg: *Vorletzte Worte. Schriftsteller schreiben ihren eigenen Nachruf.* Neuausgabe Frankfurt, Berlin, Wien 1974 (Erstausgabe 1970), S. 102f. Nicht unerwähnt bleiben soll der Umstand, dass Miehe gemeinsam mit Wolf Wondratschek Songtexte für Esther Ofarims LP *Complicated Ladies* (1982) schrieb.
20	Robert Artner: *Beat,* in: ders. (Hg.): *Handgriffe. Für den Umgang mit Beat, Schule, Film, Kirche, Anti-Baby-Pille, Bundeswehr, Eltern und anderen Gegnern.* Wuppertal-Barmen 1968, S. 91-95.

41 Manifestationen
Ferdinand Kriwet mixt alles zusammen und hat die Vision vom Ruhrgebiet als Kulturgebiet

Im Frühjahr 1968 wurden zehn Künstlerinnen und Künstler mit dem Förderpreis des Landes NRW ausgezeichnet. Neben Wolfgang Körner (s. S. 135 u. ö.) war darunter auch der in Düsseldorf geborene und in Dortmund aufgewachsene Ferdinand Kriwet. Er sorgte damals, wie es in der Presse hieß, im Dortmunder Museum am Ostwall mit seiner Aktion *Mixed Media II* für Aufsehen. Kriwet nutzte die Preisübergabe, um NRW-Innenminister Willi Weyer, der die Verleihung vornahm, die Erstausgabe eines *Manifestes zur Umstrukturierung des Ruhrreviers zum Kunstwerk* zu übergeben.

Der fast 50 Jahre alte Text erscheint heute ungeahnt aktuell. Er nimmt Gedanken vorweg, die speziell im Kulturhauptstadtjahr *Ruhr 2010* wieder Relevanz erlangten: Die Idee von einer Umwandlung der ehemaligen Industrieregion in einen Ort für Kunst und Kultur. Die Ergebnisse von *Ruhr 2010* sind bekannt. Vielfach wurde kritisiert, dass eine gewachsene »Kultur von unten« zu wenig Berücksichtigung gefunden habe. In Jörg Albrechts Science-Fiction-Roman *Anarchie in Ruhrstadt* (2014) findet das Thema eine satirisch-groteske Zuspitzung.

Der 1942 geborene Kriwet zählte damals, wie schon im Gedicht *Nachruf auf Göhre* (s. S. 296-98) anklang, zu den gefeierten Avantgarde-Jüngern. Er war einer der ersten Autoren, die Literatur aus traditionellen Kontexten befreite. Kriwet beschäftigte sich mit akustischer Literatur, »Sehtexten«, »Textfilmen« und gilt als Erneuerer der Radio-Collage. Seine Beiträge zum Neuen Hörspiel wurden unter anderem von Reinhard Döhl (s. S. 547ff.) ausgiebig gewürdigt.[1]

Bereits 15-jährig hatte Kriwet mit *Rotor* begonnen, einem Buch, in dem er seine Kindheit, sein Leben in Düsseldorf und den Alltag nach dem Krieg in einer experimentellen-assoziativen Prosa verarbeitete.[2] Kriwets Texte erschienen auf Wänden, Teppichen und Schwimmkissen, Fahnen und Fassaden. Heute genießen seine Buttons, »Rundscheiben«, »Neonschriften« und »Licht-Text-Säulen« Kultstatus.

Der Pionier der Medienkunst war unter anderen mit Franz Mon, Max Bense und Helmut Heißenbüttel bekannt. 1964 waren seine Arbeiten

Ferdinand Kriwet mit seinem »Manifest zur Umstrukturierung des Ruhrreviers zum Kunstwerk«.

Ferdinand Kriwet mixt alles zusammen

Jörg Albrechts Science-Fiction-Groteske
»Anarchie in Ruhrstadt« von 2014.

Aufführung von »Mixed Media 2« bei den ›Internationalen Essener Songtagen‹, September 1968.

gemeinsam mit Werken Man Rays in einer Doppelausstellung im Ulmer *Studio f* gezeigt worden, 1965 gefolgt von *leserattenfaenge*. *Sehtextkommentare* sowie *durch die runse auf den redder*.
Legendär ist Kriwets Auftritt auf den *Essener Songtagen* 1968. Das Interesse an seiner *Mixed Media*-Performance war enorm. 900 Zuschauer besuchten das *Olympia*-Kino am Essener Wasserturm, viele weitere fanden keinen Platz. Die wundersame Reise des Ferdinand Kriwet in das oszillierende Reich von *Mixed Media* war dann jedoch kein Triumphzug der Alternativkunst, sondern sorgte für hochgradige Irritation. Bereits im Vorfeld war »heftig um den Programmpunkt« gerungen worden. Man gelangte jedoch zu der Auffassung: »Das ist originell, das werden wir unter Umständen auf Kosten anderer Programmpunkte ausbauen.«[3]
Geboten wurde eine collagierte Revue aus optischem und akustischem Material mit Sprechern, Musikern, Projektoren, Radios, Fernsehern, Filmen, Luftballons, Flugblättern, Kanonenschlägen, offenem Feuer auf der Bühne, ins Publikum geworfenen Bonbons, Hitler-Reden und Kirchengesängen. Für die Realisierung hatte Kriwet die Stühle des Kinosaals entfernen lassen und seine Gerätschaften aufgebaut – darunter sechs Leinwände für zehn Kameras, die das Publikum filmen sollten. Als er sich dann allerdings anschickte, den Fußboden in grellen Popfarben zu bemalen, schritt der Pächter des Kinos ein ...[4]
Mit seiner Aktion, an der acht Vokalsolisten beteiligt waren,[5] wollte Kriwet das festgefügte System der Kunstdisziplinen in Frage stellen. Im Programmheft der *Songtage* formulierte er: »Seit dem Verfall einer übergeordneten Weltinterpretation durch die einzelnen Künste im Namen und Geist und Angesicht irdischer oder überirdischer Autoritäten ist die Einteilung der individuellen Kunstwerke in [...] ein System übergeordneter Kunstdisziplinen reaktionär und Abbild eines Kulturbetriebs, dem es nur mehr darauf ankommt, die Ordnung um ihrer Herrschaft willen aufrecht zu erhalten. [...] Wenn Kunst ein Ausdruck der Zeit ist, in der sie entsteht, dann war ihre Einteilung in selbstständige Disziplinen ein adäquater Ausdruck vorindustrieller Gesellschaftsverhältnisse, ein Ausdruck der Zünftegesellschaft des Handwerks mit ihren Meistern und Schülern. Dass aber heute im Zeitalter der globalen elektrischen Telekommunikation und Informationsverarbeitung künstlerische Phänomene und Ideen weiterhin mit den Begriffen einer Zeit belegt und beschrieben werden,

ist ein untrügliches Indiz für das falsche Bewusstsein von Kunst heute. [...] Kunst ist Information.«[6]
Kunst sollte »die Sinne [...] schärfen, mit denen sie wahrgenommen wird«.[7] »Mit der rasanten Veränderung der Informationsträger hätten sich auch menschliche Wahrnehmungsgewohnheiten geändert. Unterschiedliche Medien verlangten unterschiedliche Wahrnehmung – die Rezeption müsse selektiv erfolgen, und das Trainieren dieser Art der Rezeption könne nur in intermediären Kombinationen und multimedialen Kompositionen erfolgen, an denen nicht nur Künstler aller Art, sondern zunehmend auch Techniker, Ingenieure und Forscher beteiligt würden.«[8]

Die nachfolgende Liste der verwendeten Stimmen zeigt, wie breit das thematische Spektrum angelegt war. Es reichte von Konrad Adenauer über Paul Anka, Maria Barring, Harry Bong, Frank Borman, John Carol Case, Dorothy Dorow, Dwight David Eisenhower, Wiltrud Fischer, Connie Francis, Stan Freberg, Barry Goldwater, Heintje, Adolf Hitler, Johannes XXIII., Lyndon Baines Johnson, John F. Kennedy, Bernd Kolarik, Günter Lampe, Thomas Landshoff, Johannes Marcus, Douglas MacArthur, Carl Helmut Müller, Billy Mundi, Debby, Jane & Nancy, McNaughton, Pius XI., Pius XII., Elvis Presley, Stefan Reuther, Manfred Richartz, Hans Christian Rudolph, Michael Schmidt, Frank Sinatra, Hallie Smith, Marlies Spohr, Adlai Stevenson, Franz Josef Strauß, Valentina Tereschkowa, Michael Verhoeven, Frank Zappa, Helga Zeckra und Herbert Zimmermann bis zu Kriwet selbst.

Ein Resümee des Abends lautete: »Kriwets Multimedia-Konzept war bedenkenswert, was die Analyse betrifft. Die Folgerungen, die er aus seiner Bestandsaufnahme zog, erschienen dagegen fragwürdig: Dass man die unterschiedliche Wahrnehmung von Text, Bild und Ton erst trainieren müsse, indem man lerne, aus einem multimedialen Brei die Ingredienzien herauszuschmecken, hatte schon etwas Sektiererisches an sich. Kriwets Ansatz verblüffte am Anfang, wirkte eine Zeit lang anregend, dann nichtssagend, dann ermüdend, und als die Darsteller schließlich begannen, aus dem Essener Telefonbuch vorzulesen, war für viele Zuschauer das Ende der Kunst erreicht und der mediale Terror im Anmarsch. Angefeuert von der Berliner *Kommune 1*, die fröhlich auf Mikrofone und Fernseher einschlug, zeigten sie wenig Lust, sich selbst

auf einem der zehn Monitore zu betrachten, begannen die Bühne zu stürmen, Fernsehapparate umzuwerfen und schließlich machte sich ein dicht gelockter junger Mann aus der Menge auf – es war wohl Rainer Langhans [...], um den Sprach- und Multimediakünstler mit einer Holzlatte aus dem Saal zu jagen, Gewalt gegen Sachen und gegen Personen nicht ganz sauber trennend.«[9]
Weniger kritisch äußerte sich Gisela Op den Camp, Journalistin des Bielefelder *Westfalen-Blatts*. Für sie war Kriwets Mixed-Media-Performance das Highlight der *Songtage*: »Nur wo es wirklich knallte, von der Leinwand und aus Kanonen, aus Radios und Fernsehern, wo die Medien gemischt und Flugblätter, Kirchengesänge, Hitlerreden und Bildzeitung-Jargon auf die Häupter der versammelten Gemeinde prasselten, da ging den Fellbejackten und Stirnbebänderten die Luft aus. Und mit den Luftballons ließen sie die einzig dufte Mitternachts-Show des Düsseldorfer Sprachästheten Ferdinand Kriwitt [sic!] zerplatzen und trieben ihn mit einer Holzlatte von der Bühne. Ein linkisches Happening für Lust und Lümmel.«[10]
Wiederum kritisch äußerte sich Johannes Stumpe (s. S. 143) von der in Düsseldorf herausgegeben Zeitschrift *impuls*. Er befand, dass Kriwet »seine gemixten Medien nicht sorgfältig genug arrangiert« habe. Die beabsichtigte »Schärfung eines kritischen Bewusstseins« sei deshalb wirkungslos geblieben:[11] »Vorher hatte es geheißen, der elektronische Aufwand des Herrn Kriwet sei so groß, dass die Stromversorgung der Stadt zusammenbrechen könne. ›In echt‹ hatte Kriwet nicht einmal dafür gesorgt, dass das Licht zum rechten Zeitpunkt an- oder ausging und Dia- oder Filmprojektoren sich koordiniert in Bewegung setzten. Von fünf Fernsehapparaten funktionierte nur einer. Dias, Filme, Fernsehen, Lichteffekte, Wort und Musik sollten in einem choreographierten Medientanz miteinander kommunizieren – keine Rede davon. Der Medienmischer stand in desolater psychischer Verfassung auf der Bühne und schrie Anweisungen, die nur höchst widerwillig befolgt wurden.«[12]
Besonders scharf urteilte Joachim-Ernst Berendt. »Für ›Mixed Media‹ gibt es Vorbilder: Vom Philips Pavillon in Brüssel bis zum Center for Advanced Visual Art am Massachusetts Institute of Technology, von John Tchicais und Stuart Fox' Shows in *Det Lille Theater* in Kopenhagen über Dieter Schönbachs Multimedia-Oper in Kiel bis zu Otto Pienes

Proliferation of a Sun im Gate-Theater in New York. Demgegenüber war das, was Herr Kriwet in Essen lieferte, amateurische Bastelarbeit, wie sie halbwüchsige Teenager Onkeln und Tanten zu Hause in der Garage vorführen.«[13]

Rolf-Ulrich Kaiser vom Veranstalterteam der *Songtage* entschuldigte sich später vor der Presse mit den Worten: »Wir haben Herrn Kriwet einfach den Raum zur Verfügung gestellt und er konnte eben machen, was er wollte.«[14]

Zusammenfassend urteilen Mahnert und Stürmer: »Berendts beißende Kritik wird dem Spektakel nicht gerecht, und seine Behauptung, halbwüchsige Teenager (gibt es auch ganzwüchsige?) würden so etwas Onkel und Tanten vorführen, steht vor allem um der Pointe willen da. Kriwets Medienschau zählte für manche zu den Höhepunkten der Songtage – das Problem war nicht die Idee, sondern die an diesem Tag wenig zulängliche technische Umsetzung. Sicher war der Düsseldorfer nicht der Erfinder einer solchen Schau (Andy Warhol hatte schon 1965 damit begonnen, Bilder und Popmusik zu verbinden und ihnen damit neue Rezipientenschichten zu erschließen), aber in der umfassenden synchronen Darstellung unterschiedlichster Medien war Kriwet der erste in Deutschland. Dass seine Vorstellung in Essen so missriet, war unglücklich – er war sicher einer der kreativsten Köpfe in der damaligen Kunstszene. Dass er für das amerikanische Fernsehen einen Film über die Mondlandung produzieren durfte, der in genialer Weise Schnitttechniken, rasende Zoomfahrten, Wort- und Bildschleifen von heute vorwegnimmt, und dass er 1967 den *Governor's Award* des *Tokyo Metropolitan* gewann, zeigt, wie sehr man auch andernorts seine Arbeit schätzte.«[15]

Kriwet wollte ursprünglich ein Konzert von Frank Zappas Rockgruppe *The Mothers of Invention* in seine Performance im Essener Kino mit einbeziehen, ebenso auch weitere Sprechtexte, die er mit deutschen und amerikanischen Jugendlichen aufgenommen hatte. Verarbeitet wurden Teile dieses Materials dann jedoch erst in *One Two Two* (WDR/SFB 1968). Dieses *Hörstück V* lässt unmittelbare Rückschlüsse auf den Essener Abend zu.[16]

Anlässlich der gedruckten Fassung von *One Two Two* ging Kriwet später noch einmal ausführlich auf seine Performance während der *Essener Songtage* ein.[17] Nachfolgend die Reinschrift der dritten Partitur:

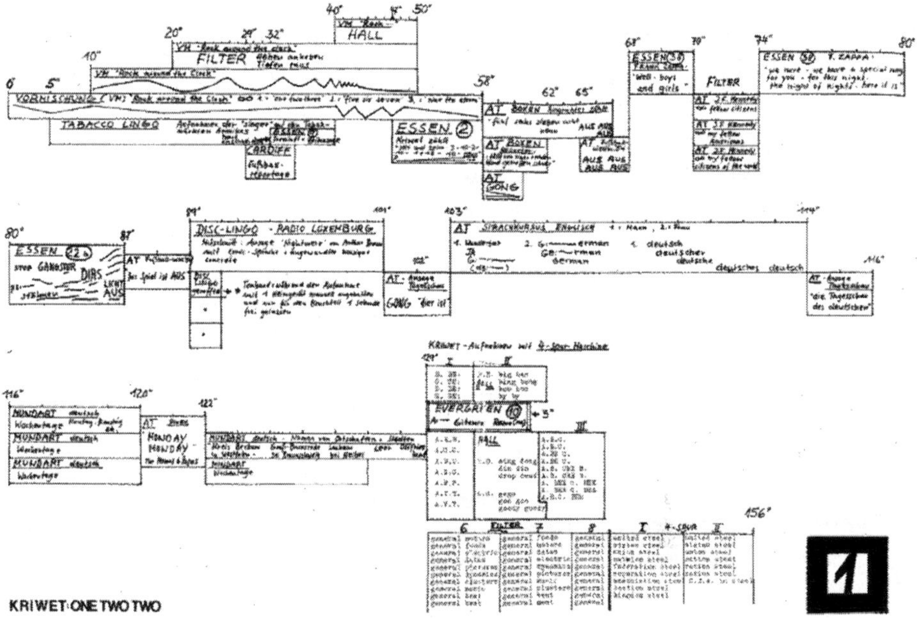

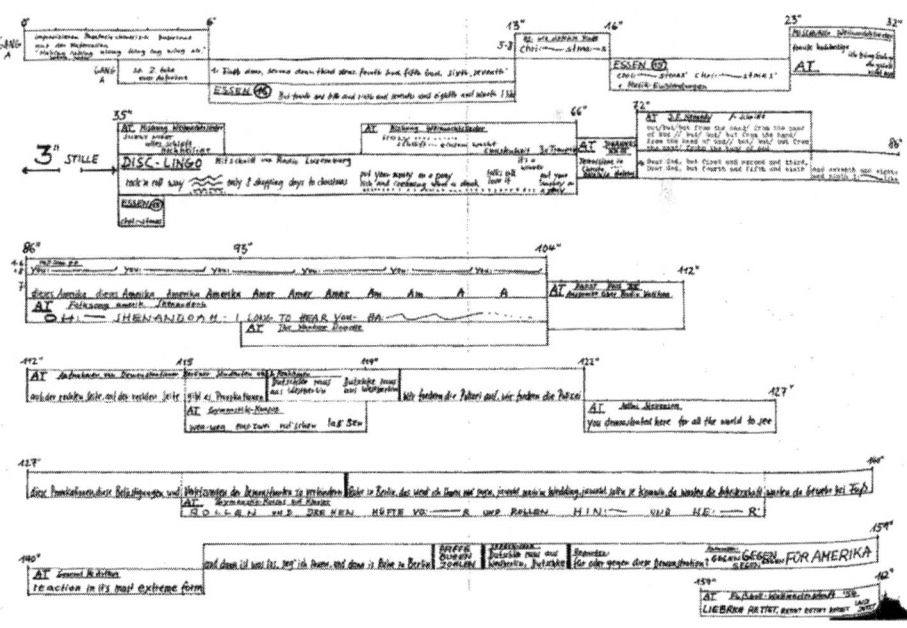

Ferdinand Kriwet mixt alles zusammen

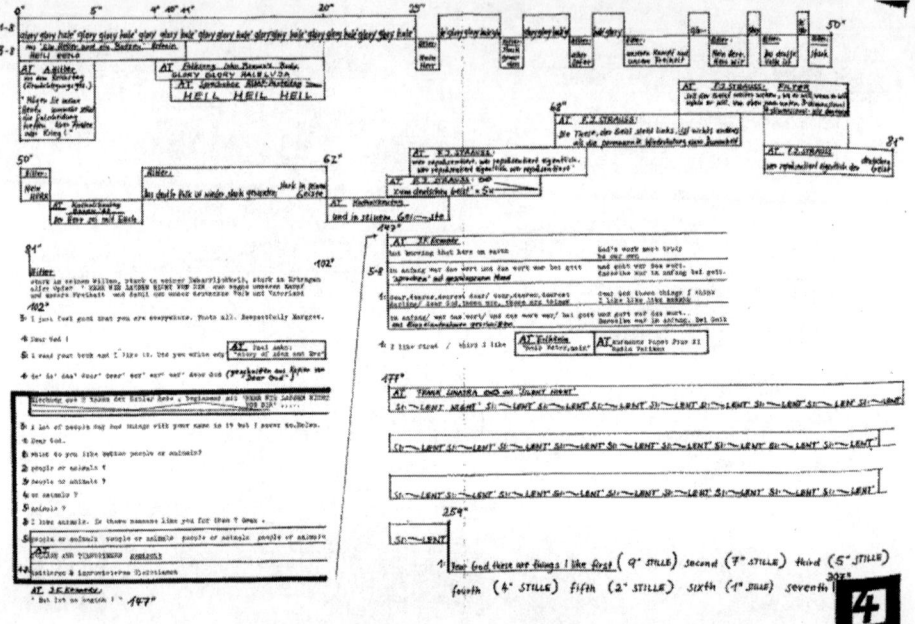

Anmerkungen

1 Reinhard Döhl: *Das neue Hörspiel. Geschichte und Typologie des Hörspiels.* Hg. von Klaus Schöning. Darmstadt 1988. 2., unveränderte Auflage ebd. 1992. Kriwet erscheint dort in einem Atemzug mit Jürgen Becker, Bazon Brock, Peter Handke, Gerhard Rühm, Franz Mon, Ernst Jandl, Friederike Mayröcker, Ludwig Harig, Paul Pörtner und Wolf Wondratschek.
2 Die Buchfassung erschien 1961 bei Dumont Schauberg.
3 Detlev Mahnert, Harry Stürmer: *Zappa, Zoff und Zwischentöne. Die internationalen Essener Songtage 1968.* Essen 2008, S. 182.
4 Vgl. ebd., S. 182f.
5 Vgl. insgesamt Ingo Kottkamp: *Stimmen im Neuen Hörspiel.* Dissertation 2001. Online zugänglich unter https://repositorium.uni-muenster.de/document/miami/6f72d79e-12fb-4564-a9c3-1b1f16c79f34/Dissertation_Kottkamp.pdf.
6 Ferdinand Kriwet: *Mixed Media. Allgemeine Vorbemerkungen zu den Grundlagen multimedialer Komposition*, in: Song-Magazin IEST 68. Essen 2008, S. 136f., zitiert nach Mahnert/Stürmer, a. a. O., S. 183.
7 Ebd.
8 Ebd.
9 Ebd., S. 184.
10 Ebd., S. 185.

11 Ebd.
12 Ebd.
13 *Jazz Podium* 1968, H. 11, 1968, S. 346, zitiert nach Mahnert/Stürmer, a. a. O., S. 185.
14 Ebd., S. 185.
15 Ebd., S. 185f. Aus übergeordneter Warte setzte sich Ingo Kottkamp 2001 in seiner Untersuchung *Stimmen im Neuen Hörspiel* (s. Anm. 6) mit Kriwets Essener Performance auseinander. Er verweist vorab auf einen »entschiedenen Neuerungswillen« in allen Werken Kriwets (S. 10). Das »Material« stehe im Zentrum des Kriwet'schen Œuvre, bei seiner Arbeit mit Tonbändern ebenso wie bei seinen Arbeiten auf Papier. »Die Massenmedien machen das vor, was Kriwet Komponieren der Wahrnehmung nennt. Ihre Verfahren sind niederschwellig angelegt; sie wenden sich nicht an hochdifferenzierte und geschulte Sinne, sondern an den groben, aber vitalen Wahrnehmungsapparat. Ebenso verhält es sich mit Schlagern: sie wollen direkt beim Publikum ankommen und suchen dazu den jeweils zeitgemäßen Kanal. Schließlich zieht die mediale Darbietungsart auch solche Figuren und Ereignisse in ihren Bann, die zunächst nicht Bestandteil der Popkultur sind. Unsere Zeit hat noch klarer ausgeprägt, was Kriwet schon geahnt hat: auch Politikerreden werden zu Pop, wenn sie, zu kurzen Statements zurechtgestutzt, durch die Nachrichtensendungen geistern. Eben diese rasche und direkte Vermittlung interessiert Kriwet, und zwar zunächst noch vor der Frage, ob sie auch ihren Inhalten gerecht werde. Erforschung und Erkundung von Sprachlichkeit ist sein Projekt; hier ist ein Feld, das von der Kunst noch zu bestellen ist.« (S. 20)
16 Die Gemeinsamkeiten, aber auch Differenzen beschreibt Kriwet selbst: »Die Texte der acht Vokalsolisten sowie alle anderen, gleichzeitig oder nacheinander stattfindenden Ereignisse waren in einer ersten, mit den traditionellen musikalischen Notationsweisen verfertigten Partitur zeitlich genau fixiert. Während der Aufführung wurden über mehrere im Raum verteilte Mikrophone alle akustischen Äußerungen der Sprecher und Angesprochenen zusammen mit den Tonbandeinspielungen und allen durch Aktionen verursachten Geräuschen (z. B. Knallkörperexplosionen) in einem Übertragungswagen außerhalb des Kinos mitgeschnitten. Da sowohl die während der Vorführung live gesprochenen als auch die über Lautsprecher vom Band in den Saal eingespielten Sprechertexte zur eventuellen späteren Kontrastierung zuvor bereits im Studio aufgenommen, korrigiert und gespeichert worden waren, verfügte ich nach der Essener Aufführung für die zweite Phase der Arbeit über folgende Ausgangsmaterialien für eine neue Konzeption von ONE TWO TWO:
a) Studio-Aufnahmen mit Sprechern,
b) Studio-Montagen (Mischungen) mit Sprecheraufnahmen und Archivmaterial,
c) Mitschnitt der Essener Vorführung, zu welcher auch ein Auftritt der amerikanischen Musikgruppe »The Mothers of Invention« gehörte, die ursprünglich als Gast in den Ablauf der MIXED MEDIA Demonstration integriert werden sollte, was organisatorisch jedoch nicht funktionierte«. Zitiert nach Döhl, a. a. O., S. 24.

Dort wird nochmals betont, dass Kriwet neben der menschlichen und künstlichen Stimmenerzeugung alle elektronischen Möglichkeiten ausschöpfte. Döhl: »Man wird für Hörtexte dieser Art, die sprachliches, aber auch vor- und außersprachliches Material demontieren und neu ordnen, um nicht zu sagen: komponieren – man wird für Hörtexte dieser Art allgemein geltend machen müssen, daß sie ›zu komplex‹ sind, um schon beim ersten Hinhören erfaßt zu werden. Es sind Hörspiele, die eigentlich mehrfach gesendet, mehrfach wiederholt werden müßten, die sich – trotz Kommentierung – in ihren vielfältigen Spannungen und Bezügen erst allmählich erschließen. Von einem Musikstück, für das bei komplexer Struktur Ähnliches gilt, unterscheiden sie sich durch ihre sprachlichen Partikel, die zum Hören das Verstehen fordern.« Ebd., S. 24f.

An anderer Stelle spricht Döhl Kriwets prinzipielle Offenheit gegenüber allen akustischen und visuellen Erscheinungsformen an, wie er sie in der Umwelt vorfindet. Ein Beispiel hierfür sei Kriwets Interesse an »öffentlicher Schrift«. Mit seinem *Hörtext V, One Two Two* (1969) habe Kriwet kritisch auf die übermächtige technische Apparatur reagiert, die traditionelle private Kommunikation zerstöre. Kriwet: »Spezifische Eigenheiten des Gesprächs als der Vollform des Sprechens wurden von den neuen Idiomen der elektrischen Kommunikation verdrängt oder vollends ersetzt. [...] Musikalisch gedopt entsteht seit Jahren im Beat und Rock ein der neuen Kommunikation entsprechendes Idiom, das neben phänomenologischem auch soziologisches Interesse beansprucht, [...].« Zitiert nach Döhl, a. a. O., S. 95. Kottkamp hebt auf den politischen Hintergrund der Aktion ab: »Mehrmals in *One Two Two* sind Ausschnitte aus Hitlers Reichstagsrede vom März 1933 zu hören, die zum Erlass des Ermächtigungsgesetzes führte. Jedes Mal ist das Material stark bearbeitet und wird stellenweise Teil eines Stimmenhaufens. Ein Beispiel ist die Passage 6, 6"-20". Ihr voraus gehen zwei gestaffelt einsetzende Spuren mit aus der Rede isolierten und aneinandergeschnittenen Worten. Kriwet nennt das Schnittverfahren ›statistisch‹, womit wohl die Extraktion besonders häufiger Wörter gemeint ist: ›Nein‹, ›Volk‹, ›deutsche‹, ›Willen‹ und andere. Die nun hinzugemischte dritte Spur führt das Essener Kino ein, in dem die gleichen ›statistischen‹ Montagen mit den im psalmodierenden Ton vorgetragenen liturgischen Formeln ›Der Herr sei mit Euch‹ ›und in deinem Geiste‹ kontrastiert werden. Die spezifische Akustik der Veranstaltung, diffuse Stimmen, die wohl vom Publikum des turbulenten Happenings kommen, und die infolge der Dreispurigkeit angewachsene Zahl der Schallquellen, machen den überbordenden Charakter dieser Stelle aus. Diese entgrenzte Stimmenflut ist aber nur die eine Hälfte des Hörgeschehens. Schon bei 4, 50"-68" wurde Hitlers Anrufung des Herrn mit der des Priesters (›Der Herr sei mit Euch‹) und Hitlers Beschwörung des Geistes (›Das deutsche Volk ist wieder stark geworden; stark in seinem Geiste‹) mit der der Gemeinde kontrastiert. Jetzt wird diese Pointe innerhalb eines Stimmenhaufens, gegen den sie sich durchsetzen muss, wiederholt. Man kann das als einen Kommentar verstehen: Hitlers Rede und die katholische Liturgie werden unter dem Zeichen von Demagogie, Ideologie,

Autoritätsgläubigkeit und Gebrauch metaphysischen Wortschatzes in eins gesetzt. Man kann dadurch lernen, dass auch Hitler der christlichen abendländischen Kultur angehört und sich auf sie bezieht. Zumindest scheint Kriwet diesen Standpunkt zu vertreten. Dabei gesteht er seiner Pointe bei ihrem zweiten Einsatz weniger Raum zu als beim ersten. Dieses Mal muss sie sich die Aufmerksamkeit mit dem über sie geschichteten Stimmengewirr teilen. Außerdem gesellt sich mit dem Essener Kinosaal ein dritter Raum zu Kirche und Reichsparteitagsgebäude. [...] Die Klangeffekte des Stimmengewirrs und die Kommentierung mit einem liturgischen Zitat haben eines gemeinsam: die Entgeschichtlichung des Historischen, seine Collagierung in die Gegenwart hinein.« (Kottkamp, a. a. O., S. 47) Zuletzt beschäftigte sich Jörg Albrecht (s. S. 372) mit Kriwet (*Abbrüche. Performanz und Poetik in Prosa und Hörspiel 1965-2002*. Göttingen 2014, S. 379-387).

17 Aus: Klaus Schöning: *Neues Hörspiel*. Frankfurt a. M. 1969, S. 366-368.

42 Menschenrechte
Josef Reding darf noch »Nigger« sagen

Wie geradezu angestaubt wirkt angesichts eines »Neutöners« wie Ferdinand Kriwet das literarische Werk Josef Redings[1], eines Vertreters der klassischen Kurzgeschichte. Hinsichtlich der Publikumsakzeptanz ist das Verhältnis jedoch genau umgekehrt: Während Kriwet das Spartenprogramm bediente, war Reding 1968 gemeinsam mit Max von der Grün (s. S. 400ff.), Paul Schallück (s. S. 38 u.ö.) und Ernst Meister (s. S. 283ff.) eines der prägenden Gesichter der westfälischen Literatur. Seine Erzählbände erreichten hohe Auflagen und wurden in mehrere Sprachen übersetzt. In den Medien war Reding geradezu omnipräsent vertreten. Seine Texte fanden Eingang in Schullesebücher und wurden mit zahlreichen Preisen, unter anderem 1969 mit dem *Annette von Droste-Hülshoff-Preis*, ausgezeichnet.

1968 erschienen über Reding mehrere Features in Zeitschriften bzw. Jahrbüchern. Darüber hinaus wurden seine Texte in *Interpretationen*

Josef Reding bei einer Filmreportage in afrikanischen Elendsvierteln, Kamerun 1962.

Josef Reding, 1960er Jahre.

Politisches Engagement als Teil der literarischen Arbeit.

Cover der Erstausgabe, 1957.

Josef Redings »Reservate des Hungers«, 1964.

Chronist des Ruhrgebiets – Redings Reportagen erschienen in unterschiedlichsten Print-Medien und waren im Rundfunk zu hören.

zeitgenössischer deutscher Kurzgeschichten vorgestellt. Im Fernsehen war sein Feature *Mensch plus Auto gleich Verbrecher?* zu sehen. Radio Bremen strahlte am 17. März seine Funkerzählung *Vereinzelte Störungen* aus. Am 8. Juni kam der Autor ausführlich im Deutschlandfunk in der Sendung *Die Stadt, die ihren Himmel putzt – Gelsenkirchen heute und morgen* zu Wort. Der *Westfalenspiegel* druckte im Juni 1968 ein Kapitel aus seinem Roman *Und die Taube jagt den Greif* ab.[2]

Ein Standardwerk Redings ist der Band *Nennt mich nicht Nigger*. Er war bereits 1957 im Paulus-Verlag erschienen. 1968 erlebte er im Bitter-Verlag eine von vielen Neuauflagen. Mit seinen Kurzgeschichten wandte sich Reding – wie Schallück und Max von der Grün – an den »normalen Leser«. Bei seinen Versuchen, Missstände aufzudecken und anzuprangern, setzte er auf Dialog und Solidarität mit Diskriminierten.[3]

Schuhputzstand in Manhattan

»Wie alt?«
»Siebzehn.«
»Sehen älter aus.«
Natürlich sehe ich älter aus, dachte der Junge. Männer wie der Vernehmungsoffizier da hinter dem Tisch trugen in meinem Alter sicher noch Schillerkragen.
Er sah an sich herunter: die verdreckten Stiefel. Die ölverschmierte Überfallhose. Die Feldbluse, von der man ihm die paar Auszeichnungen heruntergerissen hatte. »Souvenirs«. Der Junge grinste, er wusste, dass sein Gesicht mit diesem blöden Grinsen jetzt einem Dreißigjährigen gehören konnte. Mit dem Dreck, dem Grinsen und dem Hunger und der Streifschussnarbe über dem rechten Backenknochen.
»Heißen?«
»Hanno Larsen.«
»Klingt nordisch«, lächelte der Vernehmungsleutnant.
»Ist nordisch.« – Der Leutnant lächelte nicht mehr.
»Ihre Einheit?«
»Sechzehnte Panzer!« sagte der Junge.
»Und Sie bleiben dabei, Soldbuch, Wehrpass, Erkennungsmarke verloren zu haben?«

»Alles«, sagte der Junge.

»Linken Arm hoch!« Und jetzt wurde die Stimme des Offiziers in der olivfarbenen Uniform ganz leise. Sie stand im Raum der Baracke wie ein Schlangenzischeln. »Bitte – den – linken Arm – hoch, mein Herr«, sagte er noch einmal.

Der Junge hob den Arm. »Hawkins!« rief der Offizier. »Hawkins, have a look at it!«

Sergeant Hawkins kam. Er hielt eine Zigarette zwischen dem Daumen und dem kleinen Finger. Intelligentes Gesicht, dachte der Junge. Doch dieser Eindruck wurde ausgelöscht, als der Sergeant zu sprechen begann. »Come on, guy!« sagte Hawkins nur, aber Speichel ran ihm dabei aus dem Mund. Und das wiederholte sich immer, sobald Hawkins sprach. Ekelhaft, dachte der Junge.

Der Sergeant zog Larsen an der linken Seite die Feldbluse aus und streifte den grauen Hemdsärmel bis zur Schulter zurück. Der Junge verzog das Gesicht, als der Hemdstoff sich von dem verkrusteten Eiter der Wunde unter der Achselhöhle losriss.

»Aha«, lächelte der Vernehmungsoffizier. »Was ist das?«

»Handgranatensplitter«, sagte der Junge.

»Ach nee«, sagte der Offizier in jenem Deutsch, wie es nur jemand sprechen konnte, der in Deutschland geboren war.

»Ach nee. Und dieser dubiose Handgranatensplitter hat ausgerechnet die Stelle getroffen, an der früher mal ein A oder ein B oder eine Null eintätowiert war?«

»Handgranatensplitter«, sagte der Junge wieder, »nichts weiter.« Und er dachte: friss die Lüge oder krepier daran. Ihr stellt mich nicht an die Wand. Ihr nicht. Ihr habt sie nicht gesehen, die kleine Rotkreuzschwester, die mir das Blutgruppenzeichen herausbiss. Das Kainszeichen, um dessentwillen man uns jetzt zu Tode hetzt. Was soll ich euch erzählen, wie ich zu dem schwarzen Haufen gekommen bin? – Irregeführt, verblendet, jawohl. Und siebzehnjährig. Aber das erkläre diesen Leuten mal, dachte er.

»Handgranatensplitter«, versuchte jetzt auch Hawkins zu sagen unter dünnfädigem Speicheln. »Is that Handgranatensplitter?« fragte er. Dabei berührte das brennende Ende der Zigarette, die der Sergeant hielt, die eiternde Wunde. Der Junge zuckte zusammen. In seinem Nasenflügel bildeten sich zwei Schweißtropfen. Jetzt fängt es an, dachte er. Wie überall, da, wo die Gewinner denen gegenüber sitzen, die verloren haben. Die alles verloren haben.

Nach zwanzig Minuten fiel der Junge aus der Baracke. Es war nicht allzuviel passiert in dieser Zeit. Man öffnete im Vernehmungsraum nur ein Fenster, weil es etwas unangenehm süßlich roch. Und die Narbe des Jungen über dem Backenknochen war wieder aufgeplatzt. Und er hatte zugegeben, dass »sechzehnte Panzer« falsch war. Man erkennt genau, was falsch ist, dachte er, wenn man nur noch eine Hand sieht, die eine Zigarette ungewöhnlich hält. Sehr ungewöhnlich hält.

Jetzt war er siebenundzwanzig. Und man hatte ihn eingeladen, in dieses Land zu kommen, damit er hier etwas für seinen Beruf »profitiere«. Wahrscheinlich wollte man auch von ihm dabei etwas profitieren, hatte er sich gedacht, als man ihm diesen Wagen gab und so viel Geld in einem Monat, wie er sonst nicht in einem Jahr verdient hatte. Aber daran dachte er jetzt nicht. Er sah nur eins: einen Schuhputzer, der an der Ecke zur 93. Straße saß, dem Speichel auf den Overall tropfte und der die Zigarette zwischen Daumen und kleinem Zeigefinger hielt.

Der Junge setzte sich in den hohen Sessel und Hawkins ließ den Lappen, den er straff an beiden Enden hielt, in langsamer Routine über das Schuhleder gleiten, nachdem er die Zigarette zwischen die nassen Lippen gesteckt hatte. »Nice day!« sagte der Junge. Der Schuhputzer schaute auf und sagte: »Very nice day, Sir!« – Sein Blick glitt vom Gesicht des jungen Mannes auf den gutgeschnittenen Hensdale-Anzug. Wird mir bestimmt dreißig Cent geben, dachte der Schuhputzer. Und der Junge: er erkennt mich nicht wieder. Die Augen des Jungen wichen nicht von dem brennenden Zigarettenende des Schuhputzers, als er Hawkins einige Witze erzählte, die er, Larsen, noch wenige Stunden zuvor im »Esquire« gelesen hatte.

Als er aufstand und dem Schuhputzer einen Halbdollar in die Hand drückte, hatte der seine Einladung zu einem abendlichen Drink im »Shake and Shock« angenommen. Ideen haben diese Leute in Hensdale-Anzügen manchmal, dachte der Schuhputzer.

Schon sechs Bostons hatten Hawkins an diesem Abend betrunken gemacht. »Etwas von diesem Stoff zum Mitnehmen«, sagte der Junge zum Barkeeper. Er steckte die grüne Ginflasche in die Manteltasche. Dann

hakte er Hawkins unter und schob ihn in die Straße, die um diese Stunde nichts anderes war, als ein toter Schacht.
Ein Mann, der ihnen pornografische Fotos verkaufen wollte. Eine Toreinfahrt nach achtzig Schritten.
»In New York werden an jedem Morgen sechs Tote in den Straßen gefunden, Hawkins, Bestie Hawkins.« Ein paar Splitter der Flasche klirrten auf das Pflaster. Der Junge lauschte. Nur das dumpfe Brodeln des Stadtkerns. Von weither. Er beobachtete die Hand, die in Gin und Blut lag. Die Hand, die immer noch die Zigarette hielt, zwischen Daumen und kleinem Finger. Langsam fraß sich die Glut weiter. Erst, als es süßlich roch, ging ein junger Mann aus der Toreinfahrt auf die Straße.

Er spürte die Glut an seinen Fingern und drückte die Kippe im Ascher neben dem Starterknopf aus. Allerlei blödsinnige Gedanken für eine Zigarettenlänge, dachte er. Und weiter: aber eigentlich hätten deine Schuhe mal wirklich wieder etwas Hochglanz nötig. – Na, fahr lieber ein paar Blocks weiter. Und als er die Kupplung losließ und das Gaspedal herunterdrückte, griente er so, dass die Narbe über dem rechten Backenknochen weiß hervortrat.
Der Schuhputzer an der 93. Straße schaute dem Studebaker nach. Dann nahm er mit Daumen und kleinem Finger die Zigarette aus dem nassen Mund. Und er sagte zum kleinen Joshua: »So was hab' ich gern. Vor der Nase parken. Und dann immer diese verdammte Unentschlossenheit von den Leuten!«
Der kleine Schwarze nickte. Er hatte nicht gehört, was Hawkins gesagt hatte. Aber er nickte.[4]

Nennt mich nicht Nigger

Bethlehem Long kannte den »Jack-and-Jill«-Keller in Harlem. Er wusste: dort kamen die Weißen hin, die den Nigger kennenlernen wollten. Den Nigger, wie sie ihn sich vorstellten. Wenn Bethlehem Long zu »Jack-and-Jill« ging, hasste er beide Rassen. Vorerst die Weißen, die da in gut gebügelten Flanellhosen, in Nylonhemden und mit selbstgefälligem Lächeln den Kabarettdarbietungen der black boys zuschauten. Und dann seine

eigenen schwarzen Brüder, weil sie für einen Dollar sich hinhockten und die Zehen hinter die Ohren legten. Weil sie für einen Dollar ein Whiskyglas auf ihrem Schädel zerschlagen ließen und breit dazu lachten. Weil sie für einen Dollar die Spirituals für die Weißen verjazzten. Und weil die schwarzen Mädchen sich für einen Dollar verkauften.
Bethlehem Long aber hasste am meisten Luigi Pronco, den schmutzigen Italiener, den Eigentümer von »Jack-and-Jill«. Pronco erfand immer »neue Einlagen«, wie er es nannte, um den weißen Besuchern, die zumeist aus fremden Ländern in die Stadt kamen, reiche Augenweiden zu bieten. Oh, Luigi Pronco war geschäftstüchtig. Und nicht etwa, dass die Neger bei ihm nicht auch ihr Teilchen abbekamen! Er traktierte sie mit scharfen Mixturen und gab ihnen manchmal ein Vierteldollar-Stück ab, wenn die Besucher besonders viel Beifall spendeten und seine Kneipe »wärmstens empfehlen« wollten. Und diese Spenden waren Grund genug für viele Harlemer, sich am Abend in Proncos Kneipe zu begeben.
Bethlehem Long ging auch in Proncos Taverne. Nicht, um auch einen Mix aus den Drinkresten zu bekommen, die die Weißen übrig gelassen hatten. Nein, Bethlehem Long war Maler. Sein großes Ziel war: einmal das Gesicht der weißen Rasse auf die Leinwand zu bekommen. In einem winzigen, lüsternen, lächelnden verzerrten, geilen selbstsicheren Gesicht die Visagen aller Weißen zusammenzufassen. Viereinhalb Skizzenblöcke hatte Bethlehem Long bereits verzeichnet. Die rasch hingeworfenen Striche hatten sich nie zu dem zusammengefügt, was ihm vorschwebte. Er hatte schon manchmal daran gedacht, Details zu nehmen; von einem Kerl das Kinn, von dem anderen die Augen. Aber dieses Vorhaben hatte er bald verworfen. Es musste dieses *eine* Gesicht geben, das für alle gültig war. Bethlehem Long nahm auch an diesem Abend den Skizzenblock unter den Arm und ging zu Luigi Proncos Kneipe. Als er die Klapptür zum Keller aufstieß, brandeten ihm bereits Kreischen und Grölen entgegen. Offenbar hatte Proncos Gehirn wieder etwas Delikates ausgebrütet, um die Attraktivität seines Lokals zu beweisen. Pronco sah mit flinken Augen sofort den Neuankömmling und winkte ihn ärgerlich in die Ecke. Er wusste, dass Bethlehem nichts Gescheites verzehrte: eine Limonade vielleicht den ganzen Abend, eine Tasse Kaffee, sonst nichts. Und den ganzen Abend da hocken und starren, zeichnen und starren, zeichnen und starren. Solche Gäste mochte Pronco nicht.

Bethlehem Long setzte sich.
»Zur nächsten Show!« rief Pronco. »Hier die Utensilien: ein Hamburger Grill, und sonst nichts! Wer von den Herrschaften setzt eine Flasche Whisky als Preis aus?«
»Wozu?« fragte es wiehernd zurück.
»Zum Röst-Step! Ich setze die große elektrische Bratpfanne unter Strom. Wer von den schwarzen Burschen es am längsten darauf aushält, bekommt die Whisky-Bottle!«
»Großartige Idee! Hier!«
In Proncos Hand fielen einige Geldscheine. Der Stecker des Grills glitt in seinen Kontakt. Und da waren auch schon die Teilnehmer: drei Neger und eine Negerin sprangen auf den Rost, angelockt durch den köstlichen Preis: Eine ganze Flasche Whisky!
Bethlehem Long sah alles. Er hatte den Kohlestift angesetzt, aber er konnte nicht zeichnen, jetzt nicht. Schnell hatte sich der Rost erwärmt, schnell kroch die Hitze durch das Metall und zwang die barfüßigen Neger, von einem Bein aufs andere zu springen, und wieder und noch einmal, und schneller und schneller. Das Treten wurde zum Stampfen, das Stampfen zu einem rasenden, urgewaltigen Step, den die Hölle erfunden haben musste. Da fiel einer der Neger vom Rost, wortlos. Er schlug hin. Raffte sich auf. Tanzte auf einem Bein und hielt sich mit den Händen die versengte Fußsohle.
»Storch!« brüllte einer der Zuschauer. »Storch im Salat! Hoho! Schwarzer Storch!«
Die zwei Neger auf dem Rost und die Negerin tanzten weiter. Die Augäpfel leuchteten weiß. Schweiß stand dickperlig auf den Stirnen. Die tanzende junge Negerin hob im rasenden Wirbel der Beine die Kleider, riss sich jetzt den roten Pullover über den Kopf, in dem sie zu ersticken glaubte. Und weiter tanzte sie auf dem heißen Rost, den Kopf in den Nacken geworfen, weiter zitterte der Körper wie unter einem ungeheuren Stromstoß.
Bethlehem Longs Hand zitterte auch. Er hatte sein Gesicht gefunden. Einen feisten Menschen mit Zigarre, der auf die Beine der Negerin starrte und auf den Hals, auf die Brust und in das schmerzverzerrte Gesicht. Bethlehem Long zeichnete – und warf dann Skizzenblock und Kohlestift in die Fratze des Weißen hinein. Er hielt es nicht aus, dieses Glotzen,

dieses Starren auf seine Schwester Joan. Mit einem Satz sprang Bethlehem Long auf den Rost, fegte seine Schwester hinunter mit einem Schlag seiner Hand und tanzte selbst, tanzte und schrie in die Menge hinein: »Weiße Teufel! Weiße Teufel! Weiße Whiskyteufel! Großes weißes Gesicht! Whiskygesicht!« Und er streckte der Perlenreihe der weißen Gesichter in toller Wut seine Zunge heraus.

Bethlehem Long erhielt prasselnden Beifall. Die Weißen sprangen auf und umarmten verzückt den Besitzer Luigi Pronco, der zuerst erschrocken war über das Gebaren des schäbigen Kunden. Dann grölte Pronco mit. Längst waren die anderen beiden Neger von der Röstplatte herunter gefallen. Ohnmächtig der eine, wimmernd der andere. Nur Bethlehem Long tanzte noch, Schaum vor dem Mund. Doch in all dem Wirbel und Rasen behielt er das Gesicht seines Modells im Auge: *sein* Gesicht! Jetzt schrie das Gesicht: »Da capo! Maestro! Nicht aufhören, Nigger!«

Bethlehem Long sprang vom Rost herunter auf das Gesicht zu. Seine Hände zuckten auf, wollten sich um den Hals legen, aus dem dieses Gesicht emporwuchs. Dann aber ekelte ihm vor diesem schweißigen, weißen Hals, und Bethlehem Long stammelte nur: »Nennt mich nicht Nigger, Sir! Nur nicht Nigger, bitte!«

»Okay«, knauschte der Weiße. »Du sollst heißen: tanzender Zungenrausstrecker! Pronco, die Whiskypulle her für den tanzenden Zungenrausstrecker!«

Die Flasche wurde sofort durch die Kette der Hände an Bethlehem Long herangebracht. Das weiße Gesicht sagte wieder: »Nimm und sauf, hast dir's gut verdient, schwarze Seele. Hast 'ne feine Gesichtsmaske, wenn du da oben herumhopst. Der Anblick ist mir 'ne Pulle wert. Trink!«

Bethlehem Long schluckte am Flaschenhals. Die Erregung und der irrsinnige Tanz auf dem Höllenrost hatten ihn ausgebrannt. Bethlehem Long trank gehorsam. Er dachte nichts mehr.

Das Lokal lachte.

Luigi Pronco lachte.

Auf die Fetzen des Skizzenblocks zu Bethlehem Longs Füßen träufelte Whisky.

Das Lokal lachte.[5]

Anmerkungen

1 Geb. 1929 in Castrop-Rauxel. Soldat im Zweiten Weltkrieg. Gefangenschaft. 1951 Abitur. Zweijährige Tätigkeit als Betonarbeiter. Studium der Germanistik, Psychologie, Kunstgeschichte und Anglistik in Münster. 1953 Fulbright Stipendiat an der Universität Illinois/Champaign. Master of Arts. Engagement in der amerikanischen Bürgerrechtsbewegung. 1955/56 Helfer in dem Heimkehrer- und Flüchtlingslager Friedland. 1959 Gastdozent an der Xavier University, New Orleans. Dokumentationsarbeit in den Hungergebieten und Aussätzigenvierteln Asiens, Afrikas und Lateinamerikas. Hierüber berichtete er in seinen Büchern und in zahlreichen Rundfunk- und Fernsehbeiträgen. Reding schrieb zunächst Jugendbücher. Mitte der 1950er Jahre kam das Buch *Friedland. Chronik der großen Heimkehr* hinzu, das er im Winter 1955/56 im Lager Friedland verfasst hatte. Für *Ein Scharfmacher kommt* (1967) verfasste Max von der Grün das Nachwort. In einer Besprechung im *Westfalenspiegel* war über den Titel im September 1967 zu lesen: »In der deutschen Literatur der Gegenwart gibt es keinen anderen Autor, der die ›kleine literarische‹ Form der Kurzgeschichte so beherrscht wie Josef Reding.« (dort S. 38). Als Reding 1969 mit dem *Droste-Hülshoff-Preis* ausgezeichnet wurde, hob die Jury hervor, dass »der im Ruhrgebiet beheimatete und ansässige Autor jederzeit die Schauplätze aufsucht, an denen die brennenden Probleme der Gegenwart anschaulich werden. Von daher gewinnen seine Texte einen hohen Grad von Lebendigkeit und Dichte.« Josef Reding lebt als freier Schriftsteller in Dortmund. (Vgl. Walter Gödden, in Verbindung mit Fiona Dummann, Claudia Ehlert u.a.: *Chronik der westfälischen Literatur 1945-1975.* 2 Bände. Bielefeld 2016, S. 635).
2 Dort unter dem Titel *Der zürnende Gott,* S. 25-28.
3 Die beiden folgenden Kurzgeschichten sind der Kurzgeschichtensammlung *Nennt mich nicht Nigger* entnommen.
4 Zitiert nach *Lesebuch Josef Reding.* Hg. von Gerd Puls. Bielefeld 2016, S. 7-10.
5 Ebd., S. 18-21.

43 Mode
Dior macht alle froh

Aus den amerikanischen Slums zurück ins Ruhrgebiet. Wo wir erfahren, dass auch in der Arbeiterklasse der Luxus Einzug gehalten hat. Wir blättern erneut in Wolfgang Körners Roman *Nowack*. Dessen Held, der Fotograf Harry Nowack, ist jedoch ein Wohlstandsverweigerer aus Passion. Er trägt eine einfache blaue Jeans aus Rücklaufbeständen der US-Armee, dazu Arbeitshemden (die ihm seine Ex, Monika, genäht hat), einen einfachen Pullover, Windjacke – fertig. Nachlässiger geht es nicht. Die wenigen »Klamotten«, die er besitzt, verstaut er in einer alten Holzkiste.

Auch Monika fehlt jede Spur von Eleganz. Sie kleidet sich, wie wir ebenfalls aus dem Roman erfahren, mit einem biederen grauen Flanellrock. Der macht sie aber nicht glücklich. Sie liest Modezeitschriften und hält Harry dazu an, endlich einen geregelten Job anzunehmen, um ihr neue Kleidung kaufen zu können. Harry missfallen solche Bevormundungen. Ihm geht sein ungezwungenes Lotterleben über alles.

Auch Beate, Harrys »Nebenfrau«, ist eine graue Maus. Zumindest anfangs. Sie trägt während ihrer Arbeit in einem Pfandleihhaus eine schlichte »Arbeitsuniform«: Ein dunkelblaues Kleid mit weißem Kragen und breitem Rocksaum. Jener ist – in der Art eines Keuschheitsgürtels – mit einer Kette und einem Vorhängeschloss gesichert. Der Rock erlaubt ihr, nur kleine Schritte zu gehen, was man durchaus im übertragenen Sinne verstehen darf. Im Kontrast dazu trägt sie in ihrer Tasche Handschellen mit sich, was auf ihre sexuellen Bedürfnisse hindeutet. Zum Missfallen Harrys nimmt sie, nachdem sie in seine Kellerwohnung eingezogen ist, immer mehr die Rolle eines biederen Hausmütterchens an. Aber auch Harry kann letztlich den Spießer in sich nicht verleugnen.

Im Gegensatz zu Harry macht Beate eine Entwicklung durch. Diese lässt sich genau datieren. Sie fällt mit dem Moment zusammen, in dem sie mit der »Sechszwölfteljungfrau« ihre Kleider tauscht. Nun trägt Beate ein gelbes, blau gepunktetes Kleid aus Seide, von dem man erfährt, dass es »schreit«, wenn man daran reibt.

Sie gibt ihren Job beim Pfandleiher auf und heuert beim Kosmetikkonzern Selconal an, dessen neuen »Style« sie fortan kopiert. Nun trägt auch

Mode-Happening auf der Drogerie-Fachmesse in Essen, September 1968.

Auf der Modemesse »Igedo«, Düsseldorf 1969.

sie (wie die »Sechszwölfteljungfrau«) ein durchsichtiges PVC-Kleid mit breitem Gürtel. Ihre Strümpfe besitzen einen »neuartigen Molybdän-Effekt« und ihre Schuhe einen »Sechssiebtelabsatz aus Plexiglas«. Auf die Stirn hat sie das blaue *S* ihrer Firma gemalt – auch dies ein Zeichen ihrer neuen Warenwelt-Identität.

Die »Sechszwölfteljungfrau« ist dagegen von Anfang an ein männer- und frauenverzehrender Vamp. Ihre blonden Haare trägt sie offen, ebenso ihren Nerzmantel, dazu die passenden High-Heels. Sie ist in eine Duftmarke von *Marcel Rochas* (*Femme*) eingehüllt und legt Wert darauf, dass es sich dabei nicht um ein Parfüm von *Nina Ricci* handelt, einer offensichtlich nicht so angesagten Marke.

Ihr Mann schenke ihr immer »sehr schöne Kleider«, lässt sie Harry wissen. Eines ist von *Balmain*. Darunter trägt sie eine Korsage, die die Brüste unbedeckt lässt, und sündhaft teure und hochaktuelle Nylon-Strümpfe. Als Harry befürchtet, dass diese durch das gemeinsame Petting Schaden erleiden, beruhigt sie ihn damit, dass sie immer ein Reservepaar in ihrer Handtasche mit sich führe. Auch ist sie peinlich darauf bedacht, ihre Haare nicht in Unordnung zu bringen. Dies verursacht beim Entkleiden erhebliche Probleme.

Kleider sind ihre große Leidenschaft. So attraktiv sie Harry auch findet, bedauert sie doch, dass er ihr nicht den Luxus bieten kann wie ihr schwerreicher Mann. Bei Harry reicht es allenfalls zu einem Blumengeschenk, was sie zu dem Stoßseufzer veranlasst: »Rosen kann man nicht anziehen!«

Für sie zählt immer nur der »letzte Schrei«. Zu einem Mantel aus Chinchillafellen trägt sie eine mit Wasser gefüllte Handtasche von *Dior*, in der zwei in allen Farben lackierte Schleierschwänze schwimmen. Zur Korsage kommen golddurchwirkte, hautmagnetische Strümpfe (Stay-ups) von *Paco Rabanne*. Ein anderes Mal hat sie ihre Haare zu einem Käfig hochgesteckt, in dem zwei Kolibris flattern. Diesmal dient ihr eine Pythontasche als Accessoire. Außerdem besitzt sie ein Platinarmband, Schuhe von *Jourdan* und ein »sehr teueres« Wollkleid von *Schuberth*.

Als die »Sechszwölfteljungfrau« erfährt, dass sich selbst Verkäuferinnen inzwischen Kleider von *Dior* leisten können, sieht sie ihren exklusiven Status bedroht und trennt sich spontan von ihrer gesamten Designer-Garderobe. Ihr Eindruck ist nicht abwegig, wie Harry bei einem seiner Streifzüge durch die Dortmunder Innenstadt feststellt: »Die Kaiserstraße entlang, Kreuzung Südbrücke, Essener Straße. Tankstellen, Lebensmittelgeschäfte, Kaufhäuser: in der Stadtmitte. Schaufenster eines Kaufhauses mit Großfotos dekoriert. Mädchen, die in neuesten Creationen Haute Couture abstrahlen: Frühling macht lachen, denn noch fehlt die niederdrückende Hitze des Sommers. Die Stechmücken sind fern, und so herrscht allenthalben pralle Fröhlichkeit, vorausgesetzt natürlich, man ist entsprechend gekleidet. Weißes Wollkleid von Louis Feraud mit Ring von Miss Dior. Moosgrüner Anzug mit der neuen dreiviertellangen Jacke von Cerruti. Ein erster ruhiger Ausflug aufs Land. Der Flieder blüht, es wird gesät, und erstmals schauen sie über weite Ebenen hin. Die Kleidung ist leicht und beinahe schon sommerlich gewagt. Hose und Mantel aus braunem Samt mit Orange, Bluse von Cerruti, dazu die passenden Ohrringe von Carita. Bei längerem Aufenthalt: seidene Morgenröcke. Auch Cerruti. Es naht der Abend, der angenehm warme, Zeit der Zuneigung und des gediegenen Beisammenseins in schönen Räumen bei leicht scherzender Unterhaltung. Harmonie, dank passender Kleidung. Lange Hose mit langem Mantel aus Baumwolle von Micmac. Oder so ähnlich. Er steht vor dem Schaufenster, schüttelt sich, geht weiter, froh, weil er mit derartigen Aufnahmen nichts zu tun hatte, hat, haben wird.«[1]

Das Thema »Mode« wirft ein Schlaglicht auf die »mentale Verfassung« der spätsechziger Jahre. Die Wirtschaftswunderzeit mit all ihren Konsumverlockungen hat den Menschen »den Kopf verdreht«. Jeder will hipp und »up to date« sein. Der Wunsch nach gesellschaftlicher Veränderung ist hingegen zur Nebensache degradiert. Es geht vielmehr darum, »mitzuspielen« und seinen Teil vom »Wohlstandskuchen« zu ergattern. Körners Roman *Nowack* lässt solche Zusammenhänge in der Rahmenhandlung anklingen. Er ist auch in dieser Hinsicht ein (freilich ins Groteske überzeichneter) Schlüsselroman des Jahrgangs 1968.

Anmerkung

1   Wolfgang Körner: *Nowack*. Reprint. Bielefeld 2014, S. 85.

44 Neue Orientierungen
Max von der Grün widmet sich der NS-Zeit

Noch einmal Dortmund. Diesmal aber aus anderer Perspektive. Wir treffen erneut auf Max von der Grün (s. S. 170ff.), die Galionsfigur der *Gruppe 61*. Er verkörperte den Prototyp eines neuen Arbeiterdichters und wurde dafür weit über das Ruhrgebiet hinaus gefeiert.

Zu diesem Bekanntheitsgrad hatte maßgeblich sein Roman *Irrlicht und Feuer* aus dem Jahre 1963 beigetragen. Das Buch hatte einen in ganz Deutschland wahrgenommenen Skandal ausgelöst. Es prangerte die schlechten Arbeitsbedingungen der Bergleute sowie die Auswüchse des Leistungsdenkens und der Konsumgesellschaft an. Unter anderem wird ein vermeidbarer tödlicher Betriebsunfall geschildert. Arbeitgeber und Gewerkschaftsvertreter kritisierten an dem Werk, dass es die damalige Ideologie der »Sozialpartnerschaft« empfindlich störe. Von

Als politischer Redner.

Werbung für Max von der Grüns Roman »Irrlicht und Feuer«.

der Grün wurde fristlos entlassen und aus der IG Bergbau und Energie ausgeschlossen.

Irrlicht und Feuer bescherte von der Grün den schriftstellerischen Durchbruch und stand am Anfang seiner erfolgreichen Laufbahn als freischaffender Autor. Der Roman wurde vom Deutschen Fernsehfunk der DDR verfilmt und später auch von der ARD ausgestrahlt.[1] Auch andere Stoffe des Autors wurden Gegenstand von Filmen, Rundfunkbeiträgen und Hörspielen (s. S. 569ff.).

Mit seinem 1968 erschienenen Roman *Zwei Briefe an Pospischiel* erweiterte von der Grün sein thematisches Spektrum. Im Zentrum des autobiografisch gefärbten Buchs steht das Schicksal seines Vaters Albert während der nationalsozialistischen Diktatur. Die Haupthandlung beschreibt den Versuch des Kraftwerkers Paul Pospischiel, Kontakt zu dem Mann aufzunehmen, der seinen Vater 1938 wegen dessen Zugehörigkeit zu den Zeugen Jehovas bei der Gestapo denunziert und ihn dadurch ins KZ Flossenbürg gebracht hatte.[2] Er sucht den Mann auf und ersinnt Rachepläne. Durch sein dreitägiges, nicht genehmigtes

Max von der Grün widmet sich der NS-Zeit

Max von der Grüns Roman »Männer in zweifacher Nacht« von 1962.

Max von der Grüns Roman »Zwei Briefe an Pospischiel« von 1968.

Fernbleiben wird er von seiner Arbeit in einem Dortmunder Kohlekraftwerk suspendiert. Eine Neuanstellung im selben Betrieb ist zwar möglich, bringt aber Gehaltseinbußen mit sich.
Überhaupt steht es mit den Arbeitsbedingungen nicht zum Besten. Die Beschäftigten verrichten entfremdete Tätigkeiten, die sie krank machen; Betriebsrat und der Arbeitsdirektor sind den Mitarbeitern gegenüber zwar vermeintlich loyal, entziehen »sich jedoch der sozialen Verantwortung für die Gesellschaft«.[3]
Zwei Briefe an Pospischiel erschien nicht mehr bei Paulus, sondern im renommierteren Luchterhand-Verlag. Der Roman brachte es auf zahlreiche Auflagen und wurde auch als Fernsehspiel realisiert. Dies zeigt den damaligen Stellenwert des »Medienstars« von der Grün, den 1968 Lesereisen nach Dänemark, Norwegen, Schweden und Finnland führten. Es erschienen ferner im selben Jahr zwei Erzählungen des Autors in Sammelwerken: *Abseits vom Wege*[4] sowie *Waidmannsheil*.[5]

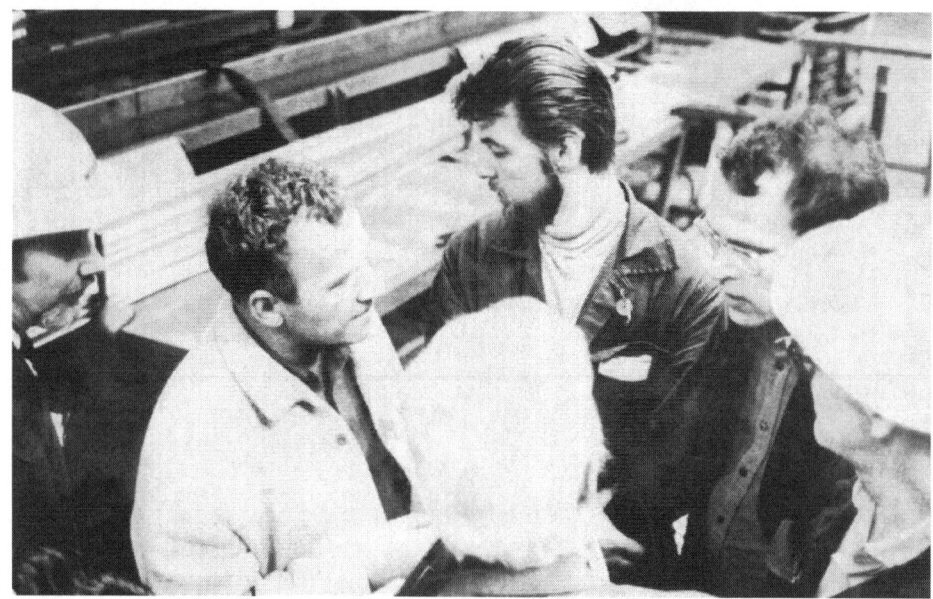

Besuch von Mitgliedern der »Gruppe 61«/»Werkkreis Literatur der Arbeitswelt« 1970 in Västeras/Schweden. 2. von rechts mit Brille: Günter Wallraff.

Max von der Grün 1970 während einer Diskussion in der Universität Uppsala. Rechts neben von der Grün: Günter Wallraff, Angelika Mechtel, Peter-Paul Zahl und Josef Reding.

Max von der Grün widmet sich der NS-Zeit

Bei Dreharbeiten zu dem Film »Zwei Briefe an Pospischiel«, 1971.

*Bei einer Lesung,
Anfang der 70er Jahre.*

»Komm«, sagte ich, »gehen wir«, und im Stillen dachte ich, hoffentlich haben wir es bald hinter uns.

Der Hund freute sich, als wir aufstanden, er war für jede Abwechslung dankbar, aber ich sperrte ihn in den Wagen: Hunde durften nicht mitgenommen werden.

Ich betrat zum ersten Male dieses Lager, das von weitem einer Parkanlage ähnelt, wären da nicht zwei Wachtürme, restauriert, wie ich später sah. Am rechten Granitpfeiler des Einfahrttores war eine Bronzetafel angebracht; ich las: »Bayrische Verwaltung der staatlichen Schlösser, Gärten und Seen, München.«

Mutter und ich schlenderten durch das ehemalige Lager, und mir kam es ein wenig komisch vor, dass dieselben Beamten, die Bayernkönigs Ludwig des Zweiten Schlösser verwalteten und für Touristen betreuten, auch dieses ehemalige KZ auf ihren Schreibtischen hin und her schoben, Putzfrauen in Dienst nahmen, Gärtner und wer weiß sonst was.

Wir bewegten uns, sahen uns um, wie sich Spaziergänger umsehen und bewegen, die Zeit haben, wir gingen die Stufen hinunter zum Verbrennungsofen, an dem Kränze hingen, auffallend viele französisch bedruckte Kranzschleifen, traten wieder in die Anlagen hinaus, deren Wege sauber geharkt waren, gepflegt wie in unserer Werksanlage in Dortmund, vorbei an den Gedenksteinen, auf denen Zahlen eingemeißelt waren, inmitten des Rondells stand die Zahl 73 296.

Die Zahlen der Toten auf den Gedenksteinen waren nach Nationalitäten getrennt, ich las einige Zahlen ab: Dänen 20, Franzosen 4771. Wir standen am aufblühenden Gladiolenfeld, und Mutter schüttelte immer wieder den Kopf über die Zahl 73 296.

»Vater hat immer Gladiolen gesteckt, tust es noch wissen?«, fragte sie mich.

»Ich weiß es nicht mehr«, sagte ich. Das war alles, was ich sagen konnte. Tot war tot.

Wir stiegen den steilen Treppenweg zur Kapelle hoch, blieben stehen, Mutter verschnaufte. Ein paar Menschen waren in den Anlagen zu sehen, zwei Frauen zupften Gras aus dem Gladiolenfeld, ein älteres Paar fotografierte unablässig. Die Frau des Fotografen kaute aus gehöhlter Hand, wahrscheinlich Erdnüsse, der Mann dirigierte sie an einzelne Gedenksteine, sie hörte einen Augenblick zu kauen auf: wieder ein Bild fertig.

Vor dem Lager war ein Kiosk, der verkaufte Ansichtskarten von dem Lager, wie es jetzt ist und wie es war. Dreißig Pfennig das Stück, in Farbe sechzig Pfennig. Unmenschlichkeit verkauft sich gut, dachte ich, aber auch die bayrische Schlösserverwaltung muss leben, ihre Beamten bezahlen.

Ich hörte, als ich mit meiner Mutter die Kapelle fast erreicht hatte: »Elli, jetzt stellst du dich noch zu den Polen, dann zwischen die Franzosen und Tschechen. Ja, so ist es richtig. Leg bei den Tschechen die Finger unter die Zahl. Jaja, so und nicht bewegen. Verdammt, halt doch still.« Es klickte.

Wir betraten die Kapelle. Ein kleiner, einfacher Raum. Vorn ein Kruzifix, links und rechts Bänke, an der rechten Seite die französische Trikolore, an den Seitenwänden Steintafeln, mit den nationalen Wappen, unter den Wappen die Zahlen der Umgekommenen: Dänen 20, Franzosen 4771.

»Da schau«, flüsterte meine Mutter. Sie ruckte mit dem Kopf, schämte sich wohl, mit dem Finger zu zeigen, mir fiel ein, dass sie mich, als ich klein war, gelehrt hatte, es sei unfein, mit Fingern auf Menschen zu zeigen.

Auf Sockeln in Kopfhöhe standen Gläser, voll mit Asche und angekohlten oder nicht verbrannten Knochen. »Da schau«, sagte sie. Dann stand sie stumm und sah auf die Gläser. Sie war fassungslos. Ich trat neben sie. Während wir stumm auf die Gläser starrten, betrat das Ehepaar schwatzend die Kapelle.

Ihrem Dialekt nach waren sie aus dem Rheinland.

»Wilhelm«, hörte ich die Frau dicht hinter mir sagen, »guck dir das an.« Ich drehte mich um, sah, wie sie mit ausgestreckten Armen auf die Gläser wies. In den Gläsern waren Asche und Knochen. Meine Mutter hatte mich gelehrt, niemals mit Fingern auf Menschen zu weisen. »In den Gläsern ist Asche. Und guck, da sind sogar Knochen drin.«

Die Frau trat an die Gläser heran, sie setzte eine Brille auf, sagte dann laut: »Aber ... aber ... Wilhelm ... das sind doch unmöglich Menschenknochen. Menschen haben gar keine so kleinen Knochen.«

Das Blitzlicht flammte auf, mehrmals hintereinander, der Mann umsprang seine Frau, die Gläser, als gelte es, ein Mannequin vorteilhaft auszuleuchten.

Mutter stand mit geöffnetem Mund, stockstreif, sie sah auf das Paar. Was hier vor sich ging, überstieg ihre Vorstellungskraft. Ich wollte Mutter aus der Kapelle ziehen, aber sie schüttelte mich energisch ab, blieb, wo sie war, und starrte auf das Ehepaar mit dem rheinischen Dialekt, das

geschäftig in der Kapelle herumlief, als befänden sie sich in einem Warenhaus, dessen ausgelegte Waren sie auf ihre Qualität prüften.
Der Mann hatte sich endlich auf eine Bank gesetzt und schrieb in einen Block. Ich sah verstohlen über seine Schulter. Er schrieb Zahlen untereinander, die ihm seine Frau, die an den Wänden entlangging, zurief: »Dänen 20, Franzosen 4771, Polen ...« Als die Frau ihren Rundgang beendet hatte, stellte sie sich hinter ihren Mann, der die Zahlen zusammenrechnete und dann aufblickte, ungläubig: »Da ist eine Differenz von fünftausend.«
»Rechne noch einmal«, sagte die Frau. Sie beugte sich über ihren Mann, zählte halblaut mit. Der Mann bewegte lautlos Lippen und Stift. Am Ende schüttelte er den Kopf, erwiderte: »Kann rechnen, wie ich will, es fehlen fünftausend.«
Meine Mutter stand, als höre sie nicht recht, sah auf das Kruzifix und die beiden Gläser mit Asche und Knochen im Altarraum, aber ich wusste, dass sie jedes Wort aufnahm, ein verkniffener Zug war um ihren Mund, der machte sie alt, und sie sah plötzlich irgendwie hässlich aus.
Der Mann stand auf, sah sich wie erwachend in der Kapelle um, trat dann auf mich zu und sprach mich an: »Das ist ja interessant«, sagte er und fasste mich am Arm, »sehen Sie, ich habe die Zahlen drunten in den Anlagen zusammengezählt, jetzt die hier in der Kapelle, und was sage ich, hier in der Kapelle sind fünftausend zu viel.«
Er wiederholte die Zahl. Er schüttelte immer wieder den Kopf, ich hatte den Eindruck, dass er über den Fehlbetrag ehrlich erschrocken war.
Seine Frau trat hinzu, zog ihren Mann von mir weg, sagte laut: »Wilhelm, was regst du dich auf, wir wissen doch, dass es mit solchen Zahlen nie genau genommen wird. Hauptsache, es sind hohe Zahlen, je höher, desto besser, desto mehr können sie gegen uns hetzen.« Sie atmete tief durch. »Mein Gott, heutzutage wird man überall betrogen, ob abends beim Fernsehen oder sonst wo. Habe ich nicht recht?«
Der Mann blickte mich an, die Frau an mir vorbei auf meine Mutter, die immer noch auf derselben Stelle stand, den verkniffenen Zug um den Mund.
»Aber gleich fünftausend«, empörte sich die Frau, »in dem kleinen Lager hier, wie mag das erst in großen Lagern sein. Na, ich danke.«
»Das wird dann schon höhere Mathematik«, sagte der Mann und lachte. Während er wie unbeteiligt vor sich hinsprach, legte er einen neuen Film in die Kamera.

Die Frau wandte sich mir ganz zu. »Natürlich sind damals Schweinereien passiert, das leugnet keiner, ich meine, auch wenn es nur Juden waren und Polen« – sie sah mich groß an: »Waren ja auch Menschen. Und das mit den Tschechen finde ich ja nicht richtig, sind doch immer ein großes Kulturvolk gewesen ...«

»Und sonst auch anständig«, ergänzte der Mann. »Hochgebildet, immer nach dem Westen ausgerichtet. Was die da drüben jetzt praktizieren, ich weiß nicht recht, ist doch alles künstlich. Damals bei Kriegsende, na ja, man kann es ja in etwa verstehen. Aber wissen Sie, die sollen sich benommen haben, mit Peitschen haben sie die Deutschen 45 vor sich hergetrieben, wie Vieh. Hat mir einer erzählt, der dabei war.«

Der Mann blitzte wieder, und ich hielt es für angebracht, meine Mutter, trotz ihres Widerstrebens, aus der Kapelle zu ziehen.

Draußen auf den Stufen blieb sie stehen und sagte: »Was sind das für Leute?«

»Lass doch«, sagte ich. »Sind halt Sommerfrischler, die sich das Lager ansehen.«

»Sommerfrischler?«, fragte sie. Mutter sah in das Tal hinunter, auf die beiden Frauen, die Unkraut in den Anlagen jäteten, ein älterer Mann schaufelte das Unkraut in eine Schubkarre.

»Wissen Sie«, hörte ich plötzlich die Stimme des Mannes neben mir, »war ja nicht alles recht, was die damals gemacht haben, ich sehe grade, Franzosen und Holländer waren auch dabei. Das hätte es nun wirklich nicht gebraucht. Aber werden wohl Juden gewesen sein, das.«

Ich sah den Mann stier an, aber er sprach weiter. »Nicht dass Sie glauben, ich hätte was gegen Juden, nein nein, die sind genauso Menschen wie wir, aber dass man jetzt von Staats wegen noch Geld für solche Anlagen rausschmeißt, ich weiß nicht ... Das Ganze hier kommt viel besser zur Wirkung, wenn man alles verfallen lässt. Meinen Sie nicht auch?«

Vielleicht hatte der Mann recht, wer weiß, aber er hatte nicht mit der Ordnungsliebe der bayrischen Schlösserverwaltung gerechnet.

»Meinen Sie nicht auch?«, wiederholte er eindringlich.

»Die sollten von dem Geld, das hier verplempert wird«, ereiferte sich die Frau, »lieber hier herum die Straßen ausbauen. Und haben Sie gesehen, unten im Tal die Brücke? Da können zwei Autos nicht aneinander vorbei, ist ja lebensgefährlich.«

Ich nickte vor mich hin, was sollte ich darauf antworten. Meine Mutter sah starr hinunter auf die beiden Frauen, die Unkraut jäteten.

»Mutter«, sagte ich, »es wird Zeit.« Ich fasste sie am Arm.

Das Ehepaar ging hinter uns her, so, als gehörten sie zu uns, und der Mann redete unaufhörlich: »Da hatte ich mich doch tatsächlich verfahren, bin vorn durch das Sägewerk gekurvt, und als ich einen Arbeiter frage, wo es zum Lager geht, lacht der doch und fragt mich, was wir in dem Lager wollen, im Krematorium gebe es nichts mehr zu sehen, hat er gesagt.«

»Recht hat er aber auch der Mann«, kicherte die Frau, »wir könnten längst zum Essen sein in Weiden.«

»Aber Elli, das hier gibt gute Bilder«, erwiderte der Mann, er ging jetzt neben mir, um mir mitzuteilen, was ich gar nicht wissen wollte. »Ich mache Dias. Farbe, wissen Sie, Dias.«

Wir waren auf dem Parkplatz angekommen, wo nur mein Auto und das des Ehepaares stand, das Auto hatte ein Kennzeichen aus Wesel.

»Ist das Ihr Wagen?«, fragte er. Ich nickte. »Dann sind wir ja Nachbarn, von Dortmund nach Wesel ist nur eine Stunde.« Er lachte mich an, als wären wir längst gute Bekannte.

»Sind wohl zu Besuch hier?«, fragte die Frau, und sie sah meine Mutter neugierig an.

»Ja, zu Besuch«, sagte meine Mutter. Sie wies auf mich und sagte: »Mein Sohn.«

»Habe ich mir doch gedacht«, erwiderte die Frau, und sie tat vertraulich, »diese Ähnlichkeit. Sie wohnen hier?«, fragte sie meine Mutter.

»Nicht weit von hier.«

Ich wunderte mich, dass Mutter mit Fremden sprach: Sonst geht sie allen Menschen, die sie nicht kennt, aus dem Weg. Ich ging auf meinen Wagen zu, Mutter blieb hinter mir zurück. Ich drehte mich nach ihr um, da sagte meine Mutter noch: »Wissen Sie, mein Mann war auch in dem Lager ... einige Jahre.«

Das Ehepaar sah uns an.

Sie standen und starrten, offenbar unfähig, den Mund zu schließen oder ein Wort zu sprechen. Ich war wütend auf meine Mutter: Warum erzählte sie wildfremden Menschen, was nur uns etwas anging; obendrein war Vater nie in diesem Lager gewesen.

Endlich stotterte der Mann: »Als ... als ... als Häftling? Ich meine ...«

Mutter nickte.

»Sagen Sie, weshalb war er denn, ich meine ...«

»Er war Bibelforscher«, sagte meine Mutter, ehe ich sie am Sprechen hindern konnte, aber sie sah die Leute aus Wesel nicht an, sah in das Tal hinunter auf die beiden Frauen, die Unkraut jäteten. »Und gegen den Henlein war er auch«, fügte sie hinzu.

»Das ist ja riesig interessant«, rief der Mann, etwas außer Atem. »Wirklich interessant. Elli, hättest du dir das träumen lassen? Ich dachte immer, die Sorte ... Verzeihung, ich meine, die Art Häftlinge waren nur in Dachau untergebracht. Habe das mal irgendwo gelesen.«

»Die Sorte war überall«, erwiderte meine Mutter, und sie hatte wieder den verkniffenen Zug um den Mund, der sie hässlich machte. Dann sah Mutter den Mann aus Wesel an. »Untergebracht? Haben Sie doch gesagt, untergebracht?«

»Sie wissen schon, was ich meine, gute Frau ... Ist er denn, Sie verstehen ... ist er denn?«

»Nein, er ist nach Hause gekommen, als die Amerikaner einmarschiert sind.« Mutter sah über das Sägewerk.

»Na sehen Sie«, rief der Mann erleichtert aus, »da haben wir doch den Beweis, die haben nicht alle umgebracht, wie es heute immer heißt. Und wie viele wieder nach Hause gekommen sind, davon spricht heute keiner mehr, nur immer von den andern.«

»Jaja«, sagte meine Mutter, »jaja.«

»Welche anderen?«, fragte ich.

»Halt die, Sie wissen schon«, und er wies in weitem Bogen über das Gelände.

Ich ging auf mein Auto zu, aber der Mann lief mir nach. »Besuchen Sie uns doch mal, wenn Sie wieder in Dortmund sind, ich würde mich freuen. Hier, meine Karte!«

Ich nahm die Karte, steckte sie ein und sagte: »Vielleicht, aber ich komme schwer von meiner Arbeit los.«

»Nur auf einen Sprung, so zum Kaffeetrinken am Sonntag. Können mich anrufen.« Und zu meiner Mutter gewandt sagte er: »Sehen Sie, liebe Frau, die haben nicht alle liquidiert, wie es heute immer so schön heißt. Ich finde, wenn man das eine sagt, muss man das andere auch sagen. Wissen Sie, ich war im Krieg hier unten beim Militär, und meine Frau und ich

fahren jedes Jahr im Urlaub her, ich war in Weiden damals in Garnison. Ist ja eine schöne Gegend hier, so gesunde Luft, und alles so billig. Wenn man da an die Preise in Holland denkt, die in Holland meinen doch alle, wir Deutschen sind Millionäre, und ihre Preise sind auch danach.«
Ich war inzwischen eingestiegen.
Ich setzte den Wagen rückwärts auf die Straße, der Mann rief: »Also abgemacht, Sie besuchen uns, wenn Sie wieder in Dortmund sind, Urlaubsbekanntschaften soll man pflegen.«
Ich fuhr los. Die beiden winkten hinter uns her.
Die Arbeiter im Sägewerk lachten, als wir an ihnen vorüberfuhren; einer tippte sich an die Stirn.
Wir waren längst außerhalb von Flossenbürg, als meine Mutter sagte: »Tu sie wegwerfen.«
»Was wegwerfen?«
»Die Visitenkarte.«
»Hast recht«, sagte ich, »wann komm ich schon nach Wesel.«
»Auch wenn du hinkommen tätest, solche Menschen besucht man nicht, das weißt doch.«
Ich fragte: »Warum hast du den Leuten gesagt, dass Vater in diesem Lager war?«
»Tut das so wichtig sein, wie ein Lager heißt?«
Die Sonne stand noch hoch, als ich in Bärnau einfuhr.[6]

Anmerkungen

1 Vgl. Bibliografie von der Grüns unter www.autorenlexikon-westfalen.lwl.org.
2 Vgl. zu diesem Roman Volker Zaib in: Gertrude Cepl-Kaufmann und Jasmin Grande: *Schreibwelten – Erschriebene Welten. Zum 50. Geburtstag der Dortmunder Gruppe 61*. Essen 2011, S. 212.
3 Ebd., S. 213.
4 Erschienen in: *Die kleine Freiheit. Almanach 1968 der Gewerkschaft Textil-Bekleidung*. Düsseldorf 1967.
5 Abdruck in: *Die Polizei und die Deutschen*. Hg. von Bernhard Doerdelmann. München 1968.
6 Max von der Grün: *Zwei Briefe an Pospischiel*. Neuausgabe. Bielefeld 2009, S. 174-184 (= Werkausgabe Bd. 3).

45 Neue Wirklichkeiten
Rainer Horbelt fordert, dass die Literatur endlich Farbe bekennen soll

Rainer Horbelt[1] und Max von der Grün verband zwar das Medium Film, ihre literarische »Sozialisation« verlief jedoch vollständig anders. Die Ziele ihres Schreibens waren aber gleich: Beide Autoren wollten mit ihren Texten gesellschaftliche Veränderungen herbeiführen.

Horbelt legte 1968 seine Bühnenreifeprüfung ab und arbeitete zunächst als freier Journalist für verschiedene Zeitungen. Im selben Jahr begann er das Studium an der Hochschule für Fernsehen und Film in München. Im selben Jahr legte er seinen ersten Film- und Fernsehbeitrag, *Homo Volans*, vor.

Horbelt blieb in erster Linie ein Mann des Films und Fernsehens, für das er seit Ende der 1960er Jahre rund 150 Produktionen realisierte (Fernsehfilme, Features, Arbeiten für das Schulfernsehen, vieles Weitere mehr; er trat auch als Schauspieler auf). Das Schreiben aber war für ihn weit mehr als ein Nebenzweig seiner Tätigkeiten. Es bildet sogar so etwas wie die Klammer seines heterogenen Gesamtœuvres, das neben Romanen und Erzählungen auch kulturhistorische Kochbücher und Reiseführer einschloss. Insgesamt umfasst Horbelts Werk 20 selbstständige Titel. Hinzu kommen Arbeiten für das Theater. Es ist also eine enorme Produktivität zu konstatieren.

Horbelt war Ende der 1960er Jahre eine zentrale Figur der *Literarischen Werkstatt Gelsenkirchen*. Er zählte dort, wie erwähnt, zu den »jungen Wilden«, die sich für die literarische Popkultur und Rolf Dieter Brinkmann interessierten (s. S. 93; 101). Damals verfasste Horbelt unter anderem Aktionstexte für das Straßentheater (s. S. 253). Bei zahlreichen Lesungen der *LWG* übernahm er die Diskussionsleitung. Der Bestseller-Krimiautor Klaus-Peter Wolf charakterisierte Horbelt auf seiner Homepage[2] als »Vollblutautor«, der »ständig unter Strom« gestanden habe. Hugo Ernst Käufer, »Vater« der *LWG* und Entdecker vieler junger Talente aus Gelsenkirchen und Umgebung, hebt vor allem Horbelts politisches Bewusstsein hervor: Horbelt »gehörte [...] zu jenen jungen Schriftstellern, die – stark beeinflusst von der 68er-Bewegung – fest daran glaubten,

*Rainer Horbelts Romandebüt
»Die Zwangsjacke« von 1972.*

Rainer Horbelt.

dass Literatur im gesellschaftlichen und politischen Leben etwas zum Positiven hin verändern könne.«[3]
Eine solche Grundeinstellung unterstrich Horbelt später in einem Text für den Autorenreader *Sie schreiben zwischen Moers und Hamm* (1974): »Literatur mißversteht ihre Rolle, wenn sie sich nur subjektiv äußert und sich nur an den eingestimmten Leser wendet. Literatur hat nicht länger das Privileg einer Elite zu sein. Als Produkt eines sowohl bewußten wie auch unbewußten künstlerischen Vorganges kann sie ein allgemeines Bewußtsein oder Unterbewußtsein treffen und so zu einer öffentlichen Angelegenheit werden. Literatur soll vorhandenes Bewußtsein nicht stärken, sondern sich gegen dieses wenden. Soll Literatur in diesem System überhaupt eine Rolle zu spielen haben, dann kann sie sich nicht indifferent bei schönheitlichen Formalismen aufhalten, dann muß sie eine neue Wirklichkeit schaffen, die sich distanziert von der Wirklichkeit des Konsums, des Egoismus und der physischen wie psychischen

Ausbeutung. D. h. nicht ein qualitatives, im Formalismus steckenbleibendes Bewußtsein, sondern ein kritisches Bewußtsein.«[4]
Mit *Der Platz* legte Horbelt 1968 seine erste Prosaveröffentlichung vor. Das düstere Zeitgemälde über Macht, Demagogie und inszenierten Massenwahn erschien in der mehrfach erwähnten Anthologie *Beispiele Beispiele* (s. S. 109ff.). Vier Jahre später folgt mit *Die Zwangsjacke* Horbelts Romandebüt.

Der Platz

Betonrund. Flimmernd in weißer Sonne. Schweißstinkender Stein. Striche und Kästchen draufgemalt. Für parkende Autos. Heute parkt hier kein Auto. Von weißen Häusern umrahmt. Platz, wo jede Wand ihre Geschichte hat. Hitzeerbrechend. In der Mitte ein Brunnen. Kaltes, erfrischendes Wasser in Bronzequadern. Form eines Obelisks. Wasser schabt am Metall. Moos am Brunnenboden. Das Wasser tönt. Eintönig. Die Häuser haben keine Fenster. Die Türen sind zu. Weiße Fensterläden. Verschlossen. Durch die Ritzen dringt kein Licht. Straßen durchbrechen die Häuser. Fünf Straßen. Das Wasser des Brunnens fließt in fünf Becken. Mosaik im Brunnensockel. Bunte Steine im Beton. Der Beton ist weiß. Wie die Mauern und die Sonne und die Fensterläden. Schneeweiß. Die Straßen sind schwarz.
Der Platz ist leer.
Es steht an den Plakatsäulen und den Bretterwänden.
MORD.
Es hängt über Häusern und warnt an Ecken.
MORD.
In den Bars und aus dem Radio, von den Fernsehschirmen und in den Kinos.
MORD.
Vierspaltig in den Abendzeitungen.
MORD.
Und sie haben den Mörder noch nicht gefaßt. Die Fensterläden bleiben geschlossen. Er geht um. Der Mörder. Durch die Straßen und Gassen. Nur der Platz bleibt leer. Angst. Angst steigt in den Magen. Schnürt die Kehlen zu. Und die Kinder weinen. Die Miliz patrouilliert. Frauen pissen in rosa Schlüpfer. Vor Angst. Männer rauchen. Eine Filterzigarette, die

schmeckt. Sie werden ihn fassen. Den Mörder. Der den Kindern die Daumen abschneidet, wenn sie lutschen. Und Jungfrauen vergewaltigt, die keine mehr sind. Und Männer mutig macht. O, schaurig schön sind der Mörder und die Angst.

Und dann riecht es auf dem Platz. Nach Bratkartoffeln und Sauerkraut. Es ist Mittag. Aber das Essen schmeckt nicht. Der Mörder geht um. Aber die Uniformen werden ihn fassen. Verhaften. Vom Leben zum Tod bringen. Sie fassen jeden. Sie werden auch ihn fassen, packen, strangulieren. Wartet nur! Habt Geduld!

Aus den Straßen: das Gerücht. Auf dem Platz: das Gerücht. Kriecht durch die Mauerritzen. Steigt aus den Suppenterrinen. Doch die Mutter blicket stumm auf dem ganzen Tisch herum. Noch die Angst, aber auch das Gerücht.

Und sie glauben es. Das Gerücht: Sie haben ihn. Irgendwo in den Straßen haben sie ihn gepackt. Gehetztes Wild. Sie haben ihn nicht erledigt. Nicht tot gemacht. Nur gepackt. In Eisen gefesselt. Marschtritt der Grünen. Fensterläden werden aufgestoßen. Tausend Gesichter. Neugierig. Freudig. Vor Erregung rot. Und Türen öffnen sich. Und Tausende stürzen heraus. Bilden einen Kreis. Auf dem Betonrund. Um den Brunnen und die Grünen. Und die Grünen um den Mann. Den Mörder. Ein Gesicht. Das ist er also. Der sie alle morden wollte. Eine ganze Stadt. Die Menge raunt. Leise und dann lauter. Die Kinder tanzen Ringelreihen und singen dazu »Möada, bösa Möada!« Und zeigen mit Fingern. Und spucken. Und die aus den Häusern schreien. Schrei der Empörung. Der Wut. Der Masse. Und Hände greifen nach Steinen. Die haben sie mitgebracht. Wer aber unter euch ist, der erhebe den ersten Stein. Und der Stein wird geworfen. Der Stein der Masse. Einer hat ihn geworfen.

Der Platz ist leer.

In der Mitte des Platzes liegt ein Mann.

Weiße Sonne flimmert. Steine erbrechen Hitze. Häuser haben geschlossene Fensterläden und weiße Mauern. Der Brunnen fließt ruhig. Von Quaderbecken zu Quaderbecken. Um diese Stunde ist keine Wasserträgerin am Brunnen. Fünf Straßen ohne Sonne. Der Platz ist hell. In der Mitte der Brunnen und ein Mann. Das Opfer. Die Luft flirrend. Schwüle Mittagshitze. Siesta.

Er hatte es vorher angekündigt. Jedermann wußte es. Und neben dem »Die Liebe teilt« und »Kampf der Zuhälterei« konnte man lesen: »Einer

Rainer Horbelts »Schigolett. Geschichten aus einer schwarzen Welt«, 1977.

will sich morgen erhängen, verbrennen, Hand an sich legen...« Morgen. Auf dem Platz. Wollte einer sterben. Für die Freiheit, für Vietnam, gegen den Hunger in der Welt, aus Protest, aus Angst, im Glauben an eine bessere Welt. Sie wußten es, und sie würden kommen. Sie würden es nicht verhindern. Ein Schauspiel. Die Reporter. Sie hatten es angekündigt. Die Mütter und Kinder. Sie konnten weinen, schreien, auch etwas sehen. Die Polizisten. Sie konnten abriegeln. Die Männer, die Protest wollten. Die Intellektuellen, die mit feinen Gesichtern lächeln und Gleichgültigkeit zwischen den Barthaaren verbergen. Morgen würde es soweit sein. Und sie werden kommen.
Noch ist der Platz leer.
Und in der Nacht sieht man nicht das Weiß der Häuser. Die persilreinen Fassaden. Hört nicht das Rauschen der Wasser. Der Brunnen ist noch

abgestellt. Nur dumpfes Hämmern. Sie bauen Egmonts schwarzes Gerüst. Schichten das Holz für Jeanne d'Arc. Für sie, die morgen sterben sollen. Oder wollen. Sie haben schwarze Kapuzen auf. Die, die hämmern. Die morgen nicht sterben werden. Und das Geräusch tönt nicht hinter die verschlossenen Türen. Stört nicht die Wattebauschträume. Es ist Morgen. Morgens. Sechs Uhr. Der Platz voller Menschen. Dichtgedrängtes Rund. Wie im Amphitheater. Blendaxmünder reden von ihm. Den ihr morden werdet. Gemordet habt. Er hat die Welt erlöst. Freut Euch liebe Christeng'mein. Ihr werdet die Mörder bleiben. Gassen von stinkenden Leibern. Laßt das Kind doch auch etwas sehen. [...][5]

Anmerkungen

1 Geb. 1944 in Wismar/Mecklenburg. Nach dem Besuch des Gymnasiums in Gelsenkirchen (1955-1964) und dem Studium der Theaterwissenschaft, Germanistik und Kunstgeschichte in Köln hatte er zunächst eine Schauspielausbildung absolviert. Nach seiner Zeit in München (bis 1971) war er eine Zeit lang Lektor bei der *Hauptabteilung Fernsehspiel* des Bayerischen Rundfunks. In der Folgezeit arbeitete er als freier Autor, Schauspieler, Theater- und Fernsehregisseur sowie als Dozent für Medienwissenschaften. Er wohnte viele Jahre in Marl, sein eigentlicher Lebensmittelpunkt war aber Gelsenkirchen. Horbelts kreativer Fokus lag zunächst auf der Fernseharbeit. Zwischen 1968 und 1987 entstanden zahlreiche Fernsehfilme, Features, Beiträge fürs Schulfernsehen und Fernsehfilme für Kinder. Dem Medium Fernsehen stand er jedoch zunehmend kritischer gegenüber. In der Erzählung *Selbstbekenntnis. Aus dem Tagebuch eines Fernsehers* (aus *Schigolett*, 1977) und vor allem im Roman *Das Projekt Eden oder die große Lüge der Fernseh-Macher* (1984) brachte er dies unverhohlen zum Ausdruck. Seine Abrechnung mit der Fernsehwelt führte zum »Berufsverbot« bei mehreren Sendeanstalten. Auch mit den städtischen Kulturpolitikern legte sich Horbelt an. 1985 erklärte er Gelsenkirchen in einer pressewirksamen Aktion kurzerhand zur »kulturfreien Zone« und stellte entsprechende Ortsschilder auf. Für die von ihm als »Kulturverhinderer« bezeichneten gewählten Volksvertreter war er seitdem eine persona non grata. Gegen Ende der 1990er Jahre wollte sich Horbelt von den Sendeanstalten unabhängig machen und eröffnete in Gelsenkirchen das Medienzentrum *Holly-Buer*, das jedoch nach zwei Jahren scheiterte. Ab Mitte der 1990er Jahre hatte Horbelt mit seiner Lebensgefährtin und literarischen Partnerin Sonja Spindler (1935-2004) einen Zweitwohnsitz an der portugiesischen Algarve. Dort verbrachte

er regelmäßig die Wintermonate. Später ließ er sich hauptsächlich dort nieder. Es entstanden nun ganz andere Werke: populäre Reiseführer, Kochbücher, auch ein Golf-Führer. Sie erscheinen in der maßgeblich von Horbelt betriebenen, in Herne ansässigen *Edition Al Gharb*. Vgl. *Lesebuch Rainer Horbelt*. Hg. von Walter Gödden. Bielefeld 2014, S. 145ff.

2   www.klauspeterwolf.de.
3   Hugo Ernst Käufer: Nachwort, in: *Die Kinder von Buchenwald. Texte und Zeichnungen von Überlebenden*. Zusammengestellt und bearbeitet von Rainer Horbelt. Bielefeld 2005, S. 185-189, hier S. 185.
4   Hugo Ernst Käufer, Horst Wolff: *Sie schreiben zwischen Moers und Hamm. Biobibliografische Daten, Fotos und Texte von 43 Autoren aus dem Ruhrgebiet*. Wuppertal 1974, S. 81.
5   Rainer Horbelt: *Der Platz*. In: Hugo Ernst Käufer (Hg.): *Beispiele Beispiele. Texte aus der Literarischen Werkstatt Gelsenkirchen*. Recklinghausen 1969, S. 18-20.

46 Notstandstheater
Vom vergeblichen Versuch, Studierende und Arbeiter miteinander ins Gespräch zu bringen

Was für ein Theater! Und ein weiteres Experiment des Jahres 1968. Eines, das freilich schieflief. So jedenfalls die vernichtenden Kritiken über Max von der Grüns erstes Theaterstück *Notstand oder Das Straßentheater kommt*, das 1968 vom *Westfälischen Landestheater Castrop-Rauxel (WLT)* inszeniert und am 10. Januar 1969 – gegen den Wiederstand der Gewerkschaften[1] – im *Ruhrfestspielhaus* in Recklinghausen uraufgeführt wurde.

Im Anschluss an die Uraufführung wurde das Stück mit den Zuschauern diskutiert, nachdem Hans Dieter Schwarze bereits die letzten Proben hatte öffentlich stattfinden lassen. »Mitmach«-Theater also, das sich Schwarze auf die rote Fahne geschrieben hatte, nachdem er 1968 das WLT übernommen hatte, um dort seine Vorstellungen von einem politischen »Volkstheater im Revier« zu verwirklichen (s. S. 643).

Es war von der Grüns dritte Zusammenarbeit mit Schwarze[2] und es sollte etwas ganz Besonderes dabei herauskommen. Kein bürgerliches Theater, sondern eine Polit-Revue, eine Farce, unterhaltsamer Klamauk »fürs Volk« mit dem Ziel, dem WLT neue Besucherkreise zu erschließen. Dass sich von der Grün bei seinem Stück auf dünnem Eis bewegte, war ihm selbst klar. Seine Selbstzweifel brachte er in *Ein Tag wie jeder andere* (s. S. 170) zum Ausdruck: »Auf dem Schreibtisch drängt die Arbeit; ein fertiges Bühnenstück, das nicht fertig werden will. Der Intendant drängt. Da stimmt ein Dialog nicht, da nicht ein Szenenanfang, dort nicht ein Szenenende. Noch weiß ich nicht warum, aber ich lese mir mein eigenes Produkt mehrmals laut vor: Da ist ein Bruch in der Sprache, im Duktus. Eine schreckliche Arbeit, die keinen Beginn und kein Ende hat, denn im Text ist so viel, mit dem ich selbst noch nicht fertig geworden bin. Zweifel, Angst, Unsicherheit. Ein Abenteuer. Wie wird es enden? Ich weiß es nicht, weiß nur, daß ich das und das schreiben muß, daß es gesagt, ausgesprochen werden muß, weil das zu gestaltende Problem nicht mehr mein privates, sondern zum Anliegen einer ganzen Generation geworden ist, ich versuche nur, es in menschlichen Schicksalen zu artikulieren. Ein Abenteuer? Ja. Jeder Satz, den ein Autor schreibt, ist

*Szenenfoto aus
»Notstand«.*

*Szenenfoto von
der Uraufführung.*

46 Notstandstheater

ein Abenteuer. Dieser Erkenntnis muß man sich beugen, und man muß dieses Abenteuer mit vollem Einsatz seiner Existenz wagen. Wer das nicht tut, der ist nur ein Klöppler von Texten – Muster ohne Wert.«[3] Dass die Kritik dann so »knüppeldick« kam, hatte der erfolgsverwöhnte Autor sicherlich nicht erwartet.[4]

Zum Stück selbst. Es befasste sich mit dem damals viel diskutierten Thema: Wie lassen sich Studenten- und Arbeiter-Proteste produktiv zusammenführen? Die Frage hatte nicht zuletzt Konsequenzen für damalige Theaterkonzepte. Setzte man weiterhin auf bürgerliche »Höhenkunst« oder favorisierte man eine simplifizierte »proletarische« Kunst, in der Hoffnung, damit ein neues Publikum zu erreichen? Schwarze/von der Grün entschieden sich für die zweite Variante und nahmen damit massive Kritik aus dem traditionellen Lager in Kauf (s. u.).

Notstand bietet ein »Spiel im Spiel«. Studierende spielen ihren Arbeiter-Eltern ein Stück vor, in dem es um einen verdienten »Malocher« geht, der nach 25-jähriger Betriebszugehörigkeit auf eine Beförderung hofft, jedoch ausgerechnet an seinem Jubiläumstag entlassen wird. Damit nicht genug. Ein Mitarbeiter des Betriebs nutzt die Arglosigkeit der »kleinen Leute« aus und kauft ihnen – im Auftrag der Firmenleitung – für eine obszön-geringe Summe von 10.000 Mark das Vorkaufsrecht für ihre Werkshäuser ab.

Das Stück sollte den Unmut der Eltern anstacheln. Deren Reaktion bleibt jedoch aus. »Der Versuch, unter den Lohnabhängigen mit diesem Spiel zu agitieren, mißlingt. Die Studenten bauen ihr Straßentheater ab und stellen abschließend fest: ›Scheißvolk! Alles pennt schon. Aber wir haben gespielt. Wir brauchen uns keine Vorwürfe zu machen, wenn es einmal heißen sollte, wir hätten nichts getan.‹«[5]

Scheitern allerorten. Das galt auch für das Theaterstück selbst. Der Versuch, das Straßentheater wiederzubeleben und politisch zu instrumentalisieren, lief ins Leere. Die mit einer solchen Revitalisierung verbundenen Ziele kommentierte von der Grün mit den Worten: »Das Straßentheater geht zurück auf die Zeit der russischen Oktoberrevolution, als man revueartige ›lebende Zeitungen‹ auf den Straßen bot, um die Massen auf einfache Art über politisch Aktuelles aufzuklären und zur Aktion zu veranlassen. Man arbeitete mit Plakaten, Spruchbändern, Wandzeitungen, Mauerinschriften, Filmen, Szenen: man trieb Agitprop.

In der französischen und deutschen Studentenbewegung von 1968 versuchte man, das Straßentheater wiederzubeleben. Es sollte Theater für die Arbeiter sein, in dem diese ihre Probleme vorführen und zur Diskussion stellen sollten.«[6]

Solche Hoffnungen waren nicht unbegründet. Sie wurden dadurch genährt, dass sich auch die Studentenproteste 1968 auf das gute alte Straßentheater rückbesannen. Vor dem Hintergrund der Großen Koalition und dem Streit über die am 30. Mai 1968 erlassenen Notstandsgesetze kam es zu Protestaktionen, Demonstrationen, Happenings – und auch zu neuen Formen des Agitprop- und Straßentheaters. Bei den Versuchen, eine Gegenöffentlichkeit zu mobilisieren, setzte man auf »Spektakel«. So traten etwa am 11. Mai 1968 beim Sternmarsch der Notstandsgegner auf Bonn »Sozialistische Straßentheater-Gruppen« auf.[7]

Das Agitationstheater sollte an das erfolgreiche Dokumentartheater der frühsechziger Jahre anknüpfen. Vorbilder waren viel beachtete Stücke wie Rolf Hochhuths *Der Stellvertreter*, Heinar Kipphardts *In der Sache J. Robert Oppenheimer* oder Peter Weiss' *Die Ermittlung*. Die Diskussionen, die Hochhuths kirchenkritisches Stück *Der Stellvertreter* auslöste, blieben beispiellos für die Theatergeschichte nach 1945.

Von der Grün hatte vor der Abfassung seines Stücks eigens Feldstudien im Umkreis des SDS (Sozialistischer Deutscher Studentenbund) betrieben, ohne sich freilich dessen Ideologie zu eigen zu machen. Er stieß sich vor allem am Polit-Jargon der Studierenden: »Ich habe selbst auf vielen Veranstaltungen mit Studentenvertretern die Erfahrung gemacht, daß Arbeiter und Studenten oft nebeneinanderherreden. Die Studenten sprechen meist ein überkandideltes Soziologendeutsch, das in der Struktur ihrer Ausbildung begründet ist. Diese Sprachbarriere klafft zwischen Intellektuellen und Arbeitern nicht so sehr im sozialen, sondern im politischen Bereich.«[8]

Im Stück tragen die Studenten rote Fahnen und predigen in einem Adorno-Marcuse-Jargon Klassenkampf und Revolution. »Aber sie predigen tauben Ohren, weil die Arbeiter sie nicht verstehen, an Politik kein Interesse haben; vor allem aber, weil sie diesen Grünschnäbeln mißtrauen, die sie spätestens in vier, fünf Jahren mit ›Herr Doktor‹ anreden müssen.«[9]

Plakat des Sozialistischen Deutschen Studentenbundes von 1968.

Die Kritik zu *Notstand* war größtenteils negativ, teilweise hämisch. Der *Spiegel* kommentierte lakonisch: »›Der herkömmliche Theaterbesucher‹, so riefen die Schauspieler ins Publikum, ›ist ein Arschloch‹. [...] Mit roten Fahnen und polemischen Transparenten (›Fabriktor – Ende des demokratischen Sektors der Bundesrepublik‹), mit einer ironischen Hymne (›Wunderschön ist's im Ruhrgebiet‹) und Volkslied-Parodien (›Schlaf, Kumpel, schlaf‹) stellte das *Westfälische Landestheater* einen Wunschtraum sozialistischer Revolutionäre zur Diskussion: die Solidarität zwischen Arbeitern und Studenten. [...] Enttäuscht vom Publikum (›Es kamen nur Leute, die man sowieso schon kannte‹) und vom feierlichen Ernst der SDS-Genossen (›Zu humorlos, um ihr eigenes Dogma in Frage zu stellen‹), übt von der Grün im *Notstands*-Drama nun auch Kritik an der Taktik der Studenten. [...] Die Kommilitonen reden Soziologendeutsch ›für eine zu steigernde Bewußtseinsbildung‹, zitieren Mao und Dutschke, und da machen die Kumpel einfach nicht mit. Sie schimpfen nur auf die ›studierten Arschlöcher‹, halten zur SPD und bitten im Chor: ›Laßt uns blöde.‹ Sie fragen: ›Warum besetzen die nicht das Gaswerk und das Rundfunkgebäude?‹ und kennen schon vorher die Antwort: ›Weil Studenten immer bloß Krach gemacht haben.‹ Arbeiter, das weiß von der Grün, sind längst Kleinbürger geworden, und die Studenten können die ›Sprachbarriere‹ zu ihnen nicht überwinden. Um dennoch über die Hürde zu kommen, dichtete der Autor ironische Lieder im Volkston (›Ruhe ist des Bürgers Pflicht, wenn ihm auch das Rückgrat bricht‹) und gab sein Stück dem *Westfälischen Landestheater*, das an 29 Spielorten im Revier bisweilen auch Arbeiter erreicht.

Landestheater-Intendant Hans Dieter Schwarze, Regisseur der *Notstands*-Übung [...] verzichtete auf ›die kulinarische Attraktion einer Uraufführung‹. [...] Sein Regie-Einfall, den Autor gleichsam als Arbeiter-Denkmal am Bühnenrand zu postieren, scheiterte dagegen an Grüns Protest (›Wenn ich besoffen bin, muß ich zu oft pinkeln gehen‹). So ersetzte ihn Schwarze durch einen Kumpel aus Gips.«[10]

Ein Totalverriss erschien in *Die Welt*: »Stück und Aufführung sind in ihrer Anspruchslosigkeit schwerlich zu überbieten. Aber offenbar stellen sie ein Modell dessen dar, was Schwarze sich unter *Volkstheater im Revier* vorstellt. Die Folgerungen sind einigermaßen beängstigend. Wenn dieser *Notstand* Volkstheater sein soll, was haben dann Nestroy und Horváth geschrieben? Was Max von der Grün gemacht hat, läßt sich am besten an einigen Textbeispielen verdeutlichen. Man höre: ›Oma, die im Boot stand, probte immer Notstand; brach das Boot entzwei, war die Not vorbei.‹ Oder: ›Der Wohlstand ist so schnell vorbei, dein Nachtgebet ist morgen schon Geschrei.‹ Und ›Schlaf, Bürger, schlaf! Sei folgsam, sei ein Schaf!‹«[11]

Den Zuschauern sei es schwergefallen, zwischen Parodie und Ernst zu unterscheiden: »Das ist natürlich beklagenswert; denn es geht im Grunde um ernste und wichtige Dinge: um die politische und soziale Problematik der Arbeiter und Studenten, um die schwer zu überwindliche Schranke zwischen Intellektuellen und Arbeitern, um Zechenschließungen und Spekulationen mit Bergmannswohnungen. Um den ›Notstand‹ geht es merkwürdigerweise am wenigsten.

Erst zum Schluß erinnert sich der Autor seines Titels und läßt drei ehemalige Arbeiter, die zwecks Umschulung in die Bundeswehr eingetreten sind, ihre früheren Kollegen blutig niederknüppeln.«[12] Die erwähnte Gipspuppe verkörpere »geradezu exemplarisch [...] den Substanzmangel des Stücks. Man ahnt durchaus Absichten, Ideen, Einfälle. Doch es hapert an ihrer Auswertung und Verwirklichung, in der Inszenierung genauso wie im Text. Man kann es nur als Akt der Verzweiflung verstehen, wenn Schwarze immer wieder seine Zuflucht zu den billigsten und ältesten Theatergags nimmt, über die freilich kein Mensch mehr lachen kann. Nicht auszudenken, was passierte, wenn qualifiziertere Schauspieler diesen Text in die Hände bekämen. Es fände eine schreckliche Entlarvung statt, die definitiv bestätigte, was wir auch so nun wissen: Das mit Spannung erwartete Ruhr-Stück ist noch nicht geschrieben.«[13]

Der Kritiker der *Zeit* stieß sich besonders an der Aufführungsform des Straßentheaters: »Deutsche Revolutionen, so sagt man, finden im Saale statt. Für Garderobe wird gehaftet, vorbestellte Karten sind bis fünf Minuten vor Beginn der Vorstellung an der Kasse abzuholen. Auch das Straßentheater, für das mehr theoretische Tränen vergossen wurden als praktischer Schweiß, ist auf das Theater gekommen. Was während der Notstandsdebatten kurzzeitig als Schreckgespenst für die ›etablierten Bühnen‹ auftauchte, wird jetzt vom Theater einverleibt.« Die politische Absicht des Stückes sei misslungen: »Ein Stück, das die Diskrepanz zwischen Arbeitern und Studenten vorzuführen bestrebt war, um sie zu überbrücken, schuf eine neue Diskrepanz. Dabei war alles so wohlgemeint. Auf der Bühne gab es: Musikanten, Bewohner des Ruhrgebiets, eine Verkäuferin, einen Fremden, einen Gemüsehändler. Dann kamen die Studenten und nahmen dem Gemüsehändler seinen Karren weg, weil sie ihn zu Straßentheaterzwecken brauchten. Die natürliche Reaktion des Gemüsehändlers: er wurde Clown. Max von der Grün hat es als Revue gedacht. Was man von Westfalens Herrlichkeit sang, von Heimat und Suff, war wohl ironisch gemeint.«[14]

Heinrich Vormweg gelangte zu einem ausgewogenen Urteil. Er stellte die Schwachstellen des Stücks in einen Zusammenhang mit dramaturgischen Grundgedanken Schwarzes: »Formal ist die ganze Revue ein epigonales Puzzle. Nichts Neues, und das ist auf eine verschwommene, etwas linkische, immer wieder auf Schlagwörter und Vorstellungsklischees zurückgreifende Manier serviert. [...] Und dennoch, es war richtig. Es war richtig, wenn man statt der inzwischen beliebig austauschbaren Qualitätsvorstellungen und -ansprüche in bezug auf Theater die konkrete Basis der Arbeit Max von der Grüns und des *WLT* in Rechnung setzt. Diese Basis ist das Publikum ›theaterloser‹ Industriegemeinden im Revier. Man darf ein mittleres Unterhaltungs- und Informationsbedürfnis zwischen Millowitsch und Bild-Zeitung voraussetzen. Wenn man tatsächlich Aufklärung und Demokratisierung durch Theater erreichen will, kann man nicht einfach mit sogenannter Kultur kommen. Aufklärung und Demokratisierung, die einerseits einen permanenten intellektuellen Prozeß darstellen, lassen sich andererseits an die Massen nur mittels einer ›Sprache‹ weitergeben, die verstanden wird.«[15] Schonauer resümiert: »In der Tat: die ›Revue‹, ein handfester und auf schnelle Wirkung berechneter Politklamauk, richtete sich an ein Publikum, das man weniger im Stadttheater Bochum findet als in den Stadien von Schalke 04 und Borussia Dortmund, und dieses Publikum kam wohl auch auf seine Kosten. Für einen Autor, der, wie von der Grün, das Medium Theater bis dahin nicht kannte, eine beachtliche Leistung; soviel ist – Hans Dieter Schwarzes Verdienste bleiben davon unberührt – zuzugeben.«[16]

In der Zeitschrift *tatsachen*[17] erschien das folgende Interview mit Max von der Grün, das Probleme bei der Inszenierung anspricht und auch Mängel des Stücks selbst einräumt:

Herr von der Grün, »*Notstand oder das Straßentheater kommt*« *war Ihr erstes Theaterstück. Wie ist seine Entstehungsgeschichte?*
Hans Dieter Schwarze, der Regisseur, hat meine beiden Fernsehspiele *Feierabend* und *Schichtwechsel* inszeniert. Und ich finde, er hat sie gut ins Bild gesetzt. Bei der Produktion von *Schichtwechsel*, im April/Mai 1967 stand es fest, daß er Intendant des WLT Castrop-Rauxel wird. Er wollte für sein Theater gerne eine Uraufführung haben und fragte mich, ob ich ein Stück für ihn schreiben möchte. »Das kann ich nicht«, sagte ich. »Ich habe auch gar nicht den richtigen Stoff.« Schwarze meinte: »Du warst doch bei vielen Anti-Notstandsdemonstrationen dabei, kennst die Arbeiter, hast selbst bei einem Straßentheater mitgemacht. Könnte man

daraus kein Stück machen?« Damit war das Thema geboren. Ich machte Entwürfe, die wir zusammen besprachen. Dann setzte ich mich hin und schrieb. Bei der späteren Durcharbeitung sind natürlich noch Songs und Couplets hinzugekommen. Im Grunde genommen wurde bis zum letzten Tag daran gearbeitet. Die Aufführung war eine Sache des Experimentierens. Und deshalb habe ich großen Gewinn daraus gezogen.

Die Proben des Stückes waren erstmals öffentlich. Jeder, der Lust dazu hatte, konnte sie sich ansehen. Wie kamen Sie auf diese Idee?

Im Ensemble selbst gab es viel Widerspruch. Schwarze aber ging davon aus: Wir sind es gewohnt, daß ein Stück inszeniert und dann dem Publikum vorgesetzt wird. Wir wollten aber das Publikum an unserer Arbeit teilhaben lassen. Unser Bestreben war es, dem normalen Theaterbesucher zu zeigen, wie ein Stück entsteht. Eine ganz andere Sache wäre es, wenn das Publikum aktiv an der Gestaltung des Stückes mitarbeiten soll. Daraus würde dann ein ganz neues Stück entstehen. Diese Form von öffentlichen Proben halte ich für undurchführbar.

Sie haben aber doch bei den Proben mit Zuschauern gesprochen. Gab es dabei keine Kritik an bestimmten Stellen des Stückes? Und ist deshalb etwas geändert worden?

Ich habe einige Sätze radikal geändert, die von den verschiedensten Leuten bei den Proben immer wieder als unklar oder nicht richtig empfunden worden sind. Ein konkretes Beispiel ist der Schluß meines Stückes. Er war ursprünglich anders, nämlich so angelegt: die Studenten meinen: »Das hat alles keinen Zweck, denn das Scheißvolk pennt und pennt und pennt.« Mir wurde vorgehalten, dieser Schluß sei zu resignierend. Und ich habe mich überzeugen lassen. Das Stück schließt jetzt mit Tristesse, aber nicht mit Resignation. Das ist das konkrete Ergebnis dieser öffentlichen Proben.

Weshalb wählten Sie als Form die »politische Revue«? Kann man das Thema »Notstand« als Revue abhandeln?

Da viele Leute an Humorlosigkeit leiden, habe ich mir überlegt, ob ich das Thema als dramatisches Geschehen gestalten sollte. Gleichzeitig mit dem Thema war aber schon die Idee da, Kinderlieder mit politischen Texten zu versehen. Auch einige Songs und Couplets waren bereits fertig. Und so bot sich der Charakter einer Revue regelrecht an.

Weshalb stellten Sie ein Straßentheater – typische Ausdrucksform der Anti-Notstandskampagne – auf die Bühne?

Ich habe selbst bei Straßentheatern mitgespielt und Texte geschrieben. Straßentheater sind keine neue Erfindung. Im Jahre 1918 zogen derartige Straßentheater wie Zigeuner durch Rußland. Und es war nicht immer nur Agitationstheater, wie verschiedene meinen. Wir verstehen unter Straßentheater lediglich Aufklärungsarbeit und Agitation. Die russischen leisteten nicht nur plakative politische Aufklärungsarbeit, sondern zeigten einen Konfliktstoff – wie bei mir das Spiel *Das Jubiläum*. Von Majakowski gibt es z. B. verschiedene Stücke, mit eben einem solchen Konfliktstoff. Man muß aber erkennen, daß damals das russische Volk in einer revolutionären Stimmung war. Und plötzlich kamen diese neuen Elemente des Theaters auf den Marktplatz eines Dorfes. Die meisten Leute konnten weder lesen noch schreiben. Und von daher hatte das Straßentheater eine große Funktion. Diese Form einfach so bei uns zu übernehmen, ist problematisch, weil wir uns zur Zeit in keiner revolutionären Situation befinden. Was kann man da machen. Ich überlegte mir, ob man diese Form nicht ins Theater tragen könne. Das Straßentheater würde erstens über den Umweg über das Theater den braven Bürger erreichen, zweitens wäre das vielleicht eine Möglichkeit, die Arbeiter ins Theater zu bekommen.

Es wird von einem Volkstheater im Revier gesprochen, das Hans Dieter Schwarze aufbauen will. Ist das in dieser Richtung zu verstehen?
Schwarzes Intentionen gehen dahin. Er will das Theater für das Volk verständlich machen. Er versteht darunter Brecht-Stücke und Ödön Horvaths Werke, aber kein *Ohnsorg-Theater*. Praktische Beispiele für diese Idee gibt es bereits. Schwarze spielte seine Inszenierung der *Dreigroschenoper* in der Werkhalle eines chemischen Betriebes vor 1100 Arbeitern. Anschließend diskutierten er und sein Ensemble mit ihnen über das Gesehene. Wenn von diesen 1100 nur 100 für das Theater zu gewinnen sind, hat sich die Sache gelohnt. Er will erreichen, daß mein Stück ebenfalls in Fabriken und Universitäten gespielt wird, damit es auch die Leute erreicht, für die ich es geschrieben habe.

Der Haupttenor Ihres Stückes ist die Sprachbarriere zwischen Studenten und Arbeitern. Wie meinen Sie, könnte eine Verständigung zwischen beiden möglich sein?
Ich habe selbst auf vielen Veranstaltungen mit Studentenvertretern die Erfahrung gemacht, daß Arbeiter und Studenten oft nebeneinanderherreden.

Die Studenten sprechen meist ein überkandideltes Soziologendeutsch, das in der Struktur ihrer Ausbildung begründet ist. Diese Sprachbarriere klafft zwischen Intellektuellen und Arbeitern nicht so sehr im sozialen, sondern im politischen Bereich. Um sie zu überwinden, halte ich bestimmte Verfahrensweisen in der DDR und anderen sozialistischen Ländern für sehr vernünftig. Dort kommt keiner an die Uni, der nicht ein bis eineinhalb Jahre im Betrieb gearbeitet hat. Hier beginnt es nämlich schon. Der Student ist nicht nur die kurze Zeit der Semesterferien in der Fabrik, sondern zieht eine längere Zeit mit dem Arbeiter am selben Strang. Das fördert die Verständigung und die Respektierung zwischen beiden. Wenn die Studenten einige Jahre Arbeitszeit hinter sich haben, kann die Sprachentfremdung nicht mehr zu sehr ins Gewicht fallen.

Man wirft Ihnen vor, Sie hätten die Arbeiter in Ihrem Stück zu dumm gezeichnet. So dumm wären sie in Wirklichkeit nicht. Was sagen Sie dazu?

Ich wollte zeigen, daß der Hauptteil der bundesdeutschen Arbeiter nichts von Politik wissen will. Nur ein kleiner Kreis interessiert sich dafür. Wenn sich im Moment jemand am öffentlichen Leben interessiert zeigt, ist das ein Ausnahmefall. Der normale kleine Arbeiter läßt die Chose laufen, wie sie läuft. [...]

Eine Happy End-Verbrüderung wäre nicht das richtige. Aber hätte man diese Wirkung nicht durch zwei zusätzliche Figuren, einen klassenbewußten Arbeiter und einen marxistisch orientierten Studenten erzielen können? Vielleicht sollte man die kommentierende Rolle der Clowns in dieser Richtung verstärken?

Sie haben recht, das ist ein Mangel des Stückes. Wir dachten auch schon einmal daran, hegten dann aber die Befürchtung, daß die Clowns dann zu stark in den Vordergrund treten würden. Und deshalb soll diese Tendenz durch einen zweiten zuschauenden Arbeiter verstärkt werden, als Gegenpol zu den Clowns. Das Schöne an der Theaterarbeit ist, daß man immer wieder am Stück arbeiten kann. Und ändern werde ich an der Revue auf jeden Fall!

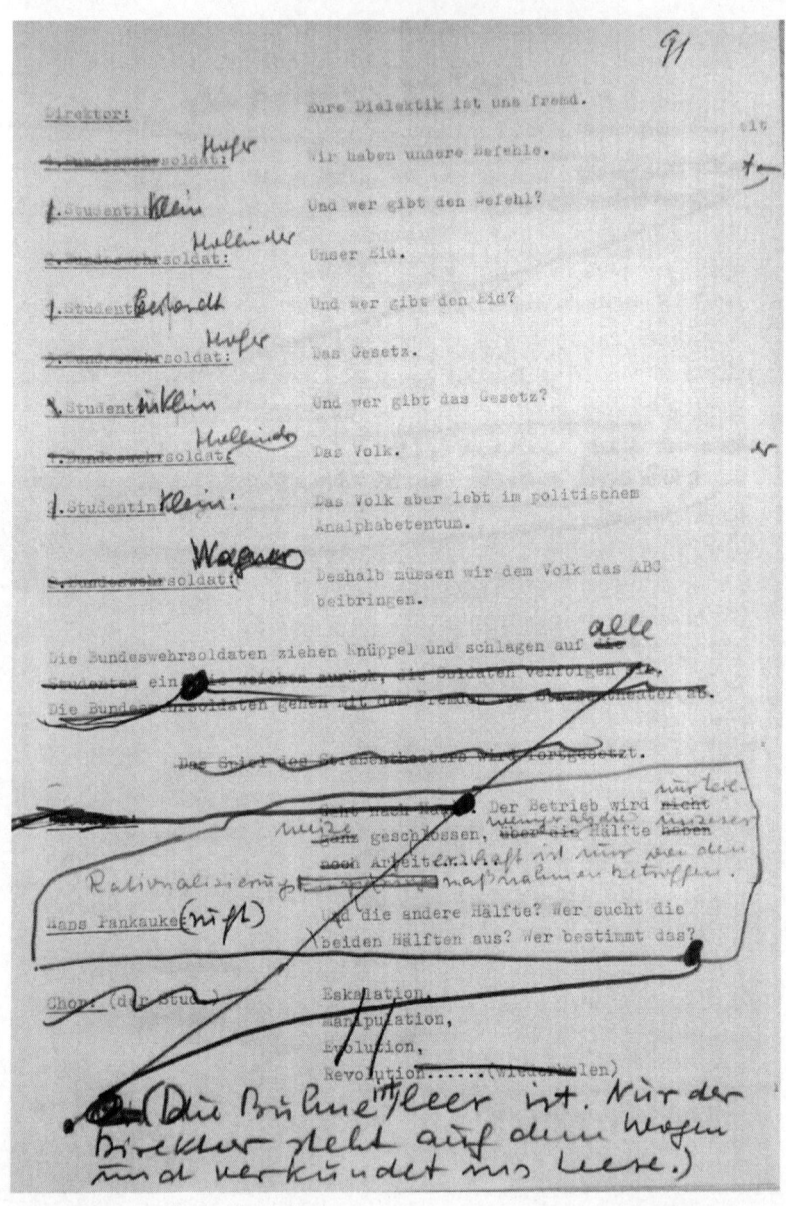

Work in Progress… Textvorlage von »Notstand«.

Frau (fällt ins Wort) Und das soll eine Leistung sein? Was hat er uns dauernd gepredigt: Kinder, seid still, kümmert euch nicht um das, was um euch vorgeht. Macht eure Arbeit und seid still.

Alte: (weiter) Sollen wir jetzt Vater hochleben lassen, weil er zu jedem Fußtritt, den sie ihm im Werk verabreichten, Danke sagte und darum bat, noch einen Fußtritt zu bekommen, nur damit es seine Kinder besser haben. Gebt es doch endlich zu: Daß die Kinder es besser haben sollen ist doch nur eine Ausrede für eure jahrelange Feigheit.

Stud.Huf (zackelt an der ..., der am Wagen hängt, Alle vielleicht starr, blicken auf die Kranke.

25. Straße

Unterbrechung des 5.Straßentheaterbildes.

Verkäuferin (zum Arbeiter G. impft und tauscht) Studieren, studieren, das trennt uns von den Tieren —

Arbeiter G. (darauf irritiert) Was'n los?

Arbeiter G. (will auf...) Mensch, wenn das meine Tochter wäre, der hätte ich schon längst 'n paar hinter die Löffel gegeben...

Studiert ihre Tochter?

Verkäuferin: Glaubt und kräftig Nee! ...
Verkäufer G. wovon nicht?
Arbeiter G: Mädchen! ich will nur eins als Arbeiter: 'n eigen Häusschen. Frieden.

26. "Jubiläum"

Fortsetzung des 5.Straßentheaterbildes.

Hans Jankauke: (gedämpft weiter an dem Song) Ruhe jetzt. Es wird gefeiert.

Martin Sellmann: Ich bin auch dafür.

Hans Jankauke: Martin, bring was zu saufen.

Martin Sellmann: Hans, reg dich nicht auf. Du gehörst zu denen, die was erreicht haben und denen

Ein weiteres Arbeitsblatt von »Notstand«.

Notstand, 6. Szene »Jubiläum«

Das Straßentheaterstück beginnt. Auf den Wagen hängt der 1. Prospekt.

1. Straßentheaterbild: Vom Konsum.

Rita	*(die die Studentin Klein spielt)*: *(mit einem Einkaufsnetz)* Kommst du heute Nachmittag mal vorbei? Vater hat Jubiläum.
Bernhard	*(als Student Gerhardt)*: *(mit Aktentasche und Brille)* Was für 'n Jubiläum?
Rita:	Hab ich dir doch gesagt: 25jährige Betriebszugehörigkeit.
Bernhard:	Du bist ja reaktionär. So etwas nennst du Jubiläum?
Rita:	Erst mal nachmachen.
Bernhard:	Den Ehrgeiz hab ich nicht... Ihr seid wirklich fabelhaft fortschrittlich, muß ich schon sagen.
Rita:	Versteh dich nich.
Bernhard:	Na, 25 Jahre Maulhalten feiern, 25 Jahre Ducken feiern. Der gute Betrieb, der einmalige Betrieb, der soziale Betrieb, der läßt uns feiern, der schenkt uns 'n Kasten Bier und Reden werden gehalten, wie auf 'ner Beerdigung.
Rita:	Bei dir ist wohl 'ne Schraube locker. Hast ja keine Ahnung. Also was ist: Kommst du?
Bernhard:	Bin doch nicht verrückt, hör mir doch nicht die vertrottelten Reden deines Vaters an.
Rita:	Du, du kannst nicht hinriechen, wo mein Vater hinscheißt, du...du...du...
	Rita will weggehen
	Barbara kommt zu den beiden. In jeder Hand eine Einkaufstasche. Sie setzt die Taschen ab.
Barbara	*(als Studentin Herbst)*: Na, ihr beiden?
Rita:	Na, du.
Barbara:	Ich hab was für deinen Vater gekauft.
Bernhard:	*(laut)* Jetzt fängt die <u>auch</u> an verrückt zu spielen. Was hast du denn gekauft? Ohrenschützer für 25 Jahre

	nichts hören, Scheuklappen für 25 Jahre nichts sehen, Gasmaske für 25 Jahre nichts riechen, Maulkorb für 25 Jahre nichts sagen......
Barbara:	*(knapp, abschließend)* Du hast keine Ahnung.
Rita:	*(neuer Ton)* Was hab ich gesagt? – Gehst du jetzt mit?
Barbara:	Bernhard trägt mir die Taschen nach Hause. Ich hab zwei. Tschüs.
	Barbara geht auf den Wagen.
Rita:	Kommst du jetzt mit oder nicht!
	Bernhard steht unschlüssig in der Mitte, läuft dann zögernd hinter Barbara her.
Rita:	Laß dich bloß nicht sehen heute Nachmittag, ich schmeiß dich eigenhändig raus.
	Rita rechts ab.
	Barbara und Bernhard gehen auf dem Wagen: Pantomime – Andeutung des nach-Hause-Gehens.
Barbara:	*(im Gehen)* Mein Mann hat Mittagsschicht.
Bernhard:	*(ebenso)* Verdammt. Sind die Taschen schwer.
Barbara:	Sind auch zwei Flaschen Cognac drin für Vater Pankauke ...
Bernhard:	Jaja, für 25 Jahre Malochen bis zur Verblödung.
Barbara:	*(bleibt stehen)* Bernhard, du bist 'n ganz netter Junge, auch nich dumm; bist fleißig, liegst die ganze Nacht und liest......
Bernhard:	*(ebenso)* Nicht nur... das müßtest du doch wissen.
Barbara:	Sei nicht ordinär... *(kräftig)* und liest! Aber vom Leben... vom Leben hast du keine Ahnung. Möchte mal wissen, was du tun würdest, wenn dir dein alter Herr nicht jeden Monat einen Wechsel schickt... und dann noch... wie heißt doch gleich eure Rabaukenversorgung... ach ja... Honnefer Modell......
Bernhard:	Blödsinn. Dann geh ich arbeiten.
Barbara:	*(steht noch und mustert ihn amüsiert)* So, gehst arbeiten. *(nun geht sie wieder, er folgt)* Und du bist überzeugt, daß dich einer nimmt: mit deinen zwei linken Händen und deinen langen Haaren und deiner großen

	Klappe. Ne mein Lieber. Wenn du arbeiten willst, dann mußt du erst mal lernen die Schnauze zu halten. *(bleibt stehen, sagt klar)* Du darfst sie nur aufreißen, wenn du genau weißt, daß du Geld damit verdienen kannst.
Bernhard:	Jawoll, meine liebe Zimmervermieterin und dann hat man Aussicht auf ein Jubiläum. Wenn man brav tut, was Barbara will. In Treue fest...
Barbara:	Du hast es wieder mal erraten, du kluges Bürschchen. *(sie küßt ihn)*

[...]

24. Szene »Jubiläum«

5. Straßentheaterbild: „In Pankaukes Haus"

	Wohnung Pankauke. Musik aus dem Radio. Gemalte Lorbeerbäume. Transparent an der Wand: Zum 25jährigen Jubiläum. *Hans Pankauke und seine Frau Maria sitzen am Tisch und essen. Erwin und Rita richten einen Tisch mit Getränken. Martin Sellmann kommt mit einer Riesenflasche Wachholder durch die Tür. Er stellt die Flasche feierlich auf den Tisch.*
Martin Sellmann:	Zum ewigen Gedenken.
Hans Pankauke:	Danke dir. Hättest dich nicht so in Unkosten stürzen brauchen.
Martin Sellmann:	Ehrensache. Jubiläum ist nur einmal. Maria, du hättest mal sehen sollen, wie der Direktor deinen Mann vor der gesamten Belegschaft herausgestrichen hat.
Hans Pankauke:	*(etwas schamhaft)* Das mußt du jetzt nicht erzählen.
Maria:	Erzähle.
Martin Sellmann:	Pankauke, hat er gesagt, auf dem Podium ist er gestanden, rundum Bäumchen und das Werksorchester im Hintergrund, Pankauke hat er gesagt, Sie will ich vor allem erwähnen, es ist sonst nicht meine Art...
Hans Pankauke:	Und es ist wirklich nicht seine Art.

Martin Sellmann: So einen Arbeiter wie Sie muß man suchen heutzutage landauf-landab... hat er gesagt. Wörtlich. Und dann, Maria, hat er aufgezählt: In 25 Jahren kein einziges Mal gefehlt, in 25 Jahren keinen einzigen Tag krank, in 25 Jahren keinen Unfall gehabt, in 25 Jahren treu zum Betrieb gestanden...
Rita nimmt sich einen Stuhl, steigt darauf und doziert.
Rita: *(leiert mit großem Tempo)* Und dann mein lieber Pankauke, muß besonders erwähnt werden: Sie waren immer da, auch wenn Sie nicht da waren. Sie waren da, wenn der Betrieb an Ihre Tür klopfte, da haben Sie den Löffel in die Suppe fallen lassen, Sie haben Ihre Kinder im Stich gelassen beim Spazierengehen, Ihre Frau auf dem Sofa, Sie sind aus dem Kino gestürzt und Sie haben sogar das Fernsehen abgeschaltet, Sie waren 25 Jahre lang immer in Bereitschaft. Pankauke, Sie sind zum Idealbild eines deutschen Arbeiters geworden.
Maria: Hör auf!
Martin Sellmann: Wo wärst du, wenn dein Vater nur das getan hätte, was er laut Tarifvertrag hätte tun müssen und was die Gewerkschaften uns zugestehen?! Na?
Maria: Als Verkäuferin ständest du jetzt irgendwo hinterm Ladentisch.
Rita: Wär das denn schlimm?
Maria: Red nicht so. Nur damit ihr es einmal besser habt, deshalb hat Vater das gemacht.
Martin Sellmann: *(wendet sich an Maria)* Und das ist der Dank, Maria, daß er 25 Jahre geschuftet hat, nur damit sie auf die Universität gehen und Erwin einen wertvollen Beruf lernen kann.
Erwin: Ich wollte keinen wertvollen Beruf, ihr wolltet ihn...
Hans Pankauke: Ruhe jetzt. Wir wollen feiern und nicht streiten.
Maria: Undankbares Volk. Was hat sich euer Vater denn gegönnt, all die Jahre. Nichts, Margarineschnitten, und sonntags eine Flasche Bier.

Rita:	*(hart)* Margarine ist gut gegen Verkalkung. Sagt jeder Arzt.
Erwin:	Stimmt doch nich. Siehste doch!
Martin Sellmann:	*(Pause)* Bin ich froh, daß ich keine Kinder habe…
Rita:	Kannst ja noch welche kriegen.
Martin Sellmann:	Nicht von mir.
Rita:	Eben.
Martin Sellmann:	Wie meinst du das…ach so. Nichts da, der geht zum nächsten Ersten. *(geht beiseite und zündet sich eine Zigarette an)*
Maria:	*(fast weinend, neu beginnend)* Alles hat er in sich hineingefressen, die Schnauze hat er gehalten zu allem, nur damit ihr –
Erwin:	*(fällt ins Wort)* Und das soll eine Leistung sein?
Rita:	*(weiter)* Sollen wir jetzt Vater hochleben lassen, weil er zu jedem Fußtritt, den sie ihm im Werk verabreichten, Danke sagte und darum bat, noch einen Fußtritt zu bekommen, nur damit es seine Kinder besser haben. Gebt es doch endlich zu: Daß die Kinder es besser haben sollen ist doch nur eine Ausrede für eure jahrelange Feigheit.
[…]	
Hans Pankauke:	Ruhe jetzt! Es wird gefeiert.
Martin Sellmann:	Ich bin auch dafür.
Hans Pankauke:	Martin, bring was zu saufen.
Martin Sellmann:	Hans, reg dich nicht auf. Du gehörst zu denen, die was erreicht haben und denen es keiner dankt, am wenigsten die eigenen Kinder.
Maria:	Jetzt erst wird mir klar, warum das junge Volk dauernd durch die Straßen läuft und demonstriert und schreit und sich aufführt wie die Wilden, die aus dem Urwald kommen. Denen geht es einfach zu gut, die kennen keinen Dank mehr.
Hans Pankauke:	Trinken wir. Mutter, trinken wir. Prost.
	Sie setzen sich an den Tisch, prosten sich zu, versuchen krampfhaft, fröhlich zu sein.

Protestversammlung von Arbeitern und Studenten gegen die Notstandsgesetze im Opel-Werk Bochum, 27. Mai 1968.

Maria:	*(aus dem Anstoßen und Trinken heraus, zart, echt)* Weißt du noch, Hans, als Rita sich das Bein gebrochen hatte, als sie von einem Auto angefahren wurde...
Rita:	*(irre tanzend)* Ja, da kam Vater nach vier Wochen zum ersten Mal ins Krankenhaus und wollte seine Tochter besuchen und da hat ihm die Krankenschwester gesagt: Aber Herr Pankauke, ihre Tochter ist doch schon seit drei Tagen wieder zu Hause...
Erwin:	Das hat Vater nicht einmal gemerkt. Und das bei der kleinen Wohnung.

Vom Versuch, Studierende und Arbeiter miteinander ins Gespräch zu bringen

Maria:	*(heftig)* Euer Vater mußte damals Überstunden machen! Wir mußten schließlich den Fernkursus für Erwin bezahlen, für Rita das Fahrrad, und nun setzt euch Kinder, denkt an Vater, er will nur euer Bestes.
Rita:	Das beste Weiß, das es je gab, das Beste aus Readers Digest, besser geht's nicht, das Beste vom Besten, das Beste ist gerade gut genug. Vater unser bestes Stück.[18]

Anmerkungen

1 Vgl. Max von der Grün: *Materialienbuch*. Hg. von Stephan Reinhardt. Neuwied 1978, S. 179.
2 Nun freilich – nach den Fernsehspielen *Schichtwechsel* und *Feierabend* (s. S. 569ff. und S. 200ff.) – auf einem für ihn unvertrautem Gebiet.
3 Siehe hierzu das Kapitel *Der literarische Arbeiter – die Alltagsbanalitäten des gestressten Erfolgsautors Max von der Grün* in dieser Veröffentlichung, S. 170ff.
4 Vielleicht auch deshalb blieb von der Grün dem Theater-Genre nicht treu. Aus späteren Jahren sind lediglich noch *Der Radweltmeister* (wiederum mit Hans Dieter Schwarze) und von der Grüns Libretto *Brot und Spiele* aus dem Jahre 1989 zu nennen – die Prosa blieb uneingeschränkt die Domäne des Autors.
5 Franz Schonauer: *Max von der Grün*. München 1978, S. 112.
6 Zitiert nach www.maxvondergruen.de.
7 Schonauer, a.a.O., S. 110f.
8 Ebd., S. 111.
9 Ebd.
10 *Kumpel aus Gips*, in: *Der Spiegel*, Ausgabe vom 13. Januar 1969.
11 *Schlaf, Bürger, schlaf! Max von der Grüns »Notstand« in Recklinghausen uraufgeführt*, in: *Die Welt*, Ausgabe vom 13. Januar 1969.
12 Ebd.
13 Ebd.
14 *Eisenbahnstraßentheater. Max von der Grüns »Notstandrevue« in Recklinghausen*, in: *Die Zeit*, Ausgabe vom 17. Januar 1969.
15 Heinrich Vormweg: *Ein Theater für den Mann von der Straße. Max von der Grüns »Notstand« in Recklinghausen*, in: *Süddeutsche Zeitung* vom 13. Januar 1969.
16 Schonauer, a.a.O., S. 113.
17 Ausgabe Nr. 6/68, S. 14 unter dem Titel: *Daß einer des anderen Sprache verstehe... Gespräch mit Max von der Grün über sein erstes Theaterstück »Notstand oder das Straßentheater kommt«*.
18 Manuskript Westfälisches Literaturarchiv im LWL-Archivamt für Westfalen, Münster, Nachlass Westfälisches Landestheater Castrop-Rauxel.

47 O-Töne
Frank Göhre lässt Lehrlinge endlich mal ausreden

»In dem Jahr [1968] gab es […] die *Essener Songtage*. Da traten Frank Zappa, die *Fugs* aus New York und *Floh de Cologne* auf, harter und teilweise schräger Rock zu radikalen Agitationstexten. Und auf dem Gelände agierten und protestierten diverse Lehrlingsgruppen gegen die Ausbeutung der Bosse, des Kapitals. Da war ich voll dabei, obwohl ich als 1. Sortimenter selbst nicht mehr direkt betroffen war. Aber ich hab mich aufgrund meiner früheren Erfahrungen in der Lehre ganz auf deren Seite gesehen, und dass ich dann darüber geschrieben habe, war mehr oder weniger mein Beitrag zum Protest« – so Frank Göhre im Interview.[1] Essen war damals offensichtlich ein gutes Pflaster für Proteste.[2] Und es hatte sich, besonders bei den Lehrlingen, einiges aufgestaut. Sie demonstrierten aus »existentieller Not«, wie es heißt: »Sie waren ja vollständig von der Laune des Lehrherrn abhängig, die Ausbildungsgesetze stammten aus dem 19. Jahrhundert. Wer protestierte, wurde angebrüllt, geschlagen, sanktioniert, gefeuert. […] Von 766 befragten Lehrlingen sagen in einer Umfrage 411, man könne, wenn einem Unrecht widerfahren sei, nicht mit dem Lehrherrn sprechen. Rechtlosigkeit, Misshandlungen, ausbildungsferne Tätigkeiten (Bier holen, Kaffee kochen, der Chefin die Haare kämmen, den Teppich des Chefs klopfen, die Sekretärin befriedigen) prägen den Ausbildungsalltag. Schon im Mai hatten Essener Lehrlinge zusammen mit Schülern und Studenten solidarisch gegen die Notstandsgesetze demonstriert – das war in den studentischen Hochburgen anders, da blieben die Jung-Akademiker weitgehend unter sich. Als nun aber bei den Gesellenprüfungen im Herbst 1968 fast 50 Prozent durchfielen, war das Maß voll. Die miserable Ausbildung hatte so unerwartete faule Früchte getragen, dass etwas geschehen musste. Im November gründete sich der ›Bund der Berufs- und Handelsschüler in Essen‹. Zielsetzung: Mündigkeit, Mitbestimmung und Partnerschaft in Schule und Betrieb. Es war der erste Zusammenschluss von Lehrlingen und Berufsschülern in der Bundesrepublik.«[3]
Die Aktionen begannen zwar erst 1969, waren »aber ganz im Geist von 1968«.[4] »Die Befreiung der Lehrlinge in Deutschland hat in Essen begonnen«, heißt es zusammenfassend.[5] Frank Göhre machte die an-

»Internationale Essener Songtage«, September 1968.

Lehrlingsdemonstration in Essen, 21. Juni 1969.

Frank Göhre beim »NDR Abend für junge Hörer«.

Frank Göhre lässt Lehrlinge endlich mal ausreden

Die Fugs und Frank Zappa, Ankunft in Deutschland.

Frank Zappa, fast familiär.

Damals aktuelles Album der »Mothers of Invention« »Absolutely Free«, 1967.

Das Album »Freak Out!« war 1966 erschienen.

Auftritt bei den Songtagen 1968.

Weiteres Bühnenfoto von Frank Zappa und den »Mothers of Invention« bei den Songtagen 1968.

Die Fugs, »Internationale Essener Songtage«, September 1968.

Die Fugs, »Internationale Essener Songtage«, September 1968.

Frank Göhre lässt Lehrlinge endlich mal ausreden

gesprochenen Lehrlingsproteste zum Gegenstand seines O-Ton-Hörspiels *Berufsbild* – eines der ersten Beispiele dieses Genres überhaupt.⁶ *Berufsbild* setzte weitere Akzente im Bereich des Dokumentar-Hörspiels – ähnlich wie zuvor Erika Runges *Bottroper Protokolle* (s. S. 124). Göhre: »Mit *Berufsbild* haben wir [...] [gemeint sind der Regisseur Hein Brühl und der Regieassistent Rainer Ostendorf sowie sieben oder acht Lehrlinge] –, da haben wir wirklich was sehr Ungewöhnliches, was Neues auf die Beine gestellt. Sowohl inhaltlich – ungeschnitten und ungeschönt die Aussagen der Lehrlinge über ihre Ausbildungssituation – wie

Erste eigene Buchveröffentlichung Frank Göhres 1971. Der Umschlag besteht aus glänzendem Silberpapier.

Frank Göhre (links mit Manuskriptblatt in der Hand) und Volker W. Degener (Bildmitte, dem Betrachter zugewandt) bei einer Demonstration des »Werkkreis Literatur der Arbeitswelt«.

auch formal: O-Ton und Texte, die allerdings ausschließlich von mir geschrieben worden sind, dazu Dialogfetzen aus Italo-Western, Skiffle-Musik und Arbeitsgeräusche. Das ging weit über das rein Dokumentarische hinaus, und das ist auch bis heute mein Anspruch geblieben – neue Formen finden.«[7]

Für Göhre waren solche Hörspiele finanziell einträglich. Sie ebneten ihm den Weg in eine freie Schriftstellerlaufbahn: »Ganz klar. Ich hab mit den Hörspielen viel Geld verdient, mir auch gleich einen Fiat Spider zugelegt, so einen gelben Zweisitzer. Und ich hab schon daran gedacht, mich als freier Autor zu etablieren. Habe es aber erst 1973 getan, zusammen mit dem Gelsenkirchener Künstler Hawoli, zu dessen Grafiken ich fünf Texte geschrieben habe [...].[8] Zu der Funkarbeit noch: Damals war es relativ leicht, Stoffe unterzubringen. Ich habe kontinuierlich für den NDR (Abend für junge Hörer) gearbeitet, insgesamt dann weit über 40 Hörspiele, Feature und Reportagen. Zugleich auch für den WDR, für das Landesstudio NRW über Kunst und Kultur im Ruhrgebiet und eigene

Texte (auch da hat Wolfgang Körner mir sozusagen die Türen geöffnet). Rückblickend muss ich sagen: Es war eigentlich alles möglich, also für mich war es möglich. Ich habe bei Auftragsarbeiten immer schnell gearbeitet und eigentlich auch immer gut. Es gab jedenfalls nie Probleme bei der Abnahme.«[9]

Berufsbild

- Jetzt reicht es mir aber
- Ein schmutziges Erbe
- Ich warne Sie, ich warne Sie, das könnte böse für Sie enden
- Lassen Sie sich mal die Haare schneiden
- Im Geschäft haben Sie mit tadellosem Hemd und Krawatte anzutreten
- Was bilden Sie sich eigentlich ein

In vielen Städten der Bundesrepublik wurden im vergangenen Jahr Arbeitsgemeinschaften der gewerblichen und der kaufmännischen Lehrlinge gebildet. Sie protestieren gegen veraltete Ausbildungssysteme. Sie demonstrieren für demokratische Verhältnisse im Ausbildungsprozeß.

- Ich dulde das nicht
- Ich verbitte mir diesen Ton
- Ich werde es Ihnen schon zeigen
- Ist denn das die Möglichkeit
- Sie werden schon sehen
- Das lasse ich mir nicht bieten, nicht von Ihnen
- Das Maß ist voll
- Jetzt reicht es mir aber

HELMUT K. VERLÄSST DIE SCHULE, UM EINEN PRAKTISCHEN BERUF ZU ERGREIFEN. HELMUT K. IST FÜNFZEHN JAHRE ALT.
- Jetzt beginnt der Ernst des Lebens
- Jetzt mußt Du Dich bewähren

Der Lehrbetrieb verpflichtet sich, für eine gewissenhafte Ausbildung und für das Wohl des Lehrlings zu sorgen. Insbesondere verpflichtet er sich, dem Lehrling alle in dem beigefügten staatlich anerkannten Berufsbild aufgeführten notwendigen Fertigkeiten und Kenntnisse zu vermitteln und die Ausbildung sorgfältig zu überwachen.

HELMUT K.

– rollt Sauerstoff- und Gasflaschen
– fegt das Lager aus
– sortiert Schrauben
– verbrennt Papier

Insbesondere verpflichtet sich der Lehrbetrieb, den Lehrling zu anständigem Verhalten und zur Arbeitsamkeit zu erziehen und nur solche Nebenleistungen zu verlangen, die mit dem Wesen der Ausbildung vereinbar sind.

HELMUT K.
– holt Milch
– Bier
– Zigaretten
– Kieler Sprotten
– Mett
– Brötchen
– Lottozettel
– Seife
– Äpfel
– Bratwürste
– Leder
– Einlagesohlen
– Fahrkarten
– Streusalz
– Pferdefleisch

– Mal ganz unter uns, die sind doch zu nichts anderem nütze
– Denen muß erst mal Ordnung beigebracht werden
– Die müssen erst mal lernen, daß sie zu parieren haben

- Erst mal gehorchen
- Ohren anlegen
- Kuschen
- Das schadet nicht
- Später
- Später werden sie das einsehen

Der Lehrling ist verpflichtet, alles zu tun, um das Lehrziel zu erreichen.

- Es soll vorgekommen sein, daß ein Lehrling zehn Zentner Koks in den Keller schaufeln mußte
- Es soll vorgekommen sein, daß ein Lehrling den Privatgarten seines Chefs umgraben mußte
- Lehrlinge müssen Toiletten putzen
- Papierkörbe leeren
- Lastwagen be- und entladen
- Lagerhallen ordnen
- Kaffee kochen
- Geschirr spülen
- Das schadet nicht
- Das haben wir auch tun müssen
- Als ich anfing, damals
- Glauben Sie mir, uns ist auch nichts geschenkt worden

Der Lehrling ist verpflichtet, alles zu tun, um das Lehrziel zu erreichen.

- Alles
- Alles
- Alles

HELMUT K.

- kauft sich Bücher
- belegt Volkshochschulkurse
- ist oft müde
- onaniert

- ißt wenig
- wird krank
- liest
- geht spazieren

HELMUT K.

wird es schon schaffen

NACH DREI JAHREN SCHLIESST HELMUT K. SEINE KAUFMÄNNISCHE LEHRE MIT DER PRÜ FUNGSNOTE GUT AB.

- Er hat gelernt, Bier aus der Flasche zu trinken

Er hat sich in allen Abteilungen betätigen müssen und dabei Eifer, Fleiß und Pünktlichkeit bewiesen. Ich bin mit seiner Haltung sehr zufrieden und habe mit Anerkennung vermerkt, daß er auch dem Unterricht in der Kaufmännischen Schule der Industrie- und Handelskammer mit besonderem Interesse und gutem Erfolge gefolgt ist und sich eifrig um eine gute Allgemeinbildung bemühte.

- Er hat gelernt, Bier aus der Flasche zu trinken[10]

Anmerkungen

1 Walter Gödden: »*Ich bereue nichts.*« *Ein Gespräch über Frank Göhres* »*Early Bochum Years*«, in: *Frank Göhre. Ein Buch der Freunde.* Hg. von Eva Breloer und Günther Butkus. Bielefeld 2013, S. 195-216, hier S. 197.
2 Vgl. ausführlich Detlev Mahnert, Harry Stürmer: *Zappa, Zoff und Zwischentöne. Die internationalen Essener Songtage 1968.* Essen 2008, S. 29ff.
3 Mahnert/Stürmer, a. a. O., S. 38f.
4 Ebd., S. 39.
5 Ebd.
6 Erstsendung im WDR-Hörfunk am 25. März 1971. »*Berufsbild* von Frank Göhre, das zusammen mit einer anschließenden Diskussion erstgesendet wurde, beruhte […] auf Original-Tonmaterial, das der Autor überwiegend im Essen/Mülheimer Raum aufgenommen hatte. Der Anstoß zu diesem Hörspiel ging zurück auf die

publizistische Aufbereitung einer Reihe von Lehrlingsprozessen in Essen Anfang der 70er Jahre. Es schildert am Beispiel des Helmut K. die erdrückenden Erfahrungen eines jungen männlichen Lehrlings im technischen Großhandel. Konkrete regionale Bezüge fehlen im Text. Es war jedoch eindeutig, daß die Betroffenen nur aus dem Ruhrgebiet stammen konnten. Die Lebenswirklichkeit in der Region Essen wurde zum Fallbeispiel.« (Achim Hahn: *Das Ruhrgebietshörspiel in den 60er und 70er Jahren*, in: *Literatur in Westfalen. Beiträge zur Forschung 2.* Paderborn 1994, S. 49-75, hier S. 63f.)

7 Walter Gödden: *Wie alles anfing. Frank Göhres »early Bochum Years«*. In: *Literatur in Westfalen. Beiträge zur Forschung 13.* Bielefeld 2014, S. 459-488, hier S. 467.

8 Gödden: *»Ich bereue nichts...«*, a. a. O., S. 199.

9 Walter Gödden: *Literatur in Westfalen. Beiträge zur Forschung 13.* Bielefeld 2014, S. 467.

10 *Costa Brava im Revier. Texte und Materialien von Frank Göhre.* Recklinghausen 1971, S. 32-35.

48 Poesieverluste
Erich Jansen hat sich ganz im Gestern verbarrikadiert

Wiederum ein großer thematischer Cut. Mit Erich Jansen treffen wir auf einen weiteren Autor, der sich – wie Ernst Meister (s. S. 283ff.) – dem Weltgeschehen verweigerte und sich auf lyrische Introspektion konzentrierte.[1] Jansen führte in Stadtlohn eine Art Doppelleben: Im Hauptberuf Apotheker, ging er in seinen Mußestunden der Literatur nach. Seine Poesie ist rückwärtsgewandt, oft orientiert sie sich an der Literatur des 19. Jahrhunderts.

Jansen wurde erst spät entdeckt. Als seine erste bedeutende Gedichtsammlung *Der Schildpattkamm. Bilder aus einem alten Tagebuch* 1959 erschien, war der Autor bereits 62 Jahre alt. Vier Jahre später folgte *Aus den Briefen eines Königs. Gedichte*. Die 1968 vorgelegte Sammlung *Die nie gezeigten Zimmer* war Jansens letzte größere Veröffentlichung.

Auch mit *Die nie gezeigten Zimmer* erreichte Jansen nur ein kleines Publikum. Schon 1967 hatte der Autor brieflich festgehalten: »Der Leser

Erich Jansen.

Erich Jansens »Aus den Briefen eines Königs« von 1963.

Erich Jansens »Die nie gezeigten Zimmer« von 1968.

hat keine Beziehung zu meiner, ihm fremden Bilderwelt. Dränge ich mich ihm auf, d. h. werde ich gedruckt, antwortet er mit Unbehagen und oft genug mit Bosheit.«[2] Da er nicht »aus den Denkklischees der Masse Kunststücke fabrizieren« könne, müsse er »schweigen«.[3] Hartmut Vollmer resümierte: »Der literarische Durchbruch blieb Jansen versagt. Illusionslos musste er konzedieren, dass er mit seinen Dichtungen und seinem poetischen Verständnis im Literaturbetrieb der 1960er-Jahre über die Rolle eines sonderbaren, in der Provinz verwurzelten Außenseiters nicht hinauskam. Zunehmend kritisch kommentierte er denn auch die zeitgenössische Literatur und markierte damit zugleich seine eigene poetologische Gegenposition. ›Die deutschen Lyriker, die in den letzten

Jahren in den großen Verlagen herausgekommen‹ seien, so Jansens Diagnose, böten zwar ›Bilder der Vernunft mit erstaunlichen Metaphern‹, die ›große mitreißende pulsierende Bewegung‹ fehle ihnen aber.«[4]
Zur politischen Lyrik oder gar Pop-Lyrik fand Jansen unter solchen Voraussetzungen keinen Zugang. Er lebte ganz in der Vergangenheit. In dem Text *Biographie eines Lyrikers*, der die 1968er Sammlung beschließt, äußert er: »Mit zwanzig Jahren hatte ich das Wirken der Welt erfahren. Was sich später noch an Bildern zeigte, war Wiederholung, war die Variante einer bereits stattgefundenen Begegnung. – Die Welt kennt keine Poesie.«[5]
Dennoch ist Jansen kein vollständig Verkannter. Die Zahl seiner Verehrer ist klein, aber prominent. So schrieb ihm Johannes Bobrowski 1963 nach der Lektüre von *Aus den Briefen eines Königs*: »welche Genauigkeit im sprachlichen Kalkül, wodurch doch nirgends die freie Bewegung, das Leben der Bilder beengt wird, welche Kunst also – und dabei welcher Charme. Ich sprech hinüber zu Ihnen wie der jüngere Bruder zum bewunderten älteren.«[6] 1965 verlieh die Bayerische Akademie der Schönen Künste Jansen für den genannten Band eine Ehrengabe.

Vergessene Stadt

Plötzlich klatschen die Hufe der Pferde
auf den Vierkantbasalt:
Linnich!
Dunkelheit in der ledernen Kutsche,
wie eine kalte Brise
zwischen den hohen Häusern
französisch strengen Profils.
Eine Stimme gelb, fast schwarz,
Rosinenrauch...
Um abendflinke Augen Lichter; Musik
über rörkalte Wasser.

Welch eine Stadt:
Pelzer, Mergelsberg, Leufen, die Post,
Merkens: Sekt, Pferde, Messinggeschirr,

schwarze Hufwichse; Maischdunst
aus Kellers Brauerei und jetzt auch
der Mahagoniduft aus den hohen Sälen
der Glasmalerei.

Im Postamt
zwischen brauner Wände Rauch
sitzt ein Herr wie in einem Beichtstuhl
hinter einem korbverflochtenen Schalter,
als könne man hier die braune Briefmarke
aus Britisch-Neuguinea kaufen.
Hier im Postamt übernachtet auch
der weiße Engel.

Die Seele der Linnicher Pfeifchenraucher
schläft dort in einem alten Pappkarton.

Welch wunderbare Stadt.

Die elektrischen Birnen
über der dunklen Straße
haben sich soeben entzündet.
Wachend sitzen Männer und Frauen
in den offenen Türen.
Von der unteren Straße her
der Atem der Rör
wie seidene Fahnen aus Frankreich.
Sommerschwärme rötlichen Phlox'
durchziehen die Rurdorfer Straße
und wollen die Treppe herauf.

Die Mutter legt
das gefärbte Haar zur Seite.
Das schwache Sirren der Zentrifuge –
wir schlafen.

Jetzt:
Aus den Fluten der Rör steigt
wie ein Denkmal der Hengst, gewaltig
dehnend den Brustkorb, die Nüstern.
Mondperlen rollen über sein schwarzes Fell,
als habe er sich die Blechplatten
vom Puschkin-Denkmal geholt.

Zwei Mädchen liegen im Fenster,
bleich, mit spitzer Nase und gelbem Haar.
Weiz' Mühle steht offen.
Aus den Gitterkästen fällt das Mehl
in die Schüttelmaschen der Nacht,
gespenstig, totenhaft,
von Mehlfrauen gelenkt.

Eisennaß fliegt das Schwungrad
vom alten Elektrizitätswerk
über die Brücke:
zu speisen die Lampe im Büro.
Und immer die Mädchen im Fenster,
versteint im Traum.
Oh, Anmut des Sommers im Mörtelhaar.
Das lehmige Wasser atmet, drängt,
hinweg über die Gerberei.
In den schwarzgestrichenen Tonpfeifen
an allen Türpfosten
orgelt die Nacht.[7]

***

Abend

Am Abend, wenn die Dunkelheit
betroffen an der Mauer lehnt,
die Männer treten

aus den Häusern.
Wie späte Stallaternen knistern dann
schwarzgelbe Glühdrahtbirnen.
Der Männer Stimme ist
johannisbraun.
Im Mund der Mädchen
Violinen,
Musik
wie dunkles Glas,
darin ein Lied
verbrannter Rosen.[8]

***

Grenzstadt in der Dämmerung

Ich sah die Toten
in ihren Blechgewändern
von den Türmen
herabsteigen.
Ich hörte die Glocken,
gelb, aus Abendmessing
und Fledermausangst,
und die Häuser
bewegten sich nicht.
Und der Bischof vom Platz
verzeichnete alles
in den Annalen.[9]

***

Der rote Pfahl

Immer wieder
schlagen die Wasserlöwen
mit ihren Kähnen

voll schreiender Mundharmonikas
aufheulend
gegen den roten Pfahl,
gegen den starren Pfahl,
damit er sich löse
aus dem Fleische
der schwarzen Fluten.

Oben im Kopf des Pfahls
befindet sich eine Apparatur.
Niemand weiß,
wer sie bedient.
Niemand weiß,
wer dort aus dem Fenster nachts
das weiße Messer
gegen den Himmel wirft.

Nach tausend Jahren
wird der Triton
den Pfahl ziehen
aus der Verkrustung.
Beendet wird sein
das Donnern und Lärmen
der Wasserlöwen.[10]

***

Sommer

Die Jalousien sind
herabgelassen.
Im Scharlachtier
die Himbeerwunde
blüht.

Ab und zu weht
ein Strohblumenduft
aus der Wand
der Erinnerung.
Aber das macht nichts.[11]

***

Arthur Rimbaud aus Charleville

Das schwarze Wasser dort.
Im Fenster jener Häuserwand
die weiße Blume noch
voll Düsternis.
Kein Vogel fliegt
Das 10-Centime-Stück für den Kirchenstuhl
liegt noch im Opferstock.[12]

Anmerkungen

1 Geb. 1897 in Stadtlohn. Besuch der Volksschule in Stadtlohn und anschließend der Rektoratsschule. Soldat im ersten Weltkrieg (Russlandfeldzug). Seit 1918 Apotheker in der elterlichen Apotheke. Dieser Tätigkeit ging er zeitlebens in einer »unauffälligen Existenz« (J.P. Wallmann) nach. Er starb 1968 in Stadtlohn.
2 Zitiert nach *Lesebuch Erich Jansen*. Hg. von Hartmut Vollmer. Köln 2008, S. 124.
3 Ebd.
4 Ebd., S. 123.
5 Ebd., S. 118.
6 Ebd., S. 123.
7 Erich Jansen: *Aus den Briefen eines Königs*. Köln, Berlin 1963, S. 9-11.
8 Erich Jansen: *Die nie gezeigten Zimmer. Lyrik und Prosa*. Hamburg, Düsseldorf 1968, S. 47.
9 Erich Jansen: *Aus den Briefen eines Königs*, a.a.O., S. 20.
10 Ebd., S. 23.
11 Ebd., S. 39.
12 Erich Jansen: *Die nie gezeigten Zimmer. Lyrik und Prosa*, a.a.O., S. 78.

49 PRO

Hansjürgen Bulkowskis Zeitschrift entdeckt die Themen der Zeit und verbindet Experiment und Politik

Die Zeitschrift PRO gehörte 1968 zum festen Inventar der Protestbewegung. Herausgeber Hansjürgen Bulkowski (s. S. 608ff.) bewies nicht nur ein glückliches Händchen bei der Auswahl der Beiträger und Themen, sondern auch einiges Stehvermögen. Seine Zeitschrift in Heftform existierte elf Jahre, von 1966 bis 1977, und brachte es auf 27 Ausgaben im hauseigenen PRO-Verlag. Es beteiligte sich viel (damals angehende) Schriftstellerprominenz, unter anderen Nicolas Born, Eugen Gomringer, Paul-Gerhard Hübsch, Jörg Immendorff, Herbert Marcuse, Guntram Vesper, Günter Wallraff, Wolfgang Weyrauch und Peter-Paul Zahl. Auch *die* Größe des subversiven Underground-Rock, Frank Zappa, war vertreten.

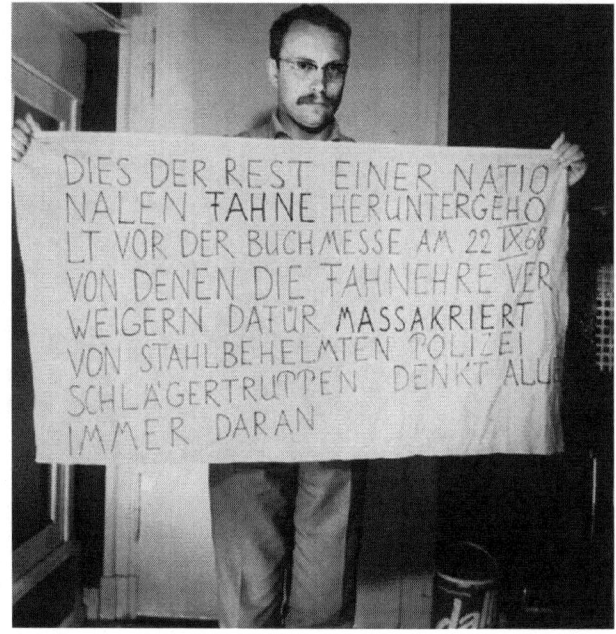

Hansjürgen Bulkowski in Aktion.

Bulkowski beim Vortrag.

In jedes Heft war das *PRO-Verzeichnis deutschsprachiger Lyrikneuerscheinungen* eingeheftet, das sorgfältig über neue Gedichtpublikationen informierte.

Anfangs waren überproportional viele westfälische Autoren unter den Beiträgern.[1] Sie stammten zum Teil aus dem Umkreis der *Literarischen Werkstatt Gelsenkirchen*, der Bulkowski selbst angehörte (s. S. 339ff.; 663ff.).[2] Diese regionale Fokussierung verlor sich mit der Zeit.

Im Dezemberheft 1967 ging es um das offensichtlich neue Thema »Hippies«, über die Herausgeber Bulkowski im Editorial Nachhilfeunterricht erteilt:

> noch vor einem jahr konnte sich niemand etwas unter dem wort HIPPIE vorstellen, heute wird es einem – sobald die rede auf jugend, die mode oder die USA kommt – auch hierzulande so unbekümmert wie häufig um

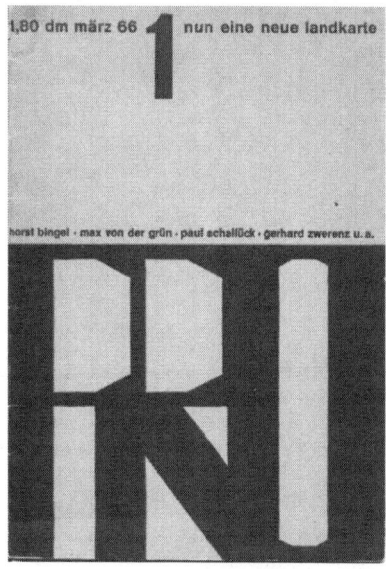

Die erste von 27 Ausgaben der Zeitschrift »PRO«, März 1966.

Die fünfte Ausgabe der Zeitschrift »PRO«, März 1967.

Die sechste Ausgabe der Zeitschrift »PRO«, Juni 1967.

Die achte Ausgabe der Zeitschrift »PRO«, Dezember 1967.

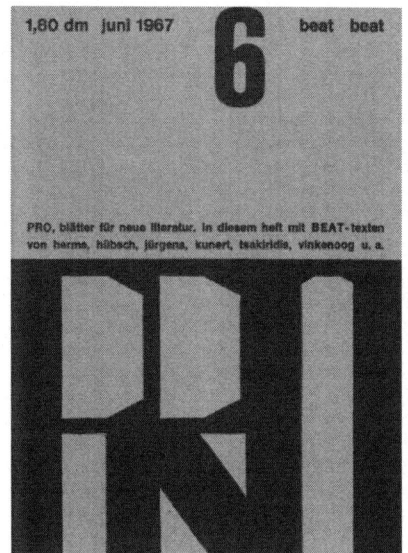

Hansjürgen Bulkowskis Zeitschrift entdeckt die Themen der Zeit

Angesagte Szene-Zeitschriften
»Sounds« und »Song«.

die ohren geschlagen. längst ist das hippie-schlagwort FLOWER POWER – DIE MACHT DER BLUMEN auch bei uns in aller munde.

wie die amsterdamer PROVOS, die wir im 5. heft dieser zeitschrift vorstellten, tragen auch die HIPPIES alle merkmale einer jugendbewegung im echten sinn des wortes. die wiege dieser bewegung steht im westen der USA, in californien, wo einmal durch die literarischen beatniks der 50er Jahre, zum anderen durch die berühmten, von den studenten in berkeley entwickelten demonstrations-taktiken ein günstiges klima für jugendlich-oppositionelles verhalten geschaffen worden war.

zentrum der hippie-aktivitäten ist ein vorort von san francisco namens HAIGHT-ASHBURY, von den hippies HASHBURY genannt (hash = haschisch). doch sehr schnell wurden auch los angeles und new york (mit seinem stadtteil east village) zentren und treffpunkte der HIPPIES.

in europa ist zuerst in london eine breite HIPPIE-szene entstanden, und auch in amsterdam haben – nach dem abgang der PROVOS in den untergrund – HIPPIE-haltungen einzug gehalten (ein erstes riesiges LOVE-IN in einer alten sporthalle sah 7600 blumenkinder). auch in deutschland tauchen bereits HIPPIE-erscheinungen auf, so z. b. in der subkultur der gammler, aber auch in der mode oder in der pop-musik. auf literarischem gebiet nimmt vor allem der berliner schriftsteller reimar lenz die anregungen von jenseits des ozeans auf, um die vor- und beherrschende, einseitig rational bestimmte literatur unseres landes zu überwinden.

obwohl die HIPPIE-haltung wahrscheinlich uralt ist, kann man eigentlich erst seit beginn dieses jahres 1967 von einer HIPPIE-bewegung sprechen. die texte, berichte und dokumente dieses heftes, die PRO hiermit zur diskussion stellt, sind daher erst im laufe dieses jahres entstanden. von belang ist noch, daß sich die HIPPIES durchaus nicht nur literarisch äußern, sondern daß sie ihr eigentliches selbstverständnis auf allen schöpferischen gebieten finden, so in der grafik (psychedelische plakate) oder in der musik (beat, soul-music, rock, freak out).[3]

Mit Tuli Kupferberg (Beatnik-Poet, Cartoonist, Herausgeber und Mitbegründer der Rockband *The Fugs*) und Frank Zappa (Begründer der Band *The Mothers of Invention*) sind wahre Ikonen der Underground-Musikkultur beteiligt. Zum Abdruck gelangte Kupferbergs Gedicht *Als ein Vogel in den Automaten flog* und Zappas Songtext *Son of Suzy Creamcheese* aus dem damals gerade erschienenen Album *Absolutely Free*.

Der 1968er Jahrgang vereint paradigmatisch für die Reihe sprachlich-künstlerische Experimente und politisch-soziologische Themen. Erneut können sich die Namen der Beiträger sehen lassen. Im März-Heft sind Volker Braun, Horst Bingel, Gerhard Zwerenz und der niederländische Autor Hans Verhagen vertreten.[4]

Unter der Überschrift *Killt mit Bild* erfolgt eine Generalabrechnung mit der Springer-Presse:

> seit kurzem taucht in diskussionen die frage auf, ob nicht der studentenslogan BILD MACHT DUMM in der öffentlichkeit mehr gegenüber der macht der BILDzeitung erreicht habe als alle kritischen analysen der pädagogen, philologen und kultursoziologen zusammen.
> in der tat: ist das rational-kritische, analytische bewußtsein – die domäne der wachen intelligenz – überhaupt noch in der lage, den phänomenen

Avalon Ballroom Concert Poster der Band »The Doors« anlässlich eines Konzerts am 3. und 4. März 1967.

Avalon Ballroom Concert Poster der Band »The Fugs« anlässlich eines Konzerts, April 1968.

Die neunte Ausgabe der Zeitschrift »PRO«, April 1968.

Protest gegen Axel Springer. Rückseite der neunten Ausgabe der Zeitschrift »PRO«, April 1968.

ZUR ANKÜNDIGUNG DES SPRINGERTRIBUNALS   Peter Schütt

Mit dem Schrei des Entsetzens
meldet BILD, das Gewissen der Nation,
in roten Balken auf der ersten Seite:
„LEHRER HETZTE MAUS ZU TODE", und auf Seite fünf unten
steht, ohne die Spur des Entsetzens, in der Rubrik
„Nachrichten aus aller Welt" die Meldung, daß
bei einem US-Bombenangriff auf ein Dorf in Südvietnam
„versehentlich" 33 Kinder einer Schulklasse
ums Leben gekommen sind. Wenn schon ...
TODESSTRAFE FÜR KINDERMÖRDER, dann zuerst
für die Kinderschlächter von Beruf und von Staatswegen!
Mit heiligem Zorn, mit Ingrimm
jagt BILD, das Bundesfahndungsblatt,
den Eisenbahnattentäter Roy Clark, der „das Leben
von einigen hundert Mitmenschen aufs Spiel setzte".
Doch die tagtäglich ihr Spiel mit dem Leben von Millionen
treiben, LBJ und seine Mordkomplicen, bleiben ungeschoren!
BILD verlangt
„WIRKSAMEN SCHUTZ GEGEN SPRENGSTOFFANSCHLÄGE",
aber mit Bedacht deckt BILD den Anschlag, den
mit Unmengen selbst atomaren Sprengstoffs die Bundeswehr
auf Leben und Gesundheit der Völker vorbereitet.
BILD, Hüterin der Moral und Bundesprüfstelle,
fordert zum Schutz der Jugend die Bekämpfung des
überall um sich greifenden Rauschgifthandels.
Da wäre es nur konsequent, wenn BILD auf seine Titelseite
die Forderung setzte: „ENTEIGNET SPRINGER!"
BILD, unser täglicher Volksgerichtshof,
ruft nach der Höchststrafe für Bankräuber,
aber BILD fragt nicht: Was ist der Raub einer Bank
gegen den Besitz einer Bank?
Wir dagegen fragen, fragen uns selber und die anderen:
Was ist die Störung der Sonntagsruhe
gegen die Zerstörung von Frieden, Freiheit und Leben der Völker!
Was sind unsere Zwischenrufe
gegen die weltweit unterdrückten Hilferufe
der Geschlagenen, der Gefolterten und der zu Tode Gequälten!
Was sind unsere Sprechchöre
gegen den millionenfach im Hals erstickten Chor
der Hungerleiden in den Ländern dieser Erde!
Schreit lauter, Proleten, nur immer lauter!
Euer Schrei ist der Schrei der ganzen Welt!

der massenpresse, des tv, der werbung, der ganzen pop-kultur gerecht zu werden? abgesehen davon, daß der kritik längst hätte die aktion folgen müssen, wird auch andererseits der wirkungskraft der öffentlichen massenreproduzierten sprache viel zu wenig beachtung geschenkt. zu fragen bleibt doch: durch welche komponenten wird sprache zur macht? kann sprache ohne emotion auskommen? wie entstehen die neuen mythen der massenmedien und der pop-welt?

PRO, nun im dritten jahrgang, will mehr als bisher auf diese fragen eingehen. und so wird auch in diesem heft die BILDzeitung nicht nur einer analytischen kritik unterworfen (die leicht in resignation vor der übermacht enden könnte), so wird nicht einmal nur hinter die kulissen geschaut, sondern hier steht bereits die aktion, die stellungnahme, die aufforderung im vordergrund und natürlich die gegen-macht der verse und slogans: KILLT MIT BILD.

Das Heft bietet eine für *PRO* typische Mischung aus Prosa und Lyrik. Stellvertretend für das Thema sei hier Uwe Wandreys *Anleitung zum Lesen der Bildzeitung* angeführt:

> Lernen wir Zeitunglesen:
> Lesen wir »ja«, wenn »nein« steht
> lesen wir »nein«, wenn »ja« steht.
> Wenn es heißt »überhöhte Lohnforderungen«
> lesen wir »überhöhte Gewinnforderungen der Unternehmer«.
> Glaubt den Meldungen nicht, die euch einreden wollen
> es geht euch gut, weil ihr Geld verdient.
> Wißt, daß man euch kauft,
> damit ihr über das Unrecht schweigen werdet,
> wißt, daß das Geld mit dem man euch zum Schweigen bringt
> euer Geld ist.
> Wenn gedruckt steht, und zwar schwarz auf weiß
> und mit Foto »Polizist von Demonstrant verletzt«
> wollen wir ergänzen »nachdem dieser Polizist
> zehn andere wehrlose Demonstranten niedergeknüppelt hatte«.

Wenn ihr hört, daß in Asien
unschuldige Kinder dem ungeheuren Schicksal des Krieges,
wie sie sagen, zum Opfer fielen, wenn ihr das hört,
glaubt nicht an Schicksal, sondern sucht die Ursachen
und sucht die Schuldigen.
Sie planen eure Opfer prozentual voraus.
Sucht aber die Ursachen nicht nur in den Personen,
sondern sucht sie vor allem in dem System, welches sie zwingt,
andere zu unterdrücken und zu töten.
In ihrem System könnt ihr wählen zwischen Krise und Krieg.

Statt »Notstand befürchtet« lesen wir
»Notstand erwünscht« und wenn geschrieben steht,
daß der gestrige Tag, an dem uns der Schah besuchte,
»ein schwarzer Tag« war
lesen wir »dieser Tag war hell, weil er gezeigt hat,
daß uns schwarze Tage bevorstehen«.
Und wenn euch erzählt wird
daß für Ruhe und Ordnung gesorgt werden muß
fragt nach den Unruhigen und Unzufriedenen
fragt sie, was sie so unruhig macht.

Solltet ihr morgen in eurer Zeitung lesen,
daß eure Freiheit und eure Demokratie bedroht sind
und daß man euch an die Waffen befiehlt,
fragt euch ernsthaft, ob ihr Freiheit und Demokratie
je besessen habt. Fragt, ob nicht diejenigen,
welche euren Staat für bedroht erklären
euch diese Gefahr einreden
damit ihr euren Willen und euer blindes Vertrauen
an sie abtretet und damit sie euch
das Übel nicht mehr einreden brauchen, sondern
es euch selber bescheren.
Versucht, in den Beschuldigern die Schuldigen zu erkennen.

Lest die Zeitungsartikel rückwärts
die Schlagzeilen zum Schluß
die letzten Seiten zuerst.
Laßt euch nicht irre machen von den Fotos, sie beweisen nichts.
Die neuesten Meldungen sind fast immer halb gelogen:
Je fetter die Schrift, umso dünner die Wahrheit.
Fragt euch jeden Tag, was ihr in den Zeitungen vermißt.
Mißtraut jeder Nachricht. Sie ist nicht deshalb wahr,
weil sie gedruckt ist. Vergeßt nicht:
die Wahrheit ist käuflich
ihr aber seid für die ganze Wahrheit noch immer zu arm!

Fragt am Kiosk öfter mal nach ganz anderen Zeitungen,
bevor es sie nicht mehr gibt. [...]

Küthers Beitrag ist mit *BILDung für fünfzehn Pfennig* überschrieben:

Zwischen Frühstücksbrot
und Mittagsmahlzeit
schlingen
Millionen Augenpaare
Schlagzeilenfutter aus der Massenküche
Eineinhalbgroschenkost
halbgar gekocht
mundgerecht serviert
Gaumenkitzelnervennahrung.

Prost Mahlzeit!
wenn diese Kost
gekaut verdaut
den Wohlstandsacker
für übermorgen düngt.

Die nachfolgenden Abbildungen zeigen eine Textcollage von Reimar Lenz.

KILLT MIT BILD

JUNGE PROSA
Reimar Lenz

Man nehme etwa hundert Ausgaben von Zeitungen aus dem Springer-Verlag, unterstreiche die prägnantesten Stich- und Schlagworte, ordne dieses Wortmaterial alphabetisch, und schon hat man ein modernes Prosastück von sprachlichem Reiz. Sage noch einer, die Springer-Presse pflege nicht die deutsche Sprache in schöpferischer Weise.
(Die folgende Montage besteht von A bis Z aus Zitaten; Nachweis der Fundstellen auf Wunsch.)

A
Linksradikale Agitation. Anti-deutsche Agitation. Antikriegs-Agitation. Antikriegslärm.
Soziale Agitation und sozialpolitische Demagogie. Die buddhistische Agitation als das Werk einer lärmenden Minderheit.
Angebliche Restauration. Angebliche soziale Ungerechtigkeit. Angebliche Pressekonzentration. Angebliche Monopolmeinung mächtiger Zeitungszaren.
Amateurpolitiker Grass. Amokläufer Neuss.
Die Störer zu finden und auszuschalten. Die Zellen dieses Unwesens auszumerzen.

B
Blitzaktion. Boykotthetze. Brüller.
Beruhigungsmittel für den Fall mißbrauchter Meinungsfreiheit: der Knüppel.
Wiedervereinigung, bei der es sich um eine Befreiungstat handeln kann.
Die paar hundert geistig und moralisch gestörten Studenten hängen einigen Universitäten die üble Reputation eines intellektuellen Bordells an.

C
Claqueure des Weltgeistes. Cocktail-Freiheitsdürster.

D
Dauerprotestantentum.
Demagogischer Liberalismus, mit dem Robert Kennedy ungeniert nach billigen Massenwirkungen hascht.
Antibürgerlich und deutschfeindlich.

E
Eifernde Aktivität dieser fatalen Minorität. Eifernde Jünger des Atomsperrvertrages. Heiliges Eiferertum. Heilige Einfaltigkeit. Entspannungs-Hypnose.
Extreme Buddhisten. Die extreme Humanistische Studentenunion. Exzeß der buddhistischen Opposition gegen die Militärregierung. Der für seine verbalen Exzesse bekannte Senator Morse.

KILLT MIT BILD

F
IG Metall. Fanatisch bekundete Einheit und Solidarität.
Fauna halbwüchsiger Beatniks und ausgewachsener Vietniks. Politische Farbenblindheit. Flagellantentum vor ausländischen Zuhörern.
Wie ein Felsblock im brandenden Meer aus einer vergangenen Zeit ragt der Stahlindustrielle Hermann Reusch in unsere Tage hinein.

G
Gesundes Nationalgefühl. Gesunde nationale Haltung. Bestürzende Anfälligkeit Amerikas für kommunistische Gehirnwäsche.
Akademische Variante des Gammlertums. Werden drei Dutzend superlinke politische Gammler die Macht endgültig an sich reißen?

H
Heißblütig einseitige Studenten. Heißspornige Katholiken. Heißsporne der Opposition. Der offensichtlich aus Heißspornen bestehende allgemeine Studentenausschuß.
Herrschaften mit Linksdrall. Ideologische Handlanger. Heilsarmisten der Deutschlandpolitik.
Hetzpropaganda. Hetz-Aktion. Hetz-Pamphlet. Verlogene Hetz-Rede. Die radikalen Buddhisten, wieder aufgehetzt von dem Mönch Tri Quang.
Hysterische Enthüllungen über die CIA. Publizistische Hysterie, die sich an der CIA-Affäre entzündete. Hysterische Rudel von akademischen Halbstarken.

I
Überbetonung des Intellekts. Die intellektuell verdrossene Generation zwischen vierzig und fünfzig. Die radikalen Intellektuellen von Rabat und Fes, anfällig für alle revolutionären Strömungen.

J
Johlten etwa dreihundert Studenten. Jungradikale Universitätsfunktionäre.

K
Krawall-Studenten. Krawallfreudige Terroristen. Krawallgier einiger radikaler Halbstarker. Krakeeler.
Akademische Kampftruppen. Knalltütenkorps. Unruhestifter kaltgestellt.

L
Linksgewebt. Linksgerichtet. Linksorientiert. Linksextremistische Professoren der FU, als trojanische Esel verkleidet.
Linksradikal. Linksradikalisiert. Linksextremistisch. Linkssektierer. Linksunterwanderung.

M
Die militanten Sprecher der Friedenspartei. Militante Vertreter der Vereinigten Buddhistischen Kirche.
Werk eines Mobs. Brüllender Mob. Immatrikulierter Mob.
Möchtegern-Revoluzzer. Außerparlamentarische Miniopposition.
Mottenkiste des Klassenkampfes.

KILLT MIT BILD

N
National-Masochismus. Demuts-Neurose. Neurotische Besserwisser. Unsere vorwiegend jugendliche nagelneue Linke hat ein Recht auf ihre Neurosen.

O
Oberlehrergesicht Kossygins. Oberlehrerhafte Sprache Richard Crossmanns. Oppositionssüchtige und Kampagnefreudige.

P
Persienfeindlicher Diskussionsabend. Pathologischer Haß gegen Washington. Straßenpöbel von Santo Domingo. Ulbrichts Propaganda-Chinesisch. Pervers ist das ..., was mit der Mauer beginnt und sich hinter ihr fortsetzt.

R
Eine Handvoll lautstarker Rabauken. Linksextreme Radaubrüder. Radau-Universität.
Radikale FDP-Studie. Radikale Thesen der Jungdemokraten. Radikalisierte linke Demonstranten. Radikal-Studenten. Junge Radikalisten. Radikalinskis. Radikale Intelligenzen am äußersten Ende des linken Flügels. Disziplinlose Radikale. Gemeingefährliche Radikale. Politische Rowdies. Hysterische Rudel von akademischen Halbstarken.
Rosaroter Erfolgsschriftsteller. Rosarote Schwatzhaftigkeit. Rot angehauchter Modeschriftsteller. Rot unterwandert.

S
Störer. Störenfriede. Studenten-Randalierer. Spalterflagge. Superlinks. Säuberungsaktion.
Sogenannte Volkskammer. Sogenanntes Außenministerium. Sogenannte soziale Errungenschaften. Sogenannte dritte Welt. Sogenannte außerparlamentarische Opposition.

T
Tollheiten einiger hundert extremistischer Studenten.

U
Ultralinke. Unruheherd. Unruhestifter. Vorsätzliche geistige Ungewaschenheit. Unschädlich machen.

V
Vergeltungsangriff. Vergiftungserscheinungen. Vietkong-frei. Vollblutpolitiker. Volksgemeinschaft. Volksfrontmystik.

W
Am Sonnabend hielten es etwa 1500 politische Wirrköpfe — meist Studenten — für angebracht, in Berlin gegen die amerikanische Südvietnam-Politik zu demonstrieren.
Bösartige und dumme Wirrköpfe.
Mit den politischen Studenten sind die politisierenden Sektierer, die schwärmerischen Utopisten, die radikalen Windmacher aus ihrem Winkel gekrochen.

Z
Zersetzende Kritik. Nur negierende, alles zersetzende Kritik.

»PRO«, Heft 10, August 1968, zum Thema Werbung.

Aufmerksamkeit weckt eine Textcollage von Reimar Lenz, der anhand von Schlagworten aus »etwa hundert Ausgaben von Zeitungen aus dem Springer-Verlag« das denunziatorische Potenzial des Zeitungs-Imperiums herausarbeitet – eine mehrseitige Liste von A wie »Linksradikale Agitation« bis Z wie »Zersetzende Kritik. Nur negierende, alles zersetzende Kritik«. Die *Bild* hatte damals eine Auflagenhöhe von etwa 4,3 Millionen Exemplaren und erreichte täglich rund 25 Prozent der Bevölkerung zwischen 14 und 70 Jahren.

> IDEAL: ein werbetext funktioniert heute in derselben weise wie im mittelalter das gebet oder später der auswendiggelernte goethevers: als eine über die alltagsrealität hinauslangende einstimmung in die ideologie der jeweiligen staatstragenden mächte.
> nachdem im 9. Heft unserer zeitschrift die sprache der BILDzeitung untersucht worden war, beschäftigt sich PRO 10 nun mit dem werbetext.
> die sprachlichen phänomene der massenpresse und der werbung (denen sich ja so wichtige informationslieferanten wie die politiker vorbehaltlos

unterwerfen), bestimmen mehr und mehr das öffentliche bewußtsein und gesellschaftliches handeln. macht wird heute immer weniger durch den bloßen ökonomischen besitz ausgeübt sondern in zunehmendem maße durch die trägerschaft sprachlicher und bildlicher informationen.
es ist daher an der zeit, sich intensiver als bisher mit dieser machtsprache zu befassen und zwar nicht nur in einem kritisch-rational-auflösenden sinn (das natürlich auch weiterhin) sondern vor allem, um aus dem komplexen, bildhaften charakter dieser phänomene wirkungsvollere kommunikationsweisen zu erarbeiten.
entscheidend beim werbetext ist nämlich, daß bereits weit v o r seiner abfassung mithilfe wissenschaftlicher ergebnisse (bisher leider nur der tiefenpsychologie und verhaltensforschung) nach einer BASIS der verständigung mit dem anzusprechenden menschen gesucht wird, eine suche, die nicht ohne bestätigung bestimmter vorhandener psychologischer, soziologischer, wissenschaftlicher und technischer gegebenheiten erfolgreich sein kann.
statt der permanenten atomisierung aller dinge, wie sie von der gegenwärtigen intelligentsia ja noch immer praktiziert wird, könnte sich aus dem studium der werbetexte eine neue ganzheitliche ausdrucksweise entwickeln, die endlich imstande wäre, eine weitergehende wirksame kommunikation mit den gesellschaftlich entscheidenden kräften zu ermöglichen.[5]

Neben Eugen Gomringer und Fred Viebahn tritt der damals 24-jährige münsterische Student Martin Jürgens in Erscheinung, der später als Lyriker, Erzähler und Dramatiker von sich reden machte. Friedhelm Baukloh zählte ihn, wie gehört (s. S. 307), Anfang 1968 zu den Hoffnungsträgern der jungen westfälischen Literatur. Von Jürgens stammt der Text *Reklame-Bewußtsein-Ideologie*:

> Wer von Werbung spricht, ohne ihren Auftraggeber, den Kapitalismus, zu nennen, ist schon auf dem systemfreundlichen Holzweg. Die immanente Beschreibung der Praktiken bleibt formal, da sie deren Voraussetzung nicht mehr in den Blick bekommt; jene scheinbare Rationalität des interesselosen Vergleichens verschiedener Formel- und Formensprachen der Werbeindustrie erweist sich in dem Maße als durchweg irrational, wie die Irrationalität des Systems faßlich wird, das zu seinem Bestehen diesen enormen Reklameaufwand nötig hat. Der Antagonismus von einem zur

Das Doppelheft 11/12 der Zeitschrift »PRO«, Dezember 1968, mit dem Titel BÜGELFREI.

Die Rückseite des Doppelhefts 11/12 der Zeitschrift »PRO«, Dezember 1968.

Hansjürgen Bulkowskis Zeitschrift entdeckt die Themen der Zeit

Vergesellschaftung drängenden, hochentwickelten Stand der Produktionsmittel einerseits und privater, profit- und machtorientierter Verfügung über eben dieser Produktionsmittel andererseits ist genau der Widerspruch, dem die Werbeindustrie ihre Entstehung verdankt.

Das Gesetz der Profitmaximierung, unter dem der Kapitalismus angetreten ist, zwingt durch die ihm eigene Notwendigkeit einer sinnlosen Produktionssteigerung die von ihm im Arbeitsprozeß Ausgebeuteten zur permanenten Steigerung des Konsums, der nur durch die rücksichtslose Erzeugung neuer Bedürfnisse gewährleistet ist. Der Irrsinn der privat verfügten Produktionsweise kann nur durch einen ständig forcierten Irrsinn der Weise des Konsums unbemerkt bleiben: Die Werbung ist in dem Sinn immer weniger ein bloßes folgenloses Mittel zur Absatzförderung; das Ensemble ihrer Wirkungsweisen erzeugt in zunehmendem Maße ein Bewußtsein, dem alle gesellschaftlichen Prozesse als die Funktion von Angebot und Nachfrage im marktwirtschaftlichen Verständnis erscheinen müssen. Der Werbespot und die Reklametafel werden zum ideologischen Markenzeichen des gesellschaftlichen status quo. Parlaments- und Präsidentschaftswahlen werden zu Werbefeldzügen, die denen der Waschmittelfabrikation in nichts nachstehen, während die Sprache des OMO-Reporters ihrerseits in die Berichterstattung über den Aggressionskrieg der USA gegen Vietnam eingeht: Vor zwei Kandidaten steht man wie die Dash-Frau vor den zwei Wäschestapeln: beide so sauber wie der vietnamesische Dschungel aussehen soll, wenn es nach ihnen geht.

Harmlos ist hier nichts mehr: Der militärisch-politische Terror der herrschenden Klasse findet seine Fortsetzung im Terror der Werbeindustrie, die nichts tun kann, als die systemimmanente Irrationalität allgemein zu machen. Die aggressive Ideologie der Werbung ist so notwendig die des herrschenden Systems, und es sollte nicht verwundern, daß sich die Bevölkerung der amerikanischen Ghettos da auflehnt, wo die Repression täglich und handgreiflich erfahren wird: Das Winterpalais ist für sie der Supermarkt an der Ecke; jeder Kaufhausbrand und jede Plünderung sind rationale Akte der konkreten Emanzipation.[6]

Das nächste *PRO*-Heft stammt aus dem Dezember 1968 und trägt den Titel *BÜGELFREI*. Es geht um die Prägung des Bewusstseins durch sloganhafte Sprache, wie sie beispielsweise in der Werbung vorkommt:

BÜGELFREI: die sprache, mit der wir leben, ist bekanntlich keineswegs ein neutraler gebrauchsgegenstand und etwa für jedermann frei verfügbar. seit langem ist sie mit jenen wörtern und situationsbegriffen durchsetzt, die (so in werbung, presse und politik) weitgehend unser bewußtsein bestimmen und nahezu automatisch-reflexhaft handlungen evozieren, ohne erst eine rationale verarbeitung der erhaltenen information zu erfordern oder gar vorauszusetzen: DER WEISSE RIESE oder die geschichte VOM TELLERWÄSCHER ZUM MILLIONÄR schlagen in unseren begriffsvorrat wirkungsvoll ein, dem kritischen gedanken bestenfalls die opposition, d.h. immer auch die nichtposition überlassend.

eine ausschließliche aktivierung der rationalen reflektion scheint die mythische gewalt der wörter und begriffe nicht brechen (und deren unschuld nicht wieder herstellen) zu können, weil
1. vernunft zwar unsere einsichten aber damit noch lange nicht unsere verhaltensweisen bestimmt und
2. der rational erfahrbare ausschnitt aus der wirklichkeit vermutlich doch (noch) nicht so groß ist, wie wir büchern gemeinhin ablesen.

die Autoren dieses PRO-doppelheftes (ursprünglich aufgefordert, POPtexte beizutragen, nun aber besser nicht allzu sehr auf das wort POP festgelegt) begreifen dann auch die erscheinungen der wirklichkeit und deren zeichengebilde als ganzheitlich und mythisch (übrigens auch sehr optisch). ohne intellektuelle vernunft und offenheit zu verdrängen, gelangen sie zu komplexen ergebnissen, die auf vielen informationsebenen (und nicht nur der rational-gedanklichen) zu kommunizieren imstande sind.[7]

Ein zeitgemäßes Collage-Gedicht mit Fragmenten aus populären Songs stammt von Fitzgerald Kusz:

WHAT A DAY

    und das kam so: hoppla, onkel otto,
    sagte der HB-mann (na und?) und
    stieg den naturfrischen schritt-
    machern des eigen-heim-gedankens soo-
    lange aufs dach, bis er, frohen
    mutes, die vor-BILD-liche klarsicht

verhunzte. hunderttausende kommen
nun vor der matten scheibe ins
schleudern, warten vergebens auf
sein lächeln: WHAT A DAY FOR A DAY-
DREAM, was für ein tag für DAY-
TRIPPER, für leutchen, die sich,
langhaarig oder mit kurzen fähnchen
über den knieen, vor kühlen brunnen
den bauch mit sonnenstrahlen voll-
schlagen, für gammler z. b.: die
sünden-böcke für unerfüllte spring-
ins-feld-träume unterhalb der gürtel-
linie, die treff-sicheren ziel-
scheiben für solche, die den faden
all-tag mit ihrer hochgezüchteten
sauber-formel blankscheuern, die beim
anblick eines einzigen fusselchens
gleich die schmutz-bremse ziehen. ja,
soo ein tag: nicht nur für wunder-
schöne HIP-HIP-HIPPIE-HAPPY-FEW, die
so lange herumlungern, bis sie wissen,
wo sie hingehören: in die dufte wärme
des formierten nests, auch für die reiß-
festen kinoträume kleiner mädchen eröffnen sich neue und krampf-lösende
welten. aus allen nähten platzen herzen
(o yeah, o yeah!), hochfliegend den
busen (o lala?) hinter sich lassend.
siehe: ein film wird fleisch und lebt
mitten unter uns. und abends, noch vor
der MIDNIGHT HOUR, da verströmt unaufhaltsam die SOUL sich im land der
THOUSAND DANCES. HOLD ON, HOLD, I'M
COMING. HOLD ON: flau-pau-mau, FLOWER
POWER, flau-flau-flau MAUER-FLOWER.
HOUGH! HOLD ON: I CAN'T CONTROL MYSELF!

HOLD ON: dieser tag haut jeden stuhl
um. schon der morgen: GOOD DAY SUN-
SHINE: ohne platz-angst saßen viele
ehemänner in frischer unterwäsche am
besten frühstückstisch der welt und
jetzt – mit einem kleinen traum im
ohr – meistern sie ihr tagwerk, während
zuhaus bös-artige fremd-gerüche aus
dem pik-sauberen raum gejagt werden,
(HEY, HEY, YOU,
YOU, GET OUT OF MY
CLOUD!) während in traum-küchen
allen hartnäckigen speiseresten das
messer an die kehle gesetzt wird. dann:
SAY IT WITH FLOWERS! läßt man dank-
bare chrysanthemen sprechen. hauptsache blumen! und wieder beruhigt hat
sich inzwischen der HB-mann: flux
wechselt er die marke. ja, das ist
ein SUPER-DAY TODAY: ein tag wie ein
spiegelei. (goldgelb glänzt die sonne,
in die blaue pfanne des himmels
gehaun.) keiner eckt an an diesen tag.
bereitwillig döst man einige KINK-er-
litzchen lang: LAZING ON A SUNNY AFTER-
NOON. sogar die polizisten machen auf
freundlich: laßt tausend gummiknüppel
blühn! nur um ihre eigenen breit-
beinigen gedanken kümmern sie sich heute.
ja, es ist zu schön. EVERYTHING IS
BEAUTIFUL. WITH THE HELP OF MY LITTLE
FRIENDS. flau-flau-flau-FLOWER-POWER!
BE SURE TO WEAR SOME FLOWERS IN YOUR
HAIR! THAT'S TOO MUCH, BABY. PEOPLE
IN MOTION. SWING ALONG! frisch und
freudig sehen wir der BÜGELFREIen

Hans Imhoffs Text »*Orpheus The Esoterics*«
für das Doppelheft 11/12 der Zeitschrift »*PRO*«,
Dezember 1968.

zukunft entgegen. WHAT A DAY FOR A DAY-
DREAM, tag, soll nie zuende. ENDE!

Mitarbeiter des Hefts war unter anderen der Aktionskünstler und Provokateur Hans Imhoff. Der relevante Vertreter der Avantgarde war ein Schüler und Kritiker Theodor W. Adornos. In Flugblättern und später in Büchern karikierte er die Theoriesprache der 68er-Bewegung und funktionalisierte sie um. Dem PRO-Jahrgang steuerte er den Text *Orpheus The Esoterics* bei, der nur aus vier Sentenzen besteht:

None need you fear

None so great as Tarzan

The sun is hot why do you shiver

It must be that man walks alone

Rolf Dieter Brinkmann steuerte die Gedichte *Bild von Gary Cooper, Einverstandensein, berühren* sowie *5 Leute, fünf Teller* bei. Ein eigener Beitrag Bulkowskis besteht aus nur vier, seitenfüllend gesetzten Buchstaben: »FNÖH«.
In einem Interview mit dem Autor und Literaturwissenschaftler Enno Stahl blickte Bulkowski 2007 auf seine literarischen Anfangsjahre und damit auch auf die Zeitschrift *PRO* zurück:[8]
»Die Sechziger Jahre begannen für mich ein bisschen verspätet, nämlich erst im April 1961, als ich in Köln ein Bibliothekarstudium anfing. In Köln wurde ich zwar Zeuge von literarischen Auftritten (Böll, W. Jens, Kaschnitz, Ben-Gavriêl u. a.), am nachdrücklichsten beeindruckten mich aber die studentischen Theater- und Kabarettaufführungen in der Uni. Erst während meines Praktikums in Bochum und Dortmund bekam ich dann nähere Kontakte zu Autoren. Der Dortmunder Büchereileiter Fritz Hüser hatte ja nicht nur die ›Dortmunder Gruppe 61 für Literatur der Arbeitswelt‹ gegründet, er lud auch weiterhin Autoren zu Lesungen und Gesprächen ein und baute, dabei

Hansjürgen Bulkowskis Beitrag »FNÖH« für das Doppelheft 11/12 der Zeitschrift »PRO«, Dezember 1968.

später von mir unterstützt, eine umfangreiche Sammlung von Lyrik-Neuerscheinungen auf.
Nach dem Examen 1964 war ich zunächst ein halbes Jahr in Berlin. Dort fielen mir DADA-Texte in die Hände, die meine Ansichten über Literatur ziemlich auffrischten. Ich wurde aber auch Zeuge der aktuellen Berliner Literaturszene – der westlichen in Kreuzberg (z.B. mit G.B. Fuchs, R.W. Schnell) und auch der östlichen mit der sog. Lyrikwelle in der DDR um Volker Braun, Günter Kunert, Heinz Czechowski, Sarah Kirsch u.a.
Beides, die Avantgarde der Zwanziger Jahre und die in Berlin so nahe Gegenwartsliteratur, vermittelte mir ein Gespür für Zeitgenossenschaft. Geschrieben hatte ich schon seit 1959 (ein erster Prosatext war in den *Ruhr-Nachrichten* erschienen). Nun aber, wieder zurück in NRW, wollte

ich einfach wissen, was heute und vor allem hier an der Rheinschiene los war. Dies durchaus im Interesse meiner eigenen Texte.«
Über die Motivation zur Gründung von PRO äußerte Bulkowski: »Schon während des Studiums waren mir vage Vorstellungen einer eigenen Zeitschrift durch den Kopf gegangen. Aber erst nachdem ich in Krefeld eine feste Bibliothekarstelle bekommen hatte (und damit Geld für die Druckkosten eines ersten Heftes), konnte ich an so etwas wie eine Publikation denken. Die ersten vier Hefte standen unter dem Einfluss einer eher auf reale Gegebenheiten bezogenen, ›engagierten‹ Literatur, wie sie ja auch zu einem Industrieland wie NRW passte. Autoren wie Max von der Grün, Nicolas Born, Hugo-Ernst Käufer, Josef Reding aus dem Ruhrgebiet, aber auch die Kölner Paul Schallück, Peter Faecke und der damals ebenfalls in Köln lebende Gerhard Zwerenz, gaben PRO im Anfangsjahr 1966 ein erstes Profil.«
Im folgenden Jahr machte die Zeitschrift dann mit ihrem fünften Heft über Amsterdamer PROVOS – Bulkowski zufolge – »einen großen Sprung«: »Diese witzig-anarchistische Bewegung hatte mich schon seit 1965 interessiert, jetzt wurde es Zeit, sie auch hierzulande vorzustellen. Dazu fuhr ich eigens zu einem sog. PROVO-KONZIL, sprach mit den Hauptakteuren, machte Interviews, sammelte Material usw. Das 5. Heft war tatsächlich so etwas wie der Anfang einer Pop-Phase. Neben deutschsprachigen BEATtexten gab es 1967 und 1968 Hefte mit Hippie-Literatur, ein Heft mit Liebesgedichten, eins über die BILDzeitung, ein (missglücktes) Heft über Werbetexte und schließlich ein Doppelheft mit POP-Literatur. Auch die grafische Aufmachung der Hefte wurde merklich poppiger.«
Über seine seinerzeit von ihm mitveranstaltete Beat & Lyrik-Tour äußert Bulkowski: »In Düsseldorf hatte sich, initiiert von dem kritischen Pop-Art-Künstler Hans-Peter (›Pepi‹) Alvermann, die kultur-evolutionäre Aktion 66 zusammengefunden, zu der ich inzwischen hinzugestoßen war. Zu Anfang gehörte neben den Künstlern Chris Reinecke, J. Immendorff, R. Ruthenbeck u. a., dem Filmer L. Mommartz, dem Fluxus-Editeur W. Feelisch auch D. Fränzel, der Leiter des Jazz-Clubs Wuppertal, zu der Aktion. Als ich ein PROheft mit deutschsprachiger Beatliteratur plante, brachte Fränzel die junge Düsseldorfer Beatband Free Group ins Gespräch, die gerade Sieger eines Landeswettbewerbs geworden war.

Die Idee einer Tournee kam auf, Dieter Fränzel übernahm die organisatorische Arbeit, meine Aufgabe war es, Autoren einzuladen, die ich durch PRO schon kannte. Schließlich erprobten wir ein Programm, in dem es darauf ankam, Beatmusik und literarische Beattexte wechselseitig aufeinander zu beziehen. Auftritte gab es in Wuppertal, Remscheid, Bochum, Düsseldorf, Münster und zuletzt in Frankfurt a. M.«

Im Laufe ihres Bestehens profitierte die Zeitschrift von Fortschritten im Bereich der Drucktechnik: »Der Wechsel vom Buchdruck zum Offsetdruck, bei *PRO* von Nr. 11/12 (1968) zu Nr. 13 (1969), bedeutete eine enorme Beschleunigung (auch Verbilligung) bei der Herstellung der Hefte. Die optischen Möglichkeiten der Drucksachen erweiterten sich beträchtlich. Abbildungen ließen sich von nun an leicht integrieren, auch das Schriftbild, die äußere Gestalt einer Druckseite, geriet

AVA - MANIFEST 3

BULKOWSKI LIVE
THESEN VORLESESTÜCK
FORTSETZUNGEN

ATELIER VERLAG ANDERNACH

1971 ist Bulkowski in der Avantgarde-Reihe »Ava-Manifest« vertreten.

in Bewegung, wurde abwechslungsreich, mitunter auch unruhig und chaotisch. Dieser Mediensprung, den bald darauf auch die größeren Verlage vollzogen, kann v. a. in Hinblick auf die literarischen Inhalte gar nicht hoch genug eingeschätzt werden.
Parallel dazu experimentierte *PRO* 1969 und 1970 mit allerlei Heft- und Bindemöglichkeiten, ehe sich dann von 1971 an eine gelumbeckte Buchform als sinnvoll erwies. Ab etwa 1970 habe ich im Rahmen von *PRO* (in kleiner Auflage) auch Buchobjekte und Akustische Literatur angeboten, so u. a. von J. Gerz, K. B. Schäuffelen und D. Higgins.«
Wie Bulkowski hervorhebt, habe damals neben der Literatur vor allem auch die Musik inspirierend auf ihn eingewirkt: »Zunächst, also Anfang und Mitte der Sechziger Jahre, stellte sich ja der gesellschaftliche Aufbruch weniger als eine studentische Bewegung dar, sondern als ein musikalisches Lebensgefühl. Maßgebend dafür waren die Bands der englischen Hitparade, aber auch deutsche Gruppen wie Tangerine Dream, Amon Düül II, Kraftwerk usw. (zu hören 14 Stunden am Tag im *Domino*, Hunsrückenstraße). Die Beat- und Popmusik gab allen, die daran teilhatten, einen starken emotionalen Zusammenhalt, bot ihnen einen überall spürbaren Verständigungsraum.
In der eigentlichen Bewegung der 60er Jahre fanden sich dann die verschiedensten Tendenzen zusammen. Politischer Protest verband sich mit sozialem Engagement und utopischem Willen zur Veränderung. Rocker, Poesie der Beatniks, Ostermarsch, PROVOS, Happenings, FLUXUS, Arbeiterliteratur, Konkrete bzw. Visuelle Poesie, alles beeinflusste sich gegenseitig und wurde in meist spontanen, lockeren, neuen Formen öffentlich. Demokratisierung war das Leitziel.
Zu POPkultur wurden diese Aktivitäten eigentlich erst durch das Publikum. Unglaublich, wie die Leute mitspielten. Sie wollten nicht länger nur Publikum sein, waren geradezu begierig darauf, mitzureden, mitzumachen. Anwesenheit war das Bedürfnis der Zeit.«
Und schließlich der Rückblick auf seine Aktionskunst: »Meine sog. ›Aktionen mit Leuten‹ (am bekanntesten wurde mein ›Bett auf der Buchmesse‹, der Auftritt im Düsseldorfer *Creamcheese*) fanden ja nur in den Jahren 1968 bis 1972 statt. Elemente daraus mündeten schließlich in ein Vorlesestück mit dem Titel *Bulkowski live* (Atelier Verlag 1971), das ich nach 1972 nur gelegentlich noch an einigen Orten vortrug.«

Wie gezeigt: *PRO* griff seismografisch Themen auf, die damals in der Luft lagen und den Szene-Diskurs bestimmten. Aus solcher Warte fand die Zeitschrift Eingang in das repräsentative *Protest-Lexikon* des Jahres 1968, in dem es heißt: »*Pro*: Name einer Literaturzeitschrift und eines Kleinverlages ... Alle *Pro*-Produkte erscheinen auf brauner Pappe von verschiedener Stärke.«[9]
Die regelmäßige Erscheinungsweise und auch der erwähnte Umstand, dass die Hefte systematisch auf neue Lyrik-Veröffentlichungen hinwiesen, sprechen für die Ernsthaftigkeit, mit der Bulkowski sein Projekt betrieb. *PRO* grenzt sich hier von der plakativ ausgestellten Beliebigkeit etwa des *Ulcus Molle*-Szene-Readers (s. S. 615ff.) ab. Eine Zeitschrift, die ein Comeback (vielleicht als Reprint?) verdient hätte.

Anmerkungen

1 Insgesamt sind an westfälischen Beiträgern zu nennen: Frank Göhre, Hugo Ernst Käufer, Horst Wolff, Max von der Grün, der Wahlkölner Paul Schallück, Franz Müntefering, Josef Reding, S. J. Schmidt, Ralf Thenior und Hildegard Wohlgemuth. Beim ersten Heft aus dem März 1966 mit dem Titel *nun eine innere landkarte* stammt über die Hälfte der neun Beiträger aus Westfalen. Bulkowski gibt im Impressum anfangs zwei Kontaktadressen an, eine in Bochum und die andere in Krefeld. Später ist nur noch die Anschrift in Krefeld genannt.
2 Frank Göhre zählte zum progressiven Potential der Vereinigung Rainer Horbelt, den »noch ganz jungen« Klaus-Peter Wolf, Paul Karalus und »Hansjürgen Bulkowski (mit seiner Zeitschrift *PRO*)«. (Walter Gödden: *Wie alles anfing. Frank Göhres »early Bochum Years«*, in: Literatur in Westfalen. Beiträge zur Forschung 13. Bielefeld 2014, S. 459-488, hier S. 462.)
3 *PRO* verzichtete grundsätzlich auf eine Seitenzählung.
4 Mit Kurt Küther ist zumindest noch ein Autor aus der Ruhrgebiets-Fraktion dabei.
5 Aus dem Editorial.
6 In: *PRO* H. 10, August 1968.
7 Aus dem Editorial.
8 Enno Stahl: *H. B. im Interview (29. Juni 2007)*, in: Kruse, Joseph A. (Hg.): *Popliteraturgeschichte(n). Eine Publikation des Heinrich-Heine-Instituts*. Düsseldorf 2007, S. 65-73, hier S. 65f.
9 Vgl. *Protest-Lexikon*, in: *Protestfibel. Formen einer neuen Kultur*. Bern u. a. 1968, S. 174f.

50 Protestnoten
Franz Josef Degenhardt redet Klartext und hält Zwischentöne für »Krampf im Klassenkampf«

Aufklärung und politische Mobilisierung – der Liedermacher Franz Josef Degenhardt[1] verkörperte 1968 wie wenige andere die intellektuelle Seite der Protestbewegung. Der ausgebildete Jurist unterhielt freundschaftliche Kontakte zu Wolfgang Neuss, Wolf Biermann und Rudi Dutschke, was zu seiner politischen Radikalisierung beitrug. Zum Jahresende 1968 intensivierte er seine Anwaltstätigkeit im Zusammenhang mit den anlaufenden Demonstrationsprozessen gegen die APO, zu deren öffentlichen Repräsentanten er gezählt wurde. 1969 ließ er sich als Anwalt in Hamburg nieder.

Als Liedermacher hatte Degenhardt 1963 bei Radio Bremen und im WDR debütiert. Es folgten erste öffentliche Auftritte und regelmäßig Beiträge im Rundfunk (auch Hörspiele, Features). Zwischen 1963 und 1967 erschienen seine äußerst erfolgreichen LPs *Rumpelstilzchen, Spiel nicht mit den Schmuddelkindern, Väterchen Franz* und *Der Senator erzählt*. Sein Durchbruch erfolgte auf den Liedermacher-Festivals auf Burg Waldeck. Fortan galt er als einer der wichtigsten europäischen Chansoniers. Als Degenhardt 1968 bei den legendären *Essener Songtagen* auftrat, war er einer der »Hauptacts«. Er sang jedoch nicht seine »hitverdächtige« Ballade von den *Schmuddelkindern* oder seine Moritat vom *Bauchladenmann*, sondern bekannte: »Zwischentöne sind nur Krampf im Klassenkampf.« Der Liedvers wurde zu einer Parole der Protestbewegung. Der neue, nun ungleich radikalere Degenhardt kam bei einem Teil des eher steifen Publikums nicht gut an. Es hatte sich am 25. September zu einem *Deutschen Liederabend* im großen Saal des Essener Jugendzentrums eingefunden. Die Karten zu diesem offiziellen Eröffnungskonzert der *Songtage* waren seit langem ausverkauft. Mit von der Partie waren Dieter Süverkrüp und Hanns Dieter Hüsch. Wolfgang Neuss hatte kurzfristig abgesagt.

»100 Hippies hörten harte Lieder«, schrieb die *Westdeutsche Allgemeine Zeitung* über das Konzert, 500 »gesittete Zuschauer« in »teils malerischer, teils gebügelter Tracht« hätten »soliden Beifall gespendet«. Als Degenhardt »zwischentonfrei und politisch fragwürdig personalisie-

Franz Josef Degenhardt.

Franz Josef Degenhardt im Jugendzentrum beim »Deutschen Liederabend«.

Franz Josef Degenhardt und Hannes Wader (links) diskutieren am 23. Dezember 1970 in einer Hamburger Kneipe.

Franz Josef Degenhardt redet Klartext

rend den ›Völkermörder Johnson‹ angriff oder den ›roten Tag in Athen‹ beschwor oder allzu simpel ›her muss die Demokratie‹ forderte«, jubelte nur noch ein Teil des Publikums, »während professionelle Kritiker die Nase rümpften«.[2]
Degenhardt »neige dazu, Leitartikel und Glossen mit – überflüssigen – Gitarren-Akkorden zu begleiten«, hieß es in einer Kritik: »Das politische Engagement überwuchert den artistischen Anspruch, Kunstlosigkeit wird zum künstlerischen Programm. Degenhardt bastelt dieser Tendenz flugs die ideologische Basis, diffamiert das Bedürfnis nach durchgeformter, differenzierender, poetischer Argumentation im Song als bürgerlich-reaktionär.«[3]
Auch die *Rheinische Post* mochte sich nicht mit dem neuen Degenhardt anfreunden: »Sie klatschten zwar Beifall im Essener Jugendzentrum, aber dieser Beifall war mager und blieb eine ziemlich etablierte Verbeugung vor dem großen Namen. Franz Josef Degenhardt, mit seinem Protest viel verdienender Protestler, enttäuschte seine Gemeinde [...].«.[4] Degenhardt sei der »weitaus schwächste« Teilnehmer des Liederabends gewesen.[5]
Ins gleiche Horn stieß Ulrich Olshausen: »Degenhardt war ein Versager. Manche seiner Lieder waren eine Anhäufung von platten Slogans ohne Zündkraft, wie sie heute nicht einmal der biederste Wahlredner mehr seiner Versammlung anzubieten wagen würde. [...] Seine [...] ›Liebe zu verbotenen‹ Worten, wie sie Quartaner benutzen, wenn der Lehrer mal gerade 'raus ist, muss man als frühpubertär bezeichnen.«[6]
Die gespaltene Resonanz auf das Konzert ist signifikant für die damals allgegenwärtige Diskussion über die Funktion von Kunst. Die Kernfrage lautete: Kann bzw. muss sich die Musik wie die Kunst überhaupt den politischen Erfordernissen unterordnen?
Das traditionelle Liedermacher-Festival auf Burg Waldeck hatte im selben Jahr eine neue Richtung vorgegeben. Der Mitinitiator der *Essener Songtage* Tom Schroeder: »Die Waldeck-Sänger aus der Generation der Nazi-Kinder machten das Maul auf, weil sie Ohren und Nase voll hatten [...] von der bedrückenden ›Backe-Backe-Eierkuchen-Kultur der Adenauer-Zeit‹ [...]. Dagegen wehrten sie sich [...] mit neuen oder neu entdeckten Liedern [...], anti-militaristisch, anti-faschistisch, anti-kapitalistisch, anti-autoritär – das waren Begriffe, unter denen sich die Außerparlamentarische

Opposition (APO) zusammengefunden hatte.«[7] Die neue Losung lautete: Keine Kunst, sondern Protest, Widerstand, Angriff.

Süverkrüp und Hanns Dieter Hüsch[8], die in Essen ebenfalls radikalere Töne anschlugen, distanzierten sich später von einer solchen künstlerisch eindimensionalen Liedermacher-Propaganda,[9] während Degenhardt länger auf dem neuen Kurs verharrte.

Seine damalige Popularität zeigte sich schon daran, dass er gleich drei Mal bei den *Songtagen* auftrat. Zunächst, wie gehört, am Eröffnungsabend, am folgenden Tag dann im großen Saal des Saalbau Essen bei *Protest International* und am 28. September im Rahmen von *Die große Folk- und Popshow* in der Grugahalle unter dem Titel *Famos, famos, heute machen wir ein richtig duftes Fest* (!).

Die *Essener Songtage* 1968 sind heute legendär.[10] Sie gelten als das »Deutsche Woodstock« oder »Europäische Monterey«. Den Veranstaltern schwebte jedoch nicht unbedingt ein Underground- oder Pop-Festival vor.[11] Sie wollten in erster Linie ein Zeichen der »Gegenkultur« setzen und eine Fortsetzung der zunehmend politisierten Songtage auf Burg Waldeck bieten. »Es sollte ein Fest ohne ›volkstümliches Tralala‹, keine ›Schlagerparade, weder Heintje noch Freddy noch Peter Alexander, aber auch kein klassischer Liederabend mit Rudolf Schock oder Dietrich Fischer-Dieskau‹ sein.«[12] Vielmehr sollten Lieder die Funktion »gesellschaftlich relevanter Informationen, Meinungen und Kommentare (Franz Josef Degenhardt)« übernehmen, »Lieder als Artikulation einer auf Aktion und sogar Revolution zielenden Bewegung – und mehr: ›Die vielfältigen kreativen Äußerungen der jugendlichen Subkultur‹ sollten in ihrer Gesamtheit dargestellt werden, um damit ›das neue Lebensgefühl der rebellischen Generation ins Bewusstsein der Öffentlichkeit‹ zu rücken.«[13]

Die Stadt Essen verfügte damals über eingeführte und geeignete Aufführungsstätten. Im 1964 gegründeten Jugendzentrum Essen (JZE) hatte zuvor bereits Frank Zappa gastiert.[14] Ein zweiter Veranstaltungsort war der »Saalbau«, ein dritter die Grugahalle, in der schon Bill Haley (1958), die Rolling Stones (1965) und die Beatles (1966) aufgetreten waren. Das Medieninteresse an den 1968er *Songtagen* war riesig. Als Pressereferent fungierte Henryk M. Broder, damals Soziologie-Student in Köln im vierten Semester.

Franz Josef Degenhardts LP »Väterchen Franz«.

Insgesamt traten 45 Einzelkünstler bzw. Gruppen – ohne Gage und lediglich gegen eine Aufwandsentschädigung – auf. Mit dabei waren neben den Genannten Amon Düül, Peter Brötzmann, Tim Buckley, Roger Chapman and Family, Julie Driscoll and Brian Auger's Trinity, Alexis Korner, Frank Zappa and the Mothers of Invention, David Peel, John McLaughlin, Tangerine Dream, The Fugs mit Tuli Kupferberg, Floh de Cologne, P. G. (heute Hadayatullah) Hübsch, Ingo Insterburg, Hannes Wader, Bernhard Witthüser und Ulrich Roski.
Geplant war ferner eine Lesung von Erich Fried, der jedoch krankheitsbedingt absagen musste. Auch Wolfgang Neuss sollte, wie erwähnt, teilnehmen. Er bildete damals gemeinsam mit Degenhardt, Süverkrüp und Hüsch das *Quartett 67*, das sich in Essen als *Quartett 68* präsentieren sollte. Die 4er-Formation brachte 1968 *Da habt ihr es! Stücke und Lieder für ein deutsches Quartett* in Buchform heraus. Allerdings nicht beim »roten« Dortmunder *pl*äne-Verlag, den Süverkrüp in den 1960er

Jahren mitbegründet hatte, sondern beim renommierteren Hoffmann und Campe-Verlag. Die Taschenbuchausgabe bei rororo kam 1970 auf eine Auflage von über 100.000 Exemplaren.[15]
Elf der von Degenhardt auf den *Essener Songtagen* gespielten Lieder erschienen noch im selben Jahr auf der LP *Degenhardt Live*: *Verteidigung eines Sozialdemokraten vor dem Fabriktor, Zu Prag, Hier im Innern des Landes, Irgend'was mach' ich mal, Für Mikis Theodorakis, Manchmal sagen die Kumpanen*[16]*, Der Gott der Pille, Lehrstück der vier Partisanen, Rat an einen jungen Sozialisten, Ballade von den Weißmachern, Angenommen*.

Verteidigung eines Sozialdemokraten vor dem Fabriktor

ich sag dir so geht das nicht
sagt der sozialdemokrat und spricht

natürlich kann ich auf eine drehbank steigen
und loslegen
alle mal herhören
von wegen sicherer arbeitsplatz
und was übrig bleibt wenn die raten bezahlt sind
oder zum beispiel
akkord
aber angenommen sogar ich bin franz beckenbauer
die hören doch gar nicht hin
die schreien doch
halt den hals

ich sag dir so geht das nicht
sagt der sozialdemokrat und spricht

paß auf
im theater bei euch
na meinetwegen
aber stell dir mal vor

bundesliga endspiel
borussia / eintracht
so fünf minuten nach halbzeit
kommen paar von euch auf den platz
rote fahnen und so
und brüllen schluß mit dem quatsch
jetzt wird diskutiert
was meinst du was da passiert
hier euer flugblatt
wischen die sich den arsch mit ab

ich sag dir so geht das nicht
sagt der sozialdemokrat und spricht

paß auf
das mußt du auch mal vergleichen
was hat er früher gehabt
was hat er heute
sieh mal
wir waren sieben zu hause
zwei zimmer immer kohldampf geschoben
und heute
guck dir das doch mal an
wohnzimmer teppich
couch sessel
alles was du willst
auto sogar
die kinder arbeiten verdienen
und dann kommt ihr ARBEITER DU WIRST AUSGEBEUTET
DDR
hau mir ab
ist doch viel schlimmer

ich sag dir so geht das nicht
sagt der sozialdemokrat und spricht

ja
fünfundvierzig
da hätten wir zuschlagen müssen
zack
dann wären wir am drücker gewesen
so
dann hätten die andern mal kommen sollen
dann hätten wir diesen staat gemacht
aber heute geht das nicht mehr
jetzt müssen wir zäh
schritt
für
schritt für schritt für schritt für schritt für schritt
sagt der ewige sozialdemokrat und spricht und spricht und spricht
bloß ändern das will er nicht

***

Zu Prag

Seit Tagen
rufen sie bei mir an,
die Beobachter von Mißständen
aus Funk- und Zeitungs-
und anderen Häusern.
Degenhardt, sagen sie,
oder, vertraulich, Väterchen:
Nun, was sagen sie jetzt
zu Prag?
Ach, die widern mich an.
Endlich, endlich
dürfen sie die in Jahren heruntergewürgte
Kritik
hinauskotzen,
diesmal darf man vom Leder ziehen
zu Prag.

Beifällig nicken Verleger und Intendanten.
Und wir, Freunde,
es scheint, wir haben gut gearbeitet.
Denn hört euch diese Typen an,
die Vorsitzenden der Aufsichtsräte,
die Vorstände und Herren der Konzerne
und deren Sachwalter
auf Regierungs- und anderen -bänken.
Sie sind empört,
weil der Aufbau des Sozialismus gehemmt worden ist
zu Prag.
Sie trauern
und sprechen von Scham,
die Stalingradkämpfer,
die Makler und Generale
und deren Sachwalter
in Zeitungs- und anderen Häusern.
Sie trauern,
weil der Sprung, voller Wagnis,
auf eine andere Stufe des Sozialismus
nicht stattfinden durfte
zu Prag.

Nein,
wir hören genau hin.
Die sagen: Das goldene Prag.
Und wenn die Gold sagen,
meinen die Gold,
die Herren,
die den Vorfall in der Schweinebucht
peinlich,
der Vorfall in Santa Domingo
gelungen,
den Vorfall in Griechenland
überhaupt nicht benennen.
Nein, mit diesen Herren

teilen wir nicht
unsere Wut
über den Sieg der Panzer
zu Prag.

***

Manchmal sagen die Kumpanen

Manchmal sagen die Kumpanen
jetzt, was soll denn dieser Scheiß?
Wo sind deine Zwischentöne?
Du malst bloß noch schwarz und weiß.
Na schön, sag ich, das ist ja richtig,
aber das ist jetzt nicht wichtig.
Zwischentöne sind bloß Krampf
im Klassenkampf.

Auch die alten Kunden klagen:
Wo bleibt Ihre Poesie?
Dinge bilderreich umschreiben,
andeuten, das können Sie.
Na schön, sag ich, das ist ja richtig,
aber das ist jetzt nicht wichtig.
Schöne Poesie ist Krampf
im Klassenkampf.

Einen Scheißhaufen zu malen,
das nutzt gar nichts. Der muß weg.
Und trotz aller schönen Künste
stinkt der Dreck nach Dreck.
Daß er daliegt, ist nicht richtig.
Daß er weg muß, das ist wichtig.
Schöne Künste sind bloß Krampf
im Klassenkampf.

Und um es genau zu sagen
ohne alle Poesie:
Weg muß der Kapitalismus,
her muß die Demokratie.
Ja, genau das ist jetzt richtig,
alles andre nicht so wichtig.
Alles andere ist Krampf
im Klassenkampf.

Und der Dichter, der poetisch
protestiert in seinem Lied,
bringt den Herrschenden ein Ständchen
und erhöht ihren (und seinen) Profit.
Und genau das ist nicht richtig,
und genau das ist nicht wichtig.
Protestieren ist bloß Krampf
im Klassenkampf.

***

Der Gott der Pille

Was sollst du glauben, Christ?
Der Papst sagt Nein zur Pille,
und das ist Gottes Wille.
Das sollst du glauben, Christ.

Wem soll dieser Gott nützen,
was ist das für ein Gott?
Und wen soll er beschützen
vor welcher argen Not?
Das solltest du fragen,
du glaubensfroher Christ.
Die Antwort wird dir sagen,
wes lieber Gott das ist.

Wem nützt, wenn zu viel Söhne,
die hungern und nichts wissen,
für ganz geringe Löhne
sich verdingen müssen?
Wem nützt, wenn zu viel Töchter,
die hungern und nichts wissen,
an jeden fetten Schlächter
sich verkaufen müssen?

Wem nützt es, wenn die Knechte
immer mehr Kinder hecken
und ihre Herrenrechte
ihr Lebtag nicht entdecken?
Wem nützt es, wenn Proleten
in Dublin, Peru, Kapstadt
nicht kämpfen sondern beten,
daß ihre Not ein End hat?

Das ist der Gott der Reichen,
die fressen, ficken, saufen
und den Gewinn einstreichen
und sich die Pille kaufen.
Doch es werden die Proleten
beenden ihre Not
und kämpfen statt zu beten.
Dann stirbt auch dieser Gott.

Dann weiß der fromme Christ,
dann weiß die ganze Christenschar,
wes lieber Gott das war.
(Textdichter: Franz Josef Degenhardt
©Degenhardt-Erben 2015)

Anmerkungen

1. Geb. 1931 in Schwelm. Volksschule und Gymnasium ebd. 1952 Abitur. Von 1952 bis 1956 Studium der Rechtswissenschaft in Freiburg/ Br. und Köln. 1956 Erstes, 1960 Zweites Staatsexamen. Von 1961 bis 1969 Assistent am Institut für Europäisches Recht an der Universität Saarbrücken. Bereits in dieser Zeit Anwaltstätigkeit. 1966 Dr. jur. 1971 Ausschluss aus der SPD, u. a. aufgrund seiner Nähe zur DKP. »1972 erreichte seine Befragung eines Kriegsdienstverweigerers den 1. Platz in der WDR-Hitparade; der Roman *Zündschnüre* belegte 1973 monatelang vordere Plätze der Spiegel-Bestseller-Liste, wurde 1974 verfilmt und 1975 Taschenbuch des Monats; auch der Roman *Brandstellen* wurde 1977 verfilmt. 1978 hat Degenhardt 150.000 Romanbände, 600.000 Platten und 300.000 Lyrikbände (Textbände) verkauft [...]« (*Kritisches Lexikon der Deutschen Gegenwartsliteratur*). Durch Zensureingriffe gegen ihn wuchs seine Popularität weiter. Er wurde zu einer Leitfigur der Protestbewegung in der BRD. In den Folgejahren zahlreiche Tourneen, die oft in politische Initiativen eingebunden waren. Er lebte als freier Schriftsteller und Liedermacher in Quickborn, wo er 2011 starb.
2. Detlev Mahnert, Harry Stürmer: *Zappa, Zoff und Zwischentöne. Die internationalen Essener Songtage 1968*. Essen 2008, S. 96.
3. Ebd., S. 110.
4. Zitiert nach ebd., S. 110.
5. Zitiert nach ebd.
6. Ebd.
7. Ebd., S. 99.
8. Hanns Dieter Hüsch hob in Essen hervor, dass das »gesungene Flugblatt« das »effektivste Lied der Zukunft« sei (ebd., S. 98). Auf dem Waldeck-Festival 1968 war er wegen seiner vermeintlich unpolitischen Lieder von den »Neuen Linken« »niederdiskutiert« und ausgepfiffen worden. Sein Konzert musste nach zwei Liedern abgebrochen werden. In Essen präsentierte er sich wesentlich politischer, um dann jedoch später wieder zu seinem eigentlichen Stil zurückzukehren (vgl. ebd., S. 99).
9. Anders als Degenhardt blieb Süverkrüp auch im Klassenkampf bei den Zwischentönen. Er versuche, wie er sagte, mit ästhetischen Mitteln »die deutschen Allesaufklärer und Spätromantiker vor den Kopf zu stoßen, so gut es geht« (ebd., S. 104).
10. Essen brachte für ein solches Festival gute Voraussetzungen mit. Zum einen betrieb man hier seit Jahren eine erfolgreiche und engagierte Jugendpolitik, zum anderen war die Stadt 1968 Schauplatz eines Internationalen Folklorefestivals und der Kabarett-Tage. Andere Städte hatten im Vorfeld abgewinkt. Essen ging mit einer Vorausfinanzierung

von 300.000 DM weit über die ursprünglich vorgesehenen 118.000 DM hinaus (vgl. ebd., S. 46ff.).
11 Gleichwohl wird das Festival durch beteiligte Bands wie *Guru Guru* oder *Amon Düül* mit der Geburtsstunde des Deutschen »Krautrock« in Verbindung gebracht.
12 Mahnert/Stürmer, a. a. O., S. 47.
13 Ebd.
14 Hier traten auch Herbert Grönemeyer, Klaus Lage, Hanns Dieter Hüsch, Reinhard Mey und Ingo Insterburg sowie viele Rockgruppen aus der Indie-Szene auf. Manche Karriere nahm im Jugendzentrum ihren Anfang, Politiker wie Gustav Heinemann suchten in der Papestraße den Dialog mit der Jugend. Vgl. ebd., S. 60.
15 Die Sammlung unterscheidet sich in Auswahl und Inhalt deutlich von Degenhardts Programm bei den *Essener Songtagen*.
16 Dort unter dem Titel *Zwischentöne sind bloß Krampf im Klassenkampf.*

51 »RhinozEros«
Typografische Exzesse und eine frühe Hommage an die Beat-Poeten

Die Herausgeber Klaus-Peter und Rolf-Gunter Dienst sind grade mal um die zwanzig, als sie ihre »kalligrammatische und logografische Literaturrevue« starten, eine weitere, kuriose Zeitschrift der 1960er Jahre mit erheblichem Underground-Touch.[1] Das kleine Avantgarde-Manifest wartet mit einer besonders eigenwilligen Typografie auf und macht auch sonst alles anders (so werden beispielsweise die ersten drei Hefte als »Episoden« bezeichnet). Literaturgeschichtlich ist die Zeitschrift vor allem durch zahlreiche Erstdrucke (später) namhafter deutschsprachiger Autoren sowie amerikanischer Beat-Poeten relevant, die damals in Deutschland noch fast unbekannt waren.[2]

Das herausgestellte »Eros« im Titel möchte man gern auf die Liebe der Herausgeber zum gestalterischen Exzess beziehen. Die Finessen sind so ausufernd bzw. exzentrisch (gleichzeitig aber höchst originell und aufregend), dass manche Texte bis zur Unleserlichkeit »entstellt« sind. Die Grenzen zwischen Text und (in der Regel handschriftlicher) Gestaltung verwischen vollständig. In einer Beschreibung heißt es: Die Gebrüder Dienst »erarbeiteten sich in der Kleinstadt Itzehoe einen typographischen Stil, der den Eindruck erweckt, man habe dort ein Scriptorium aufbauen wollen. Alle Texte wurden zu schwer lesbaren handschriftlichen Einzelseiten aufgelöst, ehe sich die Zeitschrift in den letzten Heften von der ganzen Breite der Beat-Autoren stärker auf die Visuelle Poesie zubewegte.«[3] Die Zeitschrift im Format 21 x 14,5 cm existierte zwar nur von 1960 bis 1965 und brachte es auf zehn Ausgaben, sie kann jedoch – was die Rezeption der Beat-Poeten angeht – in 68er-Kontexte einbezogen werden, was auch von anderer Seite geschehen ist.[4]

Trotz – oder gerade wegen – ihrer Eigenwilligkeit konnte *RhinozEros* auf hochrangige Mitstreiter zählen. Hierzu gehörten auf westfälischer Seite Ernst Meister, Peter Rühmkorf und Timm Ulrichs. Sie befanden sich in bester Umgebung. Zum Abdruck gelangten Texte (und vielfach Erstdrucke!) von Hans Arp, Samuel Beckett, Allen Ginsberg, Ezra Pound, Horst Bienek, William S. Burroughs, Peter Härtling, Walter Höllerer, Jack Kerouac, Henry Miller (dem das dritte Heft gewidmet ist),

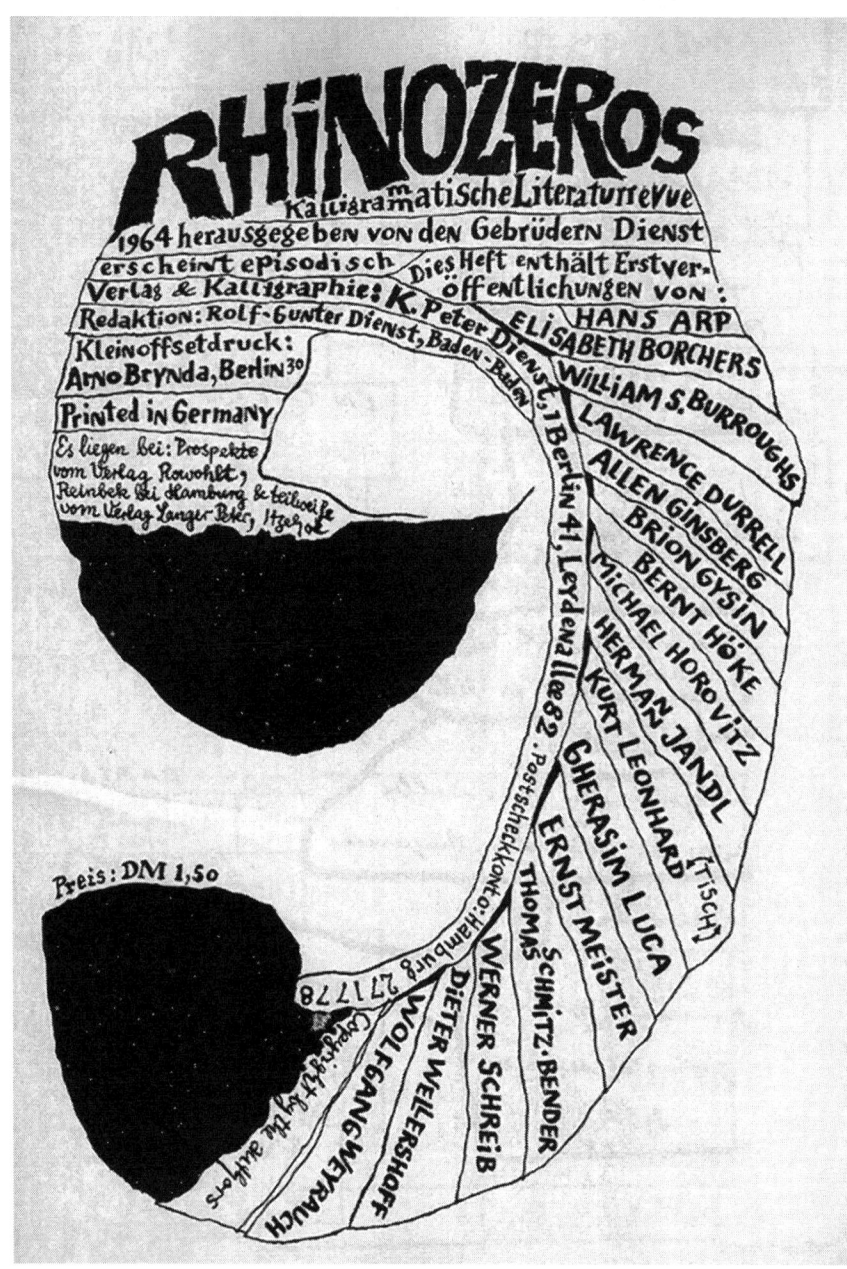

Titelblatt vom Heft 9 der Zeitschrift »RhinozEros«, 1964.

Typografische Exzesse und eine frühe Hommage an die Beat-Poeten

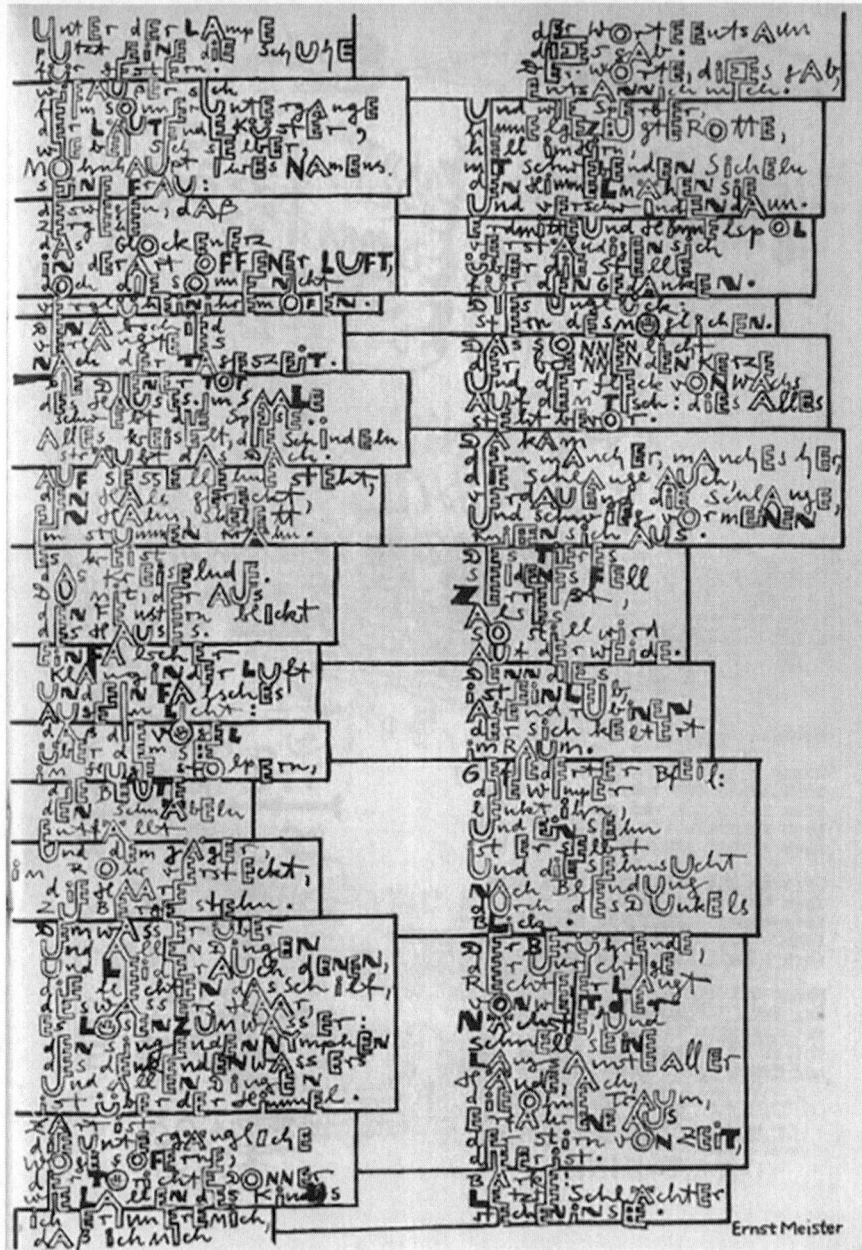

Die vollständige Text-Collage Ernst Meisters aus Heft 9 der Zeitschrift »RhinozEros«, 1964.

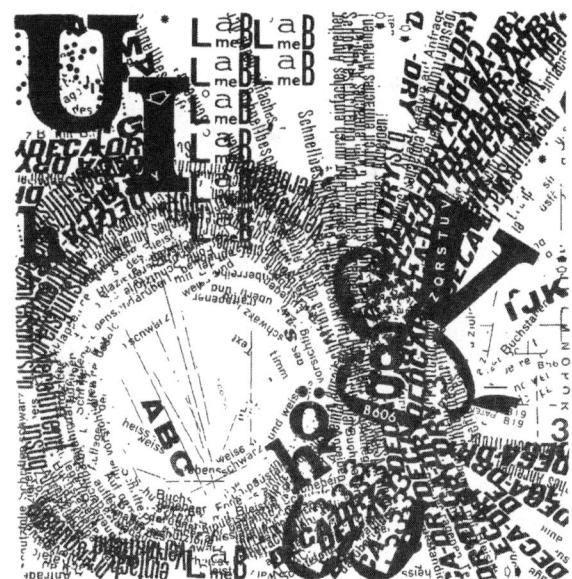

Beiträge von Timm Ulrichs,
»RhinozEros«, Heft 10, 1965.

Typografische Exzesse und eine frühe Hommage an die Beat-Poeten

Gary Snyder, Dieter Wellershoff, Wolfgang Weyrauch, Jean Cocteau, Günter Grass, Raoul Hausmann, Walter Hinderer, Eva van Hoboken, Jean Dubuffet (dem Heft 8 dediziert ist) und Franz Mon, um nur einige der über 100 Beiträger zu nennen. Der William S. Burroughs-Biograf Jed Birmingham machte das gesamte *RhinozEros*-Archiv später online zugänglich – ein weiterer »Link« zur amerikanischen Underground-Kultur, der die Brüder Dienst ein besonderes Faible entgegenbrachten.[5] Peter Rühmkorf ist gleich im Debütheft 1960 mit zwei Gedichten (*Fundefeuer, Flügge Flammen*) vertreten. Ernst Meister stößt im Jahr darauf mit *Etüden* (aus seiner Gedichtsammlung *Flut und Stein*, 1962) hinzu. 1964 folgte eine Collage mit Meister-Texten, die offensichtlich Klaus-Peter-Dienst zusammengestellt hatte. Sie enthält Erstdrucke Meisters, die der Ernst-Meister-Forschung bislang entgangen sind.[6] Timm Ulrichs' Beiträge finden sich im Abschlussjahrgang 1965. Ulrichs nahm sie 1968 in seinen Band *lesarten und schreibweisen* auf (s. S. 16ff.).

Anmerkungen

1 http://realitystudio.org/bibliographic-bunker/rhinozeros/.
2 Auch hinsichtlich des französischen Underground wurde den Brüdern Dienst attestiert: »Klaus-Peter Dienst and his brother Rolf-Gunther did a hero's job of introducing a 1960's French readership to the beats with their magazine Rhinozeros, which we wrote about in November when our Dienst obsession began.« Vgl. http://ruinsorbooks.com/2013/02/carmina-burana-klaus-peter-dienst/.
3 Vgl. www.lot-tissimo.com/de/i/3301351.
4 *Protest! Literatur um 1968*. Eine Ausstellung des Deutschen Literaturarchivs in Verbindung mit dem Germanistischen Seminar der Universität Heidelberg und dem Deutschen Rundfunkarchiv im Schiller-Nationalmuseum Marbach am Neckar. Ausstellung und Katalog: Ralf Bentz u. a. Marbach am Neckar 1998, S. 207-209.
5 Alle Ausgaben sind abrufbar unter: http://realitystudio.org/bibliographic-bunker/rhinozeros/.
6 Vgl. hierzu: Walter Gödden, Lisa Häfner: *Ernst Meister und die Zeitschrift RhinozEros*, in: *Literatur in Westfalen. Beiträge zur Forschung* 15. Bielefeld 2017, S. 229-247. Der Briefwechsel zwischen Rolf-Gunter Dienst und Ernst Meister befindet sich im Westfälischen Literaturarchiv im LWL-Archivamt für Westfalen in Münster. Er umfasst den Zeitraum 5. Dezember 1960 bis 25. April 1979. Inhaltlich besteht er im Wesentlichen aus Bitten Diensts um Beiträge des Hagener Autors. Es ist kaum davon auszugehen, dass Meister auf die Textgestaltung und -auswahl Einfluss

ausübte. Wahrscheinlicher ist, dass er den Herausgebern des *RhinozEros* freie Wahl bei der Auswahl der Texte ließ. Auf diese Weise entstand ein Kuriosum, das nicht zuletzt zeigt, dass Meister freigiebig mit seinen Texten umging und obskuren Unternehmungen wie denen der Brüder Dienst aufgeschlossen gegenüberstand.

52 Rote Kürbiskerne
Ostermarschlieder des verkannten Gerd Semmer

»Dieses Buch ist Gerd Semmer, dem Vater des neuen deutschen Chansons, gewidmet«, heißt es eingangs eines 1968 erschienenen *Songbuchs*.[1] Es handelte sich um eine 255-seitige Sonderveröffentlichung von *Kürbiskern. Zeitschrift für Literatur, Kritik und Klassenkampf*. Der *Kürbiskern* war neben Hans Magnus Enzensbergers *Kursbuch* die zweite relevante politische Buch-Zeitschrift der Linken[2] mit »eigenem Stil und intellektuellem« Niveau (Joachim Kaiser).[3] Das vierteljährlich erscheinende Periodikum existierte von 1965 bis 1987. Das Mitarbeiterverzeichnis liest sich wie das Who's who der damaligen kritischen Literatur.[4] Der Herausgeber Manfred Vosz hatte das *Songbuch* auf der Grundlage von »1200 Liedern und Texten, die in den 50er und 60er Jahren in den politischen Gruppierungen der Linken in der Bundesrepublik entstanden«[5], zusammengestellt. Er berücksichtigte dabei sowohl »Laienarbeiten« als auch namhafte Autoren.[6]
Semmer ist mit 31 Texten vertreten – weit häufiger als jeder andere Beiträger. Und die sind durchaus namhaft. Es begegnen Franz Josef Degenhardt und Dieter Süverkrüp neben unter anderen Christoph Meckel und Erich Fried.[7] Seinem Ruf, »Vater des deutschen Protestsongs« zu sein, wurde Semmer hier schon in rein quantitativer Hinsicht gerecht.
»Man kann Gerd Semmer, den leider so früh Verstorbenen, den Senior des neuen politischen Liedes nennen, des Liedes, das über den allgemeinen Protest hinaus den Klassencharakter der westdeutschen Gesellschaft aufdeckt,«[8] fasste Manfred Vosz zusammen.
Über den Zusammenhang von Lied und Protestkultur fügt er an: »Seit fünf Jahren treffen sich die Sänger alljährlich auf der Burg Waldeck zu Arbeitsforen, Workshops, Konzerten und Diskussionen. In den Großstädten, so in Hamburg, Berlin, Düsseldorf und München entstanden Songgruppen. Die Massendemonstrationen und Songtourneen des Ostermarsches, der heutigen Kampagne für Demokratie und Abrüstung, die Jugendshows der IG Metall, die Demonstrationen und Aktionen der Antinotstandsbewegung erstellten der Liedbewegung die Tribüne. Der Anschluß an die Liedtradition der Linken, der durch die zwölfjährige Hitlerdiktatur verloren war, ist wieder gefunden. Die von Amerika

Illustrationen des Herausgebers Manfred Vosz' zu Gerd Semmers Heimatgeschichtensammlung »Der kleine König«, erschienen in »Kürbiskern« H. 4, Jg. 1966.

Semmers erste Geschichte »IN POTTLAND«, illustriert von Manfred Vosz.

Ostermarschlieder des verkannten Gerd Semmer

Der kleine König in Pottland ist mit dem Schrittmesser auf der Pottländer Promenade unterwegs.

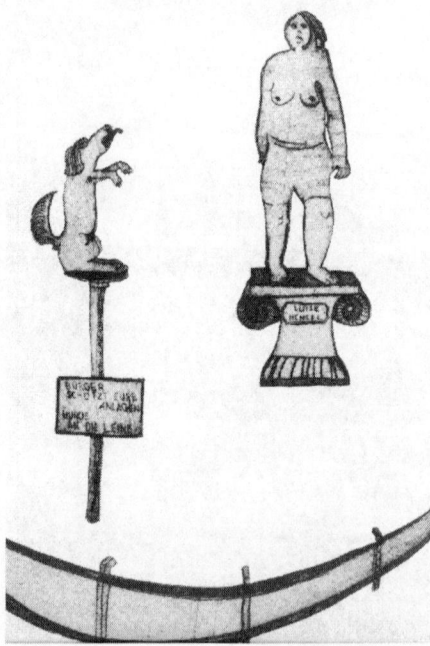

Illustration zu der Geschichte »ANLAGEN«. Zu sehen ist das Pottländer Luise-Hensel-Denkmal neben dem Hunde-Denkmal auf der Promenade.

Der kleine König wird in der Episode »THEATERSPIELEN« bei selbigem gestört.

hereingetragene Kommerzialisierung des Protestes scheiterte ebenso wie die ständigen Versuche der Funk- und Fernsehanstalten, die Interpreten des neuen Liedes zu verharmlosen und sie als Weltfremde zu diffamieren. Die Lieder erreichen Hunderttausende. Das neue Lied ist direkt. Es spricht aus, wer etwa verantwortlich und was noch zu erwarten ist von denen, die die Stimmen der Werktätigen dieses Landes einbringen in das Konzept der herrschenden Kreise, der Monopolkapitalhörigen des Bonner Parlaments. Die neue Liedbewegung nimmt Kurs auf die Veränderung in dem Sinne, wie es Christian Geissler bei einer Demonstration nach der Erschießung des Studenten Benno Ohnesorg formulierte: ›Die politischen Zustände müssen geändert werden. Und sie werden geändert werden. Denn das hier ist unser Land!‹«[9]

Gerd Semmer wurde 1919 in Paderborn geboren. In dieser »kleinen katholischen Stadt im östlichen Westfalen« hätten (so Semmer in seinen

Das von Manfred Vosz 1968 herausgegebene »Songbuch«.

Heimatgeschichten vom kleinen König »Pottland«) »die meisten Leute ein Brett vorm Kopf«. Es sei eine »Umgebung, die am liebsten Schützenkönig« spiele. In Paderborn schrieb Semmer seine ersten Gedichte und führte seine frühen Puppenspiele auf – eine Passion, die ihn sein Leben lang begleitete. Die Kaspermaske wurde für ihn »zu einem Vehikel, […] um politische Kritik zu äußern«.[10] Paderborn blieb Semmer noch lange »in den Knochen«, so die Literaturwissenschaftlerin und Herausgeberin Ursula Püschel, »der Haß und die Liebe für die zwergichte Heimat, Spott und Polemik und der Sinn fürs Kleine auch«.[11]

Semmer unterbrach das Gymnasium und absolvierte beim Vater eine Schneiderlehre. Im Anschluss an die Meisterprüfung holte er das Abitur nach. Aufgrund einer chronischen Nephritis (Nierenentzündung, Lebenserwartung unter fünfzig Jahre) blieb ihm der Militärdienst erspart. Es folgten das Studium der Theaterwissenschaft, Kunstgeschichte, Germanistik und Romanistik in Wien und Marburg.

Gerd Semmer.

Einen großen Einfluss übte damals Brecht auf ihn aus. Semmers Lyrik ist ähnlich kritisch, provokativ und satirisch angelegt. Auch Semmers Versen ist ein Appellcharakter zu eigen, sie fordern zum Handeln, zum Verändern der Welt auf. Dabei beweist der Autor eine beachtliche Formenvielfalt, die von der sozialkritischen Ballade bis zum politischen Chanson reicht, vom prägnant formulierten Spruch bis zum Sonett und zur Hymne. Hier schlägt sein Studium der Literaturwissenschaft durch.[12] Hinzu kommt eine besondere Liebe zur Zitattravestie. Semmer entlehnt Elemente aus Volksliedern, Chansons, Weihnachtsliedern, Kinderversen, Bauernregeln, Sprichwörtern und oft auch aus der Bibel, um sie – abgewandelt – in seinen Gedichten kritisch zu karikieren oder zu parodieren.

Der Plan, über Brechts frühe Stücke zu promovieren, scheiterte. Der politische Impetus aber blieb. Nach dem Studium war Semmer 1951 zunächst in Marburg Dolmetscher, bevor er im Folgejahr Regieassistent und wissenschaftlicher Berater Erwin Piscators in Marburg und Gießen wurde. Er arbeitete an den Büchner-Inszenierungen *Dantons Tod* und

Pass aus dem Jahre 1951.

Gerd Semmer.

Leonce und Lena mit. 1956 und 1959 war er erneut für Piscator tätig, ohne dass hieraus eine dauerhafte Anstellung hervorging. 1953 zog er mit seiner Familie nach Düsseldorf. Hier war er Redakteur der humoristisch-satirischen Zeitung *Michel* (Pseudonym »Moritz Messer«), in der bis 1957 seine satirischen Gedichte und Kurzprosa sowie Buchbesprechungen erscheinen. »Unter der Rubrik *Moritz Messers Schmöker-Ecke* bespricht er neue und wieder neu erschienene Literatur: von Alexander Spoerl über Ludwig Thoma zu Honoré, Daumier, bis hin zu Bertolt Brecht, Karl Kraus und Adolf Glaßbrenner. Ein breites Spektrum, das für die Bandbreite der Zeitschrift steht: unterhaltsam humoristisch-witzig bis engagiert politisch-satirisch. Semmer vertritt mit seinen eigenen Texten – zum Teil auch gegen Widerstand – eindeutig die zweite Richtung.«[13]
Daneben betreute er von 1954 bis 1956 das Feuilleton der *Deutschen Volkszeitung*. 1956 lernt er beim Purimsfest des Zentralrats der Juden in den Düsseldorfer Rheinterrassen den Liedermacher Dieter Süverkrüp kennen. »Der Pantomime Jean Soubeyran gab ein Purimspiel, und Süverkrüp machte den Moritatensänger. Semmer sah sich das an und sagte: ›Warum sollen wir keine Chansons zusammen machen?‹ ›Ja, warum eigentlich nicht!‹ antwortete Süverkrüp.«[14]
Süverkrüp machte aus Semmers Texten Lieder, die – wie Süverkrüp sagte – »anheimeln und unheimeln« sollten.[15] Der Lied- und Chansonform entsprechend sind Semmers Texte im Volksliedton gehalten und weisen weitgehend traditionelle Reimschemata auf. Seine Lieder sind formal einfach, aber inhaltlich nie simpel. Er sagte selbst: »Um […] das Fünkchen im Hirn zu wecken, muß man sich klarmachen, daß wir in Konkurrenz mit der gesamten Konsumfront stehen, mit der Perfektion von Reklame und Werbung. Das Handgestrickte ist heute den Leuten leicht verdächtig, es repräsentiert keine Macht und wirkt daher für sie lächerlich und sektiererisch.«[16] Seine Liedtexte sollten im Idealfall »emotional wirken« und zwischen »den Klippen der Plattheit und der Unverständlichkeit« das Menschenherz erreichen.[17] Ab 1957 war Semmer Kulturredakteur der Wochenzeitung *Stimme des Friedens*. Als diese 1959 verboten wurde, entschied er sich für die Laufbahn des freien Schriftstellers.
Im Gegensatz zu Degenhardt und Süverkrüp, die ebenfalls auf französische Songtraditionen zurückgriffen, orientierte sich Semmer an den

Eines der Hauptwerke Gerd Semmers: »Die Engel sind müde. Verse und andere Prosa aus dem Schlaraffenland« von 1959.

Gerd Semmers »Widerworte. Gedichte und Chansons«.

Liedern der französischen Revolution. 1958 war er als Übersetzer und Herausgeber von *Ça ira. 50 Chansons, Chants, Couplets und Vaudevilles aus der Französischen Revolution 1789-1795* aufgetreten. Über das französische Revolutionschanson schrieb er: »Es ist gern satirisch und witzig, liebt den aktuellen Anlaß, ist nicht ohne Sentiment, hat auch didaktische Züge. […] Wir können viel von ihm lernen.«[18] Im selben Jahr wurde ihm der *Tucholsky-Chanson-Preis* der Zeitschrift *konkret* verliehen.

Semmer macht sich daneben einen Namen als Satiriker. Ein Hauptwerk ist das 1959 im Aufbau-Verlag erschienene Buch *Die Engel sind müde. Verse und andere Prosa aus dem Schlaraffenland*. Schon der Ostberliner Verlagsort zeigt, dass Semmer sein Publikum nicht unbedingt im Westen fand.

1960 wurde Semmer mit dem *Heinrich-Heine-Preis* der DDR ausgezeichnet. Zwei Jahre später erschien seine Chanson-LP *Warnung. Rattengift ausgelegt! Kinder & Haustiere fernhalten*, bei der er mit Süverkrüp zusammenarbeitete. 1963 kamen – wiederum mit Süverkrüp – *Ein Lied, drei, vier. Neue Chansons* sowie *Ostersongs 62/63. Lieder zum Ostermarsch* hinzu. Im Jahr darauf erschien Semmers LP *Wir wollen dazu was sagen. Neue Lieder gegen die Bombe*. Seine erwähnte Sammlung *Ça ira* brachte es auf eine Neuauflage. Wiederum bei Aufbau kam 1965 *Widerworte. Gedichte und Chansons* heraus.

Im selben Jahr trat Semmer einmal mehr als Übersetzer auf, diesmal von *Europäischen Widerstandsliedern gegen den Faschismus* sowie von Sergio Liberovici, Michele L. Straniero: *Pueblo que canta. Lieder aus*

Ostermarsch in Dortmund, 1968.

Ostermarschlieder des verkannten Gerd Semmer

dem neuen spanischen Widerstand. Semmers letzte Veröffentlichung war in seinem Todesjahr 1967 *Geschichten von Herrn B. 99 Brechtanekdoten* – sein hinsichtlich der Verbreitung erfolgreichster Titel.
Die Semmer-Forscherin Karin Füllner fasst zusammen: »Neben Peter Rühmkorf und Hans Magnus Enzensberger ist er [Semmer] einer der wenigen, die in der ›erwünschten Windstille der Adenauerzeit‹ politische Gedichte schreiben. Es sind realitätsbezogene Texte, die in der Tradition Tucholskys, Kästners und Brechts oft chansonhaft satirisch überspitzen.«[19] Semmers Liedschaffen war nie Selbstzweck. Es war verbunden mit einer dezidiert politischen Aussage. Der Autor wollte aufklären und auf gesellschaftliche Missstände hinweisen. Er ergriff Partei für das »einfache Volk« und wandte sich gegen eine Politikerkaste, die, wie er sagte, mit dem Feuer – sprich: der Wiederaufrüstung und konkret der Atombombe – spielte. Seine moralisierenden Appelle wollten »warnen vor einer ›Herrenreligion‹. Die ›Herren‹ repräsentieren in Semmers Texten die gesellschaftliche Macht. Sie stehen verkürzt für das Feindbild, gegen das es aufzubegehren gilt: die Regierung, das Kapital oder auch nur deren Handlanger. Die ›Herren‹ führen ein ›Herrenleben‹.«[20]
In dieser Hinsicht waren Semmers Lieder (in den Vertonungen von Süverkrüp und Fasia Jansen) wie geschaffen für Ostermarschlieder. »Sie haben noch in den 70er Jahren und Anfang der 80er Jahre eine ungeheure Verbreitung in der Friedensbewegung gefunden, jedoch – wie [der Journalist und Autor] Günther Schwarberg feststellt – ohne daß den vielen, die sie sangen, der Name ihres Autors bewußt war.«[21] Füllner verweist in diesem Zusammenhang noch einmal auf Semmers frühe Gedichte der 50er Jahre: »[S]ehr viel eher als viele andere – schon vor der Antiatombewegung, vor Vietnam, vor den 68ern – hat Semmer die Entwicklung der Bundesrepublik von Beginn an in seinen Versen kritisch kommentiert.«[22]
Für Ulla Hahn war Semmer der erste politische Lyriker, der in der Nachkriegszeit zur Situation der Bundesrepublik konkret Stellung nahm, »konkreter als Enzensberger und Rühmkorf«.[23] Der Germanist Klaus Schuhmann nannte Semmer 1973 mit Blick auf das politische Gedicht der 50er Jahre »eine Ausnahmeerscheinung«.[24] Namen wie Enzensberger und Rühmkorf seien lebendig geblieben, nicht jedoch der des von der bürgerlichen Kritik übersehenen Gerd Semmer. Die vorliegende

Revision des Jahres 1968 mag einen bescheidenen Beitrag zu seiner Rehabilitation darstellen.

Die nachfolgenden Texte entstammen sämtlich dem 1968er *Kürbiskern-Songbuch*. Mit Ausnahme des ersten und der drei letzten Beispiele handelt es sich um Ostermarsch-Texte Semmers. Mit jenen fand der Autor seine größte Verbreitung – noch lange über seinen Tod hinaus.

Warnung – Rattengift ausgelegt

In unserm Hof, da hausen Ratten,
sie huschen hin wie schwarze Schatten,
sie naschen aus der Tonne.
Der Wohlstand hat sie rausgelockt,
den achtlos wir dahingebrockt.
Sie schmausen hier mit Wonne.

Drum:
Warnung – Rattengift ausgelegt!
Kinder und Haustiere fernhalten.
Warnung – Rattengift ausgelegt.

Es dämmert, und man sieht sie nagen.
Sie können allerhand vertragen
aus unserm Abfallkübel:
am faulen Fleisch, verpackt in BILD,
wo Bombe, Blut und Busen quillt,
da nascht es sich nicht übel.

Drum:
Warnung – Rattengift ausgelegt!
Kinder und Haustiere fernhalten.
Warnung – Rattengift ausgelegt.

Die schwarze Brut wächst immer schneller.
Schon morgen haust sie uns im Keller

und nicht mehr in der Tonne,
verseucht uns noch das ganze Haus.
Dann ist es wieder einmal aus,
das Plätzchen an der Sonne:

Drum:
Warnung – Rattengift ausgelegt!
Kinder und Haustiere fernhalten.
Warnung – Rattengift ausgelegt.[25]

Der alte Krieg

Und der Krieg ist alt und entbehrlich,
darum droht er der Welt jeden Tag.
Wie ein alter Tiger gefährlich
nur noch Menschen zerreißen mag.

Was die hohen Herrn im Dunkeln brüten,
ist gefährlich – das wissen wir nun.
Um ein großes Unglück zu verhüten,
muß man alles, nicht nur etwas tun.

Und die alten Zeiten, sie melden
Von den Mördern, Mann gegen Mann. –
Heute macht man uns alle zu Helden,
wofür keiner was kaufen kann.

Was die hohen Herrn im Dunkeln brüten,
ist gefährlich – das wissen wir nun.
Um ein großes Unglück zu verhüten,
muß man alles, nicht nur etwas tun.

Gestern kostete es Millionen,
einen Mann zu erschlagen im Krieg. –
Heute sind es schon viele Billionen,
und es ist noch immer kein Sieg.

Was die hohen Herrn im Dunkeln brüten,
ist gefährlich – das wissen wir nun.
Um ein großes Unglück zu verhüten,
muß man alles, nicht nur etwas tun.

Denn die vielen großen Fabriken,
die uns geben das tägliche Brot,
wird die Bombe wie Spielzeug zerknicken.
Darum tötet den Krieg, der uns droht.

Was die hohen Herrn im Dunkeln brüten,
ist gefährlich – das wissen wir nun.
Um ein großes Unglück zu verhüten,
muß man alles, nicht nur etwas tun.

Was zu teuer ist, darf es nicht geben:
Er kostet uns nicht nur das Geld,
der Krieg kostet unser Leben,
er kostet die ganze Welt.

Was die hohen Herrn im Dunkeln brüten,
ist gefährlich – das wissen wir nun.
Um ein großes Unglück zu verhüten,
muß man alles, nicht nur etwas tun.[26]

Mendes Bürgerkrieg

Sie reden vom Bürgerkriege,
Herr Mende, sind Sie denn toll?
Das Ritterkreuz am Halse –
Und noch immer den Hals nicht voll?

Nein, wie kann man nur so reden!
Als käme nie eine Wahl!
Und dabei ist doch für jeden
dieses Wählen eine Qual.

In Dresden, da wohnt mein Bruder,
meine Schwester in Berlin.
Sie sagen, ich soll dahin schießen,
ja, wo schieße ich dahin?

Nein, wie kann man nur so reden!
Als käme nie eine Wahl!
Und dabei ist doch für jeden
dieses Wählen eine Qual.

Frieden und Freiheit, Herr Mende!
Freiheit und Demokratie
und Deutschland wiedervereinigt –
und in Frieden – ohne Sie!

Nein, wie kann man nur so reden!
Als käme nie eine Wahl!
Und dabei ist doch für jeden
dieses Wählen eine Qual.[27]

Luftschutz-Lied

Leute, greift zur Feuerpatsche,
stellt den Tütensand bereit, –
ohne daß ihr es beachtet,
ist schon wieder Luftschutzzeit.

Wieder müßt ihr Vorrat hamstern:
Selterswasser, Haferschleim,
Luftmatratzengruft mit Kerzen –
schmückt den Keller wie das Heim.

Mut in Pillen, Luft in Dosen,
schlau bedacht ist alles hier.
Wenn die Luft euch aber wegbleibt,
dann seid doch die Dummen ihr.

Gerd Semmer

LUFTSCHUTZ-LIED   Melodie: Dieter Süverkrüp

Noten zum Semmer-Song »Luftschutz-Lied« aus dem »Kürbiskern«.

Schwarze Herrenschokolade,
wenn ihr reinbeißt, wenn es kracht,
sollt ihr wissen: schwarze Herren
haben dies für euch vollbracht.

Wieder müßt ihr euch luftschützen:
Himmel blau – und plötzlich rot;
ohne daß sie es beachten,
sind schon zehn Millionen tot.[28]

Bunker-Ballade

He Billy, wir müssen unsern Bunker baun,
denn wir können nicht mehr unsern Herren traun.
Und da nehmen wir den Spaten,
und wir gehen in den Garten,
und wir buddeln und wir buddeln und wir buddeln los,
und wir buddeln uns ein Loch, das wird riesengroß.

He Billy, unser Loch ist schon vier Meter breit,
darum wird es aber jetzt für den Bunker Zeit.
und da lassen wir ganz munter
unsern Bunker da hinunter,
und wir buddeln und wir buddeln und wir buddeln zu,
und wir buddeln ihn ganz zu mit dem Gummischuh.

He Billy, in den Bunker muß ein Fernsehn rein,
denn der Bunker soll gemütlich wie zu Hause sein.
Und da kommt das Televischen
Zwischen all den Kram dazwischen
In den Bunker mit dem Funker und Geklunker schön,
und da können wir die Welt mal von unten sehn.

He Billy, in den Bunker muß ein Leukoplast,
wenn du dich beim Rasieren mal geschnitten hast.

Und da ist man ganz verbittert,
wenn man beim Rasieren zittert.
Wenn man schaukelt, wenn man gaukelt auf dem Schaukelstuhl,
in dem Bunker mit Geflunker wird dir schwül und schwul.

He Billy, gib doch mal das Schießeisen her,
denn in unsern Bunker kommt uns keiner mehr.
Du sollst deinen Nächsten lieben,
doch der Nachbar wird vertrieben:
In den Bunker mit dem Funker wird die Luft so schlecht,
darum greifen wir im Bunker zu dem Bunkerrecht.

He Billy, sag mal ehrlich, ist dies Leben schön?
Sag mal, Billy, dieses Leben, kannst du das verstehn?
Bei dem Kriechen in der Erden
muß man ja zum Maulwurf werden,
muß man schleichen wie die Leichen und erbleichen schier.
Darum Schluß mit dem Stuß – denn der Mensch ist kein Tier.[29]

Verbrannte Erde in Deutschland

Feuer! Vorsicht, man legt Feuer.
Ein Atomminengürtel wird geplant.
Geht auf die Straße und schreit: Feuer!
Feuer, unsre Erde wird verbrannt!

Pfarrer, laß die Glocken läuten,
denn wir brennen alle sonst zu Staub.
Fort mit den großen Generälen;
sie sind für den Schrei der Menschen taub.

Bürger, deine alten Städte
sind nicht heil, doch haben überlebt.
Wer aber wird sie noch erkennen,
wenn am letzten Tag die Erde bebt?

Bauer, deine grünen Gelder
sind bedroht von diesem Teufelsplan,
denn gegen Menschen, Vieh und Wälder
steht die Wand aus Feuer himmelan.

Arbeiter, die Werke brennen,
wo dein Schweiß dir gibt dein täglich' Brot.
Sieh, wo die Himmel heut nur qualmen,
sind sie morgen wohl von Feuer rot.

Feuer! Vorsicht, man legt Feuer.
Ein Atomminengürtel ist geplant.
Geht auf die Straße und schreit: Feuer!
Feuer, unsre Erde wird verbrannt![30]

Strontium 90

Jeder neue H-Bombenversuch
ist ein Fetzen Stoff mehr für dein Leichentuch.
Komm, sei nicht müde, du mußt etwas tun,
es geht um die kommende Generation.

Strontium 90, Strontium 90
fällt auf die ganze Welt.
Strontium 90, Strontium 90
vergiftet Flur und Feld.
Denn der Niederschlag
fällt auf Menschen und Stadt,
bald strahlen wir
wie ein Leuchtzifferblatt.
Schluß mit Strontium 90,
es vergiftet alle Welt.

»Trinkt mehr Milch« wird uns gesagt.
Doch Milch mit Strontium ist nicht gefragt.

Ich will saubere Milch, denn ich glaub nicht daran,
daß Strontium für mich gut sein kann.

Strontium 90, Strontium 90
fällt auf die ganze Welt.
Strontium 90, Strontium 90
vergiftet Flur und Feld.
Denn der Niederschlag
fällt auf Menschen und Stadt,
bald strahlen wir
wie ein Leuchtzifferblatt.
Schluß mit Strontium 90,
es vergiftet alle Welt.

Experten sagen: Du verträgst noch mehr,
denn etwas Strontium schadet nicht sehr.
Doch warte nicht drauf, bis es soweit ist,
daß Strontium 90 dein Leben zerfrißt.

Strontium 90, Strontium 90
fällt auf die ganze Welt.
Strontium 90, Strontium 90
vergiftet Flur und Feld.
Denn der Niederschlag
fällt auf Menschen und Stadt,
bald strahlen wir
wie ein Leuchtzifferblatt.
Schluß mit Strontium 90,
es vergiftet alle Welt.

Dein Blut wird weiß, du bist in Gefahr,
dein Haar fällt aus, du wirst unfruchtbar,
deine Knochen verrotten, du weißt es nicht,
deine Zähne verfaulen dir im Gesicht.

Ostermarschlieder des verkannten Gerd Semmer

Strontium 90, Strontium 90
fällt auf die ganze Welt.
Strontium 90, Strontium 90
vergiftet Flur und Feld.
Denn der Niederschlag
fällt auf Menschen und Stadt,
bald strahlen wir
wie ein Lichtzifferblatt.
Schluß mit Strontium 90,
es vergiftet alle Welt.

Der Mensch hat's satt, der Atomstaub fraß.
Schluß mit den Versuchen, die Welt ist kein Aas!
Wir haben ein Ziel, das sich wirklich lohnt:
daß der Mensch auf der sicheren Erde wohnt!

Strontium 90, Strontium 90
fällt auf die ganze Welt.
Strontium 90, Strontium 90
vergiftet Flur und Feld.
Denn der Niederschlag
fällt auf Menschen und Stadt,
bald strahlen wir
wie ein Leuchtzifferblatt.
Schluß mit Strontium 90,
es vergiftet alle Welt.[31]

Der Polizei ein Osterei

Die Polizei marschiert an unsrer Seite.
Die Polizei, sie hat genau kapiert.
Die Polizei, sie gibt uns das Geleite.
Sie hat kapiert, wohin der Wahnsinn führt.

Der Polizei ein Osterei.
Die Polizei ist auch dabei.

Gerd Semmer

DER POLIZEI EIN OSTEREI

Melodie: Dieter Süverkrüp

Noten zum Semmer-Song »Der Polizei ein Osterei aus dem »Kürbiskern«.

Ostermarschlieder des verkannten Gerd Semmer

Die Polizei, dein Freund und Helfer,
sie ist auch dieses Jahr dabei.

Die Polizei weiß, wenn die Bomben krachen,
dann hat die Polizei auch keinen Zweck,
dann hat die Polizei auch nichts zu lachen,
denn dann sind alle Menschen einfach weg.

Der Polizei ein Osterei.
Die Polizei ist auch dabei.
Die Polizei, dein Freund und Helfer,
sie ist auch dieses Jahr dabei.

Und ohne Menschen kann sie gar nichts machen,
da gibt es auch die Polizei nicht mehr.
Und darum dürfen keine Bomben krachen,
das zu kapieren, ist doch gar nicht schwer.

Der Polizei ein Osterei.
Die Polizei ist auch dabei.
Die Polizei, dein Freund und Helfer,
sie ist auch dieses Jahr dabei.

So geht die Polizei an unsrer Seite,
weil das ein jeder Mensch sofort kapiert.
Die Polizei, sie gibt uns das Geleite,
Sie hat kapiert, wohin der Wahnsinn führt.[32]

Lied vom Pinscher

»Neuerdings ist es ja Mode, daß die Dichter unter die Sozialpolitiker und Sozialkritiker gegangen sind. Wenn sie das tun, dann ist das natürlich ihr gutes demokratisches Recht. Dann müssen sie sich aber auch gefallen lassen, so angesprochen zu werden, wie sie es verdienen, nämlich als Banausen und als Nichtskönner...

Da hört der Dichter auf, da fängt der ganz kleine Pinscher an.« (Ludwig Erhard, 1965)

Es war einmal ein Pinscher,
der alles biß, was stinkt.
Da kam ein dicker Mann her,
zigarrenrauchbeschwingt.

Der blies ihn an; er schnappte –
die Hose riß entzwei.
Der Dicke aber jappte,
daß dies ein Pinscher sei.

Man konnte durch die Fetzen
die Unterhosen sehn,
sie waren von vorgestern,
sie waren nicht mehr schön.

Der Dicke sagte weiter,
was keiner gleich verstand:
Der Hund muß an die Leine,
er muß ans Gängelband!

Der Dicke ist gelaufen,
er lief zur Polizei.
Da hört man ihn schnaufen,
daß dies ein Pinscher sei.

Das war es, was er meinte,
doch was er sprach war Brei,
um uns zu informieren,
daß dies ein Pinscher sei.

Dem Dicken, der gerannt war,
– ging die Puste aus,
und weil er kein Gigant war,
kam er nicht mehr nach Haus.

Da saß er in der Patsche
und in der Pinscherei,
allwo er nicht mehr sagte,
daß dies ein Pinscher sei.

Da kamen viele Pinscher
und gruben ihm ein Grab
und setzten einen Grabstein,
worauf geschrieben stand:

Es war einmal ein Pinscher...
die ganze Litanei.
So daß man denken konnte,
daß dies ein Pinscher sei.[33]

Ein Herz wie Steinbeck

Sexbomben, Kardinäle,
am weekend in Vietnam,
wetzen die blutigen Stähle,
zu schlachten der Witwe Lamm.

Testbomber, Astronauten,
erproben ihr Arsenal
und lassen nicht mehr verlauten
den Menschen in seiner Qual.

Staunende Journalisten,
der Mann der Literatur,
ernennen die Metzger zu Christen
und schießen die leuchtende Spur.

Sprühen giftige Dämpfe,
die Wälder stehen entlaubt.
Touristen genießen die Kämpfe,
und Mütter verhüllen ihr Haupt.[34]

Lebe glücklich, lebe froh…

Lebe glücklich, lebe froh
wie der König Salomo,
der auf seinem Stuhle saß
und ein Stückchen Käse aß.

Lebe glücklich immerdar
einzeln und als Ehepaar,
setz dich nie ins grüne Gras,
wo kein Geigerzähler maß.

Lebe glücklich, lebe froh
ohne Furcht und Risiko,
lebe nach dem Augenmaß
ohne Krebs und Knochenfraß.

Lebe glücklich, werde alt
ohne Mantel aus Kobalt,
ohne Gift und Nervengas,
ohne Pest und Choleras.

Lebe glücklich hier und da
ohne Preußens Gloria.
Wehrt euch ohne Unterlaß,
alle beißen sonst ins Gras.

Lebe glücklich, werde alt,
bis die Welt in Stücke knallt
(in zehn Milliarden Jahren).
Ohne dies und ohne das
gibt es noch genügend Spaß.[35]

Anmerkungen

1 Manfred Vosz (Hg.): *Kürbiskern. Songbuch.* München 1968, S. 2. Semmer war ein Jahr vor Erscheinen des *Songbuchs* in Ratingen verstorben.
2 Vgl. Otto Köhler: *Kürbiskernspaltung,* in: *Der Spiegel,* Ausgabe vom 25.11.1968.
3 Zitiert nach ebd.
4 Unter den Beiträgern waren auch zahlreiche westfälische Autoren. Stellvertretend seien hier die Namen Ralf Thenior, Günter Wallraff, Max von der Grün und Eduard Claudius genannt.
5 Vosz, a.a.O., S. 250.
6 Ebd.
7 Überraschenderweise begegnet dem Leser auch die Ruhrgebietsautorin Hildegard Wohlgemuth mit zwei Texten.
8 Vosz, a.a.O., S. 250.
9 Ebd., S. 251.
10 Karin Füllner: *Frieden – ein »gefährliches Wort«. Gerd Semmers politische Lyrik der 50er Jahre,* in: *Literatur in Westfalen. Beiträge zur Forschung 2.* Paderborn 1994, S. 223-235, dort S. 223.
11 Zitiert nach ebd., S. 223.
12 Vgl. ebd., S. 225.
13 Ebd., S. 225f.
14 Zitiert nach ebd., S. 233.
15 Zitiert nach ebd.
16 Zitiert nach ebd.
17 Zitiert nach ebd.
18 Zitiert nach ebd.
19 Ebd., S. 226f.
20 Zitiert nach ebd., S. 232.
21 Ebd., S. 234.
22 Ebd.
23 Ulla Hahn: *Literatur in der Aktion. Zur Entwicklung operativer Literaturformen in der Bundesrepublik.* Wiesbaden 1978, S. 27.
24 Annie Voigtländer, Hubert Witt (Hg.): *Denkzettel. Politische Lyrik aus der BRD und Westberlin.* Frankfurt a.M. 1974, S. 9.
25 *Kürbiskern. Songbuch,* a.a.O., S. 41.
26 Ebd., S. 82-84.
27 Ebd., S. 86f.
28 Ebd., S. 92f.
29 Ebd., S. 92-95.
30 Ebd., S. 102f.
31 Ebd., S. 110-113.
32 Ebd., S. 117f.
33 Ebd., S. 149.
34 Ebd., S. 226f.
35 Ebd., S. 229f.

53 Ruhrfestspiele
Das Junge Theater greift realistische Stoffe auf und Heintje trällert aus der Musikbox

1968 bereiteten die Bühnen Dortmund eine Aufführung von Renke Korns Theaterstück *Partner* vor, das 1969 auf dem *Jungen Forum* der *Ruhrfestspiele Recklinghausen* gezeigt wurde. Diese 1961 begründete progressive neue Programmsparte bot unter anderem ein Musikprogramm mit Jazz, Songs und Folkmusik, während das übrige Programm der Ruhrfestspiele traditionell blieb. Nach zunehmender Kritik an der Rückständigkeit des Programms (s. S. 540) öffneten sich die *Ruhrfestspiele* erst allmählich und zögerlich politischen Stoffen. Eine entsprechende Kritik am bildungsbürgerlichen Hauptprogramm findet sich

Die Jugend stellte, wie es seinerzeit in der Presse hieß, ein »interessiertes Publikum der Ruhrfestspiele«. Abbildung aus der Zeitschrift »Westfalenspiegel«.

Szenenfotos aus Renke Korns Theaterstück »Partner«.

Premiere von Brechts »Dreigroschenoper«, Bergmannschor von Concordia, Städtische Bühnen Oberhausen, 12. Januar 1968.

Brechts »Schweyk im 2. Weltkrieg«, Ruhrfestspiele Recklinghausen, 27. Juni 1967.

Das Junge Theater greift realistische Stoffe auf

beispielsweise im erwähnten Film *Kunst auf der Kohle* (s. S. 350ff.). Sie moniert, dass die Arbeiterschaft bei den vom Deutschen Gewerkschaftsbund unterstützten Festspielen weitgehend außen vor bleibe, während sich das Bürgertum selbst feiere.
Eine Szene aus Wolfgang Körners Roman *Nowack* (s. S. 135ff.) wendet dieses Manko ins Polemische: »Thema Ruhrfestspiele. Probe im Festspielhaus. Ein frühmittelalterliches Ministerienspiel, wenige Tage zuvor wiedergefunden bei Ausgrabungsarbeiten im Kloster Donaueschingen, uraufgeführt im Jahre Vierzehnhundertzweiundachtzig in lateinischer Sprache, also der geeignete Stoff für das wirkliche wahrhaftige Arbeitertheater. Der Dramaturg: nimmt einen Schluck Kaffee aus der Tasse, die ihm seine Assistentin gereicht hat, hält ihn für ungenießbar und spuckt auf die Bühne. Aber: Liegt nicht die Bedeutung einer Assistentin noch immer und trotz der Eheexegese des hl. Thomas von Aquavit im wesentlichen in der Horizontalen begründet? Maria im Minirock. Der Dramaturg vergißt den Kaffee und dramaturgiert. Das Team trifft ein. Interview. Ist doch gerade ein frühmittelalterliches Mysterienspiel wie kein anderes geeignet. Kulturelle Betreuung des Arbeiters. Otto Burrmeister. Vermächtnis, Anliegen, Bedeutung. Welcher Werktätige will Agitprop? Schiller müßte man mal wieder spielen. Werktätige, Kulturarbeit, Regieauffassung, Bildungsbarriere, Aufklärung, Nachholbedarf, Theater für Massen, Breitenarbeit, Engagement, […].«[1]
Bei Renke Korns Stück *Partner* handelt es sich um eine lose Szenenfolge, die dezidiert soziale Themen und Konflikte aufgreift. Die im Untertitel so bezeichneten *Zehn Beispiele* tragen die Überschriften *Soziale Partnerschaft, Aufstieg I-V, Picknick, Gastarbeiter, Weißer Kreis, Neubeginn* und *Weihnachten*. *Partner. Zehn Beispiele* erschien auch in Buchform, zunächst 1969 beim Verlag der Autoren und anschließend 1971 bei Benzinger. Auf die Buchfassung folgte 1973 ein gleichnamiger Fernsehfilm des Senders Freies Berlin.

GASTARBEITER

Personen

Tremper – Lehmann – Thieler – Mann mit Hut – Wirt – 3 Skatspieler – Kellnerin – Italiener.

Kneipe. Theke, Tische, Musikbox. Der Wirt steht hinter der Theke und spült Gläser. An einem der Tische sitzen drei Männer und spielen Skat. An einem anderen sitzen Tremper, Lehmann und Thieler, alle drei ungefähr 28 Jahre alt. Ein ca. 40-jähriger Mann mit Hut und Popelinemantel steht an der Theke.

Der Mann mit Hut:	(trinkt sein Bier aus) Noch eins. – Passen Sie mal auf: 1975 oder so, da wollen wir uns mal widersprechen.
Wirt:	Alles kannste ja nich mit Maschinen machen.
Der Mann mit Hut:	Nee, nicht alles. Aber mehr als heute. Das kommt ja erst langsam. Die Bevölkerung nimmt immer mehr zu und die Arbeitsplätze nehmen immer mehr ab. Ich sag Ihnen: in 'n paar Jahren, da haben wir wieder massenhaft Arbeitslose.
Wirt:	Nee, glaub ich nich.
Der Mann mit Hut:	Das garantier ich Ihnen.
Wirt:	Die Regierung macht schon was dagegen.
Der Mann mit Hut:	Die Regierung? Was soll die denn dagegen machen? Kann sie doch gar nicht. Das kommt doch alles automatisch. Da kann man überhaupt nichts gegen machen.
Wirt:	Nee, ich glaub das nich.

(Lehmann und Thieler grinsen sich an und wenden sich Tremper zu, der in sein Bier starrt.)

Lehmann:	Säufste auch während der Arbeit.
Thieler:	Haste doch abends Zeit genug zu.

Lehmann:	Wie haste das überhaupt gemacht? Wo haste denn die Pulle gehabt? Inner Tasche?
Tremper:	Halt die Schnauze!
Thieler:	Geh doch woanders hin!
Lehmann:	Will er ja auch.
Thieler:	So 'ne Stelle wie da kriegste doch überall.
Lehmann:	Nee, du, das glaub ich nich. Da kriegt er vier Mark. Woanders kriegt er höchstens drei-achtzig.

(Eine Kellnerin kommt aus der »Privat«-Tür.)

Thieler:	(ruft ihr zu) Erika! Bring noch mal drei Klare!
Lehmann:	Weisste, was ich dem Betriebsleiter gesagt hätte? Meister, ich hab Kummer. Meine Alte ist mir durchgebrannt. Deshalb muss ich saufen. Da müssen Se menschliches Verständnis für haben. – Das hätte ich gesagt. (Er und Thieler grinsen.)
Thieler:	(ernst) Nee, ehrlich, Franz, kannste nich morgen zu dem hingehen und sagen, 's tut dir leid, kommt nich wieder vor und so? Ich meine, du hast doch die ganze Zeit prima gearbeitet. Die waren doch zufrieden mit dir, oder?
Tremper:	Klar waren die zufrieden mit mir.
Thieler:	Oder war schon mal sowas?
Tremper:	Ja, war schon zweimal sowas.
Lehmann:	Das is natürlich Scheisse. Das kannste ja auch nich machen.
Tremper:	Mensch, wenn ich besoffen bin, fahr ich das Ding besser, als wenn ich nüchtern bin.
Thieler:	Wie ham se's denn dann gemerkt? (Tremper antwortet nicht.) Bist doch irgendwo vorgefahren, was? (Die Kellnerin kommt mit den drei Gläsern an den Tisch.)
Kellnerin:	Drei Klare.
Thieler:	Danke.
Kellnerin:	Bei dir?

Thieler:	Ja. (Sie schreibt die drei Klaren auf seinem Bierdeckel an.)
Tremper:	(legt den Arm um sie) Komm, Erika, setz dich mal zu uns!
Kellnerin:	Hab jetzt keine Zeit.
Tremper:	Wieso denn nicht? Komm, setz dich her!
Kellnerin:	Lass mich los!
Tremper:	Nee, du sollst dich hierher setzen!
Wirt:	(der die Szene beobachtet) Mach keinen Quatsch, Franz, oder du fliegst hier raus!

(Die Kellnerin entzieht sich Tremper und geht hinter die Theke.)

Thieler:	Hier, trink! (Tremper kippt den Klaren hinunter, geht zur Musikbox, wirft Geld ein und drückt Tasten.)
Lehmann:	(zu Thieler) Is schon wieder voll.
Thieler:	(ruft Tremper) Drück mal D 3!
Tremper:	Mach's doch selbst!
1. Skatspieler:	Drei Pils!
Der Mann mit Hut:	(zum Wirt, der ihm kaum zuhört) Waren Sie schon mal in einer Druckerei?
Wirt:	Nee.
Der Mann mit Hut:	Ich hab mal eine besichtigt. Die, wo der »Abend« gedruckt wird. Alles automatisch. Von vorne bis hinten. Toll. – In zwanzig Jahren gibt's vielleicht nur noch Maschinen. Ist ja auch viel einfacher. Die stellt man an – fertig.

(Aus der Musikbox hört man Heintje: Ich bau dir ein Schloss.)

Tremper:	(zum Wirt) Sag mal, kannste das nich mal lauter stellen. Man hört ja nix.
Wirt:	Das ist laut genug.
Tremper:	Nee. Ich hab da Geld reingeschmissen, dafür will ich auch was hören. (Der Wirt beachtet ihn nicht weiter.)

Lehmann:	Komm, Franz, setz dich wieder her! (Tremper greift hinter die Musikbox, um sie lauter zu stellen.)
Wirt:	Lass die Finger davon! (Er kommt hinter der Theke hervor und zieht Tremper zurück.) Das bleibt so, verstanden? Denkste, ich will Krach mit den Nachbarn? Los, setz dich hin!
Tremper:	Langsam, Erich, nicht anfassen, ja.
Wirt:	Mach hier keinen Quatsch, Franz! (Er geht zurück hinter die Theke.)
Thieler:	Das gibt heute noch was mit dem. – Komm, Franz, wir trudeln einen. Erika, gib mal 'nen Becher! (Die Kellnerin will den drei Skatspielern drei Pils bringen. Tremper stellt sich ihr in den Weg.)
Kellnerin:	Lass mich vorbei, du blöder Kerl!
Tremper:	Was bin ich?
Kellnerin:	Besoffen biste. Lass mich vorbei!
Tremper:	(grinst) Nee.
Wirt:	Franz, jetzt langt's aber gleich! Lass die Erika in Ruhe!
Tremper:	Komm, reg dich bloss ab! Ich tu ihr ja nix. – Bitte schön. (Er lässt die Kellnerin mit einer Verbeugung passieren und setzt sich an einen freien Tisch, weil ihm etwas schlecht wird.)
Wirt:	(bringt Thieler und Lehmann den Würfelbecher) Was ist denn los mit ihm?
Thieler:	Dem ham se heute seinen Gabelstapler weggenommen und auf die Rennbahn gesetzt.
Wirt:	Warum denn?
Thieler:	War während der Arbeit besoffen.
Tremper:	(steht wieder auf und geht zur Theke) Nee, weisste, warum? Weil se Platz brauchen für die Spaghettifresser.
Wirt:	Wieso?
Tremper:	Wieso? In Halle B, da fahren zwei Spaghettis Gabelstapler. Da kommen immer mehr. Geh mal bei uns inne Kantine! Da hörste nur noch Bla-bla-bla.

	Verstehste kein Wort. Gestern sitz ich am Tisch und esse, kommt da so 'n Blonder und setzt sich neben mich. Ich sage: Scheiss-Essen heute wieder, was? – Da guckt der mich ganz doof an und sagt: Gutten Tak! – Is das 'n Spanier. Wo de hinkommst: Spaghettifresser.
Wirt:	Hau doch ab da!
Tremper:	Tu ich auch.
Lehmann:	Is doch überall so. Bei uns ham se jetzt Jugoslawen und Türken.
Tremper:	Gib doch mal 'n Bier her!
Der Mann mit Hut:	Aber ohne Gastarbeiter geht's ja leider auch nicht. Wir haben doch zur Zeit zu wenig Arbeitskräfte.
Lehmann:	Nee. Weisste, wozu die hier sind? Damit die uns die Löhne kaputtmachen. Deshalb holen se die. Da wo die herkommen, da kriegen se nämlich höchstens 'ne Mark die Stunde. Und hier in Deutschland, für drei Mark, da machen die schon alles für. Die sind ja schon froh, wenn se sich 'ne heile Hose kaufen könn. Da wo die herkommen, da ham se ja nich mal Papier zum Arschabwischen.
Thieler:	Aber hier, da laufen se rum, als wenn se Generaldirektoren wärn. Guck se dir mal an, drüben im »Rialto«, da stehn se jetzt rum, alle mit schwarzem Anzug und mit Schlips. Da glotzen se unsere Mädchen an und kriegen einen hoch.
Der Mann mit Hut:	Sie sehen das zu einseitig. Die Gastarbeiter sind im Grunde ein wirtschaftliches Problem. Wir haben eben eine Hochkonjunktur.
Tremper:	Was ham wir?
Der Mann mit Hut:	(wendet sich ihm zu) Wir haben eine Hochkonjunktur. Das heisst: wir haben ein Überangebot an Arbeitsplätzen. Und deshalb kommen die Gastarbeiter. Aber in ein paar Jahren ist das vorbei. Da können wir sie wieder alle nach Hause schicken. Da werden wir nämlich weniger Arbeitsplätze als

	Arbeiter haben. Da wird es wieder eine Masse Arbeitslose geben.
Tremper:	(dumpf) Wieso?
Der Mann mit Hut:	Das will ich ihnen sagen. Weil es immer mehr Maschinen gibt. Und je mehr Maschinen es gibt, desto weniger Arbeiter braucht man.
Thieler:	Ja, das hat mir auch der Päule gesagt: in ein paar Jahren gibt's wieder 'n Haufen Arbeitslose.
Tremper:	Dann dürfen se eben keine Maschinen mehr bauen.
Der Mann mit Hut:	(lacht überlegen) Das sagen Sie so.
Thieler:	Da kannste gar nix gegen machen, Franz. Wenn die damit verdienen, stellen se Maschinen auf, und uns setzen se auf de Strasse.
Lehmann:	Ich hab's ja immer gesagt: als Arbeiter biste der letzte Dreck. Da machen se mit dir, was se wolln.
Tremper:	Da haste recht, Ernst: 'n Dreck sind wir. 'N alter Scheissdreck sind wir. – (Laut) Ich hab gesagt: ich will noch 'n Bier!

[...][2]

Anmerkungen

1   Wolfgang Körner: *Nowack*. Reprint. Bielefeld 2014, S. 47. Ein entsprechendes Stück konnte nicht nachgewiesen werden. 1967 spielten die Ruhrfestspiele *Napoleon oder Die hundert Tage* von Christian Dietrich Grabbe, *Schwejk im Zweiten Weltkrieg* von Bertolt Brecht sowie *Bürger Schippel* von Carl Sternheim. 1968 standen *Troilus und Cressida* von Shakespeare, *Die chinesische Mauer* von Max Frisch sowie *Jegor Bulytschow und die anderen* von Maxim Gorki auf dem Programm. Vgl. Ruhrfestspiele Recklinghausen (Hg.): *50 Jahre Ruhrfestspiele Recklinghausen*. Bottrop 1996, S. 210-227.
2   Zitiert nach der Ausgabe Köln 1971, S. 83-91. Erstausgabe Frankfurt a. M. 1969.

54 Serielle Performance
Reinhard Döhl experimentiert mit sprachlichen Floskeln

Der westfälischen Literaturszene gehörte Reinhard Döhl[1] nur durch seinen Geburtsort Wattenscheid an. Max Bense, ein Prototyp der experimentellen Moderne und Begründer der sogenannten *Stuttgarter Schule*, hatte Döhl nach dessen Studium in Göttingen zum Umzug in die schwäbische Metropole animiert. Hier avancierte Döhl zu einem der bekanntesten Vertreter experimenteller und visueller Poesie in Deutschland. Bereits 25-jährig war er Mitherausgeber der *protokolle der werkgruppe für dichtung*. Im selben Jahr trat er mit seinem Hörstück *Herr Fischer und seine Frau oder Die genaue Uhrzeit* hervor, das unter anderem am *Jungen Theater Göttingen* aufgeführt wurde.[2]

Später konnte Döhl seine künstlerischen Intentionen mit seinen Lehrveranstaltungen an der Universität Stuttgart verknüpfen. Er war ein Universalist, dessen Arbeitswerkstatt nicht nur die Literatur, sondern auch die Bildende Kunst (unter anderem Mail-Art, Collage, Typografie), die Musik (die Form des Chansons), die Radiokunst (über die Döhl wissenschaftlich arbeitete), das experimentelle Hörspiel, das (Sprech-)Theater und zuletzt zunehmend auch das Internet einschloss. So entstand ein vieldimensionales Werk, das auf der Homepage des 2004 verstorbenen Autors ausführlich dokumentiert ist.

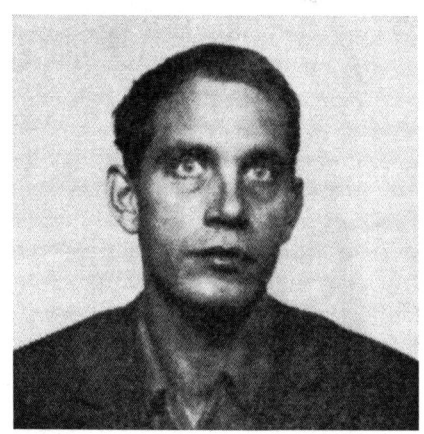

Reinhard Döhl.

**reinhard döhl mi
ssa profana zeit
gedichte moritat
liebesgedichte va
ariationen wolfga
ng fietkau verlag
schritte fünf**

Döhls »missa profana« erschien zuerst 1959 in einem Göttinger Studentenmagazin. Der Text hatte ein gerichtliches Nachspiel bis vor das Bundesverfassungsgericht. Dem Autor wurde Verunglimpfung religiöser Sitten vorgeworfen. Max Bense, der Verleger Josef Witsch, Heinrich Böll und Stefan Andres setzten sich in Gutachten für Döhl ein. Die Buchveröffentlichung datiert aus dem Jahr 1962.

**reinhard döhl
fingerübungen**

Eine weitere frühe Veröffentlichung Döhls, ebenfalls aus dem Jahre 1962, erschien im renommierten Limes Verlag.

Reinhard Döhl experimentiert mit sprachlichen Floskeln

In Klaus Burkhardts Edition »rot« veröffentlichte Döhl 1969 »poem structures in the looking glass«.

Die nachfolgende Textfassung von *man*³ wurde 1968 veröffentlicht. Sie wurde 1969, 1970 und 1993 vom WDR- und SR-Rundfunk realisiert. Seiner kritischen Spracherkundung blieb der Autor zeitlebens treu – unter anderem und in vielfachen Variationen in seiner Bild- und Laut-Poesie. Ebenfalls 1968 erschienen von ihm *Poesia experimental. Estudios y teoria* (mit Eugen Gomringer) und der Zyklus *statt dessen* (s. u.).

man
1 dasselbe wie Mann, mh. ah. man, irgend ein
Mensch, Mann, s. jemand, niemand. Auch fz.
ist on – afz. omne, nfz. homme (lt. homo)
Mann, Mensch.
2 nd., mu. nordd. – nur; sei man still, ich
habe man zehn Mark; unerklärt.

man
tut was man kann was man ist was man tut was
man
kann was man ist was man tut was man kann was
man
ist was man tut was man kann was man ist was
man
tut was man kann was man ist was man tut
was
man kann was man ist was man tut was man kann
was
man ist was man tut was man kann was man ist
was
man tut was man kann was man ist was man tut
was
man kann was man ist was man tut was man
kann
was man ist was man tut was man kann was man
ist
was man tut was man kann was man ist was man
tut

was man kann was man ist was man tut was man
kann
was man ist was man tut was man kann
was
ist man was tut man was kann man was ist man
was
tut man was kann man was ist man was tut man
was
kann man was ist man was tut man was kann man

was ist man
man ist was
was kann man
man kann was
was tut man
man tut was

unbewältigte vergangenheit
wahrscheinliche rede
man hatte mit hand anzulegen
man hatte zuzusehen
man hatte zu gehorchen
man hatte zu schweigen
man hatte wirklich nichts damit zu tun
man konnte nichts dagegen machen
man war befehlsempfänger
man hatte frau und kind
man mußte rücksicht nehmen
man hätte kopf und kragen riskiert
man wäre in teufels küche gekommen
man hätte dem tod ins auge gesehen
man wäre über die klinge gesprungen

mögliche rede
man hätte etwas dagegen tun können
man hätte den befehl verweigern können
man hätte auf frau und kind pfeifen können
man hätte alle rücksichten fallen lassen können
man hätte nicht mit hand anlegen dürfen
man hätte nicht zusehen dürfen
man hätte nicht schweigen dürfen
man hätte nicht gehorchen dürfen
man hätte nichts damit zu tun haben müssen
man wäre in teufels küche gekommen
man hätte kopf und kragen riskiert
man hätte dem tod ins auge gesehen
man wäre über die klinge gesprungen

üble nachrede
man war in teufels küche
man hat um kopf und kragen gebracht
man hat dem tod ins auge gesehen
man hat über die klinge springen lassen

man hat mit hand angelegt
man hat zugesehen
man hat geschwiegen
man hat gehorcht
man hat nichts dagegen getan
man war gehaltsempfänger
man hat nicht an frauen und kinder gedacht
man hat keine rücksicht genommen
man hat mitgemacht

spielregeln
man sagt
man sagt
man meint
man meint
man denkt
man denkt
man schweigt
man sagt
man sagt
sagt man
meint man
meint man
denkt man
denkt man
schweigt man
sagt man
sagt man
man sagt
man meint
man meint
man denkt
man denkt
man schweigt
man redet

aber man weiß
doch man weiß
was zu sagen man
hat was zu sagen
aber man sagt
doch man sagt
was man hat
das hat man
so sagt man
man sagt so
zu sagen was man weiß
man weiß was zu sagen

milchmädchenrechnung mit mehreren unbekannten
man ist wieder wer
wenn man wer ist
wie man so glaubt
wenn man wer war
wie so man glaubt
wenn man wer wird
so wie man glaubt
daß man wer war
wird man wer sein
der man dann ist
weil man wer war
wie man so glaubt
weil man so sagt

comme il faut *)
man kommt
man kommt vor
man kommt an
man kommt voran
man kommt an in
man kommt in in an
man kommt fast dran

man kommt nahe zu
man kommt dran vorbei
man kommt drum herum
man kommt drüber weg
man kommt drüber hinaus
man kommt sehr weit
man kommt weiter
man kommt soweit man kommt
und soweit kommt es mit man
daß es soweit mit man gekommen ist
*) wie sichs gehört musterhaft

man wohnt in einer gegend in der man wohnt
man hat sich eingerichtet
man richtet sich nach was man sich richtet
man ist ausgerichtet
man lebt wie man lebt
man kann leben
man kann was man kann
man kann nicht klagen
man tut was man tut
man tut so als ob
man hat was man hat
man hat keine zeit
man ist was man ist
man ist wieder wer
man redet was man redet
man kann mitreden
man denkt was man denkt
man denkt an morgen
man weiß was man weiß
man weiß sich zu helfen
man geht wie man geht
man geht mit der zeit
man liegt wie man liegt
man liegt richtig

man glaubt was man glaubt
und das glaubt man noch immer

in fragen des guten geschmacks
rosemarie von zitzewitz gewidmet
wenn man man trifft
falls man man kennt
ob man man sieht
falls man man sieht
ob man man kennt
weil man man grüßt
ob man man grüßt
weil man man kennt
wie man man sagt
weil man man sagt
wie man man grüßt
ob man man paßt
wie man man sagt
wann man man paßt
was man man tut
wann man man tut
was man man paßt
wenn man man trifft
was man man tut
wenn man man trifft
falls man man beißt
wenn man man beißt
falls man man beißt
ob man man ißt

gesellschaftsspiele
gesellschaftsspiele 1 | 3 bis 6 personen
man läßt den lieben gott einen guten mann sein
man läßt die toten die toten begraben
man läßt die kirche im dorf
man läßt den lieben gott einen guten mann sein

man läßt die toten im dort
man läßt die kirche die toten begraben
man läßt den lieben gott die toten begraben
man läßt die toten im dort
man läßt die kirche einen guten mann sein
man läßt den lieben gott die toten begraben
man läßt die toten einen guten mann sein
man läßt die kirche im dorf
man läßt den lieben gott im dort
man läßt die toten einen guten mann sein
man läßt die kirche die toten begraben
man läßt den lieben gott im dort
man läßt die toten die toten begraben
man läßt die kirche einen guten mann sein
umgekehrt
läßt man einen guten mann den lieben gott sein
läßt man die toten die toten begraben
läßt man das dort in der kirche
läßt man einen guten mann den lieben gott sein
läßt man das dorf die toten begraben
läßt man die toten in der kirche
läßt man die toten den lieben gott sein
läßt man das dorf die toten begraben
läßt man einen guten mann in der kirche
läßt man die toten den lieben gott sein
läßt man einen guten mann die toten begraben
läßt man das dorf in der kirche
läßt man das dort den lieben gott sein
läßt man einen guten mann die toten begraben
läßt man die toten in der kirche
läßt man das dorf den lieben gott sein
läßt man die toten die toten begraben
läßt man einen guten mann in der kirche
überhaupt
läßt man am besten alles beim alten

gesellschaftsspiele 2 | 3 bis 9 personen
man packt den tiger in den tank
man haut die eier in die pfanne
man läßt die katze aus dem sack
undsoweiter

gesellschaftsspiele 3 | 2 personen
von man zu man

über möglichkeiten
über möglichkeiten 1
man läßt sich gehen
man läßt es kommen
man läßt sich kommen
man läßt es stehen
man läßt sich stehen
man läßt es sitzen
man läßt sich sitzen
man läßt es fahren
man läßt sich fahren
man läßt es laufen
man läßt sich laufen
man läßt es treiben
man läßt sich treiben
man kommt herum

über möglichkeiten 2
man kommt vor
aber man kommt nicht dahinter
man hält was davon
aber man hält sich lieber raus
man weiß was zu tun ist
aber man weiß nicht so recht
man geht mit der zeit
aber man geht den dingen aus dem weg
man kennt das

aber man kennt sich nicht aus
man hat davon gehört
aber man gehört nicht dazu
man trifft es gut
aber man trifft den falschen
man kommt entgegen
aber man kommt ins hintertreffen
man kommt dahinter
aber man kommt nicht davon

über möglichkeiten 3
man richtet ab
man richtet an
man richtet auf
man richtet aus
man richtet be
man richtet ein
man richtet ent
man richtet er
man richtet für
man richtet gegen
man richtet her
man richtet hin
man richtet nach
man richtet sich
man richtet unter
man richtet ver
man richtet vor
man richtet zu
man richtet
man richtet

über möglichkeiten 4
man macht eindruck
man macht geld
man macht sich freunde

man macht sich feinde
man macht karriere
man macht geld
man macht sich freunde
man macht sich feinde
man macht pleite
man macht geld
man macht sich freunde
man macht sich feinde
man macht schlagzeilen
man macht geld
man macht sich freunde
man macht sich feinde
man macht konkurrenz
man macht geld
man macht sich freunde
man macht sich feinde
man macht krieg
man macht geld
man macht sich freunde
man macht sich feinde
man macht frieden
man macht geld
man macht sich freunde
man macht sich feinde
man macht sein testament
man vermacht geld
man vermacht freunde
man vermacht feinde
man macht immer so weiter

sollte man
man sollte
würde man
man würde
könnte man

man könnte
möchte man
man möchte
hätte man
man hätte
angenommen
man sollte sich begraben lassen
und
man könnte sich begraben lassen
und
man möchte sich begraben lassen
und
man würde sich begraben lassen
und
man hätte sich begraben lassen
dann hätte man getan
was man getan haben würde
wenn man es hätte tun mögen
falls man es hätte tun können
weil man es hätte tun sollen
man hätte es wirklich tun sollen
und das hat man jetzt davon
daß man es eigentlich hätte tun sollen

Der nachfolgende Gedichtzyklus *statt dessen* gelangte erst 1985 in dem Band *wie man so sagt* zum Abdruck. Die Gedichtfolge ist Teil des Projekts *wie man so sagt / wie man so liest / wie man so hört*, mit dem Döhl in den 1960er Jahren begonnen hatte, das sich damals aber, wie er sagte, »nicht abschließen ließ«.[4] Sein Plan sah eine spezielle typografische Edition der Gedichte (= *wie man so sagt*) und der Prosa (= *wie man so liest*) vor, die verbunden werden sollte mit einer akustischen Realisation (= *wie man so hört*). Für Döhl waren sowohl *man* also auch *statt dessen* sogenannte *Wegwerfhefte*.

statt dessen
vereint
verzweit
verdreit
verviert
verfünft
versechst
versiebt
verachtet

***

im dutzend billiger
einhorn
zwieback
dreifuß
vierhändig
fünffüßig
sechstellig
siebenschläfer
achtender
neunauge
zehnfinderblind
im erferrat
die zwölf apostel

***

samstags nie
sonntags nie
montags nie
dienstags nie
mittwochs nie
donnerstags nie
freitags fisch

***

oben ohne
unten mit
unten ohne
oben mit
oben mit ohne
unten ohne mit
unten mit ohne
oben ohne mit
mit ohne oben
ohne mit unten
mit ohne unten
ohne mit oben
mit oben ohne
ohne unten mit
mit unten ohne
ohne oben mit
oben ohne mit unten
unten ohne mit oben
mit oben unter
mit unten oben
mitunter nackt

***

mutter will
vater kann
tochter will
freund kann
mutter will
vater kann
freundin will
sohn kann
mutter will
vater kann
mutter will
vater kann

oma will
opa kannitverstan

***

hoch
höher
am höchsten
tief
tiefer
am tiefsten
fern
ferner
am fernsten
dicht
dichter
gereimt

***

prager frühling
hovno
hovna
hovnu
hovno
hovne
hovnem
hoffnung

Aus *man* und *statt dessen*[5] trug Döhl am 21. November 1967 im Rahmen einer großen Lesung zum Thema *Moderne Literatur* auf der Stuttgarter Buchwoche vor. Beteiligt waren weiterhin Max Bense, Eugen Gomringer, Ludwig Harig, Helmut Heißenbüttel, Ernst Jandl, Ferdinand Kriwet, Franz Mon, Diter Rot und Gerhard Rühm – was den künstlerischen Kontext markiert, in dem sich Döhl bewegte. Zugleich wird der Stellenwert des Autors innerhalb der Avantgarde-Szene deutlich.

Literarisch-künstlerischer »Ziehvater« Döhls. Max Bense hatte damals eine Professur und einen Lehrstuhl für Philosophie und Wissenschaftstheorie an der Technischen Hochschule Stuttgart inne, an der auch Döhl unterrichtete.

Künstlerischer Weggefährte. Mit Klaus Burkhardt, damals Dozent für Typografie an der höheren grafischen Fachschule Stuttgart, realisierte Döhl zahlreiche Buchprojekte.

Ein weiterer Gleichgesinnter. Der Autor Helmut Heißenbüttel leitete damals die Redaktion Radio Essay des Süddeutschen Rundfunks in Stuttgart und förderte in dieser Funktion die moderne Literatur, unter anderen auch Reinhard Döhl.

Reinhard Döhl experimentiert mit sprachlichen Floskeln

Anmerkungen

1. Geb. 1934 in Wattenscheid. Volksschule und Humanistisches Gymnasium. 1954/55 Studium an der Büchereifachschule Hamburg. 1955/56 Arbeit im Buchhandel. 1957 bis 1965 Studium der Germanistik (Theaterwissenschaft), Philosophie, Geschichte, Politikwissenschaft in Göttingen (bis 1959) und Stuttgart (ab 1960). Seit 1963 Vortragsreisen durch viele europäische Länder, Japan, Russland, Polen, Israel, Palästina. 1965 Dr. phil. 1967 Lehrauftrag an der Rheinischen Musikschule Köln. Von 1969 bis 1998 Dozent für Literatur an der Universität Stuttgart. 1979 Habilitation. Es folgten zahlreiche Lehraufträge und Gastprofessuren im Ausland. Er lebte als Autor und Künstler, Literatur- und Medienwissenschaftler in Botnang bei Stuttgart. Er starb 2004 in Stuttgart.
2. Döhls Texte finden sich vollständig unter: www.reinhard-doehl.de.
3. Vgl. ebd.
4. Vgl. ebd.
5. Vgl. ebd.

55 »Schichtwechsel«
Tauben, Fußball und die Beatles. Max von der Grüns Fernsehspiel zeigt eine neue Ruhgebietswirklichkeit

Feierabend! Die Kumpel einer Zeche rüsten sich zum Nachhauseweg. In der Kaue und auf dem Weg zum Parkplatz wird gefeixt, gelästert, der neueste Tratsch verbreitet. Soweit so gut, doch ein Thema belastet die Allerweltsgespräche: Droht vielleicht eine Schließung ihrer Zeche? Es wird viel gemunkelt und andere Zechen in der Umgebung hat dieses Schicksal bereits ereilt. Aber ausgerechnet »unsere Zeche«, die schon so viele Jahrzehnte »auf dem Buckel« hat?

Man macht sich damit Mut, dass gerade noch viel in die Gebäude und Technik investiert wurde. Die Zechenleitung wird doch nicht so dumm sein ... Doch der Zuschauer weiß es besser. Von Anfang an steht fest, dass die Schließung erfolgen wird. Und so passiert es denn auch.

Einer, der das alles nicht wahrhaben will, ist Karl Schimanski. Er ist ein Kumpel, wie er im Buche steht, jemand, der, wie es heißt, mit der Zeche verheiratet ist. Er kommt nicht damit klar, dass sich die Zeiten geändert haben. Das aber ist überall augenscheinlich: Sein Sohn Walter hat auf der Zeche gekündigt und will in Rüsselsheim (offensichtlich bei Opel) anfangen, um endlich auch ein eigenes Auto (Statussymbol Nummer eins) fahren zu können. Seine Tochter (gespielt von der jungen Angela Winkler) besucht das Gymnasium und muss sich vorhalten lassen, sie wolle »etwas besseres« sein. Sie trifft sich mit Günter, der ein mit »Hippiefarben« bemaltes Cabrio fährt. Gemeinsam besuchen beide eine Disco, in der sich eine junge, wilde (aus heutiger Sicht aber biedermeierlich-brave) Jugendszene trifft.

Derweil nörgelt der Vater zu Hause über seine undankbaren Kinder. Dass sein Sohn den Job auf der Zeche ohne sein Wissen »geschmissen« hat und sich auch noch »erdreistet«, aus dem tristen Zechensiedlungs-Reihenhaus auszuziehen, erzürnt ihn dermaßen, dass er ihm am liebsten »eine reinhauen« möchte (seine Ehefrau, die sich sehnlichst eine schönere Clubgarnitur wünscht, wirkt immer wieder beschwichtigend auf ihn ein). Als Karl dann auch noch von einem Vorgesetzen erfährt, dass an seinem Arbeitsplatz eine neue – in Karls Augen technisch weder ausgereifte noch produktive – Maschine eingesetzt werden soll, bricht

Mahnwache vor dem Rathaus Essen, 5. November 1964.

Demonstration von Bergleuten der Wanne-Eickeler Zeche »Pluto« in Dortmund-Huckarde am 21.10.1967.

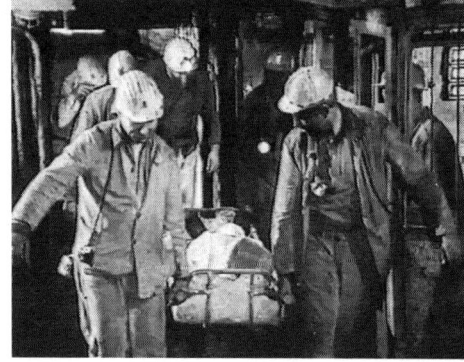

Szenenfotos aus »Schichtwechsel«
Oben: Sohn und Vater Schimanski, gespielt von Klaus Grünberg und Hermann Günther.
Rechts unten: Die junge Angela Winkler auf Spritztour mit ihrem Hippie-Freund.

seine Welt endgültig zusammen. Er wird sich seiner Ohnmacht gegenüber den »Oberen« bewusst, die »ja doch machen, was sie wollen«. In diesem Zusammenhang ist von Zwängen die Rede, die der internationale Wettbewerb mit sich bringe. Ob das stimmt oder die Zechenfunktionäre lediglich auf ihren eigenen Vorteil bedacht sind, bleibt offen. Als sich gegen Ende des Films ein schweres Grubenunglück ereignet, kommt es auf Karl Schimanski zu, die Todesnachrichten den Angehörigen zu überbringen. Erst hier kommen menschliche Gefühle ins zuvor eher schablonenhafte Spiel.

Schichtwechsel ist eine Milieustudie aus dem Kohlenpott, der nicht mehr ist, was er einmal war. Daran ändern auch Taubenzucht und Fußballliebe nichts, die weiterhin hoch im Kurs stehen. Die silikosekranken ehemaligen Bergarbeiter hat man, wie deutlich werden soll, eh abgeschrieben. Sie verfügen jedoch, wenn sie nicht gerade über ihr Elend jammern, über eine Portion augenzwinkernden Mutterwitz und sind längst nicht so »verbiestert« wie der »Hardliner« Karl Schimanski, der dem Ethos der »guten alten Zeit« nachtrauert.

Dass Walter im Taubenverschlag ausgerechnet den Beatles-Song *I'm the walrus* auflegt (den sein störrischer Vater »natürlich« gleich vom Plattenteller nimmt), mag man aus heutiger Sicht als ironische Geste werten.

Für Max von der Grün gehörte *Schichtwechsel* »zu den besten Fernsehspielen, die in den letzten zehn Jahren gedreht worden sind«.[1] Heutige Zuschauer verlieren jedoch schnell die Lust an dem eindimensional und holzschnittartig erzählten Geschehen, das Szene für Szene, ja Satz für Satz vorhersehbar ist. Die Charaktere sind festgelegt und machen keine Entwicklung durch. Eine psychologische Durchdringung ist nicht erkennbar. Alles spult sich mechanisch ab, es kommt keine wirkliche Spannung auf.

Die Regie Hans Dieter Schwarzes lässt bewusst keine Identifikation mit den Hauptpersonen zu. Schwarze wählte einen kühlen, fast unterkühlten Stil, wie er ihn auch bei seinen Theaterinszenierungen bevorzugte (s. S. 419ff.). Der Zuschauer sollte sich nicht wie beim Illusionstheater vom Stoff gefangen nehmen lassen, sondern – im Brecht'schen Sinne – Distanz zur Handlung aufbauen, um so zur Einsicht in seine gesellschaftliche Situation zu gelangen.

Wolfgang Petersens Verfilmung von Max von der Grüns Roman *Stellenweise Glatteis* nutzte sieben Jahre später die Möglichkeiten des Mediums Film auf ganz andere Weise. Das Schicksal des Schlossers Karl Maiwald (gespielt von Günter Lamprecht) vermochte den Zuschauer zu fesseln, ohne dass die politische Aussage darunter litt. 1968 setzte man offensichtlich noch auf andere dramaturgische Konzepte, deren innovatives Potenzial allerdings schnell verpuffte.

Von der Grüns/Schwarzes Fernsehfilm kommt heute ein dokumentarischer Wert zu. Es verwundert dabei, dass das Stück seinerzeit vom Hessischen Rundfunk[2] und nicht vom WDR realisiert wurde. Die Erklärung lieferte von der Grün in einem Interview: Er habe nur einmal einen Fall von Zensur erlebt, »1967, als ich mein Fernsehspiel *Schichtwechsel* geschrieben hatte, das für den WDR entwickelt worden war. In der Besprechung mit den Verantwortlichen kam der Einwand: Das können wir nicht bringen – es ging um eine Dialogstelle –; diese Stelle war für mich aber sehr wichtig, das mußte gesagt werden. Der Verantwortliche daraufhin: Es tut mir leid, aber ich gebe Ihnen die Rechte zurück. Ich: Und was soll ich damit? Er: Ich gebe Ihnen die Freiheit, das einem anderen Sender anzubieten, ich kann das so nicht bringen. Und ich ging mit diesem Drehbuch zum Hessischen Rundfunk, der den Film dann auch gemacht hat, [...]. Beim Hessischen Rundfunk wiederum saß ein Mann, den diese Dialogstelle nicht gestört hat – zwar meinte der Regisseur: Es ist zwar ein bißchen hart, aber es kommt ja auch darauf an, wie man den Schauspieler sprechen läßt.«[3]

Anmerkungen

1   Heinz Ludwig Arnold: *Gespräche mit Schriftstellern*. München 1975, S. 178.
2   Die Erstausstrahlung fand am 29. September 1968 statt.
3   Arnold: *Gespräche mit Schriftstellern*. A. a. O., S. 178.

56 »Schmierzettel«
Peter Rühmkorf zeigt, dass auch »Herrenmagazine« ihre guten Seiten haben

Kritische Medienkommentare in möglichst offener Form – das schwebte Peter Rühmkorf bei seiner *Schmierzettel*-Kolumne in der Zeitschrift *konkret* (s. S. 51, 324ff.) vor. Er wählte dabei – wie auch später gern – die Form des Tagebuchs. Im Laufe der Zeit wechseln Ton und Machart der *Schmierzettel* mehrfach. Immer aber steht das Moment des Spontanen im Vordergrund.

Einer der frühsten *Schmierzettel* findet sich in der Februar-Ausgabe der *konkret* im Jahr 1968. Er widmet sich Rüdiger Proskes TV-Reisefeuilleton *Willkommen in Amerika* vom 27. Dezember 1967. Rühmkorf lobte, dass es Proske gelungen sei, den »farbigen Werbespot mit den Möglichkeiten des künstlerischen Kolorfilms zu vermählen«. Im »bunten Hin und Her der Bilder« werde ein »Stückchen subjektiver Problematik sichtbar«.

Tags drauf las Rühmkorf in der Wochenzeitung *Die Zeit* einen Beitrag über »liberalen Pluralismus«, der sich mit der aktuellen Rolle der Linken beschäftigte. Daran stört ihn, dass der Text nicht mehr als sattsam bekannte Goodwill-Argumente vorbringe, einschließlich der Mahnung, doch bitte »die Straße zu räumen«.

Positiv fällt hingen seine Fernsehkritik über Günter Herburgers Film *Das Bild* aus, der am 28. Dezember 1967 zu sehen war.

Am 29. Dezember setzte sich Rühmkorf mit Rudi Dutschke auseinander. Er stellt fest, dass dessen Stärken eher in spontanen Politik-Aktionen lägen als im geschriebenen Wort. Wo Dutschke zum Schreibtischtäter werde, verpuffe die Wirkung seiner Rhetorik im Dschungel der uneigentlichen Rede zu einem »Konglomerat von Gänsefüßchen«: »Wenn aber der Spott über politische Gegner sich in Anführungsstriche setzt, Satire und Ironie in Tüttelchen daherkommen, wird alles in einem recht fatalen Sinne sogenannt.«

Am 5. Januar knüpfte sich Rühmkorf eine weitere Ausgabe der *Zeit* vor und stellte eine Kluft zwischen revolutionärem Gebaren und aktivem Tun fest. Er kommentiert: »Freilich, wer sich so lange schon in einer Welt des schönen Scheins bewegt hat – sympathetisches Mitschwingen statt verbindlicher Parteinahme, sentimentale Identifikation statt einer

Peter Rühmkorf in der »konkret«.
Das Foto war jeder Kolumne beigefügt.

kritischen Erörterung des Klasseninteresses, zumal des eignen –, der kommt so schnell gar nicht mehr aus dem Dämonenreich heraus.«
Am 12. Januar schreibt Rühmkorf einen offenen Brief an »W. R.« (Werner Riegel?), der seinem Buch *Über das Volksvermögen* (s. S. 49ff.) einen eskapistischen, unzeitgemäßen Touch vorgeworfen hatte. Rühmkorf kontert, dass tradierten Reimereien, wie er sie im genannten Buch gesammelt habe, sogar ein evident politischer Hintergrund zu eigen sei: »Die Verbreitung unterminierender Verse und Witze war, wie seltsam es heute anmuten mag, einmal eine Sache auf Leben und Tod. Nicht die Weitergabe geheimer Nachrichten, ja nicht einmal der Vertrieb spezifisch literarischer Konterbande brachten – ein Beispiel für unzählige Fälle – den Schriftsteller Wolfgang Borchert ins Gefängnis, sondern die mündliche und briefliche Vervielfältigung politischer Witze.«
Am 14. Januar geht es um die meinungsvernebelnde Macht der Fernsehzeitschrift *Hör Zu*, der es gelinge, durch Weichspüler-Beiträge »un-

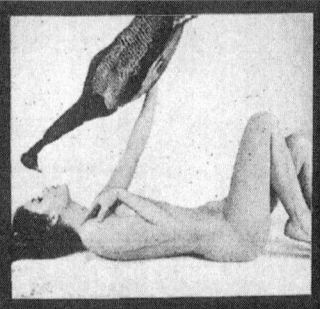
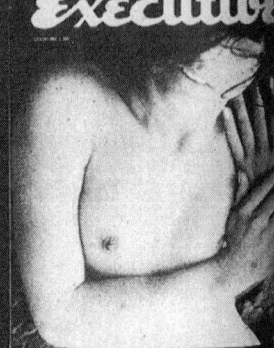

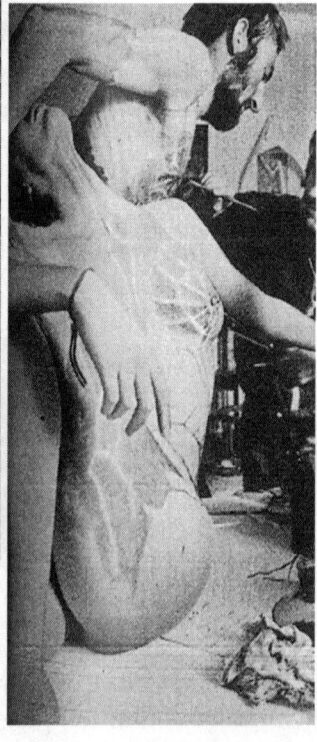

Politische und sexuelle
Aufklärung im Verbund:
Fotos aus italienischen
Sex-Magazinen, die gar nicht so
sehr Herrenjournale im Sinne von
Playboy- oder Privilegierten-Sex
sind, sondern demokratische
Massen-Magazine mit
allgemeinen Aufklärungs-
funktionen.

(Executive, men, playmen, ABC)

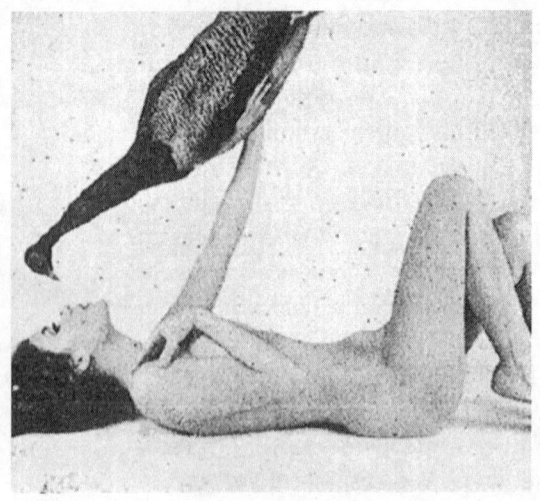

Peter Rühmkorfs vorletzter »Schmierzettel« in der Juli-Ausgabe der »konkret« des Jahres 1968.

liebsame Störenfriede« auszubooten. Es ist von »Anpassungskandidaten« und »rosaroten Brillen« die Rede.[1]
Der *Schmierzettel* in der März-Ausgabe der *konkret* setzt sich 1968 kritisch mit Fernseh-Inszenierungen von Dürrenmatts *Romulus der Große* und *Der Meteor* sowie der Bibelinszenierung *Gideon* auseinander.[2]
Ein weiteres *konkret*-Heft des Jahres 1968[3] enthält ein fiktives, ironisches Interview Rühmkorfs mit einem Redakteur der von der Springer-Presse herausgegebenen Tageszeitung *Die Welt* (s. u.).
Rühmkorf übt noch in weiteren Beiträgen Medienschelte und trägt damit zur Entlarvung der Springer-Presse bei. Im Hintergrund schwingt dabei auch die Frage nach der Rolle des Schriftstellers in »krisenbewegten Zeiten« mit. Dabei verlassen die Kolumnen die Tagebuchform und werden mehr und mehr zu längeren Essays. Wie im Falle des vorletzten *Schmierzettels* aus dem Jahre 1968.[4] In ihm vergleicht Rühmkorf die deutsche Presselandschaft mit der italienischen. Die Analyse schließt auch »Herrenmagazine« und einen Seitenblick auf Richtungsentscheide der *konkret* mit ein: »Nicht nur rauer im Druck, grober im Geschmack, handfester, was ihre Enthüllungsobjekte angeht, sind aber die beiden anderen Publikationen *men* und *ABC* (Auflage 400 000), die wirklich politische und sexuelle Aufklärung im Verbund betreiben und zäh und zenti-, oft millimeterweise herrschenden Tabus (Scheidung, Pille, Schwangerschaftsunterbrechung, Sexualpädagogik) das Wasser abgraben. Was dabei die freizügige Darstellung von Nuditäten anlangt, darf nicht zu viel verlangt werden; zu allgegenwärtig die Augen einer Klerikalzensur, die streng darüber wacht, daß keine nordische Gesamtansicht entblättert und dem Schoß keine Blöße gegeben wird. Wie dann aber höchst aktuelle Politik sich neben den Klappmädchen entfaltet, die große demokratische Unruhe der Jugend sich aufgenommen, unterstützt und interpretiert findet, Enthüllung weit über den Strip-Rahmen hinaus auf Bloßlegung mißlicher sozialer Unrechtsverhältnisse zielt, das scheint mir, könnte ein Lehrmodell nicht zuletzt für unser aufstrebendes *konkret* abgeben, das immer noch an der maßgerechten Koalition von Privatsex und Massenbasis herumlaboriert und noch zu viel guten Platz für die schlechte Rechtfertigung seiner durchaus für sich sprechenden Schönen verplempert.«
Beim letzten *Schmierzettel*[5] handelt es sich um ein Reisefeuilleton über den Typus des autofahrenden Italieners und des italienischen

Kiosk in Essen 1960.

Verkehrspolizisten. Letzterer weise im Gegensatz zu Repräsentanten des deutschen »Polizei-Apparats« und »Dienstleistungsbetriebs« ein vollkommen anderes, nämlich menschliches Naturell auf.
Hier das erwähnte fiktive Interview *Gast bei der* »*Welt*«:

> DW: *Und warum lesen Sie* »*Die Welt*«, *Herr Rühmkorf?*
> PR: Ah, *Die Welt*, ja, passen Sie auf: Sie kommt morgens mit den Brötchen ins Haus, und, wie bei Malpaß nachzulesen, morgens um sieben ist die Welt noch in »Ordnung« – und das möchte ich mir gern ...

DW: Das heißt, daß die Welt beziehungsweise »Die Welt« ...
PR: Sehr richtig, daß *Die Welt* mir eine innere Einstellung zur Ordnung der Welt bestätigt.
DW: Eine etwas ketzerische Frage, Herr Rühmkorf, zumindest aus dem Munde eines Angestellten des Hauses »Die Welt«: Der Pluralismus im deutschen Pressewesen ließe ja immerhin noch andere Alternativen zu, denken Sie nur an die »FAZ«, an die »Süddeutsche Zeitung«, an ...
PR: Um ganz ehrlich zu sein: »Bei aller Anerkennung, Respektierung des anderen« möchte ich als Hamburger natürlich ungern auf Ihren ausgezeichneten Lokalteil verzichten.
DW: Die Stadt Hamburg als Tor zur Welt?!
PR: Und umgekehrt. *Die Welt* als ein Schlüssel zu den kommunalen Ereignissen und Institutionen. Denken Sie an so große bewegende Szenen wie: Der Herr Bürgermeister Aug in Aug mit dem Schah von Persien. Oder: Der Herr Bürgermeister bereitet sich auf den angemessenen Empfang einer griechischen Handelsdelegation vor. Oder: Der Herr Bürgermeister in Erwartung einer Abordnung aus Südkorea.
DW: Das lenkt unsern Blick – verzeihen Sie die nicht ganz unvermittelte Überleitung –, lenkt unser Auge über die lokalen Angelegenheiten hinaus ins Weite. In diesem Falle nach Südostasien. Also auch nach Vietnam. Also wohl in ein Land, wo man in der Tat nicht mehr von jenen geordneten Verhältnissen sprechen kann, die Sie und wir anstreben. Frage: Wie reimen sich Kriege und gewaltsame Umwälzungen nun auf Ihr morgendliches Bedürfnis nach Ordnung und Ruhe als der ersten Bürgerpflicht?
PR: Daß Kriege nicht aus der Welt zu schaffen sind, wissen Sie genausogut wie ich. Hauptsache, man ist sich drüber im Klaren, woher die Unruhen rühren und wo die Ordnungsmächte stehen.
DW: Und diese Information vermittelt Ihnen ...
PR: ... in ganz besonderem Maße Ihre Zeitung. Im Gegensatz zu anderen Blättern vergleichbarer Größenordnung honorieren bereits Ihre Headlines das Vertrauen auf eine objektive, unverfälschte Berichterstattung. Nehmen wir als Beispiel nur Ihre Balkenüberschriften vom 3. Februar: *Westmoreland und Thieu: Vietkong-Offensive in den Städten ist gescheitert* oder *Robert McNamara prophezeit eine friedliche Welt* oder *Senator Neubauer: Diese Anschläge sind kriminell* – da weiß man doch gleich von vornherein, daß es sich um facts handelt, Verlautbarungen aus wirklich

berufenem Mund, mit anderen Worten, nicht um Vermutungen und Hypothesen – Verzeihung! – von Leitartiklern.

DW: Eine andere Frage: Es gibt Stimmen, freilich tendenziös gefärbte, die das Pazifizierungsprogramm der Amerikaner in Vietnam ausschließlich mit Kritik verfolgen. Hier wird einem bedingungslosen Bombenstoß das Wort geredet und dabei großzügig übersehen, mit welcher terroristischer Rücksichtslosigkeit der Vietkong seine Ziele verfolgt.

PR: Ich bin dankbar, daß Sie das Gespräch darauf bringen. Auch in diesem Falle sehe ich bei Ihnen das aufrichtige Bemühen, zunächst einmal die facts zu klären, wozu selbstverständlich eine wahrheitsgemäße, nicht beschönigende Bildberichterstattung gehört: *Auf der Flucht vor dem Vietkong war dieses kleine Mädchen in der Nähe der Anquang-Pagode plötzlich allein,* und dann das lebensgroße, gewissermaßen naturgetreue Foto eines verschreckten Kindergesichts – ich glaube, vor so eindeutigen, nur karg kommentierten Dokumenten hat jede krittelnde Deutelei zu schweigen.

DW: Sie beziehen sich in Ihren interessanten Ausführungen vornehmlich auf unsere Ausgabe vom Sonnabend, dem 3. Februar. Liegt darin eine gewisse Methode?

PR: Darin ist Methode zu sehen, durchaus.

DW: – ? –

PR: Die Nummer ist sozusagen ein Modellfall dessen, was ich mir unter einer gut komponierten Zeitung vorstelle.

DW: Was wir so verstehen dürfen, daß Sie von Ihrer Zeitung doch nicht nur die nackte Nachricht erwarten?

PR: Abstimmung. Korrespondenz. Aufhebung von Widersprüchen zwischen lokalem Teil und großer Weltpolitik, von Nachricht und Kommentar, von Bild und Wort, Wirtschaft und Feuilleton, Meinung der Redaktion und last not least Willen der Leserschaft. Ja gerade, daß Sie den Leser so eindeutig in die Diskussion miteinbeziehen, ihn gleichsam zur Mitbestimmung aufrufen, scheint mir eine echte Vertrauensbasis.

DW: Die Wahrheit ist unteilbar.

PR: Wie unser geteiltes ...

DW: ... in der Tat! Weshalb denn auch unser Herr Günzel ...

PR: ... rechtens bemerkt, daß wir nicht früh genug »auf die trojanischen Pferde achtgeben können, die sich in unserer Gesellschaft häuslich eingerichtet haben.«

DW: »Ulbricht muß, wenn er die Berichte über tumultuarische Ereignisse in der Bundesrepublik liest, die Überzeugung gewinnen, sein Weizen blühe schon im freien Teil Deutschlands und die Erntezeit rücke heran.«
PR: Wir werden den trojanischen Pferden, die hier Ulbrichts Weizen dreschen, schon das Maul verbinden. Oder, um mit Ihrem Herrn Neubauer zu sprechen: »Die Zeit der beschönigenden und entschuldigenden Sprüche muß endlich vorbei sein. Der Senat sowie die gesamte Öffentlichkeit sind aufgerufen, dem gesetzlosen Treiben ein Ende zu machen.«
DW: Die gesamte Öffentlichkeit, wohlverstanden.
PR: Draufschlagen. Draufschlagen.
DW: Und eben nicht nur die Polizei.
PR: Einen Polizeistaat will keiner von uns. Was wir brauchen, ist ein entschlossenes Bürgertum, das seine Institutionen in freier, polizeilicher Mitverantwortung zu schützen weiß. Mit Ihrem Leser Ruprecht Hopfen: »Welchen Beruf die den Schutz übernehmenden Kirchenbesucher haben, ist dabei völlig unerheblich.«
DW: Die Polizei, so scheint uns, ist lange genug der Prügelknabe des liberalen Journalismus gewesen.
PR: Gerade darum halte ich es für um so verdienstvoller, sich um ein gerechtes Ansehen der Polizei zu kümmern und in der Auseinandersetzung zwischen »radikalen Pulks politischer Rowdys« und dem Bürger in Tschako und Uniform die rechten Akzente zu setzen. Ihr Foto in der *Geistigen Welt* spricht hier wiederum mehr, als hundert »politische Halbwilde« aussagen können: im Hintergrunde das tobende Rudel jugendlicher Extremisten, vorn der viel gescholtene, immer wieder fehlfotografierte Wachtmeister, der ein freudestrahlendes Bübchen aus der Gefahrenzone bringt. So, scheint mir, sieht doch die andere, die wahrere Seite unseres Demonstrationsalltags aus.
DW: Es gibt auch andere Bilder, Herr Rühmkorf, weniger erfreuliche, wahrhaft erschreckende, und ich denke in diesem Fall an die Aufnahme eines »südvietnamesischen Polizeigenerals«, der einen »anscheinend gefesselten, gefangenen Vietkong-Offizier« erschießt. Wie – das ist nun unsere Frage – sollte man seinen Lesern solche Bilder präsentieren, ohne sie gleichzeitig zu falschen Schlüssen zu verleiten?
PR: Also, ich glaube schon, daß man auf die Darbietung solcher Fotos auf keinen Fall verzichten sollte. Freilich würde ich gleichzeitig auch meine

eignen Bedenken anmelden und genau wie Ihr Herr Nellesen fordern *Der Täter gehört vor Gericht* (vor ein Gericht zum Beispiel wie jenes, das sich des unerquicklichen Falles Kurras annahm). Ich würde dann aber doch sehr dringend von unzulässigen Verallgemeinerungen warnen und den Leser in aller Entschiedenheit fragen: »Aber wer wirft den ersten Stein? Und wohin?«

DW: *Die möglichen Folgen stehen auf einem anderen Blatt.*

PR: Sagen wir im gleichen Blatt, auf einer anderen Seite.

DW: »*Studenten stellten ein ›Ultimatum‹ – Wenige Stunden danach Steinwürfe in Schaufensterscheiben.*«

PR: In Anbetracht unserer inzwischen doch wohl sehr klar umrissenen moralischen Position und unter besonderer Berücksichtigung unserer Abneigung »gegen jeden Extremismus von rechts und von links« ist geboten, zu folgern: »verbrecherische Anschläge« – »faschistische Methoden« – »erinnert an Übergriffe der Nationalsozialisten« – »Ostberlin jubelt« – »Zonenregierung hat die Finger drin« – »treiben das Geschäft Ulbrichts« – »Kriminelle zur Verantwortung ziehen« – »Vor Gericht stellen« (vor ein Gericht zum Beispiel wie jenes, das sich so vorbildlich der Fälle Isang Yun, Kyoo Myong Shong, Taik Huan Kim und Jeung Gil Choe angenommen hat).

DW: *Herr Nellesen überschreibt seinen Artikel »zu den Vorgängen in Westberlin«: »Das ist kein Jux mehr – das ist Terror.« Würden Sie uns in diesem Zusammenhang einmal Ihre unverblümte Meinung über Jux und lustige politische Happenings mitteilen? Anders gesagt: Haben Sie etwas gegen eine – gewisse – humoristische – Auffassung politischer Tatbestände und Sachverhalte?*

PR: Gott bewahre! Ein gewisser versöhnlicher Humor scheint mir geradezu eine notwendige Voraussetzung unseres politischen und gesellschaftlichen Lebens. Eine gewisse ironische Betrachtungsweise kann sich sehr wohl mit dem gebotenen Respekt vor unseren staatlichen und gesellschaftlichen Institutionen vertragen – zu denken nur an Ihren Karikaturisten Hicks, der jetzt ein gutes Vierteljahrhundert Satire und Loyalität gegenüber den Ordnungsmächten zu vereinigen weiß. Aber: »Die sich aus solchen Gewaltakten ergebenden Gefahren für die demokratische Gesellschafts- und Wirtschaftsordnung sind offensichtlich.«

DW: *Was wir so verstehen dürfen, daß auch Sie als sozusagen Sozialist...*

PR: Sie wollen mich doch bitte als der SPD nahestehend betrachten.
DW: Und teilen deren erklärte Vorbehalte gegenüber SDS und SHB?
PR: »Und deren intellektuellen Helfershelfern.« Schließlich kann kein Mensch von einer ausgereiften Partei verlangen, daß sie sich in ihren Fortschritten auf eine wahre Volks-, eine echte Einheitspartei zu von »radikalen Pulks« beirren läßt.
DW: Das war eine deutliche Antwort des politischen Menschen. Nun eine Frage an den Künstler Peter Rühmkorf, an den Artisten, an den lyrischen Ironiker unserer literarischen Szene: Kann die Kunst Ihrer Meinung nach die Verhältnisse ändern, oder liegt ihre eigentliche Aufgabe nicht vielmehr ganz woanders?
PR: Hier stehe ich mit beiden Beinen auf der Max-Frisch-Rezension von Friedrich Torberg: »Das Leben ändern, nicht die Welt!«
DW: Und doch müssen wir immer wieder erleben – Günter Zehm spricht gelegentlich der Oberhausener »Dreigroschenoper« – und Inszenierung darüber –, daß »Provokationen willkommen« sind, auf einer Bühne »die roten Fahnen geschwenkt wurden und das Publikum jubelte und jubelte«. Wie, bitte, kann man sich denn das nun erklären?
PR: Das kann man sich nur so erklären wie Herr Zehm. Selbstverständlich gibt es in Wahrheit gar keine relevant zu nennende geistige Unruhe in unseren Landen, warum auch? »Tatsächlich hat sich die Einstellung der Öffentlichkeit zur Provokation seit den dreißiger Jahren sehr verändert. Was einst als Herzstich empfunden wurde, spürt man heute nur noch als Rippenkitzel«.
DW: Das heißt schlicht gesagt: Es ist alles nur ein Sturm im Wasserglas?!
PR: Erinnern Sie sich doch bitte nur einmal an die Springer-Boykott-Erklärung der *Gruppe 47*. Erinnern Sie sich an den Wind, den die Sache machte, und dann an die Anschlußerklärungen der großen Verlage. Gerade in Ihrer heutigen Nummer bedeutet uns eine durchgehende Zweispaltenanzeige, was von solchen »Resolutionen« zu halten ist. Um es in anderen Worten zu sagen: Innerhalb der besitzenden Klasse findet Klassenkampf nicht statt, oder mit einigen der angezeigten Titel: »Die Wörter« »... und noch ein Küßchen!«
DW: Mit dieser Meinung stehen Sie und Ihr Verlag nicht allein.
PR: Es hat sich inzwischen in einigen Häusern herumgesprochen, daß es töricht war, sich gerade mit Ihrem Hause anzulegen, unter anderem

sicher im Schauspielhaus Bochum. »*Die Welt* gibt allem Kulturellen genügend Raum, sie berichtet und kommentiert mit Niveau. Die Premieren der großen Bühnen würdigt sie ausführlich, so auch die meines eigenen Theaters«, bemerkte Herr Professor Schalla, und ich stehe nicht an, die Gretchenfrage anzufügen, wohin wir wohl kämen (wir Künstler, wohlverstanden), wenn wir uns für so ausführliche Würdigungen nicht erkenntlich zeigen sollten?
DW: *Herr Rühmkorf, wir danken Ihnen für dieses Gespräch.*[6]

Anmerkungen

1   Peter Rühmkorf: *Schmierzettel,* in: *konkret* 1968, H. 2, S. 38f.
2   Peter Rühmkorf: *Schmierzettel,* in: *konkret* 1968, H. 3, S. 26f.
3   *konkret* 1968, H. 4, S. 34f.
4   Peter Rühmkorf: *Schmierzettel,* in: *konkret* 1968, H. 7, S. 50-52.
5   Peter Rühmkorf: *Schmierzettel,* in: *konkret* 1968, H. 8, S. 41.
6   *konkret* 1968, H. 4, S. 34f.

57 »Spartacus«
Peter-Paul Zahls Literaturzeitschrift wünscht sich mutige Rebellen, bleibt inhaltlich aber konventionell

Die Zeitschrift *Spartacus* ist ein weiteres Dokument der Protestbewegung. 1968 erschien das zweite Heft. Die Hälfte der 18 Beiträger stammt aus dem unmittelbaren Umfeld der *Gruppe 61*,[1] der Peter-Paul Zahl[2] seit 1966 angehörte.

Zahl lebte 1968 in Berlin (wohin er umgezogen war, um dem Wehrdienst zu entgehen). Dort übte er seinen erlernten Beruf des Druckers aus und besuchte daneben eine Zeit lang Literaturvorlesungen an der Freien Universität.

Spartacus erschien im »verlag peter-paul zahl«. Das Magazin brachte es von 1967 bis 1970 auf lediglich vier Hefte und eine Sonderausgabe. Der Preis lag bei 2 Mark, der Umfang bei 52 Seiten. Die äußere Aufmachung (im ungewöhnlichen Langformat) ist professionell und hebt

Peter-Paul Zahl.

1 thema: deutschland-w

SPARTACUS

horst bingel
volker braun
c. bredthauer
jens gerlach
max von der
grün
p. g. hübsch
h. e. käufer
wolfg. körner
g. kunert
ab van
roeden
joh. schenk
axel schulze
peter p. zahl

verlag peter-paul zahl
preis dm 2,-

Ein thematisches »Heimspiel«. Das zweite Heft von »Spartacus« enthielt zahlreiche Beiträge von Mitgliedern der »Gruppe 61«.

2 thema: arbeit

SPARTACUS

c. bredthauer
josef büscher
f. c. delius
karlhans frank
karl h. hilfert
hugo e. käufer
wolfgang körner
kurt küther
günter kunert
reimar lenz
richard limpert
detlef marwig
barbara neuss
franz petrasch
ab van roeden
g. westerhoff
h. wohlgemuth
peter-paul zahl

verlag peter-paul zahl
preis dm 2,-

Prominente Autoren und viele Westfalen als Beiträger.

Peter-Paul Zahls Literaturzeitschrift wünscht sich mutige Rebellen

sich deutlich etwa von den sehr provisorischen frühen *Asphalt*-Heften (s. S. 67ff.) oder *Ulcus Molle* (s. S. 615ff.) ab.

Thema des genannten 1968er-Hefts ist *Arbeit*. Es verwundert deshalb nicht, dass Zahl in weitem Maße seine Kollegen aus der *Gruppe 61* beteiligte, namentlich Josef Büscher, Karl H. Hilfert, Hugo Ernst Käufer, Wolfgang Körner, Kurt Küther, Richard Limpert, Detlef Marwig, Günter Westerholt und Hildegard Wohlgemuth. Inhaltlich geht es in fast allen Beiträgen um die »Ausbeutung des Arbeiters« durch »Vertreter des Kapitals«. Geboten werden Agitationslyrik und Erzählungen.

Westerholt und Marwig greifen klassische Motive der Arbeiterliteratur auf (unzumutbare Arbeitsverhältnisse, das Los ausgemergelter Arbeiter usw.). So will der Protagonist von Marwigs Erzählung *morgen wieder...* seine Arbeit im verhassten Walzwerk am liebsten sofort hinwerfen. Angesichts seiner familiären Situation entschließt er jedoch zähneknirschend, auch am folgenden Tag die Arbeit wieder aufzunehmen.

Hilferts konsumkritischer Text handelt von einem »Marktschreier«, der das neue Produkt *Reino Fix* feilbietet, angesichts heißer sommerlicher Temperaturen jedoch ins Straucheln gerät. Sein persönlicher Kontrollverlust wird in Form einer Sprachdeformation zum Ausdruck gebracht (»Ihre Gattin wird begeistert sein, siebenfünfzig, die Sensation auf dem Pflegemittel –, kein Zweck mehr trinken Taschentuch alles klebt Hemd das neue Reino – gehen weiter Mittag Sonnenbrillen spiegelt sich alles das neue Sandalen kein Zweck mehr klappern Holz auf Stein – klappern – trocken – Stein auf – müde – Staub – «).[3]

Aus dem Gros der Agit-Prop-Texte seien hier zwei Gedichte Hildegard Wohlgemuths herausgegriffen:

Bild eines Bergmanns

Sie haben mich in Gold gepinselt
in Schwarz und Rot
um Heldenposen angewinselt
Schockschwerenot

Die Technik war ganz unverbindlich
schuf den Kontrast

Impasto, aber lichtempfindlich
bin ich verblaßt

Noch hänge ich im Wechselrahmen
in Schicht auf Schicht
Die Kohlezeichnung ohne Namen
hängt nicht im Licht

Die Schichten fallen und zu Tage
tret ich als Akt
Der mich so schuf steht vor der Frage:
Konkret? Abstrakt?

Der mich gekauft erhebt nun Klage
auf Wertverlust
Ich war die Kapitalanlage
und hab es nicht gewußt[4]

Bergmann

Er stand im Licht
Existenztheater
mit Standesehre beladen
Er spielte die Rolle
für Lohn und Brot
Ein edler Stand auf Erden

Er stand im Hemd
Er legte sich krumm
von Lohntag zu Lohntag
vor Ort
In der Tat ein
dreckiger Standort [...][5]

Von Zahl selbst stammen die beiden folgenden Texte:

mitbestimmung

laß uns bestimmen – mit
– mit wem? –
ob wir – wer wir? –
rationalisieren können
die fertigung der teile
in diesem werk – werk? –
ob wir – wer wir? –
einsparen können
zeit, raum, material – kurz: menschen
wie ich, wie du
rationeller: ich.

laß uns bestimmen – mit
– mit wem? –
ob wir – wer wir? –
mehr oder weniger fertigen
was – plunder, tand – was
wagenfernseherrasenmähersiebenundvierzignullnullsieben.

laß uns bestimmen – mit
– mit wem? –
wer von uns beiden fliegt
wenn die konjunktur schleicht
wenn der große bruder
mit dem finger auf uns zeigt.

laß u n s bestimmen – mit
– mit wem? –
o b überhaupt bestimmt wird
m i t...[6]

***

klassenkampf i. r.

da feiern sie ein rauschendes fest
der verlorenen freiheit
lächelnde sozialpartner
– in den augen das gleiche dröppelbier –
lachen über einstige
und einstige krankheiten, seuchen

UNERHÖRT DAS!

»ach, laßt uns brüder sein«
rufen sie
heuchelei an gesenkten wimpern
heuchelei im blick
»wir mit den gleichen schwarzen
schwarzen aktentaschen«

DAS FEST DAUERT AN.[7]

Richard Limpert steuerte den Text *striptease* bei:

Walzblechhülle fällt.
Die gierig ausgestreckten Greiferarme
lauern auf Stahlmantel und Eisenträger.
Aufzuckt die Schneidbrenner-Illumination,
blendet die Augen, verwehrt die Sicht.
Hüllenlose Riesenkühler.
Entkleidete Wärmeaustauscher.
Erkaltete Koksbatterien.
Versumpfte Schächte.
Der Vorhang fällt.
Energiespekulanten
klatschen Applaus.[8]

Der einzige Text, der formal aus dem Rahmen fällt, ist Wolfgang Körners *there is still(-legungs-) time, brother!* Er wurde aus Schlagzeilen von 682 politischen und gewerkschaftlichen »Sonntagsreden« zum Thema »Krise an der Ruhr« »erwürfelt«:

> ministerpräsident kühn sprach über struktur- und energiepolitik unterkühlt zu heißem eisen oberhausen ging auf die straße concordia darf nicht sterben bergarbeiter wenden sich an bonn bergleute der april wird ein böser monat bremsklotz kohle neue ordnung im steinkohlenbergbau bruchlandung des deutschen bergbaus ins land der kohle fahren 22 mio kohle und koks auf halde bundeskanzler will über das kohlegesetz erst nach dem parteitag entscheiden konsumschleusen aufreißen kohle unter kuratel wie kann der kohle geholfen werden mit freien preisen die kohle retten keine renaissance der kohle der Bergbau macht sich hoffnungen kein platz für ideologen keine konzertierten subventionen kein ausweg aus der kohlenkrise bergmannsprämie wird vereinheitlicht dem bergbau hilft kein gesundschrumpfen mehr im zweiten bonner kohlegespräch wird mittelfristiges energieprogramm beraten am 31 märz verlöschen viele feuer aufsichtsrat beschloß die stillegung von robert müser die kohle wird wieder gesund werden erneuter anlauf zur einheitsgesellschaft weitere kohlenhalden sind indiskutabel zweites kohlegespräch bei professor schiller der steinkohlebergbau will mitreden protest in oberhausen mit roten fahnen und kampfliedern der deutsche kohleofen ist aus kumpel kohlen krisen die ruhr steht am wendepunkt welche zechen wurden bisher geschlossen wir müssen ganz von vorne anfangen schiller keine zusätzlichen mittel für den bergbau jede weitere zechstilllegung führt zur massenarbeitslosigkeit die sterbeliste der zechen wird lang der bergbau steuert auf 110 mio tonnen zu sandkastenspiele der energiepolitik billigere kohle aber warum rebellieren die ruhrkumpel schwarzer tag für robert müser schliesst im märz frau albertz dementiert kühn kritik am bergbau verpaßt der ruhrbergbau seine zweite chance auch die zeche gustav wird stillgelegt gezielte hilfe für die ruhr die schichtleistung sank um 1000 kilogramm mißtrauen und mutlosigkeit sozialplan von hibernia besticht gleitze kohlesubventionen nur zu anpassung kleiner hinweis bergleute mit zeichenstift bergbauforschung ist teuer aber notwendig der kumpel wartet auf ein licht bis 1975 kohleförderung auf 75 mio tonnen

senken der ruhrbergbau ringt um neue lösungen an der wiege des ruhrreviers deutsche staatskohle minister gleitze für nationale kohlenreserve bergbaukonzentration soll in etappen erfolgen kumpels wollen keine almosen sondern sichere arbeitsplätze steinkohlengesetz unter zeitdruck durch das kabinett lohnausgleich für bergleute ist gesichert schiller fürchtet aushöhlung seiner verantwortung düsseldorfer cdu interveniert gegen schillers kohlegesetz viel ist erreicht worden bergarbeiter erhalten staatspension bund finanziert renten bald zu vier fünfteln schiller plant kohlegespräch sondergesetz für den bergbau kohlelösung nur in eigener regie zechensterben geht weiter die ruhr als experimentierfeld die bergleute kamen mit schwarzen fahnen bergleute erhalten bis zu 5000 dm abfindung oberhausen ging auf die straße concordia darf nicht sterben schillers kohlesinfonie ochel weitere kohlenhalden sind indiskutabel die kohle wird wieder gesund werden der deutsche kohleofen ist aus landesregierung ringt um etatausgleich kann dem ruhrgebiet noch geholfen werden energiepolitik in europa aufeinander abstimmen wer oder was kann den bergbau noch retten erfolg durch neuordnung neue industrien in das ruhrrevier statt stillgelegter zechen die bergleute suchen neue berufe unruhe im pütt der bergbau sucht eine neue form wirtschaftsminister und gewerkschaften lehnen pläne des ruhrbergbaus ab schlagwetterkatastrophe im revier gedanken zu den bergarbeiterunruhen bergbau in der sackgasse bergbau proklamiert notlage konzentrierter abzug dem kumpel sitzt die angst im nacken die zeche für die zechenaktionäre wer zahlt die zeche wenn die zechen schließen ist das soziale wirtschaft nicht auf dem rücken des bergmanns ich ginge nicht für zucker in die fabrik eine bergbaugemeinde saniert sich die deutsche kohle muss billiger werden der kohle wollen alle helfen die alten kumpel bleiben draussen vor der tür unbequeme wahrheiten ein herz für die kohle klar zum gefecht entstellender bergbaureport für meyers fiel kein gutes wort heißester kohlenwinter die krise des deutschen bergbaus ein fanal nach der kohlenkrise die stahlkrise ruhrgebiet 1980 nicht wiederzuerkennen kohle braucht gemeinschaftshilfe bergbau in aller welt bitteres los für zahlreiche kumpel ist der bergbau ein faß ohne boden kohle bleibt das brot der industrie bergbau warnt ein drittel aller zechen muß schließen erbitterung im revier der schock für die bergleute unbequeme wahrheiten die bergleute hoffen noch[9]

Sämtliche Rezensionen der 1968er-Ausgabe schrieb der Herausgeber Zahl selbst. Er empfiehlt unter anderem die *Worte des Vorsitzenden Mao* und Victor Serges *Beruf Revolutionär*. In letztgenannter Besprechung heißt es, »wir, die jungen aufständischen, können lernen aus diesem buch. lernen vor allen dingen, dem parteigedanken mißtrauen entgegen zu bringen; […]. dieses buch beweist, daß der beruf revolutionär zu sein, alles andere, aber nicht leicht ist – und zukunft hat.«[10] Hier deutet sich eine Radikalisierung an, die schließlich im Falle Zahls zu einer zehnjährigen Haftstrafe (1972 bis 1982) wegen Zugehörigkeit zu einer terroristischen Vereinigung führte.

Neben *Spartacus* druckte Zahl Ende der 1960er Jahre auch die Undergroundzeitschrift *Agit 883* sowie andere subkulturelle Schriften aus dem linksradikalen Milieu, was ihn in den Fokus staatlicher Ermittlungsbehörden brachte.

PS: Die Stadtbücherei Dortmund trat bei *Spartacus* als Inserent (und damit auch als Sponsor) auf. Sie warb mit ihrem Sammelschwerpunkt *Moderne Lyrik*. Sämtliche Veröffentlichungen aus dieser Sparte könnten auf dem Weg der Fernleihe unmittelbar in Dortmund bestellt werden. Unterzeichnet ist die Werbeseite mit *Archiv für Arbeiterdichtung und soziale Literatur. Dortmunder Gruppe 61 für künstlerische Auseinandersetzung mit der industriellen Arbeitswelt*.

Mehr als *Spartacus* legt Zahls Roman *Von einem, der auszog, Geld zu verdienen* (1970) Zeugnis ab vom originären Erzähltalent des Autors. Jedes Kapitel beginnt mit dem kleingeschriebenen Wort »oder«. Dies tun ODER jenes, lautet die immerwährende Frage. Oder auch gar nichts tun und den Tag im Bett verbringen. Vielleicht mit der Lektüre von (Heinrich?) Mann, Hermann Broch, Hans Henny Jahnn oder Robert Musil, die an einer Stelle erwähnt werden. An einer anderen interessiert sich der Ich-Erzähler – der über sich in der dritten Person berichtet – in einer Buchhandlung für die Werke von William Faulkner, James Joyce und ein, wie es heißt, »Ruhrgebietsbilderbuch« von Heinrich Böll und Chargesheimer – gemeint ist der Bildband *Im Ruhrgebiet* aus dem Jahre 1958, der seinerzeit einen Skandal auslöste.

Es handelt sich sämtlich um Titel, die sich der Erzähler nicht leisten kann. Und genau das ist das Problem. Er ist ein klassischer Vertreter der

Legendärer Vorläufer aller POLIT-INFOS: OBERRAUM/LINKECK.
Programm vom 12.10.1967 - unbegrenzt anwendbar:

Die Oberbaumpresse Berlin, eine politische Aktionsgemeinschaft, bestimmt ihren Zweck als Funktion innerhalb der Politik des anti-autoritären Lagers in West-Berlin. D.h. das Drucken, Schreiben, Verlegen, Verteilen usw. ist zweckbestimmt Praxis-bezogen auf politische Aktion. Daraus folgt ein anderer Begriff vom "Verlag": (der Buch-handel wird in die "Klammer gesetzt"), denn unser Distributionszweck ist die politische volle Ansprache und Mobilisierung bestimmter Gruppen, (bedingt auch funktionalen, schwankenden "Verkaufspreis"). Die <u>Formen</u> unter denen konventionell verlegt und <u>verteilt</u> wird, enthüllen sich uns als einengende, beschränkende, repressive Inhalte. Weg damit! EINE REVOLUTION IST GERECHTFERTIGT.
+
Heute gibt es noch <u>883</u>, gedruckt und z.T. auch verteilt vom sozialistischen Verleger, Gruppe 61-Mitglied, Autor usw. P.P. ZAHL (nicht zu verwechseln mit P.P. DAHL/konkret).

p.p.verlag
peter-paul zahl
1 berlin 47
wederstraße 91
ruf (0311)
687 29 02

Peter-Paul Zahl

Von einem, der auszog, Geld zu verdienen

Dieser Roman erzählt die „alltägliche Geschichte" von einem, der auszog, Geld zu verdienen, von einem verkrachten Studenten, der zunächst die Integration in die bürgerliche Gesellschaft verweigert, nach seiner Heirat aber zum reinen Konsumbürger wird — bis er auf einer Demonstration mit der Polizei in Konflikt gerät. Der erste Roman des jungen Berliner Autors Peter-Paul Zahl, geschrieben in einer neuartigen, eruptiven und slanghaften Sprache, übt Kritik an jenen Teilen der jungen Generation, die ihren Protest gegen gesellschaftliche Zwänge nur durch die Flucht in Irrationalität, in Subkultur und Ersatzwelt ausdrücken können. Zugleich aber hat der Autor die pluralistische Gesellschaft im Visier. Ein Aufruf an die politisch Unmündigen aus der Protest- und aus der Konsumwelt, über ihre Situation endlich nachzudenken.

Das ist Peter-Paul Zahl, 1944 in Freiburg im Breisgau geboren, lebt als Drucker und Verleger in West-Berlin. Er ist Mitglied der Dortmunder „Gruppe 61". Bisher veröffentlichte er Lyrik und Prosa in zahlreichen Anthologien und Zeitschriften.

Das Argument –
Porträt einer linken
Zeitschrift   + agit-prop-Lyrik

Das Argument. Zeitschrift für Philosophie und Sozialwissenschaften Nr. 50. Sonderband zum 10. Jahrgang. Berlin: Argument-Verlag 1969. 313 Seiten. br. 3,— DM, im Abonnement 2.50 DM.

Peter-Paul Zahl im Blickpunkt von »Ulcus Molle«, 1970.

Peter-Paul Zahls Literaturzeitschrift wünscht sich mutige Rebellen

»lost generation« Ende der 60er Jahre. Den Tag bringt er damit zu, ziellos durch Berlin zu streifen und sich mit Shoccy zu treffen, dem jeder Sinn für Kunst und Literatur abgeht. Er besucht Feten, Kneipen, hat Sex, doch alles hat weder Plan noch Ziel. Erzählt wird das alles in einem rhapsodischen Stil. Sinneseindrücke scheinen ungefiltert und simultan aneinandergereiht – ein endloser Gedankenstrom, wie er auch bei Bulkowski (s. S. 608) und Miehe (s. S. 360ff.) begegnete.

Dann mit Kapitel VIII ein Break. Wir erleben das Erzähler-Ich bei der Arbeit in einer Druckwerkstatt (autobiografische Bezüge sind unverkennbar), wobei die Tätigkeit an einer Druckmaschine dezidiert geschildert wird. Mit der geregelten Arbeit, der das Ich nun nachkommt, ändern sich die Lebensverhältnisse: Wohnung, Beziehung zu Christa, Geburt des Kindes (ebenfalls detailliert geschildert), Kauf eines gebrauchten VW-Käfers. Mit dem Selbstfindungstrip ist – nach harter Schichtarbeit – erstmal Schluss: »du... sparst, legst zwei Konten an, kaufst keine Bücher, keine Platten mehr – was sollen dir Mozart und Joyce, Dave Brubeck und Arno Schmidt.«

Doch die Beziehung zu Christa ist brüchig. Man hat ständig Streit, nervt sich an. Der Erzähler beginnt, sie mit Renate zu betrügen. Der Geschlechtsakt wird ähnlich stakkatohaft und exzessiv beschrieben wie in *Nowack* – als hätte der eine vom anderen abgeschrieben. Ähnlich eine Masturbationsszene, bei der sich der Erzähler an Abbildungen aus der *konkret* aufgeilt.

Dann eine erneute Wende. Shoccy überredet den Ich-Erzähler zur Teilnahme an einer Demonstration. Jener nimmt nur widerwillig teil. Die Demo bewirkt jedoch einen Gesinnungswandel, ausgelöst durch nicht geahndete Polizeiwillkür: »du siehst einen Polizisten, du siehst ein Mädchen, sie ist vielleicht achtzehn, denkst du, der Polizist vielleicht zwanzig, der Polizist mit dem Knüppel, das Mädchen mit der Handtasche, die sie hochreißt, um das Gesicht zu schützen, der Polizist läßt den Knüppel sinken, er läßt den Arm sinken, er sieht das Mädchen an, das die Handtasche vor das Gesicht hält, nach vorne gebeugt, er sieht das Mädchen an, der Knüppel liegt locker in der Hand, er sieht das Mädchen an, sie ist hübsch, er sieht sie an, du hörst eine Stimme, er hört eine Stimme: ein Kollege, ein älterer Polizist, mit dem Schlagstock in der Hand, nach vorne gebeugt: »Schlag sie! Schlag sie unten!« Du siehst den jungen Polizisten, er steht locker da. »Hau doch druff!« Du siehst den jungen Polizisten lächeln: er zieht die Lippen über die Zähne, »Geb's ihr! Hau doch druff! Hau ihr eine rein, verdammt noch mal!« Und du siehst: der junge Polizist schlägt zu, er holt aus und schlägt dem Mädchen den Knüppel mit aller Kraft in den Unterleib: einmal, zweimal, dreimal, sie knickt zusammen, sie klappt nach vorne um, der junge Polizist schlägt zwischen ihre Oberschenkel, sie sackt zusammen, du läufst auf den Polizisten zu, du hörst Shoccys Stimme, weit weg, du hast die Arme erhoben, du spürst dein Gesicht naß werden, du willst ihn umbringen, du versuchst zu schreien, und die Paragraphen sind numeriert, sie haben recht mit ihren Paragraphen, denkst du, da stimmen immer einige,

die anderen Polizisten, nachher, sind ganz nett, ältere Beamte, Revierpolizisten, Familienväter, nicht kaserniert, sie geben zu, sich irren zu können, geben zu, daß ihre Kollegen sich irren können, sie würden dir sogar Kopfschmerztabletten geben, wenn sie welche hätten, sie machen dich auf deine Rechte aufmerksam, sie wundern sich nicht, daß du nur Angaben zur Person machen willst, sie hätten es wahrscheinlich ebenso gehalten, wären sie an deiner Stelle – aber sie sind es nicht

und«[11]

Angesteckt vom neuen Gedankengut und Infiltrationen über die Ausbeutung des Arbeiters durch das Kapital vernachlässigt der Erzähler »mit Wut im Bauch« seinen Job und wird prompt entlassen. Das unbestimmte Lotterleben beginnt aufs Neue, diesmal allerdings unter anderen Vorzeichen: »du hast diese Stadt satt, diese alte wilhelminische Nutte, vollgepumpt und vollgerotzt von Godesberg und Blankenese, diese alternde Hure des Westens und Frontstadt, dieses Lichtermeer von BEA aus, PanAm, Air France, dieses Pissoir Hunderter von Abwehrdiensten, diese pralle Säuferleber, dieses Tuberkuloseschwämmchen, diese syphilitische Krankenschwester, dieses Monstrum an Immer-noch-da, was sollst du, ein Arbeitsloser, in einer arbeitslosen Stadt? Was willst du hier?«[12] Er will West-Berlin verlassen und im Ostteil einen Neustart versuchen. Doch er wird zurückgeschickt: »So einen wie dich wollen die nicht«. Zahls Roman *Von einem, der auszog, Geld zu verdienen* ist eine Parabel über das nervöse und politisch aufgeheizte mentale Klima Berlins Ende der 1960er Jahre. Das gehetzte Stadtleben und dessen Auswirkungen

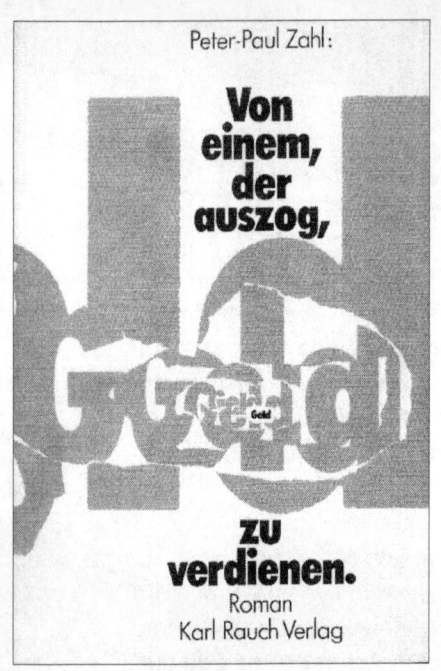

Manifest einer allmählichen Radikalisierung. Peter-Paul Zahl verbindet dokumentarischen und ästhetischen Anspruch.

auf die instabile Psyche des Protagonisten finden in der rhapsodischen Diktion des Romans eine unmittelbare Entsprechung. Schon das Layout deutet an, dass es sich um ein experimentelles Werk handelt. Das obere Viertel jeder Seite besteht aus Ausschnitten aus Zeitungen und Zeitschriften, die das Geschehen in lockerer Form kommentieren. Weitere Illustrationen sorgen ebenso wie der Verzicht auf Blocksatz für ein immer wieder überraschendes Schriftbild. Die Zeitungsausschnitte und eingeblendeten Parolen deuten – mehr noch als der Text – eine zunehmende Radikalisierung der allgemeinen Stimmung an.

Erschienen ist *Von einem, der auszog, Geld zu verdienen* im Karl Rauch Verlag, in dem auch Wolfgang Körners *Nowack* (s. S. 135ff.) herausgekommen war – einer offensichtlich guten Adresse für außergewöhnliche Zeitromane der Spätsechziger Jahre.

»und
dann gehst du mit Shoccy und Christa die Kantstraße hinunter, das Wetter ist nicht schlecht, aber ihr habt dennoch feste Schuhe und Amikutte an, du bist die Kantstraße schon oft hinuntergegangen, meistens aus der

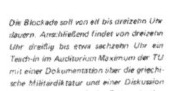

"Du vergißt den qualitativen Sprung", sagt Shoccy.
"Den vom Korn zum Tomatensaft?" fragst du.
"Den vom Kapitalismus zum Sozialismus", sagt Shoccy.
"Den vom Korn zum Tomatensaft", beharrst du, und du hörst: Belafonte, Nancy Wilson, Wilson Pickett, Nina Simone, und du siehst, daß Gerda den Sender drinläßt
oder

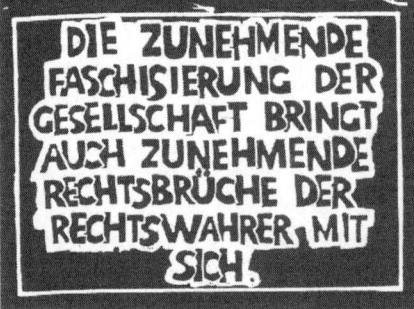

Abbildungen aus »Von einem, der auszog, Geld zu verdienen«.

Peter-Paul Zahls Literaturzeitschrift wünscht sich mutige Rebellen   599

anderen Richtung kommend, von der »Taverna« oder der Bierschwemme am Amtsgericht Charlottenburg
und
du merkst, daß Shoccy still ist, am Bahnhof Zoo zeigt er euch die ersten Mannschaftswagen, die nächsten stehen auf dem Parkplatz hinter dem Amerikahaus. »Garantiert vollgestopft mit Bullen, der Kulturbunker unserer amerikanischen Freunde!« sagt Shoccy kurz, dir ist irgendwie mulmig zumute, du nimmst Christas Hand in deine Linke, sie entzieht sie dir wieder. »Wisch dir mal die Hände an der Hose ab!« sagt sie, und du denkst, daß sie es genießt, wenn deine Handflächen naß werden. »Ich sag es gleich einem Polizisten, daß du deinen ehelichen Pflichten nicht nachkommst!« sagt du, sagst es aber mehr zu Shoccy, und Christa schweigt bis zur Militärmission
und
du siehst hinter dem Gitter einen Wagen mit einem Lautsprecher auf dem Dach, du hörst griechische Musik. »Theodorakis«, sagt Shoccy, und er regt sich auf, sagt: »Ein Hohn, der blanke Hohn! Die Bullen spielen hier Theodorakis, sie schützen hier die Faschisten, und die haben in Griechenland genau diesen Theodorakis eingebunkert, weil er links ist.« Und du siehst: die Straße vor der Militärmission ist in beiden Richtungen gesperrt, der Parkplatz gegenüber der Mission bis zur Hälfte von Polizisten besetzt, du siehst Hamburger Reiter und dahinter Demonstranten, du siehst einen freien Raum und zwischen den Häuserblocks mit Polizisten gefüllte Mannschaftswagen, du siehst Hundeführer und Pferdestaffeln, und du siehst Demonstranten, hörst Sprechchöre, übertönt von griechischer Musik. »Textor!« sagen einige, an denen ihr vorbeikommt. »Ein später Nachfahre von Goethe.« Du merkst, daß die Stimmung gedrückt ist, ihr seht zur Mission hinüber, versucht, hinter den Scheiben der Fenster etwas auszumachen, ihr seht nichts. »Wahrscheinlich leer«, sagst du. »Warum sollten die auch heute arbeiten?« – »Wahrscheinlich voller Bullen und Fotografen mit guten Teleobjektiven«, sagt Shoccy, und du hörst: POLIZISTEN SCHÜTZEN DIE
FASCHISTEN!
POLIZISTEN SCHÜTZEN DIE
FASCHISTEN!
POLIZISTEN SCHÜTZEN DIE

FASCHISTEN!
POLIZISTEN SCHÜTZEN DIE
FASCHISTEN!
und ihr geht an verschiedenen Gruppen vorbei und hört: »Gewaltfreie Kacke...verladen...ein Zyniker, dieser Textor...Theodorakis...Sit-in... nassen Arsch...zur TU...hat keinen Zweck...hier gibt's doch nur noch Putz...das war zu erwarten...dufte eingefädelt...leerlaufen lassen, sagen die sich...Komitee der Hundert, daß ich nicht lache...was willst du denn, die Demonstration ist doch genehmigt...hübsch abgesichert...arme Bullen...freier Samstag...was denken die sich eigentlich...willst du denn eine leere Bude stürmen...wäre doch Selbstmord...die schießen, kannst dich drauf verlassen...SS-Anwärter Werner, Kommandeur der Schutzpolizei... den Bullen kannst du doch nichts...die wissen doch gar nicht...tun nur... nur die Pflicht, hat auch die SS nur...da hilft nur Artillerie...der politische Stellenwert...komm, wir hauen ab...hat doch keinen Zweck...zum Ku-Damm...zur TU...Scheiße...«
Und Shoccy sagt: »Genau das, was wir nicht wollten, einen nassen Arsch unter Ausschluß der Öffentlichkeit!« Und ihr hört undeutlich eine Stimme durch ein Megaphon: »...Sache der Hundert...« – »Komm, gehen wir mal hin!« sagst du, hörst Johlen. »Scheißtyp«, sagt Shoccy, »der Typ mit dem Megaphon! So ein Gewaltfreier, der will, daß wir hier jetzt sang- und klanglos die Sache abblasen und teachen...« – »was sollen wir denn sonst machen?« fragst du. »Zum Ku-Damm«, sagt Shoccy, und du siehst, wie er zu einigen Gruppen hingeht, mit ihnen redet, siehst: einige verbrennen Transparente, Zeitungen, der Wind treibt die brennenden Fetzen die Uhlandstraße hinunter in Richtung Kantstraße, Kinder spielen mit dem Feuer, schichten Zeitungen zu einem Haufen, zünden ihn an, tanzen um ihn herum, stoßen mit ihren Gummistiefeln den brennenden Haufen immer wieder zusammen, wenn der Wind einzelne Stücke wegweht. »Die Kinder von der Erb«, sagt Shoccy, du siehst, daß er sich an Christa wendet. »aber du kommst doch mit?« Du siehst sie nicken. »Wohin?« fragst du. »Zum Ku-Damm«, sagt Shoccy, und ihr geht los und du denkst, es ist Zeit, zu Mittag zu essen, und du siehst: auf der Kreuzung Joachimthaler-Kudamm sitzen vielleicht achtzig bis hundert Personen, Frauen und Mädchen darunter, und Shoccy zieht dich am Ärmel. »Komm mit!« sagt er, deutet mit dem Kinn auf die Sitzenden. »Weiß noch nicht«, sagst du,

»erst mal gucken.« Und du siehst, daß die Gehsteige voller Menschen sind, die auf die Sitzenden sehen und auf die Polizei, die sich langsam in Ketten an der anderen Straßenseite vor dem KLM-Laden formiert, und du hörst das Tatütata von Polizeifahrzeugen
und siehst: der asphaltierte Innenhof zwischen Bilka und Ku-Damm ist voller Polizisten, in Scharen stehen Polizisten vor dem Allianzhochhaus auf der anderen Seite des Ku-Damms, Ecke Joachimsthaler.»Jetzt machen sie hinter uns dicht«, sagt Shoccy, und ihr geht zur Kreuzung, seht die Joachimsthaler hinunter in Richtung Zoo: Polizeiketten, Polizeifahrzeuge, ältere Passanten werden durchgelassen, jüngere nicht.»Jetzt ist der Ofen aus!« sagt Shoccy und weist auf die Sitzenden.»Ne, ne!« machst du, schüttelst den Kopf, Christa nimmt dich bei der Hand.»Komm, wir gehen!« sagt sie.»Wohin denn?« fragst du.»Den Ku-Damm erst mal 'runter, Richtung Uhlandstraße«, sagt sie.»Wenn ihr da überhaupt noch 'rauskommt!« sagt Shoccy.»Wahrscheinlich haben sie da auch schon dicht gemacht.«
Und du siehst, wie die Polizeikette, die am Tauentzien steht, langsam näher rückt, siehst: die Polizisten gehen ineinander verhakt, ihr werdet vom »Kranzler« in Richtung Uhlandstraße abgedrängt, du siehst einen Lautsprecherwagen hinter der Kette, hörst: »...das zweite Mal auf, die Straße zu räumen...andernfalls..« – »Aber wohin kann man jetzt noch gehen?« fragt Christa. Und du hörst:
ALLES HINSETZEN!
ALLES HINSETZEN!
Und du siehst: zwei Wasserwerfer spritzen Wasser auf die Sitzenden, die enger zusammenrücken, Jacken und Parkas über ihre Gesichter ziehen, und du siehst, wie die, die vorne sitzen, vom Druck der Wasserstrahlen auf die weiter hinten Sitzenden zugespült werden
und
du spürst, wie man euch von hinten gegen die Polizeikette drückt, die die Sitzenden von denen zu trennen sucht, die auf dem Bürgersteig stehen, siehst, wie die Polizeikette etwas zurück auf die Straße zum Mittelstreifen des Ku-Damms rückt, du siehst: jetzt lösen sie die Arme voneinander, nehmen die Gummiknüppel in die Hände, siehst: der auf der Straße sitzende Haufen löst sich langsam auf, drängt zu euch auf den Bürgersteig, hörst:
POLIZISTEN SCHÜTZEN DIE

peter-paul zahl
elf schritte zu einer tat

MIT ELF OFFSET-LITHOGRAPHIEN
ORA ELISABETH VON STEIGER
89
32353 PHEM HANDPRESSENDRUCK

Das Individuum, klein-geschrumpft. Lithografie von Flora Elisabeth von Steiger.

FASCHISTEN!
POLIZISTEN SCHÜTZEN DIE
FASCHISTEN!
POLIZISTEN SCHÜTZEN DIE
FASCHISTEN!
Du siehst Polizei: quer über dem Ku-Damm in der Höhe der Uhlandstraße, in der Meinekestraße, auf dem Parkplatz an der Meinekestraße,

Peter-Paul Zahls Literaturzeitschrift wünscht sich mutige Rebellen

auf dem Ku-Damm vor dem KLM-Laden quer über der Straße, in der Joachimsthaler Straße vor dem Allianzgebäude quer über der Straße, in der asphaltierten Passage zwischen Bilka und Ku-Damm, du schätzt sie auf über tausend Mann, mit den Hunden und Pferden und Wasserwerfern und Stiefeln und gefütterten Jacken,
und du denkst: mit Knüppeln in der Hand,
und du denkst: das stößt dir auf,
und denkst: sie warten
und«[13]

Sprachlich noch experimenteller, noch radikaler. 1968 lässt Peter-Paul Zahl mit *elf schritte zu einer tat* einen weiteren Text folgen, ein bibliophiles Bändchen in einer Auflage von lediglich 101 Exemplaren, erschienen bei polyphem handpressendruck, versehen mit elf Offset-Lithografien von Flora Elisabeth von Steiger. Die Bildmotive stellen zum Großteil den nackten menschlichen Körper dar. Gier und Geilheit stehen im Vordergrund. Zu sehen sind verzerrte, fratzenhafte Gesichter, ineinander verknäulte Leiber, kahle Schädel: Sexualität als Schreckensszenario.
Zahls assoziativer Text reiht sich in dieses düstere Panoptikum ein. Geschildert wird die Tat eines Mörders, der Treppe für Treppe einen Hausflur hinaufsteigt, bis er zu jenem Zimmer gelangt, in dem seine Frau ihn mit einem anderen Mann betrügt. Dort begeht er die Tat.
In *dritter schritt* heißt es symptomatisch: »es hilft nichts, ich muß schizophren bleiben!« Siegmund Freud und bedrängende Kastrationsängste kommen ins Spiel. Im vierten Bild kündigt sich die Tat konkreter an, wobei sich Bilder aus der Gegenwart in den wirren Gedankenfluss des »kranken Hirns« mischen: »aschenbecher quellen zuweilen über von verzicht, schließlich und endlich stirbt ein mensch früher oder später, manche heben sich diese beschäftigung für später auf, andere hingegen sind schon tot, die würmer grasen in ihren gehirnen, asche lotrecht aus den augen, peilen sie ins leben, wissen nicht, daß sie gestern oder morgen schon gestorben sind. ja, wundersam sind die wege jenes geschwüres, das romantisierende poeten gehirn zu nennen pflegen, kulturfunktionäre aller länder entzweit euch! alles fließt, sagt heraklit, auch die wolga. axel springer heuerte die sieben schwaben zum kampf gegen pankow an. der rasen rast, der melker melkt, der hase hastet, ist der

moderne mensch modern oder vermodert? fragen, o freund, die manche konferenz zu einem dien-bien-phu machen ließen. ist hermann hesse ein hesse? und warum ist bayer in leverkusen und nicht in kulmbach? geschichtslügen: onan hat nicht onaniert, mende benutzt kein brisk. augstein ist manchem ein stein im auge. wer will, der kann – aber, wer will denn schon, wenn er kann? vierter stock, ich nehme die Schlüssel aus der tasche.«
Die Erregtheit, durchmischt mit weiteren zufälligen Gedankenfetzten, setzt sich weiter fort: »unbestechlich bin ich. das weißbrot in meiner aktentasche ist der bestechungsversuch der sozialen marktwirtschaft. aber – was bleibt mir? schwarzbrot ist reaktionär, rotbrot gibt es noch nicht, zuweilen ist die realität höchster zynismus, (am checkpoint charly seit jahren ein altes filmplakat – ›im westen nichts neues‹ –) zittern, zittern, zittern. ist's die kälte?
... doch aus den wolken grinst es phallisch.«
»inzwischen wächst mir ein holzbein aus dem gehirn. ich stelze von dannen.
was sagte der altbundeskanzler über meine mittelohrentzündung? ›die lage ist ernst‹, sagte er. ich leide noch immer unter seiner anteilnahme. eines tages werde ich wohl selbstmord begehen müssen, ihm zu entgehen.«
Im *siebten schritt* wird der Tod als solcher relativiert: »gut gekreißt ist halb entbunden.
männertränen? das wäre zu hoch gegriffen, sie gingen drauf, wie schon immer. isonzo, cannae, marne, don, stalingrad, schweinebucht, ihre weiber heulten. wie schon immer. Schuldige.
neonmonde schwimmen in den pfützen.
das spendet blumenkohl für die freiheit und dröppelbier. und das gebärt kinder, und die kinder gebären ungeheuer. atomminen. ›nehmen sie eine halbe megatonne für ihren geschmorten vietnamesen, mrs miller!‹ ah, metaphern statt bomben. kotz dich aus, junge, darf es für fünf mark im monat mehr Sophokles sein?
wenn wahr ist, was wahre menschen wahrheit nennen, bewahre ich mich davor.«
Die Tat selbst wird nicht zum Gegenstand, lediglich die »irrsinnige Angst« seiner Frau, als ihr Ehebruch entdeckt wird. Im letzten Schritt

Bedrängte Kreaturen. »... wächst mir ein holzbein aus dem gehirn«. Abbildungen aus »elf schritte zu einer tat«.

sitzt der Erzähler in seinem Zimmer und sinniert vor sich hin: »vor mir die schreibmaschine, mein messer, mein gänsekiel, altar, registrator, rhythmisierer, meine maschinenpistole.« Der Text schließt mit den Worten »mord im affekt. mir ist es gleich, was kommt.«

elf schritte zu einer tat zeigt einmal mehr das Dilemma eines Autors zwischen der für notwendig erachteten politischen Agitation und eigenem sprachlich-ästhetischem Anspruch. Peter-Paul Zahl war in dieser Hinsicht stärker im Sub-Milieu verankert als Peter Rühmkorf und halt- und bodenloser als etwa Paul Schallück, der, anders als Zahl, nie Gefahr lief, den Boden unter den Füßen zu verlieren.

Anmerkungen

1   Im ersten Heft waren Hugo Ernst Käufer, Max von der Grün und Wolfgang Körner vertreten.
2   Geb. 1944 in Freiburg. Er lebte nach seiner Inhaftierung ab 1985 vorwiegend auf Jamaika.

3 *Spartacus* 1968, H. 2, S. 24.
4 Ebd., S. 28.
5 Ebd.
6 Ebd., S. 49.
7 Ebd.
8 Ebd., S. 36.
9 Ebd., S. 11f.
10 Ebd., S. 45f.
11 Peter-Paul Zahl: *Von einem, der auszog, Geld zu verdienen.* Düsseldorf 1970, S. 109-110.
12 Ebd., S. 120.
13 Ebd., S. 98-107.

58 Streams of Consciousness
Hansjürgen Bulkowski ist up to date, weil er einfach aufschreibt, was ihm in den Sinn kommt

Der Sprung ins kalte Wasser. Hansjürgen Bulkowski (s. S. 459) oder einfach nur Bulkowski (wie von ihm selbst bevorzugt) hat ihn vollzogen. Der ehemalige Angestellte der Bundesknappschaft in Bochum arbeitete 1968 als Bibliothekar in Krefeld, ließ aber – zumindest vorerst – den Kontakt zur Ruhrgebiets-Literaturszene nicht abreißen. Seit 1966 war er, wie erwähnt, mit literarischen Texten, Lesungen und Happenings in der Ruhrpott-Öffentlichkeit präsent (s. S. 344, 483). Zudem machte er sich als Herausgeber der Zeitschrift *PRO. blätter für neue literatur* einen Namen (s. S. 459ff.).

Bulkowski war unter den frühen Autoren, die sich im Rahmen der 1967 gegründeten *Literarischen Werkstatt Gelsenkirchen* dem Urteil des Publikums stellten – eines wohlgemerkt literarisch unkundigen Plenums, das es sich gleichwohl nicht nehmen ließ, seine Kritik mit nassforscher Vehemenz vorzubringen. So geschehen auf der zweiten Veranstaltung der Vereinigung im November 1967 im evangelischen Jugendheim Buer-Middelich, dem so genannten *Tempel*. Dort las Bulkowski gemeinsam mit Hildegard Maria Binder und Rainer Horbelt.

Die WAZ titelte am 27. November 1967 *Duden hatte keinen Zutritt*. Im Artikel selbst heißt es: »Im *Tempel* [...] wurde am Freitagabend – welch undemokratische Geste – jemand des Saales verwiesen, und zwar ein gewisser Herr Duden. Pop-Lyriker Hans-Jürgen Bulkowski, [...] seiner grammatischen Trivialitäten wegen angesprochen, meinte: ›In der deutschen Sprache von heute kommt es nicht mehr auf den Duden an.‹ Das war eine der vielen geistigen Plastikbomben, die im Hin und Her der nach den Autorenlesungen entstandenen Diskussion ›geworfen‹ wurden. [...] Aller drei Autoren Tummelplatz ist die Collage des verspielten Wortes, das hier mit verklemmten Komplexen, Günter Grass und Zeithast, dort mit Reklamesprüchen und anderen Gemeinplätzen vermischt dargeboten wurde. Es gab Proteste: ›Wo bleiben die Werte?‹ Was geboten wurde, hatte jedenfalls den Vorzug einer unverkennbaren Spannung und einer drastischen Milieuschilderung, ob sie nun bei Bulkowski kabarettistisch überhitzt wurde, ob Hildegard Maria Binder

Hansjürgen Bulkowski.

rosarote Romanzen offenbarte oder Rainer Horbelt die ›Treppen‹ und ›Plätze‹ seiner ›Stadt‹ in substantivischem Mosaik zeichnete. Manches wurde gekonnt vorgetragen, aber der Rotstift der überlegenen Stilformung fehlte fast durchweg. Eben deshalb schien das Werkstattgeplänkel aber nützlich.«[1]
Auf einer weiteren Veranstaltung der *LWG* warf ein »Philologe« Bulkowski vor, seine »Literatur sei nur Effekthascherei«. Bulkowski »sah sich in der Diskussion [...] zahlreichen Angriffen ausgesetzt.«[2]
Der Gescholtene ließ sich aber nicht beirren. Auf die Frage nach der Sinnhaftigkeit seiner Texte und auf seine Vorbilder angesprochen, antwortete er halb provozierend: »Werbelyrik zum Beispiel lese ich sehr gern.«[3]
Und dann noch einmal im Februar 1968: »Schulmeister reagierten empfindlich wie Mimosen, einige sahen die ›staatstragende Schicht‹ in Gefahr. Limpert wurden die Direktheit seiner Kumpelprosa und -lyrik übelgenommen, Bulkowski (›Fragen Sie nur, wie sollten Sie sonst etwas lernen?‹) seine ›Kulturhuren‹.« Der Pressebericht gelangt zu dem Fazit: »Erst eine längere Praxis der *Literarischen Werkstatt* wird es zeigen:

Können sich moderne Autoren denen mitteilen, die sie verstehen sollten: den Laien?«[4]
Als die *LWG* im Dezember 1968 zum Finale ihres großen Literaturwettbewerbs einlud, war Bulkowski abermals dabei. Auch hier wurde wieder lautstark protestiert (s. S. 339ff.). Der von Bulkowski vorgetragene Text fand Eingang in den Band *Beispiele Beispiele. Texte aus der Literarischen Werkstatt Gelsenkirchen*. Eine gewisse Originalität ist ihm nicht abzusprechen. So what?

Immer auf dem laufenden

sieh mal die aufgemalten Tigertatzen quer über dem Bürgersteig, führen zur Tanksäule, gar nicht schlecht die Idee, oben in grüner Leuchtschrift: Gebrauchtwagen gegenüber Berliner Platz, haben sie wieder sauber hingekriegt die Propaganda-Berliner, kleine Erinnerung an die schöne Zeit mit der deutschen Hauptstadt, ehemaligen versteht sich, na hoffentlich nie wieder, hier fängt die Kortumstraße an, Schild Kortumstraße 2-22, Carl Arnold Kortum, Dichter der Jobsiade, macht nichts, kannte ich vorher auch nicht, aber warte mal:
wer geht denn da so artig über den Zebrastreifen? die kenn ich doch, wo hab ich die nur gesehen? will sicher ins Kino, genau zwölf Minuten nach fünf, könnte hinhauen, was gibts eigentlich im Intimen? mal rüber, sicher geht die da hin, auch sone Tigertatze, rechts auf der anderen Straßenseite die Lange Theke, Gedeck 2 Bier und 1 Klarer 1,- DM, gar nicht teuer, siehste jetzt verschwindet sie in das Intime Theater, was spielen die denn da? Mandragola? sicher was amerikanisches, über 18, schade daß du nicht mehr 17 bist, na tschüß Mädchen, viel Vergnügen, lieber rüber zum Union Theater,
ja soweit kommts noch, der Bucklige von Soho, schau dir den mal an, wie der aussieht, daß die Leute da reingehen, kommen auch schon wieder welche raus. Mensch Wilhelm, siehst man dich auch mal wieder? warst du in dem Buckligen? was muß ich sehen, zeig dem Onkel doch mal deine rechte Hand, also jetzt bin ich doch platt, und seit zwei Jahren schon, na sowas, und sonst? Eigentumswohnung in Wiemelhausen, 61.000, Mensch da sparste doch 100 Jahre dran, Knappschaft gibt ein Darlehn, 1 % Tilgung, na ich hab da keine Ahnung von, aber soll er ruhig machen der Wilhelm,

na denn machs mal gut Wilhelm, ja ja kleinen Spaziergang die Renne runter und wieder rauf du weißt ja, tschöh, da vorn ein Plakat, Gott hat uns die Tiere, Mensch halt die Luft an, da kommt sie ja wieder, war wohl nichts im Kino, also nu mal schön lesen, nicht ablenken lassen, Gott hat uns die Tiere anvertraut, wo haste die nur schon mal gesehen? sicher bei Anlauf in Herne, oder nee, das war die bei Köster in Blankenstein, mit dem schwarzhaarigen Macker, Marke Opelkapitän, ist ja ein herrlich breiter Wagen, jetzt bleibt sie auch noch vor dem Kaffeegeschäft stehen, tja Mädchen nichts mit Kaffee heute, zu, da mußte dir den schon von draußen ansehen, nun läuft sie wieder, die Haarspitzen wippen vorn ins Gesicht, Männerwinker, sieh mal an, Hessco baut um, Bauzaun-Plakat Ruhrlandhalle Sonntag 9. Oktober 16-22 Uhr Tanz für die Jugend die Musketiere the Low Beats the Crowns BEAT BEAT BEAT Eintritt 2 Mark 50 kein Verzehrzwang, seid doch menschlich, daneben, werdet Mitglied des Tierschutzvereins, auf auf ihr Musketiere, jetzt springt am Südring die Ampel auf grün, warum nur bleibt sie da stehen? es ist doch grün, Frollein, grüner wirds nicht,

also sowas, jetzt gibt sie dem Schnarchhahn auch noch die Hand, wie der gleich loslegt, der flöhrtet sage ich Ihnen, ist ja ne Gemeinheit, Heiland sollte lieber nicht auch noch umbauen, son Bauzaun hält bloß die jungen Leute auf, jetzt hat Heiland hier schon zwei Ecken am Südring, wir sind eine fromme Stadt, bei uns bringt der Heiland die Möbel, drüben Brillen-Hagemann, alle Kassen und Ruhrknappschaft, und fängt es mit den Augen an so geh zu Brillen-Hagemann, rechts den Südring entlangsehen, Europahaus 17 Stock, oben der gute Stern auf allen Europahäusern, da guck ich schon lieber nach links die Rottstraße runter, da haste erst mal die Brücke vor dir, trink Schlegel-Bier, und dann hinten der Bochumer Verein, tag Onkel Hans, was machst du denn hier auf der Renne, sagt, daß er Kurzarbeit hat auf dem Be Vau, ist ne Sauerei, macht 60 Mark aus jede Woche, ja ja seit der Krupp jetzt den Laden hat, gehts abwärts mit euch, noch ein paar Jährchen, und dann hau ich in Sack, Mensch jetzt ist sie mir durch die Lappen, ja Onkel Hans so ist das, ob die mit dem Macker mit ist? ja dann machs man gut, grüß zu Haus, laß dich mal bei uns sehen, jetzt reißen die auch noch die Straße auf, lauf mal die Renne noch ein Stück weiter, flieg nur nicht auf die Fresse, [...]

aber da kommen sie ja schon, der Knabe quatscht immer noch, die gehen die Kortumstraße wieder zurück in Richtung Union Theater, alle Wetter, jetzt läßt die den einfach stehen, einfach weiterquatschen, kommt wieder hier vorbei, der Volksredner ihr hinterher, was muß ich hören, sagt der Elke zu der? warte doch? läßt den einfach stehen, sowas, die ist nicht von schlechten Eltern, na für mich ist das überhaupt nichts, schon gar nicht mit soner koddrigen Schnauze am Kopf, laß da deine unegalen Finger von weg, schau lieber rüber zu C&A, Klamotten-Anton, immer schön umgucken, nicht müde werden,

was soll denn das schon wieder? Mini-Mini, Maxi-Maxi, so eine blöde Reklame, abends lang, Hose+Bluse, der Anti-Beat am Abend, hier die neuen Kleidungsideen, wenn Sie sich mehr leisten wollen als bisher, schon schon dann aber nicht diesen Quatsch, dort vorn sitzt der kleine Heisere, Welt am Sonntag, die WAZ, vor der Kaufhalle sein Stammplatz, immer schön warmer Mief, kann sich wohl auch nicht sonntags von seiner Säule trennen, also Johnson: deutsche Wieder-usw. durch Aussöhnung, na bitte, ich söhne aus, du söhnst aus, er sie es söhnen aus, wir sehnen uns aus diesen ganzen Phrasen raus, mach daß du über die Bongardstraße kommst, geht schubweise, bei rot links das Rathaus, war früher auch rot, heute grau. Ruß, Regen & Co.: dauerhafter Hausanstrich zu allen Tages- und Nachtzeiten, zähl mal die Wagen, die dir bei Rot vor den Füßen rumsausen, nur zwei Drittel haben die Stadtnummer, die anderen kommen von WAT WAN DO E GE HER usw. her, siehst du rechts die Spitze über dem Gerling-Konzern, king-star Brunnen-Limonade? das ist die Propstei, der Hahn ist ein Original sage ich Ihnen, von Mataré, auf der Fußgänger-Insel halt, wieder rot, plötzlich, ist ja zum rot sehen, da vorn geht sie, jetzt grün, schnell hinterher, links Wertheim, rechts Chic in Strick, tag Max, habe keine Zeit, muß dringend nach Haus, wie gehts, kennst du die da vorn, nee nicht die, die mit dem Trenchcoat, was die kennst du? ach so vom Ansehen, Mensch halt mich nicht auf, ja danke, grüß deine Frauen, jetzt aber dalli wo isse nun hin?

ein Sexkrimi der schwedischen Spitzenklasse, die Verkommenen im Atelier, im Atlantis Die letzte Schlacht mit Henry Fonda, muß ja wirklich die letzte Schlacht sein, der Kriegsfilm, der ist gut sagt da so ein junger Spunt, Kino-Bar River-Side, angenehme Unterhaltung bei zivilen Preisen, dieser Heini hat mich aufgehalten, jetzt ist sie weg, Deutscher Supermarkt, Sonderangebot Blumen, hier geht die Kortumstraße in leichter Rechtskurve hinab, ob sie nun zu sehen ist? die muß schon bald am Nordring sein,

lauf Jäger lauf Jäger lauf lauf lauf in Köln die Hochstraße runter, in Dortmund über den Ostenhellweg, in Amsterdam durch die Kalverstraat, hier auf der Kortumstraße lauf, ja guter Jäger lieber Jäger lauf lauf lauf möglichst nicht auf die Fußgänger drauf, links zwei Läden, rechts zwei Läden, in der Mitte Pflasterschäden, da ein Radio-Geschäft, die Beatles, die zentrale Tanzschaffe der weltberühmten VIER aus Liverpool, jetzt Fernsehen! ohne Anzahlung! bis hinunter zur Astroh-Ecke, Öfen und Kühlschränke, na immer hübsch cool boy, drüben ein Möbelpalast, also für Möbel hat sie scheinbar nichts über, das wird sich ändern, immer noch nichts zu sehen, Tropicana, die gepflegte Bar, Tanz im Dustern, Cha-Cha-Cha, links am Schreibwarenladen: neu! mit dieser Mine schreiben Sie 100 000 Wörter sauber und gleichmäßig, schön dämlich, 100 000 Wörter und dann noch sauber und gleichmäßig, vorm Zeitungsstand rechts Bild am Sonntag, Ultimatum an Erhard, Schah: das sind meine wahren Sorgen, wieder son Plakat: zieht nicht so viele Katzen auf, herrenlose Katzen leiden bittere Not, Rat erteilt, werdet Mitglied im Tierschutz, haben *die* Sorgen, schau lieber, daß du über den Nordring kommst, dort am Fenster: alles strahlt, hier wird gut gereinigt, ausgerechnet wieder rot, stehste machtlos vis-à-vis, rote Welle heute, alles ist gegen unsereinen,
aber da steht sie ja, an der Haltestelle, vor dem Bobby seine Tanzschule, sieht gerade auf den Fahrplan, da kommt der 54er, Grumme, Biggestraße, jetzt ist sie gleich weg, bleib bloß stehen, siehst du nicht, daß es rot ist? ach was, schnell über die Straße, schnell, vielleicht schaffst du den Bus auch, renne, los, 100 Meter in 13 Komma 9, das war einmal, schön ist die Jugendzeit, los Mensch, selten so gerannt, kommste ins Pfeifen was? und jetzt, was sachste nu? – steigt sie nicht einmal ein,
dann nimmt die todsicher den 53er, Grumme, Hiltrop Kirche, Paul-Müller-Straße, also in der Gegend wohnt die, jetzt mußt du sie ansprechen, sonst haut sie dir ab, schau nicht so dämlich in das Schaufenster, Platten, Bob Dylan, just like a woman, sei kein Frosch, los ran, jetzt gehe ich einfach hin und frage, ob sie mit nach Gegenüber, los, the Beachboys, god only knows, los reiß dich von diesem blöden Schaufenster los, jetzt gehst du aber wirklich hin, Guten Tag Fräulein, darf ich Sie bitten, Das Haus des Tanzes, die Tanzschule Linden, Bobby dieser Charmeur, kannst dir ne Scheibe von abschneiden, stehst nur rum und beguckst dir sein Türschild: hier ist keine Haltestelle, bitte 10 Meter weiter, Hauseingänge

bitte freihalten, auf der Brücke jetzt ein Güterzug, fährt ganz langsam, aufgeladen große grüne Behälter, son Krach, jetzt gehts bestimmt nicht, in Schablonen-Schrift Opel Kadett, ihr Trenchcoat hat ja die gleiche blaßgrüne Farbe, [...]⁵

Anmerkungen

1 Zitiert nach Hugo Ernst Käufer (Hg.): *Dokumente Dokumente. Die Literarische Werkstatt Gelsenkirchen in Presse, Rundfunk und Fernsehen 1967 bis 1969.* Gelsenkirchen 1969 (ohne Seitenzählung).
2 *Ruhr-Nachrichten*, Ausgabe vom 19. Februar 1968, zitiert nach *Dokumente Dokumente*, a. a. O. (ohne Seitenzählung).
3 Vgl. Walter Gödden: »*Einer sagte: Die Literatur ist toter.*« Der Reader Dokumente Dokumente liefert Einblicke in die Entstehungsgeschichte der Literarischen Werkstatt Gelsenkirchen, in: *Literatur in Westfalen. Beiträge zur Forschung* 14. Bielefeld 2016, S. 225-239, hier S. 230.
4 Ebd.
5 Hansjürgen Bulkowski: *Immer auf dem laufenden*, in: Hugo Ernst Käufer (Hg.): *Beispiele Beispiele. Texte aus der Literarischen Werkstatt Gelsenkirchen.* Recklinghausen 1969, S. 36-40.

59 Underground total
Das Magazin »Ulcus Molle« ist für alles, was schräg und anti ist

Noch einmal zurück zu Josef (»Biby«) Wintjes und seinem nach einer Geschlechtskrankheit benannten Szene-Magazin *Ulcus Molle* (s. S. 115), einem der wichtigsten und auch kuriosesten Zeugnisse der Underground-Bewegung. Es bestand anfangs lediglich aus einem hektografierten Flyer mit dem Absender *Das nonkonformistische literarische Informationszentrum aus 425 Bottrop*.
Zunächst dominierte die Katalogfunktion. Wintjes vertrieb die neuesten Erzeugnisse des alternativen Verlags- und Pressewesens, raubgedruckte amerikanische Comics, Szene-Zeitschriften und Literatur aus sogenannten Minipressen, also alles, »was ging«.[1]
Das mit Schere und Klebstoff zusammenkompilierte und anschließend hektografierte Magazin entwickelte sich mehr und mehr zu einem wichtigen Organ der Gegenkultur. Die Hefte stellten alles vor, was »anti« und subversiv war, Flugblätter, Verlagswerbung, Aktionen, Adressenlisten, Spirituelles, Politisches etc. Es erschienen Texte der Rockband *Ton Steine Scherben* neben denen von Paul-Gerhard Hübsch oder Peter-Paul Zahl. Auch ein Aufruf zur *Solidarität mit der Roten Armee Fraktion! Für den Aufbau der Stadtguerilla!* oder die Titelseite des RAF-Pamphlets *Das Konzept Stadtguerilla*, das die RAF im April 1971 an Redaktionen und linke Gruppen schickt, wurde abgedruckt. »Im *Ulcus Molle* findet jeder Trend in der Alternativkultur sein Echo. Manches mutet aus heutiger Sicht skurril an, z. B. die Begeisterung für die indianische Philosophie und die Urschrei-Therapie; anderes wirkt visionär: Schon in den frühen Siebzigern diskutiert man im *Ulcus Molle* über Bio-Anbau und Solarenergie.«[2]
Wintjes' Ziel war es, mit dem Magazin »die unterschiedlichen Strömungen der Subkultur [zu] vernetzen und einen Austausch zwischen APO-Gruppen, Literaturkreisen und dem subkulturellen Underground« zu ermöglichen.[3] Das Fanzine erschien von 1969 bis 1990 monatlich, die längste Zeit jedoch zweimonatlich. In der Hochphase 1977 zählte *Ulcus Molle* über 2.000 Abonnenten. Die überregionale Bedeutung von *Ulcus Molle* lag zum einen im Verkaufskatalog, mehr aber noch in der

Serie mit Fotomotiven aus »Ulcus Molle«, 1970er Jahre.

Das Magazin »Ulcus Molle« ist für alles, was schräg und anti ist

Das Magazin »Ulcus Molle« ist für alles, was schräg und anti ist

ULCUS MOLLE INFO
No. 1/2 1978

Das Magazin »Ulcus Molle« ist für alles, was schräg und anti ist

kommunikativen Vernetzung der Szene. Henryk M. Broder fasste 1970 zusammen: »Aus bescheidenen Anfängen, einzig mit einer umfangreichen Adresskartei ausgerüstet, entwickelte sich Ulcus Molle zu einer Art Koordinierungsinstanz.«[4]
Zu den Stammschreibern zählten unter anderen Frank Göhre, Werner Streletz, Paul-Gerhard (Hadayatullah) Hübsch und Jörg Fauser. Ab 1972 gab Wintjes gemeinsam mit Frank Göhre zusätzlich den *Scenen-Reader*, eine Art Jahrbuch der Undergroundszene, heraus. Wintjes war damals mit mehreren, später etablierten Autoren bekannt oder befreundet. Er selbst veröffentlichte u. a. Originalbeiträge in der politisch-satirischen Zeitschrift *Der Metzger*. Jörg Fausers Roman *Rohstoff* setzte dem trinkfreudigen Pop-Protagonisten unter dem Namen *Aldo Moll* ein literarisches Denkmal:[5]

> Ich [...] machte eine Tournee ins Rheinische, an die Ruhr. In Bottrop stieg ich aus dem Zug und marschierte den Bahndamm entlang und dann die Straße mit den Klinkerhäusern runter, bis ich das Haus gefunden hatte, das ich suchte. Aldo Moll empfing mich mit einem tiefen Gähnen und einer Flasche Bier. Er arbeitete als Programmierer bei Krupp, und wenn er nachmittags seine Siesta hinter sich hatte, hockte er sich in eine Abstellkammer und beackerte die Gegenkultur.
> So etwas hatte ich noch nie gesehen – bis zum Plafond war alles gestapelt, was in der Bundesrepublik, in der Schweiz, in Österreich die kleinen Klitschen und die libertären Grüppchen, die Makrobiotiker und die Anhänger von Gesundheitssandalen, die Anthroposophen und die Anarcho-Syndikalisten, die Befürworter des bewaffneten Kampfs und all die frommen Adepten der Gewaltlosigkeit, des handgeschöpften Büttenpapiers und des Siebdrucks ans Licht der Öffentlichkeit brachten. Daß dieses Licht sich mehre, hatte Aldo Moll zu seiner Freizeitbeschäftigung, ja zu seiner revolutionären Aufgabe, zu seinem Lebenszweck erklärt. Hier in seinem Abstellraum, in dem es nach abgestandenem Bier, kaltem Schweiß und Druckerschwärze roch, befand sich die Relaisstation für all die ungezählten Wirrköpfe, Geschäftemacher, politischen und religiösen Fanatiker, angehenden und abgehenden Schriftsteller, ernsthaften Büchermacher und tanzenden Derwische sämtlicher Spielarten des Irrationalismus, die offenbar das ausmachten, was Moll die »Szene« nannte. Ich habe mir

das Zeug eine halbe Stunde angesehen, bis mir klar war, daß die Herausgeber der *Zero Zeitung* die Situation falsch einschätzten. Nun, ich hatte sie auch falsch eingeschätzt, mehr noch – mir waren sie ganz unbekannt gewesen, diese blühenden Gärten, in denen der absolute Schwachsinn das Unkraut war, gegen das sich die Blumen der Vernunft um so zäher zu behaupten hatten. Von *Eisbox* war auch ein Stapel da, obwohl ich mir nicht sicher war, ob der nicht auch zum Unkraut zählte. Ja, blühende Gärten, die deutsche Gegenkultur blühte, sie blühte vor allem in den Hügeln am Neckar, in der Heide, in den Wäldern Niederbayerns und auch Oberhessens, sie blühte auf den südlichen Höhenzügen des Allgäus, auch im Rheinhessischen und im Saarland, sie hatte auch Berlin-Kreuzberg anscheinend schon überwuchert, da waren wir mit unserem New Morning aus der Frankfurter Stiftstraße ein bißchen spät dran, aber Aldo Moll sah das anders.

»Ich seh das so«, sagte er und schob mir noch ein Bier zu, »die große deutsche Underground-Zeitung kommt, und wenn deine Leute in Frankfurt die Kohle haben, dann seid ihr natürlich vorne.«

»Diese tausend Grüppchen kriegst du nie unter einen Hut«, sagte ich, »und dann, wer soll den Vertrieb übernehmen? Nee, Aldo, für so was brauchst du eine Metropole wie London oder New York. Da müssen die Hirne ähnlich gepolt sein, und in Kreuzberg und Idar-Oberstein sind die Hirne nun mal nicht ähnlich gepolt.«

»Sag das nicht«, meinte Moll und machte einen Flachmann Jubelbrand auf. »Willste auch einen Schluck? Ohne das Zeug schaff ich die Arbeit einfach nicht, meine Frau schimpft ja, aber manchmal häng ich hier nachts richtig mit dem Bart im Karteikasten, ehrlich.«

Und sein Karteikasten war nun wirklich sein Augapfel, kein Wunder – er hatte mit ein paar Adressen von lesenden Gewerkschaftern aus Bottrop und Umgebung angefangen, und jetzt schickte er sein Info-Blättchen, das er alle zwei Monate selbst zusammenschusterte, schon an über 1500 Abonnenten. Ohne Moll hätten die Jungs, die im östlichen Odenwald den *Roten Komposthaufen* machten oder südlich von Flensburg das Journal *Wege in den Mahajana-Buddhismus* auf den Markt warfen, eine Menge Arbeit mehr gehabt, um ihre Produkte an den Mann zu bringen. Die *Zero Zeitung* ging nicht besonders bei Moll.

»Steht ja ehrlich bißchen wenig drin«, meinte er, »und dann auch noch teuer, also weißte – nimmste noch 'n Bier, Harry?«
»Wart mal die nächste Nummer ab«, sagte ich. Ich nahm noch ein Bier.[6]

In der *Ulcus-Molle*-Doppelnummer 5/6 des Jahres 1977 zog Fauser unter der Überschrift *Kalte Fakten, kühne Träume* ein ähnlich ernüchterndes Fazit: »Seit fünf, sechs Jahren habe ich mit dem zu tun, was man ›Alternativ-Literatur‹, ›Gegen-Kultur‹, ›Klein-Verlage‹ etc. nennt. […] Hätte ich in diesen annähernd 6 Jahren nicht eine Reihe von Jobs wie Gepäckarbeiter oder Nachtwächter gehabt, würde ich nicht für Rundfunk/TV/bürgerliche Feuilletons/Nackedeimagazine u. a. schreiben, könnte ich mir die ›Alternativ-Szene‹ gar nicht erlauben. Ich, und alle

Literarisch verewigt. In Jörg Fausers Roman »Rohstoff« (1984) tritt »Biby« Wintjes als »Aldo Moll« in Erscheinung.

anderen, die schreiben, weil Schreiben das A und O ist und überleben sonst nicht lohnt. Diese Szene ist ein Luxus, sie ist unsere Villa in Ascona und unsere Opiumpfeife in Singapur und unsere blonde Nutte in Beverley Hills; indem wir ein paar Verlegern und Magazineuren und Promotern ein bescheidenes Dasein ermöglichen, leisten wir uns kühne Träume, eine Literatur ohne Zensor und Finanzamt, ohne Buchhalter und ohne Bankkonto, ohne Brot und ohne Preis.«[7]
Wie Fauser weiter schreibt, befinde er sich mit einer solchen Haltung in guter Gesellschaft: »Denn die ›alternative‹ Literatur und ihre Szene ist sowenig neu wie irgendetwas unter den Sternen. Ich erinnere an die frühen Jahre Hemingways in Paris, an die potenten ›little Magazines‹ dieser Zeit, an Sylvia Beach's Buchladen ›Shakespeare & Co‹, dem wir maßgeblich den ›Ulysses‹ verdanken (und es ist eine der genauesten Entwicklungen von Prä-Beat bis Post-Beat, daß ihre Nichte Mary Beach Lebensgefährtin von Claude Pélieu und ohne diese beiden Literaturbesessenen die alternative Szene unserer Tage gar nicht denkbar ist). Und Bukowski verdankt den engagierten Klein-Verlegern, die ihn entdeckten und ihm die Stange und die Bierdose hielten, so gut wie alles. Schließlich gibt er zu bedenken:
»Alternativliteratur, Alternativverlag, das klingt in meinen Ohren wie Reformhaus oder Diätbier, worum es sich dreht, ist ja einfach dies: brauchbare Literatur zu schreiben und zu verlegen, brauchbar zum Überleben in einer Welt, in der einen kaum noch was zum Überleben animieren kann; und ob diese Literatur, die ästhetisch und menschlich engagiert ist und der Seiche der Zeit einen ramponierten, aber immer noch intakten Spiegel vorhält, nun in einem Groß- oder Mittel- oder Klein-Verlag, in Mizzis-Mösen-Magazin oder in der Kreuzberger-Kneipen-Zeitung erscheint, ist denen, die sie brauchen, Jacke wie Hose. Wenn die Verlage ... am Ball bleiben, werden immer einige von uns, solange Talent und Nerven reichen, sich den Luxus dieser ›Szene‹ erlauben ... wer braucht schon Ascona?«[8]
Die Gestaltung von *Ulcus Molle* brach mit allen Konventionen. Mehrfach entschuldigte sich Wintjes für das »beschissene« Layout, das dazu führe, dass das Magazin »total unübersichtlich« sei. »Doch hinter der Gestaltung steckt auch eine ästhetische Strategie: Wintjes lässt sich von der amerikanischen Undergroundpresse inspirieren. Hier liegt der

Ursprung des spielerischen Umgangs mit der Bilderwelt der Populärkultur (z. B. Werbung, Yellow-Press und Pornografie). Das Bildmaterial wird in Collagen-Form neu arrangiert und kontextualisiert, um den Schein der kulturindustriellen Ideologie zu entlarven. Auch die Unordnung der Zusammenstellung hat eine Funktion: Sie soll ›Verwirrung stiften‹ und ›die gesamte autoritäre Ordnung (des Diskurses) auf den Kopf stellen‹ (Anja Schwanhäußer). Die Idee des ›Do it Yourself‹ (Mach es selbst!) setzt sich durch. Jeder kann eine Zeitschrift machen und damit eine alternative Öffentlichkeit generieren. Die Szene hegt ein tiefes Misstrauen gegen die sogenannten Mainstream-Medien. Diese werden als Staatsmedien betrachtet, die selektiv berichten.«[9]

Viele Eigenheiten der Szene-Sprache sind heute in den normalen Sprachgebrauch eingewandert: »Dem antiautoritären Gestus und der Vertrautheit der Szene verpflichtet, duzt ›Biby‹ Wintjes wie viele andere Szeneschreiber seine Leserschaft. Die neue Sprache rebelliert gegen den Duden, die Groß-Klein-Schreibung wird bewusst übergangen, Mündlichkeit in der Schriftsprache suggeriert, ›Flippen‹, ›Checken‹, ›Freaken‹.«[10] Es ist nicht zuletzt Werner Streletz und Steffen Stadthaus zu danken, dass sie diesen originären Beitrag zur 68er-Bewegung in jüngster Zeit wieder ins Bewusstsein gerückt haben. Im Stile Wintjes möchte man sagen: »Eine coole Tat, Jungs!«

Anmerkungen

1 Vgl. Steffen Stadthaus, Werner Streletz, Sonja Deffner, Wiebke Hagenauer: *Info Reader zur Ausstellung »Szene, Scene, Suppkultur. Biby Wintjes, Papst des Underground«* (Begleitbroschüre zur Ausstellung in der Bottroper Kulturkirche Heilig Kreuz e. V., 11.3.2016 bis 10.4.2016 [Text Steffen Stadthaus]. Vgl. ferner: Werner Streletz: *Biby, ein Kulturrocker aus Bottrop. Versuch eines Porträts*, in: *Literatur in Westfalen. Beiträge zur Forschung* 13. Bielefeld 2014, S. 409-426.
2 Stadthaus u. a., *Info-Reader*, a. a. O., S. 7.
3 Ebd.
4 Ebd.
5 Vgl. Anja Schwanhäußer: *Stilrevolte Underground: die Alternativkultur als Agent der Postmoderne*, in: *Berliner Ethnographische Studien* 2. Berlin 2002, S. 75-85, hier S. 80, Fußnote 131.

6   Zitiert nach der Ausgabe Zürich 2004, S. 124-126.
7   Zitat aus *Ulcus* Molle. Zitiert in: *Protest! Literatur um 1968*. Eine Ausstellung des Deutschen Literaturarchivs in Verbindung mit dem Germanistischen Seminar der Universität Heidelberg und dem Deutschen Rundfunkarchiv im Schiller-Nationalmuseum Marbach am Neckar. 9. Mai bis 30. November 1998. Marbach 1998, S. 220.
8   Ebd., S. 220f.
9   Stadthaus u. a., *Info-Reader*, a. a. O., S. 8.
10 Ebd., S. 9.

60 »Upm Müllhaupen«
Norbert Johannimloh und Siegfried Kessemeier machen Schluss mit der Dönekes-Harmlosigkeit und reformieren die westfälische Mundartlyrik

Auch das ist Protest! Plötzlich schickte sich sogar die Mundart an, alte Zöpfe abzuschneiden. Ihre wichtigsten Repräsentanten waren in den 1960er Jahren Norbert Johannimloh[1] und Siegfried Kessemeier. Sie ließen aufhorchen, weil sie so ganz anders schrieben als ihre niederdeutschen Vorläufer Augustin Wibbelt, Anton Aulke, Heinrich Luhmann oder Karl Wagenfeld. Mit ihrer Lyrik befreiten Johannimloh und Kessemeier die westfälische Mundartlyrik vom Ruch allgegenwärtiger Dönekes-Harmlosigkeit.

Johannimloh war damals Studienrat in Münster und im Nebenjob seit 1965 Literaturredakteur der Zeitschrift *Westfalenspiegel*. Dort stellte er monatlich Autorinnen und Autoren vor und machte sie dadurch einem größeren Publikum bekannt. Johannimloh ließ zwar auch die Tradition zu Wort kommen, favorisierte aber die literarische Moderne. Er bewies ein glückliches Händchen als »Talentscout«.

Gleich Johannimlohs erster eigener Gedichtband *En Handvöll Rägen. Plattdeutsche Gedichte mit hochdeutscher Übersetzung* (1963) war eine Punktlandung. Im selben Jahr wurde ihm der *Klaus-Groth-Preis* für niederdeutsche Literatur zuerkannt. 1969 folgte in derselben Sparte der *Rottendorf-Preis*.

Johannimlohs Vorbilder waren beispielsweise Gottfried Benn oder Vertreter der *Wiener Schule*. »Vom Altväterton zum Neuen Klang. Niederdeutsche Literatur an einem Wendepunkt«, hieß es seinerzeit in einer Kritik.[2] Bei Johannimloh werde das Plattdeutsche aus dem Unterholz des Kuriositätendaseins befreit.

Johannimloh reformierte nicht nur die niederdeutsche »Heimatliteratur«, sondern auch das westfälische Hörspiel, indem er aktuelle und brisante Themen aufgriff wie in *De Atomreaktor* (RB/NDR 1970; WDR) oder *Airport Mönsterland* (WDR 1971, RB, NDR). Letzteres war das bis dahin erste O-Ton-Hörspiel in westfälischer Mundart. Mit *Appelbaumchaussee* (1983) erneuerte er schließlich auch die westfälische Dorfgeschichte durch unsentimentales Erzählen und exakte Detailbeobachtung.

Norbert Johannimloh – Querdenker in der niederdeutschen Literaturszene.

1968 war Johannimloh in zwei repräsentativen niederdeutschen Anthologien vertreten, in *Von Groth bis Johannimloh. Plattdeutsche Lyrik* sowie in *Niederdeutsche Lyrik 1945-1968*. Außerdem wurde sein Schaffen in der Veröffentlichung *Moderne Literatur in dörflicher Mundart*[3] diskutiert. Sein Hörspiel *König un Dohlen im Wind* wurde 1968 in unterschiedlichen mundartlichen Bearbeitungen von Radio Bremen und vom WDR ausgestrahlt. Für den *Westfalenspiegel* verfasste Johannimloh darüber hinaus einen Nachruf auf Erich Jansen (s. S. 451ff.).[4] Belegt ist weiterhin eine Autorenlesung Johannimlohs im Bielefelder *Bunker Ulmenwall*, einem Forum, das für sein progressives Literaturprogramm bekannt war. Die nachfolgenden Gedichte entstammen den genannten Veröffentlichungen aus dem Jahr 1968:

Unner Neon-Sternen

Novemberweind
Decket dat Draumdack aff.
Maondlecht out de Rausenteit
Lig up de Tungen
Wi en aul wäihmöitig Lied.

Arm is de blaute Leif
Unner Neon-Sternen
In'n Winterweinde.⁵

***

Den witten Striek entlang

Den witten Striek entlang!
Woher?
De Autobahn is lang.
Wohen?
Den witten Striek entlang.

Unnern greisen Hiemel
Löppt de witte Striek
Weit vorout in Nievel.

De Autobahn is lang.
Doch vo de lesten Brüggen
– Is mi bang.⁶

***

Upm Müllhaupen

Inkaupstaschen,
Bleckbüssen,
Leige Flaschen,
Unnerrocksrüschen,
Gamaschen
Un dotüschen:
Rostige Släiwe,
Liebesbräiwe,
Weihnachtsbäime,

Kinnerdräime,
Kuok – un Wiggeaterpott,
Perlonstrümpe,
Souermouskümp –
Aolles Schutt.

Unnern aulen Rägenschirm
In kaputten Kinnerwagen
Sitt en Keind
Un drägg in Ame
En kläinet Kröiße,
– Häölt et wame.

De Härgott häff de Krounen awe.[7]

***

Täiken

Et fläögen Vügel vorüaver,
de han'n aolle en raue Burst.
De Fasan sprang hauge
un schregge. –
Et was nix passäiert.
De Weind waihe widder wi vorhär
un boug de Speiers togrunne.
Bloß – de Vügel,
de vorüaverfläögen,
han'n aolle en raue Burst.[8]

***

Ik wäit

ik sin wi en möiet Keind,
dat schräit,

wenn et schlaopen sall.
Daoch wenn von de haugen Pappel
de schwatte Kraihe
herunnerstäött,
drück ik mi
de Foust in den Mund.[9]

***

Legg di nich in't Gräss,

dat Auhr kümp de Ärdn
to naige,
du hörs de Hunnen heranreien
un fölls in'n Rüggen
den Wennak öilen.[10]

Ein zweiter Erneuerer der niederdeutschen Mundart war Siegfried Kessemeier.[11] Seine Texte wurden ebenfalls 1968 diskutiert und als Innovation begrüßt. Der Autor legte zwar erst 1971 seinen ersten eigenen Lyrikband vor,[12] Proben daraus waren jedoch seit 1965 im *Westfalenspiegel* und anderen Publikationsorganen zu lesen. Die unten zitierten Texte entstammen dieser frühen Schaffensperiode.
Kessemeier schrieb in der Mundart seines sauerländischen Heimatortes Oeventrop. Er öffnete sich, mehr als Johannimloh, historischen und auch politischen Themen. Die Auseinandersetzung mit der Geschichte, besonders mit dem Nationalsozialismus, ist zentraler Bestandteil seiner Lyrik. An der Historie faszinierte den Autor »vergangene Zeit, die nicht vergangen ist. Überall sind Spuren, überall sind Wunden, und die kann man nicht übersehen. Und Geschichte ist für mich Bleibendes, was weiter zu uns spricht«.[13]
Die Fachwelt wurde gleich hellhörig. Denn diese Lyrik hatte nichts gemein mit dem, was sonst unter dem Etikett »niederdeutsche Lyrik« firmierte. Kessemeiers Texte kamen nüchtern, kühl und poetisch reduziert daher. Sie waren unprätentiös, fast spröde. Heimatpathos und

siegfried kessemeier
gloipe inner dör

Siegfried Kessemeier, intellektueller Antipode Johannimlohs.

Erste selbstständige Buchveröffentlichung Kessemeiers, 1971. Die Sammlung ist mit moderner Grafik illustriert.

überhaupt Gefühlsregungen sind ihnen fremd, ja suspekt. Das Niederdeutsche war bei Kessemeier kein Relikt der Heimat- oder Sprachpflege, sondern eine Kunstsprache, die dem Autor spezifische literarische Möglichkeiten eröffnete. Solche Verse waren damals vollständig neu in ihrer Form und Aussage, was mit dazu beitrug, dass bereits 1968 eine – dann Jahrzehnte während – intensive Beschäftigung mit Kessemeiers Lyrik einsetzte.[14]

Die frühesten niederdeutschen Texte des damals 31-jährigen Autors entstanden im Frühjahr 1961.[15] Im Herbst 1965 stellte er sie erstmals bei einer Lesung der niederdeutschen Vereinigung Bevensen vor. Solche Tagungen ermutigten den Autor zum Weitermachen. »Es war schwierig: Ich wollte nicht in die ›Heimatszene‹. Ich wollte literarisches, zeitgenössisches Gestalten aus dem Wort – und eben auch aus dem

plattdeutschen. Bevensen, das jährliche Treffen niederdeutscher Autoren, war seit 1964 ein Forum: Entdeckung eines größeren sprachlichen und literarischen Zusammenhangs. Nicht minder wichtig die Autoren der konkreten Poesie, die Sprache – und damit auch Mundart – ›beim Wort nahmen‹: Artmann, Rühm, Gomringer, Marti.«[16]
Kessemeiers langjährige Museumstätigkeit färbte spürbar auf seine literarische ab: »Ich habe Gedichte gemacht zu bestimmten Künstlern, Malern, Bildhauern. Und die Bildkunst ist für mich auch immer eine Schwester der Wortkunst gewesen. Da habe ich sehr viele Anregungen aus meiner Tätigkeit am Museum mit Bildern gewonnen.«[17]
Kessemeier verstand sich nicht als Autor, der anklagen wollte. Wichtiger war ihm die formale Durchdringung seiner Verse. Er wollte, wie er sagte, »durch die Form auch Aussagen machen, um dann zu einem Einklang beider zu finden«.[18]
Kennzeichnend für seine Lyrik ist eine bis aufs Äußerste reduzierte sprachliche Form. Die Texte versachlichen, handeln ein Thema mit wenigen Worten ab. In der charakteristischen Miniatur wird die »große Geschichte« pointiert reflektiert und zugleich individualisiert. Es entsteht ein kritisches, oft bedrohliches Geschichts- und Gesellschaftsbild. In dieser Geschlossenheit äußert sich das Artifizielle seiner Lyrik. Kessemeier verwendet Sprache als konkretes Material. Dies gilt besonders für seine seriellen Texte, die eine unmittelbare Nähe zur Visuellen Poesie aufweisen und mit entsprechenden optischen Gestaltungselementen arbeiten.
So viel Innovation bescherte dem Autor nicht nur Freunde. Sein spezifischer Umgang mit dem sprachlichen »Volksgut« wurde ihm – auch 1968 noch – als »Nestbeschmutzung« angekreidet.

Fabrik

Briusebuiker
noge, früemert.
Stracker Stoin.
Dai Stunnen droiget.

Bat van muorn
is innekruopen,
fangen ächter
blinnen Riuten,
häuge Stemmen
schnittet biuten
in de Luft:

Immenschwarm
in Appelboimen,
Siusehainkes
üewer Göen
sigget Toit
säu Dag boi Dage.

Un im Buiker,
miuerpirket,
Melm un Oisen.
Dai Maschoinen
spigget Schrigge.

Owend küemet:
Immen sticket,
Siusen fället dal,
in Boimen
woier men de Wind.
Iuter Pote
drüppelt lange
Prossijäune:
Maie Hänne,
maie Äugen.
Noge, früemert
stracker Stoin.

Fabrik

Brausender Bienenkorb,
nahe und fremd.
Gereckter Stein.
Die Stunden trocknen.

Was heut morgen
eingekrochen,
gefangen hinter
blinden Scheiben,
hohe Stimmen
schneidet's draußen
in die Luft:

Bienenschwarm
in Apfelbäumen,
Sauseheimchen
über Gärten
seihen Zeit
so Tag bei Tage.

Und im Korb,
umhegt von Mauern,
Staub und Eisen.
Die Maschinen
speien Schreie.

Abend kommt:
ersticken Bienen.
Sausen niederfällt,
in Bäumen
wieder nur der Wind.

Aus dem Tore
träufelt lange

Prozession:
Müde Hände
müde Augen
Nahe, fremd
gereckter Stein.

***

Strohlflaiger

Viuelduener
un mirren deriut
en Strohl:
siusende Giäre
düört Blo,
dai de Schwalwen
territt.
Plan op me Biuk
legget de Düörper
un trecket
de Schultern in.
Spöert unner
stölernem Stäöt
Woite.

Düsenjäger

Vogeldonner
und mitten daraus
ein Strahl:
sausender Speer
durchs Blau,
der die Schwalben
zerreißt.
Fisch auf dem Bauch

liegen die Dörfer
und ziehen
die Schultern ein.
Spüren unter
stählernem Stoß
Weite.

***

No der Wohl

De Plakote van gistern,
Muiler, dai säoviel Muorn
iutschrien hätt,
taukleäwet all woier
met siekeren Saken,
Schmoiksprüeken taum Boispiel.
Bo me oint vergiätten hiät,
is et üewer Nachte
wahne stickum un öller worn.

Nach der Wahl

Die Plakate von gestern,
Münder, die soviel Morgen
ausgeschrien haben,
zugeklebt schon wieder
mit sicheren Sachen,
Rauchsprüchen zum Beispiel.
Wo man eins vergessen hat,
ist es über Nacht
sehr still und älter geworden.

***

Ankuemen

Ankuemen
un de Düör uopen finnen.
Un lieg dat Hius.
Men en Ssiel
op me Küekendisk
dai wachtet.

Iutschriewen
de Dagebaiker.
Un de Hiemel witt
van Vergiätten.
Alle Sunnenvuiele
daipe imme Schnoi
begrawen.

Ankommen

Ankommen
und die Tür offen finden.
Und leer das Haus.
Nur ein Zettel
auf dem Küchentisch
der wartet.

Ausgeschrieben
die Tagebücher.
Und der Himmel weiß
von Vergessen.
Alle Schmetterlinge
tief im Schnee
begraben.

***

Riänenplack

Landkaate
vanner Giegend,
bat woit iek bo,
dai de Riänen
düör de Kammerdiäke
schriewen hiät.
Landkaate,
wenn me se liäsen könn,
wieten deh me:
bo me hen iutwannern söll.

Regenfleck

Landkarte
von einer Gegend,
was weiß ich wo,
die der Regen
durch die Zimmerdecke
geschrieben hat.
Landkarte,
wenn man sie lesen könnte,
wüßte man:
wohin man auswandern sollte.[19]

Anmerkungen

1   Geb. 1930 in Verl/Kreis Gütersloh. Von 1936 bis 1944 Volksschule in Verl-Widei. 1945 bis 1951 Gymnasium in Rietberg, Großkrotzenburg und Bielefeld. 1951 Abitur am Ratsgymnasium in Bielefeld. 1951 bis 1956 Studium der Germanistik, Geschichte, Kunstgeschichte und Altphilologie in Münster. 1956 bis 1958 Studienreferendar in Hamm und Münster. 1958 Zweites Staatsexamen. 1959 bis 1961 Studienassessor in Gütersloh und Münster. Von 1962 bis 1972 Studienrat und Oberstudienrat in Münster. Seit 1972 Akademischer Oberrat für

Deutsch an der Pädagogischen Hochschule Münster. Daneben von 1965 bis 1989 Literaturredakteur der Zeitschrift *Westfalenspiegel*. Er lebt in Münster-Wolbeck. – Norbert Johannimloh kommt im vorliegenden Kontext mit seiner frühen Lyrik zu Wort. Diese fand 1968 Eingang in Anthologien und wurde in literarischen Medien diskutiert.

2 Siegfried Kessemeier: *Vom Altväterton zum »Neen Klang«. Niederdeutsche Literatur an einem Wendepunkt*, in: *Semesterspiegel*, Münster 1966, H. 12, S. 22f.
3 In der Zeitschrift *Rheinische Heimatpflege* 1968, N.F. 1.
4 Norbert Johannimloh: *Erich Jansen †*, in: *Westfalenspiegel*, 1968, H. 10, S. 36.
5 *Von Groth bis Johannimloh. Plattdeutsche Lyrik*. Zusammengestellt von Hermann Kölln. Neumünster 1968, S.64f.
6 Ebd.
7 Ebd., S. 66f.
8 Rudolf Syring (Hg.): *Niederdeutsche Lyrik 1945-1968*. Hamburg-Wellingsbüttel 1968, S. 63.
9 Ebd., S. 64.
10 Ebd.
11 Geb. 1930 in Oeventrop/Sauerland. Nach dem Abitur Studium der Geschichte, Germanistik, Philosophie und Publizistik in München und Münster. Dr. phil. Freier Journalist in Münster. Dort von 1970 bis 1972 leitender Redakteur der Zeitschrift *Westfalenspiegel*. Anschließend Geschäftsführer der *Vereinigung westfälischer Museen* in Münster. Wissenschaftlicher Referent am *Westfälischen Landesmuseum für Kunst und Kulturgeschichte* in Münster. Zahlreiche Ausstellungen/Kataloge im Bereich Kunst und Geschichte. Gestorben am 1. November 2011 in Münster.
12 *gloipe inner dör. gedichte in sauerländischer Mundart. Nebst hochdeutscher Übersetzung.* Leer 1971. Das Nachwort steuerte der Münsteraner Literaturkritiker Jürgen P. Wallmann bei.
13 Das Statement entstammt einem Interview, das der Verfasser mit dem Autor führte, vgl. *Ich könnte es nicht ungeschrieben lassen...*, in: Walter Gödden, Thomas Strauch (Hg.): *Ich schreibe, weil... 36 westfälische Autorinnen und Autoren im Interview*. Bielefeld 2011, S. 98-100, hier S. 99.
14 Vgl. Heinz Werner Pohl: *Neue Wege, neue Fragen. Ein Essay über den jungen niederdeutschen Lyriker Siegfried Kessemeier*, in: *Radio Bremen, Hausbuch*. Bremen 1968.
15 Zur Biografie des Autors vgl. Peter Bürger: *Im reypen Koren. Ein Nachschlagewerk zu Mundartautoren, Sprachzeugnissen und plattdeutschen Unternehmungen im Sauerland und in angrenzenden Gebieten*. Eslohe 2010, S. 321-324.
16 Einführung zu einer Lesung am 29.10.2000; zitiert nach Bürger 2010, a.a.O., S. 324.
17 Vgl. Gödden, Strauch 2011, a.a.O., S. 99.
18 Ebd.
19 Die ausgewählten Gedichte sind zu finden in: Walter Gödden (Hg.): *Lesebuch Siegfried Kessemeier*. Bielefeld 2016, S. 11-17.

61 »Volkstheater im Revier«
Hans Dieter Schwarze will ein Theater für alle, doch keiner dankt es ihm

Volkstheater im Revier – das war eine durchaus provokante Losung, mit der Hans Dieter Schwarze 1968 antrat, um das *WLT* – das *Westfälische Landestheater Castrop-Rauxel*, ein reisendes Theater, ins Gespräch und auf einen progressiv-politischen Kurs zu bringen (s. S. 419ff.). Unter seiner Intendanz kam eine Reihe größerer Orte als Spielstätten hinzu, unter anderem das *Ruhrfestspielhaus* in Recklinghausen, eine der damals modernsten deutschen Bühnen. Das Ensemble spielte, was damals noch ganz unüblich war, auch in Fabrikhallen und Strafvollzugsanstalten. 1969/70 gastierte es an 83 Spielorten. Schwarze, der eine, wie er

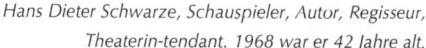

Hans Dieter Schwarze, Schauspieler, Autor, Regisseur, Theaterintendant. 1968 war er 42 Jahre alt.

Das Westfälische Landestheater der Zukunft
Hans Dieter Schwarze über seine Absichten und Pläne

es nannte, »Vielfelderwirtschaft« betrieb – er war Autor, Schauspieler, Dramaturg, Regisseur und Theaterleiter in einer Person – befand sich damals auf dem Zenit seines Schaffens.[1]

1968 legte er eine Produktivität sondergleichen an den Tag. Im Fernsehen waren von ihm der Film *Madame Bovary*, das Singspiel *Im weißen Rößl*, eine Verfilmung von Gottfried Kellers Novelle *Die mißbrauchten Liebesbriefe*, die Komödie *Der blaue Strohhut* sowie zwei Fernsehfilme nach Drehbüchern von Max von der Grün zu sehen, *Feierabend* (s. S. 200ff.) und *Schichtwechsel* (s. S. 569). Neben solchen Regiearbeiten trat er als Schauspieler auf, so in der Fernsehserie *Peter und Sabine* und dem Fernsehfilm *Der zehnte Mann*. Mehr geht nimmer, möchte man resümieren.

Und dann war da ja »auch noch« das *WLT*, mit dem er hochtrabende Pläne verband. Über diese äußerte er sich im März 1968 in einem Interview mit der Zeitschrift *Westfalenspiegel*:

> *Herr Schwarze, Sie bekamen als renommierter Bühnen- und Fernsehregisseur doch sicherlich auch andere Intendanzen als Castrop-Rauxel angeboten. Warum entschieden Sie sich so spontan für dieses bisher unbeachtete »Westfälische Landestheater«?*
> Schwarze: Gerade das Unbeachtete dieser kleinen Truppe ist eine gute Voraussetzung für klare Entwürfe. Außerdem ist das Reisetheater, die Truppe, die Theaterform der Zukunft. Dieses Landestheater ist auf Reisen eingestellt. Es bedarf keiner grundsätzlichen organisatorischen Veränderungen, um

Überschrift aus dem »Westfalenspiegel«, März 1968.

meine Konzeption durchzuführen. Meine künstlerische Konzeption ist schlagwortartig mit dem Wort *Volkstheater des Reviers* ausgedrückt. Also Konzentration von Spielplan und Ensemble auf einen bescheidenen Anspruch, dem aber mit äußerster intellektueller Akribie entsprochen werden soll.

Welche Vorstellungen haben Sie von einem »Volkstheater«? Wie sieht zum Beispiel Ihr Spielplan aus? Unterscheidet er sich vom »Komödienstadel« und »Ohnsorgtheater«?

In der Tendenz, für und nicht gegen das Publikum zu spielen, sind wir allen Volkstheatern verwandt. In der Methode, die wir für richtig erkennen, dürften die Unterschiede groß sein. *Puntila* ist ein Volksstück, die Kammerspielversion von *Gerettet* betrachten wir auch als Volksstück. Diese Aufführung kann überhaupt als gutes Beispiel gelten, wie man aus der fatalen Literarisierung der Spielpläne herauskommen kann. Ausdrucksmittel meines Theaters wird auch die Sprache des Reviers sein, der Jürgen von Manger ja bereits einige Möglichkeiten mit großem Erfolg abgewonnen hat.

Für die Realisierung Ihres revolutionierenden Planes brauchen Sie ein engagiertes Ensemble und ein gutes Führungsteam. Wie lösen Sie dieses Problem?

Regisseure, Bühnenbildner und Schauspieler reagierten auf meine ersten Anfragen sehr spontan. Gerade Kollegen, die innerhalb des herrschenden Systems, das auf Repräsentation gestellt ist, Karriere gemacht haben, wissen, wie wenig das eigentlich bedeutet. Natürlich ist es etwas anderes, an Biertischen über die Situation des Theaters zu räsonieren, als für wenig Geld in eine Stadt mit dem für viele Ohren befremdlichen Namen Castrop-Rauxel zu gehen.

Wie sieht der Etat denn aus? Welche Gagen können Sie zahlen?

Die Gagen sind nicht besser und nicht schlechter als an den meisten mittleren und kleinen Stadttheatern. Reich werden wir dort alle nicht.

Wollen Sie in Zukunft keine Fernsehverpflichtungen mehr übernehmen, oder wollen Sie Ihr Theater in diese Überlegungen mit einbeziehen?

Bei meiner alten Firma Bavaria, der ich nun acht Jahre gedient habe, möchte ich in jedem Jahr noch eine Fernsehregie machen.

Das »Westfälische Landestheater« hat seinen Sitz im Revier, bereist aber auch die kleinen Städte im Sauerland und an der holländischen Grenze.

Glauben Sie, daß diese Theaterfreunde die neue Lösung akzeptieren? Der übliche Bildungsklassiker wird ja nun fehlen?

Das Volkstheater wird auch stilistische Möglichkeiten für seinen Umgang mit Klassikern entwickeln müssen. – Außerdem: Wenn man den Politikern unseres Staatsgebildes oft Großmannssucht nachsagt, in der Kommunalpolitik, mit der ich es zu tun habe, fand ich immer Leute, die – als Kerntruppe der Demokratie – sich an klare, nüchterne Entscheidungen gewöhnt hatten.

Gibt es auch ein Podium für das Experiment?

Ja. Aber die Studiotruppe soll nicht Halbtheater spielen als Alibi für fehlende Modernität in der Gesamtkonzeption, sondern wirklich wie das Labor neben einer laufenden Fabrik experimentieren, und zwar in Büchereien, Galerien, Schulen, Wohnzimmern und Fabrikanlagen. Auch diese Gruppe, die sich aus dem Gesamtensemble immer wieder neu variiert, muß das Unterwegssein als berufsnotwendig ansehen und nicht als Übergang, um dann ein Warmlufthaus zu beziehen.

Der Kabarettist Jürgen von Manger (als Bühnenfigur Adolf Tegtmeier) im Gespräch mit Bergmännern auf der stillgelegten Zeche Wolfsbank, Essen 1966.

Ähnliche Ambitionen wie Sie haben auch die Leiter des Theaters am Halleschen Ufer in Westberlin. Werden Sie mit diesem und anderen engagierten Theaterleitern Kontakt pflegen?
Natürlich brauchen wir Kontakte, und ich glaube, je intensiver wir das Ruhrgebiet als den deutschen Kulturraum heute begreifen und verarbeiten, um so rascher ergeben sich Kontakte zu verwandten Theatern. Erstmals müssen wir arbeiten.
Glauben Sie, daß das bundesdeutsche Theater nur noch auf diesem Weg eine Chance hat?
Gesellschaftlich bezogener und gedanklich weiter werden, das wäre die Theorie, mit der das spezielle Talent eines jeden Theatermenschen noch in Übereinstimmung sein muß, das sich entfalten will und soll. Es gibt also, wie immer, viele Chancen. Wir glauben nur, meine Freunde und ich, daß wir unsere erkannt haben, und sind entschlossen – über Anfechtungen, Komplexe und dünnere Brieftaschen hinweg –, im Sinne Blochs etwas für die Realisierung von Utopien zu tun.[2]

Ende Dezember 1969 zog Friedhelm Baukloh ein erstes Resümee über das *Abenteuer WLT*:

Man übertreibt kaum mit der Behauptung, daß so viel, wie seit dem Sommer 1968, noch nie über das *Westfälische Landestheater* geschrieben worden ist – und zwar nicht nur in Schmallenberg, Arnsberg und Castrop-Rauxel, sondern auch in Hamburg und München, in Berlin und Wien, in Rom und Paris und Mailand, in London und sogar in New York. Das WLT, wie sich die Bühne heute griffig abgekürzt international eingeprägt hat bei Leuten, die an neuen Formen des Theaterspielens interessiert sind, ist sicherlich ein David neben den »großen« Ensembles des deutschen Schauspiels, die im weltweiten Gespräch genannt werden.
Freilich, Intendant Hans Dieter Schwarze brachte nach Castrop-Rauxel immerhin den Ruf mit, einer der wenigen deutschen Fernsehregisseure zu sein, die mit internationalen Preisen ausgezeichnet wurden und in West und Ost künstlerische Anerkennung fanden. Schwarze kam nach Castrop-Rauxel, zum Erstaunen der Fachwelt, gerade weil er vom Fernsehen sich angeregt fühlte, einen neuen Vorstoß auf dem Gebiet des Volkstheaters zu machen. Bernard Dort, der Pariser Theaterkritiker, hat mir kürzlich kurz

und bündig erklärt, warum Schwarzes neuer Start beim *WLT* alle Theateraugruren in Europa aufhorchen ließ (nicht zuletzt übrigens auch in Prag, Warschau und Budapest): »Das *WLT*«, meint Bernard Dort, »hat die Sache des Volkstheaters, die Sache von Leuten wie Jean Vilar und Jean-Louis Barrault, unmittelbar nach dem Mai 1968 – als sie in Frankreich zunächst nicht weiterentwickelt werden konnte – aufgegriffen und in einer sehr eigenwilligen neuen Erfahrungsreihe fortgesetzt.«

Nun darf man diesen wichtigen Hinweis – mir erscheint er jedenfalls außerordentlich wichtig – allerdings nicht plump wörtlich mißverstehen. Schwarze geht von deutschen Verhältnissen aus, und er geht – was man ihm auch schon seitens der deutschen *APO* vorgehalten hat – vom Theater aus, nicht von politischen Ideologien. Gerade dadurch aber gewinnt sein Vorhaben eine Position, wie sie ursprünglich auch Jean Vilar mit seinem Volkstheater, dem T. N. P., ausfüllte. (Die Abkürzung *WLT*, mit der Schwarze für sein Ensemble von Anbeginn operierte, war eine geschickte unterschwellige, übrigens sofort zündende, Assoziation für die Theaterfachwelt und dabei gleichzeitig für alle Besucher, von Gescher bis Köln, höchst einprägsam.) [...]

Auf welche Mißverständnisse er gefaßt sein mußte, wurde Schwarze gleich verdeutlicht nach seinem ersten Interview mit einer *Münchener Zeitung*, bevor er sein Amt angetreten hatte. Er nannte »Volkstheater« in jenem skizzierten Sinne als Ziel und mußte erleben, daß die Fachzeitschrift (!) *Theater heute* ihn tatsächlich so mißverstand, in einer Glosse ernste Sorge anzumelden, nun werde wohl ein »neues Ohnsorg-Theater« geplant »für das Sauerland« ... Seien wir aber auch gegenüber dem Propheten von *Theater heute* gerecht. Er hatte sich offensichtlich daran gestoßen, daß Schwarze unter anderem auf Volksstücke von Mitgliedern der Dortmunder *Gruppe 61* hoffte, namentlich auf eine Ruhr-Revue von Max von der Grün. Diese Revue *Notstand* sollte in der ersten Spielzeit die größte Belastungsprobe des *WLT* werden und jedenfalls markieren, wie diese Bühne nicht weiterkommen, sondern scheitern mußte: Die Revue brachte theatralischen »Notstand«. Die Uraufführung fand im Januar 1969 statt. Das Ensemble und Schwarze waren zu diesem Zeitpunkt in einer heftigen Krise, nur der unverwüstliche Autor schien unbekümmert. Nach dieser Uraufführung schrieben manche Kritiker, die inzwischen eines Besseren belehrt sind, das *WLT* voreilig ab. Dann aber kam ein heller

Sensibler Dynamiker: Hans Dieter Schwarze.

Vorfrühlingstag in Castrop, und in einem Stickstoffwerk wurde in einer ausgeräumten Maschinenhalle vor der Belegschaft zum erstenmal Brecht in einem bundesdeutschen Betrieb aufgeführt. Eine fulminante Inszenierung (Beilharz/Gall) der *Dreigroschenoper*, schon einige Wochen im Repertoire, gewann in diesem Klima ihre unmittelbar überspringende Brisanz. Das Ensemble fand, vor dem Publikum von Arbeitern und Angestellten, in der Werkshalle sein Selbstvertrauen wieder und übertraf sich an Spiellaune. Hinterher diskutierte man in der Werkskantine, bei Erbsensuppe, Belegschaft und Schauspieler in kleinen Runden, persönlich. Der Durchbruch war da, die Spielleidenschaft des Anfangs kehrte verdoppelt zurück, und auch Hans Dieter Schwarze gewann wieder seine Spannkraft, und sein Improvisationsgenie rastete unbekümmert aufs neue ein. [...]

Das manchen auswärtigen Beobachter Überraschende ist ja dies: Das Theater hat sich eben nicht nur die Resonanz der Theaterfachwelt gesichert. Sondern es hat seinen Erfolg – wie das bei einem Volkstheater sein sollte – dem breiten Publikum zu verdanken. Schwarze hat immerhin einen Beweis geliefert, daß man das breite Publikum am verläßlichsten mit hoher Qualität der Aufführungen gewinnen kann. [...]

Während die meisten Theater für 1968/1969 sinkende Besucherzahlen bei der Endabrechnung melden, in Westfalen wie überall in der Bundesrepublik, hat das *WLT* den sensationellen, völlig untypischen Besucheranstieg von dreißig Prozent zu verzeichnen, der sich freilich unter anderem auch dadurch erklärt, daß es dem Landestheater gelang, eine Reihe größerer Orte neu hinzuzugewinnen als ständige Spielstätten. Darunter das Ruhrfestspielhaus in Recklinghausen, eine der modernsten deutschen Bühnen. Aber gleichzeitig spielt man auch in der Aula der Ingenieurschule in Recklinghausen, und zwar auf Einladung der Studentenpfarrer beider Konfessionen. Man spielt in Volkshochschulen und Betrieben. Das »Studio«-Programm hat beim *WLT* keinen exklusiv ästhetischen Anstrich. Es sind einfach Stücke mit weniger Personen, auf kleinsten Spielflächen aufzuführen, dabei zeitsymptomatisch oder zeitlos aktuell [...].[3]

Im Januar 1971 erschien im *Westfalenspiegel* unter dem Titel *Theater. Institution der permanenten Veränderung* ein weiteres Interview mit Schwarze. Damals schien die Welt noch in Ordnung. Schwarze stellte den neuen Spielplan vor und war augenscheinlich weiterhin voller Tatendrang.

Ein Jahr später war dann jedoch Schluss mit dem *Abenteuer WLT*. Kurt Dörnemann bescheinigte ihm im Juniheft 1972 des *Westfalenspiegel* ein »kurzes, interessantes Kapitel in der jüngsten westfälischen Theatergeschichte« geschrieben zu haben. »Der gebürtige Münsteraner Schwarze, der aus seiner Tätigkeit beim *WLT* in den 50er Jahren den Spielraum und das Publikum dieser Bühne genau kannte, hat in Castrop-Rauxel das Modell eines Volkstheaters auf Rädern angestrebt. Er konnte es in gewichtigen Teilen verwirklichen. Hauptkennzeichen seiner Arbeit war ein Programm mit Stücken, die vom Inhalt, von der Story her möglichst viele Besucher zu fesseln suchten. Sie kamen mit einer künstlerischen Fassung auf die Szene, die stets Werkstattatmosphäre besaß, niemals Mittel des Illustrationstheaters einsetzte. Bevorzugt waren gesellschaftskritische Texte zur Gegenwartssituation. Von jungen Autoren, auch von Autorenkollektivs geschrieben. Aktuelle Bezüge arbeitete man auch bei den Klassikerinszenierungen aus. Das Ensemble diente nicht nur als Exekutant von Regieabsichten. Es gestaltete als gleichberechtigter Gesprächspartner mit dem Intendanten oder Spielleiter den Programmbau wie die Einrichtung einzelner Werke.

Kontakte mit dem Publikum suchte man ständig zu aktivieren durch Diskussionen vor und nach den Vorstellungen sowie durch mehrere Aufführungen in Betrieben, auf Straßen und Plätzen. Gegen die immer stärker jede Landesbühnenarbeit bedrängende Konkurrenz der Tourneetheater, die geschäftig mit Stars durch die Lande reisen, setzte sich Schwarze auch zur Wehr mit Gastverpflichtungen: Claus Biederstaedt, Ursula Herking, Hanns Ernst Jäger und Hans Karl Friedrich – um nur einige zugkräftige Namen zu nennen – sorgten dafür, daß das *WLT* auch nicht auf die Kreise zu verzichten brauchte, die nur über solche Attraktionen ins Haus zu holen waren.«

Durch die Beteiligung des *WLT*-Ensembles an Fernsehproduktionen habe es Schwarze verstanden, das *WLT* »ständig im öffentlichen Gespräch zu halten. Die Auswirkungen: der Besucherstamm und die Zahl der Städte, die *WLT*-Aufführungen abnehmen, liegen bei Schwarzes Abschied jetzt um rund 27 Prozent über dem Stand vom Sommer 1968. Und die Jugend gehört zu den getreuesten Gästen dieser Bühne.«[4]

Pharisäerhaft: Schwarze 1968 im Dokumentarfilm »Kunst auf der Kohle«.

Vom »Volkstheater im Revier« war nun freilich nicht mehr die Rede. Das mit vielleicht zu vielen Hoffnungen und Ideologemen belastete Experiment wurde allseits als gescheitert angesehen.

Anmerkungen

1   Geb. 1926 in Münster. Dort Besuch des Ratsgymnasiums. Soldat und russische Gefangenschaft. 1942 bis 1944 Schauspielunterricht. 1944 Kriegsabitur. 1946 Beginn seiner Theaterlaufbahn am münsterischen Stadttheater als Regieassistent und Schauspieler. Von 1947 bis 1949 Engagement in Lübeck. Erste Veröffentlichungen in den 50er Jahren in der Wochenzeitung *Die Zeit*. Kurz- und Gastverträge als Spielleiter und Schauspieler in Hamburg, Essen, Sommerhausen, Castrop-Rauxel (1953-1955), Trier und Krefeld. 1958 Spielleiter und Dramaturg bei den Münchner Kammerspielen. Er inszenierte mit großem Erfolg die deutsche Erstaufführung

des *König Ubu* von Alfred Jarry. In den 1960er Jahren zahlreiche Arbeiten fürs Fernsehen. Er führte insgesamt bei mehr als 150 Fernsehfilmen Regie. 1965 beim Fernsehfestival in Prag Preis für die beste Dramaturgie für seine Inszenierung von Jewgenij Schwarz' *Der Drache*. Von 1968 bis 1973 Intendant und Dramaturg des Westfälischen Landestheaters Castrop-Rauxel. Leiter der Uraufführung von Erwin Sylvanus' *Korczak und die Kinder* und Marguerite Duras' *Gespräch im Park*. 1975/76 Intendanz in Nürnberg. Seitdem freiberuflicher Regisseur und Schriftsteller sowie Schauspieler und Sprecher beim Funk und Fernsehen. Er lebte als freier Autor in Anterskofen/Niederbayern, München und Münster. Er starb 1994 in Anterskofen. Einen Überblick über sein literarisches Schaffen gibt das *Lesebuch Hans Dieter Schwarze*. Hg. von Walter Gödden. Bielefeld 2013.

2   *Das Westfälische Landestheater der Zukunft. Hans Dieter Schwarze über seine Absichten und Pläne*, in: *Westfalenspiegel* 1968, H. 3, S. 23.

3   Friedhelm Baukloh: *Abenteuer WLT. Konzept, Krise und Durchbruch eines Volkstheaters*, in: *Westfalenspiegel*, 1969, H. 12, S. 14-16.

4   Kurt Dörnemann: *Zwei Intendanten gehen. Hans Schalla, Hans Dieter Schwarze*, in: *Westfalenspiegel* 1972, H. 6, S. 31f.

62 Verteidigung der Poesie
Harald Hartung ist ein Rufer in der Wüste

Mein erstes Buch. Hase und Hegel lautet der Titel eines Essays, in dem Harald Hartung[1] über die Frühphase seines literarischen Schaffens reflektiert: »Daß jemand, der seit seiner Schulzeit Gedichte schreibt und damit auch als Student weitermacht, erst mit Achtunddreißig sein erstes Gedichtbuch veröffentlicht, ist vielleicht nicht besonders bemerkenswert, aber für den betreffenden Autor natürlich nicht ohne Bedeutung. Es gab für diesen späten Auftritt viele, aber keine besonderen Gründe. Es gab die Vokabelheftchen, in die der Schüler seine Gedichte schrieb; es gab ein paar Gedichte in Studentenblättern; und der Studienrat bediente ein paar kleine Literaturzeitschriften mit Gedichten. Er war ja dem Wink des von ihm verehrten Philosophen Joachim Ritter gefolgt, der die Praxis des Lebensvollzugs für wichtig gehalten hatte, das Alltäglich-Nützliche also, und war in den Höheren Schuldienst gegangen, nicht zuletzt deshalb, weil er dort ökonomische Unabhängigkeit vom Literaturbetrieb zu finden gehofft hatte. Darüber war er in seine Dreißiger geraten; und die praktische Praxis umfaßte auch eine Familie und eine Existenz im Ruhrgebiet, wo man sich damals mit lokalen bildenden Künstlern befreunden konnte, aber es so etwas wie literarisches Leben kaum gab. H. H., um diese Initialen zu benutzen, war mit seiner Situation nicht unzufrieden; er war naiverweise der Ansicht, der Literaturbetrieb würde seine Existenz früher oder später zur Kenntnis nehmen – mit oder ohne sein Zutun. Und siehe da: er wurde zu einer wichtigen Lyrik-Anthologie eingeladen. Peter Hamm edierte Mai 1966 *Aussichten. Junge Lyriker des deutschen Sprachraums.* Und da stand H. H. nun Seite an Seite mit Thomas Bernhard und Volker Braun, mit Wolf Biermann und Wulf Kirsten, mit Nicolas Born und Sarah Kirsch und anderen, die später wichtig werden sollten.«[2]
In der genannten, von Peter Hamm herausgegebenen Anthologie, wird Hartung – laut Vorwort – zu denjenigen jungen Autoren gezählt, die beim Leser »eine kritische Haltung aufzurufen« vermögen. Eine solche Position ist bei Hartung jedoch allenfalls sehr vermittelt auszumachen, wie die unten zitierten Texte zeigen.
Aus dem Jahr 1968 liegen nur drei Gedichte des Autors vor (*Dann, Marcuses Piano* sowie *Vom Gehen*). Dies geht aus der Sammlung *Traum*

Homme de lettres Harald Hartung.

Harald Hartungs Gedichtsammlung »Hase und Hegel« von 1970.

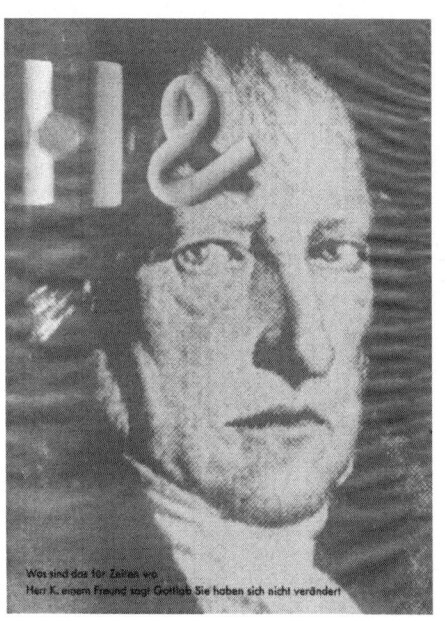

Harald Hartung ist ein Rufer in der Wüste

*im Deutschen Museum*³ hervor, die die Entstehungsdaten der zwischen 1965 und 1985 entstandenen Texte aufführt. Auch Hartungs Gedichte aus den umliegenden Jahren lesen sich eher wie ironische Kommentare auf das Zeitgeschehen (und dessen literarische Reflexe) denn als literature engagée.

Für den poeta doctus⁴ ist Lyrik eine intime und keine laute Gattung. Was nicht heißt, dass es Hartung an politischer »Imprägnierung« fehlen lässt. In seiner Poetik gehe, so Heinrich Detering, alles »ganz leise und leicht« vonstatten, in Wirklichkeit aber drehe sich alles »um Leben und Tod« –, was auch die politischen Grundkonstanten des Daseins mit einschließe.⁵

[...] (und was tust
Du für die Revolution? Ich kann
ein paar Worte nicht mehr hören)
Träume! Aber mit offenen Augen
ruft uns Franco Nero zu eh
er wegreitet (das Kino wird hell
für Sekunden)

Was hast du gegen Marcuses Piano?
: Jetzt seh ich das Zebra zwischen den Barrikaden⁶

***

Vom Gehen

Wir fragen uns: wie geht es denn?
Es geht nicht. Geht nicht gut?
Nein es geht gar nicht. So
kann es nicht weitergehen

Natürlich geht es. Die Blätter gehen
die Zeitungen die Löhne Aktien Frauen
die Wochentage und sogar
die Sonntage
Aus der Entfernung sieht alles kleiner aus
niedlicher

Kindheit im Ruhrgebiet: Toben im Siedlungsgarten der Zechenkolonie Cottenburgstraße, Castrop-Rauxel-Schwerin, 1970er Jahre.

z. B.

unsere Fehler

In jeder Ecke steht ein Torso
der sein Sprüchlein aufsagt: Du mußt!
Dann gehen wir in uns und trinken Bier
bis die dicken Löwen in die Stube kommen
Das geht

In jenem Sommer sahen wir uns an und sagten
was haben wir falsch gemacht
und gingen auf Reisen[7]

Harald Hartung ist ein Rufer in der Wüste

***

Dann

Wenn der Tunnel durchgebohrt ist
werden wir uns umarmen
und uns die Augen wischen

Die Polizisten pflanzen Gummibäume
Gelegenheit macht Liebe. Alle drücken
ein Auge zu. Der Kuckuck schreit in Zungen

Wir erzählen uns die Märchen
von der Zeit hinter den sieben Bergen
Auf der Straße kann man warme Uhren kaufen
Gezahlt wird mit Blüten[8]

Als Ergänzung Hartungs frühe Texte aus der erwähnten Anthologie *Junge Lyriker des deutschen Sprachraums*:

Kindheit

Die Tage hatten Siebenmeilenstiefel
im Walde Lederstrumpfs,
sie zogen aus das Fürchten zu lernen.

Stiefel zertraten das Gras
und hinterm Wald stieg Rauch vom Hexenhaus.
Sie lernten das Fürchten zu fürchten.

***

Zechenkolonie

Im engen Hofe
stanken Hühnerställe.

Im Garten wuchs
Spinat, Tomaten, Dill.
Im Sommerglast
kam mit der Hitzewelle
das Mittagspausenpfeifen
dünn und schrill.

Im Krüppelwald
in Laub, Abfall und Asche
spielten die Kinder
Räuber und Schandit.
Ein schwarzer Mann
verrußt, mit Kaffeeflasche
nahm mich
zum Reibekuchenessen mit.

***

Der Prophet

Er steckt die Nase in den Wind,
woher er kommt, wohin er geht.
Sein Mäntelchen zeigt es ihm an,
er ist ein Seher, ist Prophet.

Dem Gold gibt er ein gut Gewissen,
dem Lorbeer einen alten Stamm
und tote Bäuche, fromm wie Lamm,
sind ein bequemes Ruhekissen.

Voran, voran
Gevatter Mord, Gevattrin Lüge!
Er heißt sich Recht, sie heißt sich Wahr.
Was er nicht weiß,
macht sie nicht heiß,
doch wie er schallt,
läßt sie nicht kalt –

und hinterdrein
als Frau und Mann
die Metze und der Naseweis
ins Pantheon, ins Pantheon!

***

Gläserne Rede

Blank das lackierte Blech, blank
die Vollmacht, blank der Ärmelschoner.
Der Bus riecht nach nassen Menschen. Gut,
daß es noch Regen gibt, die schamlosen
Fensterputzer pausieren. Wirf Dreck an die Scheibe!
Glockentöne als Zeitzeichen. Spieldosenmusik,
wenn der Glassturz sich dreht. Stäbe
und Gitter aus Glas, und blau wird der Himmel
der Ruhr! Der Draht nach Petersburg
ist gerissen, aber die Wetterfrösche
auf gotischer Leiter sind optimistisch. Was
im Beutel klingt, ist unzerbrechlich.

Mein Vater war kein Glaser. Ich werfe
einen Schatten, vorsichtig, daß niemand es sieht,
und trete hinein, um mich auszuruhn.

Bald hört man es splittern.

***

Ratlos

Soll ich meine Nase rümpfen,
soll ich meine Verse in einen Strumpf füllen,
soll ich an der Ecke den Wachtturm verkaufen?

Was tragen Sie in der Tasche?
werde ich gefragt.
Einen Knallfrosch,
sage ich listig.

Dann kommen Sie auch
zum Feuerwerk heut abend?
Die Polizei veranstaltet es,
Sie sind herzlich eingeladen.

***

Ankunft

Ich lande in der Hasenheide,
ein weißes Fähnchen mein Panier.
Wo sind meine Freunde?
Ihr Hasen steckt die Brille in die Zeitung,
in die man euch einwickeln wird.
Soll ich schreien, soll ich flüstern?
Zusehn, wie sie Fleischerhunde dekorieren?
Soll ich spitzen Fingers Fragezeichen drehn?

Ich hör es aus den Furchen flüstern:
Der Kohl ist fett!
Was steckt dahinter?
Dem Neugierigen
fällt Taubenmist ins Auge, manchmal
noch Schlimmeres.
(Ich möchte wissen, was).

***

Ausgezogen wozu

Ausgezogen wozu?
Das Fürchten lernt ich beizeiten,
Leiden vierhändig,
was bleibt da zu tun?

Spann keinen Bären
vor deinen Wagen,
bind ihn dir auf,
dann wird es dir leicht.

Leuchte dir heim,
sonst wird dir geleuchtet.
Alle Katzen sind grau des Nachts,
doch ihre Augen glühn.

***

Admiral

So mag er stehn
auf alten Bildern –
vor grünlicher Kulisse
blau ein Admiral. Leer
das Gesicht – du erfindest
ihm einen Bart, daß er
nicht ganz verschwinde.

Tot,
gründlich tot.
Wozu doch, wenn er tot ist,
das Schiff, die Schlacht, das Meer?[9]

Hartungs erste, oben erwähnte Gedichtsammlung *Hase und Hegel* erschien 1970 in einer Hochphase der politischen Bewegung. Sie provozierte geradezu durch ihr verfremdendes Spiel mit Zitaten aus deutscher und internationaler Lyrik (der Autor selbst: »Ich winke mit Zitaten wie mit Zaunpfählen«[10]). Der seinerzeit verbreiteten Ansicht, Dichtung habe sich gesellschaftlich zu engagieren, erteilte Hartung auch dort eine klare Absage.

Das »Warum« erläutert er im eingangs erwähnten Essay: »[Es] ergab sich die Möglichkeit, nach Berlin zu gehen, um an der dortigen PH zu unterrichten, und ich ging, ohne mich umzusehen. Das war im Spätherbst '66, gerade rechtzeitig, um jene gesellschaftlichen Prozesse mitzubekommen, die zu Studentenrevolution und Außerparlamentarischer Opposition führten; aber auch zu der fanatischen Kultur- und Literaturfeindschaft von '68. Meine anfängliche Sympathie mit dem Protest schlug um in Kritik. Die linken Freunde ließen allenfalls Agitprop und O-Ton-Literatur gelten, und für die Studenten war ein Dozent, der Gedichte veröffentlichte, ein Reaktionär oder doch ein Spinner. Ich schrieb aber weiter an meinen Gedichten, und natürlich gab es auch aktuelle, politische Töne darin, jedoch mehr und mehr auch den Versuch, das Gedicht gegen seine Befeindung zu befestigen. Hoffnung gegen alle Hoffnung. Und irgendwann sollte meine Verteidigung der Poesie – so schien mir – manifest werden.«[11]
Statt Lyrik veröffentlichte Hartung im Januar 1968 im *Westfalenspiegel* den umfangreichen Prosatext *In der Zechenkolonie* (s. S. 713ff.). In derselben Zeitschrift hatte er zwei Jahre zuvor mit *Moltke oder die Punischen Kriege* debütiert – einem weiteren Prosatext. Doppelbödige Lyrik mit subtilen Botschaften glaubte er den Lesern des Magazins wohl nicht zumuten zu können.

Anmerkungen

1   Geb. 1932 in Herne als Sohn eines Bergmanns. Er wuchs in Herne, Mülheim und Prag auf. Studium der Germanistik und Geschichte in Münster und München. 1960 Staatsexamen. Studienrat und Fachleiter an Höheren Schulen in Gelsenkirchen-Buer und Bochum. Seit dem Wintersemester 1966/67 Dozent an der Pädagogischen Hochschule Berlin. 1971 dort Professor für Deutsche Sprache und Literatur. Von 1981 bis 1998 Professor an der Technischen Universität Berlin. Von 1983 bis 1986 ehrenamtlicher Direktor des Literarischen Colloquiums Berlin. Er lebt in Berlin.

2 Zitiert nach *Lesebuch Harald Hartung*. Zusammengestellt vom Autor selbst. Bielefeld 2016, S. 101. Zuerst in *Das erste Buch*. *Schriftsteller über ihr literarisches Debüt*. Hg. von Renatus Deckert. Frankfurt a. M. 2007.
3 Erschienen 1986.
4 Hartung ist Herausgeber repräsentativer Anthologien, Lyrikkompendien und Essayist. Vgl. die Bibliografie im genannten Lesebuch.
5 Heinrich Detering: *Der souveränste Vermittler lyrischer Weltliteratur. Laudatio anlässlich der Verleihung des Johann-Heinrich-Merck-Preises 2009 an Harald Hartung*. Online unter www.deutscheakademie.de/auszeichnungen/ johann-heinrich-merck-preis/harald-hartung/laudatio. Vgl. auch Harald Hartung: *Der Türke hinter dem Automaten oder Die verborgene Regel. Über eigene Erfahrungen beim Schreiben von Lyrik*. In ders.: *Ein Unterton von Glück. Über Dichter und Gedichte*. Göttingen 2007, S. 135.
6 *Marcuses Piano*, zitiert nach Harald Hartung: *Traum im Deutschen Museum. Gedichte 1965-1985*. München, Zürich 1986, S. 22. Seit seinem zweiten Gedichtband *Reichsbahngelände* (1974) tritt in Hartungs Lyrik das Private noch mehr in den Vordergrund, was jedoch nicht ausschließt, dass apokalyptische (Kriegs-)Erinnerungen wiederholt in seine Gedichte einfließen können.
7 Ebd., S. 23.
8 Ebd., S. 21.
9 Aus der Anthologie *Aussichten*. *Junge Lyriker des deutschen Sprachraums*. Hg. von Peter Hamm. München 1966, S. 59-63.
10 Zitiert nach Jörg Plath. *Ruhe unterm Riesensegel*. *Dem Lyriker und Kritiker Harald Hartung zum Siebzigsten*, in: *Der Tagesspiegel*, Ausgabe vom 29. Oktober 2002.
11 *Lesebuch Harald Hartung*, a. a. O., S. 102.

63 Was ist eigentlich das WLT?
Aus dem Alltag eines Theaterintendanten, der für alle da sein will

Noch einmal das *WLT*. Diesmal aus der Nähkästchenperspektive. Wir werfen einen Blick hinter die Kulissen der Theaterarbeit und befragen den Nachlass Hans Dieter Schwarzes.
Die Leitung eines Theaters, so wird rasch deutlich, ist eine Herkulesaufgabe. Auf Schwarzes Schultern lasteten das Finanzkonzept, die Öffentlichkeitsarbeit, Repräsentationspflichten. Das Entscheidende aber war: Als »Botschafter« seines »Hauses« musste »HDS« überzeugende inhaltliche Konzepte vorlegen, ja möglichst Visionen in der Schublade haben.
Hinzu kam der »enge Draht« zu seinem Ensemble, für das er nonstop da sein wollte. Hierzu zählte er auch die Mitarbeiter »hinter dem Vorhang«, sprich, die Bühnentechniker, Bühnenbildner, die Maskenbildnerin etc.
Schwarzes Rede *Neue Möglichkeiten des Theaters*[1] ist in dieser Hinsicht ein Schlüsseltext. Schwarze beschreibt darin das Theater zunächst ganz nüchtern als »Wirtschaftsbetrieb«. Diesem Umstand müssten sich alle Schauspieler bewusst sein und Rechnung tragen. In Schwarzes Idealvorstellung gleicht das neue Theater einem Kollektiv: »Ich glaube, man kann erst die wesentlichen Möglichkeiten finden, wenn man sie nicht nur auf der Bühne, sondern gleichzeitig hinter der Bühne sucht.«
Das »alte Theater« habe »das System hinter der Bühne« ignoriert, was den Begriff des »Ensembles« eingegrenzt und zu falschen Hierarchien geführt habe: »Wer nicht gewillt oder dazu nicht begabt ist, mit einem Ensemble zu leben, die Erfolge und Niederlagen der Truppe als seine anzusehen, soll als gastierender Star sein Glück versuchen. Ins Ensemble gehört er nicht. Warum? Das Ensemble ist eine anti-individualistische Entscheidung. Karajan (zum Beispiel) oder auch Frau Flickenschild scheiden für eine Theaterkonzeption von heute für morgen aus. Sie gehören einer bürgerlichen Kunstwelt mit Idolen und Beifall an. Aber auch Bühnenagenten, die Künstler mal hier-, mal dorthin unverbindlich vermitteln, sind Reste eines überlebten Organisations- und Denkschemas am Theater.«[2]

Die Leiden des Hans Dieter Schwarze. Ein Theaterintendant plaudert aus dem Nähkästchen.

Visionär und Skeptiker. Hans Dieter Schwarze versuchte, ein neues Theaterkonzept zu etablieren.

Im Weiteren kommt Schwarze auf den »Beifall« zu sprechen. Diesen wünscht er sich am liebsten abgeschafft: »Im Theater schwindet der Beifall. Das tut der Eitelkeit weh, aber zwingt den Menschen, der Theater liebt, zu neuen Überlegungen. Das WLT bekam in seiner ersten Saison viel Beifall – führte dazu aber auch über 50 Diskussionen, meist direkt nach der Aufführung, durch. Sicher wurde manches dumme Wort gesagt, aber auch manches gescheite. Jedenfalls wissen wir nun, daß in Borken und Neheim-Hüsten, in Castrop-Rauxel, aber auch in Bochum, ein neues Publikum heranwächst, das dem Schauspieler – als Einzelnem wie als Gesamtheit – ein anderes Interesse entgegenbringt: Der junge Mann fragt heute den Schauspieler: Warum hast du das und das getan? Einige alte Schauspieler fühlen sich vielleicht von dieser neuen Art von Anteilnahme irritiert und passen. Das verstehe ich gut. Andere Schauspieler, und nicht nur junge, reagieren positiv auf die ›Umfunktionierung‹ von Applaus in Diskussion. Sie empfinden seit langem das übliche Verbeugen am Schluß einer Aufführung als albern, als affig oder

gar als erniedrigend. Auch die joviale Geste der Kritik, die lobt oder tadelt, wird, wenn die Entwicklung weitergeht, entfallen und einer Diskussion unter gleichberechtigten Partnern weichen.«[3]
Für die von Schwarze gewünschten Diskussionen mit den Zuschauern muss der Schauspieler freilich befähigt sein. Sein Idealbild ist ein »intelligenter, wacher« Typus, der sich, fern jedes Narzissmus, den Inhalten seiner Stücke unterordne, ob diese nun von Lessing oder Brecht stammten. Sein Begriff des Kollektivs sei dabei, wie Schwarze einräumt, mitgeprägt von Positionen des SDS (Sozialistischer Deutscher Studentenbund): »Mit dem SDS bin ich weder verwandt noch verschwägert, dennoch habe ich mir erlaubt, einige Gedanken der studentischen Linken in meiner Konzeption für ein Theater mit Bewußtsein, das Bewußtsein auslöst, zu verwenden.«[4]
Das direkte Gespräch mit den Schauspielern gebe dem Zuschauer zurück, was er in Zeiten von Fernsehen und Kino eingebüßt habe: Identität und Vertrauen – statt des allgegenwärtigen Gefühls, »von anonymen Mächten manipuliert« zu werden. »Das Gespräch im Theater entwickeln und es weiterführen in das Publikum hinein, das wäre ein humanistischer Weg für unser Theater, den ich für sinnvoller ansehe als die kulinarische Entwicklung von Ausstattungsrezepten. Vielleicht wird es dann auf andere Weise wieder ein Publikum geben, das sich im Theater zu Hause fühlt und mit dem Theater lebt, weil das Theater selbst wieder etwas Lebendiges geworden ist, das heißt etwas sich Entwickelndes und nicht etwas Statuarisches. Mit Lebendigem nur, meine ich, kann ein Mensch gut befreundet sein.«[5]
Zu Schwarzes Auffassung eines »gläsernen Theaters« gehört weiterhin, dass Regiesitzungen über den Grundgedanken des gespielten Repertoires öffentlich stattfinden. Auch mit so unterschiedlichen Institutionen wie Gewerkschaften oder der Jungen Union müsse das Gespräch gesucht werden. Vor allem dürfte das Theater die Stätten der Arbeit nicht ignorieren: »Das Ensemble besucht die Sauna der Zeche Erin und Schauspieler seifen Kumpels den schwarzen Rücken ab«[6] – alles vor dem Hintergrund, wahrhafte und keine künstlichen »Menschendarstellungen« auf der Bühne zu zeigen.
Das neue Theater solle etwas zeigen, was aus der Mode gekomken sei, nämlich »alte Menschlichkeit« statt »steuerbegünstigter Werbegags,

farbiger Flimmerkisten, modischer Phonstärken, Schockfarben und aufgeblähter Wichtigtuereien in allen Bereichen der Öffentlichkeit«.[7] Um dies zu erreichen, müsse der neue Schauspieler besondere Qualitäten mitbringen: »Mündige Schauspieler für mündige Christen, denkende Schauspieler für denkende Bürger, politische Schauspieler im Sinne der Polis – so erhalten Zuschüsse für Theater einen Sinn über die Repräsentation hinaus und der Theaterberuf erhält jene Würde, die allen zukommt, welche sich über ihr Privates hinaus um Gemeinsames bemühen.«[8]
Wie gehört, verlor Schwarze später selbst den Glauben an sein idealistisches Theaterkonzept. Er zog sich aus der Öffentlichkeit und auf einen einsamen Bauernhof in Niederbayern zurück. Hier widmete er sich seinen Buchprojekten, in denen er mit der Welt »abrechnete«. Seine hochsarkastischen, autobiografischen *Caspar Clan*-Gedichte[9] stehen prototypisch für ein solch negatives Weltbild. Für ihn hatten die 1968er Hoffnungen vollends Schiffbruch erlitten: »Zwischen Einzelwitz und Massenwahn / bewegt sich kühl Herr Caspar Clan. // Bedrängen ihn die frohen Vielen, / tut er sich selbst ins Innere schielen.«[10]

Anmerkungen

1   Manuskript im Nachlass des Autors, Westfälisches Literaturarchiv Münster. Schwarze hielt die Rede vor dem Rotary Club. Sie ist undatiert.
2   Manuskript, S. 4.
3   Ebd.
4   Ebd., S. 6.
5   Ebd., S. 8.
6   Ebd., S. 10.
7   Ebd., S. 12.
8   Ebd., S. 13.
9   *Caspar Clan. Was ihm passiert und durch den Kopf geht. In Knittelverse gebracht* (1983); *Neues von Caspar Clan. Seine Verse, seine Sprüche* (1984).
10 Zitiert nach Walter Gödden (Hg.): *Lesebuch Hans Dieter Schwarze*. Bielefeld 2012, S. 66.

64 Werkstattarbeit
Wie um alles in der Welt bringt man Arbeitern das Schreiben bei?

Zweifellos: Die mehrfach erwähnte *Literarische Werkstatt Gelsenkirchen* (s. S. 109ff. und S. 339ff.) war diejenige literarische Vereinigung, die 1968 in Westfalen für die meisten Schlagzeilen sorgte. Gegründet worden war sie im Herbst 1967 mit dem Ziel, den Arbeiter für die Literatur zu gewinnen.

Die *LWG* wollte alles anders machen – zumindest anders als die *Gruppe 61*, die damals noch sehr populär war, sich aber in einer Krise befand (s. S. 248ff.). Vor allem fehlte »den Dortmundern« jugendlicher Schwung und Begeisterung für »Neues«. Dies wollten die »Gelsenkirchener« durch ungewöhnliche und spektakuläre Aktionen wettmachen (s. S. 253). Auf der anderen Seite profitierte die *LWG* von Fritz Hüser, dem »Vater« der *Gruppe 61*. Er überließ den Kollegen aus der Nachbarstadt einen Grundstock an Manuskripten als »Startkapital«. Es handelte sich dabei um Texte, für die er im Rahmen »seiner« Vereinigung keine Verwendung hatte.

Mitte 1967 schlug der Journalist Detlef Marwig dem Direktor des *Gelsenkirchener Volksbildungswerks* (*VBW*) Rainer Kabel vor, eine Einrichtung zu schaffen, die sich speziell um solche »unberücksichtigten« Autoren kümmern sollte. Gemeinsam mit dem stellvertretenden Direktor der Gelsenkirchener Stadtbücherei und Autor Hugo Ernst Käufer (s. S. 109 u.ö.) rief man die *LWG* ins Leben. Die Stadt Gelsenkirchen zeigte sich aufgeschlossen und unterstützte die neue Initiative mit 12.000 Mark. Der Betrag sollte unter anderem zur Durchführung eines literarischen Wettbewerbs dienen (s. S. 339ff.). Für diesen zeigten sich Marwig (Organisation) und Käufer (Lektorat) verantwortlich. Kabel übernahm die Moderation der öffentlichen Veranstaltungen und stellte im Rahmen des *VBW* Räumlichkeiten zur Verfügung.

Der Start war vielversprechend. Hüser gab die Adressen zahlreicher Autorinnen und Autoren weiter, die sich, wie erwähnt, bei der *Gruppe 61* beworben hatten. Nach ersten Pressemeldungen über die neu gegründete Vereinigung liefen aus allen Teilen Deutschlands weitere

Hugo Ernst Käufer im Dokumentarfilm »Kunst auf der Kohle«.

Lektor Käufer bei einer Manuskriptbegutachtung. Ein weiterer Screen-Shot aus »Kunst auf der Kohle«.

VERANSTALTUNGEN DER LWG 1967/68

1. Runde, 1. Abend
27. 10. 1967. Jugendheim Die Naturfreunde
Frank Göhre-Bochum
Dietrich Neuberg-Gelsenkirchen
Horst Wolff-Dortmund

Abstimmungsergebnis: 1. Dietrich Neuberg

1. Runde, 2. Abend
24. 11. 1967. Jugendheim der Matthäuskirche (Tempel)
Hildegard-Maria Binder-Duisburg-Hamborn
Hansjürgen Bulkowski-Krefeld
Rainer Horbelt-Gelsenkirchen

Abstimmungsergebnis: 1. Hansjürgen Bulkowski

1. Runde, 3. Abend
12. 1. 1968. Jugendheim der Matthäuskirche (Tempel)
Karl H. Hilfert-Essen
Richard Limpert-Gelsenkirchen
Liselotte Rauner-Wattenscheid

Abstimmungsergebnis: 1. Richard Limpert

1. Zwischenausscheidung
16. 2. 1968. Jugendheim der Matthäuskirche (Tempel)
Hansjürgen Bulkowski-Krefeld
Richard Limpert-Gelsenkirchen
Dietrich Neuberg-Gelsenkirchen

Abstimmungsergebnis: 1. Richard Limpert

2. Runde, 1. Abend
29. 3. 1968. Jugendheim der Matthäuskirche (Tempel)
Hubert Brill-Bochum
Christian M. Hugot-Gelsenkirchen
Paul Karalus-Bensberg

Abstimmungsergebnis: 1. Paul Karalus

Planung ist alles. Ablaufplan des Literaturwettbewerbs.

Manuskripte ein. Die Initiatoren waren sich jedoch einig, dass der Akzent auf der Ruhrgebietsliteratur liegen sollte.

Käufer zufolge verfolgte der angesprochene Wettbewerb das Ziel, »unbekannten Autoren« zu helfen, »sich bekannt zu machen«[1]: »Der junge Autor braucht dringend die vorgezogene Publikumskritik, um seinen Standort zu finden.«[2] Solche Ideen kamen gut an, zumal Gelsenkirchen gegenüber Städten wie Dortmund oder Essen literarisch im Hintertreffen war. Der Wettbewerb begann im Oktober 1967 und fand nach neun Vorrunden am 13. Dezember 1968 mit einem großen Showdown im Gelsenkirchener Kaufhof seinen Abschluss (s. S. 339ff.).

Man kann sich die Anfänge dieses *LWG*-Wettbewerbs nicht klein und provisorisch genug vorstellen. Die erste Veranstaltung fand im Heim der Naturfreunde in der Gelsenkirchener Hohlbeinstraße statt. Das Publikum bestand vorwiegend aus Jugendlichen. Es lasen der Bochumer Buchhändler Frank Göhre, der Dortmunder Bibliothekar Horst Wolff und der Gelsenkirchener Redakteur Johannes Dietrich Neuberg.

Die Presse verfolgte die einzelnen Etappen des Wettbewerbs von Anfang an mit wohlwollendem, aber auch kritischem Interesse. Über die erste Autorenlesung hieß es in der *Westfälischen Allgemeinen Zeitung* (*WAZ*): »Göhres vier Monologe waren eine echte Story, im Straßen- und Kneipen-Jargon eingefangen, aber noch ohne letzte Verdichtung. Wolffs metaphorische Gedichte zeigten die Beschäftigung mit zeitgenössischen Lyrikern. Sie sind routiniert aufgebaut, es mangelt ihnen aber an der Ursprünglichkeit der Göhreschen Sprache. Endlich Neubergs Fabeln und Glossen, meisterliche verdichtete Philosophismen und liebenswürdig verpackte Zeitkritik. Aber auch hier: ein paar Tropfen Göhre und Wolff in den Neubergschen Wein, es wäre Vollendung gewesen. Die drei Autoren mußten ihre vorgelesenen Arbeiten Spießruten laufen lassen in der Kritik der (überwiegend jugendlichen) Zuhörer. Aber es wurde positiv kritisiert, die Form bemängelt, das Engagement gefordert. ›Das Wort muß treffen‹, sagte eine Stimme. Dichterkollege Büscher: ›Wolff konstruiert, Neuberg geigt die Wahrheiten und Göhre läßt Anzeichen für literarische Befähigung erkennen.‹ Alles in allem: ein Experiment, initiiert von Detlef Marwig, das es verdient, zu einer ständigen Einrichtung zu werden. Es betrifft das ganze Revier.«[3]

Duden hatte keinen Zutritt

Literarische Werkstatt kritisiert Autoren – Verspieltes Wort

Im „Tempel", „Buer-Middelichs ev. Jugendheim, wurde am Freitagabend — welch undemokratische Geste — jemand des Saales verwiesen, und zwar ein gewisser Herr Duden.

Pop-Lyriker Hans-Jürgen Bulkowski, beim zweiten VBW-Experiment der Literarischen Werkstatt seiner grammatischen Trivialitäten wegen angesprochen, meinte: „In der deutschen Sprache von heute kommt es nicht mehr auf den Duden an." Das war eine der vielen geistigen Plastikbomben, die im Hin' und Her der nach den Autorenlesungen entstandenen Diskussion „geworfen" wurden.

Neben Bulkowski (29), Büchereiangestellter aus Krefeld, lasen Hausfrau und fünffache Mutter Hildegard Maria Binder (32) aus Duisburg-Hamborn und Kölner Student und Keller-Theater-Chef Rainer Horbelt (23) aus Gelsenkirchen-Buer.

Aller drei Autoren Tummelplatz ist die Collage des verspielten Wortes, das hier mit verklemmten Komplexen, Günter Grass und Zeithast, dort mit Reklamesprüchen und anderen Gemeinplätzen vermischt dargeboten wurde. Es gab Proteste: „Wo bleiben die Werte?"

Was geboten wurde, hatte jedenfalls den Vorzug einer unverkennbaren Spannung und einer drastischen Milieuschilderung, ob sie nun bei Bulkowski kabarettistisch überhitzt wurde, ob Hildegard Binder rosarote Romanzen offenbarte oder Rainer Horbelt die „Treppen" und „Plätze", seiner „Stadt" in substantivischem Mosaik zeichnete.

Manches wurde gekonnt vorgetragen, aber der Rotstift der überlegenen Stilformung fehlte fast durchweg. Eben deshalb schien das Werkstattgeplänkel aber nützlich. Solche „Kritik" kam in der verqualmten und von den Jazzklängen der Dixie-Cats erfüllten Kelleratmosphäre aus weit über hundert Besuchermeinungen. vis

Ein Literaturwettbewerb sorgte für Schlagzeilen.

Die weiteren Veranstaltungen fanden im evangelischen Jugendheim Buer-Middelich, dem so genannten *Tempel*, statt. Zunächst lasen im November 1967 Hansjürgen Bulkowski (s. S. 608), Hildegard Maria Binder und Rainer Horbelt (s. S. 412ff.). Bei der dritten Autorenlesung (Richard Limpert, Karl H. Hilfert, Liselotte Rauner) fanden sich rund 120 Zuschauer ein. »Die angeregte Diskussion wurde befruchtet durch einige ältere Teilnehmer, die sich darüber wunderten, wie sehr die Jugend heute protestiere, aber wie wenig Humor sie besitze« – so die *Ruhr-Nachrichten* am 15. Januar 1968.

Ganz wie von den Veranstaltern gewünscht, erstarrte das Publikum nicht vor Ehrfurcht über das, was auf dem Podium geboten wurde. Die Darbietungen der ersten Zwischenrunde quittierte ein Zuhörer mit den Worten »Schauerlich schauerlich«.[4]

Immer wieder wurde die Frage gestellt »Für wen schreiben Sie?«: »Limpert: ›Ich hoffe, für 5 Millionen Bild-Leser‹, und Hilfert: ›Für die Zuhörer,

Wie um alles in der Welt bringt man Arbeitern das Schreiben bei?

Den Wahlzettel ließen viele liegen
Drei bisherige Sieger lasen im literarischen Wettbewerb des VBW im Tempel

„Sie setzen sich dem Verdacht aus, Ihre Literatur sei nur Effekthascherei", rief ein Philologe dem Autor Hansjürgen Bulkowski zu.

Bulkowski sah sich in der Diskussion, die im Rahmen der „Literarischen Werkstatt" des VBW im „Tempel" (Haunerfeldstraße) stattfand, zahlreichen Angriffen ausgesetzt. Vorausgegangen war eine der Vorentscheidungsrunden des literarischen Wettbewerbs, der seit dem vergangenen Jahr läuft und an diesem Abend drei der bisherigen „Abend-Sieger" zu Worte kommen ließ: Hansjürgen Bulkowski, Dieter Neuberg und Richard Limpert.

Den Reigen der Lesungen hatte Limpert (Gelsenkirchen), Kokereiarbeiter in Altenessen, eröffnet. Seine lyrischen Gedichte und „Skizzen" befassen sich mit der Welt der Arbeit und damit zusammenhängenden zeitgenössischen Problemen („Pferdsapfelschwund und Automation lahmen deine Flügel nicht").

Bulkowski (Krefeld), Diplom-Bibliothekar, antwortet vor Beginn seiner Lesung, nach seinen literarischen Vorbildern befragt: „Werbelyrik zum Beispiel lese ich sehr gern". Sein Alter: „Im Jahre des Unheils 1938 wurde ich durch eine Zangengeburt ins Licht des Lebens gezerrt".

Auch Bulkowski bringt engagierte Literatur. Das besagen seine Titel wie „Gebet des Bildzeitungslesers" („Unseren täglichen Mord gib uns heute"), „Laufen für Deutschland", „Frieden" („Frieden, das heißt: Liebe politisch").

Neuberg, ebenfalls stark engagiert, nimmt vornehmlich den Wahn des Krieges aufs Korn: „Ein General weint", „Der Atombombengegner", „Der Mitläufer".

Die erste Frage in der Diskussion (Leitung Dr. Kabel): „Woher nehmen die drei eigentlich den Mut, hier den Schulmeister zu spielen?" Bulkowski: „Engagierte Literatur ist eine der vielen Möglichkeiten der freien Meinungsäußerung". Bevor der Beste des Abends — per Wahlzettel — ermittelt wurde, wird bewußt und gewollt „Wahlbeeinflussung" geübt. Durchaus nicht alle füllen ihre Wahlzettel aus. Viele ließen „die Dinger" liegen. Der Sieger steht erst heute fest.

Ein Lob den „Dixie-Cats", die die musikalische Umrahmung des Abends besorgten.

Nicht gerade zimperlich. Das Publikum ging mit den Autoren hart ins Gericht. Unterhaltsam war's dennoch.

Leser und – mich.‹ Hübsche Offenheit. Natürlich ging es auch wieder rund: ›Nennen Sie das Literatur?‹ (Hilfert: ›Ich werde mich hüten!‹) Eine Dame im Publikum: ›Wenn Sie Straßenfeger sind, Herr Hilfert, und ein guter, dann achte ich Sie, aber – was sind Sie nun wirklich?‹ Antwort: keine. Pfarrer Wichmann meinte enttäuscht: ›Warum immer nur schwarz malen? Ist die Sonne bei uns denn totaliter untergegangen?‹ Er sprach von Komplexen, Verkrampfungen, Depressionen. Limpert konterte: ›Was hilft es Ihnen, wenn sie nachts um vier Uhr fröhlich und frisch rasiert sind, wenn Sie bei Sonnenaufgang an die Wand gestellt werden?‹«[5]

Auch aufgrund solcher Unverblümtheiten war der Abend, so der Rezensent der *Westfälischen Rundschau,* »ein wuchtiger Erfolg«.[6]

Kritischer hingegen die Stimme des *Gelsenkirchener Stadt-Anzeigers*: »Hilfert hängte sich hernach das Abstimmungsschild ›schlecht‹ um und bewies wenigstens Humor. Die beiden anderen Literaten engagierten und erschöpften sich humorlos im Protest. Sie dokumentierten darin ihr eigenes Nicht-Los-Kommen von zeitgenössischen Komplexen. Limperts Gedichte sind ›giftgrün‹: ›Ich habe die Pflicht zu schreien.‹ Er wurde damit in der Abstimmung knapper Sieger. Der Hausfrau Liselotte Rauner erscheint das Dasein fragwürdig. Ihre Mutlosigkeit (sie will die Mitwelt aufrütteln) findet den Satz: ›Benutze keinen Eingang, wenn du nicht den Ausgang kennst.‹ Dennoch haben ihre formal ausgezeichneten Reime den Vorzug, eine variable Skala lyrischer Formulierungen zu finden, die bis zu Kästnerscher Satire reicht. Vom ›Autor‹ wird verlangt, daß er literarisches Neuland erobert und daß sein geistiges Werkzeug nicht der Holzhammer, sondern das Florett ist. Das wurde, wie Lesung und Diskussion deutlich machte, sehr vermißt.«[7]

Beim nächsten Treffen am 16. Februar sollte erstmals das Fernsehen zugegen sein. Auch diesmal war die Publikumsresonanz nicht freundlicher. Viele Besucher ließen den Wahlzettel einfach unausgefüllt liegen.[8] Es lasen damals Bulkowski, Richard Limpert und Johannes Dietrich Neuberg.

»Auch Bulkowski bringt engagierte Literatur. Das besagen seine Titel wie ›Gebet des Bildzeitungslesers‹ (›Unseren täglichen Mord gib uns heute‹), ›Laufen für Deutschland‹, ›Frieden‹ (›Frieden, das heißt: Liebe politisch‹). Neuberg, ebenfalls stark engagiert, nimmt vornehmlich den Wahn des Krieges aufs Korn: ›Ein General weint‹, ›Der Atombombengegner‹, ›Der Mitläufer‹.«[9] Die Diskussion wurde mit der Frage eröffnet: »Woher nehmen die drei eigentlich den Mut, hier den Schulmeister zu spielen?«[10]

»Eine Dame bestand auf ihrer ›Erbauung‹, ein Herr suchte hartnäckig das ›Positive‹, ein junger Mann meinte, daß er das schon alles wisse.

Im Inhalt wie ein Groschenroman
Gelächter und Schweigen bei Diskussion in Literarischer Werkstatt

Es herrschte teils höhnisches, teils mitleidiges Lachen, als während der zehnten Veranstaltung der Literarischen Werkstatt des VBW der Arbeiterdichter Limpert in die Diskussion eingriff.

Limpert, der vor einem Jahr an der ersten Zwischenrunde innerhalb der lyrischen Wettbewerbsreihe der Literarischen Werkstatt erfolgreich teilgenommen hatte, wandte sich vornehmlich an zwei Autoren dieses „zweiten Abends der dritten Zwischenrunde". Er wollte gern wissen, ob die jungen Leute sich innerhalb der letzten Jahre so sehr geändert hätten, daß sie „so offen über sexuelle Erlebnisse sprechen."

Die Antwort war Gelächter auf der einen Seite, betretenes Schweigen auf der anderen. Limpert erhielt keine Antwort. Selbst die germanistischen Fachkenner, die sich ansonsten an diesem Abend stark „in Fragen Dichtung" engagierten, schienen Limpert überhört zu haben.

Unzweifelhaft gehört zumindest eine der an diesem Abend dargebotenen Geschichten, nämlich des Bielefelders Herbert Grote (Titel: „Wirklich"), bestenfalls in einen billigen Groschenroman, weniger des Stils als des Inhalts wegen. Daß Groschenroman auch geistreich sein kann, bewies seine erste Erzählung „Das Denkmal". Ernst Günther aus Buer las acht Gedichte von wohltuender Kürze, teils Klischee, teils Eigenproduktion, im großen ganzen jedenfalls „guter Anfang". Anschließend trug er einen „Ausschnitt aus einem Roman" vor. Titel: „Krebs".

Germanistikstudent Joseph Wachter war der Dritte im Bunde. Er rezitierte hintereinander soviele — gute — Kurzgedichte, daß man schließlich nicht mehr mitzählte, zumal Wachter mangels eingelegter Sprechpausen eins ins andere überfließen ließ. Nicht übel waren die abschließenden (Mini-) Geschichten.

Kurz: das Publikum, das unterschiedlichste Wertvorstellungen, Sympathien, Antipathien, Vorurteile und mehr oder minder sensible Ohren ins Gelsenkirchener Jugendheim ›Tempel‹ mitbrachte, machte drei unbekannten Autoren die Lesung aus schriftstellerischen Etüden zur harten Feuerprobe. Es schoß, stimmte ab und reichte dem Kokereiarbeiter und Max-von-der-Grün-Kollegen Richard Limpert (Essen) die Palme vor dem Bibliothekar Hansjürgen Bulkowski (Krefeld) und dem Gelsenkirchener Redakteur Johannes Dietrich Neuberg. [...] Wie bei einem Fußballmatch ging es auch her mit Fouls und disqualifizierungswerten Attacken (›Was Herr Limpert schreibt, ist Käse‹). Schulmeister reagierten empfindlich wie Mimosen, einige sahen die ›staatstragende Schicht‹ in Gefahr. Limpert wurden die Direktheiten seiner Kumpelprosa und -lyrik übelgenommen, Bulkowski (›Fragen Sie nur, wie sollten Sie sonst etwas lernen?‹) seine ›Kulturhuren‹. [...] Erst eine längere Praxis der *Literarischen Werkstatt* wird es zeigen: Können sich moderne Autoren denen mitteilen, die sie verstehen sollten: den Laien?«[11]

Gute Musik, aber die Texte? Wieder einmal ließ das Publikum kein gutes Haar an den Autoren.

Literatur, die keiner kaufen würde

Literarische Werkstatt diesmal „ohne Schweinereien" / Sehr gute Dixie-Cats

Künstler, die zu einer Veranstaltung die „Rahmenhandlung" bieten, werden gewöhnlich nur „am Rande" erwähnt, und wenn sie noch so ausgezeichnete Könner sind wie die Dixie-Cats, die am Freitag im Horster Jugendhaus wieder der „Literarischen Werkstatt" Atmosphäre und „Milljöh" verliehen.

In der anschließenden Lesung der „Ausländer", wie Dr. Kabel die ausschließlich „auswärtigen Literaten" nannte, las zuerst Theo Schmich aus Essen, Jahrgang 1935, von Beruf Chemie-Ingenieur. Seine beiden Erzählungen im konventionellen Stil regten zum Denken an. Sie waren tatsächlich — wenn auch mittelmäßige — Literatur. Die folgenden zehn Gedichte des Dorstener Büchereileiters Reinhart Zuschlag, bestehend aus jeweils fünf bis zehn Aphorismen, dürften mehr als dichterischer Versuch angesehen werden. Der in Berlin geborene Autor (Jahrgang 37) ist zu sehr Epigone.

Ebenfalls in Berlin geboren (1941) ist der Herner Volker Degener, Lehre an der Polizeischule in Bork, der — nach seinen Lieblingsautoren befragt — bekannte: „Am liebsten lese ich den Spiegel." Degener lieferte zwei Prosastücke sowie mehrere Gedichte, die immerhin Phantasie verrieten („Hier sehen Sie einen Alten im Einmachglas", „sein störendes Klopfen verschluckt die Luft ringsum" oder „lustlos blättern abgelegte Augen in Schenkeln" oder „seitdem der Pfarrer sich in seiner Kirche einschloß, suchen wir das Gebet").

Vierter im Bunde: Hanns Peschkes aus Bocholt, Steuerinspektor, Jahrgang 1947 („ich lese nicht gern, ich schreibe lieber"). Von ihm hörten wir zunächst Gedichte wie „Stoßgebet", „Udo Jürgens" oder „Münster in Westfalen" („der Bischof verkauft den Himmel nur an Glückliche"), anschließend vier Texte, die der Autor schlicht als „Produkte" bezeichnete.

Als in der Diskussion Dr. Kabel fragte „Würden Sie ein Buch dieser Herren kaufen?", erhielt er ein mehrstimmiges „Nein" zur Antwort. „Wir haben zum mindesten dieses Mal keine Schweinereien gehört", meinte Kabel und erntete dafür fröhliches Gelächter. J.

Auf der März-Lesung der *LWG* traten Hubert Brill, Christian M. Hugot und Paul Karalus gegeneinander an. Diesmal war das Niveau höher, so der Redakteur der *Buerschen Zeitung* vom 1. April 1968. Er vermisste jedoch das Spektakel, das frühere Lesungen ausgezeichnet habe. Ja, die *LWG* sei auf dem Wege, sich zu einem etablierten »Literatursalon« zu entwickeln: »Es scheint, daß die *literarische Werkstatt* zum Treffpunkt von Eingeweihten und Kennern wird. Kunst fände dann sozusagen wieder unter Ausschluß der Öffentlichkeit statt. Das ist genau das Gegenteil von dem, was *VBW*-Direktor Dr. Rainer Kabel wollte, als er die ›Werkstatt‹ ins Leben rief. [...] Bilanz: Der Abend war literarisch so ergiebig wie keiner zuvor und das Publikum so verständnisvoll wie noch nie. Doch die gewohnte Atmosphäre vermißte man.«[12]

Der Rezensent hatte offensichtlich zu pessimistisch geurteilt. Denn spätestens bei der zehnten Lesung im September 1968 ging es wieder hoch her. Dem Text des Bielefelders Herbert Grote wurde die Qualität eines billigen Groschenromans attestiert. Als Richard Limpert die Frage aufwarf, ob junge Leute inzwischen »offen über sexuelle Erlebnisse sprechen«, kam »Gelächter und Schweigen« auf.[13] Auch die Oktoberlesung sorgte nicht unbedingt für Hochstimmung. Theo Schmichs Beitrag wurde als »mittelmäßig« abgetan und Reinhart Zuschlags Gedichte könnten allenfalls als »Versuche« durchgehen.[14] Kaum glimpflicher davon kamen Volker W. Degener und Hanns T. Peschkes. »Als in der Diskussion Dr. Kabel fragte ›Würden Sie ein Buch dieser Herren kaufen?‹ erhielt er ein mehrstimmiges ›Nein‹ zur Antwort. ›Wir haben zum mindesten dieses Mal keine Schweinereien gehört‹, meinte Kabel und erntete dafür fröhliches Gelächter.«[15]

So ging es weiter. Literatur als Spektakel – und das bis zum großen Showdown, der ausgerechnet an einem Freitag, den 13. (Dezember 1968), stattfand und bei dem die Siegerbeiträge gekürt wurden (s. S. 339ff.).

Für Josef Reding wuchs die *LWG* neben der *Gruppe 61* und Literaturbemühungen der Stadt Essen binnen kurzer Zeit zur dritten treibenden Kraft innerhalb der literarischen Szene des Ruhrgebiets heran. Und wurde damit, wie Käufer ergänzt, »unversehens auch Poetenlieferant für das Revier« – es bestünden »bereits Vereinbarungen mit kulturellen Einrichtungen der Nachbarstädte, Autoren zu Veranstaltungen dorthin zu entsenden«, um »nicht im eigenen Saft [zu] schmoren«.[16]

Auch die *Ruhr-Nachrichten* bescheinigten, dass sich die LWG neben der *Gruppe 61* »zu einem der aktuellsten und lebendigsten Foren für junge Nachwuchsdichter im Ruhrgebiet« entwickelt habe.[17] In der Zeitschrift *Westfalenspiegel* bilanzierte Walter Neumann: »Nicht hohe Literatur zu produzieren, ist ihr [der LWG] Anliegen, sondern den Kontakt zwischen Publikum und Autor herzustellen, die Barriere des esoterischen Anscheins, den die Literatur in den Augen des Nichtliteraten noch oft haben mag, niederzureißen und eine Basis zu schaffen, auf der die Literatur als Phänomen der Gesellschaft ihre kritische Funktion immer besser ausüben kann.«[18]

Die mangelnde Qualität sicherlich der meisten Beiträge wurde in Kauf genommen: »Daß mancher Text offensichtlich noch der Feile bedurfte, tat dem Unternehmen keinen Abbruch. Der Charakter der Werkstattlesung blieb gerade dadurch gewahrt« – so Walter Neumann weiter. Prononciert brachte es Johannes Dietrich Neuberg, einer der Beteiligten, am 14. Dezember in der *Westfälischen Rundschau* auf den Punkt: »Möglich, daß einige hohe Kritiker nicht von ihrem Olymp herabsteigen wollen, um ein paar ernsthafte Worte über die ›lausige‹ literarische Werkstatt in Gelsenkirchen zu verlieren. Gewiß, überragende Entdeckungen etwa vom Format eines Heintje-Dichters waren da ohnehin nicht zu erwarten, an denen sich auch des Kritikers Ruhm hätte neu entfachen können. Was das Gelsenkirchener Experiment bezweckte, war nicht, neue Sterne an den Starhimmel zu stecken. Es ging ganz einfach darum, jungen, begabten Menschen Mut zu machen, ihr literarisches Licht nicht unter den Scheffel zu stellen. Und dabei wurden sogar einige ganz passable Entdeckungen gemacht. Freilich, entthronte man keinen Etablierten, doch in den Pfählen ihrer Sessel war immerhin ein Zittern zu verspüren. Der schönste Erfolg aber ist, daß sich viele Werkstatt-Teilnehmer zu Gespräch und Arbeit zusammenfanden, daß es einen glücklichen ›Aufruhr‹ gab und Auftrieb, weiterzuschaffen.«[19]

Ihren Ruf, eine Art »literarisch-politischer Wanderzirkus« zu sein, legte die LWG in der Folgezeit zumindest teilweise ab. Sie erwarb sich mit der Zeit einen »seriösen« Ruf und war ein Sprungbrett für viele Autorinnen und Autoren, die im größeren Literaturbetrieb Fuß fassten, wie die genannten Frank Göhre, Werner Streletz oder später der Bestseller-Krimi-Autor Klaus-Peter Wolf. Hugo Ernst Käufer legte in der Folgezeit

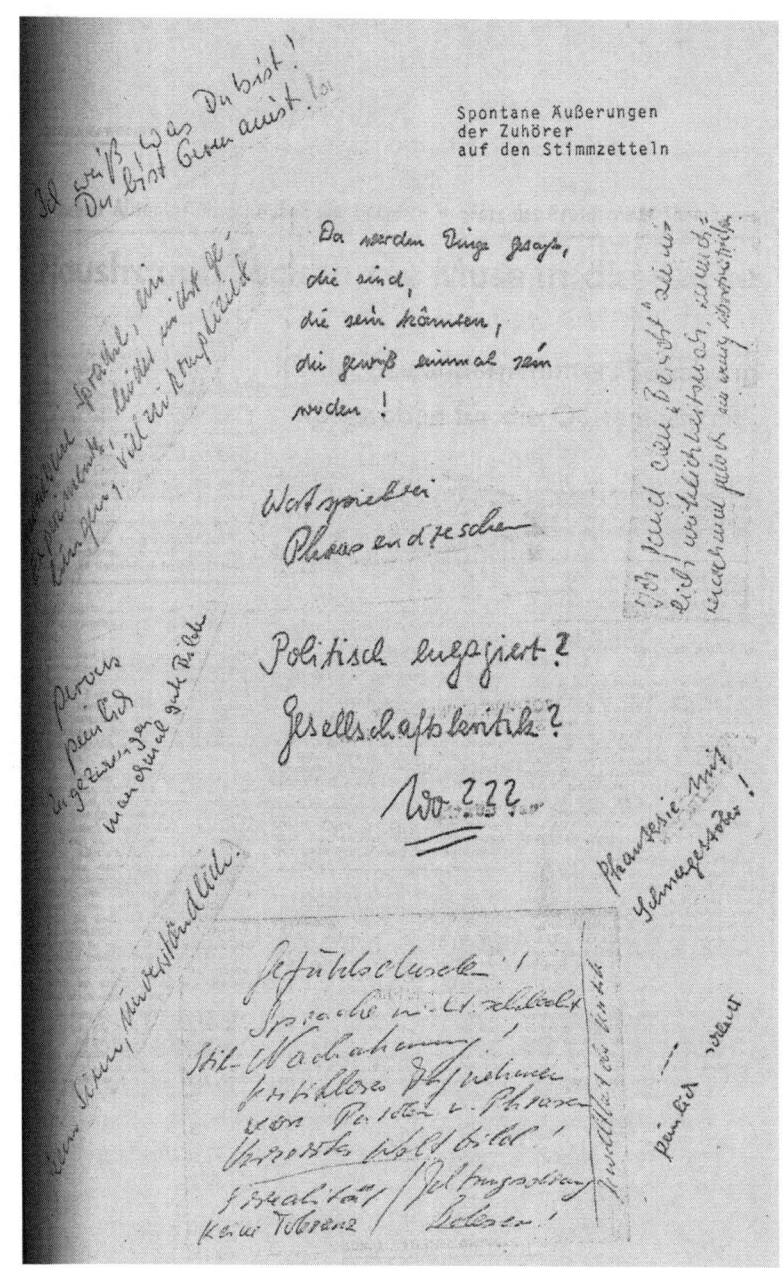

»Mecker-Zettel«. Das Publikum machte von seinem Recht auf Kritik ausgiebig Gebrauch.

zahlreiche weitere Anthologien, Editionen und bio-bibliografische Nachschlagewerke vor, die dazu beitrugen, dass das Ruhrgebiet regional, aber auch überregional als Literaturstandort wahrgenommen wurde. Dabei hielt er unbeirrt am frühen Autorenstamm der *LWG* fest. 1971 war das Kapitel *LWG* dann mit Gründung des *Werkkreises Literatur der Arbeitswelt*, bei dem Hugo Ernst Käufer als einer der Sprecher der Vereinigung fungierte, abgeschlossen. Literaturgeschichtlich bleibt es eine spannende, in vielem auch kuriose Episode.
Der Band *Revier heute. Texte aus der literarischen Werkstatt der Volkshochschule Gelsenkirchen* aus dem Jahre 1972[20] bedeutete gleichsam einen Schlusspunkt dieser Autorenschmiede – zumindest unter dem Namen der *Literarischen Werkstatt Gelsenkirchen*. In anderen Zusammenhängen bewiesen die Mitglieder ein über jede Gruppenbildung hinausgehendes Zusammengehörigkeitsgefühl – teilweise bis heute.[21]

Der nachfolgende Text steht stellvertretend für den Geist der *LWG*. Er stammt von Volker W. Degener, dessen Name bereits im Zusammenhang mit dem Szene-Reader *Ulcus Molle* fiel (s. S. 99). Es verwundert, dass Degener bei jenem subversiven Projekt dabei sein konnte, war er doch damals »Staatsdiener« und Polizeihauptkommissar in Bochum. Bei *Ulcus Molle* übernahm Degener seinerzeit die Sichtung der eingesandten Textbeiträge.
Auch er stammt aus dem erweiterten Umkreis der *Literarischen Werkstatt Gelsenkirchen*. Er ist in den maßgeblichen Anthologien Hugo Ernst Käufers vertreten und arbeitete, freilich Jahre später, unmittelbar als Co-Herausgeber mit dem Bochumer bzw. Gelsenkirchener Bibliothekar zusammen.[22] Wie viele andere Autoren aus diesem Dunstkreis debütierte Degener mit Kurzbeiträgen in Zeitungen, Zeitschriften und Sammelwerken. Seine erste selbstständige Veröffentlichung legte er 1971 mit dem Jugendroman *Du Rollmops* vor und blieb lange und erfolgreich diesem Genre treu. Als dezidiert politischer Autor trat er 1973 in der vom 68er-Geist inspirierten Textsammlung *Kehrseiten und andere Ansichten*[23] in Erscheinung. Er klopfe »eine Gesellschaftsordnung, die weitgehend als sozial bezeichnet wird, auf ihre Hohlräume ab«, hieß es in einer Besprechung.[24] In einer sehr direkten, allgemeinverständlichen Sprache und ohne schnörkelhaftes Beiwerk

entlarve Degener ein System, das den Bürger entmündige und vereinnahme. »Wo andere Seitenhiebe verteilen, setzt Degener zum Stoße an. Kurz und präzise« – so die erwähnte Rezension. Im vorliegenden Kontext sollen zwei Kurztexte Degeners aus dem 1968er Jahrgang der damals vielgelesenen Zeitschrift *Westfalenspiegel* zum Abdruck gelangen:

Aufstand

Seit Tagen rumorte es in den Kühlhäusern. Die Arbeiter berichteten, daß sie zeitweise ein dumpfes Klopfen in den fertigen Fischkonserven hörten. Und auch die unbearbeiteten Exemplare, die sich in Kisten und Stahlbehältern befanden, schienen zu flüstern. Noch lagen sie dicht gepreßt in übersichtlichen Reihen. Aber die Unruhe breitete sich unaufhaltsam aus. Unerklärlicherweise knackten auch die Bretter, Blechrollen und Eisstücke verdächtig, und kaum jemand wollte mehr die Gebäude betreten. Man beaufsichtigte sie nicht mehr ausreichend. Die Arbeiter waren nach Haus gegangen. Um neun Uhr abends schwoll das Geräusch, das seit Tagen die Stadt beunruhigte, zu einem Bersten an. Es hatte im Kühlhaus begonnen.
»Sie kommen.«
»Verschließt die Türen und Fenster!« »Schlagt sie tot!« »Mein Gott.«
Sie kamen. Zuerst öffneten sich Holzspalten, dann Türen, Wände zerbrachen. Splitter bohrten sich in kaltes Fleisch. Glitschiges Schieben nach außen, Salz knirschte glitzernd auf den Schuppen. Die ersten wurden erdrückt von den anwachsenden Schwärmen. Flossen peitschten den Asphalt. Nasse Augen glotzten stumpf und wimperlos zur Seite.
Sie erreichten das erste Haus. Wider Erwarten beschädigten sie nichts. Einzelne verschwanden in den Türen, in den Fenstern. Die anderen zogen durch die Straßen. Verschmutzt, unverständlich raunend, zielstrebig. Sie kannten den Weg genau. Jede Gruppe hatte ein Ziel. Ihre Schwanzschläge wurden erst ruhiger, als sie die Stadt eingenommen hatten.
Sie arbeiteten verbissen, ließen nur wenige Häuser aus. Es lohnte sich, und nach kurzer Zeit traten sie ihren geordneten Rückzug an. Sie gönnten sich keine Pause.
Sie kamen nicht allein zurück. Auf ihren schuppigen Rücken trugen sie die Fischer, denen die Angst den Mund verschlossen hatte. Niemand

wehrte sich, das Schicksal hatte sich geirrt. Ein Schweigemarsch formierte sich. Im Hafen klatschte das Wasser hell auf. Sie nahmen alles mit, was sie auf ihren dicht zusammengedrängten Rücken geschleppt hatten. Anmutig flossen sie über die Kais ins Wasser.
Eine große Stille lag über der Stadt. Es dauerte lange, bis sich ein Schrei durch die Straßen schlich. Aber es war zu spät, niemand kam zurück. Die Bevölkerung war entvölkert. Der Hafen wurde nicht mehr von Handelsschiffen angelaufen.[25]

***

Handlungen

Sie haben sich auf Schrittlänge genähert. Unerwartet bewegen sich ihre Schultergelenke, geraten schwungvoll im Rhythmus ihrer Schritte aus dem Takt. Niemand gab ein Startzeichen. Es war nicht erforderlich. Denkvorgänge schalten sich selbständig aus. Schon läuft das Ereignis ab. Zunächst geräuschlos. Ruckartig haben die Schultern zu arbeiten begonnen, schieben jeweils den rechten Arm vor, stramm, unwiderstehlich, ernst. Es dauert nicht lange, bis sie ihre Unterarme rechtwinklig abgeknickt haben. Handflächen visieren ohne Zögern, suchen sich zielbewußt. Sie prallen sehnsüchtig zusammen, packen zu, zwei kleine Schaufeln schieben sich ineinander, passen. Der Druck läßt die Haut weiß werden. Die Daumen bekräftigen den Bund mit einem einfachen Knoten. Fingernägel wechseln verspätet die Farbe. Kraft ruht in den gepaarten Handrücken, drückt sich sichtbar aus, springt von der einen Fläche auf die andere über. Eine endgültige Verbindung.
Aber unverhofft geht das Ritual dem Ende entgegen. Trennung fällt immer schwer. Man verzögert den Abschied und faßt nochmals zu. Ein saugendes Schmatzen leitet den Zwiespalt ein. Das Ganze wird zerlegt.
Zwei Hände durchschwenken fassungslos Richtung und Gegenrichtung. Erschlafft gehen sie zur Routine über. Sie ordnen sich ein. Sie werden grußlos wie die beiden anderen Hände, kennen niemanden mehr. Arme geben sich ausgeglichen. Sie zehren von dieser besonderen Szene, stets auf der Lauer, stets einsatzbereit für den wichtigen Auftritt.[26]

Anmerkungen

1 *Recklinghäuser Zeitung*, Ausgabe vom 11. Dezember 1968, zitiert nach Hugo Ernst Käufer (Hg.): *Dokumente Dokumente. Die Literarische Werkstatt Gelsenkirchen in Presse, Rundfunk und Fernsehen 1967 bis 1969*. Gelsenkirchen 1969 (ohne Seitenzählung).
2 Ebd.
3 *WAZ*, Ausgabe vom 30. Oktober 1967, zitiert nach ebd.
4 *Westfälische Rundschau*, Ausgabe vom 15. Januar 1968, zitiert nach ebd.
5 Ebd.
6 Ebd.
7 *Gelsenkirchener Stadtanzeiger*, Ausgabe vom 15. Januar 1968, zitiert nach ebd.
8 *Ruhr-Nachrichten*, Ausgabe vom 19. Februar 1968, zitiert nach ebd.
9 Ebd.
10 Ebd.
11 *Westfälische Rundschau*, Ausgabe vom 19. Februar 1968, zitiert nach ebd.
12 *Buersche Zeitung*, Ausgabe vom 1. April 1968, zitiert nach ebd.
13 *Ruhr-Nachrichten*, Ausgabe vom 23. September 1968, zitiert nach ebd.
14 *Ruhr-Nachrichten*, Ausgabe vom 21. Oktober 1968, zitiert nach ebd.
15 Ebd.
16 *Westfälische Rundschau*, Ausgabe vom 9. Januar 1969, zitiert nach ebd.
17 *Ruhr-Nachrichten*, Ausgabe vom 19. November 1968, zitiert nach ebd.
18 Walter Neumann: *Beispiele Beispiele. Literatur im Gelsenkirchener Warenhaus*, in: *Westfalenspiegel* 1969, H. 2, S. 23.
19 Johannes Dietrich Neuberg: *Weiterschaffen*, in: *Westfälische Runschau*, Ausgabe vom 14./15. Dezember 1968. Zitiert nach *Dokumente Dokumente*, a.a.O.
20 Erschienen im Recklinghausener Bitter Verlag. 2. Auflage 1972.
21 Vgl. hierzu den Käufer-Sonderteil des Periodikums *Literatur in Westfalen. Beiträge zur Forschung* 14. Bielefeld 2016, S. 165-380.
22 So bei Volker W. Degener, Hugo Ernst Käufer (Hg.): *Sie schreiben in Bochum. Biobibliografische Daten, Fotos und Texte von 23 Autoren*. Duisburg 1980.
23 Volker W. Degener: *Kehrseiten und andere Ansichten*. Recklinghausen 1973.
24 Hanns T. Peschkes' Beitrag im *Westfalenspiegel* 1973, H. 6, S. 38.
25 *Westfalenspiegel* 1968, H. 5, S. 34.
26 Ebd.

65 »Wie ich mich sehe«
Heinrich Schirmbeck zieht eine Lebensbilanz und guckt über den westfälischen Tellerrand

Nach so vielen hitzigen Debatten wird es nun »abgeklärter«. Wir wenden uns noch einmal Heinrich Schirmbeck (s. S. 29ff., 176ff.) zu, der 1968 den Erzählband *Aurora. Frühe Erzählungen* vorlegt. Er enthält neben beeindruckender (unpolitischer) Prosa auch ein literarisches Selbstporträt des Autors. In ihm schildert er seinen Werdegang vom belletristischen zum gesellschaftskritischen Autor:

Wie ich mich sehe – Versuch einer Selbstdarstellung

Ich werde zuweilen gefragt, warum das Heimatliche, das Niederdeutsch-Landschaftliche fast überhaupt nicht in meinen erzählerischen Arbeiten zum Ausdruck komme. Der Geburt nach sei ich doch Westfale; hingegen suche man in meinem bisherigen Werk vergeblich nach westfälischen

Heinrich Schirmbeck mit seiner Familie.

Einflüssen. In Wirklichkeit liegen die Dinge doch etwas anders: meine ersten Arbeiten waren, wie die hier, mit einer Ausnahme, erstmals in Buchform vorgelegten Stücke u. a. zeigen, Landschaftserzählungen, Impressionen aus meiner Jugend, stark von persönlichem Sentiment durchsetzt, von Erinnerungen an Menschen, die mich in meiner Kindheit beeindruckt hatten, Erinnerungen an uralte münsterländische und tecklenburgische Höfe, an düstere Schrankbetten, schwarze Rüschenhauben, Troddelkäppis und mannshohe Porzellanpfeifen mit den bunten Bildern einer Reiterattacke aus dem Siebziger Kriege, Bilder von braunen Moorweihern, riesenhaften Kornscheuern, in denen man zwischen den Garben wie in Schluchten ertrank. Die Manuskripte erdrückten sich gegenseitig in meinen Schubladen, ihr Umfang und das echte gefühlsmäßige Anliegen, das sie verkörperten, hätten sie in meinen Augen gewiß legitimiert, als eine westfälische »Suche nach der verlorenen Zeit« angesehen zu werden, aber ein »echtes gefühlsmäßiges Anliegen«, Sehnsucht nach einem verlorenen Jugendparadies, Weltschmerz, Gefühlsüberschwang, narzistische Selbstbespiegelung sind für sich allein nicht hinreichend, um eine literarische Äußerung zu rechtfertigen. Wenn man erst zwanzig oder zweiundzwanzig Jahre alt ist, dann ist man leicht bereit, sich als verkanntes Genie zu fühlen. Die Selbsterkenntnis und der Humor, diese unschätzbare Fähigkeit, alle Dinge in ihrer gegenseitigen »Bedingtheit« zu sehen, sind erst Gaben späterer Jahre. Immerhin ist die Tatsache, daß meine erste »Schaffensperiode« – wenn ich mich einmal so hochtrabend ausdrücken darf – heimatlich-landschaftlich geprägt war, und daß sie gerade in dieser Eigenart von der literarischen Welt nicht oder nicht sogleich akzeptiert wurde, von Bedeutung für mein späteres Schaffen gewesen. Das Vertraute, das Naheliegende, das Natürliche wurde in einer Art von Trotzreaktion zunächst verdrängt, um völlig anderen Stoffen und Motiven Platz zu machen.
1934, nach meinem Abitur, ging ich nach Frankfurt am Main, wurde nach einigen Fehlstarts Buchhändler und knüpfte die ersten Verbindungen zu der einzigen Zeitung in Deutschland, die mir in den Jahren der nationalsozialistischen Herrschaft einen Rest liberalen Geistes, demokratischer ›humanitas‹, zu bewahren schien. Es dauerte lange, bis ich die ersten kleineren Stücke im Feuilleton unterbrachte: Reiseskizzen, besonders aus Flandern, für das ich, wohl aus niederdeutscher Wahlverwandtschaft, aber auch aus einer romantischen Neigung für die architektonische Poesie dieses Landes,

in welchem mittelalterliche Stadtkleinodien im Dornröschenglanz ihrer Verwunschenheit zwischen Kanälen und Pappeln das zwanzigste Jahrhundert verträumten, eine bis heute unverminderte Liebe hegte. De Coster und Georges Rodenbach (»Bruges la Morte«) beeinflußten damals meine literarischen Versuche; jedenfalls spielten mein erster Roman (er ist nie veröffentlicht worden) und meine ersten Erzählungen (Velhagen und Klasings Monatshefte, später die »Frankfurter Zeitung« und die »Neue Rundschau« druckten einiges davon) in flämischem Milieu. Ich erwähne das deshalb in solcher Ausführlichkeit, weil es mir zu beweisen scheint, daß das Erlebnis der niederdeutschen Heimat, durch die Ereignisse zunächst verschüttet, sich hier so etwas wie ein Ersatz-Motiv ausgesucht hatte, um das herum es kristallisieren konnte; denn das Flämische und das Westfälische weisen mancherlei Parallelen auf, worüber die vergleichende Kulturgeschichte und Völkerpsychologie noch ihr Wörtchen mitzuteilen hätten. Die ersten Novellen, die dann später, gegen Ende des Krieges, gesammelt wurden, enthielten noch einiges von dieser Flamophilie, zugleich stießen sie dann aber in ganz andere Bereiche vor, in die Regionen des Spukhaften, Hintergründigen, Dämonischen. Die spätere Kritik hat diese Arbeiten oft mit den phantastischen Erzählungen Edgar Allan Poes verglichen; ich habe mich gegen diesen Vergleich nicht gewehrt, denn Poe war tatsächlich einer meiner frühesten literarischen Lehrmeister. Poe und Westfalen – sind das nicht unvereinbare Gegenpole? Ich glaube nicht. Man vergleiche einmal eine Erzählung wie »Die Judenbuche« der Annette von Droste-Hülshoff mit irgendeiner der phantastischen Geschichten Poes, in denen es von hellseherischen, mesmeristischen – bei uns zu Lande würde man sagen: spökenkiekerischen – Phänomenen nur so wimmelt, man versuche etwa in dem unheilumwitterten Wasserschloß aus Poes »Untergang des Hauses Usher« eine westfälische Wasserburg zu sehen, wie sie in Annettes Gedichten beschworen wird, dann blitzen auf einmal Verwandtschaften auf, die atemberaubend sind und die noch kein Literarhistoriker erforscht hat. Um nun den Ring zu schließen: Poe hat keinen besseren Illustrator seiner Erzählungen gefunden als den Flamen James Ensor, dessen apokalyptischer Pinsel durchaus auch am Hellweg oder unter den Wiedertäuferkäfigen von Münster hätte beheimatet sein können.
1944 erschien bei Peter Suhrkamp mein erster Novellenband: *Die Fechtbrüder*, darunter Erzählungen, die leitmotivisch bereits die Themen der

späteren größeren Arbeiten anschlugen: Ansätze zu einer Metaphysik des Eros, intellektuelle Emotionen, ein gewisser Romantizismus der Wissenschaft. 1947 kam, ebenfalls bei Suhrkamp, die geschichtsphilosophische Erzählung *Gefährliche Täuschungen* heraus, Präludium eines größeren epischen Projektes, das »Die Dekabristen« heißen sollte und seine vorläufig letzte Fassung in dem 1958 erschienenen Roman *Der junge Leutnant Nikolai* fand. 1948 folgte *Das Spiegellabyrinth:* Novellen und Erzählungen aus dem Zwischenreich der Seele, Nocturnos und Capriccios, dem Geiste E. T. A. Hoffmanns und E. A. Poes verpflichtet.

Die Erstfassungen dieser drei Bücher sind während des letzten Krieges entstanden. Nie habe ich später wieder soviel Muße und soviel inneren Elan zum Schreiben gehabt wie damals, als der für einen Intellektuellen beinahe obligatorische Dienstgrad eines Obergefreiten diese Form einer ›Flucht nach innen‹ nahelegte und begünstigte.

Nach dem Krieg arbeitete ich als Redakteur und freier Journalist. Erzählungen, Novellen, kleine Fortsetzungsromane, Essays, Buchkritiken und wissenschaftliche Reportagen erschienen in den führenden deutschen Blättern. Der Rundfunk erteilte mir Aufträge zu größeren literaturwissenschaftlichen und kulturphilosophischen Themen. Derartige wissenschaftliche Übungen blieben nicht ohne Konsequenzen für mein weiteres dichterisches Schaffen: sie leiteten über zum Ideenroman als der mir eigentlich angemessenen Form epischen Schaffens. Die Verwandlung wissenschaftlichen Erkenntnisstoffes in adäquate Kunst, die Veranschaulichung der Abstraktion, die epische Verdichtung des eigentlich nicht Darstellbaren verlangten die Einführung einer Symbolik, welche die Formen der überlieferten Erzählkunst sprengte. Zu diesen formalen Schwierigkeiten gesellte sich eine bestürzende Einsicht: daß die Sprache etwas sehr Grobes und die Wirklichkeit etwas sehr Feines ist. Mit anderen Worten: die Symbole und Begriffe der Sprache besitzen im Vergleich zu den unsagbar vielfältigen und komplexen Erscheinungsformen der Materie eine entmutigend grobkörnige Struktur und können deshalb niemals hoffen lassen, mit ihrer Hilfe die Wirklichkeit einzuholen oder adäquat abzubilden. So probierte und experimentierte ich. Was die Personen anging, so war ich zeitweise entschlossen, die Schablone der Individualität fallen zu lassen. Es schwebten mir Weltlinien vor, Weltlinien etwa im übertragenen Sinne der relativistischen Feldphysik, die konkrete

Aufrechte Haltung und entschlossener Blick. Heinrich Schirmbeck in späteren Jahren in seinem langjährigen Wohnort Darmstadt, 29. Januar 2012.

Situationen des raumzeitlichen Kontinuums aneinanderreihten und so Abbilder transzendenter Ereignismodelle gäben. Mein Unternehmen gedieh nur langsam. Da es mir aber zunächst weniger auf das Ergebnis ankam als auf den Prozeß, der zu diesem Ergebnis führen sollte, und da ich vor allen Dingen darauf aus war, an einem Versuch zu zeigen, daß die historisch gewordene Sprache trotz aller Verfeinerung nur ein antiquiertes Werkzeug im Vergleich zu der stets komplexer werdenden Wirklichkeit sei, sah ich zunächst keinen Grund, den Weg zugunsten eines konkreten Ergebnisses zu ändern. Es entstanden interessante Fragmente. Der Stoff zerfloß mir unter den Händen. So blieb denn, wenn überhaupt menschlich Relevantes entstehen sollte, nichts übrig, als vorerst zur traditionellen Form des Romans zurückzukehren. *Ärgert dich dein rechtes Auge. Aus den Bekenntnissen des Thomas Grey*, ein zum Teil autobiographischer Wissenschaftsroman, der sich in die Tradition des deutschen Bildungs- und Entwicklungsromans einreiht, ist das Ergebnis meines Bemühens, die Kluft zwischen den Denkformen, wie wir sie bisher zu üben gewohnt waren, und den Anforderungen, die eine entfesselte Wissenschaft an unsere Vorstellungskraft stellt, auf der Ebene der dichterischen Imagination zu schließen.

Wissenschaftlicher Schriftsteller und künstlerischer Gestalter: diese polare Zweiheit (die ja nicht immer eine Zweiheit gewesen ist: man vergegenwärtige sich Beispiele wie Lukrez, Leonardo oder Goethe) auf einer höheren Ebene wieder zur Einheit zu verschmelzen, ist eines der Anliegen, die mich bei meinen Versuchen leiteten. Es scheint allerdings (noch) so, als ob ich in der gegenwärtigen deutschen Literatur in diesem Bestreben eine fast singuläre Position einnähme und als ob jener Kritiker recht habe, der da schrieb: »Er (Sch.) hat eine Grundkonzeption von Dasein, Erkennen und Dichten geschaffen, die bisher völlig einsam dasteht.« Meine erzählerischen Werke, aber auch meine essayistischen und wissenschaftlichen Arbeiten, kann ich heute nur als Vorstufen, als tastende Experimente auf dem Wege zu einer Literaturform verstehen, deren dringendstes Anliegen es ist, die Bewußtseinsmutation des Menschen, die von der Methodik der Wissenschaft ausgegangen ist, im individuellen und sozialen Felde sichtbar zu machen. In diesem Sinne scheinen mir diese Versuche trotz mancher Unvollkommenheit nicht vergebens gewesen, ja ich darf sie in ihrer Gesamtheit vielleicht sogar als etwas betrachten, das im Themenfeld der

Gegenwartsliteratur eine neuartige, aber nichtsdestoweniger seit langem fällige Komponente darstellt. So wird zwischen den frühesten Zeugnissen meiner erzählerischen Phantasie, wie sie in den Stücken dieses Bändchens zum Ausdruck kommt, und den Arbeiten der letzten Jahre, die auf Bewußtseinserhellung und Selbstverständnis des Menschen in einem Zeitalter zielt, da er beginnt, die Wissenschaft als Mittel seiner Selbsttransformation zu benutzen, so also wird zwischen diesen äußersten Gegenpolen dennoch das Gemeinsame und Verbindende sichtbar: es ist die Neugierde auf den Menschen, die wiederum in der Sprache aufscheint, denn nur in der Sprache gelangt der Mensch zum Verständnis seiner selbst. Daneben verblaßt das Biographische; im Grunde ist es unser aller (der Schreibenden) heimlicher Ehrgeiz, einst mit Hermann Broch sagen zu können: »Wir haben alle keine eigentliche Biographie; wir haben gelebt und geschrieben, und das ist alles.«[1]

Anmerkung

1 Heinrich Schirmbeck: *Wie ich mich sehe – Versuch einer Selbstdarstellung*, in: *Aurora. Frühe Erzählungen.* Göttingen 1968, S. 89-94. Nachdruck in: *Lesebuch Heinrich Schirmbeck.* Hg. von Rolf Stolz. Bielefeld 2014, S. 7-12.

66 Weihrauchnebel im Pumpernickelland
Otto Jägersberg gewährt Einblicke in sein 1968er Ideen-Tagebuch

Fast am Schluss noch einmal das Fernsehen. Und mit Otto Jägersberg[1] ein Autor, der 1964 mit dem Roman *Weihrauch und Pumpernickel* einen geradezu kometenhaften Erstlingserfolg feierte.[2] Was ihn jedoch nicht dazu veranlasste, auf der Buch-Erfolgsspur zu bleiben. Er vagabundierte lieber durch die Lande und Genres, bis er Mitte der 1960er Jahre beim Fernsehen Fuß fasste.

Weihrauch und Pumpernickel war ein grandioser Startschuss für den damals erst 22-Jährigen. Der Verlag war sich seiner Sache sicher: Hier wächst ein großer Erzähler heran. Vorausexemplare gingen unter anderen an Martin Walser, Alfred Andersch, Erich Kästner, Arno Schmidt, Carl Zuckmayer, und alle antworteten wie verlangt: Andersch gratulierte zu diesem wirklich guten, jungen und frechen Schriftsteller, Kästner hob die prächtigen Sonderlinge hervor, welche im Buch vorkämen, die ironische Zeitnähe und deftige Sprachkraft, Arno Schmidt die gewandte Derbheit, Walser, dass der Autor über das Silben-Registrieren und Schildern kunstgeschichtlicher Grausamkeiten hinausgelangt sei; Zuckmayer schließlich empfand, dass hier die Gattung Heimatroman neu belebt werde. Viel Lob, viel Ehr, viel *Hin und her… a propos Jägersberg* – so die Autorin Barbara Bondy – und eine Auflagenhöhe von über 70.000 Exemplaren.

Weihrauch und Pumpernickel nutzte Westfalenklischees (unter anderem Droste-Hülshoff) als Spielmaterial für eine köstliche Persiflage. Ort des Geschehens ist das Dorf Angelmodde (heute Stadtteil von Münster) in den Jahren 1940 bis 1960. Hier wächst der Bauernsohn Georg Holtstiege auf, dessen Lebenslauf in 34 kurzen Kapiteln rekapituliert wird – von der lieblos vollzogenen Zeugung bis zu seiner Einberufung zur Bundeswehr und seinem Wegzug nach Berlin. Am Beispiel Georgs erfahren wir, was es hieß, in einem kleinen westfälischen Dorf aufzuwachsen. Er darf nicht vorlaut sein, nicht »unkeusch« reden und muss schon in jungen Jahren wissen, was er »später einmal werden will«. Vor dem Essen muss er ein ellenlanges Tischgebet sprechen und bei anderer Gelegenheit »fünf Ave Maria« beten. Überhaupt wird so viel gebetet, dass die Gebetbücher der Eltern »am Einband abgenutzt« sind.

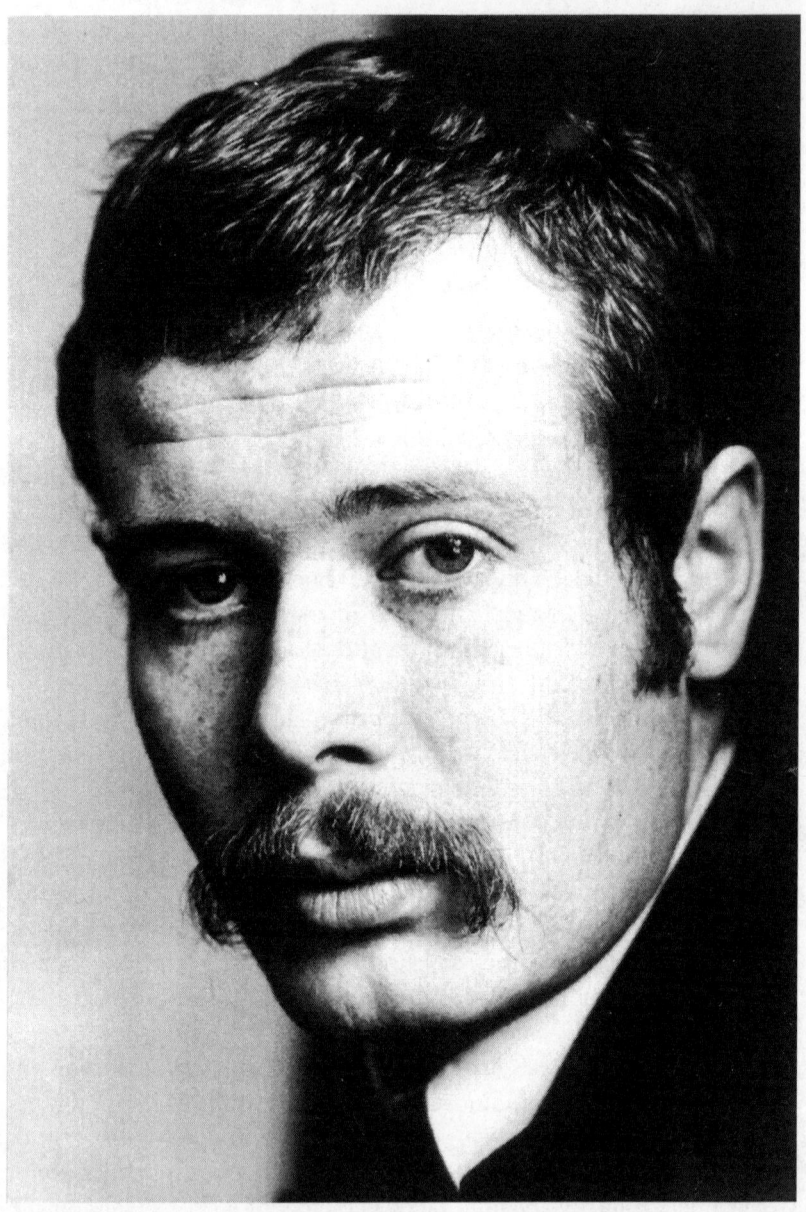

Jägersberg 1963.

Ein sprechendes Bild. Gefangen in einem (westfälischen) Käfig wie unter einer ideologischen Käseglocke.

Bei so viel Geschäftigkeit bleibt keine Zeit zur Buchlektüre, die überhaupt verpönt ist. In Angelmodde liest man lieber unfreiwillig komische Heiratsanzeigen, die *Bild*-Zeitung oder das *Grüne Blatt*. Wichtiger als anspruchsvolle Lektüre sind den Angelmoddern leibliche Genüsse. Es steigen unablässig Bratendüfte und Tabaksqualm auf, es fließen literweise Bier und Doppelkorn. In Angelmodde scheint die Zeit still zu stehen. Selbst gen Münster, die »Provinzialhauptstadt«, stößt man Flüche aus, gemäß dem vorangestellten Motto Titos »Fremdes wollen wir nicht / Eigenes geben wir nicht.« Mit der größeren Welt will man nicht mehr als eben nötig zu tun haben.

Wer nun ein Nostalgie-Buch erwartet, wird gründlich düpiert. Jägersberg unterläuft die (Schein-)Idylle auf hinterlistige Art und Weise. In Nebensätzen erfahren wir, dass der Lehrer noch immer mit Vorliebe vom Krieg erzählt. Der Wachtmeister stimmt Lobeshymnen auf die deutsche Luftwaffe an. Es werden anti-französische Hetzlieder aus der Zeit der Freiheitskriege angestimmt, wie überhaupt ein latenter Zug zum

Militanten vorherrscht. Im Dorf regieren Klatsch, Tratsch und üble Nachrede. Punktum: Die heitere Fassade ist Makulatur. Was bleibt, ist der Eindruck spießbürgerlicher Engstirnigkeit (die jedoch, ganz à la Droste-Hülshoff, nicht grundsätzlich verdammt, sondern sogar als »amusing« wahrgenommen wird).

Jägersbergs intimen Blick in die Kochtöpfe empfanden viele Leser als dreist und desavouierend. Eine solche Kritik konnten jedoch allenfalls »Berufswestfalen« äußern, denen der weltoffene Blick für die Satire fehlte.

Mit *Weihrauch und Pumpernickel* schuf Otto Jägersberg ein Werk voller Sinnlichkeit und Kolorit. Wir befinden uns nicht mehr in einer düsteren Schwarz-Weiß-Welt wie in den Romanen von Paul Schallück (s. S. 38 u.ö.) oder Thomas Valentin (s. S. 82ff., 90f.), sondern im Multi-Color-Film der 60er Jahre. Hiermit ist der weitere literarische Werdegang Jägersbergs angedeutet, der sich bald anschickte, Drehbücher für große Fernsehproduktionen zu verfassen (s. u.).

Zuvor erlernte er aber noch beim legendären »Vau O.« Stomps das Druckerhandwerk. Bei der Eremiten-Presse war er, wie es verlagsseitig und selbstironisch hieß, »Chefbuchhalter, Direktor der Werbung und Leiter der Auslieferung des größten Verlags in Stierstadt« (Buchcover). An der kleinen, obskuren Druckerei schätzte Jägersberg die »unentfremdete« Arbeit, wie er selbst erläuterte: »Der Mann [Victor Otto Stomps], dessen Handwerk Wörter machen war, ging geizig damit um. Buchstabe für Buchstabe. In Stierstadt wurde nur von Hand gesetzt und auf einer Heidelberger Schnellpresse gedruckt. [...] Ich verstand nichts vom Büchermachen. Stomps hat mich setzen, drucken und binden gelehrt. Schon nach drei Tagen gab er mir das Gefühl ein brauchbarer Arbeiter zu sein. Mögen was man tut. Zwischen Leben und Arbeit klafften keine Widersprüche. Wir bestimmten die Produktionsweise und hatten die Produktionsmittel in der Hand und in Besitz. Ohne Verklärung und Sentimentalität lebte man von armlanger Arbeit. Freilich bescheiden. Alle Tätigkeiten von der Herstellung bis zum Versand waren im Zeitpunkt wählbar, wie auch die Haushaltsarbeit und die Genußstunden. Stomps' Eremiten-Presse war ein Musterbeispiel revolutionärer Infrastruktur. Er hat nie ein Wort darüber verloren. Seine Lebensform brauchte keine Theorie.«[3]

Der Autor 2007.

Mitte der 1960er Jahre folgte Jägersbergs zweiter Roman *Nette Leute*.[4] Er präsentiert sich weniger »deftig« als das Debüt drei Jahre zuvor. Im Mittelpunkt steht ein Handelsvertreter, der aufs Land reist, um einer Familie Dietrich ein sechsbändiges Lexikon aufzuschwatzen, was ihm – nach etlichen Irrungen und Wirrungen – auch gelingt. »Was Jägersberg kunstvoll, ironisch und linear erzählt, entpuppt sich [...] als eine genaue Studie der Sechziger Jahre. In einem Gespräch mit dem stets trinkenden Arbeiter Sönderkamp offenbart sich anscheinend die ganze Haltung und Mentalität der damaligen Landbevölkerung« – so der Schriftsteller Matthias Kehle.[5]

In *Nette Leute* ging Jägersberg wie ein Dokumentarfilmer vor (vgl. auch seinen Fernsehfilm *Drücker*, s. u.). Bis zu seinem bald darauf vollzogenen Sprung ins Sujet Fernsehen war es nur noch ein kleiner Schritt. Fortan schrieb Jägersberg Drehbücher für gesellschaftskritische Fernsehspiele.

Es wurde ihm attestiert, er verstehe es, kritische Information und Unterhaltung in Einklang zu bringen, ohne dabei mit dem pädagogischen Zeigefinger zu »drohen«.[6] Jägersbergs größtes Projekt war, nun schon Anfang der 1980er Jahre, die opulent inszenierte TV-Serie *Die Pawlaks*, die übrigens westfälische Anklänge aufweist: Gustav Bollkamp, Obersteiger auf der Zeche Morgenrot in Westfalen, reist nach Masuren, um mit verführerischen Versprechungen Tagelöhner als Bergarbeiter in die westlichen Bergwerke zu locken.

Weitere Angebote folgten. So hätte Jägersberg die Bücher für die *Lindenstraße* schreiben und dadurch, wie er selbst sagte, Besitzer einer Villa werden können. Doch wiederum verweigerte er sich. Aus Substanzgründen, wie er sagte. Seine Erfahrungen mit Serien hätten ihn zu sehr ernüchtert. Was dann später zum Dreh- und Angelpunkt einer Kurzgeschichte wurde: Ein Autor muss mit ansehen, wie sein Drehbuch seziert und zerpflückt wird und erkennt zu guter Letzt »seinen« eigenen Film nicht wieder.[7]

So wie sich Jägersberg vom Filmbetrieb distanzierte, so stieg er temporär auch aus dem literarischen Markt aus. Er wurde ein Verweigerer aus Grundsatz, aus Unlust und Überdruss. Nachzulesen in der Kapitelfolge *Dichten und Trachten* im Erzählband *Vom Handel mit Ideen*.[8] »Vielleicht besteht einmal Interesse daran, herauszufinden, warum die Knielage eine normale Arbeitslage für viele Schriftsteller wurde«, heißt es in *Von Nachbarn eingekesselt*[9], und in einer anderen Geschichte: »Wer gesehen hat, wozu Autoren fähig sind, um ihre Sachen gedruckt zu bekommen, gewinnt ein mildes Urteil über Prostitution.«[10]

In das Jahr 1968 fallen folgende Filmprojekte des Autors: *Drücker* (Fernsehspiel, WDR), *Zürich 1916. Lockerungsübungen für Revolutionen* (Dokumentarfilm, WDR), *Herr F. entzieht sich einem Umzug und geht bummeln* (Film, Westdeutsches Fernsehen), *Die Chancen des Platts im technischen Zeitalter* (Reportage, WDR), *Am Tresen* (Fernsehserie, Folgen 10-13, Westdeutsches Fernsehen), *Grünkohl für Holland* (Hörspiel, SWR), *Modern mundart bärn* (Reportage, WDR-Hörfunk). Hieran schlossen sich 1969 der Film *Invasion auf Melos* (nach Thukydides, SWR) und das Hörspiel *Schöner Wohnen* (SWR) sowie der Dokumentarfilm *Wartesaal der Filmemacher* (SWR, nicht gesendet) an. Daneben aber auch zwei literarische Projekte, die Erzählung *Der Waldläufer*

Jürgen in der Eremiten-Presse und das wunderbare antiautoritäre Kinderbuch *Der große Schrecken Elfriede*. Letzterer Titel – mit Illustrationen von Victoria Chess – zählt zu den schönsten deutschen Kinderbüchern überhaupt. Er endet mit drei Auslassungspünktchen. Elfriede weiß: Artigsein macht keinen Spaß; Aufsässigsein hilft aber auch nicht viel weiter. Also schmiedet sie subversivere Strategien. Wie diese aussehen mögen, muss sich der Leser selbst zusammenreimen. So viel aber ist ihm klar: Mit dem »kleinen Glück«, das ihre Eltern so sehr wünschen, wird sich die kluge Elfriede nicht zufrieden geben.

> Wenn der Vater Elfriede etwas mitbrachte, Schokolade oder Bonbons (was Väter so mitbringen!), sagte Elfriede: »Welch reizende Überraschung! Vielen Dank auch, lieber Vater.« Wenn ihr beim Essen Götterspeise aufs Kleid kleckerte, sagte Elfriede: »Oh!«, und »'tschuldigung, das tut mir aber Leid.« Wenn Tante Emma zu Besuch kam, sagte Elfriede: »Na, Tante Emma! Aufregende Reise gehabt? Gute Morgen auch.« Kurzum: Elfriede war ein *sehr* höfliches, nettes, liebes, zuvorkommendes, freundliches, bescheidenes Mädchen. Doch eines Tages fragte sie sich: »Warum bin ich eigentlich immer so *schrecklich* höflich, nett, lieb, zuvorkommend und bescheiden?« Ja warum eigentlich? Und Elfriede überlegte hin und zurück und her und vor und noch einmal zurück und beschloss, DER GROSSE SCHRECKEN zu werden, um ihre Welt zu ändern. [...]
> Elfriede sagte ihrer Mutter, die gerade einen Grießpudding kochte: »Iss deinen Papp allein!« Worauf die Mutter einen hysterischen Anfall bekam. Worauf der Vater neugierig angelaufen kam und knurrte: »Was geht hier vor?« Worauf Elfriede sagte: »Ich hau hier ab! Mir ist es hier zu eng. Außerdem schmeckt mir auch das Essen nicht mehr. Merkt euch: Ich bin DER GROSSE SCHRECKEN und habe GROSSES vor!«
> Elfriedes Mutter war richtig erschüttert und schluchzte in ihre Hände, die sie vor ihre Nase gelegt hatte, damit niemand sehen konnte, dass sie schluchzte, und sagte schluchzend: »Womit habe ich das verdient?«
> Elfriedes Vater war grimmig und blickte Elfriede auch ganz grimmig an. Tante Emma aber fand Elfriedes Benehmen äußerst lustig... ...bis Elfriede ihre Tante in den Zoo schleppte (was Tante Emma sehr lustig fand) und in das Affenhaus zog (was Tante Emma sehr lustig fand), wo sie die lustige

Tante Emma in einen Käfig sperren wollte (was Tante Emma gar nicht lustig fand). »Merk dir«, sagte Elfriede zu Tante Emma, »Der Grosse Schrecken duldet nicht, dass alte Tanten sich über mich lustig machen.« Als Elfriede Tante Emma in den Affenkäfig sperren wolllte, kam schnurstracks ein Zoowärter angelaufen und schrie: »Ich dulde keine alten Damen im Affenkäfig. Besucher gehören *hinter* die Gitter!« Elfriede ließ ihre Tante *einfach* stehen und rannte wütend davon. [...]
Es war gerade Büroschluss und alle Menschen hatten alle Hände voll zu tun, sich die Hände voll mit Lebensmittel zu kaufen. »Der Grosse Schrecken kennt keine Hemmungen«, sagte sich Elfriede und behinderte durch ungewöhnliche Leibesübungen die einkaufenden Fußgänger. Auf dem Bürgersteig bildete sich eine neugierige Menschenansammlung mit neugierigen Menschen und Menschen, die neugierig waren, warum da neugierige Menschen waren, bis ein ängstlicher Lebensmittelhändler, der gar nicht neugierig war zu sehen, wie seine Schaufensterscheibe eingedrückt wird, die Polizei anrief. Als Elfriede die Polizeisirenen hörte, ging sie lieber nach Hause, obwohl *sie* Der Grosse Schrecken war. [...]
Welch ein Enttäuschung für Elfriede! Ihre Frechheiten wurden einfach nicht ernst genommen! Ihre Drohungen verbreiteten nicht *Furcht* und *Schrecken*! Konnte es denn Menschen geben, die so abgebrüht waren, dass sie nicht vor Angst zitterten, wenn vor ihnen Der Grosse Schrecken stand? Solche Menschen gab es! Um den Belästigungen zu entgehen, denen man sich als Kind bei einem *anständigen* Lebenswandel aussetzt, war Elfriede Der Grosse Schrecken geworden. Als Der Grosse Schrecken wollte Elfriede ihrer ganzen Umgebung den fürchterlichen *guten* Ton austreiben. Aber die Welt blieb, wie sie war. Lohnte es sich da überhaupt noch, Der Grosse Schrecken zu sein? [...]
Elfriede ging ins Wohnzimmer, machte einen höflichen Knicks und sagte: »Der Grosse Schrecken« ist vorbei. Ich will wieder ganz die Alte sein.« Brüderchen Günter fiel ein großer Stein vom Herzen. Der Vater seufzte zufrieden und sagte: »Nun sind wir wieder eine von 48 Millionen deutschen, glücklichen Familien.« Tante Emma griff zur Harfe und spielte zur Feier des Tages das Lied:

»Das kleine Glück ist heimgekehrt
Und hat den Schrecken ausgekehrt.

Ruhe und Ordnung herrschen wieder,
Und im Frühling blüht der Flieder!«

Als Elfriede hörte, was ihr Vater sagte und was Tante Emma sang, bekam sie einen GROSSEN SCHRECKEN. Sollte denn alles wieder so weitergehen, in *Ruhe* und *Ordnung*, mit Höflichkeiten, Nettigkeiten, Lieblichkeiten, Zuvorkommenheiten und Bescheidenheiten!? Das hatte Elfriede nicht gewollt! Da gab es nur eins: Nein, nein und noch mal nein! Und Elfriede beschloss eine *radikale* Änderung ihres Programms...[11]

***

Die nachfolgenden, unveröffentlichten Tagebuchnotizen stammen aus dem Jahre 1968. Otto Jägersberg stellte sie für die vorliegende Veröffentlichung zur Verfügung:

Schlürfe Fett und mache Schulden
Notizen aus jenen tagen

Der tag hält nichts vom wetter. Das wetter kommt auch alleine aus. Es verändert sich nicht, wenn man darüber spricht. Der tag verändert sich, wenn man über ihn spricht

Vorm kölner dom ein bettler in langem schwarzen umhang, wie gestürzt ... theatralisches meisterstück ... pilgerstock als letzte stütze, eine hand noch in seiner mitte, als würde sie sich nicht mehr haltend abwärts gleiten und der großartige bettler ganz auf den asphalt krachen

Der dom hat ne hausnummer, 6, domplatz 6
Sicher ist sicher, sagen sich leute, die sparbücher bei zwei verschiedenen banken haben. Welchem sprichwort setz ich mich aus, der ich 17 sparbücher habe in zwei ländern. Ich will es aber auf 50 sparbücher in fünf ländern bringen. Und im alter die große einholung wie kündigung absolvieren. Betrete dann eine bank, wühle im koffer mit den sparbüchern, und frage den mann am schalter, wie heißt der laden hier?

Omar lehnte sich zurück, bevor er sein frühstücksei köpfte und sagte, lass uns erst ein schönes frühstückslied singen. Und er legte los. Sie werden männer, die ihr reich erringen, die es schützen vor dem großen feind, komm komm, lockt der schritt, es rufen uns die freien wogen, im frühtau zu berge, wir gehen fallera, warum singt mir das vögelein so freudevoll sein lied, wer nur den lieben langen tag ohn plag und arbeit frech vertändelt, wer das mag, der gehört nicht her, flamme empor, steige mit loderndem scheine von den gebirgen am rheine glühend empor, und wenn wir marschieren dann leuchtet ein licht...

D'schöni vo de wüeschte wörter isch e brunne i dr wüeschte vo de schöne wörter

Wir haben den dreck am hals, wir haben das wasser am arsch, wir haben die kalten füße, wir haben die nase voll, und nun haben wir dich an der backe. Was sagst du dazu, kurt georg?

Menschenführer in nörvenich, hauptmann. Seit 1960 bin ich bei der bundeswehr. Zum fliegen von düsenjägern, wovon ja jeder träumt, habe ich es nicht gebracht. Auch merkte ich nach vier jahren , dass es sich hier um einen jugendtraum handelte, der meinem weg als mann nicht mehr entsprach. So kam ich zur menschenführung. Ich unterrichte staatsbürgerkunde und geistige verteidigung. Im 36-stunden-manöver habe ich festgestellt, dass viele soldaten, die noch keine unteroffiziere sind, vor der nacht angst haben. Wenn ich mit meiner frau abends am fliegerhorst spazieren gehe, haben wir festgestellt, dass der wachtposten singt, um seine angst zu verbergen. Bei der HJ gingen wir um mitternacht auf den gottesacker und heute hat man furcht vor solchen sachen. Aber das gibt sich mit den jahren. Die jungs kommen ja auch meistens aus der stadt.

Waltraut wirbelwind wien wörbel im wönd

Die oder, die weichsel, die pregel und die memel münden in die ostsee, das pferd geht, trabt oder galoppiert. Der tiger ist schön, aber gefährlich. Goethe sah nicht nur rom, sondern auch venedig, frankfurt und münster i. w. die liebe, gute mutter. Das glück, ich gönns dir. Die nacht, die nacht, was war nur mit der nacht. Nein, wir dürfen nicht lügen

Wildpark in der eifel. 1 mächtiger rothirsch, 4 anmutige rehe, 1 kristallklarer bach, 1 reizvolles wiesental, angeschlossen das schmidtsche lokal, spezialitäten: wildgerichte. Hinweis: unsere tiere mögen am liebsten das am kiosk erhältliche original-futter

Jede frau hat ihr zartes geheimnis. Wenn sie geht/ fort ist deine ruhe/ lass doch der frau/ denn dies zarte/ um gar keinen preis/ oftmal verschenkt sie ihr/ oder noch mehr/ aber ihr süsses/ gibt sie nicht her

Mächtig flattert die rote unbesiegbare fahne des marxismus-leninismus auch jetzt in gegenden, wo früher sich die hühner, die schweine, die kühe nicht mal gute nacht sagten. Das ist ein gewaltiger schritt

Nach dürrekatastrophen verschleppen überlebende elefanten die stoßzähne ihrer verendeten von aasfressern verputzten artgenossen

Elisabeth mit gerade 30 spielt unwürdige greisin

Streit über streik, den hugo unter streikbrechern lächerlich macht, aber so, daß die streikbrecher ihr streikbrechen als lächerlich ansehen müssen. Streit über seife, weil seife, bevor sie säubert, schäumt. Der prozess des säuberns nur durch eine folge von schaum möglich

Birgit isst nichts was wimpern hat, elke nichts was schuppen, otto nichts was fliegt, friedrich will schwarzen, roten und gelben nichts wegessen. Wir haben sie zum essen eingeladen. Also kartoffeln, brat- oder salzkartoffeln, gratin oder rösti? Halt, sagt walter, ham wir die kartoffel nicht geklaut?

Stoppelfelder. Stehen da so rum, bevor sie untergepflügt werden. Wir suchten noch ähren nach. Bekam einmal einen halben stuten dafür von schulte.
»Und ist das Feld einst abgemäht, / Die Armut durch die Stoppeln geht, / Sucht Ähren, die geblieben...« (brentano)

dann aber die drachen sie steigen… meist nicht, wegen der zu schweren schwänze aus der münsterschen zeitung (die kleine, die große war die westfälische rundschau)

Sie glauben doch wohl nicht im ernst daran, sagte der bedächtige grimm in zimmerwald zur balabanoff, dass christl und beatrice sich für die internationale interessieren. Und ob ich das glaube, antwortete die schreibgewandte russin

Er genehmigte sich noch ein gläschen sanduhr

Das ganze schaf blökt. Der ganze hund bellt. Der ganze mensch spricht?

Die tatsache mensch kann nur zoologisch bestimmt werden

Die künste roms gingen auf das entbehrliche, nicht auf das nützliche. Hätten sie doch gewonnen, die römer, damals im teuto

In halifax von bord. Trotzki will nicht. Man muss ihn tragen. Er macht sich ganz steif und singt die internationale. Englische matrosen tragen ihn aus einer alten emigration in eine neue.
Passanten umsäumen die gangway. Singen nicht mit

Musik, nach trotzki, unterstützt das entwerfen von gedanken, stört aber die gedankenformulierung

Im laufe ihrer beziehung entwickelte hugo sonderbare sexuelle praktiken. Lass uns das mal ausprobieren. Das ging ja noch. Schwieriger für sie wurde es, als er begann seinen orgasmus zu messen. Das störte echt. Er brachte seine schachuhr mit ins schlafzimmer, stellte sie auf den nachttisch, und, wenn er meinte, das den samen ankündigende kribbeln im rückenmark zu spüren, haute er auf die uhr, ein geräusch, das sie, wenn sie sich in präorgasmischer lage wähnte, als äußerst desillusionierend empfand. Beim ersten samenaustritt haute er dann nochmal drauf und las die sekunden ab, sieben oder acht, manchmal vergaß er aber den letzten schlag auf die uhr und lag nach seinem erguss deprimiert da, als sei alles umsonst gewesen.

Ich glaube, sagte er dann, diesmal war es länger, 10 oder 12 sekunden, aber ich habe keinen beweis

Fällt der kopf eines autors ins grab, so fällt seine schrift ins freie. Staatsrat brauer, der badische bearbeiter des Code Napoléon. Das erste urheberrecht, 1809

Der reisende. Seine vorbereitungen dauern immer länger. Das messer, die schreibutensilien, zigarre, kondom. Letzteres wird er vielleicht nicht brauchen, es ist eher eine erinnerung, auch an das dem pfadfinderführer abgegebene versprechen: allzeit bereit. Die zigarre braucht er für die bahn. Falls es voll wird. Dann kann er andampfen, daß ihm keine leute und vor allem kinder und alte männer oder frauen zu nahe kommen. Wie weiland overbeck bei der überführung nietzsches nach basel...die übergestülpten zahnprothesen, dracula-zähne, damit keiner ins abteil kommt, weil fritz dauernd die hose aufmacht und anstößig an sich herummacht

Bei der arbeit an der beseitigung der ungerechtigkeit entwickeln sich einige arbeiter zu gerechten. Die gerechten werden zu beherrschern der arbeiter an der beseitigung der ungerechtigkeiten. Die neue macht verleiht den gerechten eine gesicherte basis zur kontrolle der arbeiter an der beseitigung der ungerechtigkeiten. Die kontrolle der arbeit an der beseitigung der ungerechtigkeiten schafft eine neue aufmerksamkeit, die von den konturen der ungerechtigkeit ablenkt. Die gerechten müssen jetzt alle ihnen zur verfügung stehende macht einsetzen, um die ungerechtigkeit zu erhalten und sichtbar zu machen, weil die arbeit an ihrer beseitigung sonst nur noch verzerrt wahrnehmbar wäre

Ingrid konnte nicht genuch pfoten anne möse kriegen, aber nur für franz strich sie die mit pflaumenmus ein

Schabziger in branntwein. Gut gegen vom magen herrührenden kopfschmerz...Man lege einen halben zapfen schabziger in branntwein und hole ihn in ein zwei wochen wieder raus. Den ziger schabt man wie gewöhnlich aufs brot, den schnaps trinkt man in frieden dazu

Im laufe des abends, im erzählen der schulgänge, schulerlebnisse, klassentreffen, wird ihnen bewußt, sie alle kommen aus nazi-häusern, all ihre väter, mütter, lehrer vermittelten, wenn auch vielleicht unbewußt, aber selbstsicher und frech, haltungen der nazis

Der einbau der katastrophe in das vergnügungsleben beginnt mit dem erlebnis der atomversuche auf dem bikini-atoll, aus dem der name des neckischen zweiteilers erwächst, mit dem nabelfrei geschürzte damen der hitze trotzen

Nur was alle tun, erschreckt niemanden

Prominenz ist eine gesellschaftliche erscheinungsform, die nicht durch auslese oder leistung, sondern durch beifall zustandekommt. Prominenz ist der schein einer gehobenheit, die keinen neid hervorruft, aber uns peinlich anmutet

Mit frau und kindern schafft man sich geiseln. Der Autor wills wissen. Gründet die firma familie. Das ist, sagt montaigne, als schisse man in eine einkaufstasche und stülpe sie sich dann über. Läßt sich herrlich drüber schreiben. Martin, isabel und noch son name, manfred hausmann, beliebte geschenkbändchen in meiner lehrlingszeit. Putzig was die so alles anstellten, wie meerschweinchen

Kunst ist erlernbar, kunst ist eine wissenschaft, die es zu begreifen gilt. Goethe ist in dieser wissenschaft gern schüler. Die schönheit liegt in der harmonie aufeinander abgestimmter masse, a plus b gleich c, die perspektive muss stimmen, die farbe nach der natur sein. Fleissig muss man üben, gute lehrer soll man haben, und sich zeit lassen.
In neapel merkt er, die rechnungen gehen nicht auf, er geht sich darum lieber eine kodak kaufen: kniep, den maler. Goethes kodak hieß kniep, sagt ossip mandelstam. Kniep hat für ihn die landschaften siziliens abzubilden, knips, kniep knipst sizilien, nach goethes blicken. Goethe wählt den standort und dann knipst kniep, klick

Sie hörten die kodaks ungeniert knacken

Rennfahrer und rennradfahrer. Der kämpft allein mit seinen gedanken, die rennfahrer kämpfen mit den möglichen gedanken der andern. Der rennradfahrer kann nur allein rennradfahren, die rennfahrer brauchen die anderen

Der konsumathlet

Im baedeker von 1920 schweiz. In erlenbach können den zugang zur klosterbibliothek nur herren erhalten.
Der verfasser der wacht am rhein, schreckenburger, war fabrikant in burgdorf, wo er auch starb.
Überhaupt, ein wunderwerk son alter reiseführer, am heutigen gemessen

Am donnerstag badete ich im bodensee, keine 100 schritt von hesses haus in gaienhofen, am samstag waren wir in erlenbach im simmental, auf der alm, auf der sich gerade der senn erhängt hatte. Der alm des jägers christian, dem hier alles gehört, kühe, almen, sennen, sennerinnen und das wild. morgen fahr ich nach münchen, jetzt, 16 uhr, will ich noch schnell aufs rad

Das war also sein heiliger stuhl. Über dem abgrund, einen km tiefer das tal, da unten die sünden und der verkehr auf den strassen, und über dem stuhl nur noch einen zipfel vom gipfel hineingepiekst in den himmel. Den deckel zierte und diente als griff ein horn der gemse. Wenn man den deckel hob, sah man einen oder zwei kilometer runter, nur an der bergseite hielt sich eine weile der matsch mit papierfähnchen als zwischenablage, bis er, von neuerlicher krönung um die standfestigkeit gebracht, zu tal rutschte. Da fühlte er sich also als weltenrichter, da schiss er ins tal, da wurde er frei, da übte er gerechtigkeit und hatte seine gnade

Er raste mit dem fahrrad durch australien. Am straßenrand saßen die ureinwohner und ließen die bierdosen knallen. Ihnen machten die fliegen nichts, aber wenn der rennradfahrer langsamer pedalte und der fahrtwind nachließ, hoben sich die fliegen vom gepäckträger, krabbelten und summten vor, eroberten den schweißnassen rücken, den nacken, krochen auf der stirn rum, in die augen... Noch drei jahre nach seiner rückkehr dauerten die albträume...

Otto Jägersberg gewährt Einblicke in sein 1968er Ideen-Tagebuch

Ein Architekt baut sich ein haus, das nur haus sein soll, ein ehrliches haus. Er prüft es, als es fertig ist, im daran vorbeigehen. Wenn er vorbeigeht, und das haus nicht sieht, wenn er es gar nicht wahrnimmt und weitergeht, dann ist das Haus perfekt, und er kann einziehn

Dieses gefummel beim schlauch flicken. Das loch finden, das löchlein, es gelingt dem auge nicht, nur der prall aufgepumpte schlauch gibt es preis, die luft pfeift raus, macht blasen, die reinste luftpost. Dann das markieren. Womit. Wo ist der kopierstift. Dann wird aufgeraut, schön gleichmäßig. Dann ist die markierung verwischt. Wo also du löchlein warst du. Dann die Gummilösung. Die heißt längst nicht mehr so. Vulkanisierungsmittel steht drauf. Also drauf. Dann warten, bis die stelle trocken ist. Warum eigentlich? Dann der augenblick. Der flicken, gezielt! Früher gab es keine vorgefertigten flicken, da schnitten wir die selbst aus altem schlauch. Die kanten geschrägt...
Jetzt sitzt er, der flick. Aber oben oder unten oder an den seiten klebt er nicht richtig. Nicht immer, aber oft

Wie soll ich zuende kommen, wenn ich nicht anfange

Dankbarkeit, als sei eine dienstleistung erfüllt. Aber es ist mehr. Er ist stellvertreter der gottnatur, der hirsch. Der hirsch bespringt die natur. Sie ist die natur. Sie grünt, sie blüht. Danke. Er ist vater, vollstrecker, hirsch, beschäler, gott. Danke. Danke. Am anfang war ihm das ein wenig komisch. Jetzt nimmt ers hin wie ein würdenträger. Er steht zwar drüber, akzeptiert es aber, weil es mit seinen ämtern zu tun hat, die er in diesem fall alle ausübt

Grabbe verkasematükkelte sich einen, noch einen und immer wieder, weil die mutter, die nicht geheure, gefängniswärterin in detmold, ihm, um ihn ruhig zu halten und das daumenlutschen abzugewöhnen, schon als säugling klaren in die aletekost gekippt hatte

Ausserordentliche vorstellung von herrn bosco in einem rutsch. Die unsichtbaren kugeln. Handgriffe eines falschen spielers. Das publikum wird rufen halt. Eine reise mit handschuhen im hut. Der ausserordentliche mathematiker. Hier und doch nicht hier.

Mer sin nit von dummbach, leven här

Es gibt 1000ende von tips, die der hausfrau und dem interessierten laien das leben erträglicher machen. Richtig glücklich ist die hausfrau, wenn sie alle tips kennt, und viele weitergibt, ja, sogar die meisten, aber dennoch, nicht alle. Diese letzten tips krönen die beziehungen zwischen mann und frau

Landolt begab sich unbefangen mit ihm hinweg, wunderte sich aber, wie der andere auf der strasse plötzlich querüber sprang, ihn mitziehend, die steingasse hinauflief, was sie vermochten, dann durch die elendenherberge, ein labyrinthisches loch, nach dem dunklen löwengässlein strebte, von diesem beim roten hause nach dem eselgässlein hinübersetzte, wie ein gejagter hirsch über eine waldlichtung, hinter der metzg herum und über die untere brücke und den weinplatz rannte, die weggengasse hinauf, duch die schlüsselgasse, die storchengasse beim roten mann durchschritt, die kämbelgasse runter, dann, wieder an der limmat angekommen, rechts abbog und endlich in das stattliche neue palais der meisenzunft eintrat

Kaum dass ich mich erinnere, aber ich glaube es gleich dutzendhaft erfahren zu haben: es wird dunkel, ich habe an diesem tag wenig gearbeitet, ich habe gegessen, ich habe getrunken, ich bin spazieren gegangen, ich war einkaufen, ich habe auf die post gewartet, ich habe briefe entgegengenommen, ich habe einen brief geschrieben, ich habe telefoniert, ich habe geld ausgegeben, ich habe nachgedacht, ich habe geträumt, ich habe überlegungen angestellt über meine arbeit, mein essen, über personen, ich bin gegrüsst worden, es wird dunkel, es wird einfach dunkel, ganz grau ist es, eigentlich ist es noch nicht ganz dunkel, aber es wird immer mehr dunkel, ich schwitze, ich falle, ich verwese, ich bin aufgeregt, ich gehe, ich sitze, ich müsste schreien, ich schreie nicht, ich will aufhören, ich will alles anders machen, ich denke daran anzufangen, ich denke es ist alles zuende, ich spüre dass jetzt alles möglich ist, ich denke es ist aus, ich denke ich fang an, jetzt fang an, fang endlich verdammt noch mal an, mach es anders, hör nicht, mach, tu was, wie, warum, tu, es wird dunkel

Wenn der bauer pech hat, findet er den Mist in der eigenen hose. Weiß cramer, co-trainer von sepp herberger. Das sei auch so einer der unbekannteren sprüche des chefs gewesen. 1954. Die ungarn wohnten in der krone in solothurn. Alle begeistert. Die hotelfrau wyss liebte sie, vor allem puskas, so fein, elegant, charmant. Dagegen die deutschen. Holzer, beinwegtreter. So was hatte man noch nicht gesehen. Wie krieg. Ekelhaft. Und erst ihre fressen. Die deutschen waren im belvedere in spiez. Der geist von spiez. Herberger immer bei seinen männern. Keine frauen, keine zigaretten, kein alkohol. Und gegen die türken, die türken mußten leiden. Dann die österreicher. Die ungarn gewannen ziemlich hoch, ein hässliches spiel. Ein deutscher – lichner oder so – säbelte puskas weg, der war dann für einige spiele nicht einsetzbar. Die ungarn absolvieren noch schwierige hässliche spiele gegen brasilien und uruguay. Ziemlich mitgenommen, die ungarn. Dann feiern die solothurner noch bis 4 uhr vor der krone, am vorabend des spiels gegen die deutschen. Guggenmusik. Hat die wirtin organisiert. Und noch ein gläschen, weil puskas geburtstag hat. Im belvedere spritzt derweil der mannschaftsarzt vitamine. Später bekommen einige spieler gelbsucht. Einer stirbt, andere sterben auch erstaunlich früh. Andere fangen das saufen an.
Die deutschen feiern das als wiedereintritt in die zivilisierte welt. Wir sind wieder wer. Tor, tor, tor. Die deutschen spielen nicht fein, nicht gut, technisch unterlegen. Aber mit druck und glück. Ein tor der ungarn gilt als abseits (heute nicht mehr). Wir sitzen in der krone und sehen aufnahmen von damals. Aufnahmen von den die übertragung zuhörenden solothurnerinnen, allesamt bewunderinnen der ungarischen spieler. Diese zunehmende verzweiflung, die fassungslosigkeit.
Für den trainer eine katastrophe. Noch auf dem todesbett: wir haben verloren. Schreibt entschuldigungsbriefe an die parteiführung.
Das deutsche quartier in spiez. Der hotelier musste vorher die holländer, die gebucht hatten, rausschmeißen. Gästewechsel. Seitdem hat er die deutschen am hals

Ortrud sagt, ich soll nicht ortrud zu ihr sagen

Hörte von einer budapester bergsteigergruppe, die flacherdige besteigungen allerhöchster berge auf fußballplätzen unternimmt. Anseilen, eispickeleinsatz etc. ... alles zu ebener erde.
Aber mit entsprechendem know how

Was soll das: ein buch aufschlagen, einige sätze lesen, weiterblättern. Was sucht man da?

Anton tschechoff schreibt an seine frau – sie lebten nicht zusammen, er in jalta, wegen der lunge, sie in petersburg –, er schreibt im april 1904, kurz bevor er zu seiner letzten reise aufbricht – in den schwarzwald, wegen der lunge – er stirbt im schwarzwald, die lunge – keine 45 jahre alt ... er schreibt also: »Du fragst, was ist das Leben? Das ist, als wollte man fragen: was ist eine Mohrrübe? Eine Mohrrübe ist eine Mohrrübe, mehr ist dazu nicht zu sagen.«

Wie malt der künstler die mohrrübe? Der künstler hat die mohrrübe so zu malen, daß sie das leben ist. Eine rose ist eine rose, ist eine rose, sagt gertrude stein. Gemeint ist, allen schmus weg lassen. Es bleiben rose oder mohrrübe, es bleibt das leben.

Verweilen wir beim wandteppich oder wandtuch ...
Im mittelalter nannte man den vorhang, der von aschermittwoch bis zur karwoche den hochaltar in der kirche verhüllte, hungertuch. Das hungertuch verhüllt den altar, es ist ein heute seltener brauch, ein fasten der augen...In den 40 tagen der fastenzeit verhülllt ein tuch das symbol der anwesenheit gottes. Altar, der tabernakel und die den altarbereich schmückenden kunstwerke werden den augen der gläubigen entzogen.
Es geht dabei nicht eigentlich um bildentzug – dass gott uns in der bildlosigkeit näher werde –, denn auf dem hungertuch sind ja auch bilder, darstellungen der passion, angebracht.
Es geht um ein symbolverständnis, von dem wir heute kaum noch wissen. Auch in sakralen vorgängen trennen wir zwischen »wirklich« und »unwirklich«, zwischen »symbolisch« und »real«.
Wir sprechen zum beispiel davon, daß dieses oder jenes nur symbolisch sei, also nicht wirklich ist.

Im Christentum aber wird das sakrale symbol als real wirksam, als »wirklich« verstanden. Das sakrament ist ausdruck des göttlichen, in unserer welt gegenwärtigen wirkens. Wenn die mittelalterlichen hungertücher den hochaltar verhüllten, dann war das natürlich zeichenhaft – aber mehr als »nur« ein Zeichen. Der sich den menschen entziehende gott ist ebenso realität wie der sich offenbarende, sich zeigende gott. Die fastenzeit versteht sich als zeit des dunklen, sich verbergenden und entziehenden gottes. Ihr endpunkt ist golgatha: Mein gott, warum hast du mich verlassen. Das Fastentuch ist ein sprechendes Zeichen des fernen Gottes, der uns in Jesus Christus nahegekommen ist. Ja mei, jetzt glaub das mal

Hohe meinung von sich. Etwas überhöht. Deswegen konnte der alltag nichts anhaben, er betraf nicht das eigentliche. Schöne ausrede. Schöne reste. Schönes im baum sitzen und an den horizont träumen

Polizistentochter alten stils. Machte die gesetzestreuen jungs mit ihren pickelhauben bekannt

Er steht mit seinem mikrofon am rand des wenzelsplatzes, die kamera zeigt ihn halbtotal, im hintergrund aufgeregt miteinander diskutierende. Manchmal blickt einer von ihnen in richtung der kamera. Unser mann in prag sagt, hier sehen sie die tschechen friedlich diskutieren und sie können deutlich sehen, niemand hat angst vor der kamera. Totale, schwenk über den platz. Dann steht unser mann wieder halbtotal vor dem regierungsgebäude und redet angstfrei, als gebe es keine russen auf der welt. Doch nein, unser mann ist unruhig, aufgeregt gleiten seine augen über das terrain. Plötzlich hört sich sein kommentar gar nicht mehr wie ein kommentar unseres manns aus prag an. er bückt sich, macht einige schritte auf die kamera zu, flüstert in gebückter stellung, die russen kommen, kamera weg. Ich kanns nicht beschwören, weil das bild auch so unruhig ist, die kamera ist immer noch in betrieb, aber über unsern mann hinaus zeigt das bild den platz und einen mit soldaten besetzten lastwagen oder kriegswagen der ihn kreuzt, dann ist unser mann wieder halbtotal und sagt, die russen, sie haben uns nicht beachtet

Die billardreise ... einer der kleingewaltigen ... einer der so bemühten ... einer mit gewissen und ehrgeiz ... der aber sehr vorsichtig sein muss ... natürlich ... weil, ja weil ... ruft mich zu einem vertraulichen gespräch in sein büro...er will mir noch einmal erklären, warum...ja, warum...mein letzter film, so ... ja, so nicht ... gesendet werden kann ... es ist ja nicht so...dass es an mir läge ... ich bin ganz auf ihrer seite ... ich bin auch für auflockerung festgefahrener strukturen ... für aufklärung ... und das alles ... und die jugend ... aber ... wir hier ... also ich hier beim fernsehn, sitz auf vorderstem posten ... allein ... auf dem hochstand ... ein gutes ziel für das schwarzwild ... sie verstehn ... und was ich will, also was sie, wir wollen ... und die ganze jugend ... will, was ich auch will ... will hier im fernsehn keiner ... was kann ich machen ... wer bin ich schon ... hinter mir ... also vor mir steht der programmdirektor ... und vor dem ... also hinter dem ... der kann ja auch nicht machen ... was er will, wenn er was will ... ein bisschen, natürlich ... steht der intendant ... und hinter dem ... wie der teufel hinter guten seelen ... steht der verwaltungsrat ... hinter dem wiederrum der rundfunkrat ... ich sags ihnen ...was sagen sie nun...und der vertritt die gesellschaftlich relevanten gruppen des landes ... eujeujeu ... ich sags ihnen ...das ist die lage ...der kreislauf ...da kann man nicht einfach ausbrechen ... das wissen sie doch ... jägersberg, sie kennen doch das fernsehn ... da ist nichts zu machen ...obwohl ...ich hab da ein projekt für sie ... das wollte ich schon vor vier jahren machen ... da stehn zwei filmemacher ...einer sind sie ...am billardtisch ...sie rollen die kugel über den tisch, auf dem eine karte von mitteleuropa ... ausser dem osten...da könn wir ja nich drehn ... ausgebreitet ist ...wo die kugel hinrollt ... stillsteht ...irgendwo ... schottland, lüneburger heide, tirol ... da fahrn sie hin, jägersberg...und machen einen film über den flecken ... wies da so aussieht ...was die leute machen ...das essen ...was sie trinken ... wie wärs ...das wär doch was für sie ... das wärs doch

Angebot der woche.
Dt. weinbrand »Royal« 1/1. flasche 6,95
»Knabbersack«, 4 sorten im beutel, 1,98
Dt. perlwein »Teufelskerl« 1/1. Flasche 1,95
Deutsche junge Erbsen, fein. Königin aller Erbsensorten, von Natur aus süss – qualitätsmässig unübertroffen 1/1. Dose 1,15

Otto Jägersberg gewährt Einblicke in sein 1968er Ideen-Tagebuch

Anmerkungen

1 Geboren 1942 in Hiltrup bei Münster als Sohn eines Eisenbahnbeamten. Schulbesuch in Hiltrup. Ab 1957 Buchhändlerlehre in Münster. Buchhändler in Berlin, Frankfurt, Zürich, München und Münster. Daneben Theaterdramaturgie, Journalismus, Happenings. 1963 enger Mitarbeiter des Stomps-Verlags in Stierstadt. Mitte der 60er Jahre Redakteur beim WDR-Fernsehen in Köln. Dort Regie und Drehbücher zu etwa fünfzig größeren Fernsehbeiträgen. Anschließend in mehreren Orten ohne Beruf. 1969/70 Mitarbeit bei Jörg Schröders *März*-Verlag und der *Olympia-Press*. Danach freier Autor und Regisseur in Rodenkirchen, Rath, Winden und Baden-Baden. Lebt heute in Baden-Baden. Ende der 80er Jahre auch Versuche als Schauspieler (Fernsehfilm *Da Capo,* 1987).
2 Der Roman erschien bei Diogenes. Weitere Auflagen 1966, 1975, 1984. 1968 erschien eine polnische Übersetzung. Vgl. hierzu: Walter Gödden: *Rebellion der Söhne. Westfalens Aufbruch im Roman der 1950er/1960er Jahre,* in: Literatur in Westfalen. Beiträge zur Forschung 11. Bielefeld 2010, S. 81-136, dort S. 105-115.
3 Vgl. Otto Jägersberg: *Armlang gearbeitet und handlang gehandelt. Anmerkungen zur Stierstädter Bleizeit,* in: Albert Spindel, Arno Waldschmidt (Hg.): *Das grosse Rabenbuch.* Hamburg 1977, S. 191-196.
4 1967, wiederum bei Diogenes erschienen. Weitere Auflagen 1970 und 1975.
5 Matthias Kehle: *Söffchen oder Nette Leute.* Rezension auf der Seite www.literaturwelt.de.
6 Vgl. für das Folgende: Walter Gödden: *Otto Jägersberg. Das Böse im Alltag,* in: Walter Gödden: *Querbeet. 62 literarische Erkundungen in Westfalen.* Münster 2003, S. 221-224.
7 Vgl. Otto Jägersberg: *Serienelefanten,* in: ders.: *Vom Handel mit Ideen. Geschichten.* Zürich 1992, S. 71-75.
8 *Vom Handel mit Ideen,* S. 65ff.
9 *Von Nachbarn eingekesselt,* in: ebd., S. 167.
10 *Armlang gearbeitet und handbreit gehandelt,* in: ebd., S. 173.
11 Otto Jägersberg: *Der große Schrecken Elfriede.* München 1997, o. S.

67 Zechenkolonie
Harald Hartung erzählt von Arthur, eigentlich aber über sich selbst

Die eigene Herkunft und Kindheit: Harald Hartung lässt sie wiederholt in seiner Lyrik aufscheinen – etwa in Zechenkolonie (s. S. 658f.), *Der Zechenwald*,[1] *Sütterlinschrift*,[2] *Vaters Musik*,[3] *Rom Via Zucchelli*[4] und darüber hinaus auch in der Prosaskizze *Zechenkoloniekindheit*.[5] Der vorliegende Text *In der Zechenkolonie*[6] ist zwar ebenfalls autobiografisch eingefärbt, handelt jedoch von den ersten Lebensjahren Arthurs, eines Kindes, das in einer Zechenkolonie aufwächst. Der Ich-Erzähler macht sich auf die Suche nach diesem Arthur und fahndet nach Fotos, auf denen er abgebildet ist. Er führt uns behutsam in Arthurs Familiengeschichte ein, lässt uns en passant teilhaben an Arthurs kindlicher Unschuld und Ahnungslosigkeit. Und fast nebenbei – dadurch aber umso eindringlicher – erfährt der Leser, dass sich ringsum der politische Himmel verdunkelt hat, Judendemagogie Einzug hält und feldgraue Uniformen aufmarschieren. Sein Lehrer glaubt an den Führer, an IHN – das Wort Hitler nimmt der Autor nicht in den Mund, es würde der Geschichte ihren kindlichen Zauber nehmen.
Denn hier folgt die Wahrnehmung Arthurs eingeschränkter Perspektive, der eines phantasiebegabten Einzelgängers und »Stubenhockers«, den seine Schulkameraden auslachen, weil er sich bei seinen Versuchen, sich einen Reim auf die ihm merkwürdig erscheinende Welt zu machen, ein ums andere Mal einen Bären aufbinden lässt.
Hartung erweist sich auch hier als sensibler Beobachter und Erzähler, der, wie in seinen Gedichten, nie plakativ auftritt. Es ist ein spezieller »Erzählsound«, der bewirkt, dass der Leser an Arthurs Situation mitleidet. Zu dessen »Irrtümern« gehört auch, dass er den Krieg für etwas »Tolles« hält, denn endlich »ist etwas los«:

I

An den Tag, an dem Arthur geboren wurde, kann ich mich selbstverständlich nicht erinnern. Arthur hatte das Licht der Welt nicht gescheut, und das Licht der Welt, hinter Wolken halb verborgen, scheute auch ihn nicht, dies Bündel Mensch, acht Pfund schwer und ohne erkennbare Defekte.

Autor Harald Hartung in jungen Jahren.

Anlaß zur Freude? Nicht bei der Wöchnerin, die glaubhaft versichert, ihn anfangs nicht gemocht, ja geradezu gehaßt zu haben: um der Schmerzen willen, die zu erdulden waren. Freude aber gewiß beim Erzeuger, dem stolzen Vater, der dieses schmückende Beiwort wie je einer verdiente. Der stolze Vater verlangte nach Kaffee, um den bestandenen und den noch kommenden Aufregungen gerecht zu werden. Zum Kaffee gab es die bei Geburts- wie Sterbefällen übliche Art von Backwerk: Streuselkuchen, der auf großen Blechen ins Haus geliefert wurde, später Flaschenbier. Arthur ist kein Freund von Fotoalben. Die meisten Bilder, die an seine Kindheit erinnern, hat er verloren, er hält das nicht für ein Unglück. Manchmal tastet er ins Halblicht der ersten Jahre zurück. Szenen glimmen auf, deren Vor- oder Nachher unbestimmbar bleibt. Er sieht in der Küche den Herd mit dem Nickelkessel wohl deshalb, weil er, durch den übermächtigen Augenreiz verführt, das blitzende Ding berührt und sich verbrannt hatte. Im Schlafzimmer neben den elterlichen Betten sieht er das hellgrün gestrichene Kinderbett, dessen Holzgitter ihm das Gefühl gab, in einem Paradies von Eisenbahnwagen zu sein. Der große Spiegel über der Frisiertoilette bewahrt einen Nachmittag, an dem die Eltern ausgegangen sind und ein kleiner Narziß das angenehme und beängstigende Vergnügen empfindet, in den üppigen Kissen nackt umherzuspringen und sich dabei, über die Schulter hinweg, zu beobachten. Hatte er die Anregung dazu etwa durch ein Buch empfangen, das ganz und gar nicht für ihn bestimmt war? Ein Bild ist ihm vage erinnerlich. Ein krankes und brennendes Rot beherrschte es. Sicher ist nur, daß eine Frau mit entblößter Brust in einer Wanne oder auf einem Diwan liegend dargestellt war und hinter einem blauen Vorhang halb verborgen ein Mann, der sie belauerte und gesonnen schien, ihr ein Leid zuzufügen.

II

Das Haus, in dem sie wohnten, sah genauso aus wie die anderen Häuser in der Nachbarschaft. Es gab nur eine Sorte Häuser, und um zu erfahren, daß es auch andere gab, mußte man schon einen größeren Spaziergang machen. Sie wohnten also in der Kolonie. Da war also das Haus, und er nannte es »unser Haus« und hatte recht, obwohl sie in dem Haus natürlich nur zur Miete wohnten. Später wußte er nie mehr so deutlich, was Besitz heißt. Es gab den kleinen steinigen Vorgarten mit dem Dunkelgrün des

Rhododendron, den Hof mit dem Geruch von Jauchegrube und Schweinestall, und nach hinten hinaus den richtigen Garten mit Kartoffeln, Rhabarber, Erdbeeren und Bohnen. Am Ende war ein Zaun und dahinter im tiefeingeschnittenen, gemauerten Bett der Bach mit dem langsam fortgurgelnden schwarzen Wasser, vermischt mit Schlamm und Öl. Das war der Bach, und Zweifel, daß ein Bach anders auszusehen hätte, wären Arthur nicht gekommen. Jenseits war die Welt noch nicht zu Ende, dort gab es die gleichen Häuser und Gärten, dahinter qualmende Schornsteine und hölzerne Kühltürme mit den aufgesetzten Wattebäuschchen von Wasserdampf und die Stahlgespinste, fein gewirkt im dunstigen Sommerlicht, die Fördertürme, an Feiertagen mit bunten Klecksen, den Fahnen, besetzt. Das war die Zeche, und sie hieß »der Große Fritz« oder einfach »dreivier«, was, wie Arthur erfuhr, mit den Schächten zu tun hatte.
Täglich zu bestimmten Stunden sah man die schwarzen Männer auf der Straße. Aber die Kinder hatten keine Angst vor ihnen, denn es waren ihre Väter, in deren rußigen Gesichtern weiß die Augen rollten. Worte wie Kaffeeflasche und Henkelmann waren den Kindern vertraut, sie kannten die braunemaillierten Gefäße, an deren vernutzten Stellen das blanke Blech aufglänzte. Um ihn, der schmutzig und müde nach Hause kam, nach der Zeitung griff, die dampfende Suppe schlürfte und nicht gestört werden durfte, drehte sich alles. »Du mußt jetzt artig sein«, hieß es, »Papa ist von Schicht gekommen und muß jetzt schlafen.« Dieser schwarze Mann, der sich dann wieder in einen weißen verwandelte, aber nie die dunklen Ränder um seine Augen verlor, ging durch die Zimmer, durch den Garten, als habe er nichts mit alldem zu tun, man konnte ihm nicht nahekommen, wußte nicht recht, warum er da war, und doch mußte er etwas Besonderes sein, weil sich alles nach ihm richtete. Mit Opa konnte man Späße machen, auf seinen Knien reiten, mit Papa nicht ...
Opa, das war für Arthur der Großvater mütterlicherseits, den die Eltern manchmal ohne Bosheit »Opa Kuckuck« nannten. Opa Kuckuck war durch einen eisgrauen Schnauzbart, Bürstenfrisur und die Vorliebe für billigen Wermut und Fleischwurst gekennzeichnet. An beiden Genüssen, dazu an dem in Pappdosen befindlichen, mit weißer Zuckerschicht überzogenen Kunsthonig, durfte Arthur schon früh, sicherlich, was den Wermut betrifft, allzufrüh teilhaben. Opa Kuckucks leichte und freigebige Hand gehörte unbedingt zu ihm, und solche Freundlichkeit stand

im umgekehrten Verhältnis zu seinem Arbeits- und Erwerbseifer. Besitzer eines nicht einmal allzu kleinen Hofes im fernen Ostpreußen, hatte er ihn, infolge seiner Leichtigkeit in Gelddingen, wie es hieß, verloren oder, wenn die Eltern unfreundlich von ihm sprachen, verspielt und vertrunken. [...] Eines Tages soll Opa Kuckuck [...] auf einer Zeche um Arbeit nachgesucht und diese auch erhalten haben. Die neue Tätigkeit jedoch währte nur einen Tag, denn nach der ersten Schicht habe der Opa beim Steiger seine Arbeit gekündigt oder »in den Sack gehauen«, wie man zumeist sagte, und auf erstauntes Befragen nach dem Grund der Kündigung die Antwort gegeben, in der Grube könne er nicht bleiben, solange dort keine Fenster seien.

III

Als Arthur solche Geschichten zu hören bekam, war der Opa schon Opa Kuckuck, lebte von seiner Rente, ging mit Arthur spazieren und kaufte ihm an Seltersbuden Himbeersaft. Die Oma gab es nur als ewig bettlägerige alte Frau, die Arthur bei seinen zaghaften Versuchen ermunterte, vom Kandiszucker in ihrer Nachttischschublade zu nehmen, der ihren Atembeschwerden Linderung brachte. Diese braunen, durch Fäden verbundenen Kristalle sieht Arthur vor sich, wenn er an die alte Frau denkt. Eines Tages waren die beiden nicht mehr da. Arthur kann nicht sehr berührt gewesen sein, er weiß nicht einmal, wer von ihnen zuerst fort war. Es gibt da zwar das Bild eines prächtigen dunklen Zuges, schwarze Pferde unter dunklen Decken, einen schwarzen, glänzenden Wagen ziehend, von vielen Leuten in dunklen Anzügen mit schwarzen Hüten gefolgt, aber man hat ihm versichert, es könne sich dabei nicht um die Beerdigung des Großvaters gehandelt haben. Als Arthur diese Belehrung hörte, war er etwas betrübt, daß man ihn um Opa Kuckucks Tod betrogen hatte. Wer aber konnte ihn hindern, diesen schwarzen und prächtigen Zug, der sich durch die Kolonie bewegte und zum kleinen Friedhof, nun doch mit Opa Kuckucks Tod in Verbindung zu bringen?
Arthur war also das, was die Leute mit einem drastischen Ausdruck einen »Stubenhocker« nennen. Seine Welt war die Küche mit dem Ledersofa hinter dem Tisch, allenfalls der Garten, die Straße, der nahe Krüppelwald; der Kanal dahinter mit Schleppdampfern und Lastkähnen hatte schon exotischen Reiz. Das andere Ufer, auf dem eine Windmühle stand, war schon Holland, weil Windmühlen eben nur dort und nirgendwo sonst denkbar

waren. Dieses Wissen verdankte Arthur seiner Lieblingsspeise, dem Schokoladenpudding, genauer, der Verpackung des Puddingpulvers, die eine holländische Windmühle zeigte. Was Wunder, daß die Verbindung von Süßspeise und Fernweh in Arthur den Drang erweckte, das gelobte und so nahe gelegene Land einmal zu betreten und in Augenschein zu nehmen. Allein, wer glaubt, er habe sich selbst schnurstracks dahin aufgemacht, der irrt. Arthur war nicht vermessen, man kann auch sagen, er war feige; aber er war nicht ohne Zähigkeit. Ausdauer bewies er jedenfalls auf Spaziergängen, wenn es galt, die Eltern jenem Ziel entgegenzubugsieren. Aber die Eltern waren noch hartnäckiger, sie reagierten wohl mit Worten, nicht aber mit Taten auf so dringlich vorgetragene Wünsche. Als seine Vorstellungen ihnen augenscheinlich lästig wurden, klärten sie ihn kurzerhand auf: Jenseits des Kanals sei gar nicht Holland, sondern immer noch Deutschland, und da gebe es nicht viel zu sehen. Außerdem habe die Windmühle nichts zu besagen, denn auch in Deutschland gebe es gelegentlich Windmühlen.

Aufgeklärt wird nur, wer aufgeklärt werden will. Arthur glaubte den Eltern nicht und argwöhnte abgekartetes Spiel, das ihn um den Genuß Hollands bringen sollte. Er hatte da seine Erfahrungen. Jüngst war ihm auf die Frage, warum manche Güterwagen volle, andere aber durchbrochene Eisenräder besäßen, die Antwort zuteil geworden, der Blitz habe die fehlenden Eisenstücke aus den Rädern herausgeschlagen. Als er die frisch gewonnene Weisheit anderen Kindern hatte vermitteln wollen, hatte er nur Hohngelächter über so viel Dummheit geerntet. Wiederum hatte die Aufklärung nicht viel genützt. Zwar kam ihm die Fähigkeit des Blitzes, dreieckige Eisenstücke aus Waggonrädern herauszuschlagen, unglaubwürdig vor, doch war die Furcht vor Blitz und Gewittern nicht um ein Jota geringer geworden. Glücklicherweise hatte die Mutter ihm nicht nur die furchtbare Macht des Blitzes deutlich gemacht, sondern auch ein Mittel verraten, das Schutz vor Gewittern versprach. Wenn man bei Gewittern das elektrische Licht anknipse, schlage der Blitz nicht ein – diese Lehre hatte sich Arthur gut eingeprägt. Als er eines Nachmittags allein in der Wohnung war und ein Gewitter aufzog, galt es für Arthur, das Gelernte in die Tat umzusetzen. Blitz und Donner waren so fürchterlich, daß er sich von seinem Platz auf dem Ledersofa nicht hinwegzurühren traute aus Angst, er könne auf dem Weg zum Lichtschalter vom Blitz erschlagen werden. Als das zuckende

Wäschetrocknen in der Zechensiedlung Recklinghäuser Straße, Castrop-Rauxel-Habinghorst, in den 1960er Jahren.

Drei Kinder vor Prosper II, Bottrop-Welheim, 1960er Jahre.

Harald Hartung erzählt von Arthur, eigentlich aber über sich selbst

Licht immer greller, der Donner immer bedrohlicher wurde, faßte Arthur sich ein Herz, ließ sich vom Sofa auf den Boden gleiten, kroch auf allen vieren zur Tür, tastete mit der rechten Hand zum Schalter, und das Licht, das die Stube überflutete, war kein Feuer, sondern ein anhaltendes und Sicherheit spendendes Leuchten. Als die Eltern zurückkehrten, inzwischen schien die Sonne wieder, fanden sie Arthur auf dem Sofa vor, schlafend und das Gesicht in die Falten des Lederbezuges gepreßt.

IV

Arthurs folgenreichste Spielzeuge waren Papier und Bleistift. Die imaginäre Welt, die er auf dem Papier schuf, ersetzte ihm die der Spiele und Spielgefährten. Aus den Strichmännchen entwickelte sich das Geschlecht der Menschenaffen, da das menschliche Profil seiner Kunstfertigkeit vorerst versagt blieb. Über diese Wesen konnte Arthur auch besser verfügen, sie folgten den Launen seiner Phantasie. Seinen Affenmenschen erfand er ein Reich, in dem sie nach eigenen Gesetzen und doch auf durchaus menschliche Weise lebten, sich von Erdnüssen nährend, Gärten und flache Häuser errichtend und bewohnend, vorzugsweise spazierengehend oder radfahrend – gewiß nicht die schlechteste aller Welten.

Dieses Reich mag eine Weile geblüht und in Frieden gelebt haben, in immer neuen Paraphrasen zeichnerisch umkreist, bis es in Konflikt geriet mit den ersten wirklichen Menschen. Es war ein Konflikt von sehr ernster Art für den jungen Künstler und Weltenschöpfer. Wer hält nicht gern am Alten, Liebgewordenen fest? Das Affenreich durfte nicht sang- und klanglos, nicht ungerühmt und unverteidigt untergehen. Rüstungen waren vonnöten. Ein ganzer Kriegspark wurde auf dem Papier zusammengebracht: Kriegsschiffe mit übergroßen Bullaugen (was gibt es Schöneres an Schiffen?), Flugzeuge, Kanonen, ganze Truppenkolonnen mit geschultertem Gewehr, die Konturen jedes der im Profil gezeichneten Soldaten waren in einigem Abstand vervielfacht, um möglichst imposante Verbände aus dem Nichts zu zaubern … Kurz: Der Untergang des Affenreiches war nicht aufzuhalten. Die friedliche, erdnußkauende Idylle zerbrach unter dem Stiefeltritt der feldgrauen Bataillone. Vernichten macht ebensoviel Spaß wie Bauen.

Das waren die Phantasien eines noch nicht schulpflichtigen Kindes, und man schrieb das Jahr 37 oder 38, als sich in der Realität sehr viel massivere

Zurüstungen abspielten, die Vernichtung der Idylle beschlossene Sache war und nicht nur auf dem Papier stand. Arthur wußte noch nichts von Nero, dem schlechten Schauspieler, der eine Stadt in Brand setzte, um sich zu einem homerischen Gesang stimmen zu lassen. [...]

V

»Wie? Ihr kauft noch beim Juden?« – »Ja, weil er auf Abzahlung gibt.« – Gesprächsfetzen, die Arthur aufschnappte. Er erinnerte sich, man gelangte durch einen Flur und, wie es schien, nicht ohne Heimlichkeit in den Laden. An den Wolldecken, den schönen dunkelroten und kamelhaarfarbenen, fand Arthur nichts auszusetzen; sie sahen aus, wie Wolldecken eben aussehen, weder wie christliche noch wie jüdische. Aber die Geschichte mit dem Bürgerbräukeller und der Höllenmaschine ließ ihm keine Ruhe. Eine Höllenmaschine mußte ein schwarzes und öliges Ding sein mit vielen Hebeln. Er trug sie wochenlang (in Gedanken) mit sich herum.
Im Kino lernte Arthur, auf dem Schoß seiner Mutter sitzend, Willy Birgel und Hans Moser voneinander unterscheiden, sah blühende Bäume, Messerstechereien und sinkende Schiffe. Eine Alpenvilla wurde vom Blitz getroffen, die Leute wurden gerettet, aber ein Mädchen lag noch darin, es war ein schönes Mädchen; und es sollte nicht verbrennen, aber es hatte ja ein weißes Pulver genommen und wollte nicht aufwachen, und die Villa brannte, und das Dach stürzte ein, und es spielte eine schöne und traurige Musik, und dazu konnte man die Worte singen: Schön war die Zeit ...
Onkel Berthold war am Gericht, und diese Tatsache war schon ehrfurchterweckend genug, er hatte mit Räubern und Mördern zu tun, und Arthur wunderte sich, wie es dieser schmächtige Mann wohl fertigbrachte, das Gesindel in Schach zu halten. Tante Else war gutmütig, aber etwas von dem Glanz, der Onkel Berthold umgab, fiel natürlich auch auf ihr Haupt. Aber Siegfried, der ältere der beiden Söhne, ein Jahr älter als Arthur, hatte noch nicht sprechen gelernt, ohne mit der Zunge Anstoß zu erregen. Deshalb mußte er auf Geburtstagen Gedichte vortragen, Siegfried sollte sich das Stottern abgewöhnen. Onkel Berthold saß dann irgendwo im Hintergrund und suchte Siegfried durch beschwörende Gesten zu Ende zu dirigieren, und wenn der Rezitator ins Stocken geriet, saß der Onkel bleich in der Ecke und wartete, bis die Besucher gegangen waren.

Eines Tages waren die drei zu Besuch gekommen. Die Mütter saßen auf dem Ledersofa, Onkel Berthold auf einem Küchenstuhl am Ofen, auf den Knien eine Tasse Kaffee, der Vater stand vor dem Spiegel, Arthur rutschte auf den Knien und ließ die Lokomotive immer wieder ums blecherne Oval rennen, indes Siegfried im blauen Matrosenanzug – »SMS Emden« war auf der Mütze goldgestickt –, die Hände auf dem Rücken verschränkt, wie um eine Parade abzunehmen, dastand und aus seinem weißen Mäusegesicht auf das Geschehen am Boden blinzelte, während er durch ruckweise vorgebrachte Kommandos das Spiel beherrschte. Zu sehr beschäftigt, bemerkten die beiden erst spät, daß hinter ihrem Rücken die Eintracht der Familienbande der Auflösung entgegenging und daß sie der Gegenstand dieses Zwistes waren. Es war wohl die Rede darauf gekommen, was wohl aus den beiden Spielern, deren Rollen so deutlich unterschieden waren, einst werden würde, und der Vater war wohl, unzufrieden mit Arthurs, wie es schien, subalternem Lose, etwas ungeschickt auf Siegfrieds Gebrechen zu sprechen gekommen, Onkel Berthold war jedenfalls, bleich und zitternd, von seinem Ofenplatz hochgefahren und hatte schneidend und mit gerichtshafter Entschiedenheit das Urteil gefällt: »Dein Junge wird ja doch mit der Kaffeepulle in den Pütt gehen.«

VI
Zunächst ging Arthur, es war zu Ostern 1939, mit einer bunten Tüte in die Schule. Es war nur eine Attrappe. Zu Hause bekam er eine Tafel Schokolade und durfte sich seine Enttäuschung nicht anmerken lassen. Mit der Zeit begriff Arthur, daß man die Lehrer ernst nehmen und nicht bloß Männchen malen durfte. Als die bei der Lektüre von »Heinerle im Storchennest« waren, hieß es, es sei Krieg. Das war eine aufregende Sache. Die Fenster wurden abends mit blauem Papier verdunkelt, und auf der Straße liefen Männer auf und ab und pfiffen, wenn irgendwo sich ein Lichtspalt zeigte. Es gab jetzt viele Schulfeiern, auf denen besonders häufig ein Lied gesungen wurde, in dem von »Kameraden-die-Rot-Front-und-Dreh-ak-zion-er-schossen« die Rede war. Was Rotfront, was vor allem dies merkwürdige Wort, das etwas mit Dreh zu tun hatte, bedeuten sollte, begriff Arthur nicht; und wer da wen erschossen hat, ist ihm erst viel später klar geworden.
Der Lehrer, der wie Opa Kuckuck und Hindenburg aussah, betete morgens: »Gott strafe England!« Eines Tages schenkte er Arthur ein schmales

Buch, ein Bilderbuch mit vielen Fotos. Es begann damit, daß ein altmodisches Automobil zu sehen war und Leute mit lächerlichen Uniformen und Kleidern. Das war der Mord von Serajewo, damit hatte alles angefangen. Dann gab es Bilder vom Stellungskrieg an der Somme, Soldaten in tiefen Gräben hinter Sandsäcken, dann die »Dicke Berta« mit ihrer zwergenhaft wirkenden Bedienungsmannschaft, dann die Bilder vom Spartakus, Lastautos, Maschinengewehre und aufgeregte Menschen, da hatten dann böse Leute die tapferen Soldaten verraten, und nach dem Dolchstoß kamen die Sozialisten und dann die Inflation, und die Mark war nicht einmal einen Pfennig wert, und dann gab es die großen Schlangen mit Arbeitslosen, und die Kinder hatten nichts zu essen. Aber dann auf einmal wurde wieder alles besser, man sah es an den Fotos, die breiten Autobahnen und überall IHN, wie er den Spaten selbst in die Hand nahm, Fronten abschritt, gesunden Kindern übers blonde Haar strich, und die Soldaten hatten jetzt keine Panzer aus Sperrholz mehr, sondern richtige aus Stahl, und am Himmel, über allem, flogen die Stukas. Und Arthur legte das Buch aus der Hand und glaubte an IHN.

Eines Tages zogen Arthurs Eltern aus, verließen die Zechenkolonie, denn Arthurs Vater hatte Arbeit in einer Fabrik bekommen, in der er mehr verdiente.[7]

Anmerkungen

1   *Lesebuch Harald Hartung.* Zusammengestellt vom Autor selbst. Bielefeld 2016, S. 80.
2   Ebd., S. 34
3   Ebd., S. 82.
4   Ebd., S. 35.
5   *Merkur* 384, 1980, H. 5.
6   Harald Hartung: *In der Zechenkolonie,* in: *Westfalenspiegel* 1968, H. 1, S. 26-28.
7   Ebd.

68 Zum Schluss
Was vom neuen Zeitgeist in einer Kulturzeitschrift ankam.
Versuch eines Resümees

Ich blättere noch einmal die zwölf Hefte des *Westfalenspiegel*-Jahrgangs 1968 durch. Auch um zu sehen, ob ich etwas vergessen habe. Ferner, um mich zu vergewissern, was denn von den politisch turbulenten Ereignissen des Jahres ´68 in Westfalen »ankam« und journalistisch reflektiert wurde.

Ich habe wohl zur falschen Zeitschrift gegriffen. So sehr ich den *Westfalenspiegel* auch als Repertitorium regionaler Kultur schätze – hier bleibt er stumm.

Neuer Geist, Aufbruch, Interesse, Anteilnahme am größeren weltpolitischen Geschehen – Fehlanzeige.

Vielleicht darf man von dem Magazin aber auch nicht zu viel erwarten, ist der Fokus doch, wie schon der Name der Zeitschrift sagt, primär regional ausgerichtet.

Aber dennoch: Man gewinnt den Eindruck, dass Westfalen, so wie es sich dort präsentiert, sich selbst genug ist. Es zeigt sich in schönen touristischen Bildern, ebensolchen Stadtporträts, mit Brauchtum und Sitte, Humor, gern auch mit seinen alten Kunstschätzen – und wenn überhaupt von Aufbegehren die Rede ist, dann gegenüber der ungeliebten Düsseldorfer Landespolitik.

Dieser Eindruck wiegt umso mehr, weil das 1951 begründete Monatsmagazin das repräsentative Kulturorgan der Region war. Alle relevanten hiesigen Kulturereignisse wurden vorgestellt und oft kontrovers diskutiert. Hierzu zählten beispielsweise Dichtertreffen, Kunstausstellungen, Theateraufführungen (das Bühnengeschehen wird grundsätzlich unter dem Stichwort *Unsere Bühnen* von der Zeitschrift begleitet), daneben gab es Kulturnotizen, eine Zeitschriftenschau, ein Kultur-Mosaik, einen umfangreichen Sonderteil mit Veranstaltungskalender und die Rubriken *Westfalen im Hörfunk* und *Westfalen im Rundfunk* sowie Buchrezensionen – jede Menge, ja das komplette »Westfalica«-Programm also –, aber trotz und alledem: Der Gesamteindruck ist konservativ, restaurativ angestaubt und sagt uns zwischen den Zeilen: Lasse man uns doch bitte in Frieden mit all den politischen Unruhestiftern und nervösen Zeitgeist-Revoluzzern.

Was vom neuen Zeitgeist in einer Kulturzeitschrift ankam

WESTFALEN SPIEGEL

L 7292 E
Juli 1968
17. Jahrgang Nr. 7
2,50 DM
Ausgabe B

68 Zum Schluss

Was vom neuen Zeitgeist in einer Kulturzeitschrift ankam

Was nicht heißen soll, dass sich das Blatt ganz der Moderne verweigerte (einige Beispiele versammelt ja auch diese Veröffentlichung); aber die Moderne ist nur Teil eines übergeordneten Heft-Ganzen, und dieses ist stark traditionslastig und ganz und gar nicht umstürzlerisch gesinnt. Dass Rühmkorfs *Über das Volksvermögen* kategorisch abgestraft wurde (s. S. 49), spricht leider Bände.

Was einmal mehr den Nährboden zeigt, mit dem sich westfälische Autorinnen und Autoren anno 1968 arrangieren mussten. Eine diesbezügliche Öffnung ist – in literarischer Hinsicht – erst in den folgenden Jahren erkennbar. Da sprang das Heft über seinen eigenen Schatten. Ob aus innerer Überzeugung, darf getrost bezweifelt werden. Aber ganz konnten die Einflüsse, wie sie etwa aus der *Literarischen Werkstatt Gelsenkirchen* (s. S. 339ff., 669ff.) ins biedere Münster (dem Redaktionssitz) herüberschwappten, denn doch nicht außen vor bleiben. Norbert Johannimloh als zuständiger Literaturredakteur zeigte sich jedenfalls aufgeschlossen und ließ auch alternative Lesarten zu – sicherlich sehr zum Missfallen »berufswestfälischer« Heimatfreunde, die auch weiterhin ihr Westfalen lieber »sauber« gehalten hätten. Sie behielten zum Glück nicht die Oberhand.

So präsentiert sich das literarische Westfalen im Epochenjahr 1968 höchst heterogen – und mit einigen progressiven und subversiven »Ausschlägen« vor allem in den Ruhrgebiets-Städten; mit vielversprechenden, aber scheiternden Ambitionen auf der Theaterbühne; mit einer gedanklich durchdrungenen Lyrik, die sich unbeeindruckt zeigt vom politischen Geschehen; mit sprachlichen, oft dem Journalismus verwandten Experimenten; mit rhetorisch versierten kritischen Kolumnen; mit Mainstream-Agitprop in hoher Quantität; mit einer Songlyrik, die überregional ausstrahlte; mit Dokumentar- und Spielfilmen, die sich sämtlich sehen lassen konnten, aber in Vergessenheit gerieten; mit einigen spannenden Avantgarde-Exkursen, die allerdings außerhalb der »Landesgrenzen« stattfanden und »hierzulande auf dem Lande« (um Annette von Droste-Hülshoff zu zitieren) kaum Widerhall fanden. In summa also eine bunte Landkarte, die genaues Hinschauen notwendig macht und wohl auch lohnt.

Zu eben solchen Entdeckungen sollte das vorliegende Materialienbuch hinführen. Und dazu animieren, den einen oder anderen Titel erstmals oder noch einmal zur Hand zu nehmen. Ein Buch, das zeigen sollte, wie sich der 1968-Zeitgeist im Regionalen spiegelte, im Konkreten also, in dem, was sich vor der eigenen Haustür abspielte – nicht eindimensional, sondern in vielen Facetten.

Abbildungsverzeichnis

Seite	Abbildungsquelle/ Copyright
12	Manfred Scholz/Fotoarchiv Ruhr Museum
13	Norbert Kozicki (Hrsg.): *Die Kinder von Karl Marx und Coca Cola. Kulturelle Streiflichter aus dem Revier der 60er Jahre.* Herne: Banana-Press 1990, S. 38.
14, links	Norbert Kozicki (Hrsg.): *Die Kinder von Karl Marx und Coca Cola. Kulturelle Streiflichter aus dem Revier der 60er Jahre.* Herne: Banana-Press 1990, S. 42.
14, rechts	Norbert Kozicki (Hrsg.): *Die Kinder von Karl Marx und Coca Cola. Kulturelle Streiflichter aus dem Revier der 60er Jahre.* Herne: Banana-Press 1990, S. 44.
15, 17, 20, 21, 22	© Timm Ulrichs
24, beide	© Charles Wilp
25	picture-alliance/Sven Simon
26	V like Vintage
27	picture-alliance/Sven Simon
29	Helga Schirmbeck/Heinrich Schirmbeck Stiftung
39	Ehemaliges historisches Archiv der Stadt Köln
40, oben	Ehemaliges historisches Archiv der Stadt Köln
40, unten	Ehemaliges historisches Archiv der Stadt Köln
41	Ehemaliges historisches Archiv der Stadt Köln
48	Peter Rühmkorf: *Wenn ich mal richtig ICH sag ... Ein Lese-Bilderbuch.* Göttingen: Steidl 2004, S. 48.
52	Peter Rühmkorf: *Irdisches Vergnügen in g.* Hamburg: Rowohlt 1959, o. S.
68	Privatarchiv H. D. Gölzenleuchter
69	Privatarchiv H. D. Gölzenleuchter
70-73	Privatarchiv H. D. Gölzenleuchter
79	Privatarchiv H. D. Gölzenleuchter
83	Privatbesitz Erika Wagener-Köhler/Prof. Dr. Norbert Otto Eke
84, links	Stadtarchiv Lippstadt, S BA sw, 93 P 668-11
84, rechts	Stadtarchiv Lippstadt, S BA sw, 93 P 665-8
85, oben	Anton Tripp/Fotoarchiv Ruhr Museum
85, unten	Anton Tripp/Fotoarchiv Ruhr Museum
86, oben	Herribert Konopka/Fotoarchiv Ruhr Museum
86, Mitte	Anton Tripp/Fotoarchiv Ruhr Museum
86, unten	Marga Kingler/Fotoarchiv Ruhr Museum
88	Stadtarchiv Lippstadt, S BA sw, 69 P 57
92	Jens Hagen/Privatarchiv Jens Hagen
95, oben links	Jens Hagen/Privatarchiv Jens Hagen

95, oben rechts	Jens Hagen/Privatarchiv Jens Hagen
95, unten	Jens Hagen/Privatarchiv Jens Hagen
96, oben	Jens Hagen/Privatarchiv Jens Hagen
96, unten	www.jörg-fauser.de
98, oben	© Creative Commons
98, unten links	picture alliance/ASSOCIATED PRESS
98, unten rechts	picture alliance/United Archives/TopFoto
102, oben	Jens Hagen/Privatarchiv Jens Hagen
102, unten	Jens Hagen/Privatarchiv Jens Hagen
104	Jens Hagen/Privatarchiv Jens Hagen
109	Theo Weingandt/Fritz-Hüser-Institut für Literatur und Kultur der Arbeitswelt Dortmund, Best. Marwig 100-1062
112	© Bayerischer Rundfunk 1970; in Lizenz der BRmedia Sevice GmbH
116, links	Heinrich-Heine-Institut, Rheinisches Literaturarchiv, Handschriftenarchiv der Rheinischen Dichter
116, rechts	Heinrich-Heine-Institut, Rheinisches Literaturarchiv, Handschriftenarchiv der Rheinischen Dichter
125	Aus: *Warum ist Frau B. glücklich?*, 1968.
128, oben	Aus: *Warum ist Frau B. glücklich?*, 1968.
128, unten	Aus: *Warum ist Frau B. glücklich?*, 1968.
129	Aus: *Warum ist Frau B. glücklich?*, 1968.
134	Privatarchiv Wolfgang Körner
136	picture alliance/akg-images
137, oben	Privatarchiv Wolfgang Körner
137, unten	Privatarchiv Wolfgang Körner
141, oben	LWL-Archivamt für Westfalen, Westfälisches Literaturarchiv Münster, Nyland-Archiv
141, unten	LWL-Archivamt für Westfalen, Westfälisches Literaturarchiv Münster, Nyland-Archiv
142	Archiv *Westfalenspiegel*
143	St. Thomas-Photohaus Dr. Schnitzer, Neukölln/Internationalen Jugendbibliothek München, Nachlass Heinrich Maria Denneborg
146	Privatarchiv Wolfgang Körner
151	Archiv *Westfalenspiegel*
152, oben	Archiv *Westfalenspiegel*
152, unten	Archiv *Westfalenspiegel*
155	© Karin Székessy
158, oben	Ehemaliges historisches Archiv der Stadt Köln
158, unten	Ehemaliges historisches Archiv der Stadt Köln
161, oben	Aus: *Die Versetzung*, 1968.
161, Mitte	Aus: *Die Versetzung*, 1968.
161, unten	Aus: *Die Versetzung*, 1968.
171, oben	Anton Tripp/Archiv Ruhr Museum

171, unten links	Fritz-Hüser-Institut für Literatur und Kultur der Arbeitswelt Dortmund, Max-von-der-Grün-Sammlung
171, unten rechts	Fritz-Hüser-Institut für Literatur und Kultur der Arbeitswelt Dortmund, Best. Köp-8
177	Helga Schirmbeck/Heinrich Schirmbeck Stiftung
194 oben	Aus: *Barbarella*, 1968.
194 unten	Aus: *The Thomas Crown Affair*, 1968.
196	Jens Hagen/Privatarchiv Jens Hagen
197	Hermann Ewers/Privatarchiv Hermann Ewers
198, oben	Ruth Hallensleben/Archiv Ruhr Museum
198, unten	Otto Häublein/Archiv Ruhr Museum
201, oben	Max von der Grün & Hans Dieter Schwarze: *Feierabend. Dreh- und Tagebuch eines Fernsehfilms*. Recklinghausen 1968, o. S.
201, unten	Max von der Grün & Hans Dieter Schwarze: *Feierabend. Dreh- und Tagebuch eines Fernsehfilms*. Recklinghausen 1968, o. S.
202, oben	Max von der Grün & Hans Dieter Schwarze: *Feierabend. Dreh- und Tagebuch eines Fernsehfilms*. Recklinghausen 1968, o. S.
202, unten	Max von der Grün & Hans Dieter Schwarze: *Feierabend. Dreh- und Tagebuch eines Fernsehfilms*. Recklinghausen 1968, o. S.
203, oben	Max von der Grün & Hans Dieter Schwarze: *Feierabend. Dreh- und Tagebuch eines Fernsehfilms*. Recklinghausen 1968, o. S.
203, unten	Max von der Grün & Hans Dieter Schwarze: *Feierabend. Dreh- und Tagebuch eines Fernsehfilms*. Recklinghausen 1968, o. S.
211, oben	© Adolf Clemens
211, Mitte	Privatarchiv Wolfgang Körner
211, unten	Privatarchiv Wolfgang Körner
216	Ehemaliges historisches Archiv der Stadt Köln
218	© Manfred Vollmer
221	Ehemaliges historisches Archiv der Stadt Köln
225	Norbert Kozicki (Hrsg.): *Die Kinder von Karl Marx und Coca Cola. Kulturelle Streiflichter aus dem Revier der 60er Jahre*. Herne: Banana-Press 1990, S. 70.
227	Ehemaliges historisches Archiv der Stadt Köln
230	picture alliance/dpa Zentralbild
241, oben	Jens Hagen/Privatarchiv Jens Hagen
241, Mitte	Jens Hagen/Privatarchiv Jens Hagen
241, unten	Jens Hagen/Privatarchiv Jens Hagen
246, oben	Anton Tripp/Fotoarchiv Ruhr Museum
246, Mitte	Manfred Scholz/Fotoarchiv Ruhr Museum
246, unten	Manfred Scholz/Fotoarchiv Ruhr Museum
247, oben	Manfred Scholz/Fotoarchiv Ruhr Museum
247, unten	Wolf Schöne/Fotoarchiv Ruhr Museum

249, oben	Rudolf Merker/Fritz-Hüser-Institut für Literatur und Kultur der Arbeitswelt Dortmund, Best. 100-203
249, unten	Institut für Stadtgeschichte Gelsenkirchen, Nachlass Josef Büscher
250, oben	Joachim Jungbluth/Fritz-Hüser-Institut für Literatur und Kultur der Arbeitswelt Dortmund, Best. Hüser 06.01.100-196
250, unten	Joachim Jungbluth/Fritz-Hüser-Institut für Literatur und Kultur der Arbeitswelt Dortmund, Best. 100-194 06.02
251	Privatarchiv Günter Wallraff
254, alle	© Bayerischer Rundfunk 1970; in Lizenz der BRmedia Sevice GmbH
255, beide	© Bayerischer Rundfunk 1970; in Lizenz der BRmedia Sevice GmbH
261, oben	Peter Rühmkorf: Wenn ich mal richtig ICH sag ... Ein Lese-Bilderbuch. Göttingen: Steidl 2004, S.83.
261, unten	Peter Rühmkorf: Wenn ich mal richtig ICH sag ... Ein Lese-Bilderbuch. Göttingen: Steidl 2004, S.74.
262	Peter Rühmkorf: Wenn ich mal richtig ICH sag ... Ein Lese-Bilderbuch. Göttingen: Steidl 2004, S. 76.
269	Privatarchiv Renke Korn
275	Archiv der LWL-Literaturkommission
276	picture alliance/picture-alliance/dpa
279	Stadtarchiv Lippstadt, S BA sw, 69 P 70
280, alle	Aus: Ich bin ein Elefant, Madame, 1968/1969.
281, alle	Aus: Ich bin ein Elefant, Madame, 1968/1969.
284	LWL-Archivamt für Westfalen, Westfälisches Literaturarchiv, Nachlass Ernst Meister
286	LWL-Archivamt für Westfalen, Westfälisches Literaturarchiv, Nachlass Ernst Meister
294	Privatarchiv Frank Göhre
304	Archiv Westfalenspiegel
305	Archiv Westfalenspiegel
312	Peter Happel/Fotoarchiv Ruhr Museum
313, links	© Hartmut Beifuß
313, rechts	© Hartmut Beifuß
321	picture alliance/AP Photo
325	© Karin Székessy
327	© Karin Székessy
329	© Karin Székessy
330, oben	Wilhelm Reimers/Fotoarchiv Ruhr Museum
330, unten	Wilhelm Reimers/Fotoarchiv Ruhr Museum
332	Liselotte und Walter Rauner Stiftung zur Förderung der Lyrik in Nordrhein-Westfalen
333, oben	Marga Kingler/Fotoarchiv Ruhr Museum
333, unten	Anton Tripp/Fotoarchiv Ruhr Museum
336, oben	Horst Lang/Fotoarchiv Ruhr Museum

336, unten	Ludwig Windstosser/Fotoarchiv Ruhr Museum
337	Ludwig Windstosser/Fotoarchiv Ruhr Museum
339	© Hartmut Beifuß
351, alle	© Bayerischer Rundfunk 1970; in Lizenz der BRmedia Sevice GmbH
353	© Bayerischer Rundfunk 1970; in Lizenz der BRmedia Sevice GmbH
355, alle	Aus: *Make Love not War*, 1967.
356, alle	Aus: *Make Love not War*, 1967.
357	Aus: *Make Love not War*, 1967.
373	Bernd Jansen/Privatarchiv Bernd Jansen Düsseldorf
374	Bernd Jansen/Privatarchiv Bernd Jansen Düsseldorf
379, oben	Klaus Schöning (Hrsg.): *Neues Hörspiel. Texte Partituren.* Frankfurt a. M.: Suhrkamp 1969, S. 369.
379, unten	Klaus Schöning (Hrsg.): *Neues Hörspiel. Texte Partituren.* Frankfurt a. M.: Suhrkamp 1969, S. 377.
380	Klaus Schöning (Hrsg.): *Neues Hörspiel. Texte Partituren.* Frankfurt a. M.: Suhrkamp 1969, S. 375.
384	privat
385, oben	Archiv *Westfalenspiegel*
385, unten	privat
396	Marga Kingler/Fotoarchiv Ruhr Museum
397	Anton Tripp/Fotoarchiv Ruhr Museum
400	Egon E. Dahinten (Hrsg): *Stockholmer Katalog der Gruppe 61*, Stockholm: Dt. Kulturinst. 1970, S. 37.
403, oben	Fritz-Hüser-Institut für Literatur und Kultur der Arbeitswelt Dortmund, Max-von-der-Grün-Sammlung
403, unten	Fritz-Hüser-Institut für Literatur und Kultur der Arbeitswelt Dortmund, Max-von-der-Grün-Sammlung
404, oben	Fritz-Hüser-Institut für Literatur und Kultur der Arbeitswelt Dortmund, Max-von-der-Grün-Sammlung
404, unten	Fritz-Hüser-Institut für Literatur und Kultur der Arbeitswelt Dortmund, Max-von-der-Grün-Sammlung
413	Hugo Ernst Käufer & Horst Wolff (Hrsg.): *Sie schreiben zwischen Moers und Hamm*. Wuppertal: Hammer: 1974, S. 80.
420, oben	Archiv *Westfalenspiegel*
420, unten	LWL-Archivamt für Westfalen, Westfälisches Literaturarchiv, Nachlass WLT
423	© Jürgen Holtfreter
430	LWL-Archivamt für Westfalen, Westfälisches Literaturarchiv, Nachlass WLT
431	LWL-Archivamt für Westfalen, Westfälisches Literaturarchiv, Nachlass WLT
437	Anton Tripp/Fotoarchiv Ruhr Museum
440	Peter Happel/Fotoarchiv Ruhr Museum

441, oben	Manfred Scholz/Fotoarchiv Ruhr Museum
441, unten	Privatarchiv Frank Göhre
442, oben	Jens Hagen/Privatarchiv Jens Hagen
442, unten	Jens Hagen/Privatarchiv Jens Hagen
443, Mitte links	Jens Hagen/Privatarchiv Jens Hagen
443, Mitte rechts	Privatarchiv Bernd Jansen
443, unten links	Jens Hagen/Privatarchiv Jens Hagen
443, unten rechts	Peter Happel/Fotoarchiv Ruhr Museum
445	Privatarchiv Frank Göhre
451	Archiv *Westfalenspiegel*
459	Privatarchiv Hansjürgen Bulkowski
460	Privatarchiv Hansjürgen Bulkowski
490	picture alliance/Sven Simon
491, oben	Manfred Scholz/Fotoarchiv Ruhr Museum
491, unten	picture alliance/dpa
506	Ernst Meister/*RhinozEros* 9 (1964)
507, beide	Timm Ulrichs/*RhinozEros* 10 (1965)
511, oben	Gerd Semmer: *Der kleine König. Heimatgeschichten*. In: *Kürbiskern* 4 (1966), S. 16-31, hier S. 18.
511, unten	Gerd Semmer: *Der kleine König. Heimatgeschichten*. In: *Kürbiskern* 4 (1966), S. 16-31, hier S. 19.
512, oben	Gerd Semmer: *Der kleine König. Heimatgeschichten*. In: *Kürbiskern* 4 (1966), S. 16-31, hier S. 20,21.
512, unten	Gerd Semmer: *Der kleine König. Heimatgeschichten*. In: *Kürbiskern* 4 (1966), S. 16-31, hier S. 22.
513	Gerd Semmer: *Der kleine König. Heimatgeschichten*. In: *Kürbiskern* 4 (1966), S. 16-31, hier S. 28,29.
515, beide	Privatarchiv Gerd Semmer
516, beide	Privatarchiv Gerd Semmer
519	© Klaus Rose
525	Gerd Semmer: *Luftschutz-Lied*. In: Manfred Vosz (Hrsg.): *Kürbiskern. Songbuch*. München: Damnitz 1968, S. 92.
531	Gerd Semmer: *Der Polizei ein Osterei*. In: Manfred Vosz (Hrsg.): *Kürbiskern. Songbuch*. München: Damnitz 1968, S. 117.
537	Archiv *Westfalenspiegel*
538, oben	Archiv *Westfalenspiegel*
538, unten	Archiv *Westfalenspiegel*
539, oben	Rudolf Holtappel/Fotoarchiv Ruhr Museum
539, unten	Anton Tripp/Fotoarchiv Ruhr Museum
547	Archiv der Literaturkommission, Dokumentation Döhl
551-553	Reinhard Döhl: *man. texte*. hjm 1968, o. S.
567, alle	Archiv der Literaturkommission, Dokumentation Döhl
570, oben	Anton Tripp/Fotoarchiv Ruhr Museum

570, unten	Norbert Kozicki (Hrsg.): *Die Kinder von Karl Marx und Coca Cola. Kulturelle Streiflichter aus dem Revier der 60er Jahre.* Herne: Banana-Press 1990, S. 24.
571, alle	Aus: *Schichtwechsel,* 1968.
575	Peter Rühmkorf: *Schmierzettel,* In: Konkret 02 (1968), S. 38.
576	Peter Rühmkorf: *Schmierzettel.* In: Konkret 07 (1968), S. 50f.
578	Peter Kleu/Fotoarchiv Ruhr Museum
585	Joachim Jungblut/Fritz-Hüser-Institut für Literatur und Kultur der Arbeitswelt Dortmund, Best. 100-1084
599	Peter-Paul Zahl: *Von einem, der auszog, Geld zu verdienen. Roman.* Düsseldorf: Rauch 1970, S. 89, 102, 109, 118.
603	Flora Elisabeth von Steiger/Peter-Paul Zahl: *elf schritte zu einer tat.* Berlin: polyphem handpressendruck 1968, o. S.
606, beide	Flora Elisabeth von Steiger/Peter-Paul Zahl: *elf schritte zu einer tat.* Berlin: polyphem handpressendruck 1968, o. S.
609	Hugo Ernst Käufer & Horst Wolff (Hrsg.): *Sie schreiben zwischen Moers und Hamm.* Wuppertal: Hammer: 1974, S. 22.
630	Archiv *Westfalenspiegel*
634	Archiv *Westfalenspiegel*
643	© Bayerischer Rundfunk 1970; in Lizenz der BRmedia Sevice GmbH
644	Archiv *Westfalenspiegel*
646	Wolf Schöne/Fotoarchiv Ruhr Museum
649	Archiv *Westfalenspiegel*
652	© Bayerischer Rundfunk 1970; in Lizenz der BRmedia Sevice GmbH
655	Privatarchiv Harald Hartung
657	Helmut Orwat © LWL-Medienzentrum für Westfalen
666, beide	Archiv *Westfalenspiegel*
670, beide	© Bayerischer Rundfunk 1970; in Lizenz der BRmedia Sevice GmbH
671-679	Hugo Ernst Käufer (Hrsg.): *Dokumente Dokumente. Die Literarische Werkstatt Gelsenkirchen in Presse, Rundfunk und Fernsehen 1967 bis 1969.* Gelsenkirchen: Selbstverlag 1969, o. S.
684	© Helga Schirmbeck/Heinrich Schirmbeck-Stiftung
688	© Helga Schirmbeck/Heinrich Schirmbeck-Stiftung
692	Archiv *Westfalenspiegel*
695	Privatarchiv Otto Jägersberg
714, beide	Privatarchiv Harald Hartung
719, beide	Helmut Orwat © LWL-Medienzentrum für Westfalen

Personenregister

Adenauer, Konrad 63, 90, 376, 492, 520
Adorno, Theodor W. 422, 483
Adrian, Günter 358, 359, 370
Albrecht, Jörg 372, 374, 383
Alexander, Peter 493
Algren, Nelson 93
al-Hallaj, Mustafa 181
Alvermann, Pepi (d. i. Hans-Peter Alvermann) 485
Amon Düül 494, 503
Amon Düül II 487
Andersch, Alfred 140, 691
Andres, Stefan 548
Anka, Paul 376
Antonioni, Michelangelo 24, 135, 136
Arnold, Heinz Ludwig 47, 66, 168, 573
Arp, Hans 504
Artmann, Hans Carl 635
Artner, Robert (Pseudonym von → Ulf Miehe) 362, 366, 371
Auger, Brian 494
Aulke, Anton 140, 629
Aust, Bernd-Peter 113
Aust, Heide 257
Aust, Michael 245
Aust, Stefan 324
Ávila, Therese von 181
B1 (Künstlergruppe) 350
Baader, Andreas 12
Balabanoff, Angelica 702
Barrault, Jean-Louis 648
Barring, Maria 376
Baßler, Moritz 91, 282
Baudelaire, Charles 182, 186
Baukloh, Friedhelm 139, 144, 162, 169, 303-309, 341, 475, 647, 653
Beach Boys 613
Beach, Mary 626
Beach, Sylvia 626

Beatles 367, 493, 569, 572, 613
Becker, Jürgen 380
Beckett, Samuel 504
Beethoven, Ludwig van 176, 195, 223, 271
Beilharz, Manfred 650
Bender, Hans 292
Ben-Gavriêl, Moscheh Ya'akov 483
Benn, Gottfried 52, 341, 629
Bense, Max 16, 52, 372, 547, 548, 566, 567
Bentz, Ralf 508
Berendt, Joachim-Ernst 377, 378
Berens-Totenohl, Josefa 140
Bergenthal, Josef 113, 140
Bernhard, Thomas 285, 654
Berrigan, Ted 302
Beuys, Joseph 298
Biederstaedt, Claus 651
Bienek, Horst 285, 504
Biermann, Wolf 54, 489, 654
Binder, Hildegard Maria (d. i. Christiane Binder-Gasper) 113, 608, 672
Bingel, Horst 285, 463
Birgel, Willy (d. i. Willhelm Maria Birgel) 721
Birmingham, Jed 508
Bischoff, Bengta 56
Black, Roy 358
Blanken, Anne 157, 169, 214, 329
Bloch, Ernst 647
Bobrowski, Johannes 453
Böll, Heinrich 38, 41, 91, 285, 292, 483, 548, 594
Bondy, Barbara 691
Bong, Harry J. 376
Borchert, Wolfgang 53, 67, 575
Borman, Frank 376
Born, Nicolas 292, 459, 485, 654
Börne, Ludwig 74

Bosch, Manfred 118
Bosco, Bartolomeo 706
Böttcher, Anna-Lena 65
Brandt, Willy 41
Brannasky, Wolf 74
Braun, Volker 463, 484, 654
Brauner, Artur 362
Brecht, Bertolt 74, 226, 278, 348, 428, 515, 517, 520, 539, 546, 572, 650, 667
Bredthauer, Karl Dieter 314
Breloer, Eva 101, 107, 449, 450
Bremer, Claudia 360, 370
Brill, Hubert 113, 339, 676
Brinkmann, Rolf Dieter 93, 94, 95, 96, 101, 293, 297, 298, 301, 302, 361, 412, 483
Broch, Hermann 594, 690
Brock, Bazon 380
Broder, Henryk Marcin 493, 623
Brötzmann, Peter 297, 301, 494
Brubeck, Dave 596
Brühl, Hein 444
Brun, Helen 370
Brunner, Frank 123
Bubuffet, Jean 508
Buchmann, Karl 368
Büchner, Georg 74, 273, 283, 292, 515
Buckley, Tim 494
Bukowski, Charles 93, 626
Bulgakow, Michail Afanassjewitsch 285
Bulkowski, Hansjürgen 100, 113, 293, 313, 339, 344, 459-488, 596, 608-614, 672, 675, 676
Bürger, Peter 642
Burkhardt, Klaus 550, 567
Burrmeister, Otto 540
Burroughs, William Seward 98, 504, 508
Büscher, Josef 81, 252, 588, 672
Butkus, Günther 101, 107, 449, 450
Cale, John 24
Case, John Carol 376
Celan, Paul 292

Cepl-Kaufmann, Gertrude 252, 411
Chandler, Raymond 365, 371
Chapman, Roger 494
Chartham, Robert (d. i. Ronald Sydney Seth) 195, 196
Chess, Victoria 697
Choe, Jeung Gil 582
Christie, Agatha 338
Clark, Jim 118
Claudius, Eduard 536
Clever, Edith 276
Cocteau, Jean 508
Cohn-Bendit, Daniel 12
Corso, Gregory 320
Coster, Charles de 686
Cramer, Dettmar 708
Cremer-Acre, Artur 314
Crowns (Band) 611
Czechowski, Heinz 484
Darlton, Clark 362
Daumier, Honoré 517
Dean, James 118
Debussy, Claude 271
Deckert, Renatus 664
Deffner, Sonja 627
Degener, Volker W. 99, 113, 115, 340, 445, 677, 680
Degenhardt, Franz Josef 54, 489-503, 510, 517
Degner, Helmut 196
Denneborg, Heinrich Maria 143
Detering, Heinrich 656, 664
Dibelius, Otto 118
Die Musketiere (Band) 611
Dienst, Klaus-Peter 504, 508
Dienst, Rolf-Gunter 504, 508
Diesing, Heinz-Karl 370
Döblin, Alfred 226
Döhl, Reinhard 19, 372, 380, 382, 547-568
Domin, Hilde 285
Donovan (d. i. Donovan Phillips Leitch) 118, 278

Doors 464
Dörnemann, Kurt 651, 653
Dorow, Dorothy 376
Dort, Bernard 647, 648
Driscoll, Julie 494
Droste-Hülshoff, Annette von 49, 50, 65, 292, 384, 394, 686, 691, 694, 728
Dubček, Alexander 12
Duchamp, Marcel 19
Dummann, Fiona 144, 292, 370, 394
Dunaway, Faye 194
Dürer, Albrecht 120
Dürrenmatt, Friedrich 577
Dutschke, Rudi (d. i. Alfred Willi Rudolf Dutschke) 12, 118, 225, 246, 424, 489, 574
Dylan, Bob 613
Eberl, Dieter Gerhard 113
Ehlert, Claudia 144, 292, 394
Eich, Günter 285
Einstein, Albert 226
Eisenhower, Dwight David 376
Eke, Norbert Otto 168
Engels, Friedrich 75
Ensor, James 686
Ensslin, Gudrun 12
Enzensberger, Hans Magnus 49, 50, 51, 510, 520
Epstein, Brian 367
Erfurt, Karl-Heinz 168
Eska, H. 314
Faecke, Peter 485
Family 494
Faulkner, William 594
Fauser, Jörg 96, 101, 623, 625, 626
Feelisch, Wolfgang 485
Ferlinghetti, Lawrence 320
Feuchtwanger, Lion 226
Fichte, Hubert 96, 101, 262
Fiedler, Leslie Aaron 13
Fietkau, Wolfgang 371
Fischer, Susanne 267
Fischer, Wiltrud 376

Fischer-Dieskau, Dietrich 493
Flaubert, Gustave 293
Fleetwood Mac 299
Floh de Cologne 439, 494
Fonda, Henry 612
Fonda, Jane 194
Fox, Stuart 377
Francis, Connie 376
Franck, Thomas 19
Fränzel, Ernst Dieter 485, 486
Freberg, Stan 376
Free Group 486
Freud, Sigmund 178, 179, 604
Frewin, Leslie 196
Frey, Gerhard 78
Fried, Erich 54, 494, 510
Friedrich, Hans Karl 651
Frisch, Max 546, 583
Fritsch, Gerhard 285
Fritzsche, Walter 365
Fuchs, Gerd 133
Fuchs, Günter Bruno 484
Fugs 439, 442, 443, 463, 465, 494
Fuhse, Mario 101
Füllner, Karin 520, 536
Gall, France (d. i. Isabelle Geneviève Marie Anne Gall) 196
Gall, Roland 650
Ganz, Bruno 274
Gaulle, Charles de 12
Geissler, Christian 513
Gelberg, Hans-Joachim 341
Gelpke, Rudolf 183, 184, 185, 186
Gerz, Jochen 487
Giesen, Rolf 371
Ginsberg, Allen 98, 320, 504
Glasmeier, Michael 113
Glaßbrenner, Adolf 517
Glowna, Vadim 274
Gödden, Walter 47, 91, 101, 107, 144, 157, 167, 169, 214, 245, 256, 282, 292, 302, 323, 329, 349, 353, 394,

Personenregister

418, 449, 450, 488, 508, 614, 642, 653, 668, 712
Goethe, Johann Wolfgang von 474, 600, 689, 700, 704
Göhre, Frank 92, 93-101, 103, 104, 107, 113, 115, 133, 146, 157, 189, 253, 254, 255, 293, 294, 295, 296, 297, 298, 302, 339, 346, 349, 350-353, 372, 439-450, 488, 623, 672, 678
Goldwater, Barry 376
Gölzenleuchter, Horst Dieter 67-81, 314
Gomringer, Eugen 459, 475, 550, 566, 635
Gordini, Fred 358
Gorki, Maxim 546
Goslar, Jürgen 168
Grabbe, Christian Dietrich 546, 706
Grande, Jasmin 252, 411
Grass, Günter 39, 54, 508, 608
Grieshaber, HAP (d. i. Helmut Andreas Paul Grieshaber) 314
Grimm, Robert 702
Grönemeyer, Herbert 503
Groß, Jürgen 113
Grote, Herbert 113, 677
Grotjahn, Friedrich 81
Grün, Max von der 111, 113, 133, 144, 160, 168, 170-175, 200-209, 248, 303, 309, 384, 387, 394, 400-411, 412, 419, 421, 422, 423, 424, 425, 426, 438, 485, 488, 536, 569-573, 606, 644, 648, 676
Grünberg, Klaus 571
Gründgens, Gustaf 303
Grywatsch, Jochen 47, 65, 167, 245, 323
Günther, Ernst 113, 339
Günther, Hermann 571
Guru Guru 503
Hädecke, Wolfgang 361, 363
Häfner, Lisa 508
Hagen, Jens 133
Hagenauer, Wiebke 627

Hahn, Achim 133, 209, 450
Hahn, Ulla 520, 536
Haley, Bill 368, 493
Hamm, Peter 654, 664
Hammett, Dashiell 365
Händel, Georg Friedrich 278
Handke, Peter 341, 345, 380
Hardy, Françoise 358
Harig, Ludwig 380, 566
Harry, Debbie (d. i. Deborah Ann Harry) 376
Härtling, Peter 47, 504
Hartung, Harald 54, 307, 654-664, 713-723
Hausmann, Manfred 704
Hausmann, Raoul 19, 508
Hegel, Georg Wilhelm Friedrich 178
Heine, Heinrich 74, 488, 519
Heinemann, Gustav 41, 503
Heintje 76, 376, 493, 537, 543, 678
Heißenbüttel, Helmut 372, 566, 567
Hellerbach, Hans-Bernd 121
Hemingway, Ernest 93, 626
Hemmings, David 135
Herberger, Sepp (d. i. Josef Herberger) 708
Herbermann, Clemens 126, 133
Herburger, Günter 574
Herking, Ursula 651
Herwegh, Georg 74
Hesekiel 181
Hesse, Hermann 91, 605, 705
Higgins, Dick 487
Hilfert, Karl H. 113, 339, 588, 673, 674
Hiller, Kurt 226
Himmler, Heinrich 232
Hindemith, Paul 358
Hindenburg, Paul von 722
Hinderer, Walter 508
Hippo, Augustinus von 185
Hitchcock, Alfred 358
Hitler, Adolf 226, 229, 232, 375, 376, 377, 382, 383, 510, 713

Hoboken, Eva van 508
Hochhuth, Rolf 39, 422
Hoffmann, E. T. A. 687
Hoger, Hannelore 274
Höhler, Gertrud 361
Hohmann, Ludwig 144
Höhn, Reinhard 232, 233
Höllerer, Walter 292, 504
Holthusen, Hans Egon 285
Horbelt, Rainer 113, 253, 293, 340, 350, 412-418, 488, 608, 609, 672
Horst, Karl August 37
Horváth, Ödön von 424, 428
Hübner, Kurt 274, 281
Hübsch, Paul-Gerhard („Hadayatullah") 459, 494, 615, 623
Hugot, Christian M. 113, 676
Hüsch, Hanns Dieter 54, 489, 493, 494, 502, 503
Hüser, Fritz 139, 144, 248, 250, 252, 483, 669
Hütter, Ralf 93
Huxley, Aldous 182
Igramhan, Fatima 370, 371
Imhoff, Hans 300, 482, 483
Immendorff, Jörg 459, 485
Insterburg, Ingo 494, 503
Ionesco, Eugène 323
Jäger, Hanns Ernst 651
Jägersberg, Otto 144, 307, 309, 691-712
Jahnn, Hans Henny 293, 594
Jandl, Ernst 285, 380, 566
Jane & Nancy 376
Jansen, Erich 292, 451-458, 630, 642
Jansen, Fasia 520
Jarry, Alfred 653
Jens, Walter 39, 40, 248, 283, 483
Jethro Tull 353
Johannes vom Kreuz 181, 185
Johannes XXIII. 376
Johannimloh, Norbert 629-642, 728
John, Gottfried 364

Johnson, Lyndon Baines 376, 492, 612
Jokostra, Peter 285, 365, 371
Jones, Brian 368
Joyce, James 36, 140, 144, 293, 594, 596
Juhre, Arnim 371
Jungk, Robert 36
Jürgens, Martin 307, 475
Kabel, Rainer 109,112, 113, 253, 255, 256, 293, 669, 677
Kafka, Franz 36
Kahle, Maria 140
Kaiser, Joachim 510
Kaiser, Rolf-Ulrich 378
Kämper, Roswitha 113
Kantorowicz, Alfred oder Ernst 226
Karalus, Paul 113, 293, 296, 297, 298, 339, 341, 343, 488, 676
Kaschnitz, Marie Luise 483
Kästner, Erich 285, 520, 675, 691
Käufer, Hugo Ernst 69, 93, 109, 110, 111, 112, 113, 149, 253, 256, 259, 293, 296, 297, 298, 302, 303, 308, 313-319, 331, 338, 341, 345, 412, 418, 485, 488, 588, 606, 614, 669, 670, 672, 677, 678, 680, 683
Kehle, Matthias 695, 713
Keller, Gottfried 644
Keller, Harald 28
Kemp, Gibson 358, 362, 367, 370
Kemperdick, Gustav K. 341
Kennedy, John Fitzgerald 224, 376
Kennedy, Robert Francis 12, 224
Kerouac, Jack 320-323, 504
Kessemeier, Siegfried 311, 312, 629-642
Kesten, Hermann 226
Kieling, Wolfgang 228, 229, 230, 231
Kiesinger, Kurt Georg 13, 700
Kim, Taik Huan 582
King (jr.), Martin Luther 12, 118, 120, 224
Kingler, Marga 84
Kipphardt, Heinar 422

Kirsch, Sarah 292, 484, 654
Kirsten, Wulf 654
Klarsfeld, Beate 13
Klaus, Michael 69, 193
Klett, Werner 358, 359, 360, 370
Klopstock, Friedrich Gottlieb 263
Kluge, Alexander 360
Kniep, Christoph Heinrich 704
Koch, Marianne 369
Koestler, Arthur 183
Köhler, Otto 536
Kohlleppel, Hellmut 283, 292
Kokot, Sylvia 282, 292
Kolarik, Bernd 376
Kolb, Annette 226
Köpping, Walter 341
Korn, Renke 268-273, 307, 537, 538, 540
Korner, Alexis 494
Körner, Wolfgang 104, 134-139, 146-157, 160, 161, 162, 163, 168, 169, 186, 189, 190, 193-199, 200, 210-214, 252, 296, 298, 299, 305, 306, 307, 308, 309, 311, 312, 324-329, 340, 372, 395, 399, 446, 540, 546, 588, 592, 598, 606
Kortum, Carl Arnold 610
Kottkamp, Ingo 380, 381, 382
Kraftwerk 93, 487
Kramberg, Karl Heinz 371
Kraus, Karl 517
Kriwet, Ferdinand 298, 300, 372-383, 384, 566
Krogmann, Hans Gerd 133
Krolow, Karl 285
Kruse, Joseph Anton 488
Kunert, Günter 484
Kunz, Ernst-Adolf (Pseudonym: Philipp Wiebe) 340
Kupferberg, Tuli (d. i. Naphtali Kupferberg) 463, 494
Kurpitz, Renate 67
Kurras, Karl-Heinz 582

Kusz, Fitzgerald 479
Küther, Kurt 81, 470, 488, 588
Lage, Klaus 503
Lampe, Günter 376
Lamprecht, Günter 572
Landshoff, Thomas 376
Langhans, Rainer 377
Lazarus, Max 144
Le Fort, Gertrud von 142
Lehndorff, Veruschka von 24
Lemke, Klaus 364
Lemke, Paul 60
Lenin (d. i. Wladimir Iljitsch Uljanow) 75, 76, 144
Lennon, John 350, 367
Lenz, Reimar 463, 470, 474
Lenz, Siegfried 39
Leonardo da Vinci 689
Lesniak, Sonja-Anna 19, 292
Lessing, Gotthold Ephraim 667
Limpert, Richard 67, 77, 113, 339, 341, 343, 351, 352, 353, 588, 591, 609, 673, 674, 675, 676, 677
Lingemann, Hans Wolfgang („Hawoli") 297, 445
Loog Oldham, Andrew 368
Lorenz, Konrad 179
Loskill, Hans-Jörg 259
Low Beats (Band) 611
Lübke, Heinrich 240
Lucas, George 370
Luhmann, Heinrich 629
Lukrez 689
Maas, Josianne 113, 257
Mac Arthur, Douglas 376
Mahnert, Detlev 378, 380, 381, 449, 502, 503
Majakowski, Wladimir Wladimirowitsch 74, 428
Mallarmé, Stéphane 179
Man Ray (d. i. Emmanuel Rudnitzky) 375
Mandelstam, Ossip Emiljewitsch 704
Manger, Jürgen von 133, 645, 646

Mann, Heinrich 226, 594
Mann, Klaus 292
Mann, Thomas S. 36
Marcus, Johannes 376
Marcuse, Herbert 422, 459
Marcuse, Ludwig 226
Marti, Kurt 635
Marwig, Deltef 109, 113, 253, 256, 293, 588, 669, 672
Marx, Karl 75, 76, 120, 121, 123, 126
Matussek, Hans K. 144
Maxwill, Arnold 282
May, Karl 140
Mayröcker, Friederike 285, 380
McLaughlin, John 494
McNaughton 376
Meckel, Christoph 510
Mehring, Franz 226
Meier, Heinz 162
Meier, Leslie (d. i. Peter Rühmkorf) 51, 52, 66, 265
Meinhof, Ulrike 324
Meister, Ernst 93, 144, 283-292, 384, 451, 504, 505, 506, 508, 509
Meister, Helga 380
Melzer, Peter 71
Mey, Reinhard 503
Meya, Heinrich 343
Michaux, Henri 182
Michels, Hans 140
Miehe, Ulf (Pseudonym: → Robert Artner) 354-371, 596
Miller, Henry 320, 504
Millowitsch, Peter Wilhelm 426
Mommartz, Lutz 485
Mon, Franz 372, 380, 508, 566
Monks (Band) 26
Montaigne, Michel de 704
Moser, Hans 721
Mothers of Invention 378, 382, 443, 463, 494
Mozart, Wolfgang Amadeus 148, 271, 596

Müller, Carl Helmut 376
Muller, Robert 91, 276, 281
Mundi, Billy 376
Müntefering, Franz 488
Musil, Robert 293, 594
Neckermann, Josef 76
Nellesen, Bernd 582
Nerke, Uschi (d. i. Ursula Nerke-Petersen) 103-107
Nero 721
Nerval, Gérard de 183, 186
Nestroy, Johann 424
Nettelbeck, Uwe 324
Neubauer, Kurt 581
Neuberg, Johannes Dietrich 113, 672, 675, 676, 678, 683
Neumann, Alfred 226
Neumann, Walter 113, 157, 340, 361, 371, 677, 678, 683
Neuss, Wolfgang 489, 494
Nice 278, 352
Nico (d. i. Christa Päffgen) 24
Nies, Walter 88
Nietzsche, Friedrich 179, 703
Nixon, Richard 277
Nizami 183
O`Hara, Frank 301, 302
Ofarim, Esther 371
Ohnesorg, Benno 229, 513
Olshausen, Ulrich 492
Op den Camp, Gisela 377
Orwell, George 139
Ostendorf, Rainer 444
Overbeck, Franz 703
Palacios, Lucía 28
Peel, David 494
Pélieu, Claude 626
Peschkes, Hanns T. 113, 340, 677, 683
Pestum, Jo (d. i. → Johannes Stumpe) 143
Petersen, Wolfgang 572
Piene, Otto 377
Pieper, Erik-Andreas 113
Piontek, Heinz 285

Personenregister

Piscator, Erwin 515, 517
Pius XXI. 376
Pius XXII. 376
Plath, Jörg 664
Plievier, Theodor 226
Plotin 181
Poe, Edgar Allan 686, 687
Poensgen, Eva 65
Pohl, Heinz Werner 642
Pohland, Hansjürgen 360
Pörtner, Paul 380
Post, Dietmar 28
Pound, Ezra 504
Prescott, Orville 36
Presley, Elvis 376
Proske, Rüdiger 574
Proust, Marcel 293
Pukaß, Joachim 370
Puls, Gerd 394
Püschel, Ursula 514
Puskás, Ferenc 708
Quincey, Thomas de 182, 186
Quinn, Freddy 493
Rattles 367
Rauner, Liselotte 113, 257, 259, 331-338, 339, 344, 673, 674
Read, Herbert 176, 178
Redgrave, Vanessa 134
Reding, Josef 111, 144, 222, 331, 340, 341, 345, 349, 384-394, 403, 485, 488, 677
Reed, Lou (d.i. Lewis Allan Reed) 24, 274, 278, 282
Reichel, Achim 367
Reinecke, Chris 485
Reinhardt, Stephan 438
Reuther, Stefan 376
Richartz, Manfred 376
Richter, Hans Werner 38, 39, 54
Riebesehl, Heinrich 18
Riedel, Helga 113, 257, 340
Riegel, Werner 51, 53, 575
Riha, Karl 66

Ritter, Joachim 654
Rodenbach, Georges 686
Röhl, Klaus Rainer 51, 153, 324
Rolling Stones 103, 368, 493
Roski, Ulrich 494
Rot, Diter (d.i. Karl-Dietrich Roth) 297, 300, 566
Rudolph, Hans Christian 376
Rühm, Gerhard 380, 566, 635
Rühmkorf, Elisabeth 49
Rühmkorf, Peter 39, 48, 49-66, 260-267, 504, 508, 520, 574-584, 606, 728
Rumi, Dschalaleddin 184
Runge, Erika 124-133, 248, 252, 444
Ruthenbeck, Reiner 485
Rygulla, Ralf-Rainer 94
Sack, Gustav 193
Sala, Oskar 358
Sander, Heike 13
Sander, Ulrich 244
Schalla, Hans 584, 653
Schallück, Paul 38-47, 51, 82, 144, 158-169, 215-245, 262, 286, 320-323, 340, 341, 350, 384, 387, 485, 488, 606, 694
Schamoni, Peter 360
Schamoni, Ulrich 360
Schäuffelen, Konrad Balder 487
Scheibe, Klaus 113, 314
Schiller, Friedrich von 90, 508, 540, 628
Schirmbeck, Heinrich 29-37, 176-180, 181-190, 684-690
Schlöndorff, Volker 360
Schmich, Theo 113, 339, 343, 677
Schmidinger, Walter 276
Schmidt, Arno 293, 596, 691
Schmidt, Dieter 306
Schmidt, Michael 376
Schmidt, J. (d.i. Siegfried Johannes Schmidt) 19, 488
Schneider, Wolfgang 277
Schnell, Robert Wolfgang 484
Schobel, Eva 267

Schock, Rudolf 493
Schöfer, Erasmus 69, 72
Schonauer, Franz 426, 438
Schönbach, Dieter 377
Schöning, Klaus 380, 383
Schröder, Jörg 712
Schröder, Monika 113
Schroeder, Tom 492
Schubart, Christian Friedrich Daniel 74
Schubart, Maximilian 232
Schuchardt, Barbro 113, 256, 259, 345, 346
Schuhmann, Klaus 520
Schumacher, Emil 283
Schütt, Peter 77, 250
Schütz, Peter 345
Schwanhäußer, Anja 627
Schwarberg, Günther 520
Schwarz, Jewgeni 653
Schwarze, Hans Dieter 144, 200-209, 303, 351, 419, 421, 424, 425, 426, 427, 428, 438, 572, 643-653, 665-668
Schwitters, Kurt 19
Seberg, Jean 295
Semmer, Gerd (Pseudonym: Moritz Messer) 510-536
Senghor, Léopold Sedár 14
Serge, Victor 594
Shong, Kyoo Myong 582
Sieburg, Friedrich 36, 51
Sinatra, Frank 376
Smith, Hallie 376
Smith, Patti (d. i. Patricia Lee Smith) 98
Snyder, Gary 504
Solanas, Valerie 13
Solomon, Carl 98
Soubeyran, Jean 517
Spindel, Albert 712
Spindler, Sonja 417
Spoerl, Alexander 517
Spohr, Marlies 376
Springer, Axel 243, 244, 245, 466, 604

Stadthaus, Steffen 139, 627, 628
Stahl, Enno 483, 488
Steiger, Flora Elisabeth von 603, 604
Stein, Peter 274
Steinecke, Hartmut 91
Steinhoff, Jupp 141
Sternheim, Carl 546
Stevenson, Adlai 376
Stolz, Rolf 37, 180, 690
Stomps, Victor Otto („VauO") 209, 694, 712
Storm, Theodor 365
Strauch, Thomas 642
Strauß, Franz Josef 66, 316, 376
Strawinski, Igor 176
Streletz, Werner 69, 93, 113, 115, 117, 123, 253, 345, 349, 623, 627, 678
Stumpe, Johannes (Pseudonym: → Jo Pestum) 143, 377
Stürmer, Harry 378, 380, 381, 449, 502, 503
Suhrkamp, Peter 37, 686
Suso, Heinrich 181
Süverkrüp, Dieter 54, 489, 493, 494, 502, 510, 517, 519, 520
Sylvanus, Erwin 144, 653
Syring, Rudolf 642
Tangerine Dream 370, 487, 494
Tchicai, John 377
Tereschkowa, Valentina 376
Teufel, Fritz 229, 231
Thenior, Ralf 488, 536
Theodorakis, Mikis 495, 600, 601
Thoma zu Honor, Ludwig 517
Thompson, Hunter Stockton 210
Timm, Uwe 133
Toller, Ernst 226
Ton Steine Scherben 615
Torberg, Friedrich 583
Trinity 494
Tripp, Anton 84
Trotzki, Leo 702
Tsakiridis, Vagelis 366

Tschechow, Anton Pawlowitsch 709
Tucholsky, Kurt 226, 520
Uerlings, Herbert 53, 54, 66
Ulbricht, Walter 581, 582
Ulrichs, Timm 15, 16-22, 100, 299, 504, 507, 508
Unruh, Fritz von 226
Usinger, Fritz 37
Valentin, Thomas 24, 82-91, 93, 160, 168, 274, 277, 278, 279, 281, 282, 694
Velde, Henry van de 199
Velvet Underground 24, 274, 282
Verhagen, Hans 463
Verhoeven, Michael 376
Vesper, Guntram 459
Viebahn, Fred 38, 475
Vilar, Jean 648
Vogeler, Volker 364, 365
Voigtländer, Annie 536
Vollmer, Hartmut 452, 458
Vollmer, Walter 113
Voormann, Klaus 367
Vormweg, Heinrich 425, 438
Vostell, Wolf 298, 300
Vosz, Manfred 510, 511, 514, 536
Wachter, Joseph 113
Wader, Hannes 491, 494
Wagenfeld, Karl 140, 629
Wagner, Richard 176
Waldschmidt, Arno 712
Wallace, Edgar 338, 358
Wallmann, Jürgen Peter 285, 458, 642
Wallraff, Günter 133, 248, 251, 403, 459, 536
Walser, Martin 38, 66, 124, 126, 248, 252, 691
Wandrey, Uwe 468
Warhol, Andy 13, 24, 28, 275, 282, 378
Weiss, Peter 422
Weißleder, Manfred 367
Wellershoff, Dieter 508
Welt, Wolfgang 211

Westerholt, Günter 588
Weyer, Willi 372
Weyrauch, Wolfgang 459, 508
Wibbelt, Augustin 629
Wilp, Charles Paul 23-28, 135, 311
Winckler, Josef 141
Winkler, Angela 569, 571
Winter, Judy 274
Wintjes, Josef („Biby") 99, 115-123, 615-628
Witsch, Josef 548
Witt, Hubert 536
Wittgenstein, Ludwig 181, 185
Witthüser, Bernhard 494
Wohlgemuth, Hildegard 252, 488, 536, 588
Wohlgemuth, Otto 113
Wohmann, Gabriele 292
Wöhning, Ulrike 168
Wolf, Klaus-Peter 293, 412, 418, 488, 678
Wolfe, Tom 93
Wolff, Horst 50, 65, 113, 418, 488, 672
Wollschläger, Hans 140
Wondratschek, Wolf 371, 380
Yokothuke, Y. 145
Yun, Isang 582
Zadek, Peter 24, 82, 84, 91, 92, 274-282
Zahl, Peter-Paul 248, 403, 459, 585-607, 615
Zaib, Volker 411
Zappa, Frank 376, 378, 439, 442, 443, 459, 463, 493, 494
Zeckra, Helga 376
Zedong, Mao 212, 424
Zehm, Günter 583
Zimmermann, Herbert 376
Zuckmayer, Carl 691
Zuschlag, Reinhart 113, 335, 338, 677
Zwerenz, Gerhard 463, 485

Danksagung

Die Bearbeiter und Bearbeiterinnen danken

den Rechteinhabern (Texte, Abbildungen)
Fritz-Hüser-Institut für Literatur und Kultur der Arbeitswelt (Hanneliese Palm), dem Ruhr Museum Essen (Thomas Morlang), dem Stadtarchiv Lippstadt (Claudia Becker), dem Institut für Stadtgeschichte Gelsenkirchen (Claire Maunoury), der Liselotte und Walter Rauner Stiftung zur Förderung der Lyrik in Nordrhein-Westfalen, dem LWL-Medienzentrum für Westfalen, der Arno Schmidt Stiftung (Susanne Fischer), dem Pendragon Verlag (Günther Butkus), Helga Schirmbeck und der Schirmbeck Stiftung, Timm Ulrichs, Reinhardt Döhl, Frank Göhre, Otto Jägersberg, Horst Dieter Gölzenleuchter, Hansjürgen Bulkowski, Josef Reding, Wolfgang Körner, Renke Korn, Harald Hartung, Günther Wallraff, Hans Imhoff, Norbert Johannimloh, Erika Runge, Martin Jürgens, Erasmus Schöfer, Ferdinand Kriwet, Fitzgerald Kusz, Kurt Küther, Reimar Lenz, Walter Neumann, Volker W. Degener, Uwe Wandrey, Reinhart Zuschlag, Dorothee Käufer-Meienreis, Ingrid Wilp, Mechthild Schwienhorst, Karin von Wangenheim, Carin Gentner, Dorothee Joachim, Kai Degenhardt, Roland Oßwald, Bettina Semmer, Nadeschda Sternhagen, Jonas Moje, Karin Székessy, Hartmut Beifuß, Hermann Ewers, Adolf Clemens, Bernd Jansen, Manfred Vollmer, Jürgen Holtfreter, Klaus Rose, Helmut Orwat, Norbert Kozicki,

außerdem und immer
Anne Blanken, Jochen Grywatsch, Sonja-Anna Lesniak, Eva Poensgen, Arnold Maxwill und Melanie Suttarp,

sowie den Praktikanten und Praktikantinnen
Lena Postert, Anna Peters, Sara Schurmann, Susanne Schöneich, Lisa Häfner, Breddy Hörstrup, Elisabetta Michelon und Hannah Hohmann.